UNDERSTANDING

BUSINESS

경영학의 이해

권근원 지음

박영사

PREFACE ■ 머리말

오늘날 기업은 한 국가의 경제성장과 사회발전에 주도적인 역할을 담당하고 있다. 21세기는 이러한 자본주의 사회의 연장선상에서 정보기술이 생활화된 지식정보화 사회에 살고 있다. 이에 기업경영은 지시정보화사회에 적응하면서 새로운 양상을 보여주고 있다.

수많은 경영학원론 저서들을 학습하면서 지식정보화사회의 기업경영에 도움이 되고 기존의 우수한 경영학원론 서적을 극복한 좋은 책을 집필할 수 있을까 하는 딜레마에 빠졌다.

그래서 이 책은 경영학에 입문하는 사람들이 기업경영을 체계적으로 이해하고 실무 적용에 효과를 줄 수 있는가에 목적을 두었다. 이러한 소기의 목적을 달성하기 위해서 다음 네 가지 관점에서 집필하였다.

첫째, 경영학 입문에 초점을 두었다. 말 그대로 입문서는 쉽고 재미있도록 하기 위해 사례를 도입하여 기업경영이론을 이해하는데 도움을 주도록 하였다.

둘째, 이론과 실무를 통합하고자 하였다. 경영학은 기복적으로 실용학문으로서 기업 실제 현상에 바탕을 두지 않은 경영학 이론은 무의미하다. 따라서 이 책은 기업경영의 원리 원칙을 체계적으로 정리하고 이를 경영실무에 효과적으로 적용시키는데 초점을 두었다.

셋째, 온고이지신(溫故而知新) 즉, 전통과 현대의 조화를 시도하였다. 역사를 거듭하면서 기업경영 방식이 발전해 온 것처럼 지식정보화 시대에서의 경영이론 관점도 많은 변화를 하고 있다. 이에 전통적인 경영이론을 토대로 현대 경영이론을 조화시키고자 하였다.

넷째, 내용의 풍부성을 고려하였다. 경영학원론이라고 해서 쉽게만 접근하다보면, 내용이 빈곤할 수 있기 때문에 이러한 오류를 범하지 않고자 하였다. 그러나 이 책을 구성하고 서술하면서 때론 내용이 난해한 부분이 있으나 생략해서는 기업경영을 전반적으로 이해할 수 없으므로 기업경영에 접하는 초심자로서 "이렇게 어려운 부분도 있구나!" 하는 것을 경험하도록 하였다. 이러한 경험은 향후 심도있게 경영학 각 이론영역을 학습하는데 길잡이 역할을 할 것이다.

책의 구성은 크게 네 부분으로 나누어 접근하였다. 제 I 부에서 먼저 기업경영이란 무엇인가와 관련한 기초개념을 다루었다. 제 II 부에서 기업경영은 어떻게 구성되어 있는가에 대하여 전개하였다. 제III부에서는 기업경영은 어떻게 이루어지고 있는가에 대한 기업경영의 행위에 관한 내용이다. 제IV부에서는 21세기 신경영 조류에 적합한 실천전략에 관한 논의를 다루었다.

그리고 본서를 교재로 사용하시는 분들의 강의에 도움이 될 수 있도록 강의용 보조자료를 마련하였다. 그러나 이러한 노력에도 불구하고 본서의 미흡한 점이 적지 않을 것으로 사료된다. 앞으로 독자들의 건설적 비판을 토대로 부족한 부분을 보완할 것을 약속드린다.

본서는 경영학의 기초입문서로서의 특성상 모든 부분에서 전부 저자의 독창적인 학문적 이론이나 연구결과만이 아님을 밝힌다. 많은 부분이 기존의 국내외 관련문헌 및 선행 연구결과 등에서 조사 연구된 부분을 인용하였고, 또 상당한 부분이 유사한 점도 있을 것으로 생각된다. 또한 본문에서 인용표시 및 자료원 표시를 일일이 하지 못한 점에 대해서도 깊은 양해를 구하고자 한다. 끝으로 이 책을 출판하는 데 있어 많은 도움을 주신 여러 교수님들과 아울러 본서의 출판에 온갖 정성과 노력을 기울여 주신 박영사 여러분께도 깊은 감사를 드린다.

2013년 1월 25일
눈 덮인 북한산기슭을 바라보면서
권 근 원

CONTENTS ■ 차례

PART Ⅰ 기업경영의 기초

CHAPTER 1
기업과 경영, 그리고 경영자

CHAPTER 2
경영학의 특징과 발달사

CHAPTER 3
기업의 사회적 책임과 기업윤리

CHAPTER 4
기업형태와 기업집중

CHAPTER 5
경영환경의 이해

PART II 기업경영의 구조

CHAPTER 6 기업조직의 개념, 목적, 그리고 시스템

CHAPTER 7
경영자원과 전략

CHAPTER 8
경영조직의 이해

PART III 기업경영의 행위

CHAPTER 9
기업경영의 관리과정과 기본 관리활동

CHAPTER 10
기업경영의 핵심 관리활동: 마케팅, 물류, 생산관리

PART IV 기업경영의 신조류

CHAPTER 11
지 식 경 영

CHAPTER 12
협력경영

I

UNDERSTANDING BUSINESS

기업경영의 기초

제 I 부는 기업경영의 기초에 해당된다. 여기에서는 기업과 경영은 무엇인가, 경영자는 무엇을 하는 사람인가, 경영학은 어떤 학문이며 어떻게 발전되어 왔는가를 먼저 다루게 된다. 다음으로 기업의 존재 이유로 사회적 책임과 기업윤리에 관하여 학습하게 된다. 마지막으로 기업의 형태 및 집중에 관한 일반적인 사항과 기업을 둘러싼 경영환경에 관하여 살펴보고자 한다.

- 제1장은 기업과 경영, 그리고 경영자에 관하여 다룬다.
- 제2장은 경영학의 특징과 발달사에 관하여 다룬다.
- 제3장은 기업의 사회적 책임과 기업윤리에 관하여 다룬다.
- 제4장은 기업형태와 기업집중에 관하여 다룬다.
- 제5장은 경영환경에 관하여 다룬다.

CHAPTER

1

UNDERSTANDING BUSINESS

기업과 경영, 그리고 경영자

경영사례 플러스

CASE+

[한국의 장수기업] 빚 · 분규없는 최우량기업 '남양유업'

세계 최초 全공정 자동화… 올 매출 1조 목표
40년째 본사 셋방살이… '짠돌이경영' 빛 봐

독립기념관 인근에 위치한 남양유업 천안공장은 첨단 반도체 연구실을 연상케 한다. 공장 내부에서는 직원 모두가 방진(防塵)복을 입고 있다. 건물 안에서는 물론이고 바깥에서도 흡연은 절대 금지다. '먼지 한 점 없는 완벽한 품질관리' 를 위해서다.

남양유업 직원들은 2002년 8월부터 가동에 들어간 이곳을 '세계 최고의 우유공장' 이라 소개하는 데 주저하지 않는다. 정승환 공장장은 "세계에서 최초로 전 공정을 자동화해 원료 투입에서 완성품 적재까지 사람 손이 전혀 필요없는 공장" 이라고 말했다.

실제 직원들이 하는 일은 기계를 작동시키는 컴퓨터 작업이나 공정 점검 정도다. 옛날 같으면 30명이 땀 흘리며 일했을 유통 저장고에도 1명씩 하루 3명이 3교대할 뿐이다.

충남 공주공장도 마찬가지다. 이곳은 천안공장처럼 전 공정 자동화는 아니지만 작업라인은 물론, 휴게실까지 번쩍번쩍 광이 날 정도로 쓸고 닦아 품질관리에 빈틈이 없다.

이런 생산현장들이야말로 '무차입 경영' 을 통해 꾸준한 성장을 거듭해온 남양유업의 근간이다. 남양유업은 올해 창립 40주년을 맞아 동남아 등에 대한 분유 수출을 통해 제2의 도약을 모색하고 있다.

3가지가 없고, 3가지가 무서운 회사

남양유업은 '3무(無), 3비(非)' 의 회사로 유명하다. '3무' 란 무차입 · 무분규 · 무혈연. 즉 이 회사에는 빚과 노사분규가 없고, 1명의 오너 친 · 인척도 회사에 없다. '3비' 란 '성실하지 못한 것, 마무리를 못한 것, 책임을 못 진 것은 비리로 본다' 는 뜻이다. 그

래서 남양에는 "제품 잘못 만든 건 용서하지만, 잘못 만든 제품 출고한 것은 용서하지 않는다"는 전통이 내려오고 있다.

IMF 경제위기 시절인 지난 1998년, 남양유업은 유가공업체 중 유일하게 원유값을 현금 결제했다. 당시 180억원 정도이던 금융기관 차입금도 당장 갚아버렸다. 천안공장 신축자금 1300억원을 조달하면서도 남의 돈은 한 푼도 쓰지 않았다.

박건호 대표이사는 "빚 없이 선순환 경영을 하려면 언제나 수익이 나야 하고, 그러려면 늘 소비자의 선택을 받아야 한다"면서 "남양은 항상 벼랑 끝의 심정으로 제품을 만들고 소비자를 만난다"고 말했다.

남양유업은 국내 우량기업들을 선정할 때마다 끼는 '단골손님'이다. 2002년 월간조선과 ㈜휘스코 앤드 비즈파크가 꼽은 '한국의 50대 최우량기업'에서 1위에 선정됐다. 같은 해 컨설팅회사 베인&컴퍼니는 연 매출액 5000억원 이상의 한국기업 가운데 글로벌(국제) 기준의 성장을 이뤄낸 10대 기업을 추렸다. 남양유업은 거기서도 삼성전자·SK텔레콤 등과 함께 당당히 10대 기업에 선정됐다. 그밖에 경실련 선정 경제정의기업상, 대신경제연구소 선정 최우수 상장기업, 가치경영 최우수기업 대상, 식품안전경영 최우수상, 은탑산업훈장 등을 받았다.

깐깐하고 유난스럽다

남양유업의 성공비결은 무엇일까. 업계에선 '한우물과 짠돌이 경영'이라고 요약한다. 남양유업은 올해 매출액 목표가 1조원이다. 그런 회사가 40년째 본사 건물 하나 없이 서울 남대문로에서 세를 살고 있다. 직원 수도 7000명이 넘지만, 임원은 회장을 포함해 7명, 부장은 총 23명에 불과하다. 물론 회사측은 "사옥 장만이나 인력관리에서 불요불급한 부분은 최대한 절약하지만 공장 건설이나 새 기계 도입 등 품질을 위한 투자에는 과감하다"고 항변한다. 지극히 보수적인 인력관리에 대해서도 '진급이 늦지만, 그만큼 퇴직도 늦다'고 설명한다.

품질관리는 유난스럽다. 중앙연구소 진현석 연구1팀장(농학박사)의 별명은 '변 박사'. 분유 개발을 위해 직원들과 함께 전국 곳곳에서 기저귀를 수거해 와 영아의 변 상태와 색깔을 연구하기 때문이다. 진 팀장은 "늘 영아 30여명의 기저귀 변화를 추적한다"며 두꺼운 '영아 변 사진 스크랩'을 펴보였다.

이 회사는 국가가 인정한 최고 기능의 '명장'(名匠)을 2명이나 키워 배출했다. 기계 돌아가는 소리만 들어도 이상을 짚어내는 우장균·이유헌 명장이 늘 공장 내부를 돌아다닌다.

발효유 히트상품인 '불가리스'를 내놓을 때는 전 직원이 '마루타'가 됐다. 모두들 시제품을 먹어본 뒤 1명이라도 '맛이 텁텁하다'는 식의 의견을 내면 원인을 분석하고 다시 손질하는 연구과정을 거쳤다.

남다른 홍보감각도 한몫을 했다. 지난 1970년대, 당시로서는 획기적 행사였던 '우량아 선발대회'를 통해 분유를 널리 알렸던 이 회사는 요사이도 임신·육아교실 등을 운영하며 소비자 눈높이 마케팅에 나서고 있다. 천안 신공장에만 작년에 1만1000여명의 관람객을 초청해 구경시켰다.

자료: 조선일보, 2004년 2월 15일

01 기업과 경영

UNDERSTANDING BUSINESS

오늘날 기업들은 시장환경의 동태적인 변화, 고객취향의 다양화 그리고 시장개방의 파고로 인하여 글로벌 기업으로의 변신, 유지 그리고 도약을 위해 혁신적인 경영기법과 창의적인 아이디어가 요구되고 있다. 또한 경영학은 변화하는 21세기 시대에 있어서 인간사회의 커뮤니티(community)를 변화시킬 수 있는 핵심적인 학문분야로서 그 중요성이 더욱 강조되고 있다. 더욱이 작금의 시대를 살아가는 사람들이라면 '경영적 사고'가 생활 속의 일부분으로 자리매김함에 따라 경영학의 기초개념과 원리 등을 체계적으로 학습할 필요성이 있다.

따라서 이 장에서는 경영학의 연구대상인 기업과 기업경영에 대해 살펴보고자 한다.

1.1 기업의 정의와 특징

기업(enterprise)이란 이윤의 획득을 목적으로 운용하는 자본의 조직단위를 말한다. 기업은 국민경제를 구성하는 기본적 단위이며, 생산수단의 소유와 노동의 분리를 기초로 하여 영리목적을 추구하는 독립적인 생산경제 단위를 이루고 있으며, 다음과 같은 특징을 지닌다.

① 소유와 노동의 분리　중세의 수공업자나 현재의 소규모 생업의 경우, 생산자는 자신이 소유하는 생산수단에 자신의 노동력을 가하여 생산함으로써 소유와 노동이 일치하는 데 비하여, 기업은 생산수단의 소유와 노동의 분리를 기본적인 특징으로 한 점에서 전자와 구별된다. 소유와 노동의 분리에 의하여 한편에서는 임금노동(타인노동)의 이용이 행해지면, 다른 한편에서는 독립된 개별단위로서의 기업이 성립한다.

② 영리목적　기업은 영리목적을 추구하는 경제사업이라는 점에서 정부·교회 등의 비영리경제조직과 구별된다. 영리의 원칙은 중세의 수공업

자나 상인의 시대에도 존재했으나 그것은 가족의 생활유지를 위해서 영리를 추구한다는 다분히 생활적 영리원칙이 지배하고 있었다. 그러나 기업은 소유와 노동의 분리에 의하여 기업가의 가계와는 별도로 독립된 자본계산 단위를 이루고, 자본의 가치증식을 위하여 영리를 추구한다. 그리고 현재의 기업은 이윤의 극대화가 아닌, 그 생존에 필요한 만족이윤(滿足利潤)을 유지하면서 장기간에 걸친 이익의 증대와 사회적 책임의 수행을 행동원칙으로 삼는다.

③ 개별성 이윤획득을 동기로 하는 사회적 생산을 위하여 사용되는 갖가지 생산요소는 곧 자본이다. 건물 · 기계 · 재료, 그밖에 노동력(인간)이 이윤획득이라는 목적에 따라 통일적으로 이용되며 규제되고 있다. 그런데 이러한 생산요소들은 여러 가지 형태의 결합에 의하여 사회적 생산을 담당하고, 이를 통해서 궁극의 목적인 이윤을 극대화하려는 것이기 때문에, 사회적 생산을 가능하게 하기 위해서는 일정량의 자본이 축적되어 있어야 한다. 동시에 축적된 자본은 개별적이 아닌, 하나로 집적된 양으로서 전체를 위해서 운용되어야 한다. 여기에 기업이, 한편에서는 일정량의 자본을 집중하는 기구로서, 다른 한편에서는 단일의 지휘 아래 통일적으로 운영되는 기구로서, 즉 두 가지 측면의 통일체로서 파악되어야 하는 근거가 있는 것이다. 곧 기업을 일정량의 자본의 단위로서, 즉 개별성으로서 파악하는 것을 뜻한다.

④ 독립성 기업은 생산 · 유통을 통하여 사회적 수요를 충족시키며, 여기서 얻어진 수익을 생산에 대한 대가로서 대금 · 임금 · 세금 · 배당 · 이자 등의 형태로 분배한다. 기업이 이러한 시장경제의 메커니즘 안에서 존재하느냐 않느냐는 기업의 자기책임에 맡겨진다. 이러한 점에서 기업은 조합구성원인 생산자나 가계(家計)를 보조하는 협동조합과 구별된다.

⑤ 생산경제의 단위체 기업은 사회가 필요로 하는 재(財) 또는 서비스를 생산 · 배급하는 경제적 조직의 단위체이므로 소비경제의 단위체인 정부 · 가계와 구별된다. 생산경제란, 유형의 재를 생산하는 제조업뿐만 아니라 무형의 서비스를 생산하는 금융업 · 보험업 · 해운업 · 창고업 · 운수업 등이 속한다.

1.2 현대기업의 목적

기업의 목적은 경영체로서의 기업을 존속·발전시키기 위하여 설정한 목표를 뜻한다.

기업의 목적은 종래 영리의 추구, 즉 최대이윤의 획득이라는 단일목적의 추구에 있다는 기업목적일원설(企業目的一元說)의 입장을 취해 왔다. 이것은 고전적인 자본주의경제를 배경으로 하여 형성된 견해이다. 이 주장의 기초에는 기업의 목적이 곧 기업가의 목적이며, 기업가의 지배는 실질적으로나 형식적으로나 유지되고 있다는 가정이 놓여 있다.

이윤극대화의 기업목적일원설 이후 기업에서의 소유와 경영의 분리를 전제로 하여, 매출액극대화설·장기이윤극대화설 등이 주장되어 왔다. 전자는 필요이윤의 확보라는 제약조건 아래에서 기업은 매출액의 극대화를 도모하게 된다는 가설로서, 기업 의사결정의 주체인 전문경영자의 모티베이션(motivation)을 중시한 데서 비롯된 것이며, 후자는 단기적으로는 갖가지 기업목적이 존재하더라도 모두가 장기이윤의 극대화를 위한 수단적 목적에 불과하므로 기업은 결국 장기이윤극대화라는 단일목적을 추구하고 있는 것이라는 주장이다.

이러한 미시경제학(micro-economics)에서의 기업이론과는 달리 기업은

그림 1-1 기업의 목적

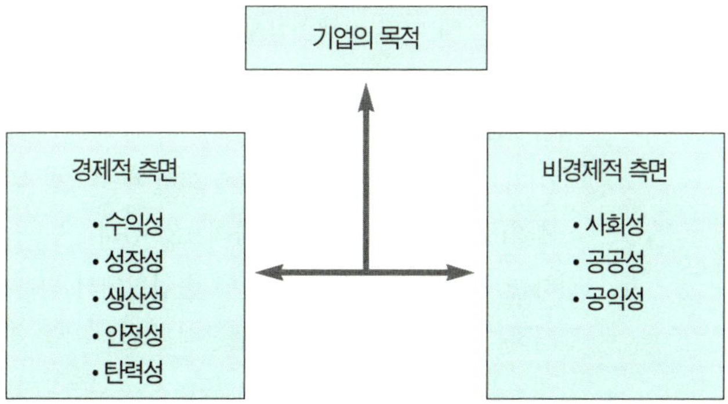

이윤을 추구하는 수익성 목적, 발전을 추구하는 성장성 목적, 목적간의 균형·중요도를 추구하는 탄력성 목적 등 경제적 목적 외에 기업의 사회적 책임이라는 비경제적 목적까지를 포함하는 복수의 다차원적 목적을 추구하는 것이라는 주장이 있다. 이를 기업목적다원설(企業目的多元說)이라 하는데, 여기서는 이윤의 추구를 부정하는 것이 아니라, 이윤이 기업목적 달성에 대한 사회적 보상이라는 성격으로 파악된다. 요컨대 〈그림 1-1〉에서처럼 기업의 목적을 경제적 측면과 비경제적 측면에서 분류하면 다음과 같다.

(1) 경제적 측면

1) 기업목적과 수익성

기업은 자신의 생존을 위하여 수익성의 최저 필요수준을 확보하지 않으면 안된다. 그러나 수익성 목적의 의의는 그 극대화에 있는 것이 아니고, 기업의 생존에 필요한 만족이윤(滿足利潤)을 유지하면서 이익의 총액을 장기간에 걸쳐 증대해 나가는 데에 있다. 기업의 수익성은 자기자본이익률·사용총자본이익률·매출액이익률 등으로 나뉜다.

2) 기업목적과 성장성

기업은 하나의 조직이다. 따라서 조직의 자기성장 법칙에 의해 수익성 목적 외에 성장성 목적을 추구한다. 기업의 성장성 목적은 매출액성장률·이익성장률·자기자본성장률·시장점유율 목표·신제품개발 목표·다각화 목표 등에 의해 구체적으로 결정된다.

3) 기업목적과 생산성

여러 자원의 경제적인 이용에 의하여 최소의 투입량(input)으로 최대의 산출량(output)을 얻는 것을 목적으로 한다. 생산성은 기업의 경쟁력을 결정하는 결정적 요인임과 동시에 종업원에의 경제적 유인(誘因)의 자료를 결정하는 요인이 되고 있다. 생산성은 넓은 뜻으로는 노동생산성·설비생산성·자본생산성을 포함하나, 좁은 뜻으로는 노동생산성만을 의미한다.

오늘날에는 노동생산성을 재는 척도로서 부가가치생산성(부가가치÷종업원수)이 많이 쓰인다. 부가가치란, 기업이 외부로부터 구입한 원재료에 대하여 경영자와 종업원이 협력하여 새로 덧붙인 가치를 뜻한다. 곧, 매출액에서 원재료비 · 부품구입비 · 외주가공비와 동력비를 뺀 나머지가 된다.

4) 기업목적의 안전성과 탄력성

기업의 존속을 위해서는 변동하는 환경에 적응하기 위한 안정성 목적과 탄력성 목적을 필요로 한다. 안정성이란 기업의 매출액 · 이익이나 조업도가 환경변동의 영향을 받아 변화하는 진폭의 정도가 작아야 한다는 것을 의미하며, 탄력성이란 예측하지 못한 상태에 대해서 최소의 희생으로 대응할 수 있는 기업의 능력을 말한다.

이와 같은 탄력성 목적으로서는 제품시장구조의 탄력성, 생산시스템의 탄력성, 연구개발의 탄력성, 조직이나 노동구조의 탄력성, 비용구조의 탄력성, 재무구조의 탄력성(부채비율 · 고정비율 · 유동성비율) 등의 목표를 들 수 있다.

(2) 비경제직 측면

1) 기업목적과 사회성

이것은 기업의 사회적 기능인 생산을 효율적으로 수행하는 일이다. 즉, 경영체로서의 기업의 목적은 생산 · 유통의 활동을 통하여 사회의 수요를 충족시키는 데 있으며, 이것은 경제사업으로서의 기업이 본래적으로 가지고 있는 사회적 사명인 것이다.

2) 기업목적과 공공성

이것은 기업행동의 도덕성 · 윤리성을 의미한다. 공적 질서를 준수하는 데 앞장서 사회발전을 선도하며, 기업이익을 사회에 환원하며, 막강한 사회적 지위를 내세운 횡포 등으로 다른 사람에게 누를 끼쳐서는 안된다는 것이다.

3) 기업목적과 공익성

이것은 기업이 특정 집단에만 봉사하는 것이 아니라, 이해관계자 집단에 속하는 모두의 이익을 위해 봉사하는 것을 말한다. 따라서 유해식품 판매나 매점 · 매석 · 착취는 사회성에, 사기 · 허위선전 · 과대광고는 공공성에, 합리화노력을 게을리 한 가격인상 · 편승인상(便乘引上)은 공익성에 각각 반하는 것이다. 오늘날의 기업은 지역사회, 나아가서는 국가사회의 유력한 일원으로서, 이와 같은 사회적 책임을 수행하지 않으면 안된다는 기업목적을 설정하여 그 이행에 충실해야 한다.

1.3 기업의 구성요소

기업은 경제적인 가치를 갖는 제품이나 서비스를 생산하여 그것을 필요로 하는 소비자들에게 공급하는 조직을 의미한다. 그러므로 기업은 계획된 목표를 달성하기 위한 수단으로 조직 내부 및 외부의 자원을 활용하게 된다. 기업의 자원은 전통적으로 3M(Material, Money, Man)이라고 불리는 인적자원(육체노동, 정신노동, 관리노동), 물적자원(원재료, 토지, 설비), 금융자원과 오늘날 중요하게 간주되는 기술자원(skill, R&D), 브랜드(brand), 그리고 생태적 자원(깨끗한 물과 공기) 등으로 구성된다. 경영자는 기업이 소유한 다양한 기업의 자원을 효율적 및 효과적으로 활용하여 기업의 목적을 달성하는 것이다.

일반적으로 기업의 경영을 위한 구성요소로는 첫째, 각각의 기업이 추구하고자 하는 목표를 설정해야 한다. 기업경영의 궁극적 목적은 이윤창출이지만 기업이 어떤 방법을 활용하여 이윤을 창출하는지에 따라 달라진다. 가령, 세계적인 식품회사인 네슬레(www.nestle-nutrition.co.kr)는 신뢰를 생명으로 다루고 안정된 수익창출을 낳지만, 국내의 일부 식품회사들은 비위생적이고 부정식품을 만들어 일확천금을 노리는 사례에서 쉽게 비교할 수 있다. 둘째, 기업을 경영하기 위해 유능한 인적자원(human resources)이 필요하다. 즉, 급변하는 시장환경에 기업이 살아남기 위해 마케팅, 생산, 물류, 인사, 금융, 회계 등의 분야에 정통한 조직구성원들의 의견을 집약하여 그 대응방안을 모색해야 하는 것이다. 셋째, 자본이 필요하다. 즉, 기업을 창업하거나 기업경영을 위해 제품의 조달과 생산 · 판매에 필요한 운영자금이 필요한 것이다. 넷째, 뚜렷한 경영목적과 우수한 인적자원, 자본을

그림 1-2 기업경영의 구성요소

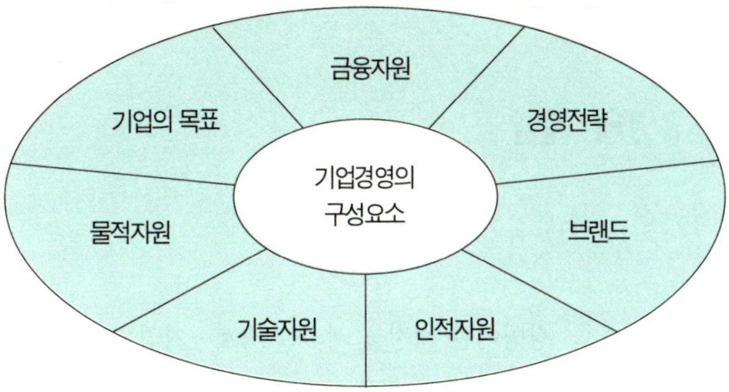

소유하고 있을지라도 이를 효과적으로 운용할 수 있는 경영전략이 없다면 소기의 경영목적을 달성할 수가 없다. 경영전략이란 기업에게 경쟁우위를 제공 · 유지시켜줄 수 있는 주요한 의사결정을 의미한다. 오늘날 경쟁이 치열해져가고 있는 현대사회에서 경영전략은 경쟁에서 이기는 방법을 체계적으로 강구하게 해준다.

그밖에 기업을 구성하는 요소로 그 나라의 문화, 시장환경 그리고 각 기업의 마케팅 · 생산 · 재무 · 회계 부서의 활동 등을 들 수 있다. 앞의 내용을 정리하면 〈그림 1-2〉와 같다.

02 경영 및 경영학

UNDERSTANDING BUSINESS

세계적인 초우량기업들은 디지털 경제시대에서 생존을 위한 노력을 멈추지 않고 있다. 어떤 기업은 변화하는 시장환경을 극복하지 못하고 도태하는가 하면 또 다른 신생기업은 경영실적에 있어서 두각을 나타낸다. 여기서는 초우량기업으로의 도약을 위해 경영이라는 판도라 상자를 해부해

보고 아울러 경영과정과 실천적 응용과학으로서의 경영학의 특징을 살펴보며, 경영학의 학문적 성격에 대해 논의해 보고자 한다.

2.1 경영의 개념

(1) 경영의 정의

경영이란 재정을 제외한 가계 · 기업 기타 국민경제를 구성하는 개별경제의 단위를 말한다.

경영은 경영학의 연구대상을 이루는 것으로, 경영학의 방법론의 상이에 따라 여러 가지 의미로 사용된다. 개별경제학(Einzelwirtschaftslehre)의 입장에서는 종합경제로서의 국민경제를 구성하는 독립적인 개별경제단위를 경영이라 보기 때문에, 경영의 개념 속에는 생산경제의 단위인 기업뿐만 아니라 가계나 재정 등의 소비경제의 단위도 포함된다. 이에 대하여 경영경제학(Betriebswirtschaftslehre)의 입장에서는 경영을 독립적인 생산경제의 단위이며, 재화와 서비스의 생산이나 배급에 종사하는 경제적 조직이라고 본다. 따라서 경영경제학에서는 공공재정이나 가계 등 소비경제의 단위는 경영의 개념에서 제외된다.

한편, 미국의 경영관리학(business management/business administration)의 입장에서는 관리하는 것(managing)이라는 말에서 보는 바와 같이, 경영을 수익성 원리가 아닌 경제성 원리에 따라 이끌어지는 개별경제의 활동이라고 본다. 따라서, 미국의 경영관리학에서는 영리기업을 주된 연구대상으로 하되, 비영리기업[公企業]이나 가계뿐만 아니라 모든 관리대상 조직체(예: 학교 · 교회 등)의 개별경제도 그 연구대상으로 한다. 그리하여 오늘날에 와서는 경영을 하나의 사회구성체로 보면 경영은 조직이며, '경영한다'라고 하는 과정개념으로 보면 경영은 의사결정이라고 인식되고 있다.

독일경제학의 한 파를 대표하는 하이넨의 의사결정지향적 경영학에서는, 경영이란 조직이며 조직은 경영목적 시스템 · 정보 시스템 · 인적 시스템 등의 하위 시스템(subsystem)을 가진 하나의 포괄적인 시스템으로 본다. 또 미국의 경영학에 있어서의 근대 관리론을 대표하는 바너드-사이몬

그림 1-3 **경영과정**

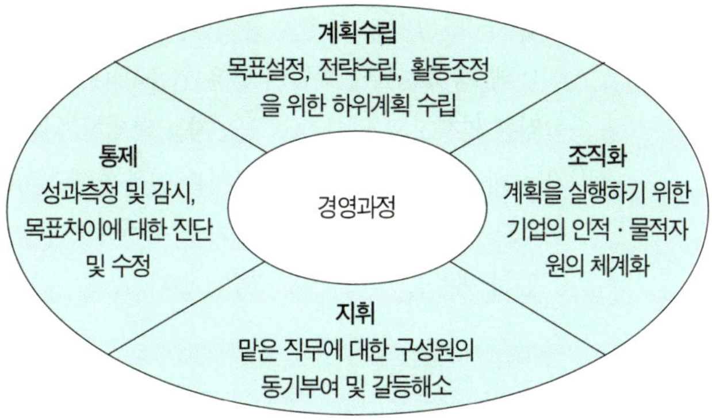

이론(Barnarde Simon theory)에서는, 경영이란 '조직을 구성하고 운영하는 것' 이며, 또한 '의사결정' 이라고 본다.

(2) 경영과정

경영과정은 일반적으로 계획수립, 조직화, 지휘 그리고 통제 등 네 가지 활동을 뜻하며, 어떤 조직형태의 어느 계층에서든지 가장 보편적으로 이루어지는 경영활동이다. 먼저, 계획수립은 조직의 목적을 설정하고 이를 달성하기 위한 최선의 방법을 결정하는 과정이다. 특히 의사결정은 계획과정의 한 부분으로서 대체안의 집합으로부터 행동코스를 선택하는 활동이다. 이처럼 계획은 미래활동지침으로서 경영자로 하여금 유효성을 유지할 수 있도록 해줌은 물론, 조직의 자원과 시간을 어떻게 배분할 것인지를 알려주는 역할을 한다.

둘째, 조직화는 계획을 집행하기 위하여 인적 · 물적자원을 체계화시키는 과정이다. 가령 직무설계, 부문화, 권한관계, 라인과 스탭의 역할 등 기초적 조직화 개념은 제품의 성격이나 작업내용에 따라 그 구체적인 내용이 달라진다.

셋째, 지휘는 구성원들이 부여받은 업무를 자발적으로 수행하도록 그들에게 의욕을 불어넣어 주고 영향력을 행사하는 경영자의 기능을 말한다. 여기에는 조직구성원들을 지시하고 조정하기 위한 활동들로 동기부여, 리더십 그리고 의사소통활동 등이 있다.

넷째, 통제는 구성원들이 맡은 일을 제대로 하고 있는지 혹은 조직이 바람직한 방향으로 나아가고 있는지를 확인하기 위하여 정보를 수집하여 평가를 하고 필요할 때는 시정조치를 취하는 과정이다. 즉, 계획된 바대로 성취되도록 함은 물론 중요한 편차를 수정하는 활동이다.

앞의 내용을 정리하면 〈그림 1-3〉과 같다.

2.2 경영학의 개념

(1) 경영학의 정의

경영학이란 기업이 당면한 복잡한 경영문제를 해결할 수 있는 이론적 지식과 전략, 그리고 현재의 기업을 미래의 성공적인 초우량기업으로 성장시키기 위해 어떤 방법을 강구해야 할 것인가를 체계적으로 탐구하는 실천적 응용과학(practical applied science)이다. 이처럼 경영학은 인간의 사회적 현상을 연구하는 사회과학의 한 분야이다.

우리가 살고 있는 사회는 개체로서의 많은 개인과 집단, 조직들로 구성되어 있으며 경영학은 조직을 그 연구대상으로 한다. 또한 조직은 영리조직인 기업과 비영리조직인 학교, 교회, 고아원, 관청으로 분류할 수 있으며, 경영학은 영리조직인 기업조직을 그 주된 연구대상으로 한다. 최근에 이르러서 경영학의 흐름은 영리조직인 기업에서 벗어나 병원, 학교, 도시, 국가분야에 이르기까지 경영학 개념이 도입 · 활용되고 있다.

그리고 경영학이 이들 연구대상에 대한 경영현상을 어떤 관점에서 설명 · 예측하고 의사결정하는지를 분석할 필요가 있다. 경영목적 달성을 위한 의사결정원리로 등장하고 있는 개념들인 효율성과 효과성, 수익성, 경제성 그리고 생산성 등이 상호보완적으로 이용되고 있다.

표 1-1 경영의 효과성과 효율성의 결합

구 분		목표 달성도(효과성)	
		비효과성	효과성
자원의 이용도	효율성	(Ⅰ) 자원의 낭비는 없으나 목표를 달성하지 못한 경우	(Ⅱ) 목표를 달성하고 자원의 낭비가 없는 최적의 목표달성
	비효율성	(Ⅲ) 자원을 낭비했을 뿐만 아니라 목표도 달성하지 못한 경우	(Ⅳ) 목표는 달성하였으나 자원을 낭비한 경우

1) 효과성과 효율성

효과성(effectiveness)은 조직목표의 달성이라는 관점에서 본 자원의 활용 정도를 의미한다. 즉, 조직이 보유하고 있는 자원으로써 조직의 목표를 더 잘 성취할 수 있을 때 경영의 효과성은 높아진다. 반면, 효율성(efficiency)은 생산과정에서 생산증가분에 대한 투입자원의 비율을 말하는 것으로서 이 비율이 높을 때 경영은 더 효율적이 된다. 반대로 생산과정에서 자원이 보다 더 많이 낭비되고 또 활용되지 못할 때 경영은 비효율적이 된다. 가령, 〈표 1-1〉에서와 같이 자원의 이용도와 목표달성도에 따라 기업경영을 제대로 하였는지를 파악해 볼 수 있다.

2) 수익성

수익성(profitability)은 투하된 자본가치를 증식시키기 위해 보다 많은 화폐이윤을 창출하는 행위를 말한다. 즉, 보다 많은 이익을 창출하여 투하자본의 가치를 증가시킬 경우 수익성이 높다고 평가함으로써 이익극대화원칙과 직결된다. 아래의 식은 순수한 화폐가치의 비율인 수익률에 따른 기업의 행동원칙을 뜻한다.

$$\text{수익성} = \frac{\text{수익-비용}}{\text{투입자본}} = \frac{\text{순이익}}{\text{투입자본}}$$

3) 경제성

경제성은 최소의 희생으로 최대의 효과를 거두려는 경제원칙을 토대로 금전으로 환산할 수 없는 일체의 제품과 서비스를 포함한 투입과 산출의 바람직한 관계를 말한다. 나아가 사회적으로 이해할 만한 적정수익성을 최소의 비용으로 달성하는지를 평가하는 경제적 합리주의, 경제적 봉사원칙을 의미한다. 이를 위해 경제성은 투입·소비된 경제가치와 산출된 성과의 경제가치와의 비율로 측정된다. 여기에서 주의해야 할 점은 영리기업이 자신의 이기적인 목표를 설정하고 수익성원칙을 추구한다 하더라도 기업활동의 사회경제적 기능, 즉 기업윤리와 이윤의 사회환원을 자각해야 하며, 따라서 기업을 위한 수익성원칙보다는 사회적 봉사원리인 경제성원칙을 추구해야 한다는 점이다.

$$\text{경제성} = \frac{\text{목표}}{\text{수단}} = \frac{\text{수익(성과)}}{\text{비용(희생)}} = \frac{\text{산출}}{\text{투입}}$$

4) 생산성

생산성(productivity)이란 생산을 위해 투입된 여러 요소들이 생산과정을 통해 생산물로 변화되는 성과를 측정하는 기준으로, 생산활동에 대한 합리성을 뜻한다. 즉, 생산성은 산출량을 투입량으로 나눈 것(생산성=산출량/투입량)으로서 노동생산성, 자본생산성 등 생산요소별로 산출한다. 가령, 부가가치 노동생산성은 부가가치를 종업원수로 나누어 구한다.

(2) 경영학의 학문적 성격

1) 사회과학성

사회과학이란 인간의 사회적 현상에 대한 모든 과학적 연구를 총칭하는 말이다. 따라서 인간에 의해서 형성되는 개별경제와 그 속에서 이루어지는 인간의 경제적인 활동을 연구대상으로 삼고 있는 경영학은 당연히 사회과학의 한 분야로 간주되고 있다.

경영학은 인간행동의 매크로(macro)적인 종합현상을 다루는 경제학이나 사회학과 달리 마이크로(micro)적 관점에서, 인간을 단순한 객체로서가 아니라 하나의 주체로서 일정한 목적을 달성하고자 합목적적으로 행동(purposeful behavior)하는 것으로 가정하고 있다.

다시 말해서 경영에 있어서 인간은 한편으로는 노동력으로서 기계나 원재료와 동일시되고, 다른 한편으로는 일정한 목적을 달성하기 위해 기계나 원재료 등의 객체에 작용하는 의사결정의 주체를 형성하는 것이다. 그렇기 때문에 사회과학으로서의 경영학은 의사결정자로서의 인간이 일정한 목적을 달성하고자 행동하는 주체적 측면을 취급하며, 여타의 사회과학과 달리 주체의 이론에 의한다는 것이 바로 그 특징이라 할 수 있다.

2) 이론성과 실천성

경영학은 다른 사회과학분야와는 달리 매우 '다이내믹'(dynamic)한 학문이라 할 수 있다. 여기서 '다이내믹'하다는 것은 동적인 활동을 뜻하는 것으로, 환경의 영향을 크게 받는 경영을 그 연구대상으로 삼기 때문에 경영학 자체도 이에 따라 움직일 수밖에 없다는 것을 의미한다. 따라서 이것은 경영학이 다른 사회과학분야와는 달리 단순히 지식을 위한 지식의 체계라기보다도 실천을 위한 지식의 체계라는 데 그 특색이 있다는 표현과 같다. 경영학처럼 환경의 영향을 크게 받게 되는 사회과학일수록 이에 알맞은 이론체계란 항상 실제와 연결되는 방향에서 구축되어야 하기 때문이다.

같은 사회과학이면서도 유독 경영학만이 그 학문적인 성격으로서 이른바 이론과 실제의 양면적인 성격을 앞세우는 근거가 바로 여기에 있는 것이다. 다시 말해서 환경변화에 적응해서 개발된 새로운 경영이론은 종래의 경영을 혁신하는 행동을 위한 이론적인 기초가 되며, 또 그러한 경영이론은 단순히 경영이론만으로 끝나지 않고 반드시 실천된다는 의미이다. 이렇게 볼 때 이론실천과학으로서의 경영학은 단적으로 표현하면 이론과학의 입장에서 구축된 이론이나 모델을 실천과학의 입장에서 실제에 적용시키고자 하는 학문이라고 할 수 있다.

3) 과학성과 기술성

경영학이 과학이냐 기술이냐 하는 논의는 일찍부터 있어 왔다. 그러나 이러한 논의는 단지 독일 경영학이 과학적 성격이 짙고 미국 경영학이 기술적 성격이 짙다는 사실에서 연유한 일종의 무의미한 논쟁이라고 볼 수 있다. 그 이유는 경영학을 그 조류에 의해 세분하지 않고 전체로서 통합적으로 관찰한다면 우리는 그것이 과학인 동시에 기술이라는 사실을 쉽게 긍정할 수 있기 때문이다.

가령, 경영학이 한낱 기술론에 불과하다면 극단적으로 표현하면 경영학은 경영자 개인의 경험이나 직관에 의해서 성립될 수밖에 없으며, 그럴 때

그림 1-4 경영학의 학문적 성격

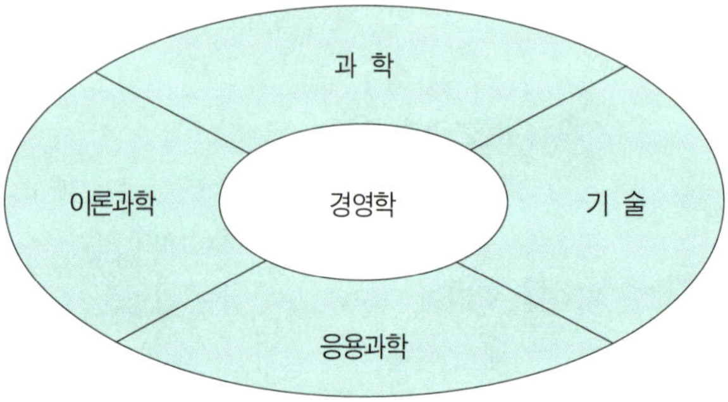

경영학은 전혀 사회적으로 유용한 학문이 될 수 없게 된다. 왜냐하면 각자가 오랜 세월을 두고 자기 나름대로 쌓아온 경험과 직관만을 토대로 이른바 시행착오(trial and error)에 의한 기술만으로 경영을 할 수 있다면 경영학의 학문적인 가치란 전혀 없을 것이다. 뿐만 아니라 어디까지나 행동을 위한 지식의 체계를 제공하는 사회적인 경영학교육 자체가 아무런 의미도 없어지기 때문이다. 또 한편으로는 경영학이 다만 순수한 이론으로서의 과학에 불과하다면 자칫 실제와 거리가 먼 공론으로 머무르게 된다. 만일, 경영학이 순수한 이론으로서의 과학 자체 이외의 아무것도 아니라면, 경영자는 일정한 이론적인 원리를 습득함으로써 모든 경영에 그 원리를 적용하기만 하면 곧 성공하여야만 하는 것이다.

그러나 실제로 성공적인 경영이란 대부분의 경우 경영자의 이론적인 지식의 습득과 함께 그 자신의 오랜 경험이나 직관이 항상 그 전제가 되게 마련이다. 이렇게 볼 때 경영학은 〈그림 1-4〉에서처럼 이론과 실천 그리고 과학과 기술의 양면성을 지니는 학문이다.

03 경영자

UNDERSTANDING BUSINESS

이 절에서는 기업을 운영하는 데 있어서 가장 중요한 인적자원인 경영자의 개념에 대해 살펴보고, 또한 경영자의 유형 및 계층 그리고 경영자의 관리기술과 역할에 대해 살펴보고자 한다.

3.1 경영자의 정의와 유형

(1) 경영자의 정의

경영자(manager)란 기업경영에 관하여 최고의 의사결정을 내리고, 경영활동의 전체적 수행을 지휘 · 감독하는 사람이나 기관을 말한다. 그 기능은 임시적 기능과 경상적(經常的) 기능으로 이루어진다. 임시적 기능은 기업의 설립 · 개편 · 합병 · 해산 등 기본적 존립에 관한 조성기능과 이사와 감사, 기타 중요 직위에 관한 최고인사이다. 경상적 기능은 자본 · 제품 · 노동력 · 유통 · 설비 등의 구조(구성)와 그러한 구조를 운용하는 기본방침이나 장기계획의 결정, 전체적 경영활동의 지휘 · 감독, 경영활동의 전체적 성과를 비판 · 검토하는 감사로 이루어진다. 현대의 주식회사에 있어서는, 임시적 기능은 주주총회가 가지며, 경상적 기능은 이사회가 가지므로, 형식적으로는 이 양자가 경영자기관이라고 할 수 있다. 그러나 실제로는 사장을 중심으로 한 약간 명의 이사들이 앞서 말한 여러 가지 기능을 수행하고 있으며, 이들이 진정한 경영자라고 할 수 있다. 전에는 출자자가 그대로 경영자가 되는 것이 보통이었다.

출자자인 동시에 경영자인 사람을 기업가라고 한다. 그러나 대규모 기업의 출현으로, 한편으로는 출자자의 다수화(多數化)에 의한 소유의 분산과 출자자의 투자가화(投資家化)가 나타나고, 다른 한편으로는 복잡 · 거대화한 생산수단의 효율적 운용을 위하여 특수한 전문적 능력을 필요로 하게 되었다. 이리하여 종래의, 출자자가 그대로 경영자가 되는 기업가시대는

표 1-2 경영자의 분류

구 분	분 류		
	직 위	계 층	직 명
상	경영자 (executives)	최고경영자층 (top management)	사장, 부사장, 이사 (president, vice president)
중	관리자 (managers)	중간경영자층 (middle management)	판매관리자 (sales manager)
하	감독자 (supervisors)	하위경영자층 (first-line management)	직 장 (foreman)

지나가고, 출자와 경영을 운용하여 출자자가 아닌 전문경영인이 기업을 움직이는 시대가 필연적으로 오는 것이다. 미국의 정치 · 경제평론가인 버넘은 산업사회시대에서는 전문경영인이 사회의 중심인 산업경영을 지배함으로써 사회의 지도적 지위에 앉는다고 보고, 이를 '전문경영인' 이라고 하였다. 전문경영인은 능력인(能力人)이므로 재능이 있는 사람을 선발하여 경영후계자로 육성하여 계속기업의 요구와 합치시키도록 해야 한다. 경영자 교육이나 경영자 세미나가 성행하는 것은 전문경영인 시대의 특색이다.

(2) 경영자의 유형

경영자는 분류기준에 따라 다양하게 분류될 수 있다. 직위에 따라 분류하면 최고경영자, 중간관리자, 하위관리자로 분류될 수 있고, 계층에 따라 분류하면 최고경영층, 중간관리층, 하위관리층으로 분류되기도 한다. 기능에 따라 분류하면 라인관리자(line manager), 스탭관리자(staff manager), 기능부서관리자(functional manager), 전반관리자(general manager) 등으로 분류된다. 이들 경영자들은 계획, 조직화, 지휘, 통제 등의 관리기능을 수행하며, 계층에 따라 관리자가 각 관리기능에 대하여 소비하는 시간의 양이 각기 다르게 조사되었다. 이와 같은 경영자의 유형을 직위, 계층, 직명에 따라 분류하면 〈표 1-2〉와 같다. 또한 소유와 경영의 분리라는 관점에서 경영자를 다음과 같이 세 가지 유형으로 분류하기도 한다.

1) 소유경영자

개인이 자본의 출자와 경영활동을 겸하는 유형의 경영자를 소유경영자(owner manager)라고 한다. 산업화 초기에는 기업조직의 규모가 소규모이고 생산방법이 간단하며 경영능력도 별로 요구되지 않았다.

소유경영자는 자본의 조달과 운용 및 위험부담, 의사결정, 지휘, 통제 등의 기능을 모두 담당하였으며, 기업가 기능과 경영자로서의 전문기능이 분화되지 않았다. 이와 같은 유형의 경영자는 오늘날 중소기업과 같은 비교적 소규모 기업에서 찾아볼 수 있으며, 또한 그 기업조직이 대규모일지라도 자본의 대부분을 출자하고 동시에 경영자로서 기업조직의 경영에 직접 참여하고 있다면 그 사람도 소유경영자이다. 실제로 우리나라 대부분의 기업들이 이 유형에 해당된다.

2) 고용경영자

고용경영자는 기업의 규모가 커짐에 따라 경영활동의 폭과 생산방법이 복잡·다양화해져 소유경영자 혼자 경영관리 기능의 전부를 처리하기 어려워지는 단계에서 출현하게 된다. 그래서 종래의 소유경영자의 능력으로 모든 경영활동을 담당할 수 없게 되었으므로, 다른 사람을 고용하여 경영관리 기능의 일부를 분담시키지 않을 수 없었다. 이와 같이 기업가의 위탁에 의해 그 대리인으로서 경영관리 기능을 수행함으로써 기업가의 이익을 대변하는 사람을 고용경영자(employed manager)라고 한다. 여기에서 주의할 점은 고용경영자는 경영관리의 전문적 지식과 기술을 보유하고 있더라도 주로 자본가나 기업가의 이익을 대변할 뿐이기 때문에 사실상 소유경영자의 연장선상에 있다고 보아야 한다.

3) 전문경영자

오늘날 경영규모의 대규모화와 함께 복잡화된 생산수단의 관리, 다양화된 생산요소의 효율적 결합, 격변하는 환경에의 창조적 적응 및 장기적인 경영예측의 필요 등 경영내용이 복잡해졌다. 이로 인하여 여러 가지 다양한 경영직능을 합리적으로 수행하기 위해서는 단지 출자자란 자격만으로는 이를 감당할 수 없기 때문에 경영관리에 대한 전문적 지식과 능력을 갖춘 전문경영자가 필요하게 된 것이다.

표 1-3 소유경영자와 전문경영자의 비교

구 분	소유경영자	전문경영자
장 점	• 최고경영자의 강력한 리더십 • 과감한 경영혁신 • 외부환경 변화에의 효과적 적응	• 기업문화, 민주적 리더십과 자율적 경영 • 객관적 · 경영관리와 전문화 · 합리화 추구 • 기업의 안정적 성장 • 전문인으로서의 직업윤리 소유
단 점	• 가족경영, 족벌경영의 위험 • 개인 및 기업이해의 혼동 • 개인능력에 지나친 의존 • 부와 권력의 독점	• 임기의 제한, 개인의 안정성 추구 • 주주 이해관계의 경시 • 장기적 전망과 투자마인드 부족 • 단기적 기업이익 및 성과에 집착

전문경영자(professional manager)란 출자 여부와 관계없이 경영활동 전반에 걸친 포괄적인 의사결정을 할 수 있는 경영자로서의 지식, 경험 그리고 능력을 가진 자를 말한다. 주식회사제도의 발전과 더불어 주식이 광범하게 분산되고, 다수의 소주주집단이 그 소유주식수로 유의미한 지배를 할 수 없게 되며, 주주총회가 형식적 의결기관화되어 실질적으로 경영자의 의사가 기업조직의 기본적 방침을 지배하게 됨에 따라 전문적 경영능력과 지식을 가진 전문경영자가 등장하게 된 것이다.

이와 같이 오늘날에 와서는 〈표 1-3〉의 소유경영자와 전문경영자의 비교에서처럼 전문경영자의 등장과 더불어 소유와 경영의 분리가 가능하게 되었다. 주주라는 이해집단의 의사만으로 기업이 운영되지 않고, 전문경영자에 의해 오늘날 기업에 요구되고 있는 사회성과 공익성의 실현이 보장될 수 있는 경영활동이 이루어지게 되었다.

3.2 경영자의 계층

(1) 최고경영자층

조직의 최상위계층에 속하는 사람들을 최고경영자라 한다. 최고경영자(top manager)는 기업의 의사결정에 있어서 핵심적 역할을 수행하고 전반적 경영활동에 대한 지휘 · 감독을 총괄하는 등 기업에서 최고의 위치를 차지하는 계층이다. 이들의 직무는 기업의 인수, 연구개발투자, 다양한 시장에 대한 진입 내지 철수 그리고 신규공장과 사무실 건축과 같은 활동에 대한 의사결정 등 조직에 장기적 · 전반적으로 미치는 결정들이다. 즉, 이들은 기업 전체적인 입장에서 주요 계획을 수립하고 전략적 의사결정을 행하며, 기업경영의 기본정책과 방향을 결정하면서 조직의 생존과 성장, 조직 전반의 유효성을 강조한다는 측면에서 전략적 경영자(strategic manager)라고도 한다. 회장, 부회장, 사장, 부사장 그리고 CEO(Chief Executive Officer) 등의 명칭으로 불리는 기업의 이사회 구성멤버들이 여기에 속한다. 한편, 중간경영자나 하위경영자 또는 현장경영자는 최고경영자가 수립한 기본정책과 방향에 따라 세부 경영관리활동을 담당하는 계층을 지칭한다.

(2) 중간경영자층

중간경영자(middle manager)는 최고경영층과 하위경영자 또는 현장경영자의 중간에서 이들을 연결해 주는 이른바 연결핀(linking pin)인 부장 · 차장 · 과장급으로 기업경영활동의 중추적 역할을 수행한다. 이들은 최고경영자의 경영정책에 따라 기업의 하위부문을 관리하면서 현장경영자를 지휘 · 감독하는 역할을 수행한다. 이들은 일반적으로 구매, 생산, 재무, 마케팅, 인사활동 등과 같은 기업활동을 관리하게 되는데, 근래에 들어 기업경영에 대한 전문성이 더욱 요구되면서 그 비중이 커지고 있다. 이들은 상위에서 설정된 목적과 계획을 보다 구체적인 목표와 활동으로 전환시키는 책임을 지고 있다는 의미에서 전술적 경영자(tactical manager)라고도 한다.

(3) 하위경영자층

하위경영자(first-level manager, low manager)는 생산현장 또는 업무의 최일선에서 근무하는 생산직 · 사무직 직원과 1:1 접촉을 통해서 이들을 지휘하고 현장감독하는 계층으로, 직장, 계장, 대리, 조장, 반장 등이 이에 속한다. 이들은 앞서 중간경영자들이 실행가능하도록 전환시킨 목표와 계획을 직접 실행하는 책임을 진다는 측면에서 업무적 경영자(operational manager)라고도 한다. 하위경영자는 최일선의 업무와 직접적인 관련을 맺고 있기 때문에 생산현장에서 근로자의 생산능률 향상에 가장 직접적이고 깊은 관심을 가지고 있으며, 생산현장에 대한 직접적인 감독의 책임과 생산업무에 대한 권한을 부여받고 있다.

한편, 경영자의 관리기술이란 경영자가 자신의 직무를 충실하게 수행해 나가는 데 필요로 하는 구체적인 능력을 말한다. 이러한 관리기술은 교육 훈련, 경험, 실무를 통해서 학습되고 개발 · 향상될 수 있다는 특성이 있다. 따라서 경영자가 성공적으로 경영목표를 달성하기 위해서는 관리기술(managerial skill)을 습득하여 효과적으로 발휘할 수 있어야 한다. 관리기술에는 개념적 기술(conceptual skill), 인간관계적 기술(human skill), 전문적 기술(technical skill) 등이 포함된다.

그런데 이러한 세 가지 관리기술은 관리계층에 따라 그 중요성에 있어서 차이가 있다. 관리계층을 따라 아래로 갈수록 전문적 기술의 중요성이 더 높아지고 위로 갈수록 개념적 기술의 중요성이 더 높아진다. 하위계층의 관리자들은 구체적인 작업상황에서 과업수행상의 일상적인 활동과 문

표 1-4 경영자의 관리기술

관리기술과 대상	기술의 내용	구체적인 예
개념적 기술 최고경영자	• 많은 조직활동을 전반적 시각에서 통합 · 조정함으로써 조직의 전체 상황을 파악하고 환경변화에 대응하는 능력	• 최고경영층이 기업합병이 기업내부에 미치는 영향을 분석하는 것 • 인사담당본부장이 단체협약이 기업 전체에 미치는 영향을 분석하는 것
인간관계적 기술 중간경영자	• 종업원을 선발하고 동기유발 및 지휘와 관련된 대인관계의 능력	• 부서장의 하위관리자 및 최고경영자의 만족할 만한 조정 역할 • 재고담당자와 구매담당자간의 갈등을 해소하는 부서장
전문적 기술 하위경영자	• 과업수행에 필요한 전문적 지식 및 과업수행상의 도구, 기법, 절차 등의 활용능력 • 작업관리상의 기술, 즉 작업을 계획 · 조직 · 평가할 수 있는 능력	• 마케팅 담당자의 시장분석 능력 • 설계엔지니어의 부품디자인 능력

표 1-5 경영자의 역할

관리활동범주	역 할	관리자 역할의 내용
대인간 활동	① 대표자	• 그 부서의 상징적인 대표자, 내방자의 접견, 법률적인 문서에 서명, 조직대표로서 외부행사에 참석 등
	② 리더	• 하위자를 동기부여하고, 인력충원 및 훈련책임 수행, 조직의 하위단위 부서들이 전체목표를 위해 협동적으로 작용하게 하는 일, 채용, 승진, 훈련, 지휘, 해고 등
	③ 연락자	• 외부적인 지지의 확보와 정보를 얻기 위해 외부와의 접촉망을 유지하는 일
정보관리 활동	④ 정보탐색자	• 조직의 내부 및 외부환경 속에서 일어나고 있는 일들을 계속 주시함으로써 유용한 정보를 찾아내어 분석 · 검토하는 일
	⑤ 정보보급자	• 내부 및 외부에서 얻은 정보를 조직의 성원들에게 보급하는 역할
	⑥ 대변인	• 조직의 정책, 계획 및 활동에 관한 정보를 외부에 알리는 역할, 중간관리자의 경우는 상부에 보고하는 일
의사결정 활동	⑦ 기업가	• 조직이나 집단의 현재상태를 개선하기 위하여 사업기회를 포착하고 새로운 제품의 개발, 새로운 장비구입, 공식구조의 재조정 등에 관한 아이디어의 창시
	⑧ 혼란조정자	• 예기치 않은 위기에 직면했을 때 수정조치를 취하는 일, 종업원들간의 갈등조정 및 파업조정 등
	⑨ 자원배분자	• 인적자원, 물적자원 및 자금의 적절한 배분의 책임, 사업계획의 추진에 따른 시간조절, 임금인상 등
	⑩ 협상자	• 단체협약 및 외부와의 계약과정에서 조직을 대표하여 협상하는 일, 조직 내의 부서간의 협상 등

제점을 감독 · 처리해야 하기 때문에 전문적 기술이 더 필요하게 된다. 상위계층의 관리자들은 전체조직의 관점에서 조직의 발전과 업적에 중대한 영향을 미치게 될 장기적이고 광범위한 의사결정을 해야 하기 때문에 개념적 기술이 더 요구된다. 이상을 정리하면 〈표 1-4〉와 같다.

3.3 경영자의 역할

역할(role)이라는 개념은 행동과학에서 비롯된 용어로서 어떤 직무에 요구되는 행동의 범주이다. 일반적으로 경영자(관리자)는 하위자들의 리더로서, 조직의 대변자로서, 의사결정자로서의 역할을 수행한다고 이해되고 있다. 민츠버그(Mintzberg)에 의하면 〈표 1-5〉와 같이 관리활동을 세 가지 범주로 구분하였다.

요 / 약

1 기업이란 경제적 가치를 갖는 제품이나 서비스를 생산하여 그것을 필요로 하는 구매자 혹은 소비자에게 공급하는 조직을 말한다. 즉, 기업은 사회의 일원으로서 경제적 · 사회적 역할을 담당하는 조직시스템이며, 이와 같은 역할의 효과적인 수행에 의해 영속적인 존속 · 발전을 유지해가는 조직실체이다.

2 기업목적은 경영활동의 명확한 방향을 제시해주고, 복잡한 의사결정이나 기업행동의 기준으로 활용되며, 계획 및 통제시스템의 기초는 물론 성과평가의 기준으로도 이용된다. 또한 대내적으로 기업내 구성원의 관심과 행동을 의도하는 방향으로 집중시키는 길잡이 역할을 하고, 다양한 개인과 집단들의 조직몰입을 촉진시키는 기능을 수행한다.

3 기업경영의 구성요소는 기업의 목표, 유능한 인적자원(human resources), 운영자본, 경영전략과 그 나라의 문화, 시장환경 그리고 각 기업의 마케팅 · 생산 · 재무 · 회계부서의 활동 등을 들 수 있다.

4 경영이란 명시된 조직의 목표를 달성하기 위하여 조직이 동원할 수 있는 모든 자원을 사용하여 구성원들의 노력을 계획 · 조직 · 지휘 · 통제하는 일련의 과정이라고 정의할 수 있다. 즉, 변화하는 시장환경에서 조직의 구성원들이 조직의 목적을 효율적 · 효과적인 방식으로 달성하기 위해 조직 내외의 모든 자원을 관리하는 일련의 활동을 뜻한다.

5 경영과정은 일반적으로 계획수립, 조직화, 지휘, 통제 등 네 가지 활동을 뜻하는 것으로서 어떤 조직형태의 어느 계층에서든지 가장 보편적으로 이루어지는 경영활동이다.

6 경영학이란 기업이 당면한 복잡한 경영문제를 해결할 수 있는 이론적 지식과 전략, 그리고 현재의 기업을 미래의 성공적인 초우량기업으로 성장시키기 위해 어떤 방법을 강구해야 할 것인가를 체계적으로 탐구하는 실천적 응용과학(practical applied science)이다.

7 경영학의 학문적 성격은 사회과학성, 이론과 실천성, 과학성과 기술성이다.

8 경영자(manager)란 기업조직의 목표를 달성하기 위해 생산, 마케팅, 인사, 재무, 회계, 정보 등과 관련된 활동을 계획, 조직화, 지휘, 통제 및 변화를 통하여 추진해가는 기업조직의 경영적 주체를 말한다.

9 경영자의 유형을 직위, 계층, 직명에 따라 분류할 수 있다.

10 최고경영자는 기업의 의사결정에 있어서 핵심적 역할을 수행하고 전반적 경영활동에 대한 지휘 · 감독을 총괄하는 등 기업에서 최고의 위치를 차지하는 계층이다.

11 중간경영자는 최고경영층과 하위경영자 또는 현장경영자의 중간에서 이들을 연결해주는 이른바 연결핀(linking pin)인 부장 · 차장 · 과장급으로 기업경영활동의 중추적 역할을 수행한다.

12 하위경영자는 생산현장 또는 업무의 최일선에서 근무하는 생산직 · 사무직 직원과 1:1

접촉을 통해서 이들을 지휘하고 현장감독하는 계층으로, 직장, 계장, 대리, 조장, 반장 등이 이에 속한다.

13 관리기술에는 개념적 기술, 인간관계적 기술, 전문적 기술 등이 있다.

14 경영자는 하위자들의 리더, 조직의 대변자, 의사결정자로서의 역할을 수행하며 〈표 1-5〉와 같이 구체적으로 정리된다.

생각해볼 문제

1 기업의 정의와 특징에 대해 논하라.

2 현대기업의 목적을 경제적 측면과 비경제적 측면으로 나누어 설명하라.

3 경영학의 정의와 그리고 경영목적 달성을 위한 의사결정원리로 등장하는 개념들인 효율성, 효과성, 수익성, 경제성, 그리고 생산성에 대해 간략하게 서술하라.

4 경영자의 정의와 유형에 대해 구체적으로 논하라.

5 경영자의 역할에 대해 설명하라.

6 경영사례플러스에 있는 남양유업의 사례를 읽고 유사한 기업을 사례로 개발해보자.

CHAPTER

2

1. 경영학의 특징
2. 경영학의 발달사

UNDERSTANDING BUSINESS

경영학의 특징과 발달사

경영사례 플러스

CASE+

삼성경제硏 베스트 · 워스트 CEO 유형 소개

경제환경이 불안해지면서 기업의 실적이 양극화하고 있다. 『포춘』이 선정한 글로벌 500대 기업에서도 1~10위 기업은 2000~2002년에 매출 성장세가 이어졌으나 11~20위는 떨어지는 등 쏠림현상이 심화되고 있다. 이런 현상에는 최고경영자(CEO)의 역할이 결정적으로 작용하고 있다. 미국 월가의 큰손 워런 버핏은 투자기업을 고를 때 가장 먼저 '누가 CEO이냐' 에 주목한다. CEO에 따라 기업이 죽거나 살기도 한다는 것이다.

삼성경제연구소는 'CEO, 성공과 실패의 조건' 이란 보고서에서 CEO를 베스트(Best) 3개, 워스트(Worst) 2개 등 5개 유형으로 분류, 소개했다.

고공행진형

핵심 역량을 시대변화와 경쟁상황에 맞게 끊임없이 업그레이드하여 초우량기업의 지위를 지키면서 매출과 이익을 늘리는 CEO다. 1등이라는 함정에서 자만하지 않고 긴장의 끈을 놓지 않는 게 특성이다.

월마트의 리 스콧 주니어는 저가전략에서도 지역에 따라 고가의 가전제품과 보석류를 파는 유연화 전략으로 실적을 높였다. 도요타자동차의 조 후지오는 "현재 상황에 안주, 개선하지 않으면 성장은 끝" 이라며 긴장을 유지해나가고 있다.

수직상승형

미래의 꿈을 제시하고 산업계의 변혁을 추구하는 CEO다. 예민한 경영감각에다 한번 결정하면 압축성장을 가능케 하는 결단력과 돌파력이 있다.

하드웨어보다 소프트웨어를 중시하는 시대를 연 마이크로소프트의 빌 게이츠, PC

의 유통망을 없애는 신기원을 연 데 이어 디지털 TV로 영역을 넓혀가는 델컴퓨터의 마이클 델이 대표적 인물이다. 빌 게이츠는 기술고문인 아눕굽타를 영입하기 위해 아예 그가 다니던 회사를 통째로 인수했다. 이베이의 마가렛 휘트먼은 끈기와 승부 근성으로 유명하다. 여섯살 때 알래스카 여행 중 차 안에서 떠들다가 어머니의 명령으로 차에서 내려 고속도로를 지쳐 쓰러질 때까지 걸어가면서 체득한 도전정신으로 사업을 확장했다.

기사회생형

현실을 인식하고, 결정은 외부의 어떤 비난에도 불구, 밀어붙이는 스타일이다. 구체적인 회생 로드맵과 비전을 제시, 회사 전체의 공감대를 이끌어내야 성공할 수 있다.

일본 닛산자동차의 카를로스 곤은 2년 내에 회사를 살리지 못하면 물러나겠다고 밝힌 뒤 부품업체 절반 감축, 직원 2만1천명 감원, 5개 공장 폐쇄 조치를 단행했다. '칼잡이', '장의사' 라는 비난에도 닛산을 매출 569억달러, 순이익 41억달러의 초우량기업으로 재탄생시켰다.

돌발추락형

환경변화에 따른 어부지리를 자신의 실력으로 착각, 위기에 대처하지 못하거나 기업 투명성과 윤리 문제로 자신은 물론 기업마저 구렁텅이로 빠뜨리는 CEO다.

시스코의 존 챔버스는 정보기술(IT) 혁명에 힘입어 2000년 급성장의 단꿈에 빠져 있다가 부품 부족 사태로 제동이 걸린 뒤 뒤늦게 부품을 대량 매입했다. 하지만 바로 경기후퇴로 재고만 쌓이면서 2001년 220억달러라는 천문학적인 적자를 냈다. 주가도 10분의 1로 추락했다. 엔론의 케네스 레이는 부채를 숨기고 이익을 부풀렸다가, 일본 최대의 식품회사 유키지루시(雪印)의 이시가와 다츠로는 1만3천명의 집단식중독에 이어 수입쇠고기를 일본산으로 속여 팔았다가 50년 역사의 회사 문을 닫았다.

위기반복형

변화에 적응하지 못하거나 리더십을 제대로 발휘하지 못해 위기 탈출에 실패한 유형이다. 소니의 이데이 노부유키, 다임러 · 크라이슬러의 위르겐 슈렘프가 해당된다.

이데이는 디지털이라는 대세를 외면하다가 소비자 가전에서 경쟁사들에 밀리면서 2004년 비즈니스위크에 의해 최악의 경영자로 뽑혔다. 또 슈렘프는 크라이슬러와 합병하고 미쓰비시 자동차에 투자했으나 시너지 효과는커녕 적자에 시달리면서 자리 유지에도 급급한 실정이다.

자료: 경향신문, 2004년 5월 27일

01 경영학의 특징

UNDERSTANDING BUSINESS

1.1 독일 경영학

독일 경영학은 당초 '상업학'과 '관방학'으로서 오랫동안 연구되어 왔다. 전통적 독일 경영학은 '경영경제학'만을 의미하며, 미국의 근대적 조직론, 시스템론, 사회학, 심리학, 행동과학 등의 지식을 반영한 것이다.

독일 경영학의 역사가 처음 학문적 체계의 기틀을 마련한 것은 1675년 프랑스 학자인 사바리(Savary)의 『완전한 상인』에서 비롯된다. 산업혁명의 등장으로 경제학으로 발전한 상업학은 복식부기 체계에 의한 포괄적 계산론과 같은 상인들의 상거래 기술과 상업경영관리론이었고, 국민경제학으로의 길을 걷게 되면서 개별경제학 또는 사경제학이 된 관방학은 봉건영주의 재산관리를 맡은 행정관을 위한 학문이었다. 특히 1895년 설립된 독일 상업교육협회를 중심으로 벌어진 상과대학 설립운동과 상과대학의 교과과정 개발과 관련하여 상업학을 경제학화하는 방향으로 학문적 체계를 갖추게 되었으나 실제적으로는 국민경제학을 중심으로 운영되고 있었다.

이런 과정에서 1903년 독일상업교육협회가 주관한 논문현상공모에 곰베르그(Gomberg)의 『상업경영학과 개별경제학』이 당선됨에 따라 상업경영학을 개별경제학의 일부로 다루는 등 경영경제학의 선구적 형태인 '사경제학' 내지 '개별경제학' 발달의 계기가 되었다. 이는 과학성이 없는 잡적과학이라는 비판을 받아오던 상업학의 경제학화를 가져온 것이다. 다만, 사경제학자들은 '사경제=기업'이라는 맥락에서 이윤추구적 성격의 연구로 국민경제학자들로부터 비판을 받게 되었다. 그러나 개별경제학은 영리기업뿐만 아니라 가계와 공기업 등도 포함하는 개별경제를 연구대상으로 했다는 점에서 차이가 있다.

사경제학과 개별경제학이란 용어가 주로 사용되면서 독일 경영학에서 중요한 비중을 차지하는 사경제학의 성격에 대한 방법론상의 논쟁이 일어났다. 이들의 주요 쟁점은 사경제학이 이론과학인가? 기술론인가?, 수익성을 선택원리로 하는가? 아니면 경제성을 선택원리로 하는가? 그리고 국민경제학과와의 관계는 어떠한가? 등이었다.

먼저 제1차 방법논쟁의 계기는 경영경제학을 순수이론으로 해석하는 바이어만과 쉬니츠(Weyermann and Schnitz)의 과학적 사경제학의 제창과 경험적 사실에 입각하여 실용적 및 기술적 사경제학을 주장한 쉬말렌바하(Schmalenbach)에 의해 전개되었다. 이 과정에서 경영을 둘러싸고 빚어졌거나 빚어질 수 있는 현실적인 문제를 대상으로 경험에 의해 뒷받침이 된 이론을 적용하려는 응용과학적 성격을 갖는 기술론으로서의 사경제학이 크게 발전하였다. 그러다가 1920년대에는 사경제학과 개별경제학의 대립을 극복하는 방향에서 경영경제학이라는 명칭이 일반화되었다.

제2차 방법논쟁은 리거(Rieger)와 니클리쉬(Nicklisch)를 중심으로 이루어졌다. 리거는 『사경제학입문』(1928)에서 수익성을 선택원리로 하는 기업이론으로서 주로 이론을 탐구하는 순수과학 내지 이론과학의 사경제학을 전개하였다. 반면에 니클리쉬를 중심으로 한 규범론적 경영경제학은 윤리적 · 도덕적인 것을 바탕으로 한 규범(norm)을 마련해 놓고 여기에 모든 경영활동의 초점을 맞추어 보고자 했다. 따라서 사경제학은 경제라고 부르는 사항에 대한 인식을 중개할 따름이지 실천적 행위에 대한 방향이나 처방을 제시해서는 안된다고 주장하였다.

제3차 방법논쟁은 이론경제학과 국민경제학—이론과학적 경영경제학—의 일부로 간주하고 있는 구텐베르크(Gutenberg)의 『경영경제학원리』(생산론, 1951; 판매론, 1954; 재무론, 1969) 출간과 더불어 기술론적 경영경제학—실천과학적 경영경제학—의 흐름을 이어받은 멜레로비치(Mellerowicz)에 의해 비롯되었다. 구텐베르크는 생산성관계를 중심으로 고찰하는 경제학의 풍부한 이론적 성과와 분석수법을 사용하여 생산요소의 최적 결합관계를 중심으로 분석하고자 하였으며, 멜레로비치는 경제학적 관점뿐만 아니라 사회학, 심리학, 문화인류학 등과 같은 인접과학의 성과를 받아들여 학제적 접근방법을 채용해야 하며, 순수이론과학으로서의 학문성격 규정이나 수학적 분석기법에 의한 이론의 과도한 추상성을 비판했다.

그밖에 공업경영 전반에 걸친 공업경영론이 전개되었고, 이는 제1차 세계대전 이후 노동생리학 및 노동심리학을 기초로 하는 노동과학 또는 경영과학으로 전개되었다. 경제학적인 관점에서 경영을 경제단위로 보아 연구하는 경영경제학과 달리 경영을 기술의 단위로 보는 경영사회학이 공과대학을 중심으로 전개되었다. 특히 경영사회학은 경영에 포함된 기술과정, 경제과정 그리고 인간과정 가운데 인간과정이 기술과정에 의해 제약을 받는 과정에서 나타나는 사회적 문제에 초점을 두고 있다.

또한, 미국 경영관리론의 도입으로 본질적인 전환을 맞게 된 경영경제학은 하이넨(Heinen), 키르쉬(Kirsch) 등을 중심으로 한 의사결정론적 경영경제학이 등장하게 되었다. 의사결정론적 경영경제학은 경영경제의 모든 영역에 대한 인간의 의사결정을 경영경제학의 과학적 분석의 출발점으로 삼고, 다원목표론에 입각하여 보다 현실적인 기업목표 시스템을 모색하고 있다. 이와 같이 생산성과 인간의 문제에 대한 의사결정을 중심으로 하여 통합적으로 해결하려는 의사결정론적 경영경제학은 독일 경영학 속에 근대적 조직론, 시스템론, 심리학 그리고 행동과학 등 미국 경영학의 연구결과가 도입된 것이라 할 수 있다.

따라서 독일 경영학은 방법론적 연구를 중심으로 경제학과 다른 독립적 학문으로서의 체계화를 지향해 왔다. 그 결과 경영상의 실천보다는 경영이론의 체계화에 관심을 두고 이루어져 왔다는 특징을 갖게 된 것이다.

1.2 미국 경영학

미국 경영학은 이론이나 인식 또는 주관을 중시하는 주관주의와는 대립되는 개념으로서 오직 실용주의를 토대로 한 경영현장에서 출발하고 있다. 즉, 실제 경영현장에서 빚어지는 문제해결을 위한 합리적 방법은 무엇이며, 어떻게 도입할 것인가라는 극히 실천적이며 기술적인 문제만을 실용주의적 입장에서 추구하는 소위 '경영관리학'의 성격을 띤다.

미국 경영학은 1850년대 산업혁명, 1861년의 남북전쟁을 계기로 급속한 공업화에 따른 숙련노동력의 부족과 임금압력 문제를 해결해야 할 경영현장 과제의 등장으로부터 구체화되기 시작했다. 고전적 경영이론인 테일러(Taylor)의 과학적 관리론과 페이욜(Fayol)의 일반관리론은 전체로서의 조직능률을 증대시키는 데 초점을 두고 있는 일련의 관리이론으로 경영현장의 대안을 제시했다. 이 과정에서 나타난 또 다른 인간문제에 대한 접근은

표 2-1 독일 · 미국 경영학의 특징 비교

구 분	공통점	독 · 미 경영학의 차이점	
		독일 경영학	미국 경영학
학문 배경		• 사바리(Savary)의 『완전한 상인』 이후 약 330년의 역사 • 주로 학자에 의해 기초 형성 • '상업경영' 에서 시작됨 • 이론의 체계화과정에서 이루어짐	• 테일러(Taylor) 이후 약 90년 역사 • 주로 기사나 실무자에 의해 기초 형성 • '공업경영' 에서 시작됨 • 경영관리의 수행과정에서 필요에 의해 자연발생적 생성
학문 성격	• 이론과 실제의 양면적 학문 • 경영의 경제적 측면에서의 인식대상	• 이론과학임을 앞세움 • 기초과학으로 간주함 • '학리' 를 앞세워 '경영의 연구' 보다도 '이론중심의 경영학의 연구' 에 중점을 둠	• 실천과학 주장 • 응용과학으로 간주함 • '실제에 입각한 기술론' 임을 앞세워 '경영학의 연구' 보다도 '경영 자체의 연구' 에 중점
학문 영역	• 주된 학문포괄영역으로서의 '기업'	• 기업설립에서 그 운영과 해체에 이르기까지 전 과정 포괄 • 학문영역 일반적으로 '넓지만 대체로 가늘고 얇다' 고 인정	• 주로 기업의 경영관리에 중점 • 학문영역이 대체로 "좁지만 그 부분만은 굵고 깊다" 라고 인정함
학문 체계	• 경영학총(원)론과 경영학 각론으로 대별	• 각론 부분은 생산 · 유통 · 소비 등의 기관별 체계에 따름 • 총론부분은 경영학사를 포함해서 매우 다채로움	• 각론은 기능별 체계에 따름 • 총론은 주로 기업의 경영관리면에 국한함

메이요(Mayo)의 호손실험을 계기로 행태적 경영이론을 체계화하였다. 또한 의사결정, 경제적 유효성, 수리적 모델 그리고 컴퓨터의 활용에 초점을 둔 계량적 경영이론이 등장하였다. 다음으로 상호보완적 기반하에 고전적 · 행동적 · 계량적 접근방법을 통합하는 데 도움을 주는 시스템적 접근과 상황론적 접근으로 발전하였다.

이처럼 미국 경영학은 방법론적 고찰보다는 개별적 연구내용이 비체계적으로 산재되어 있는 것이 특징이다. 더욱이 연구대상은 기업뿐만 아니라 일반조직의 경영현상을 다루는 경향이 있으며, 다양한 접근방법으로 실천적 문제해결에 유용한 이론을 도출해내고 있다. 이상으로 독일 경영학사와 미국 경영학사의 특징을 정리하면 〈표 2-1〉과 같이 요약할 수 있다.

1.3 일본 경영학

일본 경영학은 제2차 세계대전을 분수령으로 그 이전은 독일 경영경제학의 직수입시대, 그리고 그 이후는 미국 경영관리학의 직접적인 영향시대였다. 다만 1960년대에 이르러서야 점차 양대조류에 대한 비판과 함께 독자적인 경영학을 모색하기 시작하였다. 따라서 제2차 세계대전까지의 일본 경영학의 특징은 직수입된 독일 경영학을 그대로 닮아가는 정도가 고작이었고, 그 후 제2차 세계대전이 끝나자 미군의 일본주둔과 함께 독일 경영학이 퇴조하기 시작하면서 미국 경영학의 도입이 본격화되었다. 그러나 1950년대 후반경부터 독일경제의 기적적 부흥이 전해져 오자 독일 경영학에 있어서의 방법논쟁이나 새로운 경영이론이 관심의 대상이 되었다. 1960년대에 들어서면서 본격적으로 경영학 연구의 독자성을 제창하고 양대 조류의 경영학을 객관적인 관점에서 비교학적 · 비판적으로 연구하여 일본의 실정에 부합하는 일본 경영학을 구축해 나갔다.

한편으로는 캘리포니아대학의 윌리엄 오우치(Ouchi) 교수가 일본의 기업체를 대상으로 성공적인 일본기업의 경영을 검토하여 〈그림 2-1〉과 같이 Z이론을 발표하는 등 일본의 독자적인 경영방식을 이론적으로 체계화하려

그림 2-1 미국 · 일본 경영방식을 절충한 Z이론

J형 (일본식)	Z형 (절충형)	A형 (미국식)
종신고용	장기고용	단기고용
전원일치의 의사결정	의사결정	개인적 의사결정
집단책임	책임소재	개인책임
장기간 인사고과와 승진	인사고과	단기간 인사고과와 승진
비명시적 · 비공식적 업무명령	비명시성 가미한 공식적 업무명령	명시적 · 공식적 업무명령
비전문화된 인사배치	적절하게 전문화된 인사배치	전문화된 인사배치
상사 · 부하의 전인격적 관계	부하의 가족에 대한 관심	업무중심의 상사 · 부하의 관계

고 시도하였다. Z이론은 상호신뢰와 협력을 주축으로 한 집단적 경영(collective enterprise)의 특징을 갖고 있다. 이는 장기계획, 노사간의 협력적 인간관계의 형성이 필요하며, 보다 구체적으로는 장기고용, 근면중시의 인사고과, 느린 승진제도, 정기 이동, 비전문적 경력, 집단적 의사결정, 명시적 관리시스템, 개인책임 등을 채용해야 한다고 주장한다.

여기서 Z는 맥그리거(McGregor)의 이른바 'X · Y이론'의 뒤를 이은 이론이라 해서 그렇게 명명된 듯하다. 주요 특징은 미국식의 경영을 A형으로, 일본식의 경영을 J형으로 이름 붙이고, 미국이라는 사회적 틀 속에 일본식의 경영방식을 접목시켰거나 절충된 것을 Z형이라 부르는 데서 시작된다. 최근에 이르러서는 산업현장에서 도요타의 JIT시스템을 비롯하여 독자적인 일본식 경영기법들이 많이 개발되어 여러 나라 산업현장에서 활용되고 있다.

1.4 한국 경영학

한국 경영학이란 제2차 세계대전 전의 일본에서의 경영학, 특히 독일 경영학을 그대로 답습하였을 뿐이며 학문체계상 어떤 일관된 독자성을 지니지 못하였다. 우리나라는 해방후 1950년대까지 일본 식민지시대 이래의 독일식 경영학이었으며, 1960년대에 접어들면서 비로소 우리나라 독자적인 경영학 연구를 위한 계기가 마련되기 시작하였다. 우선 각 대학에 종래의 상학과 이외에 독자적인 경영학과가 병설되고 미국의 하버드 경영대학원을 본뜬 경영대학원이 우후죽순격으로 생겨나고 아울러 주로 미국에서 유학했던 경영학자들이 속속 각 대학에서 경영학 강좌를 맡기 시작하면서 이른 바 미국 경영학 붐이 일어나게 된다.

1970년대를 전후로 해서 학계에서의 경영이론과 실무계에서의 경영현실이 너무나 동떨어져 있다는 비난이 일게 되었고, 더 나아가 경험적 · 실증적 연구들이 축적됨에 따라 서구 경영이론의 보편성 내지는 일반성에 대한 의문이 제기되기 시작하였다. 여기에 덧붙여 1970년대 이래로 논의되어 오던 일본적 경영연구에 자극을 받아 한국기업의 경영현실에서도 한국적 경영론을 정립해야 한다는 주장들이 제기되어 왔다. 그러나 1980년대의 초반의 한국의 경영학은 아직도 그 학문적 체계가 거의 미국 경영학 일변도이며, 그 이론과 실제면에서도 미국 경영학만을 거의 무비판적으로 수용하고 있는 실정이었다. 그러나 신유근 교수의 『한국의 경영』(1996)에서 비로소 우리나라 경영학을 연구하는 데 더욱 이론적인 면모를 갖추려는 노력들이 보이기 시작하였다. 이러한 노력들은 한국의 기업경영을 연구대상으로 한국의 기업풍토에 알맞은 경영이론을 개발해야 한다는 기본명제에 합의하고 있다. 즉, 한국 기업경영에 대한 지식의 체계화를 통해 그것이 갖는 특성을 이해 · 설명 · 예측하고 이를 바탕으로 기업경영의 합리화와 효율성을 제고하기 위한 것이다.

우리나라 경영학에 관한 그간의 논의들에 있어서 제기된 가장 기본적인 문제는 접근방법에 있어서 학리적인 논의만이 진전되었을 뿐, 이론의 체계화를 위해 우선적으로 시급한 실제적인 논의들이 부족했다는 점이다. 우리나라 경영학이 정립되려면 우선 한국의 경영현실을 이해할 수 있도록 하는 기술적 연구와 우리나라 경영의 실태를 객관적으로 파악하고자 하는 실증조사연구가 선행되어야 할 뿐만 아니라, 우리나라 경영을 소재로 한 경영이론의 응용연구들이 이루어져야 한다. 이를 토대로 우리나라의 경영현상에 대한 이론화 연구—우리나라 경영학의 독자적인 경영철학을 상징하는 W이론—들이 뒷받침될 때 그야말로 한국 경영학이 성립될 수 있다. 또한 경영학이라면 분명히 독일, 스위스, 프랑스, 일본 경영학도 경영학이지만 마치 미국 경영학만이 오직 세계의 유일한 경영학으로 착각하는 편향적 연구풍토는 극복되어야 한다.

02 경영학의 발달사

UNDERSTANDING BUSINESS

앞에서 언급하였듯이 과거와 현재에 있어서의 경영학의 생성과 발달을 역사적으로 고찰해보고 경영학의 생성 이래로 나타난 여러 가지 학설이나 학파의 개별적인 특성을 이해하는 것은 경영학의 체계적인 연구를 위해 매우 중요하다. 또한, 경영학 연구가 경영학 그 자체의 연구에 앞서서 절대적인 비중을 차지하고 있는 것은 어디까지나 그러한 역사적인 학설이나 학파를 비판적으로 음미함으로써 학문의 진정한 발전의 토대를 마련할 수가 있기 때문이다.

경영학의 발달사를 논하는 데 있어서 흥미있는 사실은 시대에 따라, 또 장소에 따라 경영의 제반문제를 보는 관점과 접근방법이 다르다는 사실이다. 따라서 본 절에서는 〈표 2-2〉에서처럼 고전적 경영이론을 제1세대, 행동학적 이론을 제2세대, 계량적 접근을 제3세대, 시스템 및 상황적 경영이론을 제4세대, 그리고 최근의 경영학의 경향을 다루는 제5세대로 분류하여 전개하고자 한다.

표 2-2 경영학 이론의 발달사

구 분	주요 공헌내용	주요 공헌자	시대적 상황
제1세대 경영 : 고전적 경영이론	• 과학적 관리 • 통제시스템 • 시간동작연구 • 관리기능 • 관리이론 • 관료제조직	• Gantt(1908) • Taylor(1911) • Gilbreth(1911) • Church(1914) • Fayol(1916) • Weber(1918)	• 기업 및 시장규모의 증대 • 전문경영자의 출현 • 경기불황 • 소유경영자의 감소 • 개인의 자의에 의한 전횡적 조직경영
제2세대 경영 : 행동적 경영이론	• 참가적 경영 • 동기부여 • 전문경영자 • 목표관리 • 호손실험	• Roethlisberger(1939) • Mayo(1945) • Barnard(1938) • Drucker(1954) • McGregor(1960)	• 전문경영자의 필요성 증가 • 노동조합 결성 • 정부의 규제 • 작업자의 불안
제3세대 경영 : 계량적 이론	• 시뮬레이션 • 게임이론 • 의사결정론 • 수리모델	• Churchman(1957) • March & Simon(1958) • Forrester(1961) • Raiffa(1968)	• 기업규모 증대 • 경기후퇴 • 콩글로머리트 출현 • 냉전상태
제4세대 경영 : 시스템 및 상황적 이론	• 동태적 환경 • 유기적 · 기계적 조직 • 매트릭스 • 조직변화 • 사회적 책임 • 정보시스템	• Burns & Stalker(1961) • Woodward(1965) • Thompson(1967) • Lawrence & Lorsch (1967)	• 경제팽창 • 우주경쟁 • 고도기술제품 등장 • 국제교역 증가 • 사회적인 욕구불만 • 전문경영자의 증가
제5세대 경영 : 최근 동향	• 고객만족경영 • 6시그마 • 지식중시경영 • 공급사슬관리	• Ouchi(1978) • Guillen(1994) • Senge(1990)	• 조직문화의 강조 • 조직구조의 재조정 • 팀조직의 강조

2.1 제1세대 경영이론

산업혁명의 영향으로 새로운 제조기술의 개발과 대규모 공장 출현 및 자원들의 통합 및 조정이 필요함에 따라 제1세대 고전적 경영이론은 〈그림 2-2〉와 같이 분류할 수 있다. 즉, 테일러(Taylor)의 과학적 관리에 근거하여 작업자 및 개인의 직무에 초점을 둔 직무관리와 페이욜(Fayol)의 관리일반이론 그리고 베버(Weber)의 관료제를 토대로 한 조직관리가 그것이다. 전자는 생산현장에서의 능률 제고가 주된 연구의 관심이었고, 후자는 조직을 어떻게 구성하는 것이 좋은가에 관한 이론이다.

(1) 과학적 관리법

과학적 관리(scientific management)는 직무관리를 강조한 것으로서 물적자원과 인적자원의 능률적인 활용에 의한 제조상의 생산성을 개선해보려는 노력에서 비롯되었다. 그 이유는 당시의 제조공장들이 직면한 문제점들은 적절한 작업절차의 설정, 직무간의 경계설정 및 원자재의 흐름상의 장애를 경험하였기 때문이었다. 따라서 능률(efficiency)에 대한 관심을 가진 엔지니어와 과학자들은 기계설계, 공장배치, 작업방법 등과 관련된 여러 가지 기법들의 개발을 가져왔으며, 특히 공장의 기사였던 테일러는 과학적 관리의 아버지로 불리어졌다.

그림 2-2 제1세대 경영이론의 분류

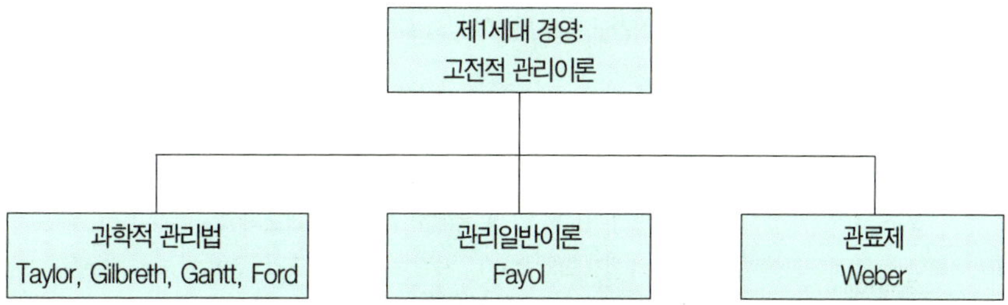

테일러는 생산효율성을 개선할 명확한 지침을 정의하기 위해 노동자와 경영자 모두의 완전한 정신혁명(a complete mental revolution)을 모색하였다. 즉, 노동자와 경영자 모두가 잉여분의 배분에서 눈을 떼고 그것을 증대시키는 데 관심을 가져야 한다고 주장했다. 또한, 테일러는 〈표 2-3〉과 같이 4가지 기본적 단계로 이루어지는 과학적 관리의 도입을 주장했다. 기업이 이 원칙을 준수할 때 노동자에게는 높은 임금을, 경영자에게는 보다 많은 이익창출을 가져다줌으로써 노동자와 경영자 모두에게 번영을 가져다줄 것이라고 주장했다. 과학적 관리에 대한 테일러의 '아이디어'는 많은 경영자들에 의해 수용되었고, 그런 '아이디어'는 계속하여 다음의 후속 연구자들에 의해 확산되었다.

① 길브레스 부부(B. Frank and L. M. Gilbreth) '동작과 피로'(motion and fatigue)에 관한 연구를 통해 작업단순화(work simplification)를 강조했다.

② 간트(H. L. Gantt) '작업의 일정계획과 통제'(work scheduling and control)를 연구하여 오늘날에도 활용하고 있는 '간트 차트'—한쪽 축에는 계획된 작업과 완성된 작업을 표시하고, 다른 쪽 축에는 소요된 시간을 표시하여 양자의 관계를 나타내는 도표—를 창안하였다. 그리고 간트는 과업보너스시스템(task bonus system)—테일러의 순수한 성과급과는 달리 각 직무에 표준작업량 및 표준임금을 설정하고 표준을 초과하였을 때 보너스를 지급하는 보상시스템—을 개발하였다.

표 2-3 테일러의 4가지 경영원칙

단 계	내 용
제1단계 : 과학적인 작업과정연구	시간동작연구 통해 최선의 방법 찾아 직무 재설계(job redesign)
제2단계 : 과학적인 노동자 선발	최선의 작업방법대로 직무수행이 가능한 능력의 소유자를 작업자로 선발 · 훈련
제3단계 : 성과급제도	작업자를 적재적소에 배치하는 것만으로 생산성이 제고되지 않음. 작업자들이 최선을 다해 작업가능토록 동기를 유발하기 위한 성과급제(piecerate system) 도입
제4단계 : 기능별 감독제도	직능별 직장제도(functional foreman-ship) 도입 : 분업에 의한 직무전문화 강조, 직능별 전문가인 관리자(직장)가 작업계획 수립, 방해요소를 제거하며, 최선의 기계속도, 직무의 우선순위 결정, 작업감사 등의 업무수행

③ 에머슨(H. Emerson) '능률의 원리'(principle of efficiency)를 개발하였으며, 오늘날 거의 모든 조직에서 찾아볼 수 있는 '라인-스탭'의 개념과 "조직 전체를 위해 측정가능한 목표가 명시되어야 한다"는 것을 강력하게 주장하였다.

그러나 과학적 관리법에 대한 비판은 첫째, 우선 작업과정에서 나타나는 작업자들간의 사회적 관계(인간관계 및 비공식집단)의 영향과 작업자들의 상위계층욕구를 중시하지 않았다는 점이며, 둘째, 작업자들의 정서와 심리상태에 있어서의 차이를 인정하지 않았으며 종업원들의 아이디어 제출이나 제안을 고무하지 않았다는 것이다.

(2) 관리일반이론

과학적 관리가 개별노동자의 직무를 대상으로 이루어지고 있는 데 반해, 일반관리는 전체조직의 관리(management of total organization)에 관심을 두고 있다. 관리이론에서는 경영(관리)을 관리자가 수행하는 관리기능(managerial functions)으로 설명하고 있다. 그리고 관리이론에서는 특히 목표달성을 위한 제자원의 조정이 중요하다.

관리기능에는 학자마다 상이한 기능들을 포함시키고 있지만 대개 공통적으로 포함시키고 있는 관리기능은 계획(planning), 조직화(organizing), 통제(controlling)의 세 가지이다. 그러나 최초의 관리원칙은 1916년 프랑스 공업경영자였던 페이욜의 저서 『산업 및 일반관리』에 제시되었다.

초기 관리이론 창시자인 프랑스의 페이욜은 기업조직의 활동을 '관리활동'과 '작업활동'으로 크게 나누고, 관리활동(managerial activities)에는 계획, 조직화, 지휘(commanding), 조정, 통제 등을 포함시켰으며, 작업활동(operating activities)에는 기술(technical), 영업(commercial), 재무(financial), 안전(security), 회계(accounting) 등을 포함시켰다. 그리고 이와 같은 관리활동을 수행하기 위해서는 〈표 2-4〉와 같은 14가지의 관리원칙이 필요하다고 강조하였다.

페이욜이 제시한 관리원칙은 보편타당성이 있는 것으로 보지 않고 오히려 원칙의 적용은 그 조직이 처한 상황에 따라 달라져야 함을 강조함으로

표 2-4 페이욜의 14가지 경영원칙

경영원칙	내 용
(1) 분 업	전문적인 지식과 기술가진 전문화는 노동의 효율성 높여 성과증가
(2) 권한-책임	조직구성원 각자가 분담하는 직무를 효과적으로 수행할 수 있게 하기 위해서는 책임, 권한, 어카운터빌리티(accountability: 업무수행결과에 대한 책임 혹은 최종책임)가 서로 대응되어야 한다.
(3) 규 율	규칙을 준수하고 그에 따라 일을 처리하고 노력해야 한다.
(4) 명령일원화	하위자는 한 사람의 상위자로부터 명령과 지시를 받아야 한다.
(5) 지휘일원화	동일한 목적을 위한 활동은 단일의 상사와 계획하에 지휘되어야 한다.
(6) 전체이익 우선	조직의 이익이 개인의 이익에 선행되어야 한다.
(7) 보 상	급여의 결정 및 그 지급방법은 공정해야 한다.
(8) 집권화	조직의 각 부문을 총괄할 수 있는 중심점이 있어야 하며, 대규모 조직에서는 분권조직이 필요하다.
(9) 계층연쇄	모든 조직에는 일선감독자로부터 최고관리층에 이르기까지 일관된 계층의 연쇄(scalar chain)가 유지되어야 한다.
(10) 질 서	조직 내의 물적자원과 인적자원이 적재적소에 배치 · 배분되어야 한다.
(11) 공 정	경영자가 부하를 다룰 때는 사랑과 정의를 적절히 조화함으로써 종업원의 충성심을 불러일으키고, 종업원의 헌신을 얻어내야 한다.
(12) 고용안정	능률은 안정된 노동력에 의해서 증진될 수 있으므로 최고경영자는 종업원들(특히, 관리자들)이 장기적으로 조직에 헌신 · 봉사할 수 있게 해야 한다.
(13) 창의력 발휘	성공을 확보하기 위해서는 창의력 발휘에 의한 계획이 선행되어야 하므로 종업원들이 실행계획을 스스로 개발 · 실천할 수 있는 자유가 있어야 한다.
(14) 단 결	"단결이 곧 힘"이므로 조직은 하나의 팀(team)으로서 기능해야 하고, 팀구성원은 최상의 조직성과를 위해서 협력해야 한다. 그리고 팀워크(teamwork)를 얻기 위해서 효과적인 의사소통이 중요하다.

써 오늘날의 상황적합이론적 사고와 일맥상통하다. 그러나 관리원칙들이 관리현상의 설명 · 예측 · 통제를 가능하게 하는 과학적인 지식체계가 되기 위해서는 실증성과 예측성이 있는 원칙의 체계로 승화되어야 할 것이다.

(3) 관료제

독일의 베버(Max Weber)는 조직을 하나의 전체시스템으로 보는 관료제 조직론(bureaucratic organization)을 제시하였다. 그 배경은 19세기말 유럽

표 2-5 베버의 이상적 관료제 원칙

구 분	내 용
① 분 업	각 사람의 직무를 단순 · 일상적이며 명확한(분명하게 규정된) 과업(well-defined tasks)으로 세분화
② 명확한 권한체계	사무실이나 지위는 계급구조에 따라 형성하며, 하급자는 상급자에 의해 관리와 감독 받음
③ 고도의 공식화	획일성 · 통일성 확보하고 직무담당자의 행동을 규제하기 위해 공식적인 규칙이나 절차 준수
④ 비개인적 특성	개인의 성격특성이나 구성원의 개인적 기호(선호)가 개재되지 않도록 보상 혹은 강제력을 균일적으로 적용하고 모든 사람에게 예외없이 공평하게 비개인적 적용
⑤ 공개채용	선발이나 승진 결정은 기술적 자질, 능력 및 업적에 근거하여 결정한다.
⑥ 종업원 경력통로	성원들이 조직에서 일정한 경력의 통로 따라 승진하며 경력상의 직무에 충실하면 그 대가로 종업원들은 종신재직권(tenure)을 가져야 한다. 비록 그들의 정력이 다 소진되어도, 또는 그들의 기술이 더 이상 쓸모없는 낡은 것이 되어도 그들은 계속 정년 때까지 고용되어야 한다.

의 많은 조직들은 즉흥적이고 사적이며 가족중심적으로 경영되고 있었기 때문에 조직구성원들의 충성이 조직의 발전이나 조직의 사명완수를 위하기보다는 단지 한 개인의 욕망을 실현하기 위한 것이었다. 베버의 관료제(bureaucracy) 특성은 〈표 2-5〉와 같다.

베버는 조직이 합리적 권한(rational authority)에 기초하여 경영되어야만 더욱 능률적이고 변화에 잘 적응할 수 있다고 믿었다. 오늘날 조직에서 관료제란 용어는 끝없는 규칙과 많은 서류작업, 인간적 배려가 결여된 규칙과 절차의 중시 등 부정적이고 진부한 의미로 연상된다.

그러나 관료제는 종업원에 대한 규칙의 엄격한 적용이나 절차가 표준화된 대우를 가능하게 하고, 모든 구성원들의 입지가 규정에 의해 공정 · 평등하게 취급받게 되므로 구성원들에게는 안정적인 근무가 보장되고 조직은 능률적이 된다. 즉, 관료제는 가장 효율적인 방식으로 조직을 설계하기 위한 합리적인 지침이 되고 있다.

(4) 제1세대 경영이론의 공헌과 비판

제1세대 경영이론은 경영에 많은 영향을 끼치면서 발전 · 계승되었지만

표 2-6 제1세대 경영이론의 특성 비교

구 분	과학적 관리법	관리일반이론	관료제
특 성	한 가지 가장 좋은 방법 금전적인 동기부여	관리기능의 정의 분업 · 계층 권한 · 공정성	규칙, 비인간화, 분업 계층, 권한구조
초 점	근로자	경영자	전체조직
혜 택	생산성 능률	명확한 구조 규칙	일관성 능률
단 점	사회적 욕구의 간과	환경의 무시 지나친 합리적 행동 강조	엄격함 느림

시대의 변화에 따라 이들에 대한 비판의 소리도 커져왔다. 따라서 〈표 2-6〉과 같이 제1세대 경영이론의 특성의 비교를 통해 공헌과 한계점을 지적하면 다음과 같다.

먼저 공헌은, 테일러의 과학적 관리이론이 당시 생활수준이 낮고 동일한 과업을 반복적으로 수행하는 노동집약적 생산형태가 주종을 이루는 상황에서 능률성을 강조한 것은 상당한 의미를 갖는다. 페이욜의 일반관리이론도 다양한 조직에 보편적으로 적용할 수 없으나 경영개념과 이론이 발전하도록 하는 기틀이 되었다. 또한 관료제는 가장 효율적인 방식으로 조직을 설계하기 위한 합리적인 지침을 제공하였다.

다음으로 비판되어야 할 사안으로는 첫째, 테일러와 페이욜의 이론들은 자신들의 경험을 통해 발견한 지식을 주장한 것으로, 일반화에는 다소 무리가 있다. 왜냐하면 이론은 보편타당성이 존재해야 하며, 시간과 공간을 초월해 적용될 수 있을 때 비로소 훌륭한 이론이라고 할 수 있기 때문이다. 둘째, 관료제가 조직의 애매모호성과 비효율성을 제거해 줄 것으로 믿었으나 오늘날 경영자들은 관료제가 동태적이고 복잡한 시장환경 변화에 대응할 종업원의 창의성과 유연성을 제한하고 있다는 점이다. 셋째, 조직을 하나의 커다란 기계로 보고 노동자는 그 부속품으로 간주한 것이다. 즉, 노동자들이 감정을 가진 동물로서 생리적 욕구뿐만 아니라 존경을 받고싶은 욕망이나 성취감, 자아실현의 욕구도 갖고 있음을 간과하고 있다. 생활수준이 향상된 현대에 있어서 대부분의 노동자들이 테일러가 주장하는 것처럼 단순한 경제적 욕구 때문에 일을 하지는 않기 때문이다.

2.2 제2세대 경영이론

제1세대 경영이론은 기본적으로 조직을 기계로, 노동자는 부속품으로 간주하려는 관점이었다. 즉, 개인의 역할을 인정하고는 있지만 초점은 개인행동의 통제와 표준화에 집중되어 있었던 것이 한계이다. 반면, 제2세대 경영이론은 미국 국민들의 경제활동의 향상과 삶의 질을 추구하는 경향이 확산됨에 따라 〈그림 2-3〉과 같이 메이요(Mayo)의 인간관계론, 맥그리거(McGregor)의 X · Y이론, 매슬로우(Maslow)의 욕구단계이론 그리고 아지리스(Argyris)의 미성숙 · 성숙이론 등을 중심으로 경영에 대한 개인의 태도, 행동, 집단적 과정 그리고 작업현장에서의 행동적 과정 등 조직의 인적 자원에 관심이 증대되었다.

(1) 인간관계론과 호손실험

인간관계론은 과학적 관리의 '능률'이나 '비용'이라는 지배적 논리와는 달리 인간을 사회인으로 보고 인간의 태도나 감정(종업원이 직무, 상사, 동료 및 회사에 대해 갖는 감정이나 태도)을 중시하는 '감정'(sense)을 주된 논리로 삼았으며 '호손실험'을 계기로 활발하게 전개되었다. 호손실험

그림 2-3 제2세대 경영이론의 분류

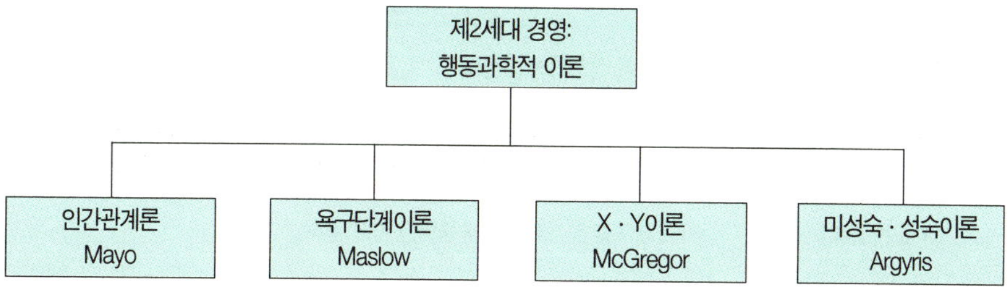

(Hawthorne experiment)이란 메이요가 이끄는 하버드 연구팀에 의해 1924년부터 1932년까지 약 8년간에 걸쳐 미국의 서부전기회사(Western Electric)의 호손공장(Hawthorne plant; 일리노이주 소재)에서 행해진 인간행동에 관한 기념비적인 연구를 말한다.

메이요에게 연구를 청탁했던 서부전기회사의 호손공장은 이미 1924~1927년 사이에 '작업시 조명의 강도와 노동자의 작업능률간의 관계'를 실험하는 것이 목적이었다. 당시의 노동능률에 관한 연구는 피로의 문제에 집중되었다. 연구자들은 피로가 영향을 미치는 제 요인 중의 하나로서 조명을 고려하게 되었으며, 노동자에게 가장 적당한 조명을 줄 수만 있다면 피로를 덜 느끼고 노동능률은 상승할 것이라고 생각하였던 것이다. 즉, 조명실험이란 조명도를 높인다면 노동능률도 상승할 것이라는 가설을 증명하기 위한 실험이라고 할 수 있다.

이 실험은 먼저 동일한 조건을 가지고 있는 노동자를 선발하여 실험집단(test group)과 통제집단(control group)으로 분류하였다. 실험집단의 작업자들에게는 조명도를 변화시켜 가면서 작업자의 업적에 미치는 영향을 관찰하였고, 통제집단의 작업자들에게는 조명도를 종전과 같은 조건으로 두었다. 이 연구에서 실험집단의 조명상태가 개선되었을 때 작업자들의 생산성이 높아진다는 것을 발견하였다. 그러나 그들을 당혹하게 한 것은 조명도가 종전보다 낮아졌을 때에도(조명상태가 악화되었을 때에도) 생산성이 증가하고 있었다는 것이었다. 그리고 거기에 덧붙여 통제집단의 경우 조명도를 종전처럼 그대로 내버려두었는 데도 작업자들의 생산성이 계속

표 2-7 메이요의 호손공장 실험

실험단계	실험내용
제1차 조명실험	조명의 변화가 작업자의 생산성에 미치는 영향을 알아보기 위한 실험
제2차 계전기 조립실험	작업과 관련된 요인들(임금인상, 휴게시간의 길이, 주당 근무일수의 단축, 그밖의 작업조건의 변화 등 포함)이 작업자의 생산성에 미치는 영향을 알아보려는 실험
제3차 면접실험	작업자의 태도를 알아보기 위해 광범한 면접 실시
제4차 배선관찰실험	작업장에서의 다양한 사회적 요인(social factors)의 분석

증가하고 있다는 사실이었다. 이러한 혼동된 연구결과가 나오게 된 후에 하버드 연구팀이 초청되었던 것이다.

그리하여 1932년까지 메이요의 연구팀은 호손공장에서 〈표 2-7〉과 같은 일련의 실험을 실시하였다.

위와 같은 연구에서도 '실험집단'과 '통제집단'의 생산성이 동시에 증가되고 있었다. 그리하여 연구자들은 전체적인 연구결과를 면밀하게 분석하고 나서 다음과 같은 결론을 얻게 되었다. 즉, 생산성의 변화에 영향을 미친 것은 작업자들의 '심리적 반응'이라는 것이다. 다시 말해서, 실험집단이나 통제집단 모두가 선발되어 특별한 주목의 대상이 되었기 때문에 작업자들이 어떤 자부심 내지는 자기들이 조직에 중요한 존재들이라는 생각이 그들을 동기화하여 업적수준(performance level)을 증가시켰다는 것이다. 더욱이 실험연구의 과정에서 관리자들의 관리행동의 유형이 지시적인 유형에서 보다 온정적인 유형으로 달라진 것이 작용하여 그와 같은 높은 수준의 업적을 올렸다는 분석이었다.

메이요는 작업의 사회적 환경(social environment), 특히 비공식 작업집단이 작업자의 생산성에 크게 영향을 미친다고 주장하였다. 그러므로 관리자는 작업자의 '인정을 받고 싶은 욕구'와 '사회적 욕구의 충족'의 중요성을 인식해야 하며, 작업자들은 관리자의 통제활동보다 작업집단의 압력에 의해 더 많은 영향을 받는다는 것을 알아야 한다는 것이다. 그리고 인간의 동기유발은 경제적 수단뿐만 아니라 여러 가지 다양한 욕구에 의해서 동기유발된다는 것이다.

이러한 호손연구는 경영(관리)학에 중요한 영향을 미쳤으며 과학적 관리의 '인간적 요인을 소홀히 하고 있는 점'에 의문을 갖기 시작하였다.

(2) X · Y이론

맥그리거(McGregor)의 『기업의 인간적 측면』(1960, The Human Side of Enterprise)에서 제시한 X · Y이론 모델은 인간관계활동의 본질을 뜻한다. 〈표 2-8〉에서처럼 X이론은 과학적 관리의 견해와 일치하는 것으로서 부정적 인간관, 통제에 의한 관리를 의미하며, Y이론은 사회적 욕구, 자아실현의 욕구를 실현할 수 있는 인간성의 긍정적인 견해를 주장하였다. 특히 그

표 2-8 X·Y이론의 가정 비교

X 이론	Y 이론
① 종업원에게 일은 생존하기 위해서 어쩔 수 없이 해야 하는 귀찮은 것이다. ② 종업원은 일을 싫어하고 될 수 있는 한 일을 회피하려고 한다. ③ 인간에게는 일을 싫어하는 본성이 있기 때문에 조직목표를 달성하기 위해서는 강요, 통제 및 지휘가 필요하다. ④ 보통의 인간은 지휘받기를 좋아하고 책임 맡기를 회피하며, 비교적 야망은 거의 없고 무엇보다도 안전을 추구한다.	① 종업원은 작업을 휴식이나 놀이처럼 자연스러운 것으로 간주한다. ② 종업원은 부여된 목적을 달성하기 위해 자제와 자기관리를 감당한다. ③ 인간은 적절한 조건하에서 책임을 받아들일 뿐 아니라 스스로 책임을 맡으려고 한다. ④ 조직의 문제해결에 활용될 수 있는 상당히 높은 정도의 창의력은 구성원의 일부분만이 아닌 구성원 거의가 가지고 있다.

는 인간의 고차적 욕구상황하에서 인간은 본성적으로 자주성, 행동통제력, 조직목적에 공헌하려는 의욕을 가지고 있다는 논리를 들어 Y이론으로 전환되어야 한다고 제안하였다. 약간 비약적인 예를 들면, 베짱이와 개미를 X·Y이론에 대입할 수 있을 것이다.

맥그리거가 주장한 Y이론에 따른 관리의 중요성을 파악하고 이에 대응하는 관리자상을 파악하기 위한 연구로는, 제2세대 경영이론의 행동과학적 파악을 전제로 관리자의 행동을 개선하려는 블레이크와 머튼(Blake and Mouton)의 매니지리얼 그리드(managerial gird) 연구와 현장작업자를 중심으로 전개되는 무결점(ZD: Zero Defects)운동 등을 들 수 있다.

(3) 욕구단계이론

매슬로우(Maslow)는 『동기부여와 개성』에서 5가지 욕구의 이론적 계층구조를 제안했다. 즉, 인간은 욕구의 존재로서 학습되지 않는 욕구에 해당되는 의식주와 성에 관한 생리적 욕구(physiological needs), 육체적 및 정신적인 안정을 찾고자 하는 안전의 욕구(safety needs), 소속 및 사랑의 욕구로 어딘가에 소속되고 싶어하며 사랑하고 싶은 욕구인 사회적 욕구(social needs), 자신감과 자존심 그리고 권위와 인정을 받고자 하는 존경의 욕구(esteem needs) 그리고 인간 자신의 능력을 최고도로 발휘하고 싶어하는 자아실현욕구(self actualization needs) 등이 계층을 이루고 있다.

따라서 계층을 이루고 있는 각 단계는 선행단계가 충족되어야만 다음 단계로 넘어가며, 한 번 충족된 욕구는 더 이상 인간의 행동을 자극시키지 못한다고 주장했다. 특히 매슬로우는 인간의 총체적 잠재능력을 성취하는 자아실현이 인간존재의 절정이라고 믿었다.

(4) 미성숙 · 성숙이론

아지리스(Argyris)의 미성숙 · 성숙이론(immaturity-maturity theory)에 의하면 인간은 미성숙 · 의존단계에서 성숙 · 독립단계로 이행해 가는 과정 속에서 〈표 7-4〉와 같이 7가지 성격상의 변화를 보인다고 하였다. 구체적인 내용은 제7장에서 언급하고 있다.

(5) 제2세대 경영이론의 공헌과 비판

제2세대 경영이론은 현재와 미래의 경영자들에게 조직의 가치있는 인적자원이 생산성 향상의 근본임을 일깨워줌으로써 조직구성원들을 단순히 기계의 부품으로 간주했던 제1세대 경영이론을 한 단계 극복 · 발전시켰다. 제2세대 경영이론 가운데 호손의 인간관계론은 인간관계의 중요성을 부각시킨 계기로 작용하였으며, 근로자들의 생산성과 심리적 요인은 상호관계가 깊다는 사실과 주변의 동료간에도 상호 영향을 주고받는다는 것을 강조하고 있다. 또한, 맥그리거의 X · Y이론, 매슬로우의 욕구단계이론, 아지리스의 미성숙 · 성숙이론 역시 인간은 사회적 동물이며 자아실현의 욕구가 내재되어 있기 때문에 강제적 통제보다 자율적으로 동기를 부여할 수 있는 각종 모델이나 이론을 제시함으로써 리더십, 갈등해결, 의사소통 그리고 권한사용 등 조직내 다양한 인간행동과 관련된 문제들을 개선하는 데 공헌하였다.

그러나 제2세대 경영이론은 전반적으로 추상적인 경향이 있어 과학적인 타당성이 부족하고, 인간관계론이 모든 경영의 문제를 해결할 수 있다는 듯한 과대평가적 경향이 전제되어 있으며, 비공식조직을 강조하여 공식조직을 경시하는 경향을 낳았다는 점은 비판받아야 할 사안이다.

2.3 제3세대 경영이론

(1) 경영과학과 운영관리

제3세대 경영이론은 계량적 경영관점을 뜻하는 것으로, 제2차 세계대전 동안 군사문제를 수리적 · 통계적으로 해결하려는 시도에서 비롯되었다. 제3세대 경영이론은 크게 경영과학과 운영관리(operation management)로 분류된다. 전자는 시스템, 과정 그리고 관계를 단순화시킨 수학적 모델개발에 초점을 두고 있는 경영이론적 접근방법이며, 후자는 경영상황에 보다 직접적으로 적용할 수 있는 응용과학의 한 형태로 간주한다.

먼저 경영과학은 군대에서 행해졌던 중요한 프로젝트 연구자들이 군사전략이나 군수물자 수송문제의 해결에 계량적 방법(quantitative method)의 적용가능성을 연구하기 시작한 데서 비롯되었다. 대부분의 연구프로젝트는 학문영역(공학, 수학, 통계학, 경제학, 심리학, 정치학)에서 선발된 학자들로 구성된 학제적 연구팀(interdisciplinary teams)에 의해 폭탄투하의 정확성을 증진시키는 방법, 적의 잠수함 위치를 탐색하는 절차개발, 공급물자 및 장비를 필요한 장소에 수송하는 최선의 방법 등을 수행하였다. 전시 중에 새로 개발된 방법들은 생산관리 분야의 원자재 흐름, 품질관리, 재고관리, 제조과정 등에 적용되었다.

다음으로 운영관리는 경영과학보다 수학적 · 통계적으로는 다소 정교하지 못하나 경영상황에 보다 직접적으로 적용할 수 있는 방법으로 응용과학의 한 형태라고 할 수 있다. 일반적으로 운영관리 기법은 조직으로 하여금 보다 효율적으로 재화나 서비스를 생산하도록 도와주는 데 관련된 것으로서, 손익분기분석(break even analysis), 선형계획법(linear programming), 대기이론(queuing theory), 네트워크모델(network model), 시뮬레이션(simulation) 등이 있다.

(2) 제3세대 경영이론의 공헌과 비판

제1세대 경영이론과 제2세대 경영이론에서와 달리 제3세대 경영이론은 경영의사결정을 지원하기 위해 전문적 기술이나 통합적 기술의 습득을 통한 계량적 기법을 개발했으며, 계획수립과 통제활동에 매우 유용한 수단이 되었다.

그러나 제3세대 경영이론이 경영실무에 많은 영향을 미친 것은 사실이지만 거기에도 비판되어야 할 사안이 존재한다. 첫째, 경영의사결정에 있어서 지나치게 정교한 계량적 기법에 의존하기 때문에 인간관계적 역할과 정보관리 역할을 소홀히 하고 있으며 둘째, 조직내 인간관계적 행동과 기술을 완전하게 설명하고 예측할 수 없다. 셋째, 관리기능 맥락에서 계획과 통제활동에는 많이 적용되고 있으나 조직화, 동기부여, 충원, 지휘기능에의 유용성은 떨어지며, 모델에 비현실적이고 증명될 수 없는 가정을 포함하고 있다는 한계점이 있다.

2.4 제4세대 경영이론

제4세대 경영이론인 시스템이론(system approach)과 상황이론(contingency approach)이 태동하게 된 것은 기존 경영이론들이 급속한 환경변화에 대한 효과적인 대응력이 부족하고, 기존 경영이론들이 제시한 경영기법이나 처방이 일관성있게 효과를 발휘하지 못하였기 때문이다. 따라서 경영자들은 시장 및 조직규모의 확대, 제품의 다양화, 급격한 기술변화, 커뮤니케이션 및 운송수단 등과 같은 내 · 외부 시장환경의 급격한 변화에 대한 기업의 생존적 차원에서 환경과 끊임없이 상호작용관계 속에 존재하는 개방적 시스템 맥락에 접근한 것이다.

물론 제4세대 경영이론이 기존의 경영이론들은 무시하는 것이 아니라 각 세대 경영이론의 장점들―제1세대 경영이론의 관리기능, 제2세대 경영이론의 인간관계론, 제3세대 경영이론의 과학적이고 경쟁전략인 전략―을 활용 및 보완하여 시스템 및 상황적 이론을 체계화시킨 것이다. 제4세대 경영이론의 중심은 시스템이론과 상황이론으로 나누어볼 수 있다.

(1) 시스템이론

시스템이라는 개념은 식물이나 인간, 동물, 심지어 기계장치에도 적용되는 등 범위가 광범위하지만, 이들 모두에서 시스템의 공통적인 개념은 전체가 부분들의 단순한 집합은 아니라는 점이다. 이렇게 볼 때 시스템이란 부분들의 단순한 집합 이상의 의미를 지니는 상호관련된 부분들의 집합, 또는 복잡하지만 통일된 전체를 이루는 부분들의 집합이라고 정의할 수 있다. 즉, 시스템이란 동태적인 상호작용 속에 있는 구성요소들의 결합이라고 할 수 있으며, 이들 구성요소들의 결합효과를 시너지(synergy)라 일컫는다. 그러므로 시너지는 시스템 구성요소들의 상호작용이 시스템이 기대하는 결과에 미치는 영향이라고 할 수 있다. 가령, 기업조직을 하나의 시스템으로 보게 되면 조직 내의 많은 부분들과 부서, 하위시스템(subsystems)이 상호 관련되어 있고, 그와 같은 상호 관련된 부분들 모두가 조직목표 달성에 공헌해야 한다는 것을 쉽게 이해할 수가 있다.

시스템에는 네 가지 기본특성이 있다. 첫째, 환경적응성으로, 모든 시스템은 어떤 환경 내에서 활동을 전개하고 적응하고 있다. 기업조직 시스템은 고객, 소비자, 경쟁업체, 노동조합, 정부 등으로 구성된 환경 속에서 경영활동을 하고 있는 것이다. 이처럼 환경은 경영활동에 영향을 미치는 매우 중요한 것이며 기업조직이 임의대로 통제할 수 없는 요소로, 환경과의 끊임없는 상호작용 관계 속에서 환경적응을 해나가는 것을 말한다.

둘째, 모든 시스템은 구심점 혹은 목적지향성을 지니고 있다. 이것의 달성을 기준으로 조직의 노력과 하위시스템의 노력을 평가할 수 있게 된다. 시스템의 목적 내지 목표는 조직성과나 하위시스템을 평가하는 표준이나 기준이 되기 때문이다. 가령, 기업조직에 해당되는 기업경영 시스템 역시 제품과 서비스의 생산을 통한 이윤의 창출 등과 같은 고유의 목표가 그것이다.

셋째, 시스템은 분화와 동시에 통합적인 성격을 지니고 있다. 전체로서의 하나의 시스템은 요소(elements) 내지는 구성요소(components) 혹은 하위시스템으로 구성된다. 이러한 구성요소들은 시스템의 기본적인 부분(parts)이다. 하나의 전체시스템이 여러 개의 하위부분, 즉 하위시스템으로 분화된다는 속성만이 중요한 것이 아니라 그것이 다시 하나의 전체로서 통합된다는 속성 또한 매우 중요하다. 예를 들면, 기업조직에서는 생산, 재무, 인사, 마케팅과 같은 부서들이 여기에 해당된다.

마지막으로, 모든 시스템의 하위시스템은 상호관련성(interrelatedness)을 가지고 있다. 하위시스템간의 상호관련성은 시스템적 접근법의 주요한 특성을 이룬다. 이는 관리자가 나머지 하위시스템에 영향을 주지 않고 어느 한 하위시스템을 변화시킬 수 없다는 것을 뜻한다. 즉, 기업조직의 경우 생산, 재무, 인사, 마케팅활동들은 상호관련 속에서 이해해야 한다.

시스템은 일반적으로 외부환경으로부터 투입물(inputs)을 받아들여 내부변환과정(transformation process)을 거쳐 산출물(outputs)을 만들어 내는 투입-전환-산출과정으로 이해된다. 가령 식물의 경우, 빛과 이산화탄소와 물을 투입물로 받아들여 광합성이라는 전환과정을 거쳐 필요한 에너지와 산소라는 산출물을 만들어낸다. 기업이라는 시스템도 원자재, 설비, 인적자원, 에너지, 재무자원, 정보 등의 투입물을 받아들여 이를 변환과정을 통해서 제품 또는 서비스 형태의 산출물을 만들어낸다. 그리고 외부로 배출된 산출물은 〈그림 2-4〉처럼 피드백 과정을 통해 시스템의 다음 순환과정을 위한 투입물이 된다. 이러한 과정은 시스템의 생명을 지속적으로 보전하기 위해서 계속 반복된다.

그림 2-4 시스템의 기본모델

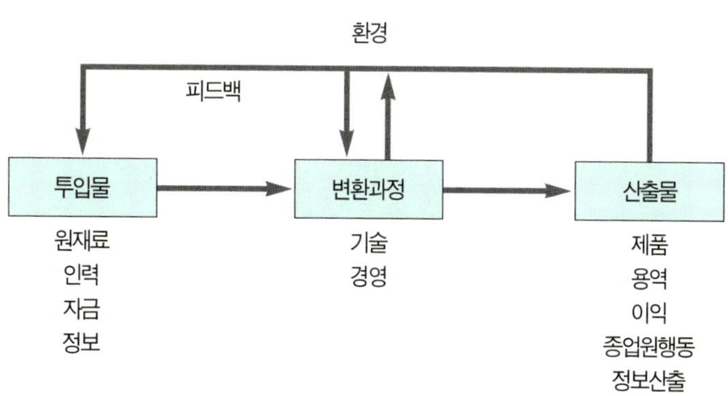

(2) 상황이론

상황이론(contingency theory)이란 시스템이론의 추상성을 극복하고 이를 조직이나 경영의 보다 현실적인 이론으로 변형시킨 것이다. '올바른 관리기법' 은 어떤 보편적인 규칙이란 존재하지 않으며 주위의 상황에 의존한다는 생각에 기초를 두고 있다. 상황이론은 보다 일반적인 차원에서 〈그림 2-5〉와 같이 환경 또는 상황요인(환경 · 기술 · 규모)을 조건변수로 하고, 조직의 내부특성변수(복잡성 · 공식화 · 집권화)와 성과(효율성 · 효과성)의 관계를 특정화시킨 이론이다. 제1세대 경영을 비롯한 기존 경영이론은 환경이나 조건에 관계없이 모든 조직에 공통적으로 유효한 조직원칙을 도출하는 데 초점을 두었다. 그러나 현대 조직연구의 결론은 이러한 보편주의를 부정하고 모든 환경에 적응할 수 있는 최선의 조직은 있을 수 없으며, 환경이 달라지면 유효한 조직도 달라진다는 견해를 갖는 것이 상황이론이다.

그리고 상황이론의 기본적인 특징을 살펴보면, 먼저 상황이론은 일정한 조직특성이 어떤 의도에서 만들어졌는가 하는 원인이 아닌 그 의도와는 독립된 객관적인 결과를 중시한다. 둘째, 상황이론은 조직과 환경 또는 기술과의 관계를 중시한다. 환경이나 기술 등의 상황요인과 조직특성의 적합성이 성과를 결정하는 상황이론의 기본적 사고는 조직이 보다 많은 성과를 지향하는 한 조직특성을 환경이나 기술에 적응시켜야만 하는 것이다. 셋째, 상황이론은 행동주체로서의 조직 그 자체를 분석단위로 한다. 그리고

그림 2-5 **상황이론의 기본모델**

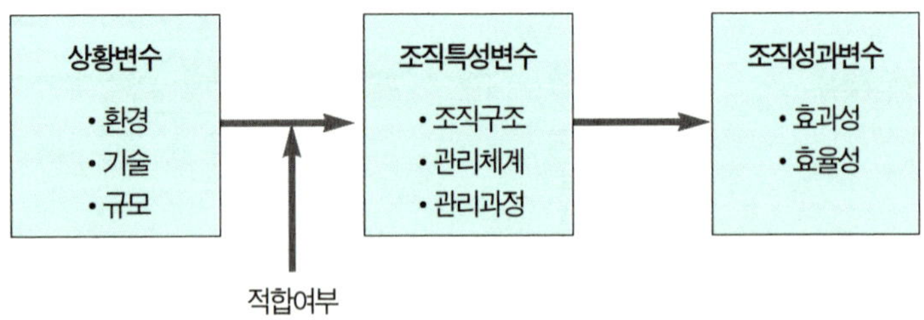

조직형태 · 부문간의 세력관계 · 관리체계 등의 구조적인 특성과 조직에 대한 기능 및 역기능에 초점을 맞추고 있다. 마지막으로, 사회현상에 대한 일반적인 통찰을 만드는 중범위이론을 지향한다. 즉, 상황이론은 조직에 대한 실증분석, 특히 조직의 비교분석을 통한 경험적인 이론구축을 지향하는 것이 특징이다.

(3) 제4세대 경영이론의 공헌과 비판

제4세대 경영이론인 시스템이론과 상황이론의 기여는 첫째, 기업조직에 개방적 시스템의 적용을 들 수 있다. 개방적 시스템이란 기업의 생존이 환경에 달려 있는 시스템으로서 환경으로부터 자원, 에너지 그리고 정보 등을 받아들여 재화와 서비스를 창출해내면서 피드백을 통해 환경과 균형상태를 유지하는 시스템을 말한다.

둘째, 경영자들이 시스템이론의 영향으로 산업현장의 부분적 문제점을 극복하고 전체적 모습에서 관찰하려는 사고의 형성이다.

셋째, 상황이론은 환경 등의 상황변수와 조직특성 변수에 의해 조직의 성과결정에 영향을 미치므로 조직을 소비자지향 또는 시장지향적 체제로 전환하게 하였다. 즉, 상황이론은 경영자들로 하여금 자신이 처한 상황적 차이를 분석하게 하고 그 상황에서 가장 적합한 방안을 발견할 수 있게 도와준다.

반면 제4세대 경영이론은 ① 시스템이론의 시스템 사고는 지적 측면에 대한 호소와 현혹되기 쉬운 용어가 많고 입증가능한 사실과 실용적 충고가 불충분한 점과 ② 상황이론에서 환경이 조직을 지배하므로 굳이 조직을 관리할 필요성이 없다고 주장하는 것은 비판되어야 할 사안이다.

2.5 제5세대 경영이론

기업들은 경제성장과 더불어 기업의 생존과 발전을 위해 경영의 이론과 실무에 관심을 가지고 있다. 특히 우리나라 기업들은 국제화 · 세계화 · 개방화 · 정보화라는 무한경쟁시대에 미국 · 일본 기업들을 따라잡기 위해 다양한 경영혁신 기법을 산업현장에 적용하고 있다. 최근 산업현장에 영향을 미치는 주요한 이론으로는 고객만족 경영, 6시그마 경영, 지식기반 경영(knowledge management), 공급사슬관리(SCM: supply chain management) 등을 들 수 있다.

첫째, 고객만족 경영이란 고객이 원하는 품질의 상품을 고객이 원하는 시점에 적절한 가격으로 제공함으로써 고객을 만족시키는 경영을 의미한다. 즉, 지속적으로 고객을 만족시킬 수 있는 기업만이 기업가치 창출이 가능하며 장기적인 생존과 이익을 보장받을 수 있음을 뜻한다. 우리나라에서 1991년 엘지그룹(www.lg.co.kr)의 '고객을 위한 가치창조'와 '인간존중의 경영'을 고객만족 경영의 시발점으로 보고 있다.

둘째, 6시그마 경영은 모토롤라(www.motorola.com/kr)가 그 원조로서 기업 내의 모든 기능, 업무처리 프로세스를 개혁함으로써 제품과 서비스의 불량을 100만개당 3.4개 이하로 줄여 기업성과를 획기적으로 개선하고자 하는 경영기법으로서 〈표 2-9〉와 같이 기존의 품질경영을 극복한 것이다.

셋째, 지식기반 경영이란 정보를 나름대로 해석하여 의미를 부여한 것으로, 경영에 있어서 지식 또는 지적자본(intellectual capital)을 지속적으로 획득 · 창출 · 축적 · 전파 · 공유하고 이를 활용하여 고객에게 뛰어난 가치를 제공함으로써 높은 기업성과를 달성하는 것을 말한다. 정보화 · 지식화 시대에 기존의 생산요소들인 기계, 설비, 원재료 등의 물적자산보다 정보

표 2-9 6시그마와 품질경영의 비교

구 분	6시그마	QC, TQC, TQM
방침결정	상의하달	하의상달
목표설정	구체적 · 정량적	추상적, 정성적
문제의식	잠재적 문제까지 포함	겉으로 드러난 문제 중시
성공요인	감각과 경험, 데이터분석	감각과 경험
추구목표	전체 최적화	부분 최적화
활동기간	제약 있음	제약 없음
담당자	전임요원, 의무적 수행	자발적 참여 중시
적용기법	광범위한 기법 및 통계적 분석방법	QC 7가지 도구 및 일부 통계적 기법
평가방법	가시화된 이익 중시	노력 중시

와 지식이 더 중요한 부가가치의 원천으로 작용한다. 따라서 지식자산을 기본으로 하는 핵심역량을 갖추지 않는 한 경쟁력 있는 기업, 수익성 있는 기업, 세계적인 기업으로의 도약은 불가능할 것이다. 구체적으로 쉽게 모방할 수 없는 핵심역량으로서의 지식자산은 고도로 발달된 신기술과 기존의 유·무형 자산의 효율적인 조합, 새로운 유·무형 자산의 효과적인 응용 모두를 포괄한다. 이러한 지식자산의 종류로는 핵심기술(core technology), 영업 노하우, 고가브랜드, 효율적인 유통망의 유지, 마케팅 능력, 조직구성원의 업무수행·학습능력, 정보기술 등을 들 수 있다.

넷째, 공급사슬관리(SCM: supply chain management)란 기업의 가치사슬을 기업내부뿐만 아니라 재료나 부품의 공급자로부터 최종소비자까지 넓힘으로써 가치활동의 효율성을 극대화하는 것이다. 가치사슬(value chain)은 모든 기업이 제품의 생산·판매활동을 수행하면서 본원적 활동과 지원활동으로 구분되는 다양한 가치활동을 수행한다. 이러한 기업의 가치활동은 독립적으로 수행되는 것이 아니라 서로 밀접하게 연계(linkage)되어 사슬을 이룸으로써 가치를 창출한다는 것이다. 따라서 지금까지 BPR(business process reengineering), TQM(total quality management), ERP(enterprise resource planning), 전사적 시스템통합 솔루션 등의 개념들이 기업의 내부적인 업무효율화를 제일의 목표로 추진되었으나 SCM은 기업이 정보기술기반을 활용하여 각 가치활동의 효율적인 연계를 통해 경쟁우위를 극대화할 수 있다.

요 / 약

1 경영학 연구의 접근방법에는 경영학설사라고 불리는 문헌적 방법(literature history)과 일반경영학사라고 불리는 문제사적 방법(problem history)을 통한 연구방법이 있다. 전자는 과거에 나타난 비교적 비중이 큰 연구자들의 중요한 저서나 논문 등이 그 연구의 중심이 된다. 후자는 경영학의 역사를 주로 그 시대의 특징에 맞추어서 고찰하는 방법을 말한다.

2 독일 경영학의 특징은 방법론적 연구를 중심으로 경제학과 다른 독립적 학문으로서의 체계화를 지향해 왔으며, 그 결과 경영상의 실천보다는 경영이론의 체계화에 관심을 둔 것이다.

3 미국 경영학은 방법론적 고찰보다는 개별적 연구내용이 비체계적으로 산재되어 있다. 더욱이 연구대상이 기업뿐만 아니라 일반조직의 경영현상을 연구대상으로 하는 경향이 있으며, 다양한 접근방법으로 실천적 문제해결에 유용한 이론을 도출해내고 있다. 독일 경영학사와 미국 경영학사의 특징을 비교 · 정리하면 〈표 2-1〉과 같다.

4 일본 경영학은 1960년대에 본격적으로 경영학 연구의 독자성을 제창하고 양대 조류의 경영학을 객관적 관점에서 비교학적 · 비판적으로 연구하여 일본의 실정에 부합하는 일본 경영학을 구축하였다. 또한 캘리포니아대학의 오우치(Ouchi) 교수가 일본의 기업체를 대상으로 성공적인 일본기업의 경영을 검토하여 〈그림 2-1〉과 같이 Z이론을 발표하는 등 일본의 독자적인 경영방식을 이론적으로 체계화하려고 시도하였다.

5 1980년대의 초반의 우리나라 경영학은 아직도 그 학문적 체계가 거의 미국 경영학 일변도이며, 그 이론과 실제면에서도 미국 경영학만을 거의 무비판적으로 수용하고 있는 실정이었으나 우리나라 경영학을 연구하는 데 더욱 이론적인 면모를 갖추려는 노력들이 보이기 시작하였다.

6 경영학의 발달사를 논하는 데 있어서 흥미있는 사실은 시대와 장소에 따라 경영의 제반 문제를 보는 관점과 접근방법이 다르다는 것이다. 〈표 2-2〉는 경영학 이론의 발달사를 일목요연하게 이해할 수 있도록 정리한 것이다.

생각해볼 문제

1 삼성경제연구소의 베스트 · 워스트 CEO 유형을 읽고 본인은 앞으로 어떤 유형을 바라는지 서술하라.

2 독일 경영학과 미국 경영학의 특징을 비교해보라.

3 Z이론에 대해 설명하라.

4 한국 경영학의 발전사를 간략하게 논하라.

5 제1세대 경영이론의 공헌과 비판점에 대해 논하라.

6 맥그리거의 X · Y이론과 매슬로우의 욕구 5단계를 설명하라.

7 시스템이란 무엇이며, 네 가지 기본특성을 논하라.

8 6시그마 경영의 태동배경과 그 의미를 설명하라.

CHAPTER

3

1. 기업의 사회적 책임의 정의와 내용
2. 기업윤리

UNDERSTANDING BUSINESS

기업의 사회적 책임과 기업윤리

경영사례 플러스

CASE+

GE코리아의 '끝없는 변화와 혁신'

한국경제신문은 선진 경영기법을 확산시키기 위해 기업 CEO가 캠퍼스에서 특강한 내용을 소개하고 있다. 이번에는 GE코리아의 이채욱 사장(56)이 서울과학종합대학원에서 강의한 '끝없는 변화와 혁신, 그리고 새로운 GE' 를 싣는다.

이 사장은 변화하는 경영환경 속에서 강한 기업으로 남기 위해서는 '치밀한 혁신시스템' 을 구축해야 한다고 강조했다. 6시그마, 윤리경영, 디지털화 등은 모든 회사가 강조하고 있는 부분이지만 구호만 앞서는 경우가 많다는 것. 이 사장은 1896년 다우존스(Dow Jones) 산업지수에 최초로 포함된 미국 12개 우량기업 중 현재까지 남아 있는 유일한 기업이며 연매출 1천3백42억달러를 기록하고 있는 글로벌기업 GE의 혁신사례를 통해 강한 기업이 되기 위한 방법을 설명한다. 다음은 강의를 요약한 내용이다.

1, 2등이 아닌 계열사는 모두 팔아라

기업은 통상 '바위 · 보 · 가위' 의 법칙에 의해 발전한다.

핵심사업을 바위, 다른 영역으로 사업을 확장하는 것을 보, 필요성이 떨어진 계열사를 정리하는 것을 가위로 나타낸다.

한국 기업들은 계열의 확장만 할 뿐 정리작업을 하지 않는 경향이 있다.

임원과 직원들을 생각하면 어떻게 사업을 정리하느냐는 것이 기업 정리를 망설이는 이유다.

이는 하나만 알고 둘은 모르는 것이다.

핵심사업에 도움이 되지 않는 계열사를 유지하는 것은 기업 전체를 죽이는 일이 될 수 있기 때문이다. GE가 오랫동안 강한 기업으로 남을 수 있었던 것은 회사의 매각과

인수가 자연스럽게 이뤄졌기 때문이다. 핵심사업에 도움이 되는 사업체들은 매입하고 덜 필요한 기업은 매각한다는 것이 잭 웰치 GE 전 회장의 경영원칙이었다. 잭 웰치는 비대해진 GE의 체질을 개선하기 위해 세계시장에서 1위나 2위가 못된 기업은 과감히 매각했다. 매각이 여의치 않을 경우 사업장을 폐쇄했다.

GE는 지난 10여년 동안 2백32개의 회사를 매각했고 3백38개의 회사를 매입할 만큼 큰 규모의 구조조정을 단행했다. 이 과정에서 40만명(81년)에 이르던 종업원도 31만명(2001년)까지 줄였다.

혁신은 구호만으로 이뤄지지 않는다

6시그마, 윤리경영, 디지털화…. 기업들이 벌이고 있는 혁신운동은 대동소이하다. 하지만 어떤 기업은 이와 같은 혁신을 통해 경쟁력을 강화하지만 어떤 기업은 별다른 성과를 거두지 못한다. 똑같은 내용의 운동을 벌였음에도 별다른 효과를 거두지 못하는 이유는 혁신이 1회성 캠페인에 그쳤기 때문이다.

운동의 지속성만을 위해 조직에서 남는 인원을 차출해 캠페인을 주도케 한다든지, 일부 사업장만 혹은 일정 직급 이하에서만 운동을 벌이게 한다면 기업혁신 의지는 줄어들 수밖에 없다. 혁신을 위해서는 교육과 평가, 검토의 과정이 마련돼 하나의 시스템으로 굳어져야 한다. 시스템으로 굳어진 혁신은 임직원들의 습관이 되고 습관이 된 혁신만이 경쟁력 강화로 이어진다. GE의 6시그마 운동(고객의 눈으로 돌아가자는 운동)을 예로 들어보자.

사실 6시그마 운동은 GE만의 전유물이 아니며 같은 캠페인을 벌이고 있는 회사도 많다. 하지만 GE의 6시그마 운동은 전사적으로 실시된다. 사장부터 말단직원까지 똑같은 방법으로 6시그마 운동을 벌인다. 이를 위한 교육프로그램이 마련돼 있으며 당연히 평가도 뒤따른다. 평가는 인사고과에 반영돼 승진이나 연봉협상에 영향을 주게 된다.

빠르고 활기찬 조직을 만드는 것은 기업문화

변화하는 경영환경은 임직원들에게도 불확실성과 불안함을 준다. 내가 속한 회사가 언제 매각될지, 내가 언제 회사를 나가게 될지 모르기 때문에 임직원들은 늘 스트레스를 받는다. 이 문제를 해결하기 위해서는 임직원들이 스스로의 업무능력과 환경에 대해 자신감과 자부심을 갖게 해야 하고 이는 기업문화의 조성을 통해 해결할 수 있다.

GE는 자신감(Self-confidence) 속에 빠르고(Speed) 명료하게(Simplicity) 일한다는 기업문화를 갖고 있다. 기업문화의 체득 정도는 계수화되고 인사고과에 반영된다. GE에서는 기업문화를 업무성과보다 중요시한다. 실제로 인사평가시 업무능력이 떨어지는 직원에게는 다시 한번 기회가 주어지지만 기업문화를 받아들이지 않는 직원은 교체하는 것을 원칙으로 하고 있다.

자료: 한국경제신문, 2004년 5월 24일

경영사례 플러스

개미처럼 벌어 정승처럼 쓰자
: 기업가 소유자산 사회환원에 대한 논고

2001년 12월 16일 「한국경제학회」에서는 일반국민과 대학생, 교수, 기업 인사담당자, 신입사원 등 2,214명을 대상으로 설문조사한 결과 일반국민 10명 가운데 8명은 기업가의 개인재산을 사회로 환원시켜야 한다고 응답하였다. 구체적으로 기업가의 개인재산 처리방법을 묻는 질문에 일반국민 조사대상의 72.4%가 "어느 정도 사회에 환원시켜야 한다"고 응답했고, "전액 사회에 환원시켜야 한다"는 주장도 13.6%에 달했다. 대학생과 신입사원, 심지어 기업 인사담당자도 "기업가가 개인재산의 일부라도 사회에 환원해야 한다"는 설문에 찬성을 나타내었다. 그런데 이러한 설문조사에서 교수들은 "사회환원(43.6%)보다는 기업가의 자유에 맡겨야 한다(53.2%)"는 논리였다.

기업을 소유하거나 경영하는 기업가의 입장에서 이러한 설문조사의 결과를 접하게 되었을 때 어떤 생각을 하였을까 궁금하다. 분명히 시장여건이 어려운 환경에서 자신이 소유한 기업의 생존을 위해 불철주야 노력하는 기업가 입장에서는 한편으로 울화가 치밀고 섭섭하며 불만스러운 기사일 것이고, 교수들의 응답결과에는 다소 위안이 되었을지도 모른다.

그러나 번 돈의 사회환원을 덕목으로 간주하고 습관처럼 실천하는 미국과 영국의 기부문화와는 확연히 차이가 나지만 다시 한번 이 시점에서 우리나라의 기업가가 자신이 소유한 개인재산의 사회환원에 대한 실천적 구상을 생각해 봐야 한다.

사실 우리나라의 기업가들은 축적한 개인재산에 대한 비난을 모면하기 위해 장학재단을 설립하여 세제의 혜택과 재산의 후계상속을 위한 수단으로 활용하거나 재산의 보호를 위한 보험으로 정치자금의 헌납과 로비 등 부의 사회환원에 대한 방어적 인상을 지우고 있을 뿐만 아니라 매우 인색한 면이 없잖아 있다. 그러한 연장선상에서 올해 이동통신업체들이 휴대폰 이용자들의 요금인하 요구에는 외면한 채 '땅짚고 헤엄치기'식의 돈을 벌어 사상최대규모의 순이익을 올릴 것이라는 뉴스거리는 우리를 매우 슬프게 한다. 반면에 어느 촌로의 밥장사로 번 10억대의 땅을 노인과 장애인을 위한 복지시설에 기부한다든지, 젓갈장사로 모은 돈을 어느 대학에 기증한 것이라든지 온갖 역경을 딛고 마치 개미처럼 벌어 정승처럼 쓴 아름다운 미담을 접할 때면 우리를 더욱 안타깝게 한다.

결론적으로 기업가들이 소유한 개인재산의 사회적 환원이나 기업이윤의 사회환원을 구조적으로 원활하게 하는 방법은 무엇보다도 기업의 소유주는 개인이 아닌 사회구성원들의 구매행위를 통해 성장과 발전을 한다는 개방적 사고방식을 갖는 것이다. 다음으로 정부에서 기업가들이 소유한 개인재산의 사회적 환원을 위해 세금감면이나 또 다른 인센티브를 제도화하는 것이 필요하다. 마지막으로 "호랑이는 죽어 가죽을 남기고 사람은 죽어 이름을 남긴다"는 속담처럼 교육을 통해 기업을 투명하게 경영할 수 있는 최고경영자(CEO)의 육성이 기반이 되어야 할 것이다.

자료: 권기대, 불교신문, 2001년 12월 26일

CASE+

01 기업의 사회적 책임의 정의와 내용

UNDERSTANDING BUSINESS

지난 50년간 세계적으로 가장 성공한 18개 기업을 5년간에 걸쳐 집중분석한 결과에 의하면, 이들 기업들의 공통적인 특징은 이윤극대화를 목표로만 추구하지 않았다는 점이다. 그러므로 기업의 역할이 증대되고 기업의 생존과 번영을 위해 이윤이 필수불가결한 것일지라도 기업에 중요한 것은 사회를 위해서 무엇인가 유익한 일을 해야 한다는 점이다. 따라서 이 절에서는 기업의 사회적 책임의 정의 및 내용에 대해 논의해 보기로 한다.

1.1 기업의 사회적 책임

기업의 사회적 책임(social responsibility of firms)이란 기업의 의사결정에 있어서 단순한 이윤원칙만을 결정기준으로 하지 않고, 사회의 복지를 결정기준의 하나로 삼아나가는 일을 뜻한다. 일반적으로 사회적 책임의 구체적 내용으로서, ① 공해방지 · 환경개선, ② 지역사회 주민의 복지에의 협력, ③ 국민사회 복지에의 공헌, ④ 소비자 이익의 보호, ⑤ 종업원의 복지나 생활하는 보람에 대한 요구충족 등을 들 수 있다. 기업의 의사결정은 경영목적이나 경영전략을 결정하는 목적결정과 경영목적이나 경영전략을 실행하기 위한 수단을 선택하는 수단결정으로 나눌 수 있으며, 사회적 책임은 목적결정과 수단결정의 쌍방에 관련된다는 사실에 주의할 필요가 있다. 목적결정의 면에서, 기업이 다만 경제적 목적만을 추구하는 데 그치지 않고 비경제적 목적으로서 사회적 책임의 목적을 설정하고 이를 위한 사회적 전략으로서 공해방지계획, 이익환원계획이나 사회시장계획을 결정해 갈 것을 사회적 책임은 요구한다.

수단결정의 면에서는, 선택되는 수단이 인간가치나 사회가치에 미치는 영향을 고려할 것을 사회적 책임은 요구한다. 노동강화나 노동조건의 악화에 의한 능률의 향상, 소비자를 기만하는 광고나 가격정책, 정치가에의 뇌물공작에 의한 판로의 획득 등은 목적을 위해서는 수단을 가리지 않는 일이며 경영의 사회적 책임에 위배되는 행위이다.

거시적인 국민경제의 관점에서 기업의 사회적 책임의 근거로서는, ① 독점 또는 과점의 진전에 따른 시장의 자동조절력의 약체화, 즉 시장의 불완전성이 노동자 · 소비자 · 기업 사이의 이해의 자연예정적인 조화를 크게 저해하고 있다는 시장불완전설, ② 기업의 이윤추구에 의하여 생기는 외부불경제(예를 들면, 공해)를 기업의 사회적 비용으로서 파악하여 기업의 비용에 내부화하는 것이 필요하다고 하는 외부불경제설, ③ 기업의 경제활동은 모든 사람에 대하여 최저복지기준을 확보하도록 운영되지 않으면 안된다고 하는 시빌 미니멈(civil minimum)설 등이 있다.

미시적 경제의 입장에서 기업의 사회적 책임을 설명하는 근거로서는 오픈시스템(open system)론이 있다. 기업은 오픈시스템으로서 환경으로부터는 원료 · 자금 · 정보 등을 인풋(input)으로 받아들이고 그것을 제품이나 서비스로 전환하여 아웃풋(output)으로 환경에 제공하고 있다. 인풋과 아웃풋에 의해 기업시스템과 환경은 상호작용의 관계에 있다. 가령, 환경 속에서 성장하고 교육받은 사람이 기업에 인풋되므로 사회의 교육환경 · 연구환경이나 위생환경 · 의료환경 등이 기업의 인재의 육체적 · 정신적 질을 결정한다. 사회 또는 업계의 기술혁신의 수준은 정보로서 기업에 인풋되어 기업의 기술수준을 결정짓는다. 이와 같이 기업과 환경 간에 상호작용이 있기 때문에 기업의 존속을 위해서는 환경에 대한 사회적 책임을 기업이 짊어져야 하는 것이다.

경영의 사회적 책임에 대한 반대론으로서 자유경제론자인 프리드먼은 자유가격기구를 일그러뜨리고 주주의 사적 소유권을 침해하는 것이라 하였고, 하이에크는 경제 이외의 영역에 기업의 위험한 사적 권력을 확대시켜 자유기업체제를 붕괴시키는 것이라고 하였다.

한편, 기업의 사회적 책임에 대한 정의의 또 다른 특징은 목적보다는 수단을 강조한다는 점이다. 즉, 기업행동은 현실적으로 이루어진 의사결정에 의해 판단할 것이 아니라 어떤 과정에 의해 이루어졌는지에 의해 판단해야 된다는 것이다. 이를 위해 기업은 의사결정에 앞서 이에 따른 사회적 영향을 분석할 필요가 있고, 적합한 의사결정일 경우에도 이에 따른 사회적 비용을 극소화시키는 조치를 취해야 한다고 강조하고 있다.

〈표 3-1〉은 기업이 수행해야 할 자발적인 사회적 책임을 잘 보여주고 있

표 3-1 기업의 사회적 책임에 대한 십계명

1.	요구받기 이전에 수정행동을 택하라.
2.	공동의 문제를 해결하기 위해서 영향을 받는 요소들을 움직이도록 하라.
3.	범 산업표준과 자기규제를 제정하도록 하라.
4.	자신의 실수를 공개적으로 인정하라.
5.	적합한 사회프로그램에 참여하라.
6.	환경문제를 억제하는 데 도움을 주라.
7.	변화하고 있는 사회적 환경을 감시하라.
8.	기업의 행동윤리강령을 제정하고 시행을 강화시켜라.
9.	사회적 이슈에 대해 대중이 요구하는 입장을 선택하라.
10.	계속기업(going concerns) 관점에 의거하여 이익창출을 위해 진력하라.

다. 이에 따르면 사회적 책임과 관련된 문제가 발생하기 이전에 스스로 이를 수정해야 한다는 것이다. 또한, 산업표준은 물론 자기규제 수준을 설정한다든지 행동윤리강령을 제정하여 시행해야 한다. 특히 변화하는 환경을 지속적으로 감시하며 사회프로그램이나 환경보존활동에 적극 참여하는 등 자발적 수행이 요체이다.

1.2 기업의 사회적 책임의 모델

기업의 근본적 기능은 재화와 서비스를 제공하고 거기에 대한 대가를 받는 경제적 성격을 띠고 있으나, 근래에 와서 기업이 이러한 근본적 기능을 수행하는 것 이상으로 기업의 적극적인 사회봉사에 대한 찬성론과 반대론간의 논쟁이 계속되어 오고 있다. 하지만 기업의 사회적 책임은 이분법으로 다루기보다는 그 책임의 영역을 보다 적합하게 구분하는 관점에서 논의하는 것이 바람직하므로, 우선 사회 내에서의 기업의 기능이 무엇인지 그리고 기업의 사회적 책임을 구분하는 기준에 대해 살펴보고자 한다.

기업의 사회적 기능은 첫째, 기업활동의 중심이 소유주인 주주인지 아니면 주주가 아닌 제3자인 이해관계자인지의 문제이다. 전통적으로 기업은 주주들의 출자에 의해서 시작되며, 주주들은 기업의 경영진을 선출하게 되고 이들 경영진은 주주들의 이익, 즉 이윤을 극대화하려는 노력을 해야 하는 단순한 대리인으로서 파악되어 왔다. 따라서 경영진이 기업이윤을 극대화할 때 기업의 사회적 책임을 다하게 되고 기업행위의 중심은 주주가 된다는 일종의 주주모델(stockholder model)이다. 이에 반해 이해당사자모델(stakeholder model)은 기업의 중심 또는 기업행위가 주주만이 아닌 기업의 이해당사자들인 종업원, 노조, 소비자, 원자재공급자, 기업이 위치하고 있는 지역사회, 국가 그리고 특정 또는 공익의 이익집단 등 사회 전체의 이익을 위해 경제행위를 해야 한다는 논리이다. 둘째, 기업의 사회적 책임을 규정하기 위해서는 기업의 경제행위의 동기가 자기이익(self interest)을 위해 하는가 아니면 기업이 어떻게 사회에 대한 도덕적 의무(moral duty)를 다하겠다는 동기를 갖는가 하는 문제로 나타난다.

앞에서 살펴본 기업의 두 가지 측면, 즉 기업의 경제행위의 중심과 동기를 각각 두 가지로 구분하게 될 때 모두 네 가지의 다른 상황을 얻을 수 있게 된다. 이 네 가지 다른 상황은 각기 기업의 사회적 책임을 〈표 3-2〉와 같이 생산성우선주의, 사회봉사주의, 진보주의, 윤리적 이상주의 등으로 구분할 수 있다. 만약, 기업행위가 주주를 중심으로 이루어질 때 '생산성우선주의' 또는 '사회봉사'라는 기업의 사회적 책임모델이 나오게 된다. 이에 비해 기업행위를 이해당사자모델로 이해하게 될 때는 기업의 사회에 대한 책임은 '진보주의' 또는 더 나아가 '윤리적 이상주의'까지 성취해야 하는 매우 폭넓은 범위에까지 이르게 된다.

이 네 가지 기업의 사회적 책임모델의 구분 중 '생산성우선주의'는 기업의 사회적 역할에 대한 전통적인 견해로서 기업의 사회에서의 역할은 궁극적으로 경제가치의 생산에 있으며, 이것이 기업이 맡아야 할 책임의 전부라는 주장이다. 이 주장에 따르면 기업의 사회적 책임은 매우 좁게 규정

표 3-2 기업의 사회적 책임모델

기업행위의 중심 / 기업행위의 동기	주주모델	이해당사자모델
이기적 동기	생산성우선주의 (productivism)	진보주의 (progressivism)
도덕적 의무동기	사회봉사주의 (philanthropy)	윤리적 이상주의 (ethical idealism)

되며, 기업이 생산활동을 통해 부를 창출하고 이런 과정에서 기업의 이윤을 극대화하는 것 이외의 다른 어떤 사회참여 행위에 대해서도 반대하게 된다.

프리드만의 유명한 "business of business is business"라는 말에 의해서 '기업의 존재 이유는 이윤창출에 있음'을 알 수 있다. 즉, 법과 사회규범이 인정하는 범위 내에서 기업의 사회적 책임은 최대한의 효율달성에 있으며, 효율이 극대화될 때 이윤이 극대화된다는 논리이다. 이러한 근본주의적인 입장은 비교적 명료하게 기업의 책임을 나타내준다. 사실 기업의 본업인 우수한 품질의 제품과 서비스를 생산하거나 효율을 높이는 일은 등한시하면서 권력과 밀착하여 투기를 일삼는 기업들에게는 기업의 근본적인 책임을 강조하는 것만으로도 충분하다. 따라서 근본주의적인 입장을 적극적으로 해석하면, 기업이 자기의 본분인 경제활동 이외의 사회공헌을 하는 것은 기업의 본분을 망각하는 것이라는 비판도 가능하다. 특히, 소유와 경영이 분리되어 있는 기업에서 주주로부터 경영을 위탁받은 전문경영자가 이익의 일부를 사회단체에 기부하거나, 기타 주주의 이익에 위배되는 활동에 비용을 지출하는 경우에 이는 소위 '대리인 권한'의 남용이라는 비난을 받을 수도 있다. 근본주의적 입장에서 기업의 자선활동이나 사회기부행위는 정부가 해야 할 일을 대신하는 행위로서, 기업의 입장에서 이를 정당화하기 힘들다.

1.3 기업과 경영자의 사회적 책임

기업과 경영자의 사회적 책임문제가 대두되게 된 배경을 통하여 기업과 경영자는 어떤 내용의 사회적 책임을 수행하여야 하는지 살펴보자.

먼저 핵심적인 사회적 책임으로는 첫째, 기업유지 및 발전의 책임으로서, 경제적 책임의 충실한 수행, 기업의 이해관계자들에게 적정배분과 재투자를 통한 기업의 수익성(profitability) 유지, 자본주의 체제의 유지 및 발전, 미래에 기업경영을 담당할 후계자(successors) 양성 등을 들 수 있다.

둘째, 이해조정의 책임으로서, 기업의 경영자는 주주의 경제적 이익에 대한 책임과 여타 이해집단의 권익을 보호할 책임이 있다.

셋째, 사회적 기능수행의 책임으로, 이것은 기업 내의 좋은 기업문화를 조성하고 인간관계를 돈독히 하여 종업원들로부터 자발적 협력(voluntary cooperation)을 얻을 수 있도록 사회적 기능(social functions)을 책임지고 수행하는 것을 말한다.

넷째, 기업은 생활환경을 오염시키는 주요 원천의 하나이기 때문에 인간생활의 질(quality of living)을 제고시킴과 아울러 오염으로 생활환경이 악화되지 않도록 생활환경에 대한 책임이 중요하다. 또한 기업과 경영자의 사회에 대한 부수적인 책임으로는 지역사회사업인 교육기관에 대한 장학금 · 연구비 등의 지급, 공중보건의 향상을 위한 병원의 설립과 운영, 자선기관에 대한 기부, 불우한 청소년 및 노동자를 위한 직업훈련 또는 재훈련, 직업여성을 위한 탁아소 운영, 재해민을 위한 구호금 전달 등을 포함시킬 수 있다.

02 기업윤리

UNDERSTANDING BUSINESS

오늘날 세계시장에서 경쟁하여야 하는 기업조직의 경영자들은 수많은 윤리적 이슈와 문제들에 직면해 있다. 이러한 윤리적 질문들과 과제들은 경영자들로 하여금 신중한 분석과 판단을 요구하고 있으며, 기업조직의 모든 구성원들에게 윤리적 이슈들에 대한 새로운 인식을 요구하고 있다. 따라서 이 절에서는 기업윤리의 태동배경과 기업윤리의 정의, 기업윤리의 특징 그리고 기업윤리의 제고방안에 대해 논의하고자 한다.

2.1 기업윤리의 태동배경

우리나라가 산업화과정의 초기보다 기업윤리의 투명성이 크게 개선되었으나 여전히 매스컴을 통해 일확천금을 노린 실망스런 기업가의 허황된 모습을 접하게 된다. 가령, 기술적 노하우 없이 시대조류에 편승하여 벤처

경영사례 플러스

여성 CEO의 기업윤리 실천

기능성 건강식품, 내츄럴 비누, 기능성 화장품 등을 내놓고 있는 (주)인성내츄럴(www.isn21.co.kr)은 최근 전세계의 네트워크화를 구축한다는 계획 아래 '비전 인성'을 계획 · 실천하고 있어 업계의 주목을 받고 있는 기업이다. 특히 이 회사 손인춘 대표는 서울시가 수여하는 자랑스런 시민상 수상과 여성부 선정 신지식인 1호로 선정이 될 정도로 잘 알려진 화제의 여성 CEO다. 전문경영인다운 대범함과 여성만의 장점인 섬세함이 조화를 이뤄 기업경영에 있어 새로운 리더십을 창출하고 있는 손 대표는 "우리 회사는 윤리경영으로 요약되는 투명경영 및 신뢰경영을 최대의 '기업경영원칙'으로 삼고 있다"며 "단기적인 이윤만을 추구해서는 글로벌 기업으로 거듭날 수 없다는 인식에서 출발해 오직 기술과 제품의 혁신만이 진정한 성공을 부른다고 믿으며, 직원 및 소비자 모두가 공감할 만한 수준의 윤리경영을 실천하고자 노력하고 있다"고 설명했다.

기업이윤의 사회적 환원에 대해서도 앞장서며 여성 CEO 특유의 부드러움을 보여주고 있는 그녀는 기존의 기업들이 시행하고 있는 일회성, 단발성 성격 및 세제혜택을 받을 수 있는 기부협찬 방식에서 벗어나 공익사업 위주의 사업진행을 하고 있다.

구체적으로 문화, 복지, 교육, 환경 분야별로 나눠 전문화된 인성재단을 통해 수혜자들에게 필요한 사업을 집중 발굴하고 있다. 특히 문화예술지원은 '인성문화클럽', 고급인력 양성은 '리더십세미나스쿨', 소외된 이웃돕기는 '인성후원회', 환경보전은 '인성환경캠페인', 장학금후원은 '인성장학회', 국민건강 증진 및 인재양성은 '인성대체의학식품연구소'와 '대체의학전문가과정' 등을 두고 각각 세분화해 운영하고 있다. 뿐만 아니라 회사 내에 원호기금제도를 둬 사업이 아무리 어려워도 후원기금을 적립해 일정액이 모이면 복지시설에 기부하는 시스템을 갖추고 있다.

최근에는 자서전 '나는 행복한 바보경영자', '세상을 뒤집는 리더십'을 출간하고 이 책의 판매인세를 모두 미혼모와 약물 중독에 빠진 중고생들을 돕는 데 쓰고 있다.

또한 매달 한번씩 직원들과 함께 산이나 강 등지로 나가 쓰레기 줍기 운동 및 산불방지 캠페인, 물 절감 운동, 고운말쓰기 운동 캠페인 등을 벌이면서 기업문화를 선도하고 있다.

이같은 윤리경영은 운영비용을 감소시키고, 브랜드 이미지를 향상시키면서 자연스럽게 고객만족도를 높여 상품 및 서비스의 매출 증가 및 우수인력을 유인하는 가시적인 효과를 누릴 수 있다는 게 손 대표의 믿음이다.

손 대표는 "앞으로 글로벌 건강전문기업으로 도약하기 위한 중장기 계획 아래, 제품 R&D에 심혈을 기울이고, 무엇보다 생산 · 품질관리 · 기술개발 · 정도경영을 고수하며 국제수준의 인프라를 구축하겠다"며 "미와 건강을 모토로 국민 건강 바로 알리기에 힘쓰며 세계 제1의 건강기업으로 발돋음하겠다"고 강조했다.

자료: 한국경제신문, 2004년 5월 13일

CASE+

기업을 설립, 정부나 정치인들과의 관계를 통해서 기업성장을 바라는 경우가 그러한 예들이다. 그러나 세계무역기구의 등장에 따른 국내시장 개방으로 기업경영에 있어서 기업윤리가 정착되지 않으면 더 이상의 성장을 담보할 수 없게 되었다. 따라서 왜 기업윤리가 사회적 이슈로 등장하였으며, 사회적 이슈에 따른 우리나라 산업계 전반이 긍정적 반응을 나타내는지 알아볼 필요가 있다.

주요 배경으로 첫째, 기업가들의 경제적 합리성과 윤리적 판단의 균형화 필요성이다. 즉, 시장환경이 투명화됨에 따라 기업과 기업의 경영자가 의사결정을 할 때에는 의사결정 자체의 경제적 합리성도 중요하지만 그 이면에 깔린 윤리적 판단까지도 고려하게 된 것이다. 가령, 세계적인 기업인 GE는 전자레인지를 생산 · 판매하면서 소비자가 사용상의 부주의로 전자레인지가 고장날 것에 대비하여 사후수리를 위한 안전장치의 부품을 부착하였다. 반면 국내의 기업들은 오로지 원가절감과 이익극대화 차원에서 소비자의 안전을 위한 부품부착이 원가상승의 요인으로 작용하기 때문에 수출품에는 부착하지만 국내 제품에는 안전장치를 부착하지 않았던 것이 과거의 관례였다. GE가 생산한 전자레인지는 경제적 합리성과 아울러 소비자의 생명까지 고려하는 윤리성도 감안하였고 국내기업은 오로지 경제적 합리성에 초점을 두었던 것이다. 그러나 이러한 과거의 행태로서는 앞으로 무한경쟁에서 도태될 수밖에 없기 때문에 경제적 합리성과 윤리적 판단의 조화가 이루어지게 된 것이다.

둘째, 사회 전체의 국민경제에서 기업부문이 차지하는 역할과 기능 그리고 비중이 확대됨에 따라 전체기업이 사회 전체에 미치는 영향 역시 비례하여 증대되었기 때문이다. 특히, 우리나라 산업계에서 소수 재벌들의 영향력 증대는 공정한 거래관행을 부정하고 오히려 소수 재벌들을 위한 정책의 수립과 실행이 뒤따름으로써 사회정의를 훼손할 여지가 존재한다. 따라서 소수 재벌들의 독점적 행위를 감시하고 중소기업을 보호하는 맥락에서 기업윤리의 엄격한 준수가 요구된 것이다.

셋째, 산업계 자체 정화의 필요성이 요구되었다. 즉, 정통성이 있고 합법적인 경영을 하는 기업들은 좋은 이미지로 오랫동안 사회로부터 관심과 보호의 대상이 되지만 무허가 및 범법적인 사업자, 불법적인 소수의 비윤리적 기업인들의 행동에 대한 부정적 여론은 기업의 성장에 결정적인 걸림돌로 작용하기 때문이다. 가령, 신문사들간 무가지 신문의 남발로 구독자를 확보하려 했지만 결국 무가지를 뿌린 신문사들은 재정압박으로 신문사의 생명을 단축하는 결과로 이어졌다. 이 때문에 공정한 게임으로 신문사들끼리 자발적으로 무가지 신문을 자제한 것은 일종의 신문업계 자체 정화의 필요성이 대두되었기 때문일 것이다.

넷째, 산업계의 최고경영자들이 공개적으로 기업의 윤리성 · 도덕성을 논의하고, 따가운 여론에 대해 논리적인 비판과 제의를 받아들이며, 실천으로 옮기는 등 사회의식이 높아지고 성숙되어가기 때문이다.

다섯째, 전문경영자들의 전문가정신이 발휘되고 있기 때문이다. 왜냐하면 이들은 과거의 주먹구구식 경영에서 탈피하여 경영의 다각화 · 대형화 · 글로벌화 등 전환과정의 중심에 있기 때문에 개인적 이득이나 기업체 이익만을 위해 경거망동한 행동에 대해 용납을 받을 수 없는 실정에 이르렀기 때문이다.

여섯째, 경영자들이 윤리적인 경영을 하는 기업일수록 성장과 발전을 보장받을 수 있다는 소위 기업윤리의식으로 강하게 무장하고 있다는 것이다. 가령, 세금포탈 등으로 최고경영자가 구속되는 것은 대내외적으로 불신과 파멸의 길을 초래한다는 것을 알고 있기 때문이다.

일곱째, 자유기업제도의 유지와 기업의 장기적인 발전을 위해서는 윤리적 경영의 사전적 실천으로 흑백논리를 극복하는 것이다. 기업의 윤리성에 대한 매스컴의 보도, 출판물에 실린 글, 일부 정치인과 이익단체의 발언 등에는 흑백논리가 성행한다. 설익은 지식과 편견으로 논리와 설득력이 결여된 일방적인 주장들이 팽배하기 때문에 이러한 불신의 벽을 극복하는 길은 산업계가 스스로 기업윤리를 중요한 이슈로서 논의하고 제고할 필요가 있기 때문이다.

2.2 기업윤리의 정의

경영자는 기업경영에 대한 자신의 의사결정시 수단뿐만 아니라 그 결과로 인해 영향을 받게 될 대상을 고려해야 한다. 가령, 신문판매 부수를 늘리기 위해 무가지 구독을 원하지 않는 독자에게 배포하는 것이라든지, 회

경영사례 플러스

신세계, 세전이익 1% 사회공헌·봉사활동 사용

신세계(대표 구학서)는 1999년 12월 윤리경영을 바탕으로 한 신경영이념 선포식과 함께 국내 최초로 기업윤리업무 전담부서인 기업윤리실천사무국을 신설, 윤리경영을 강력하게 추진해 오고 있다.

우선 회사는 세전이익의 1%를 사회공헌활동 비용으로 사용하고 있다. 임직원들도 본사를 비롯한 백화점 7개 점포와 이마트 62개 점포에 봉사 동호회와 90여개 봉사단체를 구성, 한 달에 한 번 이상 보육원 및 독거노인 지원 등 다양한 활동을 전개하고 있다. 특히 전국적인 점포망을 확보하고 수많은 고객들을 만난다는 유통업의 특성을 살려 각 지역별로 차별화된 사회봉사활동을 전개하고 있다.

회사측은 이들 봉사단체들에 대한 지원을 확대하기 위해 사원들이 모은 금액만큼 회사에서 동일한 금액을 지원해주는 매칭그랜트(Matching Grant) 제도를 실시하고 있다. 또 아름다운 가게, 다일 공동체 등 나눔활동을 전개하고 있는 외부단체와 도움을 필요로 하는 기관들에 대한 지원을 확대키로 했다.

최근에는 동호회와 회사 차원의 지원을 좀더 효율적으로 지원하고 관리하기 위해 '사회봉사 프로그램'을 개발했다. 이 프로그램을 이용할 경우 신세계의 임직원은 본인의 봉사활동을 조회할 수 있고 각 점포별 봉사단체 구성 및 봉사대상 현황 등을 체계적으로 파악할 수 있다.

회사별 목표 봉사시간을 초과한 임직원에게는 회사 차원에서 인증서를 발급하고 윤리적인 임직원을 뽑는 '윤리대상' 신정시 반영할 예정이나. 신세계는 이와는 별도로 내년에는 외부단체와 연계하여 임직원의 가족들이 봉사활동에 참여할 수 있도록 시스템을 보강할 예정이다.

전사차원에서는 월별로 윤리경영 테마를 선정하여 진행하며 상·하반기 2회에 걸쳐 맑고 푸른 환경 가꾸기의 일환으로 각사 및 점포별로 가까운 산이나 하천, 공원 등 한 군데를 선정하여 환경보호 캠페인을 전개한다.

이마트는 98년 5월부터 지역단체 재원 지원 프로그램 제도를 시행하고 있다. 이 제도는 고객이 구매한 금액의 0.5%를 이마트가 적립하여 고객들이 지정하는 지역에 위치한 단체(보육원, 사회복지원 등)에 기부를 하는 제도로 한해 13억~15억원 정도가 지원된다.

신세계는 최근 주5일 근무체제로 들어감에 따라 임직원들의 봉사활동을 장려하기 위해 '연간 10시간 봉사시간 갖기' 캠페인을 전개하고 있다. 현재 신세계 임직원들이 1만명 정도임을 감안하면 올 연말까지 신세계 임직원들의 봉사활동 시간은 10만 시간을 넘어서게 된다.

자료: 머니투데이, 2004년 6월 28일

CASE+

사에서 개인적 일로 회사의 전화를 이용하는 것이 과연 윤리적인지 물어볼 필요가 있다. 이때 윤리(ethics)란 선한 행동과 악한 행동을 정의하는 규칙이나 원칙을 말한다. 즉 행위, 태도, 의식차원의 옳고 그름(right & wrong), 선악(good & evil), 양심(conscience)의 여부와 정도를 가리키는 표준 · 지침이다. 특히, 윤리는 도덕(morality)과 달리 종교적 판단기준과 관계가 없는 행위기준으로서 절대적인 것이 아니라 상대적인 개념이다. 그리고 사회윤리(social ethics)는 주어진 상황하에서 인간 각자가 어떻게 행동 · 처신 · 반응하는 것이 옳고 그른지, 선하고 악한지, 양심적인지를 사회가 정의한 표준 · 지침을 말하며 넓은 의미의 윤리에 해당된다.

기업은 사회의 일부이므로 기업 및 경영자의 윤리는 물론 사회적 윤리의 통합된 일부이다. 따라서 기업의 윤리(business ethics)란 "기업경영이라는 상황에서 나타나는 행동이나 태도가 옳고 그름이나 선과 악을 구분해주는 판단기준과 도덕적 가치와 관련된 기업경영의 의사결정과정"으로 정의한다.

그러나 오늘날 기업 및 경영자의 윤리에 대한 설명력의 한계는 첫째, 기업 및 경영자 윤리는 추상적이기보다는 성격상 실용적인 것이어야 하기 때문에 기업윤리를 논의할 때에는 상식적 수준에서 머물러야 한다고 전문가들은 말한다. 둘째, 기업윤리는 시대와 상황에 따라서 동태적으로 변하기 때문이다. 셋째, 나라가 발전할수록 사회가 기업에게 기대하는 윤리기준은 이상형쪽으로 높아지기 때문이다. 따라서 우리나라에서는 기업윤리가 이상형쪽으로 높아져가는 시대와 상황에 직면해 있기 때문에 기업윤리의 이해를 어렵게 만든다.

한편, 옛날 우리나라 상인들의 상도를 통해서도 상인들의 윤리정신을 엿볼 수 있다. 즉, 돈 많이 번 사람이나 돈 많이 벌려는 사람이 윤리적으로 넘지 말아야 할 한계선을 넘어설 때는 재앙을 맞게 된다는 것으로 오늘날 기업윤리로서 그 실용가치를 찾아볼 수 있다.

마찬가지로 서구사회에서 말하는 윤리는 구성원간 · 조직간 그리고 구성원간과 조직간의 관계를 규정짓는 것으로서, 가장 중요한 토대는 형평(equity)의 개념이다. 형평의 개념은 정직하게 살고 남을 해치지 않으며 모든 사람에게 당연히 갚아야 할 빚을 갚는 것을 의미한다. 즉, 이 의미는 윤리뿐만 아니라 민주주의 정치체계 · 자유시장체제 · 자유기업제도와 이를 뒷받침하는 법체제의 토대를 이루면서 공정성(fairness), 정의(justice) 그리고 정직한 거래와 처신(honest dealings) 등의 뜻까지 포함하고 있다.

2.3 기업윤리의 특징

자유로운 기업행동과 관련하여 경영자가 기업경영시 마땅히 따라야만 하는 규범 내지 자율적 행동기준인 기업윤리의 특징을 살펴보면 첫째, 기업윤리의 의미를 간단명료하게 설명하거나 정의하기가 대단히 어렵다. 둘째, 기업윤리는 법률과 같이 정부가 제정할 성질의 것이 아니기 때문에 강제집행력이 없다. 그 이유는 기업윤리가 실천할 수 없는 이상적인 면과 일반적으로 받아들여지는 사회윤리를 기업에 적용하였기 때문이다. 셋째, 기업윤리는 사회가 일반적으로 용납하고 기대하는 기업행동에 관한 불문율에 불과하다. 넷째, 기업윤리는 명시적이기보다는 암시적인 성격을 띠고 있다. 이런 특징들 때문에 기업윤리는 적어도 그 컨셉 차원에서는 어떤 행동이 명확히 윤리적이라든가 또는 비윤리적이라고 잘라서 판단할 수 있는 구체적인 기준 · 지침을 제공하지 못하고 다만 일반적인 기준 · 규칙 · 규범만을 제공할 뿐이다.

그와 같이 애매한 성격을 띠고 있는 것이 기업윤리의 특징인데도 한국사회에서 기업윤리를 논의하고 기업들에게 윤리요강을 만들고 지키라고 압력을 가하는 데에는 실행적인 차원에서 문제점이 많음을 부인할 길이 없다. 그럼에도 불구하고 한국기업은 윤리적 기업운영을 위한 방향으로 노력하지 않을 수 없는 것이 시대적인 요청이다.

2.4 기업윤리의 실행상의 문제점 및 제고방안

우리나라 산업계에서 기업윤리강령을 설정 · 시행하는 것이 지연되고 있는 가장 큰 장애요인으로는 첫째, 단일기준의 윤리와 기업윤리는 존재하지 않는다는 것이다. 즉, 인간은 진실성, 고결성, 책임 · 권한 · 책무 등에 대해 서로 상이한 개인적 가치기준을 가지고 있어서 윤리와 기업윤리에 대한 개인적 기준이 상이하다. 둘째, 우리 인간은 개인생활, 가정생활, 직장생활에 따라 상이한 윤리기준을 설정하는 나쁜 악습이 존재한다. 윤리를 어기는 것을, 남도 그러니까 또는 직책 수행상의 필요악이라고 잘못 생각하는 것이다. 셋째, 인간행동의 기준 또는 지침으로서의 법률은 강제집행력이 있고 처벌하는 제도적 장치가 되어 있으나, 윤리의 경우 사회적 압력 이외에는 각자가 양심에 따라 행동하도록 맡길 수밖에 없는 한계가 존재하며, 또한 윤리기준에 따른 행동 또한 그 기준이 정답이 없어 모호한 실정이다. 넷째, 정치 · 사회적 윤리수준이 엉망인데도 기업과 경영자에게 높은 기업윤리수준을 요구하는 그 자체는 모순이다. 모든 사회구성원들이 각자의 위치에서 기업윤리, 정치윤리, 정부윤리를 함께 준수하는 환경적 토대가 마련되는 것이 무엇보다도 절실하다.

그럼에도 불구하고 한국의 기업들과 경영자들이 기업윤리에 대한 설정과 시행이 대단히 어렵더라도 이를 제고시키기 위해 기업행동의 기준 · 지침 · 규범이 되는 기업윤리요강을 우선 설정해야 한다. 기업윤리요강에는 국가윤리요강 · 산업별 윤리요강 · 회사윤리요강 등 세 가지의 대안이 있다. 그 중에서 가장 바람직하고 실용적인 대안은 회사 · 기업그룹별 윤리요

경영사례 플러스

CASE+

기업 사회공헌 장려하려면 기부금 세제혜택 확대해야

기업들의 사회공헌 활동을 장려하기 위해서는 기부금에 대한 세제혜택을 선진국 수준으로 확대해야 한다는 의견이 제시됐다. 이는 최근 정부와 노동계가 기업의 사회공헌기금 조성을 공론화한 가운데 나온 것이어서 주목된다.

삼성경제연구소는 28일 "윈-윈 전략으로서의 사회공헌활동 현황과 시사점"이란 보고서에서 "한국은 공익법인에 기부할 경우 세제혜택 한도가 개인의 경우 소득금액의 10%, 기업은 5%로 선진국에 비해 크게 낮다"고 밝혔다.

미국은 개인기부금에 50%, 기업기부금에 10%의 세제혜택을 주며 일본도 개인 · 기업 모두 25%의 세제혜택을 부여하고 있다고 보고서는 소개했다.

보고서는 또 "미국이 1981년 기부금 세금공제 한도를 5%에서 10%로 확대한 뒤 기업기부활동이 활성화된 선례가 있다"며 "한국도 기업 기부에 대한 세제 · 금융상 유인책을 확대해 나갈 필요가 있다"고 주장했다.

최숙희 삼성경제연구소 수석연구원은 "기업 이미지가 경영성과에 미치는 영향이 갈수록 커지는 추세인 만큼 기업의 사회공헌활동 확대는 바람직하다"면서도 "최근 노동계에서 요구하는 사회공헌기금처럼 강제적 형태여선 곤란하다"고 말했다.

한편 보고서는 국내기업들이 사회공헌활동 지출액은 기업 매출액의 평균 0.37%(지난해 기준)로 일본기업의 0.1%보다 세 배 이상 높다고 밝혔다.

그러나 국민들의 기업 호감도에는 별 영향을 미치지 못하고 있어 사회공헌활동도 선택과 집중을 통해 효율성을 높여야 한다고 권고했다.

자료: 한국경제신문, 2004년 5월 29일

표 3-3 우리나라 기업의 사회적 책임 실천

기업명	핵심내용
한국전력공사	• 윤리경영시스템 구축(직원 교육 및 실천노력 평가/보상 시행 등)을 통한 윤리경영정착 추진 • 2004. 1 한전봉사단 구성(전사 263개, 4,038명, 활동기금 약 20억원 조성), 저소득층지원 • 2004년 협력회사 지원규모 총 141억원, 협력업체 수탁교육(30개, 1616명)
동부	• 전 임직원 사이버 윤리경영교육 실시, 사외이사수 확대, 준법감시 · 내부통제시스템 운영 • 불우이웃돕기행사, 장학생제도 운영 등 산학연계활동, 결식아동 후원 사내 동호회 조직 • 협력회사지원(2004년 6시그마 메가프로젝트 공동수행, 도요타 생산시스템 일본연수 지원)
LG	• 정도경영 전파 · 확산 강화, 정도경영 예방 · 이행을 통한 자회사 감사위원회 지원 • 2004년 사회공익사업(전년대비 22.7% 증가한 837억원), 자회사별 공헌활동 적극 전개 • 협력회사지원(전자: 향후 5년간 1,000억원 지원 · 협력사당 20억원 한도, CNS: 교육비 3억원)
SK	• 기업지배구조개선추진계획(사외이사 70% 확대, 전문소위원회 활성화 등 이사회 강화) • 2004년 사회공헌활동예산 2003년 규모와 동일한 약 1,100억원 책정 • 협력업체 사장단 간담회를 통한 애로사항 파악 · 지원, 중소기업에 대한 대금 조기결제
현대기아자동차	• 공정거래 자율준수 프로그램 운영, 사이버윤리교육, 직장윤리위반신고센터, 윤리강령 제정 • 교통문화(장애인 이동편의 증진 등) 관련 사회공헌 중점, 재난시 지역별 자원봉사체제 확립 • 협력사 교육(협력사 금형비 지원: 연간 약 3,000억원) · 포상: 연간 약 1억원(2004년) 지원
KT	• Clean KT 강력추진(KT윤리강령 제정실천, 준수), 사외이사의 경영감시역할 제도화 • 2004년 사회공헌비 200억원, 사랑의 봉사단(382팀, 8,323명), 사랑나눔기금 조성(연 20억원) • 공사군별 협력업체 선정운영, 자체연구개발 기술이전, 협력업체수탁교육 실시(2,600명)
한진	• 공정거래 자율준수 프로그램 도입, 윤리시스템 구축운영, 사외이사 확대 등 지배구조 개선 • 나눔경영 확대, 사내 · 외 봉사활동 지원 · 강화, 사회공헌비 증액 책정(250억원 이상) • (주)한진 협력업체 지원액 2004년도 23억원 이상, 대한항공 인천공항 신규공사 발주확대
롯데	• 윤리경영체제 구축(사원윤리교육: 3만명), 윤리경영 평가 및 포상(2001년부터 매년 1회) • 장학재단지원(연 800명: 15억원), 사회복지시설지원 51억원, 불우이웃성금 15억원 등 • 협력회사 물류 서비스강화 지원, EDS시스템 구축 지원, 협력회사 전용 상담실 운영 등
POSCO	• 윤리규범 선포, 기업윤리실천시스템 구축(사무국, 실천리더 75명), 명절때 선물반송센터 • 2003년 사회복지분야 비용(723억원), 사회복지활동, 자원봉사활동 등 • 협력회사 직원 처우개선 등 2003년 지원금액 192억원, 동반자적 협력문화 정착
한화	• 윤리경영 실천, 투명하고 성실한 기업경영, 공정거래 준수, 부당행위금지 • 2004년 사회공헌비 총 124억원, 자선 · 후원활동(매칭그랜트제도, 유급자원봉사, 공부방 사업) • 협력회사 지원 · 육성(시설 및 금융지원, 설비설치 · 대여, 제품지원, 기술 및 안전지원 등)
현대중공업	• 공정거래 자율준수 프로그램 도입, 사외이사 과반수 선임 및 감사위원회 전문성 제고 • 장학지원 부문 161억원을 포함하여 2004년 265억 9,000만원의 사회공헌비 책정 • 협력회사지원(현대중공업: 금융권연계 1,365억원, 기술지도 · 물류비 · 사업이양 등 2,700억원 등)
금호아시아나	• 그룹 윤리강령 · 윤리규칙 제정 공포, 단계별 윤리경영 추진계획 수립, 윤리교육 평가 • 그룹사 월별 사회공헌 프로그램 계획수행, 1촌 1현장운동, 1사 1산 1하천 가꾸기운동 • 협력회사 지원(건설: 500건, 420억), 구매대금 현금지급비율 확대(전체 20% 이상, 1,530억원)
한국가스공사	• 금년이 윤리경영 원년의 해, 윤리경영 홈페이지 개설 등 실천과제 적극 추진 • 사회문화단체 및 각종 결연단체 지원 18억 등 금년 사회공헌비 30억원 책정
두산	• 윤리강령(2002.1.17 선포) 지속실천, 사외이사 확대 등 지배구조 개선방안 마련 • 2004년 사회공헌비 100억원 예산책정((장학사업, 교육연구활동지원, 결식아동돕기 등) • 협력업체 지원 및 육성(생산 및 재고관리시스템 개발 및 공유, 기술지원 등)

삼성	• 나눔경영 확대(사회복지, 학술교육 등 사회공헌사업에 총 3,980억원 지원) • 협력사 시설투자에 5년간 총 8,750억원 무이자 대출, 향후 5년간 1조원 지원
효성	• 사외이사 독립성 및 비율 확대, 윤리경영 실천을 위한 정기 경영자 워크숍 개최 • 금년도 사회공헌활동 및 지원액 확대, 기 운영중인 동양학원 지원 및 장학기금 확대 • 납품대금 지급결제일 단축(2,200억원을 1~3개월 조기지급), 협력사와 공동연구개발
신세계	• 윤리경영의 공감대 협력회사로 확대, 도입 · 실천 우수기업 평가 · 시상 · 우대금리 대출지원 • 임직원 사회봉사 참여도 제고(92개 전 사업장 봉사단 정기활동), 지역단체 지원 • 협력회사 존중경영 지속실천 · 공정한 거래문화 정착 및 만족도 지수 제고
대림	• 협력업체와 계약시 윤리경영이행 특수조건 포함, 임직원 윤리경영 프로그램 개발 예정 • 사회공헌비(2003년 정기 0.44억원 + 비정기기부금 15.3억원 총 집행실적 15.73억원, 2004년 정기 0.44억원 + 비정기 기부금(미정)) • 협력사 지원(우수업체 40개업체 기성자금 현금지급 4,600억원, 계약이행보증 수수료면제 28억원, 자재확보를 위한 공사비 선급 지원 110억원 등)
CJ	• 공정거래 자율준수 프로그램 도입(CJ홈쇼핑), CJ Values 교육을 통한 '정직' 가치 강조 • 사회봉사전담부서 운영, 2004년 1,600명 임직원자원봉사(2만시간), 사회공헌비 35.5억원 • 협력사의 기술경쟁력 확보를 위한 CFT 활동지원, 협력회사 정보화시스템 운영지원
동양	• 윤리강령 및 행동규범 제정, 윤리경영 시스템 도입 • 지속적 봉사활동 전개(장학사업, 학술지원, 소년소녀가장 돕기, 무의탁노인 보살피기) • 현금결제비중 증대, 어음결제기간 단축 등 거래조건 개선
코오롱	• 윤리경영 실천(실태조사 및 실천 프로그램 추진) • 사회문화사업 지속(우정선행상, 코오롱분수문화마당), "꽃과어린왕자" 재단 설립(40억원 출연) • 협력업체와 상생경영 추진(건설), 우수협력업체 포상, 교육, 협의체 활동지원
KT&G	• S&P 등의 기업지배구조개선 권고사항 적극 수렴, 금년도 주총에서 정관 개정 • 향후 4년간 1,000억원(연평균 250억원, 2003년 당기순이익의 5.4%) 사회공헌비로 책정 • 협력사 납품대금 2,600억원 전액 현금지급(연초생산농가와 생산자단체에 143억원 지원)
동국제강	• 2004년 사회공헌비 8개대학 장학금 1억원, 독거노인 등 불우이웃돕기 1.88억원 등 2.9억원 • 지역협력부문(포항테크노마트사업에 총 3억원 출연)
현대백화점	• 공정거래 자율준수 프로그램 시행, 사이버감사실 운영, 윤리지침서 발간 • 사회공헌활동 강화 계획, 기부금 · 환경단체행사 지원 강화 등 • 협력사 자금지원 전자결제시스템 구축, 인적자원 공동육성, 열린상품본부 홈페이지 운영
한솔	• 열린 경영, 노사간 커뮤니케이션 확대, 임직원 행위지침 실천 독려 • 나눔경영 확대(독거노인 및 사업장 인근 결손가정 지원 등), 임직원 봉사활동 참여증대 • 경영지도를 통한 중소업체 육성
현대산업개발	• 윤리경영이념 채택 · 반영, 사회이사수의 과반수(6 : 5)유지, 이사회내 보상위원회 설치 • 재해복구활동 및 사회복지시설 방문 봉사활동 강화 • 매년 협력업체 간담회 실시, 우수협력업체 포상 및 공사 참여기회 확대, 업무전산화
부영	• 사내 윤리헌장 및 윤리경영 선포계획, 투명경영 • 교육 및 사회복지시설 건립지원(125억원), 소년소녀가장 생활비 지원(1,716명, 1억 7,160만원), 전국대학 및 고교기숙사 신축 기증(2004. 2 경남 함양고 기숙사 '우정학사' 기증)
삼보컴퓨터	• TG 윤리규범 프로그램 도입 • 나눔경영 확대(대안학교 지원, 안산지역 문화계승 발전 및 지역독거노인 지원 등 3,400만원), 상생경영 실천 • 협력회사 해외공장 동반진출, 정기 회의를 통한 지원, 가격경쟁력을 통한 구매 지원 등

자료: 전경련, 2004년 4월 7일.

강(corporate · business group code of ethics)을 설정하여 실행하는 것이다.

첫째, 최고경영층이 회사윤리 기준에 대한 원칙과 정책을 우선 정하고, 시행방법을 제시하고, 사내에 필요한 분위기를 조성해야 한다.

둘째, 최고경영층은 임 · 직원들이 기업활동의 윤리적 측면에 대한 정신적 자세를 갖추게 하고, 또 그들의 행동에 대한 엄격한 윤리적 통제를 해야 한다.

셋째, 설정된 회사윤리요강을 커뮤니케이션 · 교육 · 훈련 등을 통해 모든 임직원들에게 이해시킨다.

넷째, 윤리요강에 위배되는 행동은 공명정대하게 처벌하되, 처벌할 때는 가혹성을 강조하기보다는 요강위배의 사전 방지에 중점을 두고 교훈적인 측면을 특히 강조한다.

기업윤리의 제고는 곧 기업의 이익성 · 성장성과의 높은 상관관계를 실증적으로 보여줌에 따라 장기적인 관점에서 기업윤리의 철저한 이행이 곧 소비자, 주주 등 이해관계자의 사회적 욕구(social needs) 충족과 고객만족의 첩경으로 작용할 것이다.

요 / 약

1 사회적 책임(social responsibility)이란 조직이 자신이 속한 사회를 보호하고 강화해야 할 의무의 집합이라 할 수 있다. 즉, 사회적 책임이란 사회나 국가의 목표 · 가치에 부합되는 정책을 추구하고, 결정을 내리며, 행위규범에 따르도록 조직에 부과된 의무체계를 뜻한다.

2 기업의 사회적 책임모델은 기업의 두 가지 측면, 즉 기업의 경제행위의 중심과 동기를 각각 두 가지로 구분하게 될 때 모두 네 가지의 다른 상황을 얻을 수 있게 된다. 이 네 가지 다른 상황은 각기 기업의 사회적 책임을 〈표 3-2〉와 같이 생산성우선주의, 사회봉사주의, 진보주의, 윤리적 이상주의 등으로 구분할 수 있다.

3 기업과 경영자의 사회적 책임은 기업유지 및 발전, 이해조정, 사회적 기능수행, 인간생활의 질(quality of living)을 제고시킴과 아울러 오염으로 생활환경이 악화되지 않도록 생활환경에 대한 책임이 중요하다. 또한, 기업과 경영자의 사회에 대한 부수적인 책임으로는 지역사회사업인 교육기관에 대한 장학금 · 연구비 등의 지급, 공중보건의 향상을 위한 병원의 설립과 운영, 자선기관에 대한 기부, 불우한 청소년 및 노동자를 위한 직업훈련 또는 재훈련, 직업여성을 위한 탁아소 운영, 재해민을 위한 구호금 전달 등을 포함시킬 수 있다.

4 기업윤리(business ethics)란 기업경영이라는 상황에서 나타나는 행동이나 태도의 옳고 그름이나 선 · 악을 구분해 주는 판단기준 및 도덕적 가치와 관련된 기업경영의 의사결정 과정을 말한다.

5 기업윤리의 특징은 첫째, 기업윤리의 의미를 간단명료하게 설명하거나 정의하기가 대단히 어렵다. 둘째, 기업윤리는 법률과 같이 정부가 제정할 성질의 것이 아니기 때문에 강제 집행력이 없다. 셋째, 기업윤리는 사회가 일반적으로 용납하고 기대하는 기업행동에 관한 불문율에 불과하다. 넷째, 기업윤리는 명시적이기보다는 암시적인 성격을 띠고 있다.

생각해볼 문제

1 경영사례플러스의 "GE코리아의 끝없는 변화와 혁신"의 토대가 무엇인지 설명하라.

2 기업의 사회적 책임의 정의와 모델에 대해 설명하라.

3 기업윤리의 태동배경과 그 정의에 대해 논하라.

4 기업윤리의 실행상 문제점과 제고방안을 논하라.

CHAPTER

4

UNDERSTANDING BUSINESS

기업형태와 기업집중

경영사례 플러스

CASE+

안홍찐빵합자회사

안홍찐빵합자회사는 안홍찐빵의 원조인 남옥윤씨를 포함하여 찐빵업소 10개소가 법인을 설립하여 안홍찐빵의 전통적 제조방법을 고수 그 명맥과 옛맛을 그대로 유지하며, 청결한 위생관리와 친절한 서비스를 통한 신뢰를 바탕으로 안홍찐빵이 강원도 횡성군 안홍면 안홍리 287-2번지[Tel: (033) 342-8100 Fax: (033) 342-8900] 고장의 전통상품으로 정착시키는 데 앞장선다.

안홍고장의 명품 안홍찐빵은 예로부터 그 유명을 달리하여 그 옛날 초근목피로 연명해야 하던 시대에 어렵게 구한 밀가루를 여러 방법으로 먹거리로 이용하던 시절 막걸리로 밀가루 반죽을 숙성 발효시키는 선조들의 지혜로 찐빵을 만들어 먹었다.

영동고속도로가 개통되기 이전 서울 강릉간 필수적으로 통과해야 하는 중간지점으로서 서울에서 출발하든 강릉에서 출발하든 비포장도로를 4시간 정도 달려오면 이곳에 와서 점심식사를 하지 않고는 그냥 지나칠 수 없는 지역이라 당시 안홍의 식당집에서는 점심준비를 위해 쌀을 2~3가마씩 씻어 밥을 준비해야 하는 번거로움이 있었다.

그러나 이들 왕래객은 다시 먼길을 가야하는 부담감 때문에 고민을 하였으나 먹거리가 흔하지 않던 시절이라 도시락을 손쉽게 준비할 수 없었던 그 시절부터 안홍찐빵은 허리춤에 끼고 먼길을 가는 나그네와 함께 장도에 오르던 식품으로서, 근세에 와서는 고랭지 채소 경작으로 대부분 생계를 유지하는 농촌지역에 농부들의 새참거리로 허기진 배고픔에 든든한 먹거리가 되어 줌으로써 농민들의 큰 각광을 받아 오고 있었다.

어렵던 시절 중요한 먹거리가 되어 주었던 찐빵의 전통적 제조방식을 고수하면서 그 명맥을 그대로 유지해옴에 따라 경제적 · 문화적 풍요로움으로 삶의 여유를 갖기 시작한 현대인에게 잊혀져 가던 옛 고향의 정취와 향수를 서서히 자극하여 안홍찐빵을 통하여 그 맛을 느끼고자 하는 이들이 점점 증가하게 되었고, 한번 맛 본 이들에 의한 소문이 이제는 전국에 퍼져 안홍찐빵을 찾는 이들이 점차로 늘어나 어느새 안홍고장의 전통상품으로 자리잡게 되었다. 자료: http://www.anheung0.co.kr/index.htm

01 기업형태의 정의

UNDERSTANDING BUSINESS

기업형태(forms of enterprise)란 갖가지의 기업을 출자와 경영의 특질에 따라 유형화한 것을 말한다. 넓은 뜻으로 기업형태는 기업의 종류이다. 그러나 여기서의 기업형태는 기업활동에 필요한 자금제공자(출자자 · 소유자)의 구성을 중심으로 기업의 관리 · 지배 등을 포함하는 측면에서의 검토대상을 말한다. 이같은 기업형태를 검토하는 접근방법은 다음 3가지로 나뉜다.

첫째, 법률형태론은 법률이 규정하는 기업의 여러 형태를 분류하고 법적 성격을 밝혀 놓으려고 하는 것을 말한다. 한국 법률에서 규정한 주요한 법률형태는 개인상인 · 합명회사 · 합자회사 · 유한회사 · 주식회사 · 익명조합 · 민법상의 조합 등이다. 법률형태론에서는 출자와 경영의 권리 · 의무관계가 중심이 된다.

둘째, 경제형태론은 기업이 존립하는 경제적 조건을 해명하려고 하는 것을 말한다. 1912년에 독일의 경제학자 리프만은 저서 『기업형태론』(*Die Unternehmungsformen*)에서 기업의 소유와 지배(경영)의 관계에서 기업을 개인기업 · 회사기업(인위적 회사 · 자본적 회사)으로 분류한 바 있다. 그 후 기업형태에 관해서는 갖가지 학설이 발표되고 있는데, 평면적 관찰법에 의한 대표적인 분류는 다음과 같다.

① 기업가의 공사(公私)에 따라 사기업 · 공기업 · 공사합동기업으로 나누고, ② 기업가의 수효에 따라 단독기업과 집단기업으로 나누며, ③ 사업목적에 따라 민사기업과 상사기업으로 나누고, ④ 기업이용자의 자타(自他)에 따라 자기이용기업(협동조합) · 타인이용기업(협동조합 이외의 모든 기업)으로 분류하며, ⑤ 또, 이러한 분류들을 종합해서 단독기업 · 소수집단기업(조합 · 합자 · 합병 · 유한회사) · 다수집단기업(주식회사) · 준기업(準企業: 협동조합), 공기업 및 공사합동기업(국영기업 · 특수회사), 복합기업(카르텔 · 트러스트) 등으로 분류하기도 한다. 경제형태론의 관심은 출자와 경영의 책임을 실질적으로 해명하는 데 있다.

셋째, 기업체제적 형태론은 법률형태에 크게 구애되지 않고 기업의 내적 성격변화를 발전적으로 파악하여 정도가 낮은 것에서 높은 것으로의 추이 속에서 유형화하려는 것을 말한다. 기업체제적 형태론에 의하면, 사기업이란 인적 사기업(출자자의 소유물)→자본적 기업(영리제일주의)→현대적 기업(사회적 성격의 강화)으로 발전하고, 공기업은 순행정경영(純行政經營: 관영기업=전매사업)→비종속적 공기업(경제적으로만 독립)→독립공기업(조직적으로도 독립)→자주적 공기업으로 발전한다는 것이다.

또한 주체적 분류법이라 하여 가계(家計)와의 미분리형태(즉, 전기업적[前企業的] 형태), 가계와의 분리형태(즉, 소유자 경영형태), 자본과 관리의 분리형태(즉, 자본적 기업형태), 자본과 경영의 분리형태(즉, 고도발전적 기업형태) 등을 주장하는 학자도 있다.

어떻든 사기업의 발전원리는 자본 · 출자 · 소유와 경영의 분리이며, 공기업의 발전원리는 정치 · 행정 · 재정과 경영의 분리인데, 사 · 공기업 모두 경영체라고 하는 자주성과 사회성을 지닌 제도의 방향으로 움직이고 있다고 하겠다.

그리고 경영학의 주된 연구대상인 기업조직의 형태는 크게 개별기업의 단독형태와 복수기업의 복합형태로 나눌 수 있다. 〈그림 4-1〉의 기업형태

그림 4-1 기업형태의 분류

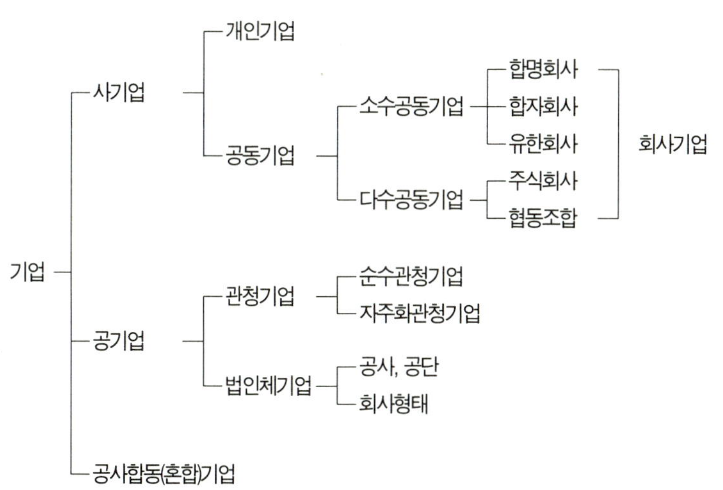

의 분류에서와 같이 단독형태는 다시 사기업, 공기업, 공사혼합기업형태로 나눌 수 있다. 복합형태는 개별기업들이 복합적인 기업결합을 통하여 공동의 이익을 추구하고 시장독점을 도모하려는 기업집중 또는 기업결합을 뜻한다. 이러한 기업집중은 카르텔, 트러스트, 콘체른과 기업집단, 콩글로머리트 그리고 조인트벤처 등이 있다.

02 사기업

UNDERSTANDING BUSINESS

2.1 개인기업

개인기업(private enterprise)이란 소요자본의 전부 또는 대부분을 한 개인이 출자하고, 그 자본운영에 관한 책임을 그 출자자가 전적으로 지는 기업을 말한다.

이때 생기는 이윤이나 손실은 출자자인 동시에 경영책임자이기도 한 개인이 받아들이고 부담한다. 개인기업은 지휘하는 데 있어서 통일성 · 신축성 · 비밀유지 등의 좋은 일면을 지니고 있으나 자본규모가 결과적으로 개인자본가의 축재에 묶이고, 다른 기업과의 경쟁에 필요한 자본금 지출이 불충분하다는 근본적인 약점이 있다. 여기에서 주목할 일은 개인기업의 기업성이다. 개인기업 가운데에는 자본과 임금노동의 분화가 명확하지 않은 전자본주의적(前資本主義的) 기업이 포함되어 있기 때문이다. 개인자본가가 직접 노동과정의 중요부문을 담당한다든지, 임금을 지불하지 않아도 좋은 가족노동자가 노동자의 대부분을 차지할 경우에는 엄밀한 의미에서의 기업은 성립될 수 없다고 보아야 한다. 그렇다고 해서 역사적 과도기나 현대 자본주의하에서 존재하는 가내공업이나 영세공업의 중요성을 부정하는 것은 아니다.

2.2 합명회사

합명회사(general partnership)란 중세 유럽의 상업도시를 중심으로 육상운송과 관련되어 이루어진 '소시에테'(societes)에 그 기원을 두고 있으며, 2인 이상의 무한책임사원만으로 구성되는 회사를 말한다.

사원은 회사의 채무를 회사채권자에 대하여 직접 연대하여 변제할 무한책임을 진다(상법 212조). 따라서 정관에 다른 규정이 없는 한, 사원은 회사의 업무를 집행하고 회사를 대표하는 권한을 가진다(200 · 207조).

합명회사는 각 사원이 회사의 채권자에 대하여 직접 책임을 지는 데에서 대외적으로 인적 신용이 중시되고, 사원의 책임강도는 내부적으로 사원 상호간의 신뢰관계를 필요로 한다. 동시에 사원의 기업경영에 대한 참가를 강화함으로써 회사는 마치 개인기업의 공동경영과 같은 인상을 주게 되며, 사단법인이면서도 실질적으로는 조합적 성격을 띤다.

합명회사는 설립절차가 간단하며, 정관을 작성하여 설립등기를 하면 회사가 성립한다. 출자에 있어서는 재산출자에 한하지 아니하며, 노무출자 · 신용출자도 인정된다. 또 입사 및 사원의 지위의 양도(지분의 양도)는 다른 사원의 승낙을 필요로 하며(197조), 반면에 퇴사의 자유가 인정되고 제명제도가 있다. 원칙으로 각 사원이 업무집행권 및 대표권한을 가지며, 각 사원이 경업피지의무(競業避止義務)를 진다(198조). 청산에 있어서는 법정청산 외에 임의청산도 할 수 있다.

또 합명회사는 자본적 결합의 색채보다도 가족적 · 인적 결합의 색채가 짙은 전형적인 인적회사이며 인적 신뢰관계가 있는 소수의 인원으로써 구성되는 공동기업에 적당한 회사이다.

2.3 합자회사

합자회사(limited partnership)는 중세 유럽의 해안상업도시를 중심으로 위험성이 높은 해상무역으로부터 발달한 '코멘다'(commenda)에 그 기원을 두고 있다. 무한책임사원과 유한책임사원으로 구성되는 복합적 조직의 회사(상법 268조)를 말한다.

사업의 경영은 무한책임사원이 하고, 유한책임사원은 자본을 제공하여 사업에서 생기는 이익의 분배에 참여한다.

무한책임사원이 있는 점은 합명회사와 같으나, 회사채권자에 대하여 출자액의 한도 내에서만 연대하여 책임을 지는 유한책임사원이 있는 점이 합명회사와 다르다. 유한책임사원은 유한의 책임을 지는 데 불과한 반면, 출자는 재산출자에만 한하고, 회사의 업무집행 · 대표로는 참여하지 않는다.

합자회사도 사단법인이지만 사원간의 개인적인 신뢰를 기초로 하기 때문에, 실질적으로는 조합적 성격을 띠며 인적회사에 속한다. 합자회사는 유한책임사원의 책임의 유한성에서 생기는 결과를 제외하고는, 원칙적으로 합명회사와 마찬가지로 취급할 수 있다. 따라서 상법도 별단의 규정이 있는 외에는 합명회사의 규정을 준용하여, 합명회사의 한 변형으로 하고 있다.

2.4 주식회사

주식회사(company limited by shares)란 주식의 발행으로 설립된 회사를 말한다. 주식회사는 그 기원을 1602년에 설립된 네덜란드의 '동인도회사'로 간주하며, 그 후 다양한 과정을 거쳐 주식회사 형태가 사회적 제도로서 정착하게 된 것은 18세기 후반 산업혁명과 산업자본의 요청이 증가한 자본주의 발전의 결과이다.

주식회사는 사원인 주주의 출자로 이루어지며 권리 · 의무의 단위로서의 주식으로 나누어진 일정한 자본을 가지고 모든 주주는 그 주식의 인수가액을 한도로 하는 출자의무를 부담할 뿐, 회사채무에 대하여 아무런 책임도 지지 않는다. 따라서 주식회사의 근본적 특색은 자본과 주식과 주주의 유한책임에 있다고 할 수 있다.

주식회사는 어디까지나 회사의 일종이기 때문에 사단법인이며 영리를 목적으로 한다. 또 사원의 개성과 회사사업과의 관계가 극도로 희박하여, 실질적으로는 자본 중심의 단체이며 물적회사의 전형이다. 자본은 회사가 보유할 재산액을 표시하는 것이며, 실제로 회사가 보유하고 있는 재산의 총체인 회사재산과는 다르다. 후자는 영업실적 · 물가의 등락 등에 의하여 항상 변동하나, 전자는 계산상의 금액으로서 법정 절차를 밟지 않는 한 일정하다. 자본은 회사채권자에 대한 최소한도의 담보액이며 회사신용의 기초이다. 따라서 상법은 회사성립시는 물론이고, 그 존속중에도 항상 자본에 상당하는 현실적인 재산을 회사가 보유하도록 노력하고 있는데, 이것은 자본확정 · 자본유지 · 자본감소의 제한이라는 자본의 3가지 원칙에 나타나 있다. 주식회사의 자본은 전부 주식으로 분할하여야 하며(상법 329조 2항), 주식은 자본의 구성분자인 금액을 의미한다. 각 주주는 자기가 가지고 있는 주식금액의 자본액에 대한 비율로 회사사업에 참여하고 회사재산에 대한 몫을 가지고 있으므로 주주의 회사에 대한 권리와 의무는 주식을 단위로 하여 정하여진다. 또 각 주식의 금액은 균일하여야 하며(329조 3항), 이로 인하여 각 주식은 평등한 대우를 받는다.

주주는 회사에 대하여 인수한 주식의 가액을 한도로 출자의무를 부담할 뿐이고, 그밖에 아무런 의무도 부담하지 않는다(331조). 이것을 주주유한 책임의 원칙이라고 하며, 특히 회사채권자에 대하여 주주는 전혀 책임이 없다. 또 출자의 목적물은 금전 그밖의 재산이고, 신용 또는 노무의 출자는 인정되지 않는다. 주주는 주주총회의 결의에는 참가하지만, 업무집행에 당연히 참여하는 것은 아니다. 주식의 양도는 자유로우며(335조), 일반적으로 사원수가 많아서 대자본을 흡수할 수 있으므로 큰 기업의 경영에 알맞은 회사제도이다. 주식회사의 설립에 있어서는 정관에 설립시에 발행하는 주식의 총수와 1주의 금액을 기재하고 주식인수인의 확정, 이사 · 감사의 선임 등 회사의 실체(實體)를 구성하는 절차가 정관작성과 설립등기 외에 필요하다. 설립방법은 실체를 구성하는 절차에 따라서 발기인만이 설립시에 발행하는 주식총수를 인수하는 발기설립과, 발기인이 주식총수의 일부만을 인수하고 나머지의 주식은 발기인 이외에 주주를 모집하는 모집설립의 두 가지로 나누어진다.

주식회사는 법률상 반드시 의사결정기관인 주주총회, 업무집행과 대표기관인 이사회 · 대표이사와 감독기관인 감사의 세 기관을 가져야 한다. 이밖에 상법은 필요한 경우 검사인이라는 임시감사기관을 인정하고 있다. 이와 같이 기관이 전문적으로 그 권한이 나누어지고, 사원자격과 기관자격이 분리된다. 상법은 필요기관을 세 기관으로 나누고 있으나, 자본구성에서

표 4-1 주식회사의 장·단점

장 점	단 점
• 보다 많은 투자자금의 확보 • 출자자의 유한책임 • 폭넓은 인적 · 물적자원의 활용 • 영속적인 수명 • 소유권 이전의 용이성 • 소유와 경영의 분리 • 전문경영자에 의한 경영	• 해체의 어려움 • 막대한 설립비용 • 법인세와 개인세의 두 가지 세금신고 • 정부규제와 각종 보고의무 • 시장변화에의 비유연성 • 법인소득세와 배당소득세 등의 이중과세

수권자본제도(授權資本制度)를 채용하는 동시에 경영기관의 합리화를 도모하여 회사의 최고기관인 주주총회의 권한을 상법과 정관에 정한 사항만 결의할 수 있게 하였다(361조). 또한 업무집행기관에 이사회제도를 채용하여 권한을 강화하고 감사의 권한을 회계감사만으로 한정하고 있다. 상법상 자본의 총액과 발행주식의 총수는 등기사항에 지나지 않으므로(317조 2항 2 · 3호), 신주발행에는 정관변경의 필요가 없다. 회사자금을 기동적으로 조달할 수 있게 하기 위하여, 원칙적으로 이사회의 결정에 의하여 신주가 발행되도록 한 것이다(416조).

상법은 주식회사의 회계에 관하여 강행규정으로 상세하고 신중한 규정을 두고 있다(447조 이하). 주식회사가 새로 자금조달을 필요로 하는 경우에는 신주발행으로 자기자본을 증가시킬 수 있다. 그러나 회사기구를 확장하지 않고 장기이며 큰 금액의 자금이 필요한 경우, 회사가 채권을 발행하여 일반공중으로부터 영세한 자금을 흡수하여 거액의 자금을 구성하는 타인자본의 조달방법으로, 상법은 사채제도를 인정하고 있다(469조). 주식회사가 해산한 때에는 합병과 파산의 경우를 제외하고 청산절차를 밟게 되므로(531조 1항), 회사는 청산의 목적 범위 내에서 존속한다(245 · 542조). 이 경우 영업수행을 위한 기관인 이사회에 갈음하여 청산인회(淸算人會)가 집행기관이 된다. 주식회사의 청산에는 합명회사에서와 같은 임의청산은 인정하지 않으므로, 반드시 법정청산의 엄격한 절차에 의하여야 한다.

주식회사의 장점은 첫째, 개인기업이나 합명 · 합자회사에 비해 보다 유리한 재무적인 이점인 주식의 발매권이 있다. 주권(stock certificate)은 기업소유권의 몫(출자액)을 표시하고 있으며 많은 사람들이 투자의 수단으로

표 4-2 기업형태별 특징비교

기업형태	장 점	단 점
개인기업	• 기업의 단순성 • 모든 이익의 귀속 • 개인적 참여 • 단독의사결정자 • 소유권자 과세 • 창설과 해산의 용이	• 무한자본조달의 책임 • 확장자금조달의 곤란 • 소유자의 전적인 관리부담 • 사업불안으로 인한 비영속성 • 경영능력의 한계
합명회사 및 합자회사	• 기업에 대한 약간의 제한 • 파트너의 자금과 재능의 총동원 • 개인회사보다 차입능력이 큼 • 개인회사보다 많은 전문화기회 • 개인적 참여 • 소유권자 과세	• 무한책임과 공동자본조달의 책임 • 개인적 불화의 잠재 • 비교적 영속성 • 극한적 투자
주식회사	• 분리와 법적 실체 • 소유권자의 유한자본조달 책임 • 장기수명 • 소유권 이전의 용이성 • 자본조달능력의 증대	• 이중적 과세 • 설립의 복잡성과 많은 비용 • 정부규제와 보고요구 • 업무활동상의 비밀의 결여

서 주식을 매입함에 따라 회사는 대다수의 일반대중으로부터 사업자금을 조달할 수 있게 된다. 둘째, 주식회사제도는 주주가 회사에 투자한 투자액을 한도로 하는 유한책임밖에 지지 않으며, 또한 개인기업이나 합명 · 합자회사의 소유자에 비해 주주들은 자신들의 소유주식을 보다 쉽게 매각할 수 있다. 이와 같은 주식거래를 위해서 증권시장(stock market)이 개설되며 조직적인 증권거래기능을 통해서 하루에도 수천만 주가 거래된다.

셋째, 주식회사제도가 투자자들에게 또 하나 매력적인 것은 주식회사가 비교적 영속성이 있다는 점이다. 주주가 그의 주식을 팔거나 회사의 사장이 사임을 할지라도 회사는 여전히 존속하므로 주주들은 투자의 안정성에 매력을 갖게 된다. 그러므로 주식회사는 개인기업이나 합명 · 합자회사가 접근할 수 없는 자금원을 쉽게 동원할 수 있는 것이다.

이를 요약하면 〈표 4-1〉과 같다. 그리고 〈표 4-2〉는 앞에서 거론한 개인기업, 합명회사 및 합자회사 그리고 주식회사 등의 기업형태의 장 · 단점을 비교 · 정리한 것이다.

03 공기업

UNDERSTANDING BUSINESS

공기업(public enterprise)이란 국가 또는 지방공공단체의 자본에 의해서 생산 · 유통 또는 서비스를 공급할 목적으로 운영되는 기업을 말한다. 즉, 사기업과 대조적인 기업형태이다. 공기업의 목적에 관해서는 ① 공기업이라 할지라도 다른 사적기업과 똑같이 이윤추구를 직접 목적으로 한다는 설과, ② 공기업의 직접적인 목적은 이윤이 아니라 생산이나 서비스에 있다는 설이 있다. 대체로 ②의 설이 통설로 되어 있으나, 이 경우에도 목적의 관철을 위해서는 필요한 지출의 제한을 받지 않는 복지사업과는 구별된다. 즉 공기업은 영리를 목적으로 하지 않지만, 필요한 비용은 그 사업의 수입에서 충당하여야 한다는 비용판제(費用辦濟)주의를 택한다.

공기업의 형태에는, ① 국가 또는 공공단체의 행정조직에 편입되어 행정관청의 일부로서 운용되는 국공영기업과, ② 법인기업으로서의 형식적 독립성을 지니는 법인공기업이 있다. 공기업의 관료화나 관청의 재정적 부담의 확대를 피하기 위하여 후자의 기업형태가 많아져가고 있는데, 그 전형적인 것은 공공기업체이다.

공기업은 영리를 직접 추구하는 것은 아니지만, ① 국가나 지방자치단체의 재정수입 조달의 수단이 되고, ② 공익성 · 공공성이 강한 거액의 고정자본이 소요되는 독점적 성질이 강한 사업분야를 주로 담당하며, ③ 필요 투자액이 거액이면서도 이익을 기대할 수 없는 분야를 담당한다. ④ 사회정책적인 목적의 사업(예를 들면 실업대책 등)도 실시한다. 이러한 기능에 의해 자본주의 기업에 대하여 대량 수요자 또는 원료공급자로서 개별기업의 이윤을 위해 봉사하며, 또 자본주의 기업이 담당할 수 없는 분야를 보완하여 준다. 즉 공기업은 자본주의 체제를 지키며, 총자본의 총이윤을 위해 봉사하게 된다.

공기업은 한편으로는 공익성을 첫째로 내세울 것을 요구받고, 또 한편으로는 관료주의 · 비능률을 회피한다는 이유에서 독립된 기업으로서 운영될 것이 요구된다. 그러나 공기업이 복지행정과 구별되는 한, 행정조직으로부터의 재정적 독립이 요구된다. 따라서 공기업에는 독립채산제가 첫째가 되며, 공익성이나 공공성은 그 제한된 범위 내에서 추구하게 된다. 최근에 이르러 공공성이 강한 수송 · 우편사업 · 수도사업 등에서 독립채산제가 강화되고 있는 것은 결코 우연한 일이 아니다. 이러한 공기업의 발전은 종래의 국 · 공영기업으로부터의 탈피이며, 기업화와 자주화(自主化)의 과정에서 이룩된 것이라고 볼 수 있다.

본래 행정조직은 사업에는 맞지 않는다. 따라서 자본과 경영의 분리로 사기업의 자주화가 이루어지듯이, 공기업의 자주화에는 정치와 경영의 분리, 행정과 경영의 분리 및 재정과 경영의 분리가 원리로서 작용한다. 이러한 분리에 의해 자주성이 주어진 기업은, 형식적인 소유면에서 사기업과 공기업의 구별은 있어도, 경영의 실체에서는 사회성 · 공공성을 똑같이 가지고 있기 때문에 별 차이가 없게 된다. 이를 공 · 사기업 접근의 원칙이라고 한다.

04 기업집중

UNDERSTANDING BUSINESS

기업집중(business concentration)이란 개별기업이 상호간 불필요한 경쟁을 배제하고 독점적 이익 · 경영적 이익 등을 얻기 위해 타기업과 행하는 갖가지 복합적인 기업결합을 말한다.

일반적으로 대규모 기업은 자본력, 우수한 설비의 이용, 대량생산의 실시, 신용력, 원자재의 대량구매, 판매조직의 정비 등의 면에서 중소기업보다 유리하다. 따라서 기업은 차차 대규모화하는 경향이 있는데, 그 경향은 한 기업 자체의 확대에 그치지 않고, 복수기업간의 결합으로까지 전개되어 나간다. 즉, 대규모화한 개개의 기업으로서는 증대된 고정자본의 효율적 가동이 필요하지만, 대규모 기업간의 경쟁이 치열하여 때로는 서로 도산하는 현상까지 야기된다. 그리하여 상호간의 경쟁을 제한하고 기업의 안전을 꾀해야 하겠다는 소극적 이유가 협정 등에 의한 기업집중을 낳게 한다. 이와 같은 기업집중은 경쟁관계에 있는 기업 상호간의 결합, 즉 수평적 결합의 형태를 취한다.

표 4-3 기업집중의 형태 비교

	카르텔	트러스트	콘체른
명 칭	기업결합	기업활동	기업집단(재벌)
목 적	부당경쟁배제, 시장통제	경영합리화, 실질적 시장독점	내부경영 통일적 지배
독립성	각 가맹기업독립	법률적 · 경제적 독립성 완전상실	법률적 유지, 경제적 상실
결합성	약함	강함	경제적으로 결합
존속성	협정기간후 자동해체	완전통일체	자본적 지배
결합방법	동종의 수평적 결합	수평적 · 수직적 결합	수평 · 수직 · 자본적 결합
구속력	협정조건에만 제한	완전한 내부간섭지배	경영활동 구속지휘
국 적	독일	미국	독일

그러나 경쟁에 이기고 시장을 지배함으로써 독점을 형성하거나, 원자재 공급 및 판매 분야와 같은 선행 및 후속 생산단계에 집중함으로써 이윤을 높이겠다는 더 적극적인 이유로 기업집중이 추진되기도 한다. 기업집중의 형태는 매우 다양하지만 대체로 카르텔(kartell) · 트러스트(trust) · 콘체른(konzern/concern)으로 구분된다. 카르텔은 참가기업이 법률적 · 경제적 독립성을 유지하면서 협정에 의하여 결합하는 연합체이며, 시장에서의 경쟁제한이라는 소극적 목적을 가진 동종산업 사이의 결합이 중심이 된다. 한편, 시장지배를 통한 독점이라는 적극적인 목적에서 참가기업이 각자의 독립성을 버리고 결합하면 트러스트가 된다. 이 경우, 참가기업이 법률적으로 독립성을 유지하는 사례도 있으나, 최소한 경제적으로는 독립성이 상실되며, 전형적으로는 명실공히 합병해 버린다. 콘체른은 자본결합을 중심으로 한 다각적인 기업결합이며, 모회사를 중심으로 한 산업자본형 콘체른과, 재벌과 같은 금융자본형 콘체른이 있다. 지금까지 언급한 카르텔, 트러스트 그리고 콘체른의 주요 특징을 요약 · 비교하면 〈표 4-3〉과 같다.

이상과 같은 기업집중은 1870~80년대부터 이미 발생했는데, 카르텔은 주로 유럽 각국에서 생기고 트러스트는 미국에서 일어났으며, 콘체른은 제1차 세계대전 전의 독일에서 처음으로 발생하였다. 기업집중은 기업의 결합을 의미하지만, 카르텔 · 트러스트 · 콘체른으로 대표되는 종전까지의 기업집중 개념은 자본중심의 결합관계였다. 그러나 최근에는 그와 같은 관계를 가지고서는 충분히 설명할 수 없는 기업결합, 즉 기업집단과 기업계열이 있다.

05 기업집단

UNDERSTANDING BUSINESS

기업집단(kombinat)이란 주식의 상호취득 · 임원파견 · 업무제휴 · 기술원조 등의 수단으로 참가기업간에 계속적인 공동이익 관계를 설정하는 기업집중 형태로 통일적인 지배회사가 없는 점이 콘체른과 구별된다.

기업집단에는, 자본적 결합을 주로 하는 기업집단(재벌계 기업집단, 은행집단, 상사집단)과 업무적 또는 기술적인 결합을 주로 하는 기업집단(계열적 기업집단, 콤비나트)이 있다. 기업집단은 중심적인 지배회사가 없지만 각 참가기업은 법률적 · 경제적 독립성을 유지하면서 경영상 또는 금융상 공동이익관계에 의하여 결합된 두 개 이상의 기업집중 형태를 의미한다. 우리나라의 '독점규제 및 공정거래에 관한 법률' 에서는 기업집단을 동일인이 단독으로 또는 배우자, 8촌 이내의 혈족, 4촌 이내의 인척 등과 합하여 당해 회사의 발행주식 총수의 30/100 이상을 소유하거나, 또는 임원의 임면 등으로 당해 회사의 경영에 대하여 영향력을 행사하고 있다고 인정되는 회사로 규정하고 있다(2조 2호, 시행령 3조).

당해 기업집단에 속하는 회사들로서 대차대조표상의 당해 자산총액의 합계액의 순위가 30위까지의 기업집단을 '대규모기업집단' 으로 규정하고(시행령 17조 1항), 공정거래위원회는 매년 1회 기준에 따라 대규모기업집단을 새로 지정해야 한다(21조 1항).

06 기업계열

UNDERSTANDING BUSINESS

기업계열은 일반적으로 일상적 거래관계를 넘어선 강력한 기업간의 관계를 총칭하지만, 엄밀한 정의는 없다. 그러나 자본적 결합으로 시장지배를 노리는 기업집중만큼 결합방법이나 결합목적이 한정된 것은 아니며, 또 생산기술적 · 지역적 결합을 가진 기업집단만큼 방법적 · 공간적으로 한정되지도 않는다.

기업계열에는 구성기업의 내용에 따라 대기업간의 계열, 대기업을 중심으로 한 중소기업의 계열 등이 있으며, 기능적으로는 생산계열 · 판매계열 · 자본계열 · 기술계열 등이 있다. 대기업의 계열에는 재벌계열 · 자본계열 · 은행을 중심으로 한 융자 및 중역파견 계열이 많다. 대기업을 중심으로 한 중소기업의 계열은, 자금 · 기술 · 설비 등을 원조하는 대기업과 이에 대해서 계속적 공급관계를 가지는 관계회사 사이에 형성된다.

또 그것이 지배 · 종속관계가 되면 하청제(下請制)가 된다. 그러나 기업이 과로한 경제력의 집중과 시장지배력을 남용하면 공정한 국민경제활동을 저해하고 소비자를 불리하게 할 염려가 있으므로 이를 규제하는 나라가 많다. 우리나라도 '독점규제 및 공정거래에 관한 법률' 로 과도한 기업집중의 폐단을 규제하고 있다

07 콩글로머리트

UNDERSTANDING BUSINESS

콩글로머리트(conglomerate)란 합병 · 매수(M&A) 등의 방법에 의한 이종기업간의 새로운 기업결합 형태이다. 이러한 기업결합 형태의 결합방법은 공정이나 거래 등의 분야에서 전혀 관련이 없는 이종기업의 합병 혹은 매수가 대부분이다. 이들은 이종기업들을 보유함으로써 경기변동에 따른 위험을 분산하고 시너지 효과와 경영다각화에 따른 이점을 획득할 목적으로 이루어진다. 주로 주식교환이나 기업지배권을 획득하기 위해 주식을 공개적으로 매입하는 주식공개매입(TOB: take over bid)을 통해 이루어진다.

이런 기업형태는 1950년대 후반과 1960년대에 미국에서 급격히 생겨난 기업형태이다. 당시 동종 혹은 유사기업간의 수평적 · 수직적 결합을 금지시켰던 미국의 공정거래법의 법망을 피하기 위한 편법으로 택하였기 때문이다. 그리고 콩글로머리트의 본질은 기업다각화(business diversification) 경영에 있다. 다각화는 기업이 본래 경영하고 있던 업종이외의 다른 업종에 진출하여 이를 동시에 운영하는 것을 말한다. 여기에는 다각화의 방향

에 따라 동일제품의 생산과정상의 다른 단계에 진출하는 수직적 다각화, 같은 제품의 종류나 품목을 확대하는 형식의 수평적 다각화 그리고 기존제품과는 아무런 관련이 없는 업종에 진출하는 사행적 다각화 형태가 있다.

08 조인트벤처

UNDERSTANDING BUSINESS

조인트벤처(joint venture)는 원래 둘 이상의 사업자가 공동계산에 의해 손익을 분담하기로 하고 공동사업을 영위한 데서 기원한 말로 공동출자회사이다. 일반적으로 외국의 기술을 도입하게 될 경우나 자국의 국경을 넘어 타국에 진출하려는 기업들이 자주 이용하는 기업형태로서, 관련회사들이 공동출자하여 하나의 새로운 회사를 설립하게 되는 것을 말한다. 그리고 조인트벤처에서는 출자와 임원의 수에 있어서 대등한 비율을 원칙으로 하며 수입된 기술을 중심으로 생산과 경영이 수행되고 있다. 조인트벤처는 수개사가 공동출자하여 사업을 운영하기 때문에 자금부담이 경감되고 위험이 분산된다. 그리고 사업경험이나 기술을 공동으로 하기 때문에 견실한 사업을 추진할 수 있는 것이 장점이다.

09 디베스티처

UNDERSTANDING BUSINESS

디베스티처(divestiture)란 기업이 채산이 맞지 않은 부문이나 생산라인을 처분하거나 이를 타사에 매각하여 체질을 개선하려는 조치를 뜻한다. 일종의 디베스티처전략이라고도 한다. 즉, 어떤 기업이 하나의 사업이나 자회사를 매각하여 정리하는 것을 말한다. 여기에서 주의할 점은 디베스티처는 회사의 일부를 잘라 파는 부분적 매각을 의미하며, 회사 전체를 매각하는 것은 흡수합병(merger)이라고 한다.

경영사례 플러스

CASE+

참존화장품의 차별화경영

참존화장품은 1984년 약사출신의 김광석 회장이 피부전문의 피보약국을 경영하면서 얻은 노하우(knowhow)를 바탕으로 설립한 회사이다. 김광석 회장의 경영철학은 '기업의 크기를 생각하지 않고, 기술의 깊이를 생각하는 장인회사', '참존은 누구도 모방하지 않고, 누구도 참존을 모방할 수 없는 명품만을 만드는 회사', '많은 제품을 만들지 않고, 오직 최고의 기초화장품이라는 명품만을 생산하는 회사', '사랑받는 기업에서 만족하는 것이 아니라, 더 큰 사랑을 나누는 기업'이 되고자 하였다.

특히 참존은 화장품업계에서 파격에 가까운 경영기법을 도입하였는데, 첫째, 현금거래를 원칙으로 한 점이다. 당시 화장품업계의 관행은 어음결제가 관행이었으나 참존은 정성을 다한 제품을 주고 그 대가를 받지 못하는 일은 있어서는 안된다는 신념을 갖고 있었다. 둘째, 청개구리를 활용해서 광고를 실시하였다. 일반적으로 화장품업계의 광고는 비싼 미모의 모델을 동원하였으나 후발업체로서 소비자들의 기억력을 제고하는 차원에서 신선하고 믿음을 주는 차별적 광고를 실시한 것이다. 셋째, 참존은 기초화장품 전문회사로의 이미지를 소비자에게 심었다. 대개 기업들은 제품의 구색을 맞춤으로써 시장경쟁력을 갖춘다고 생각하고 신제품개발 확대전략을 적극적으로 활용하였으나 참존은 기존의 유수한 선발화장품회사를 모방하지 않으면서도 경쟁사들이 모방할 수 없는 기초화장품에 승부를 걸었던 것이다.

화장품업계는 거의 패션이라 할 만치 광고와 이미지로 승부하는 세계인데, 인지도가 전혀 없는 참존 신화의 배경은 3S(Sample, Seminar, Service)전략을 구사함으로써 성공적으로 성장해 올 수 있었다.

먼저, 참존의 Sample전략은 창업초기부터 "샘플만 써봐도 알아요"라는 캐치프레이즈로 광고비를 모두 샘플에 투자, 대량의 샘플을 배포하여 고객이 직접 제품을 써본 후 선택할 수 있도록 하였다. 그 다음으로 Seminar전략은 샘플배포를 통한 제품력의 고지와 함께 약사출신의 김광석 회장이 대리점 사장이나 직접 소비자를 상대로 피부구조와 각종 영양성분의 효과에 대한 전문적인 강의로서 건강한 피부를 가꾸기 위한 지식을 전달하였다. 마지막으로, Service전략을 보면 자사의 제품에 대해 끝까지 책임지기 위해 고객상담실을 운영, 제품이 사랑을 받을수록 가격을 오히려 인하하여 소비자에게 이익을 되돌리는 전략 그리고 소비자의 기초화장품의 구매욕구(buying needs)인 건강하고 아름다운 피부 가꾸기가 될 수 있도록 가장 뛰어난 품질의 제품만을 지속적으로 생산 · 공급하는 기업정신을 실천하고 있다.

자료: www.charmzone.co.kr

요 / 약

1 기업형태(forms of enterprise)란 기업의 모양으로서 주로 자본의 출자와 이에 따르는 책임부담의 관계에서 본 기업의 종류를 뜻한다. 즉, 기업형태란 제품이나 서비스를 생산·판매하는 독립된 행위주체로서의 기업이 그 목적을 달성하기 위해 취하고 있는 기업의 종류로서 법률적 형태와 경제적 형태로 분류된다.

2 개인기업(sole or single proprietorship)은 한 사람에 의해 소유되고 있는 기업이며 모든 출자가 한 사람에 의해 행해진다. 따라서 소유주(owner)는 기업조직의 모든 영업활동을 관리·통제하며 거기에서 발생한 모든 결과에 대하여 무한책임을 진다.

3 합명회사(general partnership)는 중세 유럽의 상업도시를 중심으로 육상운송과 관련되어 이루어진 '소시에테'(societes)에 그 기원을 두고 있으며, 2인 이상의 사원이 공동으로 출자하여 각 사원이 회사의 채무에 대하여 연대하여 무한책임을 지는 회사를 말한다.

4 합자회사(limited partnership)는 중세 유럽의 해안상업도시를 중심으로 위험성이 높은 해상무역으로부터 발달한 '코멘다'(commenda)에 그 기원을 두고 있다. 이 기업의 형태는 무한책임사원과 유한책임사원의 두 종류의 사원으로 조직되는 이원적인 인적회사이다. 무한책임사원은 출자를 함과 동시에 경영을 담당하며, 유한책임사원은 단지 출자만 하고 경영의 지휘·관리에는 참가하지 않는다.

5 주식회사(corporation)는 그 기원을 1602년에 설립된 네덜란드의 '동인도회사'로 간주하며, 그 후 다양한 과정을 거쳐 주식회사 형태가 사회적 제도로서 정착하게 된 것은 18세기 후반 산업혁명과 산업자본의 요청이 증가한 자본주의 발전의 결과이다. 이러한 기업의 형태는 개인기업이나 합명 및 합자회사와는 달리 소유와 경영이 분리된 기업형태로서 현대기업의 대표적인 형태이다.

6 공기업이란 국가나 공공단체가 출자하고 경영·지배하는 기업형태를 말한다. 우리나라에서는 공기업을 정부투자기관, 정부출연기관, 공공법인체 등으로 분류한다. 공기업은 출자의 공공성, 경영의 공공성, 공익성, 독립채산제로 운영되는 것이 주요 특징이다.

7 카르텔(cartel)이란 시장통제를 목적으로 동일업종이나 유사업종에 속하는 기업들이 독립성을 유지하면서 일정한 협약에 따라 이루어지는 기업의 수평적 결합방식이다. 즉, 외견상 단독기업과 조금도 다를 바가 없는 일종의 기업연합(association)이라고 할 수 있다.

8 트러스트(trust)는 둘 이상의 여러 기업들이 법률적으로는 물론 경제적으로도 완전히 독립성을 상실하고 자본적으로 결합되는 기업결합 형태이며, 이를 기업합동이라고도 한다. 트러스트의 목적은 다수의 개별기업들의 출자를 결합하여 대자본을 형성함으로써 그 힘에 의해 시장을 지배하고자 하는 데 있다.

9 콘체른(concern, konzern)이란 몇 개의 기업들이 카르텔처럼 독립성을 유지하면서 주식의 보유나 자금대부와 같은 금융적 방법에 의해 결합한 기업형태를 말한다. 〈표 4-3〉은 기

업집중의 형태를 비교하고 있다.

10 기업집단(enterprise group)이란 두 개 이상의 기업이 협약이나 합동 등의 형태로 결합하고 하나의 집단을 형성하는 것을 말한다. 즉, 자본을 중심으로 한 종합 및 지배 관계인 '기본적 형태의 기업집중' 과는 대조적으로 생산상의 상호보완적 역할을 하고 있는 기업들이 기술을 중심으로 결합된 '기업들의 생산적 집합체' 를 의미한다.

11 콩글로머리트(conglomerate)란 합병 · 매수(M&A) 등의 방법에 의한 이종기업간의 새로운 기업결합 형태이다. 이러한 기업결합 형태의 결합방법은 공정이나 거래 등의 분야에서 전혀 관련이 없는 이종기업의 합병 혹은 매수가 대부분이다. 이들은 이종기업들을 보유함으로써 경기변동에 따른 위험을 분산하고 시너지 효과와 경영다각화에 따른 이점을 획득할 목적으로 이루어진다. 주로 주식교환이나 기업지배권을 획득하기 위해 주식을 공개적으로 매입하는 주식공개매입(TOB: Take Over Bid)을 통해 이루어진다.

12 조인트벤처(joint venture)는 원래 둘 이상의 사업자가 공동계산에 의해 손익을 분담하기로 하고 공동사업을 영위한 데서 기원한 말로 공동출자회사이다. 일반적으로 외국의 기술을 도입하게 될 경우나 자국의 국경을 넘어 타국에 진출하려는 기업들이 자주 이용하는 기업형태로서, 관련회사들이 공동출자를 하여 하나의 새로운 회사를 설립하게 되는 경우를 뜻한다.

13 디베스티처(divestiture)란 기업이 채산이 맞지 않은 부문이나 생산라인을 처분하거나 이를 타사에 매각하여 체질을 개선하려는 조치를 뜻한다. 일종의 디베스티처전략이라고도 한다. 즉, 어떤 기업이 하나의 사업이나 자회사를 매각하여 정리하는 것을 말한다. 여기에서 주의할 점은 디베스티처는 회사의 일부를 잘라 파는 부분적 매각을 의미하며, 회사 전체를 매각하는 것은 흡수합병(merger)이라고 한다.

생각해볼 문제

1 주식회사의 장 · 단점을 논하라.

2 개인기업, 합명 및 합자회사, 그리고 주식회사에 대해 그 특징을 각각 비교하라.

3 기업집중의 형태를 비교하라.

4 기업집단과 기업계열을 설명하라.

5 디베스티처를 오늘날 산업현장의 구체적 예를 들어 설명하라.

CHAPTER

5

UNDERSTANDING BUSINESS

경영환경의 이해

1. 미시환경
2. 거시환경

경영사례 플러스

CASE+

파크랜드 브랜드파워… 남성정장 1위!

한국능률협회컨설팅, '한국브랜드파워 인덱스'(K-BPI)조사 결과 발표

삼성전자 '애니콜', LG전자 '동글이신동싹싹', 현대자동차 '뉴EF쏘나타', SK㈜의 '엔크린' 등 49개 상표가 5년 연속 브랜드파워 1위에 올랐다.

한국능률협회컨설팅은 4일 1만2,000명의 소비자를 대상으로 지난해보다 67개 늘어난 200개 산업군에 대한 한국산업의 브랜드파워 조사(K-BPI) 결과를 발표했다.

95개 품목을 대상으로 실시된 소비재부문에서는 유한킴벌리의 '하기스'(기저귀), 해태제과식품의 '에이스'(비스켓), SK의 '지크XQ'(엔진오일), 신영와코루의 '비너스'(여성내의) 등 18개 상표가 5년 연속 브랜드파워 1위를 차지했다.

내구재 52개 부문에선 귀뚜라미보일러의 '귀뚜라미'(가스보일러), 동양매직㈜의 '매직'(가스오븐레인지), 한샘의 '한샘밀란'(부엌가구), 만도공조의 '위니아'(에어컨), 보루네오가구의 '보루네오'(장롱), 웅진코웨이개발의 '웅진코웨이'(정수기) 등 14개가 영광의 주인공이 됐다.

서비스재 53개 부문에선 KT의 '국제전화001'(국제전화), 신세계이마트의 '이마트'(대형할인점), 롯데쇼핑의 '롯데백화점'(백화점), '비씨카드'(신용카드), '국민은행'(은행), 한진의 '한진택배'(택배서비스), LG유통의 'LG25'(편의점), 대교의 '눈높이교육'(학습지) 등 17개가 5년 연속 1위를 지켰다.

1위가 바뀐 곳도 많다. 2001년 '챔프'였던 ㈜빙그레의 요플레(떠먹는요구르트), 인켈(오디오) 등은 1년 만에 1위를 탈환했고 BYC(남성내의), 파크랜드(남성정장) 크리넥스(미용화장지) 케토톱(붙이는 관절염 치료제) 등도 경쟁상표를 밀어내고 정상에 올랐다.

한편, 파크랜드의 광고를 살펴보면 재미가 있다.

첫째 이슈로 아직도 백화점에서 신사복을 구매하십니까?이다. 백화점에서 판다는 것 때문에 몇몇 백화점의 경우는 35%의 수수료를 지급하고도 판매비 등의 비용을 추가로 써야 하니 어떻게 옷값이 비싸지지 않겠습니까? 파크랜드는 비싼 유통, 판매비 거품이 없습니다. 파크랜드는 전국 매장 중 백화점에는 단 한 개의 점포도 없다.

몇몇 백화점의 경우는 판매액의 35%를 판매수수료로 백화점에 내야 할 뿐만 아니라 판매도 옷회사가 직접 팔아야 하기 때문에 인건비 등의 추가적인 비용을 옷회사가 더 부담해야 하므로, 결국 판매가격 중 많은 금액이 백화점 판매비용으로 지출되어야 한다. 생산원가, 재고부담 등과는 관계없이 순수하게 판매비용 측면에서만 많은 비용이 추가되는 것이니 옷값이 얼마나 비싸지겠는가를 설명하고 있다.

백화점에서 판다는 것 때문에 옷값이 터무니없이 비싸지게 된다는 것을 역설하고 있다. 세계 최고의 7개 첨단공장에서 직접 만들고, 전국 400여개 매장에서 직접 판매하므로 유통판매단계의 거품을 철저하게 뺀 파크랜드! 제일모직 순모 100수 원단 신사복을 백화점에서는 56~60만원대에 파는 반면 똑같은 원단의 제품을 파크랜드에서는 38만원대의 싼 가격에 판매할 수 있음을 강조하고 있다. 즉 ▶유통비를 줄인 만큼 가격의 거품도 빠졌음을 어필하고 있다.

둘째로, 지난 29년간 수출을 통해 외화를 벌어들인 파크랜드! 크리스찬 디오르, 피에르가르댕, 지방시, 입생롤랑 등 세계 정상급 브랜드의 까다로운 기준을 만족시켜 온 품질력과 독일 및 일본 사람들이 즐겨 입는 파크랜드 제품의 우수성, 선진화된 기술은 세계시장에서 더 잘 알려져 있음을 강조하고 있다.

사람 손보다 더 정교한 첨단기술을 통해 최고의 원단(제일모직)으로 만들면서 옷값은 반으로 내린 파크랜드—▶비싼 인건비를 줄인 만큼 가격의 거품도 빠졌음을 어필하였다.

셋째로, 탄탄한 우량기업만이 좋은 제품, 좋은 가격을 만들 수 있음을 소비자들에게 어필하고 있다. 은행빚이 많은 회사는 고객이 지불하는 옷값에 10% 이상 이자가 붙는 회사가 많음을 강조하고, "높은 백화점 유통비가 거품에 다시 은행이자가 붙고 옷값이 얼마나 비싸겠습니까? 이게 다 거품 아닙니까? 옷값은 옷을 만드는 데만 쓰는 파크랜드! 파크랜드의 옷값에는 백화점 마진이나 은행이자가 한푼도 붙지 않습니다." ▶은행빚이 없는 만큼 가격의 거품도 빠졌음을 소비자들에게 설득하고 있다.

자료: http://www.parkland.co.kr

기업의 경영환경이란 기업의 표적고객과 성공적인 관계를 개발하고 유지하는 데 필요한 경영자의 능력에 영향을 미치고 있는 기업외부의 모든 세력과 영향력을 말한다. 오늘날 기업을 둘러싼 경영환경은 급변하고 있으며, 향후 그 추세는 더욱 가속화될 것이므로 기업에 기회와 위협의 영향요인이 된다. 그러므로 각 기업들이 경영환경의 분석에서 얻어진 데이터가 기업활동의 실제계획에 주된 투입(inputs)요인이기 때문에 기업조직의 외부환경과 내부환경의 분석은 경쟁우위의 창출 및 유지 전략에 큰 영향을 미친다. 기업의 경쟁우위는 정부규제의 완화, 환율의 변동과 같은 기업외부 환경요인과 기업내부에서의 새로운 혁신을 통해 창출된다. 따라서 본 장에서는 기업의 경영관리에 큰 영향을 미치는 미시(micro)환경, 즉 내부 및 과업 환경*과 거시환경(macro environment)**에 대해서 다루고자 한다.

01 미시환경

U N D E R S T A N D I N G B U S I N E S S

1.1 내부환경

내부환경(internal environment)이란 경영자가 기업목표를 수립 및 실행하기 위해 조직내부의 여타 부서간(최고경영층, 회계부, 인사부, 연구개발부, 생산부, 구매부)의 상호관련 업무의 적극적 지원을 말한다. 일반적으로 내부환경은 조직의 유지 · 발전을 위해 기업의 목표가, 그 다음으로 부서별 목표가 수립된다. 가령, 마케팅부서의 목표는 기존제품과 신제품의 출하, 성장성, 시장점유율, 수익성 측면의 목표달성을 위해 전략적 실행계획을

* 기업과 매우 밀접한 관련을 가지면서 기업활동에 직접적으로 영향을 미치는 인접환경을 말하는 것으로, 기업의 입장에서도 그 대상이 명확히 확인되므로 어떤 영향력의 행사가 가능하여 관리가능한 경영환경을 뜻한다. 일반적으로 과업환경은 기업경영활동으로 인해 직 · 간접적인 이득이나 손해를 보는 이해관계자(stakeholder)들로 분류된다.

** 어떤 특정조직에 대해서만 영향을 미치는 환경이 아니라 사회 전체 속에 있는 모든 조직에 공통적인 영향을 미치는 환경을 말한다.

그림 5-1 내부환경의 구성요소

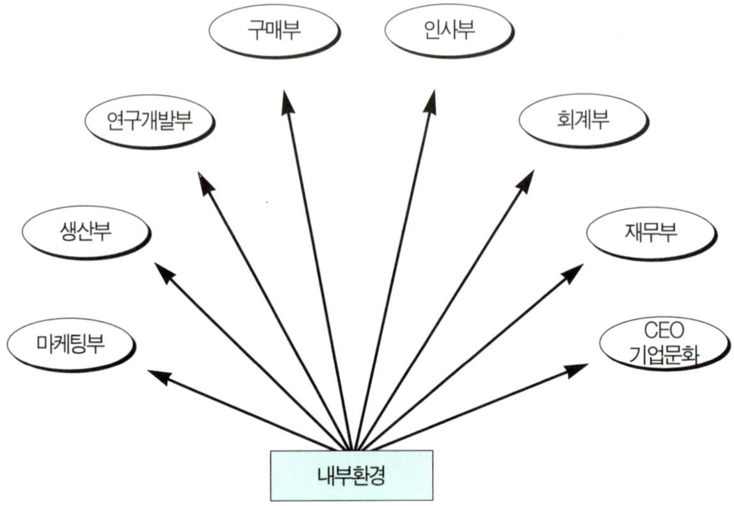

수립하고 실행할 것이다. 물론 마케팅부서의 목표가 한 부서의 목표일지 모르지만, 시장에서 자사의 제품이 고객들로부터 빈번한 교환이 이루어지지 않을 때 그 기업은 도태하게 마련이므로 오늘날 시장의 동태적 변화에 따라 전사적 마케팅을 통해 시장을 개척하고 보호하는 추세에 있다. 따라서 내부환경은 〈그림 5-1〉과 같이 기업의 목표를 달성하기 위해 다음에 언급하는 기업내부 각 부서의 협력이 전사적으로 필요하며, 최고경영층이나 마케팅에 의해 통제가능한 환경으로 간주한다. 다음은 우리나라의 일반기업 조직내부의 기능별 부서의 특징을 이해해 보기로 한다.

(1) 마케팅부서

마케팅부서는 교환가치가 있는 제품을 시장에 판매하기 위한 일련의 마케팅활동을 계획하고 조직하며 통제하는 기능을 한다. 과거에는 주로 영업부서로 불렀으나 최근에 시장논리에 보다 근접하기 위해 마케팅부서로 명칭을 변경하고 있다. 특히 다국적기업이나 우리나라의 제약회사에서는 오래 전부터 마케팅부서로 개칭하여 소비자의 욕구를 적절히 반영하여 신제품 개발에 앞장서는 등 수요창출에 앞장서고 있다. 마케팅부서에 근무하기 위해서는 적어도 진취적 행동, 도전적 자세, 목표의식이 뚜렷한 리더십을 보유해야 할 뿐만 아니라, 협상력 및 자기관리가 철저한 성격의 소유자가 되어야 한다.

(2) 생산부서

생산부서는 교환가치가 있는 제품을 시장에 판매하기 위해 생산활동을 계획하고, 조직하며, 통제하는 기능을 의미하며, 기업의 목적달성을 위해 좋은 품질을 갖춘 저렴한 가격의 제품이나 서비스를 적기에 적량을 공급함으로써 궁극적으로 고객의 욕구를 만족시키려는 활동이다. 생산관리는 공장을 짓기 위한 입지선정문제부터 제품이 출고될 때까지의 재고관리기능에 이르기까지 그 활동은 다양하다. 생산부문의 기능은 제품계획, 공정계획, 원료공급, 생산계획 및 통제, 품질관리, 원가관리 등의 스탭기능과 기업의 생산활동을 직접 담당하는 라인기능이 있다. 최근 생산부서는 시장의 생리를 이해하고 있는 마케팅 경력자를 부서장으로 채용하여 과거의 생산중심적 사고를 극복하고 있으며, 고객이 필요로 하는 시장지향적 다품종 소량생산을 위해 수요예측과 유연생산시스템을 도입하는 등 전방위적으로 마케팅부서를 지원하고 있다.

(3) 연구개발부서

연구개발부서는 기업발전을 위한 두뇌집단(think tank)에 해당되는 부서로서, 자사제품이 시장에서 영향력을 발휘하기 위해 기존제품의 개선, 신제품 개발, 기존 제조공정의 개선 및 지원 업무를 수행한다. 우리나라 산업계에서는 일정한 석 · 박사를 채용해야 연구개발부서에 해당되는 연구소로 인정받아 정부의 지원 및 세제혜택 등을 받을 수 있으나, 일반 중소기업의 경우 '개발부' 또는 '기술개발부' 가 연구개발부서에 해당된다고 볼 수 있다. 최근 연구개발부서의 인적자원들은 연구개발을 위해 정상적인 早出夕退勤제도에서 탈피하여 자율적으로 자신의 연구개발에 몰두하게 하고 연구개발 인적자원에 의해 개발된 신제품이 시장에 출하하여 일정수준 이상의 매출이 발생했을 경우 그들에게 여러 가지 인센티브를 제공하고 있다.

경영사례 플러스

3M—창의성 · 진취성의 기업

3M(Minnesota Mining & Manufacturing Company)(www.mmm.com)은 창의성 · 진취성으로 이름난 미국의 초우량기업이다. 3M은 5만종 이상의 제품을 생산하는 다각적 제조업을 하고 있다. 신제품이 많은 만큼 그들의 연구개발 프로젝트 진행은 탁월하다.

3M의 대표적 제품으로는 접착성 테이프, 마그네틱 보관매체, 광고와 경고의 목적으로 사용되는 형광판, 불연성 화학제품 등이 있다.

3M은 제품개발에 있어서 ① 전자, 공업제품(연마제, 접착제, 보호코팅 등), ② 정보, 이미지 테크놀로지(컴퓨터 테이프, 비디오 및 오디오 테이프, 엑스레이 필름 등), ③ 상업, 소비제품(테이프, 접착 메모지, 클리닝 패드), ④ 생명과학제품(붕대, 반창고, 외과수술용 마스크 등)의 4가지 영역을 대상으로 한다.

약 89,000명의 종업원이 3M에서 일하고 있으며, 주주만 해도 113,000명에 달하는 거대 다국적기업이다.

3M의 핵심역량은 말할 것도 없이 'R&D' 이다. 3M은 매출액의 6~7% 정도가 연구부문에 집중 투자된다. 3M은 R&D 프로젝트를 성공적으로 실용화 · 대중화하는 데 걸리는 시간을 반으로 삭감시킨다는 목표를 가지고 있다. 3M은 매출액의 1/3 가량이 그 이전의 5년 동안 소개된 신제품으로 산출된 것이다.

독특한 3M의 기업문화 배후에는 매우 진취적인 목표설정이 있다. 목표달성에 있어 한계시한을 미리 설정해 두는 방식을 채택하고 있는데, 예를 들어 3M은 1995년까지 제조비용의 10%, 쓰레기 처리비용 35%, 에너지 사용의 20%를 삭감할 계획을 세워 놓았고, 알려진 바로는 이를 성공적으로 수행했다고 한다. 적극적인 목표설정, 그의 달성, 그리고 좀더 적극적이고 공세적인 목표의 달성이 3M 성공의 중요한 토대 중의 하나이다.

3M은 창조성과 혁신이 장려받는 기업이다. 예를 들어, 3M의 과학자 한 사람이 우연히 자신의 책에 메모를 남기려던 중에 자기접착메모지인 포스트 잇(post it)을 개발해냈다. 회사의 비서들도 이 메모지를 사용하기 시작했다. 정확하게는 1980년에 개발된 이 제품은 1990년에는 5억달러의 매출액을 기록했다. 이 제품의 개발에 대한 계획이나 특별한 투자가 없었음에도 불구하고 말이다. 3M은 창의적인 발견을 실용화 · 상품화하기 위하여 상향식 마케팅을 적극 권장하고 있다.

3M의 성공비결은 투자자들에 대한 철저한 약속이행과 깊은 관련이 있다. 주주들로부터 절대적인 신뢰를 받고 있는 것이다. 1916년 이후 연 4회의 주식배당을 한 번도 소홀히 한 적이 없다는 것이 그 기초가 되었다. 3M은 밸류라인으로부터 에이더블플러스의 재무평가 점수를 받았다. 투자자에 대한 약속을 성실히 수행하는 것은 모든 우량기업들의 원동력의 하나이다.

자료: 기업문화연구원(www.ascus.co.kr)

CASE+

(4) 구매부서

구매부서는 정확한 제품이나 서비스를 정확한 시간에, 정확한 장소, 정확한 양, 정확한 조건 또는 정확한 품질 그리고 정가에, 정확한 공급자로부터 구매하는 역할을 담당한다. 그런데 구매부서는 전통적으로 기업의 최종소비자나 최종사용자로부터 관계가 단절되어 왔으나 합리적인 비용으로 시의적절한 기반하에 고품질(high quality), 신뢰할 만한 제품(reliable goods)과 서비스를 받는 것은 직접적으로 고객만족에 영향을 미친다. 최근 구매부서는 공급자 개발과 관계관리(relationship management), 공급자 선택과 평가를 통해 공급시장과의 외부적 접촉으로 신기술, 잠재적인 새로운 원자재나 서비스, 공급의 새로운 원천, 그리고 시장조건에서의 변화에 대한 중요한 정보를 얻을 수 있다. 따라서 구매부서는 결국 자신의 조직이 보유하고 있는 소비자의 욕구를 이해하고 대응할 수 있는 올바른 의사결정을 취사선택하여야 하는 중요한 역할을 담당하고 있다.

(5) 인사부서

인사부서는 종업원들의 잠재능력을 최대한으로 살려 최대한의 성과를 확보하도록 그들을 처우하고 조직하는 활동이다. 기업에서 이루어지는 인사부서의 활동은 종업원들의 자발성과 자율성을 강조하면서 조직목표와 개인목표의 조화를 도모하고, 생산성을 유지 · 향상시키도록 하며, 궁극적으로 근로생활에 만족할 수 있도록 하는 데 있다. 인사부서는 조직구성원들을 대상으로 직무연구, 인사고과, 고용관리, 교육훈련, 임금관리, 인간관계관리, 노사관계관리의 활동을 수행하면서 조직의 목표달성에 도움이 되는 인재의 발굴과 육성 그리고 기업문화를 조직구성원들에게 심어주어 공동체의식과 한마음을 갖도록 하는 일을 수행한다.

(6) 회계부서

회계부서는 경제활동으로 이루어지는 거래사실을 단순히 기록 · 분류 · 요약하고 이를 해석하는 기술이란 관념에서 벗어나 회계정보 이용자가 자원배분문제와 관련하여 보다 합리적인 판단과 경제적 의사결정을 할 수 있도록 경제실체에 관한 계량적 정보를 측정하여 전달하는 과정을 담당한다. 또한 회계부서는 조직내부의 전 부서에 정확한 활동성 원가회계시스템(ABC: activity based costing system)에 의한 정보를 제공함으로써 기업의 이익에 대해 각각의 상품과 서비스가 얼마나 기여하는지를 측정하는 데 도움을 준다. 그밖에 회계절차는 여러 상품들이 동일한 유통경로, 동일한 판매력, 동일한 생산설비를 사용할 때, 실제비용이 얼마나 지출되는지 정확하게 산출하여 마케팅부서가 시장에 유연하게 전략을 실행할 수 있도록 도움을 제공한다. 우리나라 중소기업들은 조직상 회계부서를 별도로 두지 않고 경리부서에서 회계업무까지 처리하고 있는 경우가 많다.

(7) 재무부서

재무부서는 금융시장을 배경으로 하여 기업 내의 자금흐름과 관련된 모든 의사결정을 담당한다. 구체적으로 재무자료를 기초로 하여 기업경영의 현황을 진단하고 재무상태와 경영성과를 측정하고 아울러 기업목표를 달성하기 위한 계획수립활동 등의 재무분석과 계획, 기업가치를 극대화하기 위한 투자안의 경제성 평가와 현금 · 재고자산의 효율적 관리활동의 자금운용, 자금조달, 배당정책, 기업의 합병과 인수 등을 담당한다. 또한 재무부서의 중요성이 증가함에 따라 최고재무경영자(CFO: chief finance officer)를 두어 자원의 분배를 통해 실제적인 영향을 발휘함으로써 경영관리의 강도에 영향을 주며, 때때로 고객들과의 협상(negotiation)에 참가함으로써 판매에도 영향을 준다. 우리나라의 경우 대기업을 제외한 중소기업들은 재무부서가 별도로 구성되지 않고 회계부서와 함께 운영하는 경우가 많다.

(8) CEO와 기업문화

CEO(chief executive officer)는 최고경영자를 말한다. 이들은 시장이나 기술 등 환경변화에 대한 창조적 적응을 위한 목표, 전반적 전략, 운영정책을 설정하는 기능을 수행한다. 최고경영자들의 직무는 다른 기업의 인수, 연구개발투자, 다양한 시장에 대한 진입 및 철수 그리고 신규공장과 사무실 건축과 같은 활동에 대한 의사결정 등 조직에 장기적 · 전반적으로 영향을 미치는 결정들이다. 최고경영자들은 이와 같은 의사결정을 위해 정부나 여타 조직의 중역 등과 협상하는 과정에서 조직을 공식적으로 대표한다.

기업문화(corporate culture)란 한 기업체의 구성원들이 모두 공유하고 있는 가치관(value)과 신념(belief), 이념(ideology), 관습(habit), 규범(norm), 전통(tradition), 그리고 지식(knowledge)과 기술(skill) 등을 모두 포함한 종합적인 개념으로서, 기업구성원과 기업체 전체의 행동에 영향을 주는 기본요소라고 할 수 있다. 미국의 우수기업들 모두가 다변화 · 무한계환경에 신속히 적응하여 지속적으로 달성할 수 있었던 것은 이들 기업들의 고유한 문화적 특성을 지니고 있어서 환경변화에 잘 적응하고 시장경쟁에서 비교우위 또는 핵심역량을 확보할 수 있었기 때문이다. 가령, IBM(www.ibm.com)의 고객서비스, HP(www.hp.com)의 배회관리, P&G(www.pg.com)의 우수품질, 3M(www.mmm.com)의 창의성, 그리고 Nordstrom(www.nordstrom.com)의 고객가치창조 등이 이러한 문화적 특성의 좋은 예이다.

1.2 과업환경

과업환경(task environment)은 기업의 경영활동으로 인해 직 · 간접적인 이득이나 손해를 보는 이해관계자들, 즉 기업의 경영전략 수립이나 목표달성을 위한 의사결정에 직접적으로 영향을 미치는 환경으로, 조직의 활동영역에 따라 다를 수 있다. 가령, 할인점에 진출한 홈플러스의 과업환경에는 롯데마트, 이마트, 엘지마트, Wal-Mart(www.walmartstores.com), Carrefour (www.carrefourkr.co.kr) 등과 같은 경쟁자환경, 국립농산물품질관리원(www.naqs.go.kr)에서 인정한 무농약농산물인 가야산 한방모둠야채를 공급하는 수륜농업협동조합*(www.suryun. com)과 같은 공급자환경, 무농약농산물을 구입하는 주부와 같은 수요자환경, 그리고 무농약재배를 위한 친환경적 기술환경 등이 포함되며, 이들 환경요소들은 홈플러스(www.

* 경북 성주군 수륜면 수성리 가람채소작목반에서 재배 · 출하하는 무농약농산물(Tel: 054-932-4620).

그림 5-2 과업환경의 구성요소

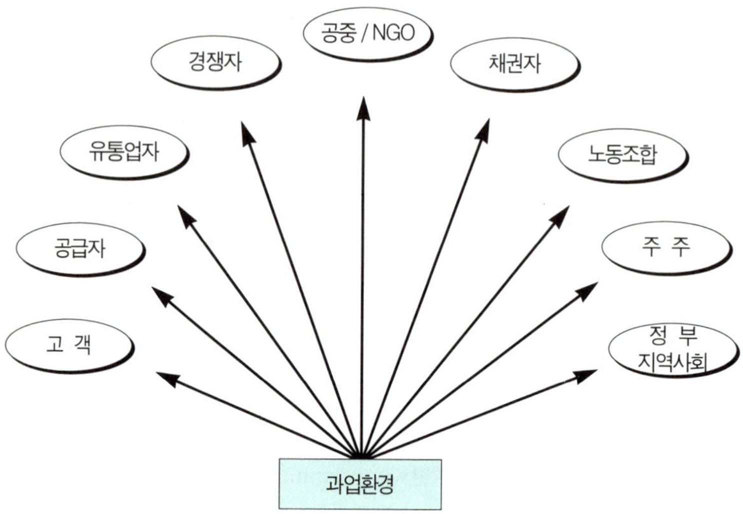

homeplus.co.kr)의 목표설정에 직접적인 영향을 미친다. 그러므로 〈그림 5-2〉에 나타나듯이, 과업환경믹스를 구성하는 다양한 이해관계자 집단들이 기업의 시장기회를 지원하고 서로가 다른 집단을 강화할 때, 과업환경믹스에서 관리활동의 효율성과 효과성에 기여하는 긍정적인 시너지와 장기적 이익을 도모할 수 있다.

(1) 고 객

기업이 가장 관심을 가지는 이해관계자는 소비자(consumer)이다. 소비자란 제품소비시장을 형성하면서 구매력과 구매의욕을 가지고 기업이 생산한 상품이나 서비스를 반복하여 구매하는 개인 또는 사회의 여러 기관과 같은 소비주체를 말한다. 가령, 한약재의 주요 소비자는 노인환자들이나 몸을 보강하기 위해 먹고자 하는 불특정 소비자들이므로 이들이 구입하기에 적합한 한약재 포장디자인과 가격을 설정하여야 한다. 사실 산업화 초기에는 소비자가 기업에 대해 개별적 거래의 상대방으로서 존재할 뿐이었지만, 오늘날 공급자간 경쟁이 격화함으로써 상대적으로 소비자의 위상이 높아지게 되었다. 그러나 소비자가 주요 고려사항이기는 하지만 단지 이해관계자 집단 중의 하나일 뿐이라는 관점에서 검토되어야 함에 주의할 필요가 있다.

그럼에도 불구하고 과업환경으로서 소비자의 중요성이 더욱 더 부각된 것은 소비자주의가 대두되었기 때문이다. 소비자주의(consumerism)란 소비자의 기본적 권리를 지키기 위하여 소비자가 전개하는 조직적 운동의 토대가 되는 이념을 말한다. 이것을 바탕으로 소비자들의 조직화된 운동이 점차 강화되어 정부에 압력을 가함에 따라 정부도 소비자들의 권익을 보호하기 위해 많은 소비자보호 관련 입법을 통하여 기업에 대해 제약을 가하기 시작하였다. 이와 같이 소비자의 영향력이 증대함에 따라 최근 들어와 대부분의 대기업들은 제품과 서비스의 질 향상을 통한 고객만족경영을 실천하기 위해 노력하고 있다.

(2) 공급자

공급자(supplier)란 기업이 제품이나 서비스를 생산하는 데 필요한 자원을 조달해 주는 개인이나 기업을 말한다. 이러한 공급자는 기업의 전반적인 고객가치 전달체계(customer value delivery system) 내에서 중요한 연결고리 역할을 수행하고 있다. 가령, 휴대폰 단말기를 생산하는 삼성전자는 단말기 커버, 단말기 내의 회로부품, 배터리, 안테나 부품을 구입하여야 하며, 노동력, 자동화기계, 전력, 측정기 및 코드분할다중접속(CDMA: code division multiple access)의 지적소유권을 보유하고 있는 QUALCOMM사의 로열티(royalty) 제공 승인과 같은 기타의 요소들도 해결하여야 한다. 만약 이러한 자원들 중에서 한 가지라도 원하는 시간에 원하는 품질의 제품을 원하는 수량만큼 공급받지 못한다면 기업의 경영계획에 심각한 차질을 빚을 것이다. 뿐만 아니라 원자재의 공급, 가격에 대한 영향력, 가격 안정성, 대체재료의 이용가능성에 대한 공급자들의 능력과 안정성은 중요하게 고려되어야 한다. 더욱이 QUALCOMM사와 같은 공급자가 삼성전자에 로열티 제공을 하지 않고 직접 현재 단말기 생산활동하고 있는 시장에 진입하고자 한다면 강력한 경쟁자가 될 수도 있다.

(3) 유통업자

유통업자(distributors)란 제조업자들이 상품을 소비자들에게 촉진하고 유통시키는 것을 돕기 위해 필요한 촉진활동 및 로지스틱스활동(운송 및 저장)과 같은 서비스를 제공한다. 일반적으로 유통업자는 이와 같은 업무를 제조업자보다 저렴하게 수행할 수 있으므로 경영자는 유통업자들의 유형, 수, 규모를 알 필요가 있다. 그들이 제공하는 서비스의 질, 유통가격 등 모든 것이 기업의 경영전략에 중요한 영향을 미친다.

여기에서 공급자, 유통업자 및 경쟁자들을 모두 관계기관이라고 지칭할 수 있다. 공급자 및 유통업자는 수직적으로 연계하여 원재료 · 부품의 공급 및 완제품의 수요를 통해 상호 보완하는 기업으로서 협력기업이라고 볼 수 있으며, 경쟁자는 동일한 시장을 대상으로 시장점유율의 각축을 벌이는 수평적인 경쟁상태에 있으므로 경쟁기업에 해당된다.

(4) 경쟁자

경쟁자(competitor)란 특정시장에서 고객들에게 비슷한 욕구를 만족시킬 수 있다고 여겨지는 기업들이다. 경쟁자는 공급자측면과 수요자측면의 경쟁자로 나눌 수 있다. 전자는 조직이 제품 및 서비스를 생산하는 데 필요로 하는 원자재를 구입할 때의 경쟁자이며, 후자는 조직이 생산한 제품 및 서비스를 소비자에게 공급하려고 할 때의 경쟁자이다. 이들 경쟁자는 기업의 경영전략 수립이나 목표달성에 직접적인 영향을 미친다. 가령, 국제상사(www.kukje.co.kr)의 프로스펙스는 Nike(www.nike.co.kr), Reebok(www.reebok.co.kr), Adidas(www.adidas.com) 등 외국 유명브랜드보다 더 많은 소비자를 확보하기 위해 이들 경쟁기업들보다 저렴한 가격과 뛰어난 디자인으로 승부한다는 전략을 전개하고 있다. 대구한의대학교(www.dhu.ac.kr)는 대구지역의 타 대학과 달리 우수한 신입생을 유치하기 위해 지역경제 활성화와 한방바이오산업을 선도하는 생명공학(BT), 문화공학(CT), 정보공학(IT) 대학으로 특화하고, 장학금 수여폭의 확대, 기숙사 전원입실, 해외협력대학간의 교류확대, 학생중심의 행정서비스 개편 등을 개선 · 보완하는 장기전략을 수립하여 실천하고 있다.

(5) 공중 및 NGO그룹*

공중(populaces)이란 기업이 자신의 목적을 달성할 수 있는 능력에 실제적 혹은 잠재적 영향을 미치거나 이러한 능력에 실제적 혹은 잠재적 관심

---

* 인권, 환경, 정치, 경제, 사회 등 5대 분야의 NGO활동을 살펴보면 다음과 같다.

① 인권: 인권NGO들은 70년대 천주교 · 불교 · 개신교 인권위원회 중심의 1세대와, 80년대 민주화운동 당시 피해자 모임 성격이 짙은 민주화실천가족운동협의회(민가협), 전국민족민주유가족협의회(유가협) 등 2세대를 거쳐 90년대 인권운동사랑방 · 인권실천시민연대 등 전문활동가 중심의 단체로 발전해 왔다. 이들은 최근 단체별로 활동분야의 전문화와 특성화를 추구하고 있다. 민가협은 양심수 등 정치범 문제, 인권실천시민연대는 경찰 등 공권력에 의한 인권침해, 인권운동사랑방은 개인의 권리를 제한하는 각종 제도에 대한 저항 등으로 특성화하고 있다. 최근에는 동티모르 등 국제적인 인권이슈에 대응하는 단체들도 생겨나고 있다. 인권NGO들은 또 현안중심운동에서 벗어나 보다 깊이 있는 문제 제기와 인권교육부분을 강화하기 위한 전문성 확보를 추구하고 있다. 그러나 50여명으로 추산되는 전문운동가들의 생계와 재정자립을 확보하는 데 어려움을 겪고 있다.

② 환경: 새만금사업 백지화, 동강살리기, 그린벨트 해제 철폐 등 최근에도 굵직한 현안을 다루어 온 환경NGO들은 재정난 타계와 전문가 중심 운동 탈피를 최우선과제로 삼고 있다. 이는 90년대 들어 본격하된 환경운동이 그 동안 전문가와 활동가 중심으로 개발논리에 대한 저항운동 중심으로 흘러온 데 대한 반성에서 비롯됐다. 환경NGO들은 ▲회원배가 및 풀뿌리지역운동으로의 전환 ▲개발보다 삶의 질 향상 중시 ▲생태도시 및 마을 건설과 함께 보다 큰 틀에서는 우리 사회의 지속가능한 개발을 위한 국가청사진 제시에 의욕을 보이고 있다. 당면한 어려움은 그린벨트 해제 철폐 투쟁에서 드러났듯이 이해관계에 따른 주민간의 대립양상이다. 앞으로 환경문제를 둘러싼 법적 다툼이 증가하게 될 것임을 예견케 하는 대목이다. 환경관련단체들의 메카가 될 (가칭)환경센터 건립도 숙원사업의 하나다.

③ 정치: 우리 사회 주요 의사결정 대부분이 정치권에서 이루어지는 현실을 반영하듯 정치NGO는 그 범위를 특정하기 힘들다. 모든 시민단체들을 정치관련 NGO라고 해도 지나치지 않을 정도다. 본격적인 정치전문 NGO시대는 지난 3월 30여개 단체가 연대해 정치개혁시민연대(정개련)를 출범시키면서 열렸다. 그 동안 시민단체들은 반독재민주화투쟁 경험과 국민의 정치불신 풍조에 편승해 '정치살리기' 보다는 '정치죽이기' 시각을 유지해 왔다. 그러나 풀뿌리 주민자치와 정당정치 등 민주주의제도 정착을 위해서는 정치권과 시민단체가 유기적인 관계를 맺고 정치개혁을 추구해야 한다는 시각이 제기되고 있다. 지역의 주민자치조직과 정개련 등은 시민정치 실현이라는 정치개혁의 목표를 달성하기 위해서는 단순 투표권으로 전락한 참정권을 제대로 회복시키는 것이 필수적이라고 보고 지난해 국정감사에 한해 실시했던 의정감시활동을 전국적으로 상시화하려는 노력을 기울이고 있다.

④ 경제: 최근 시민단체들이 '투자자운동' 을 내걸고 벌인 소액주주운동, 주가조작사건 조사의뢰 등으로 기업들은 시민단체의 일거수일투족을 예의주시하고 있다. 최근 이 흐름을 주도해 온 참여연대 경제민주화위원회는 삼성전자 · SK텔레콤 · 현대중공업에 대

을 가지고 있는 모든 집단을 말한다. 따라서 기업은 대중들에게 좋은 이미지를 제공하여 대중들로 하여금 호의적 태도를 가지도록 할 필요성이 있다. NGO그룹(non-government organization)은 기업의 마케팅활동이 소비조장이 아닌 소비자의 권익을 보호하는 차원에서 제품이나 서비스를 촉진하는 기업윤리에 초점을 맞추므로 기업의 경영목표 달성을 위해서는 NGO의 행동강령과 입장을 고려한 의사결정을 내려야 할 것이다. 가령, NGO그룹들이 유기농법의 무농약재배 농산물을 적극적으로 구매하였을 경우 유기농 재배농가들의 현재 잠재고객들에게 중요한 영향을 미칠 것이다.

(6) 채권자

채권자(creditor or obligee)란 사업을 영위하는 특정한 기업들에게 운영자금이나 투자를 빌려주는 일종의 금융기관 또는 전주(錢主)들이라고 볼 수 있다. 기업이 유리한 조건으로 저리의 자금을 얻어내는 능력은 낮은 가격으로 질 좋은 원재료를 구입하는 것만큼이나 기업의 성공에 중요한 영향

한 소액주주운동 등을 통해 대기업의 관행에 도전하고 있다. 현대증권불매운동에 이어 지난주에는 하나로통신 주가조작의혹에 대한 조사요청서를 증권업협회와 금융감독원에 내는 등 당분간 주가조작문제를 가지고 재벌기업들과 뜨거운 논쟁을 벌일 태세다. 참여연대는 "초기에는 중산층의 이익보호에만 신경쓰는 게 아니냐는 반론도 제기됐지만 주식투자는 모든 국민의 관심사인데다 지지부진한 재벌개혁을 위해서는 가장 강력한 방법 중 하나"라고 밝히고 있다. 지난 9일 출범한 '함께하는시민행동'(위원장 이필상 · 고려대 교수)도 주목대상이다. 경제정의실천시민연합 경제정의연구소팀이 주축이 된 이 단체는 "인터넷을 통해 기업의 윤리적 책임을 강조할 '기업감시운동'과 '조세낭비감시운동'을 펼치겠다"고 선언했다.

⑤ 사회: 예전에는 거리시위가 시민들의 유일한 의사표현수단이었다면 새천년 시대에는 각종 소송대전을 통해 다양한 시민들의 목소리가 반영될 전망이다. 시민권리찾기운동의 일환으로 이뤄진 첫 소송은 84년 고 조영래 변호사가 담당한 망원동 수해소송이며, 이후 공익소송은 가장 효과적인 시민참여운동으로 발전해 오고 있다. 현재 공익소송 담당변호사로 참여연대 50여명, 경실련 40여명 등 수백명이 활발하게 시민권리 보장에 나서고 있다. 또 중앙집중적인 시민운동을 벗어난 지역화 사업의 대표적인 시민활동으로는 아파트운동이 꼽히고 있다. 턱없이 높은 아파트 관리비로 인해 피해를 보았던 각 주민들이 침묵을 깨고 '작은 권리찾기'에 나섰던 것. 올초 집중적으로 이뤄진 아파트 관리비 내리기 운동은 전국으로 파급되면서 매달 관리비를 수만원에서 수십만원까지 줄인 아파트가 속출했다. 이 운동은 참여연대의 김칠준 변호사를 비롯, 각 지역의 아파트운동가들을 대량 양산했고 NGO활동을 주민자치라는 영역으로까지 확장했다.

을 미친다. 기업은 은행, 투자기관, 주식중개회사 등 채권자들의 정책변화에 대해 민감해야 하며, 그들과 좋은 관계를 유지하기 위해 지속적인 노력을 다해야 한다.

(7) 노동조합

노동조합(labor union)은 기업내부의 생산주역으로, 구성원 중의 의견을 대표하여 기업의 경영활동에 영향력을 미치는 집단을 말한다. 가령, 전국민주노동조합총연맹(www.nodong.org)은 "노동자의 정치, 경제, 사회적 지위를 향상하고 전체 국민의 삶의 질을 개선하며 인간의 존엄성과 평등을 보장하는 민주사회 건설의 그날까지 힘차게 투쟁할 것을 선언한다"라고 명시하고 있다. 따라서 기업의 성장과 발전을 위해 투명한 기업경영이 기업 내부구성원들의 만족으로 이어지고 이것이 성과로 나타나 기업성장의 원동력으로 작용할 수 있으므로 노사관계의 원만한 타협과 협력을 유지시키도록 하여야 한다.

(8) 주 주

주주(stockholder)란 기업의 금융 또는 실물자본 중 자기자본에 해당하는 부분을 제공하는 개인이나 투자집단 또는 투자기관을 말한다. 주주가 기업의 과업환경으로 인식되기 시작한 것은 대규모자본을 필요로 하는 거대기업이 출현하고 자본시장이 발달한 이후이다. 즉, 초창기 기업에서는 자기자본을 제공하는 기업가 혹은 오너가 강조되었지만, 거대자본의 조달을 필요로 하는 주식회사의 출현 이후 일반주주라는 계층이 출현하게 되었다. 오늘날 일반주주들은 기업내 노동조합과 더불어 기업경영에 영향을 미치는 중요한 과업환경이라는 데 그 의의가 있다.

따라서 주주들은 장기경영전략 수립뿐만 아니라 단기경영전략을 결정할 때도 중요한 역할을 한다. 기업주식에 대한 시장가치는 경영전략을 수립할 때 고려되어야 한다.

경영사례 플러스

고객중심사회로의 변화

"증권사의 사이버거래 비중이 늘어나는 것과는 별도로 지나친 사이버 수수료 경쟁이 증권사의 수익구조 악화로 이어지고 있는 것이 업계의 현실입니다." 얼마 전 S증권사의 사장이 영업방향의 전환을 발표하면서 한 말이다. 나는 이 짧은 말에서 요즘 사업세계를 뛰는 사람들의 절박한 심정을 느낄 수 있다. 증권사의 주요 수입원인 거래수수료율을 0.025%까지 낮춘 회사까지 등장했다. 일반 영업점 요금의 20분의 1까지 내려간 셈이다. 반면에 대형 증권사들은 홈트레이딩시스템을 유지하고 보수하기 위해 매년 100~200억원을 투입하고 있다. 게다가 2~3년에 한 번씩 시스템의 업그레이드를 위해 최대 500억원까지 쓰고 있다. 결국 대형사 위주로, 온라인 거래 위주로 시장이 재편될 수밖에 없을 것으로 보인다.

증권업뿐만 아니라 대다수 업종에서 가격경쟁은 끝이 보이지 않을 정도로 확대되고 있다. 힘은 완전히 소비자중심으로 넘어가고 있다. 덕분에 소비자들은 안방마다 큼직한 몇 개의 증권사를 갖고 주식투자를 할 수 있게 된 셈이다.

며칠 전 잘 알고 지내는 S대학 경제학과의 교수를 만났다. 경제학과의 인기가 옛날 같지 않다고 한다. 학생들의 기호가 변한 탓인지, "이제 학생들은 어려운 것을 배우려 하지 않는다"고 한탄하는 이야기를 들었다. 그래도 서울이나 인근에 있는 학교들은 그나마 상황이 나은 편이라 한다. 지방으로 내려갈수록 앞으로 경제학과를 폐지하거나 정원을 줄여야 할지, 그리고 정년이 단축되지나 않을지를 걱정하는 사람들이 늘어나고 있다. 참으로 세상은 많이 변했다. 경제학과는 정말 인기가 있었던 학과였다.

학생들의 기호변화는 바로 시장환경의 변화를 뜻한다. 그것은 실용학문에 대한 수요의 증가와 비실용학문에 대한 수요감소라는 시장의 변화를 그대로 반영한 결과라고 할 수 있다. 옳고 그른 것을 따지면 한이 없다. 시장은 그렇게 사람들에게 말해주고 있을 뿐이다.

최근 우연한 기회에 몇몇 은행의 대출 업무를 비교해 볼 기회가 있었다. 표면에 드러난 가격이 아니라 실제로 각각의 은행들에게 가격이 어떻게 결정되는지, 그리고 업무는 어떻게 추진되는지를 자연스럽게 비교할 수 있는 기회였다. 한마디로 옛날의 은행은 아니었다. 자금은 풍부하고 돈을 쓸 사람은 없기 때문에 은행들은 소비자금융에 화력을 집중하고 있었다.

물론 은행마다 가격과 스피드 면에서 큰 차이를 볼 수 있었다. 가격경쟁력도 중요하지만 고객들의 시간을 절약해 주는 스피드를 하나의 경쟁력으로 채택하고 있는 은행도 있었다. 과거와 상상할 수 없을 정도의 금리로서 치열하게 스피드 경쟁을 전개하는 시중은행들을 보면서 시장의 논리, 자본의 논리 그리고 경쟁의 논리가 얼마만큼 대단한 것인가를 다시 한번 확인해 볼 수 있었다.

요사이 내가 우연한 기회에 알게 된 세 가지 사건은 각각 다른 곳에서 일어나고 있다. 증권, 대학 그리고 은행에서 말이다. 그런데 이런 현상들의 밑바닥을 흐르는 실체와 교훈은 무엇일까. 세상의 겉으로 보기엔 복잡하게 얽히고설켜 있는 것 같지만 현상의 본질은 의외로 단순하다. 그것은 모든 업종의 비즈니스 모델이 고객중심으로 변화

CASE+

해가고 있다는 점이다. 가장 보수적인 곳 가운데 하나로 알려진 대학조차도 고객중심의 비즈니스 모델로부터 성역으로 오래 남아 있을 수는 없을 것이다.

무엇을 제공하든 공급자나 생산자가 늘 고객의 필요에 맞춘 상품과 서비스를 제공해야 하는 세상으로 우리는 달려가고, 고객중심의 사회는 앞으로 더욱 더 힘을 얻을 것으로 보인다. 개인, 조직, 정부 모두가 당면하고 있는 변화의 실체는 바로 고객중심사회로의 전환에 있다. 승자들은 이런 변화에 주도적으로 적응하는 사람들이 될 것이다.

지금 변화가 우리 모두에게 요구하는 것은 '고객의 눈높이에 철저하게 맞추라' 는 것이다. 당신은, 당신의 조직은, 당신의 나라는 충실히 이런 원칙에 따르고 있는가? 만일 '아니오' 라면 무엇이 문제인가에 있다. 자료: 『주간한국』, 2002년 9월 5일

(9) 정부 및 지역사회

정부(government)란 국가사회의 지배적 정치조직의 하나로서, 입법 · 사법 · 행정의 3대 국가권력 중 주로 행정권력을 수행한다. 현대 산업사회로 발전하면서 정부는 거시환경의 변화를 주도할 만큼 역할과 기능이 크게 확대되고 있어 그 범위와 영향력이 막대하다. 그 같은 예로, 우리나라 철강제품은 공정거래법에 의해 가격이 규제되어 있어, 제조기업들은 철강의 가공과 같은 부가가치의 창출을 통해 가격을 조정할 수 없는 입장이다. 또한 정부는 기업의 시장기회의 원천이기도 하다. 경영관리자들은 정부의 다양한 프로그램에 대해 알고 있어야 한다. 특정한 소비자들을 만족시키기 위한 새로운 상품을 찾고 있는 관리자는 기술에 관한 여러 가지 형태의 도움을 정부나 정부관련 기관으로부터 받을 수 있다. 시장에 관한 정보를 가장 풍부하게 제공하는 정부부서나 관련부서로는 재정경제부, 산업자원부, 산업연구원, 무역진흥공사 등이 있다.

지역사회(community)는 기업을 둘러싼 이익집단 중에서 가장 최근에 중요성이 증가하고 있는 과업환경으로, 비교적 조직화되지 못한 산발적 형태로 특정의 문제가 발생할 때에만 기업에 대해 영향력을 행사한다. 그러나 이러한 일시적인 영향력의 행사가 기업의 전략적 의사결정에 커다란 영향을 미칠 뿐만 아니라 기업의 사회적 책임문제와 관련하여 그 중요성이 더욱 증가하고 있다. 최근 환경 공해와 관련하여 각종 공공시설, 예를 들면 핵폐기물 처리시설, 화장장, 소각장, 쓰레기 하치장 등의 설치에 관해서 우리 동네만은 절대로 안 된다는 주장을 펴는 일종의 님비현상(NIMBY: not in my back yard)*과 같이 지역사회가 기업의 중요한 이익집단으로 등장하였으며, 심지어 자원의 보존·유지, 자연환경의 보호, 더 나아가 지역사회의 개발, 지역문화발전에의 기여 등 실로 다양한 측면에서 지역사회에 대한 기업의 바람직한 역할을 요구하고 있다.

02 거시환경

UNDERSTANDING BUSINESS

거시환경이란 어떤 특정 경영조직에 대해서만 영향을 미치는 환경이 아니라 사회 전체 속에 속해 있는 모든 조직에 공통적인 영향을 미치는 영향을 의미한다. 많은 외부영향요인들(external forces)이 기업조직의 경영활동에 영향을 미치고 있으며, 기업조직은 이들에 대응하여 경영활동을 조정해 나간다.

이와 같은 많은 거시환경의 구성요소들은 다섯 가지 유형으로 구분될 수 있는데, 경제환경, 법률 및 정치환경, 사회문화환경, 기술환경 그리고 국제환경 등이 그것이다. 그런데 이러한 각각의 거시환경요소는 그 기업조직의 특성에 따라 각기 다르게 영향을 미친다. 예를 들면, 기술환경은 반도체메이커나 이동통신업체의 경우 매우 중요한 것이지만, 가구제조업체의 경우에는 이들 업체만큼 중요한 환경이 아니다. 그리고 어떤 시점에 있어서 어떤 특정한 환경요소의 변화는 다른 환경요소의 변화보다 더 중요한 영향을 미친다. 가령, 자동차의 소비수요가 감소하게 되면 즉각적인 반응으로서 생산공정의 재조정 및 종업원들의 감축현상을 초래하지만, 정부가 연료절약형 자동차를 생산하도록 규제하는 것과 같은 법률 및 정치환경의

* 1987년 3월 뉴욕 근교의 아이슬립이라는 곳에서 쓰레기 처리방법이 마땅치 않게 되자 배출된 쓰레기 3,168톤을 바지선 '모브르 4000호'에 싣고 받아줄 곳을 찾아 무작정 항해에 나서게 되었다. 미국 남부 6개주를 전전하다가 다시 중남미의 멕시코와 벨리즈·바하마까지 장장 6개월 동안 6천마일을 돌았지만 실패하고 돌아오게 되었다. '님비'라는 말은 이때 생겼다. 반대현상으로 '핌피'(PIMFY: please in my front yard)가 있고, 비슷한 것으로 '우리 동네 사람 근처에는 절대 아무것도 짓지 못한다'고 하는 '바나나'(BANANA: build absolutely nothing anywhere near anybody)현상이 있다.

그림 5-3 거시환경의 구성요소

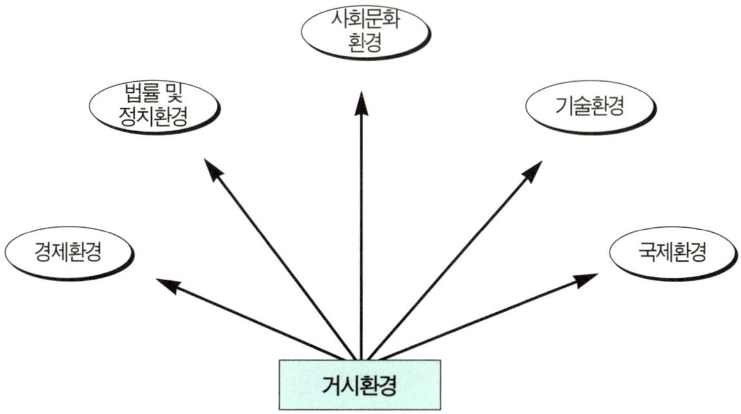

변화는 앞의 경우와는 달리 장기적인 대응을 하게 될 것이다.

따라서 〈그림 5-3〉의 거시환경의 요소들을 보다 구체적으로 설명하기에 앞서 어느 정보통신회사의 경우를 들어 다섯 가지의 거시환경요소를 분석해 보면 〈표 5-1〉과 같다.

표 5-1 거시환경의 구성요소 예

구성요소	구체적 내용	정보통신산업의 보기
경제환경	경제체계, 경기변동, 경제정책, 공급업자, 투자자, 소비자, 경쟁업자	생산원가 상승, 고객욕구의 변화와 다양화
법률 및 정치환경	사회의 일반적인 정치분위기, 정부의 규제와 보호, 새로운 법률의 제정	판매정책에 대한 정부의 규제, 경쟁업체의 출현, 소비자권익보호 강화
사회문화환경	사회 · 문화적 가치의 변화	배터리팩의 재활용, EMI(전자파)에 대한 사회의 관심, 기업윤리 및 환경보호에 대한 소비자의 태도
기술환경	기술혁신, 기술이전	경 · 박 · 단 · 소형 추구, 태양열, 최소형 강력 배터리팩 개발, 카메라 및 오디오기능의 복합제품 개발
국제환경	WTO체제, 외국에서의 사업기회, NAFTA, EU 공동체, FTA 체결	국경 없는 무한경쟁체제, 국내시장의 개방압력

2.1 경제환경

경제환경이란 기업경영활동을 둘러싸고 있는 국민경제적 여건으로서, 재화 및 서비스의 생산과 분배에 관한 지역 · 국가 · 국제적 상태 또는 여건을 말한다. 가령, 일반적 경제체제, 경제조직의 공 · 사유 형태, 정부의 경제계획, 이자율과 화폐공급과 같은 재정 · 금융정책의 운영성격, 경기주기의 호황기 · 쇠퇴기 · 불황기 · 회복기와 같은 경기흐름상태, 인플레이션, 원자재의 이용가능성, 독점이냐 경쟁시장이냐 하는 시장구조 등이 기업의 시장관리에 영향을 미친다. 여기에서는 경기주기, 인플레이션, 원자재의 공급부족에 대해 기술한다.

(1) 경기주기

경기주기는 호황기 · 쇠퇴기 · 불황기 · 회복기 등 4단계로 나누어 볼 수 있다. 먼저 호황기는 경제성장이 높을 때를 말한다. 호황기(peak/boom)일 때 소비자들의 소비는 대체로 증가한다. 동시에 기업은 소비자들의 소비기호에 맞춰 생산능력을 확충하게 되고 많은 마케팅활동비를 지출하게 된다. 그러나 과도한 생산능력 확충과 무계획적인 생산품목의 다양화는 경기가 하락할 때 기업의 수익에 치명적인 손해를 입힌다.

둘째, 쇠퇴기(contraction)는 실업률이 높고, 소비자의 가처분소득이 줄어드는 시기를 말한다. 그다지 경제전망이 낙관적이지 못하면, 번영기 때보다 소비자나 사업자 모두 소비와 지출을 줄이게 된다. 가령, 내구소비재를 생산하는 생산자와 소매상은 생산비용을 줄이고 심각한 손실을 피하기 위해 생산량을 낮추고 생산라인을 제한하고 촉진활동을 감소시켜야 할 것이다. 소비자들도 쇠퇴기 동안은 소비량을 줄이는 대신에 생활의 지혜를 마음껏 활용하는 아나바다(아껴 입고, 나눠 주고, 바꿔 입고, 다시 입고)를 실천한다, 이른바 우리나라가 제2의 경술국치라고 부른 IMF에 직면했을 때 애국주의에 호소하여 의외로 국산품이 많이 판매되는 현상을 볼 수 있었다. 호황기에서 쇠퇴기까지를 경기하향기(recession)라고 한다.

셋째, 불황기(trough/bust)는 실업률이 심각하고 소비자들의 구매의욕이 심각할 정도로 떨어지는 때이다. 경기주기에서 이 시기의 경영은 '버티기와 생존'을 위해 노력해야 한다. 기업에게는 가장 민감하고 경제적으로 접근이 가능한 소비자그룹에 우선적으로 공략하는 전략이 요구된다.

넷째, 확장기 또는 회복기(expansion)의 경제는 쇠퇴기에서 호황기로 움직인다. 이 단계에서는 실업률이 감소하고 가처분소득이 늘어난다. 경영자들은 완전한 경기회복까지 얼마나 시간이 걸릴지 예측해야 하며, 회사는 신상품개발을 통해 시장의 수요증가에 대비해야 할 것이다.

(2) 인플레이션

인플레이션이란 통화량 증가, 경제성장, 수요증대에 따른 공급부족, 투입요소 가격상승뿐만 아니라 물가상승 자체가 물가를 올리는 이상현상, 즉 수요가 공급을 지나치게 웃돌면 물가가 폭등하게 된다. 이처럼 수요가 공급을 웃도는 정도가 심해진 상태를 말한다. 인플레이션은 경기주기의 어느 단계에서도 일어날 수 있다. 이것은 돈이 너무 많거나, 상품이 너무 적거나 또는 생산성에 비해 과도한 임금 때문에 발생한다. 높은 인플레이션은 소비자들의 구매능력과 구매의도를 감소시킨다. 특히 이것이 쇠퇴기와 함께 일어날 때 높은 실업률과 높은 물가의 문제로 더욱 심각해진다. 스태그플레이션(stagflation)은 스태그네이션(stagnation, 경기침체)과 인플레이션(inflation)을 합성한 용어로서, 정부가 인플레이션 통제를 위해 세금증가, 긴축재정, 가격통제 등 여러 방법을 사용할 때, 실업률이 높아지고 소득이 낮아지는 경기후퇴의 결과를 초래하는 경향이 있을 때이다. 반면에 통화량의 축소에 의하여 물가가 하락하고 경제활동이 침체되는 현상을 인플레와 반대되는 디플레이션(deflation)이라 한다.

인플레이션시기 동안 소비자들의 반응은 경기주기의 쇠퇴기와 거의 같다. 인플레이션은 기업의 경영전략에 중요하고도 심각한 영향을 준다. 첫째, 회사는 인플레이션율에 따라 상품의 가격을 인상시켜야 한다. 그렇지 않으면, 원자재와 다른 생산가격이 증가하기 때문에 수익이 상대적으로 감소한다. 수익이 감소되면 계획되었던 투자가 감축되거나 연기되고, 투자를 못하면 생산성이 낮아지게 된다. 다음의 전략들은 심각한 가격인상 없이 수익의 손실을 막는 일반적인 방법들이다.

① 가격인상 대신에 상품의 양을 줄인다(예: 생필품의 무게 경량화).
② 저렴한 원료와 재료로 대체 개발한다(예: 수입에서 국산으로 대체).
③ 생산비를 절감하기 위해 상품특징을 없앤다(예: 제품 표준화).
④ 무료설치, 운반, 보증기간 등의 상품서비스를 최소화한다(예: 셀프서비스의 등장).
⑤ 포장비 절감을 위해 값싼 포장재를 이용하거나 묶음포장을 사용한다(예: 다섯 개씩 라면 포장).
⑥ 기존모델과 규격수를 줄인다(예: 기능 간소화, 히트상품 중심의 생산).
⑦ 새로운 절약형 브랜드나 일반브랜드를 만든다(예: 샴푸와 린스 겸용의 제품 개발).

물론 주의할 사항은 전략이나 전략의 조합은 경쟁상황과 소비자의 욕구와 선호도에 따라 달라져야 한다.

(3) 기초원자재의 부족

기초원자재란 제품 또는 서비스를 생산하기 위해 구매하는 일련의 가공 또는 비가공 원자재를 말한다. 가령, 석유산유국들이 위치해 있는 중동의 전쟁은 당장 원유가격 인상의 원인을 제공하는 동시에 경영활동에 적지 않은 영향을 미친다. 실제적으로, 석유부족은 운송비와 난방비의 엄청난 증가와 가격인상을 동반하는 연쇄작용으로 기업들에게 대체상품 개발이나 현존상품의 수정을 가할 수 있는 새로운 기회를 제공한다. 또한, 석유부족은 원자력, 태양열에너지, 천연가스의 개발을 촉진하며 심지어 석탄, 화목으로까지 되돌아가게 한다.

2.2 법률 및 정치환경

법률 및 정치환경에 있어서 법률환경이란 기업활동을 포함한 모든 사회적 활동에 대해 적용되는 게임의 규칙을 의미하며, 정치환경은 특정사회의 조직이나 개인에게 영향을 미치거나 이들의 활동에 제한을 가하고 있는 법률, 정부기관, 그리고 압력집단 등을 말한다. 기업에 있어 법률 및 정치적 규제활동은 상품개발에서부터 촉진에 이르기까지 기업의 경영활동에 영향을 끼친다. 가령, 플라스틱 등 재활용제품을 만드는 화학공장, 제지공장 및 주조공장 등 공기오염의 가능성이 있는 공장을 운영하는 기업은 환경보호와 관련되어 정부기관에 의해 공표된 새로운 공기오염방지법의 기준치를 넘지 않도록 하여야 한다.

정부규제의 변화는 세 가지 차원에서 경영활동에 영향을 준다. 첫째, 규제는 특정활동을 금지하거나 억제한다. 둘째, 규제의 변화는 이전부터 금지되었던 경영활동을 가능케 해주기도 한다. 이를 통하여 어떤 기업은 다른 기업에 대하여 경쟁력 우위를 가질 수도 있다. 이러한 차이는 그 기업이 환경변화에 얼마나 잘 준비하고 참여하는지에 달린 것이다. 셋째, 법률 및 정치환경의 변화는 그 전에는 필요해 보이지 않았거나 수익성이 없어 보였던 마케팅활동에 대해 응용할 기회를 제공해준다.

경영자들이 관심을 기울여야 할 법률은 공해유발에 대한 환경보호, 매점매석의 독과점금지 및 공정거래, 허위광고에 대한 소비자보호, 부당노동행위 등과 같은 것이다. 이러한 법적 제약을 바탕으로 규제기관들이 경영활동에 여러 모로 제약을 가하거나 영향을 미치는 것으로는 제품안전이나 품질표시, 과대 및 허위광고금지, 공해방지시설의 확보 등이 있다.

그러나 법률 및 정치환경이 항상 경영활동의 위협요인으로만 존재하는 것은 아니다. 가령, 최근 강조되고 있는 환경보호는 어떤 산업이나 기업에는 위협요인으로 작용하겠지만, 공해방지시설 제조업자에게는 좋은 시장기회가 될 수 있다. 또한 국제경쟁력이 열위에 있는 산업에서의 국가적 차원의 육성정책은 그 산업에 진출한 기업에게 다양한 기회를 제공해 줄 수 있다. 거시환경의 한 요소로서 법률 및 정치환경의 영향은 기업이 고객의 욕구를 잘 만족시켜 줄 수 있는 분위기를 만들어 줄 수 있다. 우선 정부부서는 제품이나 서비스의 구매자로서 사회간접자본관련 산업, 국방관련 산업 등의 수요조건에 가장 직접적인 영향을 미칠 수 있다. 선진화된 신제품이나 서비스를 구매함으로써 국내기업을 이러한 영역으로 유도할 수 있으며, 까다로운 제품규정들을 설정하여 국내기업들의 질적 고도화를 도모할 수 있고, 나아가 기존의 제품보다는 다음 세대의 제품을 요구하여 향후 해외시장 개척의 경쟁원천이 될 수 있도록 유도할 수도 있다.

결론적으로 법률 및 정치환경의 변화는 기업의 경영전략 및 경영활동에 직·간접적 영향을 미치며, 이러한 환경의 변화에 민감하게 대처하는 기업이나 제품만이 생존할 수 있을 것이다.

2.3 사회문화환경

사회문화환경은 사회구성원들이 행동하고 생각하며 원하고 믿는 것 등과 관련되어 있는 거시환경으로, 기업조직의 활동영역인 사회의 여러 가지 규범 및 가치관, 습관 및 관행, 인구통계적 요인(demographic factors), 사회구성원의 욕구 등을 말한다.

특히 인구통계적 요인들—인구의 연령별 구성, 교육수준, 소득수준, 지리적 이동 등—의 변화는 사업의 기회, 구매양식, 고용기회 등에 중요한 영향을 미친다. 가령, 맞벌이 부부의 증가는 구매하는 상품의 형태뿐만 아니라 소비수준에까지 큰 영향을 준다. 즉, 패스트푸드와 시간절약형 전자레인지, 여행이나 운동 등 스포츠레저서비스에 많이 돈을 지출한다. 그리고 소비자의 욕구, 기호, 취미, 생활방식 등은 소비자의 구매행동에 영향을 주기 때문에 마케팅계획이나 제품계획에 이를 반영해야 한다. 그리고 직업이나 일, 여가에 대한 종업원들의 태도 및 신념은 종업원의 직무수행 행동에 영향을 미친다. 한국이나 일본, 미국, 유럽 등의 문화, 가치관, 관습, 전통 등의 차이가 국가마다 각기 다른 관리시스템의 차이를 낳고 있다.

최근 또 다른 추세로는 환경에 대한 사람들의 인식이 점점 높아지고 있다는 것이다. 사람들은 삶의 질을 계속 추구하고, 생활수준이 높아질수록 깨끗한 공기, 신선한 물, 자연자원의 보호에 관심이 증가하고 있다.

그리고 문화적 차이라고 할 때 문화란 무엇을 의미하는가? 문화는 여러 가지로 정의되고 있으나, 기본적으로 문화란 사회적으로 학습되고 사회구성원들에 의해 공유되는 모든 것을 의미하며, 그 사회의 인성(personality)으로 간주될 수 있다. 최근에 와서 문화가 경영에 미치는 영향에 대한 연구가 활발하게 진행되고 있다. 특히 일본적 비교경영학*의 연구가 활발히 전

* 일본적 경영에 대한 자세한 내용은 W. Ouchi의 『Z이론』(박내회 옮김, 우아당) 참조 바람.

개되고 있으며, WTO체제의 도래와 더불어 비교경영학 연구는 그 중요성을 더해가고 있다.

2.4 기술환경

기술환경이란 상품 및 서비스의 생산과 관련되는 지식의 상태를 반영하는 것으로, 기업경영에 영향을 미치는 국가 또는 산업의 기술수준 또는 상태를 말한다. 이를테면 정부기술, 생명공학(BT: bio technology), 문화공학(CT: culture technology), 정보공학(IT: information technology) 등이다.

경영의 관점에서 볼 때 오늘날 기술환경의 변화는 매우 빠를 뿐만 아니라 기업조직에 중대한 영향을 미친다. 경영자는 기술환경의 두 가지 요소에 특히 관심을 기울여야 한다. 기술혁신(technology innovation)과정과 기술이전(technology transfer)과정이 그것이다. 전자는 연구개발부서에서 새로운 기술, 새로운 제조과정 · 방법 및 제품을 개발하기 위한 '기초과학에 있어서의 연구노력'을 의미한다. 그리고 후자는 새로운 기술이 실험실에서 시장으로(from the laboratory to the market)의 이동, 즉 과학적인 연구결과가 유용한 제품생산에 적용되는 것을 의미한다. 이와 같은 이전현상은 산업내 또는 산업간에 일어난다. 최근 컴퓨터산업의 기술이 다른 산업분야에 이전되고 있는 현상은 산업간에 일어나고 있는 기술이전현상이다.

따라서 기술환경요인들은 경영자에게 적어도 두 가지 시사점을 제시한다. 첫째, 새로운 기술의 영향으로 제품의 진부화(product obsolescence)와 경쟁이 증가한다. 그리고 새로운 기술의 등장으로 신제품이 쏟아져 나오고 따라서 새로운 사업기회도 증가한다. 둘째, 기술변화에 대한 정교한 감시 및 예측기법을 개발할 필요성이 증대된다는 것이다. 그러므로 경영자는 지속적인 경쟁적 지위를 유지해 가기 위해 산업 내외에서의 기술발전을 감시 · 예측하기 위한 통합적 기술과 진단적 기술을 개발할 필요가 있다. 실제적으로 기술환경의 급변으로 시골에 논밭갈이용으로 쓴 쟁기가 트랙터로, 호롱불은 형광등으로, 삐삐는 핸드폰으로, 타자기는 컴퓨터로, 텔렉스는 팩스로, 바느질은 재봉틀로 대체된 것을 상기해 볼 필요가 있다.

2.5 국제환경

국제환경이란 기업이 한 국가의 국경을 넘어 국제기업활동을 수행할 때 당면하는 포괄적인 경영환경이다. 오늘날 범세계적인 기업간 경쟁이 심화되고 기업경영의 국제화(globalization)가 가속화되고, 국가간의 경제 · 기술, 법률 및 정치, 사회문화적 제약요인들이 기업의 경영과 더욱 밀접하게 상호 관련됨에 따라 국제환경의 중요성이 그 어느 때보다 중요하게 대두되고 있다. 특히 국제환경과 관련하여 전세계에 흩어져 있는 자사조직들에 대한 통합 · 조정문제, 상이한 문화간 의사소통 및 갈등의 해결문제, 진출지역의 특성을 고려한 마케팅전략의 개발문제 등이 기업의 중요한 경영문제로 대두하고 있다.

따라서 기업들의 해외마케팅도 글로벌화를 추구하면서 그 지역에 살고 있는 소비자들의 욕구에 적합한 로컬화(localization)를 추구하는 경향이 늘어가고 있다. 가령, 중국에 수출되는 가전제품의 색상은 다른 국가에 수출하는 색상과 달리 빨간색으로 디자인하여 수출하는 경우가 바로 글로컬화(glocalization)된 제품이라고 간주할 수 있다. 또한 중국마늘 수입으로 국내의 마늘생산자에게 적지 않는 타격을 준 것도 일종의 국제적 환경의 실제적 예에 해당된다.

요 / 약

1 거시환경(macro environment)이란 어떤 특정 조직에 대해서만 영향을 미치는 환경이 아니라 사회 전체 속에 속해 있는 모든 조직에게 공통적인 영향을 미치는 환경을 말한다. 이를 달리 일반환경이라고 부른다. 거시환경의 구성요소들은 다섯 가지 유형으로 구분될 수 있는데 경제환경, 법률 및 정치환경, 사회문화환경, 기술환경 그리고 국제환경 등이다.

2 과업환경(task environment)은 기업과 밀접한 관련을 가지면서 기업활동에 직접적으로 영향을 미치는 근접환경을 말한다. 기업의 입장에서도 그 대상이 명확히 확인되므로 어떤 영향력의 행사가 가능하여 관리가능한 경영환경을 일컫는다. 과업환경은 고객, 정부, 주주, 노동조합, 공급자, 유통업자, 경쟁자, 채권자, 대중 등이 여기에 해당된다.

3 내부환경(internal environment)이란 조직 내의 자원을 의미하는 것으로, 환경적 기회를 이용하여 기업이 구체적인 경영활동을 수행하여 일정한 목적을 달성할 수 있는 능력과 역량이 기업조직의 자원과 관련된다. 즉, 기업조직의 목표를 달성하기 위해 기업 내에 보유하고 있는 자원을 각 부문들간에 조정함으로써 경영자들은 중요한 업무들을 수행하게 되는 것이다.

생각해볼 문제

1 내부환경의 구성요소에 대해 도식하고 각각의 특징을 설명하라.

2 왜 파크랜드 브랜드가 오늘날 성공한 브랜드일까? 다양한 관점에서 모범답안을 만들어 보라.

3 과업환경의 구성요소에 대해 설명하라.

4 거시환경의 구성요소 중 경기주기에 대해 논하라.

5 거시환경의 구성요소 중 기술환경에 대해 논하라.

II

UNDERSTANDING BUSINESS

기업경영의 구조

제Ⅱ부에서는 기업경영을 형성하는 구조에 관하여 다룬다. 기업경영의 구조는 기업조직 형성과 관련된 기초이론에 해당되는 기업조직의 개념, 목적, 그리고 시스템을 먼저 학습한다. 다음으로 기업경영을 형성하고 있는 경영자원과 경영전략을, 마지막으로 기업의 경영조직을 중심으로 다루게 된다.

- 제6장은 기업조직의 개념, 목적, 그리고 시스템의 기초이론을 학습한다.
- 제7장은 기업의 경영자원과 전략에 관하여 다룬다.
- 제8장은 기업의 경영조직에 관하여 다룬다.

CHAPTER

6

기업조직의 개념, 목적, 그리고 시스템

경영사례 플러스

CASE+

망하는 기업과 흥하는 기업

'되는 회사'와 망하는 회사는 어떤 차이가 있는 것일까? 망하는 기업의 증후군과 성공하는 기업의 인재관리에 대한 흥미로운 분석이 나왔다. 이를 토대로 당신이 속한 조직을 진단해보라.

망해가는 기업의 10가지 특성

당신의 기업은 망하는 길을 걷고 있지 않는가?

컨설팅사 매킨지는 18일 "자신의 컨설팅 경험을 통해볼 때 망해가는 기업은 공통적인 증상을 나타낸다"며 이를 10개 항목으로 요약했다. 만약 당신이 간부라면 조직을 이와 반대방향으로 이끌려고 노력하면 어떨까. 다음은 컨설팅사 매킨지가 제시한 10개 증상이다.

① 잘나가던 시절 너무 방만했거나 외부의 환경변화에 둔감해져서 스스로 환경변화에 적응하지 못한 지 오래되었다.
② 외부(고객이나 경쟁사)에 대한 대응보다 사내 정치에 더 많은 에너지를 쓴다.
③ 일을 열심히 하다가 잘못되면 혼나지만 일을 찾아 하지 않았다고 혼나는 일은 없다. 예를 들어 신입사원이 듣는 첫 교훈은 '튀지 말고 시키는 대로 하라'는 것이다. 가족 같은 따뜻한 분위기에서 책임소재도 불분명하다.
④ 조직을 진정 사랑하고 목 터져라 외치던 젊은 혈기들은 조직을 떠났거나 이제는 지쳐서 순응하고 있다.
⑤ 정실인사가 팽배하다. 임원 승진은 실력자의 '빽' 덕분이라는 소문이 (사실여부

와 관계없이) 무성하다.

⑥ '맡은 분야에서는 내가 최고' 라는 자부심이 고집의 수준으로 굳어 있고 열린 마음이나 겸손은 찾기 힘들다.

⑦ 대다수의 경영진이 조직원의 신뢰나 존경을 받지 못하고 있다.

⑧ 조직원을 아끼고 인격적으로 대우하는 분위기가 없고 생산수단의 하나로 취급하고 있다. 예컨대 직원 식당의 음식수준이 나쁘다.

⑨ 보이지 않는 곳에 문제가 많다. 화장실은 지저분하고 개인적으로 기업경비를 전용하고 있으며 고위직일수록 더욱 그러하다.

⑩ 남 핑계 대는 데 도가 터 있고 대단히 방어적이고 회피적이다. 우리가 다 알아서 하고 있으니 시비 걸지 말라는 식이다.

성공하는 기업의 인사병법

기업 경영에 성공하기 위해선 '좋은 인재' (good people)보다는 '적절한 인재' (right people)를 뽑아 그들이 능력을 최대한 발휘할 수 있는 보상 · 평가 시스템을 갖춰야 할 것으로 지적됐다.

LG경제연구원은 18일 '성공하는 기업의 인사병법(人事兵法)' 보고서에서 "회사의 잘못된 평가시스템은 인재(人材)를 떠나보내고 불필요한 인력만 남긴다" 며 " '인재 그레셤의 법칙' 이 작용되지 않도록 하는 것이 중요하다" 고 강조했다. '그레셤의 법칙' 이란 사람들이 양화(良貨)는 장롱 속에 숨기고 악화(惡貨)를 사용함으로써 결국 양화는 없어지고 악화만 판을 친다는 것.

최근 한 대기업에서 사무직 직원 3만여명을 대상으로 조사한 결과 약 87%가 양과 질에서 우수한 인재가 부족하다고 답변한 것은 인재 그레셤의 법칙이 작용하고 있기 때문이라는 것. 보고서는 적합한 인재를 확보하기 위해 △업종성격과 사업전략에 맞춰 인재 등용의 원칙을 뚜렷하게 세운 뒤 △적합한 사람을 버스에 태우고 그렇지 않은 사람은 내리도록 엄격하게 원칙을 실천해야 한다고 밝혔다.

또 회사 내부인력이 외부인재를 추천할 수 있을 정도의 충성심을 유도해야 한다고 권했다. 스스로 충성심이 없다면 친지나 친구에게 입사를 권할 리 없다. 만약 현재 외부인재 추천이 불가능한 상황이라면 위기의식을 느끼고 현재 인재를 유지하기 위한 방안을 마련하는 게 시급하다.

LG경제연구원은 "인재란 스스로 조직의 미래 방향에 대한 목표의식을 갖고 성과를 창출하는 사람" 이라며 "인재는 일 자체에서 만족감을 느끼는 만큼 도전적인 기회를 제공하고 성공에 대해 평가해야 한다" 고 강조했다.

자료: 동아일보, 2003년 9월 18일

01 조직의 개념과 특성

UNDERSTANDING BUSINESS

1.1 현대사회와 조직

우리는 역사의 흐름 속에서 무수히 많은 조직들이 생성과 소멸의 과정을 거쳤다는 것을 익히 알고 있다. 현대사회를 한마디로 '조직사회'라고 할 수 있다. 사회를 구성하고 있는 국가, 정당, 학교, 병원, 교회, 군대, 기업 등 모든 것이 조직이다. 조직을 떠나서는 한 개인만으로 살아갈 수 없는 사회가 되었다. 현대의 문명에 익숙해져 있는 한 개인이 로빈슨 크루소처럼 무인도에 던져진다면 혼자서 얼마나 오래 생존할 수 있을 것인가를 상상해 보자. 설사 생명이 주어진 만큼 아니 그 이상 생존하더라도 우리가 상식적으로 생각하는 인간다운 삶을 기대할 수 없을 것이다. 그래서 조직은 현대 사회의 가장 기본이 되는 출발점이라고 할 수 있다.

사람은 이 세상에 태어나면서 조직생활이 시작되고 적응하게 된다. 예를 들어, 우리 모두의 성장과정을 돌이켜보자. 오늘날 여러분이 인간세상으로 처음 맞이하는 곳은 바로 병원이라는 조직일 것이다. 유아기를 거쳐 대학 또는 사회생활을 하기까지는 여러 조직생활을 선택의 여지없이 경험하게 된다. 주어진 환경에 따라 다르겠지만 유치원, 초 · 중 · 고등학교, 대학, 직장 등 사회제도가 만들어 놓은 정규과정을 거치면서 성장하게 된다. 향후에도 조직을 벗어난 생활을 생각할 수가 없을 것이다. 조직은 아무렇게나 만들어지고 유지되는 것이 아니며, 어떤 조직은 개개인에게 무언가를 요구한다. 가령, 각자에게 책임과 의무를 부과할 것이며 권리 또한 부여한다. 개인은 조직생활을 유지하기 위해서 노력을 기울이게 된다. 이것을 '사회화'(socialization)라고 한다. 또한 자신의 생명이 마감되는 그 순간도 조직의 도움에 의해 가능하다. 따라서 모든 사람의 역사는 '조직생활의 역사'라고 간주할 수 있을 것이다.

그렇다면 인간사회의 출발점이자 종착점인 조직은 무엇인가?, 그리고 경영학의 대상으로 삼고 있는 기업조직은 무엇인가와 관련하여 명확히 이해하여야 한다.

여기에서는 먼저 조직에 대한 기본적인 개념을 알아보고 기업조직에 관하여 살펴보자.

1.2 조직의 개념

조직이란 '개개의 요소가 일정한 질서를 유지하면서 결합하여 일체적인 것을 이루고 있는 형태' 를 말한다. 그런 의미에서 모든 사회현상이 조직을 가지고 있다고도 할 수 있다. 그러나 마치 생물계에서 아메바처럼 간단한 것에서부터 인체와 같이 복잡한 조직체에 이르기까지 많은 종(種)을 진화라는 계열 속에서 볼 수 있듯이, 사회조직의 발달에 대해서도 그와 똑같이 파악하려는 견해가 있다. 즉, 사회는 내부의 여러 부분이 미분화된 상태, 즉 간단한 구조를 가진 미개사회에서, 분업의 발달에 따라 사회 전체가 여

그림 6-1 **조직구성에 대한 다이아몬드 모형**

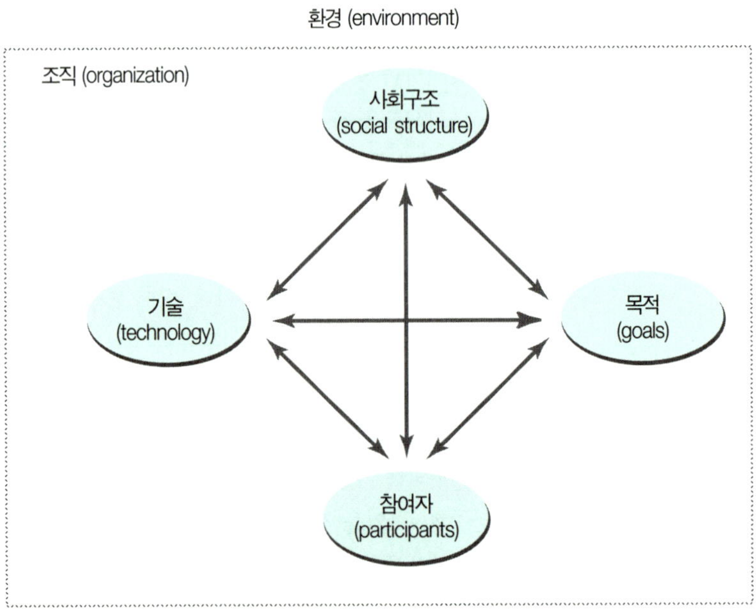

그림 6-2 조직의 개념

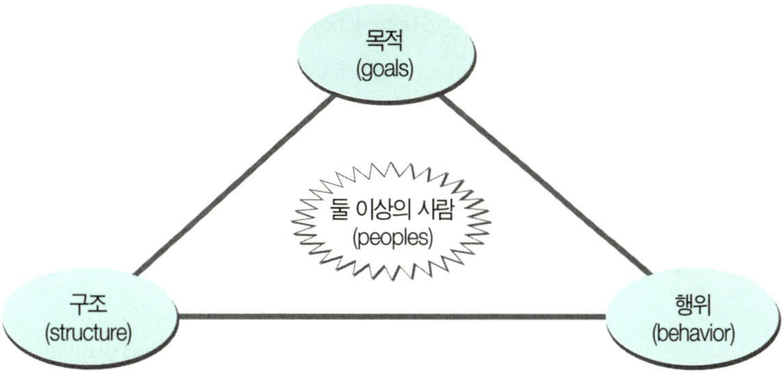

러 부분으로 나누어지고, 여러 부분이 각기 독자적인 구실을 가지고 서로 복잡하게 맺어져 있는 오늘날과 같은 근대사회로 발달해온 것이라고 보는 견해이다.

레빗(Leavitt, 1965)은 조직을 구성하고 있는 요소를 중심으로 다이아몬드 모형을 〈그림 6-1〉과 같이 제시하였다. 여기에서는 사회구조(social structure), 참여자(participants), 목적(goals), 기술(technology), 그리고 환경(environment)을 구성요소로 하고 있다.

첫째, 사회구조는 조직내 참여자 사이에 존재하고 있는 규정된 관계를 뜻한다. 이러한 사회구조는 가치, 규범, 역할기대 등과 같은 규범적 구조와 활동, 상호작용 등과 같은 실제행동 구조로 이루어진다.

둘째, 참여자는 사회적 행위자(social actors)를 말하는데, 다양한 동기를 갖추고 조직에 공헌할 수 있는 개인들을 의미한다.

셋째, 목적은 가장 중요한 요소로서 참여자가 과업활동 수행 성과로 바라는 목표(desired ends)를 말한다.

넷째, 기술은 기계와 장치뿐만 아니라 참여자의 기술지식과 기술능력을 포함한다.

다섯째, 환경은 조직이 처해 있는 정치경제적 환경, 기술환경, 문화 및 사회적 환경을 의미한다.

요컨대, 조직이란 둘 이상의 사람이 공통목적(goal)을 달성하기 위해 분업 및 권한계층과 같은 특정 구조(structure)를 갖추고 일정기간 동안 지속적으로 상호작용(interaction)하며 과업을 수행하는(행위: behavior) 계획된 조정체계(planned coordination)를 뜻한다. 이를 〈그림 6-2〉와 같이 도식화할 수 있다.

1.3 조직의 특성

조직의 개념에 포함된 사람, 목적, 구조, 행위의 의미를 중심으로 조직의 특성을 살펴보면 다음과 같다.

첫째, 조직은 사람의 집합(the set of people)이다. 조직은 둘 이상의 사람을 기본전제로 한다. 최근 '1인 조직' 이라는 용어가 유행하고 있지만, 결코 한 사람만을 가지고 조직이라고 하지는 않는다. 따라서 조직은 이해관계를 지닌 사람들이 모여 활동하는 하나의 실체이다.

둘째, 조직은 공통된 목적(common goals)을 가지고 있다. 조직이 형성되는 기본적인 이유는 개별적으로 이해관계를 가진 사람들이 공통된 목적을 가지고 이를 달성하기 위해서이다. 물론 개별적으로는 상황에 따라서 추구하는 인생의 목적은 상이할 수 있다. 그러나 소속된 조직에서는 구성원 모두에게 공유된 목적이 존재한다. 목적이 없다면 조직이라고 할 수 없다. 목적은 사람들로 하여금 조직을 형성시켜주는 원인이 된다. 가령, 기업은 이윤창출, 학교는 교육, 병원은 보건, 군대는 국방, 정당은 정치의 목적 등 모든 조직마다 그 존재의 이유, 즉 정체성(identity)을 지닌다.

셋째, 조직은 일정형태의 구조를 가진다. 조직은 목적달성을 위해서 체계적으로 어떤 형태의 분업구조와 권한의 계층구조를 지니고 있다. 조직은 구성원 각자에게 과업을 배분하고 여기에 대한 책임과 권한을 부여함으로써 조직의 목적을 효과적으로 달성하려고 한다. 일에 대한 분업과 권한구조가 없다면, 구성원들간에 혼란과 갈등이 발생하게 되고 목적달성은 매우 힘들어진다. 가령, 기업조직의 경우 「사장→이사→팀장→팀원」 등의 권한구조와 생산팀, 마케팅팀, 인사팀, 총무팀 등을 두어 각 부서 고유의 업무를 수행한다.

넷째, 조직은 사람들의 지속적인 상호작용 행위가 이루어지는 곳으로, 둘 이상의 사람이 협력의사를 가지고 지속적으로 상호작용을 한다. 조직은 개개인의 제한된 능력의 한계를 극복하기 위해서 두 사람 이상의 협력을 유도해내고 이를 통해 목표달성을 위해 구성원간의 의사소통과 업무협조 등과 같은 지속적인 상호작용을 가능하게 해준다. 단순히 일회성 또는 수시로 서로간의 관계가 형성되는 것이 아니라, 구성원간의 지속적인 인간관계(human relations)를 형성 · 개선시켜 주기도 한다. 조직은 '1+1=2' 라는 공식보다는 원자간의 융합을 통해 엄청난 핵폭발을 유발시키는 효과, 즉 '1+1=3 또는 4 그 이상의 효과' 를 발생시키는 시너지 효과(synergy effect)를 추구한다.

1.4 조직의 분류

현대사회에 존재하는 모든 조직의 개념을 정확하게 이해하기는 단기간에 쉽지 않은 일이다. 사회조직은 최소단위인 개인에서 출발하여 집단, 조직 그리고 사회로 이루어져 있다. 이러한 사회조직은 조직을 이루고 있는 단위규모를 기준으로 수준 또는 범위를 정하고 이를 적용하면 이해하기가 용이하다. 조직을 규모의 수준차원에서 보면 거시수준(macro level)과 미시수준(micro level)으로 구분할 수 있다.

거시수준의 사회조직은 공식적 · 일반적 · 객관적 · 규범적 성격이 강하다. 반면에 미시수준의 사회조직은 비공식적 · 개별적 · 주관적 · 특수적 성격이 강하다. 한편 규모의 범위차원에서 접근하면 대범위 영역, 중범위 영역, 소범위 영역으로 나눌 수 있다. 이러한 기준을 중심으로 사회조직을 분류하면 〈그림 6-3〉과 같이 나타낼 수 있다.

이 장에서 다루는 경영학의 연구대상은 조직수준에 해당된다. 즉, 거시적이면서 중범위에 해당하는 성격을 지닌 조직을 그 대상으로 삼는다. 따라서 경영학에서 다루는 조직의 정의는 명확해진다. 조직은 공식적이고 일반적이며, 그리고 객관적 및 규범적인 성격을 지닌 목표와 구조, 그리고 행위의 실체를 의미한다.

그림 6-3 **조직의 구분과 성격**

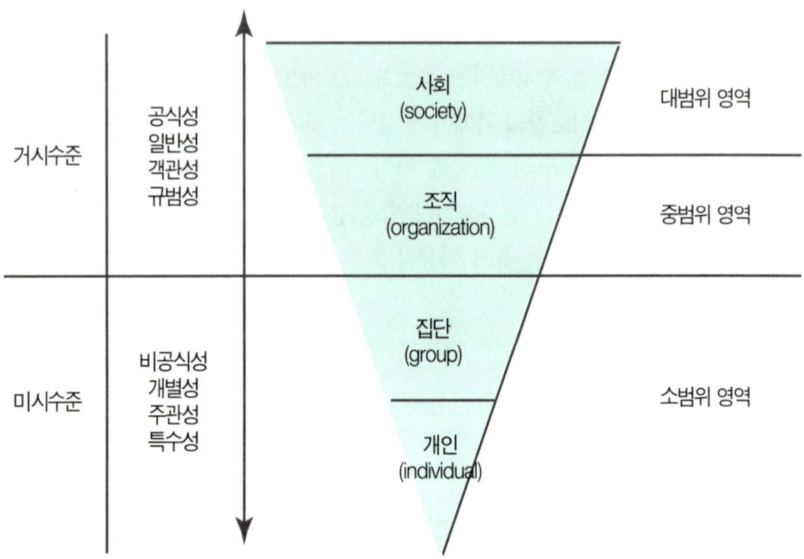

02 기업조직의 개념과 특성

UNDERSTANDING BUSINESS

2.1 기업조직의 개념

기업은 현대자본주의 사회를 받쳐주는 핵심적인 조직이라고 할 수 있다. 기업은 학교, 병원, 양로원, 정부, 교회 등 사회의 여타 조직과는 다른 독특한 특성을 가지고 있다. 기업은 이윤의 획득을 목적으로 운용하는 자본의 조직단위로서 전통적으로 노동과 자본이 결집된 조직이다. 현대사회로 넘어오면서 기업조직의 개념은 자본가, 노동자, 경영자 각각의 이해관계를 지닌 세 주체가 경제적 이익창출을 목적으로 형성된 조직이다. 즉, 기

그림 6-4 **기업조직의 구성**

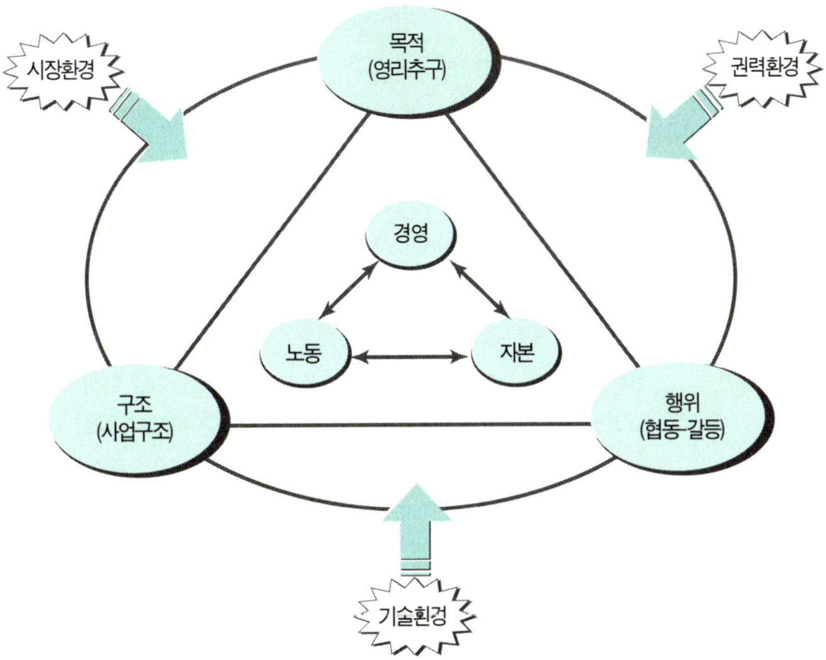

업은 영리를 추구하는 사업조직(business organization)이다.

조직의 개념을 기업조직에 적용하면, 기업은 자본가 · 노동자 · 경영자에 속한 사람들이 영리추구의 목적을 위해 사업구조를 형성하고 이를 위해서 지속적으로 상호작용하는 조직이라고 할 수 있다.

자본가는 기업이 출발하기 위한 젖줄인 '자본'을 제공한다. 노동자는 기업이 지속적으로 이익창출의 원천인 제품을 생산하고 서비스를 위해 '노동력'을 제공한다. 경영자는 현대기업이 소유와 경영의 분리가 급속히 진행되면서 전문경영자로서 기업의 장기성장과 비전 달성을 위한 '기업경영'을 수행한다. 요컨대 이러한 기업조직의 구성을 〈그림 6-4〉와 같이 정리하여 나타낼 수 있다.

2.2 기업조직의 특성

기업은 국민경제를 구성하는 기본적 단위이며, 생산수단의 소유와 노동의 분리를 기초로 하여 영리목적을 추구하는 독립적인 생산경제단위를 이루고 있기 때문에 사회일반의 비영리조직과는 다른 특성을 지니고 있다. 기업조직에는 이윤창출이라는 공유된 목적달성을 위해 협동노력과 함께 창출된 이윤의 배분문제로 갈등이 동시에 존재한다.

또한 치열한 경쟁환경에 처해 있기 때문에 지속적인 생존과 성장을 위해서 환경변화에 유연하고 능동적으로 대응하기 위한 내부구조 형태를 취한다. 변화에 능동적으로 적응할 수 있는 조직구조를 취하고 있는 것이 비교적 안정적인 비영리조직에 해당되는 정부나 학교 등과의 차이점이다.

한편, 기업에서 이루어지고 있는 구성원간의 상호작용 행위는 기업 전체의 성과향상을 위해 내부적으로는 활발한 수직적 · 수평적 의사소통을 통한 구성원간의 협력과 경쟁행위가 진행된다. 또한 근본적인 이익의 배분문제에 있어서는 노동과 자본간의 협상과 갈등활동, 그리고 경영의 조정활동이 지속적으로 이루어진다. 기업 외부적 고객과의 상호작용활동과 경쟁기업과의 경쟁활동이 지속된다.

03 기업조직의 목적

UNDERSTANDING BUSINESS

3.1 기업조직 목적의 개념

기업조직의 목적은 기업의 경영이념과 경영목표로 구성된다. 여기에서 이념은 추상적이고 형이상학적인 개념인 데 비하여 경영목표는 보다 현실적인 개념이다. 일반적으로 사용되는 기업의 목적이란 기업조직의 경영목표를 의미한다.

(1) 경영이념

경영이념(management philosophy)이란 경영자가 기업을 영위하는 데 있어 지침이 되는 기본적인 의식으로서 '경영신조 · 경영철학' 이라고도 한다. 즉, 기업이 사회적 존재 이유를 표시하고 경영활동을 방향짓게 하는 기업의 신조를 말한다. 경영이념은 기업의 신조인 동시에 경영자의 철학이기 때문에, 경영목적 달성을 위한 활동을 하기 위해 구체화할 수 있는 현실적 지침이 되는 것으로서, 구체적으로는 사시(社是) · 사훈(社訓) 등으로 표현된다.

경영이념은 단기적으로는 변화하지 않는 것이 특징이지만 장기적으로는 기업의 발전단계에 따라 변화한다. 종래 인정되고 있던 영리성, 자본가적 이윤이념은 오늘날에는 현대적 경영을 위한 합리주의 · 경제성 · 능률주의 등 기능주의 이념으로 이행하고 있다.

(2) 경영목표

기업시스템은 목표지향적이라고 이미 지적한 바 있다. 기업이 존재하는 기본목적은 영리추구에 있다. 기업의 경영목표는 기업이 실현하고자 하는 바람직한 상태를 말한다. 기업의 경영목표를 달리 표현하면 기업시스템의 산출물인 경영성과(business performance) 또는 조직유효성(organization effectiveness)*을 높이는 것이다.

경영성과란 주로 기업에서 산출되는 매출액, 시장점유율, 수익률 등과 같은 구체적인 지표들을 강하게 포함하고 있다. 조직유효성의 개념은 투입된 노력에 대비하여 결과의 효율성(efficiency)과 기대한 결과에 대해 실제 달성된 결과의 만족도(satisfaction)로 다소 포괄적인 지표를 강조한다. 조직유효성의 구체적인 지표가 경영성과가 된다. 따라서 여기에서는 포괄적인 측면의 조직유효성에 초점을 두기로 한다.

---

* 혹자는 조직유효성을 조직효과성이라고도 표현한다. 우리말의 표현의 차이가 있으나 영어로는 'effectiveness' 라고 하여 동일한 개념이다. 우리가 다이어트식품을 먹고 난 후 "그 약이 매우 효과가 있더라" 또는 "그 다이어트약 참! 살빼는 데 유효하더라" 라고 표현하는 것과 마찬가지이다. 용어의 차이는 사람의 표현방식의 차이에서 오는 것이다.

3.2 조직유효성

(1) 조직유효성의 다중기준

조직유효성은 간략하게 기업의 목표달성 정도로 정의되기도 한다. 그러나 이러한 정의는 상당히 모호해서 사람마다 보는 관점에 따라 목표가 달라질 수 있다. 가령, 기업의 목표가 누구의 목표인가?, 그 목표가 장기목표인가? 단기목표인가? 등과 같은 문제점이 발생한다. 또한 기업마다 이야기하는 목표가 상이할 수 있다. 여러분이 속한 학교의 목표나 특정기업의 목표에 대해서 동료와 토론해 보라. 각자가 표현하는 목표가 상이할 가능성이 높을 것이다. 또한 개인 스스로도 혼란스러울 것이다.

그렇다면 조직유효성의 개념은 사람에 따라 각기 다른 의미를 갖기 때문에 명확한 정의를 내릴 수 없는 것인가? 그렇지는 않다. 오늘날에 와서 조직유효성에 관한 의견일치가 되고 있다. 즉, 조직유효성을 정의하는 데는 다중기준(multi criteria)이 필요하다. 서로 다른 조직기능은 그 기능에 상응하는 특성을 기준으로 하여 평가해야 한다는 것이다. 또한 조직유효성은 결과중시적인 측면과 과정중시적인 측면을 동시에 고려해야 한다. 〈표 6-1〉은 캠벨(Campbell)에 의해 제시된 30가지의 조직유효성 기준과 측정내용들을 정리한 것이다.

(2) 조직유효성의 접근법

앞서 살펴본 바와 같이 조직유효성의 기준은 매우 다양하므로 이를 간략히 정리해 볼 필요가 있다. 이러한 접근은 전통적 접근, 경쟁가치접근, 사회 · 경제시스템접근으로 구분하여 살펴보자.

1) 전통적 접근

전통적 접근은 크게 시스템자원접근, 내부과정접근, 목표접근 등이 있다. 이러한 전통적 접근은 기업활동의 세 가지 측면, 즉 투입측면, 내부과정측면, 산출측면 중에서 어디를 강조하느냐에 따라서 나누어진다. 이러한

표 6-1 조직유효성의 기준과 측정내용

기 준	측 정 내 용
전반적 유효성	• 가능한 모든 측면의 기록을 고려한 전반적 평가 • 전반적인 성과기록표, 평가 및 판단의 결합을 통해 측정
생산성	• 기업에서 제공하는 제품 및 서비스의 양 • 개인, 집단, 조직 수준에서 기록으로 측정
효율성	• 비용 대비 성과의 비율(산출물/투입물)
수익률	• 총매출에서 총비용 차감 비율 또는 총수입/총매출
품 질	• 기업에서 제공하는 제품이나 서비스의 품질
사고율	• 손실 발생률
성장률	• 과거상태 대비 현재상태 • 총생산량, 총매출, 총이익, 시장점유율, 혁신건수 등
결근율	• 결근시간(지각 포함), 결근일수
이직률	• 자발적 이직/총이직
직무만족	• 다양한 직무결과에 대한 개인적 만족 정도
동기부여	• 종업원 개개인의 직무에 대한 목표지향적인 행동 및 활동의욕 정도
사 기	• 집단의 내부노력, 집단응집, 소속감 등의 정도
통 제	• 조직구성원 행동에 대한 영향력과 지휘능력 정도
갈등/응집성	• 구성원간의 친밀도, 함께 일하려는 정도, 활발한 의사소통 정도
계획과 목표설정도	• 기업 미래에 대한 계획설정과 목표설정 행동 참여도
목표합의	• 모든 구성원의 기업 전체 목표에 대한 실제 목표 행동
조직목표의 내부화	• 조직목표에 대한 구성원의 수용 정도
역할과 규범일치	• 종업원의 바람직한 감독태도, 성과기대, 사기, 역할요구 등의 동의 정도
대인관리능력	• 관리자의 부하 및 동료 격려 및 관리능력
과업관리능력	• 경영자, 부서장의 과업관련 구성원의 관리능력
정보관리와 의사소통	• 조직유효성에 결정적인 정보의 분석과 확산의 완결성, 효율성, 정확성
준비성, 신속성	• 어떤 과업수행을 요구할 때 성공적으로 수행할 수 있는 전반적 능력
환경활용성	• 환경과의 상호작용 및 필요한 희소자원과 가치있는 자원획득 정도
외부평가	• 상호작용하고 있는 고객, 공급자, 주주 등과 같은 외부평가
안정성	• 시간 및 환경의 변화에 대응한 구조, 기능, 자원의 유지
인적자원가치	• 회계 및 대차대조표 차원의 의미에서 구성원의 총가치
참가와 공유된 영향력	• 의사결정에 대한 종업원의 참가 정도
훈련과 개발의욕	• 인적자원의 자기개발에 대한 헌신 정도
성취의욕	• 조직목표 성취에 대한 개인의 욕구

표 6-2 조직유효성의 전통적 접근

	시스템자원접근 (system resource approach)	내부과정접근 (internal process approach)	목표접근 (goal approach)
주요 초점	• 투입자원 획득 양	• 기업내부 건전성, 경제성	• 산출 측면 강조
판단기준	• 기업의 가치있고 희소한 자원 탐색 및 조사능력 • 외부환경 파악능력 • 획득자원 이용능력 • 내부활동 유지 • 환경변화 능력	• 종업원에 대한 고려 • 팀워크 • 경영자와 종업원간의 신뢰와 믿음 • 확실한 정보에 의한 의사결정 • 원활한 의사소통 • 구성원들의 조직목표와 계획에 대한 합의와 노력 • 적절한 보상시스템 • 조직과 하부집단간의 원활한 상호작용	• 여러 가지 산출물 기준 • 장기적 · 단기적 목표 • 공식적 · 비공식적 목표 • 유형적 · 무형적 목표
장 점	• 다른 기업과 자원 비교 유용	• 산출이 다른 기업의 조직유효성 비교에 유용	• 조직목표 달성 정도에 따른 조직유효성 평가로 객관적
단 점	• 획득자원이 반드시 목표와 연결되는 것은 아님	• 기업 전체의 활동을 평가하지 못함	• 목표 구체성의 한계 • 목표 다양성의 문제 • 목표 변화의 문제 • 투입과 내부활동 고려하지 못함

전통적 접근의 주요 초점, 판단기준, 장단점을 정리하면 〈표 6-2〉와 같다.

〈표 6-2〉의 시스템자원접근, 내부과정접근, 목표접근과 같은 전통적 접근은 조직유효성의 일부분만을 설명할 뿐이다. 이러한 한계를 극복하고자 진행되고 있는 접근법으로 기업조직의 다양한 이해관계자를 고려한 이해관계접근(constituency approach)과 조직유효성의 공통적 접근을 도출한 경쟁가치접근(competing value approach), 그리고 사회경제시스템접근 등이 있다. 여기에서는 이러한 조직유효성의 다원목표를 통합적으로 접근하고자 한 경쟁가치 접근과 사회 · 경제시스템 접근에 대해 이해하도록 하자.

2) 경쟁가치접근

조직유효성에 관한 통합적인 틀을 제공하는 것이 경쟁가치접근이다. 경쟁가치접근은 조직유효성의 기준을 유연성–통제, 인간–조직, 목적–수단

그림 6-5 조직유효성의 경쟁가치모형

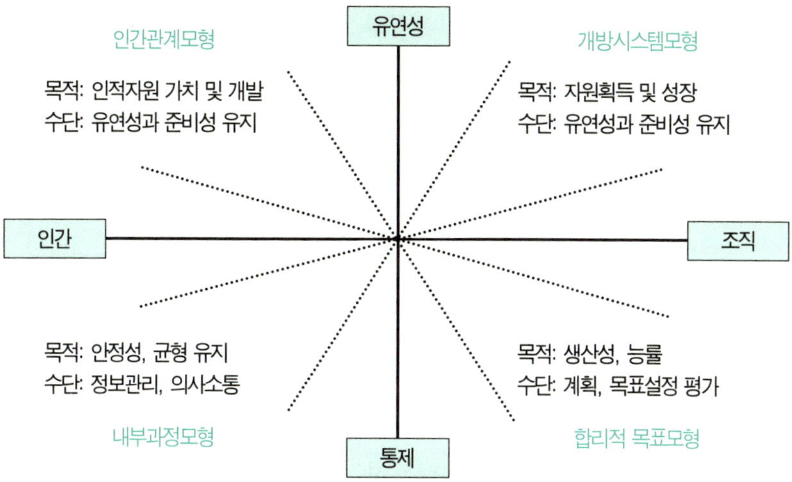

등 세 가지 범주를 기준으로 통합한 것이다. 유연성-통제 범주는 조직구조와 관련된 차원으로 기계적 조직구조와 유기적 조직구조를 말한다. 인간-조직 범주는 기업조직 구성에 초점을 둔 것으로 구성원의 기분이나 욕구를 중시하는 차원과 조직 전체의 과업완성, 생산성을 중시하는 차원으로 구분

표 6-3 경쟁가치모형의 8가지 조직유효성 차원

모형	판단기준						주요 내용
	유연성-통제		인간-조직		목적-수단		
	유연성	통제	인간	조직	목적	수단	
인간관계모형	●		●		◎		인적자원가치 및 개발
						◎	응집성, 사기유지
개방시스템모형	●			●	◎		성장, 자원획득, 외부지원
						◎	유연성, 준비성 유지
합리적 목표모형		●		●	◎		생산성, 능률
						◎	계획, 목표설정, 평가
내부과정모형		●	●		◎		안정, 균형유지
						◎	정보관리, 조정, 의사소통

된다. 목적–수단 범주는 결과와 과정을 말하는 것으로 목적을 강조하는 경우는 단기적 기준을, 수단을 강조하는 경우는 장기적인 기준이 된다.

이러한 세 가지 범주를 조합(2*2*2)하여 조직유효성의 8가지 차원을 도출하였다. 먼저 유연성–통제 범주와 인간–조직 범주를 기준으로 4가지 모형을 도출하였으며, 도출된 4가지 모형을 다시 목표–수단 범주로 다시 세분화하였다.

그러나 이러한 경쟁가치 모형의 내용에는 상당히 복잡한 내용을 포함하고 있다. 따라서 전반적 개요만 이해하는 정도로 정리하면 〈그림 6-5〉와 〈표 6-3〉과 같다.

3) 사회 · 경제시스템 접근

경쟁가치모형은 통합모형으로서 기업실무에서 이해하기가 상당히 복잡하고 난해하다. 그래서 서울대학교의 최종태 교수는 보다 실무적인 관점의 사회 · 경제시스템에서 접근하였다. 여기에서의 특징은 기업의 조직유효성

그림 6-6 사회 · 경제시스템으로서 기업의 조직유효성 기준과 요소

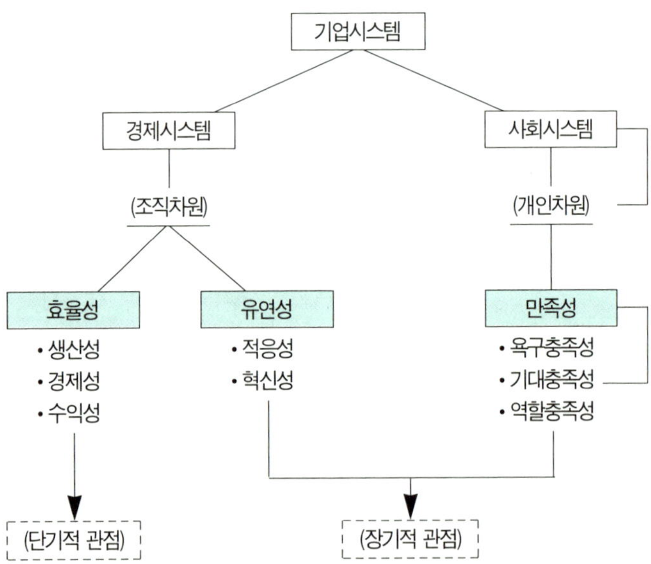

기준과 요소를 장기적 관점과 단기적 관점에서 정리하였다. 〈그림 6-6〉은 이러한 구분을 도식화한 것이다.

조직유효성의 기준은 먼저 조직차원에서 경제시스템을, 개인차원에서 사회시스템으로 분류하였다. 이러한 기준을 토대로 경제시스템은 효율성과 유연성 요소로 구분하였다. 사회시스템은 종업원의 만족성을 요소로 간주하였다. 효율성은 생산성, 경제성, 수익성 등 짧은 기간 내에 달성가능한 단기적 관점의 요소들을 말한다. 유연성은 기업조직의 환경에 대한 적응성과 혁신성을 의미하며, 만족성은 종업원의 욕구 · 기대 · 역할충족성을 뜻한다. 이러한 유연성과 만족성은 단기적으로 달성할 수 있는 것이 아니기 때문에 장기적 관점에서 달성가능하다.

04 기업조직 시스템

UNDERSTANDING BUSINESS

4.1 기업조직 시스템의 의의

앞에서 설명한 바와 같이 기업조직은 두 사람 이상이 영리추구 등 공동목표를 달성하기 위해서 지속적으로 상호작용하는 시스템이다. 기업조직을 시스템의 관점에서 접근하면 유용한 의미를 얻을 수 있다. 시스템 관점(system approach)이란 시스템의 기본속성을 이용하여 복잡한 경영현상이나 사회현상을 분석하고자 하는 접근법을 말한다. 여기에서는 시스템으로서 기업조직에 대하여 살펴보고자 한다.

(1) 시스템의 정의

오늘날 시스템이라는 용어는 매우 많이 사용되고 있다. 여러분들은 시스템이라는 말을 경영분야 이외에서도 무수히 찾아볼 수 있을 것이다. 넓은 의미로는 사회시스템, 국가시스템, 조직시스템, 인간시스템, 기계시스템, 정보시스템 등으로 사용되고 있다. 보다 구체적인 좁은 의미에서는 대학, 자동차, 공장, 사람 인체를 비롯한 어떤 소프트웨어 자체를 시스템이라고도 한다.

시스템(system)이라는 영어단어는 그리스어의 'systema'라는 용어에서 비롯되었다. 원어 그대로의 의미는 '여러 개의 부문으로 구성된 전체'를 말한다. 시스템 개념의 출발은 부분(parts)과 전체(whole)의 결합에서 찾을 수 있다. 따라서 시스템은 통일된 전체를 구성하고 있는 상호관련되고 상호의존적인 부분들의 집합이다. 달리 말하면 시스템은 '하나의 전체를 구성하는 부분의 유기적인 모임'을 말한다.

기업의 경영은 의사결정의 연속이라는 의미로 사용된다. 이러한 의사결정을 기업시스템에 적용한 의사결정학파의 시스템 접근은 시스템을 하나의 목적−구조−기능을 지닌 행동시스템으로 보고 있다. 의사결정론적 시스템 접근법에서 시스템을 정의하면, 어떤 하나의 목적을 가지고 이를 성취하기 위해 여러 구성인자가 유기적으로 상호작용하는 결합체라고 할 수 있다.

(2) 시스템의 속성

의사결정론적 시스템 접근에서의 시스템 정의를 구체적으로 살펴보면 전체성, 목적성, 구조성, 기능성이라는 속성을 발견할 수 있다. 또한 시스템은 「투입→변환→산출」 과정을 통해서 지속적으로 일관성을 지니며 유지된다.

시스템은 목적달성을 위한 각종 구성요소가 투입되고, 이러한 구성요소가 상호 유기적으로 변환기능을 수행함으로써 새로운 산출물을 만들어낸다. 이러한 과정을 통하여 시너지 효과를 창출한다. 즉 시스템은 원자재, 에너지, 정보, 인적자원 등을 외부환경으로부터 투입받고 재화 및 서비스, 이윤 등으로 변환시킨다. 이를 도식화하면 〈그림 6-7〉과 같다.

1) 전체성

시스템은 전체성을 띠고 있다. 어떤 현상이나 사물을 하나의 단위체, 즉 전체적으로 보아야 한다는 것이다. 나무를 바라보지 말고 우선 숲을 보라는 뜻이다. 하나의 숲은 여러 식물 개체군으로 형성되어 있다. 또한 각각의

그림 6-7 **시스템의 속성**

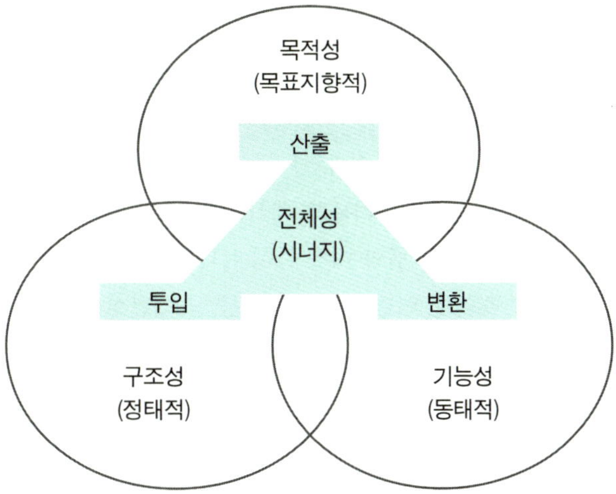

식물 개체군은 또 하위 식물종의 집합으로 구성된다.

쉽게 대학교를 생각해보자. 예를 들어, Y라는 대학교는 19개의 단과대학과 본부기관으로 구성되어 있다. 또한 각 단과대학은 이를 구성하는 학과들이 여러 개 있다. 각 학과는 또 학년별로, 전공별로 구성될 수도 있다. 또한 Y대학교는 학교 캠퍼스 시설, 교수, 학생 그리고 직원으로 구성되어 있다. 우리가 Y대학교를 이야기할 때는 이런 모든 하위시스템을 포함하는 개념에서 전개하는 것이다. 이러한 전체성의 속성에는 중요한 의미가 내포되어 있다. '전체는 부분의 합보다 크다' 는 것이다. 1+1=2라는 단순 합(合)의 논리가 아니라 '승' (乘)의 의미가 포함되어 있다. 1+1=3 또는 4, 때로는 10이 될 수 있다는 것이다. 이를 시너지(synergy) 효과라고 한다. "백지장도 맞들면 낫다"라는 속담을 이해해 보자. 한 사람 한 사람 개개의 능력을 단순합계한 것보다 여러 사람이 협력해서 공동으로 일을 만들 때 보다 큰 성과를 만들어낸다. 따라서 시스템은 구성하고 있는 개별요소도 중요하지만, 우선적으로 전체적 조화가 중요하다는 것이다.

2) 목적성

시스템 속성은 목적성(purposes)이다. 세상의 모든 사물은 그 존재의 이유가 있다. 이를 목적이라고 한다. 시스템은 뚜렷한 목표를 가지고 목표지향적인 행동을 한다. 시스템의 목표는 부여된 자원을 최대한 활용하여 가치를 창조하는 데 있다. 각 시스템은 기본적으로 중심목적과 여러 가지 목적을 지니고 있다.

기업은 영리목적, 대학은 학문추구의 목적 등이 기본목적이 될 수 있다. 기업시스템의 예를 들어 본다면, 가장 근본적인 목적은 영리를 추구하는 것이다. 이러한 영리추구라는 목적달성을 위해 여러 가지 하위목적이 존재한다. 일례로 120% 매출신장, 100PPM 품질달성, 150% 시장점유율 향상, 100% 납기준수, 30% 원가절감 달성, 고객만족 극대화 등의 하위목적을 가진다.

여러 목적 중에서 어느 것이 더 중요한가는 해당기업이 추구하는 가치기준(value criteria)에 따라서 우선순위가 결정된다. 가치기준 설정에는 일반적으로 질(quality), 양(quantity), 시간(time) 및 비용(cost) 네 가지가 사용되지만, 이러한 기준이 항상 양립할 수 있는 것은 아니다. 여러분이 고급브랜드 제품을 살 때 높은 값을 치르는 것과 같이 기업도 마찬가지로 고품질을 추구하다보면 가격이 높아질 수밖에 없는 것이다.

3) 구조성

구조성(structure)은 시스템이 어떤 모양새를 하고 있는가와 관련된 것을 뜻한다. 쉽게 생각하면 Y라는 학과에 몇 명의 교수와 몇 명의 학생으로 구성되어 있고, 성별과 나이 등이 어떻게 분포되어 있는가와 같은 개념이다. 따라서 구조는 상대적으로 변화가 적은 정태적(static)인 성격이 강하다.

시스템이 되기 위해서는 구성인자가 목적에 적합하도록 유기적으로 연결되어 있어야 한다. 이러한 구조성은 부분과 부분간의 연결구조, 부분과 전체의 유기적인 상호관련성을 의미한다. 이러한 시스템의 구조를 파악하는 데는 시스템이 계층, 즉 수준(level)을 이해하면 유용하다. 시스템은 하위시스템들이 모여져 전체를 이루는 것이기 때문이다.

시스템은 수직적 계층과 수평적 분산구조를 가지고 있다. 시스템을 구성하고 있는 하위시스템을 각 수준별로 이해하면 쉽게 시스템을 분석할 수 있다. 여기에서 주목해야 할 것은 현대사회의 모든 시스템은 환경에 대하여 개방시스템하에 대부분 놓여 있다는 것을 고려해야 한다. 따라서 시스템 자체의 내부상호관련성과 함께 외부환경과의 관련성도 반드시 고려해야 한다. 예를 들면, 기업의 제품을 생산하는 생산활동과 이를 지원하는 생산을 위해 필요한 재료를 조달하는 활동, 생산된 제품을 유통하는 활동 사이에는 내부상호관련성이 존재한다. 그러나 기업과 고객 또는 지역사회간의 관계에는 외부상호관련성이 존재한다.

4) 기능성

기능성(function)은 구성인자간의 상호작용을 의미하는 동태적(dynamic)인 속성을 뜻한다. 이러한 기능성은 수학공식에서의 2차함수를 생각해보자. $y=a+x^2$로, 즉 $f(x)=a+x^2$로 표시되는 모형에서 함수(f)와 같은 기능이다. 기능성은 시스템을 구성하고 있는 개별 구성인자와 구성인자간에, 또는 전체시스템과 개별시스템 사이에 어떤 역할 또는 기능을 수행하는가를 의미한다.

이러한 기능성은 어떤 작동을 동해 새로운 형태적 선환(transform)을 불러일으킨다. 일례로 화장품공장에 여러 가지 성분들이 각 공정을 통해서 완성된 화장품이 생산되기까지는 공정을 구성하고 있는 인자들의 기능이 수행되어야 하는 것과 같다.

(3) 기업조직 시스템

시스템으로서의 기업조직은 시스템 자체의 개념을 기업이라는 추상적인 조직에 적용한 것이다. 따라서 기업조직 시스템은 전체성, 목적성, 구조성, 기능성이라는 속성을 지닌다. 그렇다면 기업조직 시스템을 이러한 속성을 중심으로 간략히 살펴보면 다음과 같다.

1) 기업조직 시스템의 속성

첫째, 기업은 사람 · 자본 · 기계 · 기술 · 지식 등의 다양한 경영자원의 전체적인 결합을 통한 시너지 창출 속성을 가진다.

둘째, 기업은 영리추구라는 기본목적을 달성하기 위해서 원가절감, 품질향상, 고객만족, 매출극대화 등의 목적지향적인 행동을 한다.

셋째, 기업은 제7장에서 다루는 기본원리에 의한 과업구조 이외에 사람 · 자본 · 기계 등의 물리적 구성요소와 함께 제품 및 생산구조, 판매 및 마케팅구조, 인사구조 등 추상적인 구성요소를 갖추고 있다.

넷째, 기업은 구성하고 있는 모든 요소들이 목적달성을 위해서 상호 유기적으로 기능을 수행한다. 즉 생산, 판매촉진, 인사기획활동 등 영리추구를 위한 다양한 활동을 전개한다.

2) 개방시스템으로서의 기업조직

기업조직은 앞서 설명해온 바와 같이 고객, 정부, 경쟁기업 등 외부환경과 상호작용하는 개방시스템으로 생각해야 한다. 개방시스템으로서 기업조직을 이해하기 위해서는 개방시스템의 특성을 몇 가지 고려해야 한다.

첫째, 기업은 환경인식(environment awareness) 시스템이다. 개방시스템은 기업시스템과 환경의 상호의존성을 인식해야 한다. 즉, 환경의 변화가 곧 기업시스템의 변화를 가져오고 기업시스템의 변화가 환경의 변화를 불러일으킬 수 있다는 것이다. 이러한 양자간에는 이를 구분짓는 경계(boundary)가 있다. 경계는 시스템이 어디에서 시작되고 어디에서 끝나는가를 결정지어주는 역할을 한다.

둘째, 기업은 순환(cycle)시스템이다. 기업은 일회성으로 존재하는 것이 아니라 지속적인 영속체(going concern)라는 의미이다. 즉, 기업은 생존 · 성장을 위해서 끊임없이 투입→변환→산출과정을 되풀이한다. 또한 산출물은 사회로 환원되어 다시 기업으로 돌아온다. 자금흐름만 생각해 보자. 기업이 벌어들인 이익이 사회로 환원되지 않는 경우가 있는가? S라는 굴지의 글로벌 기업에 다니는 K씨가 자신의 노동력의 대가로 임금을 받는다. 이러한 임금은 곧 K씨가 생계유지는 물론 소비생활에 사용되는 것을 보면 이해가 된다.

셋째, 기업은 부적(負的) 엔트로피(entropy) 시스템이다. 엔트로피는 세상에 영원한 것은 없다는 의미이다. 즉 어떤 형태 또는 사물이든지 붕괴되거나 소멸되는 성향을 말한다. 따라서 부적 엔트로피는 소멸 또는 붕괴되는 에너지를 반대로 돌려놓는다는 것이다. 기업시스템은 생산에 소비된 에너지보다 더 큰 에너지를 환경으로부터 받아들일 수 있는 능력을 지니고 있으며, 자생할 수 있도록 자기수정을 통해 시스템을 유지한다는 것이다. 오히려 이러한 부적 엔트로피를 통해 성장 · 발전을 이루어낼 수 있다.

넷째, 기업은 균형시스템이다. 즉 기업은 균형을 위한 항상성(steady state)을 지니고 있다. 기업은 엔트로피에 의한 에너지 소비를 막기 위해 에너지 교환에 대한 균형상태가 항상 유지된다. 기업이 투입물을 산출물로 변환시키는 활동을 전개해 나가면서 시스템 그 자체는 항상성을 이루어 나간다는 것이다. 정상적인 사람의 성장과정을 생각해보면 될 것이다. 어린 아이가 지속적으로 영양분을 섭취하면서 성장을 급속히 하면서도 어느 일부분이 갑자기 비균형적으로 자라거나 커지지는 않는다. 키와 몸무게, 눈, 코, 입, 팔, 다리 모든 부분이 균형을 이루어가면서 성장하게 된다. 기업도 마찬가지의 논리이다.

이 외에도 기업은 성장과 확장 추구성, 유지활동과 적응활동의 균형, 이인동과성(equifinality)* 등의 특성을 지닌 시스템이다.

05 기업조직의 관점

UNDERSTANDING BUSINESS

여기에서는 경영조직을 이해하는 기본적으로 필요한 조직에 대한 관점, 즉 조직이론의 패러다임을 다룬다. 사실 이 장에서 다루는 조직관점 또는 조직패러다임의 내용은 기존의 경영학원론 서적에서는 거의 다루어지지 않은 상당히 어려운 부분이다. 그러나 경영조직을 이해하기 위해서 기본적으로 알아둔다면, 경영학을 학습하는 데 매우 유용한 분야이다. 이러한 내

* 이인동과성(異因同果性)이란 말 그대로 풀이하면 서로 다른 원인이 같은 결과를 가져온다는 것을 뜻한다. 즉, 목표달성에 이르는 데 여러 가지 수단이 있을 수 있다는 것이다. 대구에서 서울로 가는 데 비행기나, KTX, 버스를 타고 가든 주어진 상황에 따라서 목표지인 서울에 도착하면 되는 것이다. 여러 경로를 통해서 같은 목표를 달성할 수 있다는 의미이다. 기업시스템에 적용하면, 기업이 여러 가지 다양한 투입과 변환과정을 통해서 목표로 하는 산출물을 만들어낼 수 있다는 것이다. 이러한 개념은 기업경영에 매우 중요하다. 기업이 영리를 추구하는 데는 오직 한 가지 최선의 방법만이 있는 것이 아니라 다양한 대안들이 있다는 것을 시사해준다.

용은 일반적으로 고학년 과정에서 조직이론, 조직환경론, 거시조직구조론, 조직론이라는 과목명칭으로 보다 구체적이고 심도있게 다루게 된다.

따라서 이 절에서는 경영조직을 이해하는 데 이론적 무장을 한다는 측면에서 가볍게 살펴보기로 한다. 특히 이 장의 내용은 경영실무적인 측면보다는 이론분야를 다루기 때문에 조금 딱딱하고 어려울 수밖에 없다는 것을 독자가 이해하면서 시작하길 바란다.

5.1 조직에 대한 다양한 관점

(1) 조직관점의 다양성과 패러다임

1) 조직관점의 다양성

조직에 대한 관점은 학문마다 다양하다. 이러한 조직에 대한 관점을 중심으로 조직이론을 분류할 수 있다. 페퍼(Pfeffer)의 "잘 가꾸어진 정원이라기보다는 잡초가 우거진 땅을 닮아가고 있다"라는 말과 같이 조직이론은 매우 다양하게 연구가 되어 왔다.

조직을 바라보는 관점은 경영학과 사회학에서 가장 많이 이루어져오고 있다. 경영학에서는 조직을 바라보는 관점이 순수 학문적 관점보다는 주로 실무적 · 실용적인 관점에서 바라본다. 경영학을 대상으로 하는 조직은 기업조직이기 때문이다. 따라서 경영학은 말 그대로 경영자의 입장에서 기업조직을 어떻게 효과적으로 관리하고 통제할 것인가에서 접근한다. 경영학적 관점에서 조직은 기업의 성과향상이라는 목적달성을 위해 조직의 구조와 운영과정을 관리하고 통제하는 합리적 도구로 간주된다.

한편, 경영학보다 그 대상이 확장된 관점의 사회학에서는 이러한 조직을 조직 그 자체의 본질이나 발전과정이나 조직의 역동성에 초점을 둔다. 즉, 국가나 제도와 조직간의 관계나 변동과정에 초점을 두고 접근한다. 따라서 어떻게 조직의 효과적인 관리 또는 통제할 것인가보다는 조직이 다른 사회제도들과 어떠한 관련성을 맺고 있는지 그리고 조직들간의 관계 그 자체가 주요 관심대상이 된다는 점이다.

2) 조직이론의 패러다임

① 조직패러다임의 정의

조직에 대한 다양한 관점은 조직이론의 패러다임(paradigm)이라는 용어를 통해 정리할 수 있다. 패러다임은 미국의 과학사학자이자 철학자인 쿤(Thomas Khun)이 그의 저서 『과학혁명의 구조』(*the structure of scientific revolution*, 1962)에서 처음 제시한 개념이다. '패러다임' 은 '사례 · 예제 · 실례' 등을 뜻하는 그리스어에서 유래한 것으로, 언어학에서 빌려온 개념이다. 즉 으뜸꼴 · 표준꼴을 뜻하는데, 이는 하나의 기본 동사에서 활용에 따라 파생형이 생기는 것과 마찬가지다. 이런 의미에서 쿤은 패러다임을 한 시대를 지배하는 과학적 인식 · 이론 · 관습 · 사고 · 관념 · 가치관 등이 결합된 총체적인 틀 또는 개념의 집합체로 정의하였다.

쿤에 따르면, 과학사의 특정한 시기에는 언제나 개인이 아니라 전체 과학자 집단에 의해 공식적으로 인정된 모범적인 틀이 있는데, 이 모범적인 틀이 패러다임이다. 그러나 이 패러다임은 전혀 새롭게 구성되는 것이 아니라 기존의 자연과학 위에서 혁명적으로 생성되고 쇠퇴하며, 다시 새로운 패러다임으로 대체된다.

쿤은 이러한 과정을 다음과 같이 설명한다. 즉 하나의 패러다임이 나타나면, 이 패러다임에서 나타나는 갖가지 문제점들을 해결하기 위해 과학자들은 계속 연구 · 탐구 활동을 하는데, 이를 정상과학(normal science)이라고 한다. 이어 정상과학을 통해 일정한 성과가 누적되다 보면 기존의 패러다임은 차츰 부정되고, 경쟁적인 새로운 패러다임이 나타난다. 그러다 과학혁명이 일어나면서 한 시대를 지배하던 패러다임은 완전히 사라지고, 경쟁관계에 있던 패러다임이 새로운 패러다임으로 자리를 대신하게 된다. 따라서 하나의 패러다임이 영원히 지속될 수는 없고, 항상 생성 · 발전 · 쇠퇴 · 대체되는 과정을 되풀이한다.

본래 패러다임은 자연과학에서 출발하였으나 자연과학뿐만 아니라 각종 학문분야로 파급되어 오늘날에는 거의 모든 사회현상을 정의하는 개념으로까지 확대되어 사용되고 있다.

또한 패러다임은 과학적 연구의 일관된 전통이 수립되어 나가는 모델을 구성해주는 것이라고 설명하고 있다. 이러한 정의를 구체적으로 살펴보면 다음과 같다.

첫째, 패러다임은 과학자 집단 구성원들이 함께 공유하는 어떤 것(commitment)이다. 패러다임은 과학자 집단내 사람들이 공유하고 있는 신념체계이다. 같은 패러다임을 지닌 과학자들은 동일한 교육과정을 거치면서 동일한 문헌을 접하고 동일한 지식을 습득함으로써 어떤 현상에 대하여 동일하게 접근한다. 따라서 특정 주제에 대해서 특정 접근방법을 공유하는 과학집단을 형성하는 매개체라고 할 수 있다. 이러한 패러다임을 통해서 하나의 학파가 형성되는 것이다.

둘째, 패러다임은 과학자 집단의 구성원들간에 의사소통을 하고 판단을 할 때 합의를 도출해주는 역할을 한다. 즉, 구성원간의 공통된 믿음, 가치 및 기술의 집합이 패러다임이다. 이러한 패러다임은 어떤 현상에 대한 일반화된 신념, 가치체계 그리고 범례(exemplars)로 구성된다. 특히 범례는 가장 중요한 요소로 작용하고 있다.

이상의 논의와 같이, 패러다임은 특정 과학집단이 공유하는 가치 및 기술의 집합적 특성으로, 특정 학문적 영역에서 구체적인 문제해결을 위한 모델이나 범례로 사용되는 것을 의미한다. 따라서 패러다임은 어떤 경우에 명확히 명문화되어 있는 이론체계로 나타내는 데 사용되기도 한다. 또 어떤 경우에는 아주 막연한 가치관, 세계관, 그리고 인식론적 관점을 나타내는 형식으로 사용되기도 한다. 종합적으로 패러다임을 정의하면, 한 연구자 또는 과학자 집단이 조직현상과 같은 특정 연구영역을 설명하는 데 있어 다른 어떠한 이론체계보다 우월하게 설명해주는 지배적 이론으로 보는 것이 가장 적절하다.

이러한 패러다임을 조직이론 또는 조직관점에 적용하면 경영관리의 가치관, 전제, 모형 및 기법의 집합이라고 할 수 있다. 조직이론의 패러다임은 전통적으로 조직의 성장, 풍요, 합의를 중심으로 전개되었다. 그러나 이러한 패러다임은 역사를 거치면서 오늘날에는 안정, 희소, 갈등을 강조하는 경향으로 바뀌고 있다.

현대사회와 같은 고도의 산업사회에서 성장이 매우 힘들고 잉여자원을 획득하기가 어렵기 때문에 성장극대화보다는 희소자원의 적정한 배분을 통해 안정을 추구하고, 이해관계자간의 합의보다는 갈등이 생길 수밖에 볼 수 없다는 것이다. 이와 같이 패러다임은 환경을 어떻게 인식하느냐에 따라서 새로워지고 그 전개방향이 달라지게 된다. 이를 도식화하면 〈그림 6-

그림 6-8 조직이론 패러다임의 변화

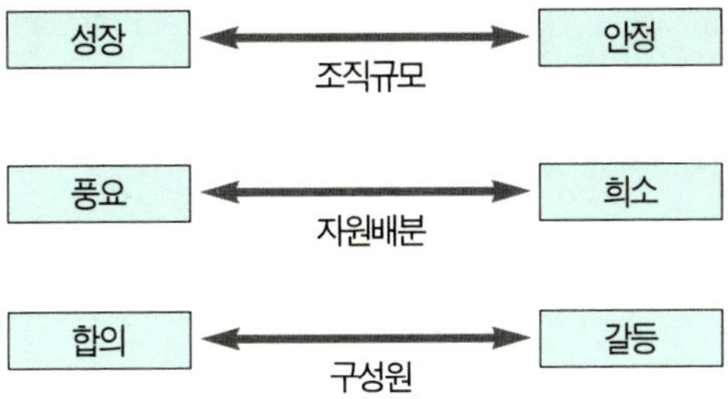

8〉과 같다.

② 조직패러다임의 분류기준

조직패러다임의 분류기준을 언급하기 전에 조금 어려운 개념이지만 사회과학이론에서 다루고 있는 사회과학에서 구분하는 과학과 사회의 본질에 대한 두 가지 차원을 먼저 살펴보자.

먼저 과학의 본질은 주관성과 객관성 차원을 가정한다. 다음으로 사회의 본질은 규제와 변화의 차원을 가정한다. 두 차원의 가정을 통해서 기본적으로 사회과학은 기능주의, 해석주의, 급진적 인본주의, 급진적 구조주의라는 네 가지 패러다임으로 나누어진다. 이러한 조직패러다임에 따라서 이론들이 전개되어 왔다. 이를 도식화하면 〈그림 6-9〉와 같이 나타낼 수 있다.

이러한 조직패러다임에 따른 각 이론의 내용은 매우 어렵고 복잡하다. 여기에서는 원론적인 수준에서 이러한 조직패러다임이 있다는 것을 가볍게 숙지하고 넘어가기로 하자. 다만 경영학의 주요 패러다임에 속하는 기능주의 패러다임에 대해서만 간략히 살펴보기로 한다.

기능주의 패러다임은 사회적 질서, 균형, 안정 등을 강조한다. 또한 사회기술적 철학으로 실용적이고 실제적인 문제해결을 지향하는 입장을 취하고 있는 관점이다. 이러한 패러다임은 조직이론 분야에서는 객관주의와 행동주의를 취하고 있다. 객관주의 조직이론은 조직문제를 가장 객관적으로 바라보고 현상유지적인 접근방법을 다룬다. 행동주의는 상대적으로 객관적인 인식정도가 약하고 규제지향적인 성격인 강한 편이다.

그림 6-9 조직패러다임의 분류

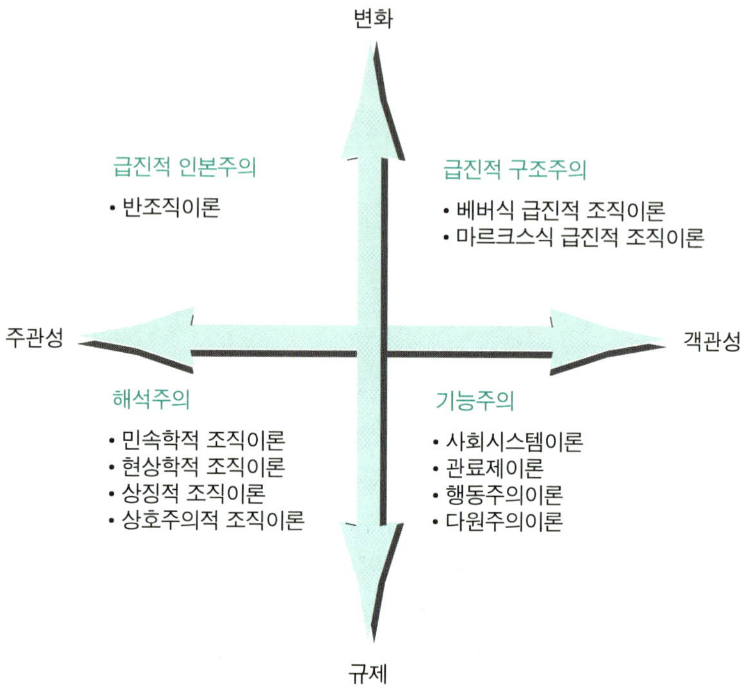

조직이론의 기능주의적 패러다임 접근법은 조직을 체계적으로 구체화된 실제로 본다. 조직구성원인 인간은 경제적 · 사회적 · 합리적 인간으로 간주된다. 인간에 대한 관점은 「경제적 인간관→사회적 인간관→합리적 인간관→관리적 인간관→적응적 인간관」으로 전개하고 있다. 조직과 환경에 대해서 균형시스템, 협동시스템, 유기체로서 조직을 인식한다.

(2) 조직관점의 기준

조직을 바라보는 다양한 관점은 경영학이나 사회학 등 학문적 성격과 관계없이 몇 가지 기준으로 정리할 수 있다. 환경, 인간, 분석수준, 구조와 과정 등 네 가지 기준은 조직을 바라보는 대표적인 관점이 된다.

그림 6-10 조직관점에 대한 기준

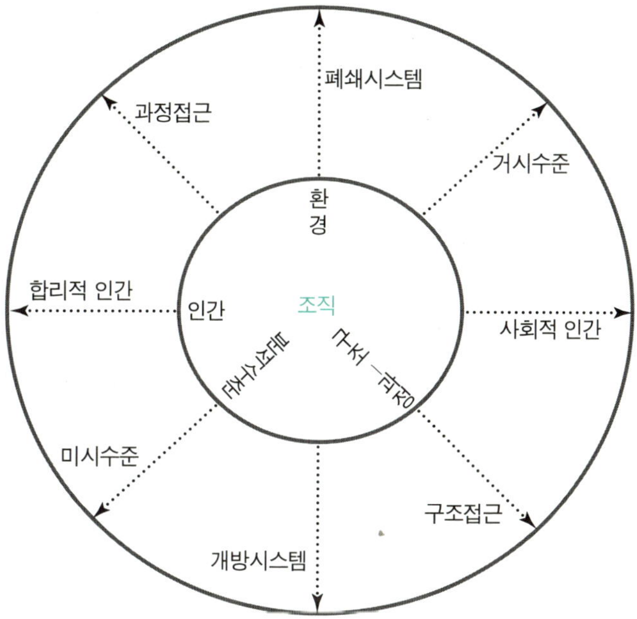

첫째, 환경기준은 조직이 환경을 어떻게 고려하고 있는가에 대한 관점이다. 환경의 변화를 조직이 어떻게 고려하고 있는가에 따라 폐쇄시스템(closed system)과 개방시스템(open system)으로 구분한다. 폐쇄시스템의 조직은 환경을 전혀 고려하지 않는 관점이다. 폐쇄시스템 조직의 관점은 초기의 조직이론에 일부 이루어졌을 뿐 오늘날 거의 모든 조직이론은 환경과의 상호의존적인 관계를 지닌 개방시스템 조직관점을 취하고 있다.

둘째, 인간기준은 조직을 구성하고 있는 인간을 어떻게 바라보는가에 대한 관점이다. 이러한 관점은 조직내 인간을 합리적인 존재로 보는가 아니면 사회적 · 자연적인 존재로 바라보는가에 따라서 합리적 관점-사회적 관점으로 구분한다. 합리적 관점에서는 인간을 통제와 조정의 대상으로 보고 공식적인 구조에 초점을 둔다. 사회적 관점에서는 자생적으로 형성되는 인간관계, 사람의 욕구 등 비공식적인 측면에 초점을 둔다.

셋째, 분석수준은 미시수준과 거시수준으로 구분된다. 미시수준은 조직

내부 구성원 또는 집단에 발생하는 개인의 동기부여, 리더십, 갈등 등과 같은 현상이나 관계에 초점을 둔다. 거시수준은 조직 전반적인 관점에서 조직구조 및 설계, 조직과 환경, 조직간의 관계 등에 관심을 둔다.

마지막으로 구조와 과정은 조직의 구조가 조직의 성과에 영향을 미치는가, 조직 내외의 과정이 조직의 성과에 영향을 미치는가를 중심으로 구조적 접근과 과정적 접근으로 구분한다. 구조적 접근은 조직이 지닌 구조적인 특성이나 활동에 초점을 둔다. 과정적 접근은 조직 내외의 다양한 상황과 발생하는 과정에 초점을 둔다. 이상에서 설명한 조직에 대한 관점을 간략히 정리하면 〈그림 6-10〉과 같다.

조직에 대한 관점을 분류하는 여러 기준 중에서도 〈그림 6-10〉에서 수직축과 수평축을 나누고 있는 두 가지 기준이 가장 대표적이다. 수직축인 조직을 둘러싼 환경에 대한 관점과 수평축인 인간에 대한 관점을 중심으로 조직관점을 체계화하고자 하는 노력이 진행되고 있다. 그만큼 조직은 환경과 인간이 중요하다는 것을 의미한다.

5.2 조직에 대한 관점의 통합

조직에 대한 다양한 관점은 기준을 어디에 두느냐에 따라서 조직에 대한 접근관점을 분류할 수 있다. 조직에 대한 관점을 체계적으로 정리한 것은 대표적으로 스콧트(Scott), 반데벤(Van de ven) 등과 페퍼(Pfeffer)를 들 수 있다. 이들은 환경과 인간에 대한 관점을 중심으로 기존의 조직에 대한 관점을 체계적으로 정리했다는 특징을 지니고 있다.

(1) 스콧트의 조직관점 통합

1) 스콧트의 조직관점 개관

스콧트는 조직을 둘러싼 환경, 조직을 구성하는 인간, 그리고 조직의 분석수준을 기준으로 역사적으로 네 단계로 조직에 대한 관점들을 통합하였다. 스콧트의 통합기준을 구체적으로 살펴보면 〈표 6-4〉와 같다.

스콧트는 기본적으로 환경과 인간에 대한 기준을 두 축으로 조직에 대한 관점을 분류하였다. 여기에 분석수준을 추가하여 12개의 범주로 나누었다. 환경에 대하여서는 폐쇄시스템과 개방시스템으로 구분하였다. 인간에 대하여서는 합리적 존재와 사회적 존재로 구분하였다. 그리고 조직의 분석수준은 사회심리적 수준, 구조적 수준, 생태적 수준 세 가지로 구분하였다.

표 6-4 스콧트의 조직관점 분류

분석수준	폐쇄시스템		개방시스템	
	합리적 인간	사회적 인간	합리적 인간	사회적 인간
	Type I (1900~1930)	Type II (1930~1960)	Type III (1960~1970)	Type IV (1970~)
사회심리적 수준	• 과학적 관리론 : Taylor(1911) • 의사결정이론 : Simon(1945)	• 인간관계론 : Roy(1952) Whyte(1959)	• 의사결정론 : March & Simon (1958)	• 조직화이론 : Weick(1969) • 협상된 질서이론 : Strauss 등(1963) • 조직학습 : March & Olson(1976)
구조적 수준	• 관료제 : Weber(1904) • 관리이론 : Fayol(1919)	• 협력시스템론 : Barnard(1938) • 인간관계론 : Mayo(1945) Dalon(1959)	• 상황이론 : Lawrence & Lorsch(1967) • 비교구조론 : Uyd(1959) Blau(1970)	• 사회기술시스템이론 : Miller & Rice(1967) • 전략적 상황이론 : Hickson 등(1967) Child(1972)
생태적 수준			• 거래비용이론 : Williamson(1975) Ouchi(1980)	• 조직군생태이론 : Hannan & Freeman (1977), Adrich(1979) • 자원의존이론 : Pfeffer & Salanchk(1978) • 마르크스이론 : Braverman (1974), Edwards (1979) • 제도화이론 : Selznick(1949), Meyer & Rowan (1977), DiMaggio & Powell(1983) • 후기현대이론 : Foucault(1977), Cooper & Berrell(1988)

경영사례 플러스

위대한 회사는 위대한 종업원이 만든다

최고의 인재가 되려는 사람들을 위한 조언
필자는 마이크로소프트사의 회장이다

사람들은 종종 나에게 어떻게 하면 좋은 경영자가 될 수 있는지 묻곤 한다. 그러나 똑같이 중요한 질문인 '어떻게 하면 좋은 종업원이 될 수 있는가?'라는 질문은 거의 던지지 않는다. 다음은 내가 생각하는 '가장 훌륭하고 스마트한' 종업원이 되는 방법이다. 기업은 이러한 특성을 지닌 사람들을 구하거나 유지하려고 노력해야 한다. 당신이 다음의 사항들에 모두 해당된다면 당신이야말로 위대한 종업원이다.

1. 회사가 생산하는 모든 제품에 대하여 적극적인 호기심을 가져라

당신 스스로 그 제품들을 사용해 보아야 한다. 특히 컴퓨터 관련 제품인 경우에는 더욱 그러하다. 기술변화가 너무 빨라서 따라잡기 어려운 지식기반 분야의 경우에도 이 점은 똑같이 중요하다. 당신 회사의 제품에 매료될 수 없다면 당신은 곧 비효율적인 사람이고 시대에 뒤떨어지게 될 것이다.

2. 고객과 어울리는 데 진지한 관심을 가져라

고객들이 당신 회사의 제품을 어떻게 사용하는지, 무엇을 좋아하고 무엇을 싫어하는지, 그들의 니즈(needs)가 무엇인지 이해하기 위해서 고객들과 대화하라. 종업원은 고객들에게 선교사 같은 역할을 해야 하면서도 회사제품의 부족한 면이나 개선할 점에 대해 현실적으로 알고 있어야 한다.

3. 어떻게 하면 제품이 사람들에게 도움이 될 수 있는지 생각하는 것을 즐겨라

만약에 당신이 소프트웨어 분야에서 일한다면 '이것이 어떻게 일을 보다 흥미롭게 만들 수 있을까? 집에서는 이것을 어떻게 보다 재미있게 사용할 수 있을까?'라고 질문을 던질 수 있어야 한다. 제품, 기술 및 고객의 니즈(needs)는 서로 깊이 연결되어 있다. 당신이 이 세 가지를 이해하고 깊이 고민할 때 성공은 찾아오게 마련이다.

4. 경력을 장기적인 관점에서 관리하라

당신 자신의 스킬은 물론 함께 일하는 사람들의 스킬을 함께 개발하는 것처럼 평생을 두고 달성하려는 목표에 초점을 맞출 필요가 있다. 이러한 종류의 동기부여는 고도의 훈련을 요구하지만 그만큼 보상 또한 크다. 경영진도 동기를 부여할 수 있다. 판매부서에서 일하는 경우, 판매 할당량은 성과를 측정하는 중요한 기준이며, 만약에 그것을 달성할 수 있었다면 그야말로 굉장한 일일 것이다. 그러나 할당량을 판매하는 것만이 당신에게 동기를 부여한다면 장기적으로 성공을 가져오는 팀워크나 자기개발은 거둘 수 없을 것이다.

5. 폭넓은 전망을 유지함과 동시에 전문지식이나 스킬을 확보하라

회사들은 당연히 전문분야를 빨리 배울 수 있는 종업원을 필요로 한다. 당신이 오늘 가지고 있는 전문성이 내일도 충분하리라고 기대해서는 안된다. 새로운 지식이나 스킬

CASE+

을 배우겠다는 자세야말로 매우 중요하다.

6. 사업의 경제학을 배워라

회사는 왜 지금 그 일을 하는가? 비즈니스 모델은 무엇인가? 어떻게 돈을 버는가? 나는 그 산업의 재무적인 현실을 종업원들에게 교육시키지 않는 회사가 있다는 사실에 놀란 적이 있다. 당신의 일이 왜 중요한지를 알려면 당신의 산업에 있어서 무엇이 돈을 벌게 하고 무엇이 사업을 망하게 하는지 이해해야 한다.

7. 경쟁자들에게 초점을 맞춰라

나는 시장에서 벌어지고 있는 상황을 이해하고 있는 종업원들을 좋아한다. 우리의 경쟁자들이 하는 현명한 일은 무엇인가? 우리는 그들에게서 무엇을 배울 수 있는가? 어떻게 하면 그들이 범한 실수를 피할 수 있는가?

8. 머리를 써라

문제를 분석하되 '분석마비증'(analysis paralysis)에 빠지지 마라. 각종의 트레이드 오프의 가능성을 이해하라. 예를 들면, 적은 정보를 가지고 지금 결행할 것인가 많은 정보를 기다려 나중에 결행할 것인가도 하나의 트레이드 오프이다. 당신의 머리를 실천적인 방법으로도 사용하라. 당신의 시간을 효과적으로 활용하라.

9. 윤리적인 사람이 되라

정직, 도덕, 성실 등의 기본적인 가치들을 간과하지 마라. 이러한 가치들은 정말로 핵심적인 것들로서 아마 굳이 말할 필요도 없을 것이다.

자료: KTB n-Daily(http://www.ktb.co.kr), 2002년 2월 18일

그는 환경, 인간, 분석수준 세 기준으로 조직에 대한 관점들을 역사적 흐름 속에서 네 단계로 분류하였다. 먼저 환경에 대한 관점을 중심으로 크게 두 단계로 나누고, 다음으로 인간에 대한 관점과 분석수준에 대한 관점을 중심으로 다시 두 단계로 분류하였다.

먼저 1960년까지의 초창기 조직연구는 환경에 대하여 폐쇄적인 관점에서 접근하였다. 이러한 연구는 오직 내부구성원과 자원에 대한 효율적인 관리와 통제에 초점을 두었다. 이러한 환경에 대한 폐쇄적인 관점은 조직현상을 설명하는 데 많은 한계점을 나타내었다. 따라서 이후 연구의 거의 대부분은 조직을 환경과 상호작용하는 유기체로 보고 환경의 변화와 특성을 고려하는 개방시스템 관점에서 진행되었다. 왜냐하면 현대 조직사회는 획일적인 사회가 아니라 다원사회로 급속히 이행되었기 때문이다. 따라서 환경의 변화를 고려하지 않고는 조직에 대한 어떠한 설명력을 지니기 어렵

게 되었다.

스콧트가 환경, 인간 그리고 분석수준의 세 가지 기준을 중심으로 구분한 조직관점을 역사적 흐름 중심으로 구체적으로 살펴보기로 하자.

첫째, 1960년대 초창기 연구들은 환경에 대한 폐쇄시스템하에서 순수 개별조직에 대한 미시수준의 연구가 중심이다. 이러한 개별조직 내의 분석수준과 인간에 관점을 중심으로 두 단계 형태로 구분할 수 있다. 가장 초기의 1단계 조직관점(Type I)은 1930년대까지의 연구들이다. 이러한 관점들은 조직내 인간의 합리적 관점, 즉 실무적 효율성 및 경제성 논리에서 인간에 대한 통제와 관리의 관점에서 이루어졌다. 어떻게 사람을 효율적으로 통제 · 관리하여 조직의 목표를 효과적으로 달성할 수 있는가 하는 것이 주요 연구목적이었다. 따라서 사람을 통제수단으로 보았다. 대표적으로 테일러(Taylor)의 과학적 관리론과 베버(Weber)의 관료제이론을 들 수 있다.

1930년대 이후 인간에 대한 배려와 능력이 조직의 성과에 중요한 영향을 미친다는 인간에 대한 사회적 관점이 등장한다. 인간에 대한 사회적 관점의 대두가 조직연구의 2단계(Type II)로 접어드는 계기가 되었다. 이 시기부터는 조직내 사람들의 비공식적인 행위와 관계가 핵심 연구주제가 되었다. 대표적으로 메이요(Mayo)의 인간관계론을 들 수 있다.

둘째, 1960년대 이후의 현대 조직관점들은 환경에 대하여 개방시스템 관점을 취하였다. 환경에 대한 개방시스템 관점하에서 인간과 분석수준을 중심으로 두 단계로 분류된다. 조직에 대한 관점은 환경에 대하여 개방시스템 관점을 취하면서 1970년대까지 3단계(Type III)로 접어든다. 3단계에서는 개방환경과 상대적으로 미시적 분석수준에서 인간에 대한 합리적 관점이 중심적으로 이루어졌다. 대표적으로 환경에 조직 내부 구조를 어떻게 적합시킬 것인가 하는 상황이론을 들 수 있다. 1970년 이후 4단계(Type IV)로 넘어가면서 관점이 거시적인 분석수준에 대한 연구가 활성화되고 인간에 대한 사회적 관점에서 접근이 많아졌다. 대표적으로 전략적 상황이론, 자원의존이론, 조직군생태학이론 등을 들 수 있다.

2) 스콧트의 조직관점 분류의 특징

스콧트의 조직관점 분류에 따른 특징을 역사적 단계 및 시기별로 나누어 정리해 보면 〈표 6-5〉와 같다. 조직관점에 따른 분류의 특징은 기본가

표 6-5 스콧트의 조직관점 분류와 특징

단계(시기)		Type Ⅰ (1900~1930)	Type Ⅱ (1930~1960)	Type Ⅲ (1960~1970)	Type Ⅳ (1970~)
기본 가정	환 경	• 폐쇄환경	• 폐쇄환경	• 개방환경	• 개방환경
	인 간	• 사회적 존재	• 사회적 존재	• 합리적 존재	• 합리적 존재
	분석수준	• 사회심리적 수준	• 사회심리적 수준	• 구조적 수준	• 생태적 수준
주 요 특 징		• 통제와 관리 • 효율성 추구 • 정확성, 안정성, 책임성 강조	• 인간에 대한 배려와 관심 • 유기체로서 조직 인식 • 개인과 조직의 욕구 조화 강조	• 유기체로서 조직 인식 • 환경에 대한 유기적 적응 강조 • 시스템 관점 도입 • 환경적합개념 도입	• 조직 자체의 학습 능력 강조 • 조직생존논리 • 조직의 비합리성 강조 • 조직현상분석 초점
한계점		• 환경요소 고려 못함 • 조직내 인간에 대한 외면 • 역기능적 관료제 초래 • 인간 없는 조직론	• 조직외부 환경 고려 못함 • 조직통제와 관리논리 외면 • 조직 없는 인간론	• 조직과 환경을 지나치게 실물로 인식 • 조직시스템의 하위 요소의 독자적 생존 능력 미인식	• 실무 및 관리적 대안 제시 미흡
학문적 공헌		• 과학적 경영 기초 마련 • 산업공학, 인간공학 등 경영과학 기여	• 행동과학, 인적자원 관리의 중요성	• 시스템으로서의 조직설계 및 조직 개발 방향 제시	• 조직학습, 조직문화 형성에 기여

정, 주요 특징, 한계점, 그리고 학문적 주요 공헌으로 정리하였다.

(2) 페퍼의 조직관점 분류

페퍼는, 조직이론의 영역은 조직에 대한 연구관점의 혼돈으로 인해 체계적으로 정리되기보다는 오히려 더욱 혼잡해지고 있다는 인식이 있었다. 그는 현대조직이론의 관점을 통합적으로 개선하고자 하였다. 달리 말하면 조직 측면에서 해결해야 할 많은 문제점이 있었다. 그렇지만 혼란스러운 조직이론 분야의 통합을 우선해야 한다고 보았다. 왜냐하면 복잡하고 혼란한 조직이론이 오히려 산재한 문제를 더욱 복잡하게 만들기 때문이라는 것이다. 따라서 이를 극복하기 위해서 조직이론의 패러다임을 정리할 필요가 있음을 역설하였다. 페퍼는 조직관점의 통합을 위해서 다음과 같은 점을 강조하였다.

표 6-6 페퍼의 조직관점 분류

분석수준 \ 인간	인간에 대한 관점		
	합리적	외부통제	현상학적
미시 (개인, 집단, 하위단위)	• 기대이론 • 목표설정이론 • 욕구이론 • 직무설계이론 • 정치이론	• 조건이론 • 사회학습이론 • 사회화이론 • 역할이론 • 집단이론 • 사회정보처리이론	• 민속방법론 • 인지이론 • 조직언어이론 • 정서적 과정이론
거시 (조직 전체)	• 구조적 상황이론 • 거래비용이론 • 마르크스이론	• 조직군생태이론 • 자원의존이론	• 조직패러다임 이론 • 의사결정이론 • 관리이론 • 제도화이론

첫째, 이론개발과 이론검증기준에 보다 많은 노력을 기울여야 한다. 특히 조직 실제상황을 지원하고 정당화하는 조직개발이 필요하다. 둘째, 조직이론의 다양한 분석기준과 기본관점의 범위를 명확히 인식하고 이를 선택할 때 고려해야 할 요인을 검토해야 한다. 또한 이러한 요인들이 이론개발에 어떠한 영향을 미치는가를 반드시 고려해야 한다. 셋째, 조직이론은 사회적 상황을 이해하고 이러한 상황이 어떠한 영향을 미치는가를 중심으로 개발되어야 한다. 넷째, 새로운 분석개념의 발견에 노력해야 한다고 역설하였다.

한편, 페퍼는 스콧트의 분류와는 달리 〈표 6-6〉과 같이 인간에 대한 관점과 조직분석 수준을 중심으로 조직관점을 분류하였다.

여기에서 페퍼는 인간에 대한 관점을 합리적 관점, 외부통제 관점, 현상학적 관점 세 가지로 분류하였다. 합리적 관점은 스콧트가 분류한 합리적 관점과 유사하고, 외부통제 관점은 조직외부적 통제, 즉 사람 스스로의 통제관점으로 스콧트의 자연적 관점과 유사하다. 현상학적 관점은 조직의 개념을 더 확장하여 사회적 · 현상학적 관점으로 바라본 관점이다. 이 관점은 조직내 인간과 환경의 형성과 과정 그 자체를 있는 그대로 해석하고 분석하는 관점이다.

한편, 조직분석 수준은 미시수준과 거시수준 두 가지로 접근하였다. 미시수준은 조직내 개인 및 집단을 분석단위로 하였으며, 거시수준은 조직단위 그 자체 또는 조직개체군 즉 조직네트워크를 분석단위로 하였다.

(3) 반데벤 등의 조직관점 통합

조직설계 및 행동의 관점에서 기존 조직이론들을 검토하고 체계적으로 정리하고자 한 연구로 반데벤(Van de Ven)과 펜실베이니아 대학의 조직혁신연구센터의 동료들의 조직관점 통합모형을 들 수 있다. 이들의 조직관점 통합모형은 경영학 측면에서 보다 구체적이고 실용적인 특징을 보여준다.

이들은 조직설계관과 연구관에 의해 재분류와 통합을 시도하였다. 즉

그림 6-11 반데벤 등의 조직관점 통합모형

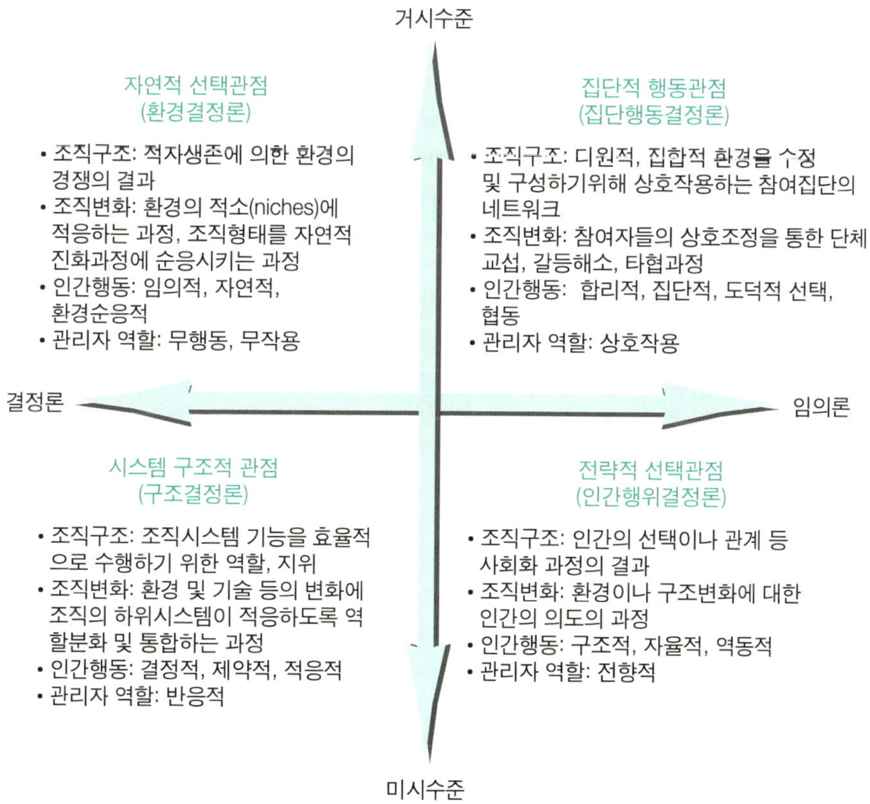

조직이론은 조직목적을 성취하기 위해서 노동, 자본, 토지 등 조직의 여러 가지 자원을 구조적으로 배열하는 조직설계관과 이를 연구하는 연구관의 관점에서 두 가지 차원을 중심으로 접근하였다.

첫째, 조직설계 관점은 분석수준 차원을 기준으로 배열하였다. 분석수준은 미시수준과 거시수준으로 구분하였다. 미시수준은 개인수준, 집단수준, 개별조직 수준을, 거시수준은 조직개체군, 산업 등을 포함하였다. 이러한 분석수준에 따라서 연구자의 연구관이 구분된다는 것이다. 즉, 미시수준과 거시수준에 따라서 연구자의 부분(part)과 전체(whole)간의 관계에 대한 관심이 결정된다는 것이다.

둘째, 조직내 인간행동에 대한 인식론 차원에서 결정론과 임의론으로 구분하였다. 이러한 조직내 인간에 대한 인식의 차원에 따라서 연구관이 달라진다고 보았다. 이들은 결정론과 임의론적 관점을 통해 조직에 대한 기계적 관점과 유기적 관점, 합리적 관점과 자연적 관점, 질서 및 규제와 갈등 및 변화관점을 통합하고자 하였다.

반데벤 등이 접근한 조직관점 통합모형을 도식화하면 〈그림 6-11〉과 같다. 특히 이들은 분석수준과 인식차원을 축으로 시스템 구조적 관점, 전략적 선택관점, 자연적 선택관점, 그리고 집단적 행동관점 등의 네 가지 패러다임으로 구분하였다. 또한 네 가지 패러다임의 특징을 조직구조, 조직변화, 인간행동, 관리자의 역할을 중심으로 설명하였다.

요 / 약

1 현대사회에서 조직(organization)은 사회구조(social structure), 참여자(participants), 목적(goals), 기술(technology), 그리고 환경(environment)으로 구성되어 있다. 일반적으로 조직은 둘 이상의 사람이 공통목적(goal)을 달성하기 위해 분업 및 권한계층과 같은 특정 구조(structure)를 갖추고 일정기간 동안 지속적으로 상호작용(interaction)하며 과업을 수행하는 계획된 조정체계(planned coordination)를 말한다.

2 경영학의 연구대상인 기업조직은 조직수준에 해당하며, 공식적 · 일반적이며, 객관적 및 규범적인 성격을 지닌 목표와 구조, 그리고 행위를 하는 실체를 의미한다.

3 오늘날 기업은 자본가 · 노동자 · 경영자에 속한 사람들이 영리추구 목적을 위해 사업구조를 형성하고 이를 위해서 지속적으로 상호작용하는 사업조직(business organization)이라고 할 수 있다. 기업에는 이윤창출이라는 공유된 목적달성을 위해 협동노력과 함께 창출된 이윤의 배분문제로 갈등이 동시에 존재한다. 따라서 기업조직은 치열한 경쟁환경에서 지속적인 생존과 성장을 위해서 환경변화에 유연하고 능동적으로 대응하기 위한 내부구조 형태를 취하며, 변화에 능동적으로 적응할 수 있는 조직구조를 취하고 있다.

4 시스템은 통일된 전체를 구성하고 있는 상호관련되고 상호의존적인 부분들의 집합이다. 기업의 경영은 의사결정의 연속이라는 의미로 사용된다. 이러한 의사결정을 기업시스템에 적용한 의사결정학파의 시스템접근은 시스템을 하나의 목적-구조-기능을 지닌 행동시스템으로 본다. 의사결정론적 시스템접근법에서 기업조직 시스템은 어떤 하나의 목적을 가지고 이를 성취하기 위해 여러 구성인자가 유기적으로 상호작용하는 결합체라 할 수 있다.

5 의사결정론적 시스템 접근에서의 기업조직 시스템은 전체성 · 목적성 · 구조성 · 기능성이라는 속성을 지닌다. 기업조직 시스템은 「투입→변환→산출」 과정을 통해서 지속적으로 일관성을 지니며 유지된다.

6 개방시스템으로서의 기업조직 시스템은 환경인식(environment awareness)시스템, 순환(cycle)시스템, 부(-)적 엔트로피(negative entropy)시스템, 균형시스템의 속성을 기본으로 하며 성장과 확장 추구성, 유지활동과 적응활동의 균형, 이인동과성(equifinality) 등의 특성을 지닌다.

7 기업조직의 목적은 기업의 경영이념과 경영목표로 구성된다. 여기에서 경영이념은 추상적이고 형이상학적인 개념인 데 비하여 경영목표는 보다 현실적인 개념이다. 기업이 존재하는 기본목적은 영리추구에 있다. 기업의 경영목표는 기업이 실현하고자 하는 바람직한 상태를 말한다. 기업의 목표는 기업시스템의 산출물인 경영성과(business performance) 또는 조직유효성(organization effectiveness)을 높이는 것이다.

8 조직유효성은 기업의 목표달성 정도이다. 조직유효성을 정의하는 데는 다중기준(multi

criteria)이 필요하다. 서로 다른 조직기능은 그 기능에 상응하는 특성을 기준으로 하여 평가하여야 하며, 결과중시적인 측면과 과정중시적인 측면을 동시에 고려해야 한다.

9 다양한 조직유효성의 기준은 전통적 접근, 경쟁가치접근, 사회 · 경제시스템 접근으로 구분된다. 전통적 접근들은 시스템자원접근, 내부과정접근, 목표접근 등이 있다. 이러한 전통적 접근은 기업활동의 투입측면, 내부과정측면, 산출측면을 기준으로 구분된다. 경쟁가치접근은 조직유효성의 기준을 유연성-통제, 인간-조직, 목적-수단 등 세 가지 범주를 기준으로 통합한 것이다. 사회 · 경제시스템 접근은 기업의 조직유효성 기준과 요소를 장기적 관점과 단기적 관점에서 통합하고 있다.

10 경영학에서는 조직을 주로 실무적 · 실용적인 관점에서 바라본다. 경영학은 경영자의 입장에서 기업조직을 어떻게 효과적으로 관리하고 통제할 것인가에서 접근한다. 경영학적 관점에서 조직은 기업의 성과 향상이라는 목적달성을 위하여 조직의 구조와 운영과정을 관리하고 통제하는 합리적인 도구로 간주된다.

11 경영학 관점에서 조직이론의 패러다임은 경영관리의 가치관, 전제, 모형 및 기법의 집합이다. 조직이론의 패러다임은 전통적으로 조직의 성장, 풍요, 합의를 중심으로 전개되었고 오늘날에는 안정, 희소, 갈등을 강조하는 경향으로 바뀌고 있다.

12 조직패러다임의 기준은 과학의 본질 측면에서 주관성과 객관성 차원과 사회의 본질 측면에서 규제와 변화의 차원을 가정한다. 두 차원의 가정을 통해서 기본적으로 사회과학은 기능주의, 해석주의, 급진적 인본주의, 급진적 구조주의 4가지 패러다임으로 나누어진다.

13 조직이론의 기능주의적 패러다임 접근법은 조직을 체계적으로 구체화된 실제로 본다. 조직구성원인 인간은 경제적 · 사회적 · 합리적 인간으로 간주된다. 인간에 대한 관점은 「경제적 인간관→사회적 인간관→합리적 인간관→관리적 인간관→적응적 인간관」으로 전개하고 있다. 조직과 환경에 대해서 균형시스템, 협동시스템, 유기체로서 조직을 인식한다.

14 조직을 바라보는 다양한 관점은 환경, 인간, 분석수준, 구조와 과정 등 네 가지 기준에서 접근한다. 환경기준은 환경의 변화에 대하여 조직이 고려하고 있는가에 따라서 폐쇄시스템(closed system)과 개방시스템(open system)으로 구분한다. 인간기준은 조직내 인간을 합리적인 존재로 보는가 아니면 사회적 · 자연적인 존재로 바라보는가에 따라서 합리적 관점과 사회적 관점으로 구분한다. 분석수준은 미시수준과 거시수준으로 구분한다. 구조와 과정은 조직의 구조가 조직의 성과에 영향을 미치는가, 조직 내외의 과정이 조직의 성과에 영향을 미치는가를 중심으로 구조적 접근과 과정적 접근으로 구분한다.

15 조직관점의 통합은 스콧트(Scott)의 환경, 인간, 분석수준 기준 중심의 역사적 단계별 정리와 페퍼(Pfeffer)의 인간과 분석수준 기준의 관점 통합, 반데벤(Van de Ven) 등의 인간과 분석수준 기준에 의한 통합이 대표적이다.

생각해볼 문제

1 조직의 개념과 특성에 대해 설명하라.

2 기업조직의 목적에 대해 논하라.

3 시스템의 정의와 속성에 대해 설명하라.

4 패러다임의 정의와 그 의미를 설명하라.

5 반데벤 등의 조직관점 통합모형에 대해 설명하라.

CHAPTER

7

UNDERSTANDING BUSINESS

경영자원과 전략

경영사례 플러스

CASE+

목욕탕 삼국지

요즘 찜질방이 성황을 이루고 있다. 이에 따라 찜질방, 목욕탕 등의 경쟁이 가열되고 있다. 이러한 찜질방과 사우나간의 경쟁과정을 보여주는 한 실세 사례를 통해 그 사례 속의 많은 전략적 함의를 이해해 보도록 하자.

경상북도에 자리잡고 있는 S시에는 사람들이 많이 다니는 사거리 주변에 목욕탕이 3개 있다. 하나는 예전부터 자리잡고 있던 H사우나이고 다른 하나는 얼마 전에 생긴 찜질방을 겸한 Y사우나, 또 다른 하나는 최근에 새로 개업한 찜질방인 M사우나이다. 결국 그 사거리 주변의 고객들을 두고 3파전이 벌어진 셈이다. 그 주변의 고객 규모로 볼 때, 그리고 서비스업의 특성으로 볼 때 그 세 개의 업체 모두가 장사가 잘 돼서 모두 행복한 상황으로 진행될 수 없다는 것은 누가 봐도 명확해 보였다.

먼저 H사우나에 대해 설명하면, 그 사거리에는 예전부터 5층 건물인 스포츠센터 빌딩이 있는데, 지하는 수영장, 1층은 상가, 2층은 목욕탕, 3층은 사우나, 4층은 요가 · 댄스, 5층은 골프연습장으로 구성되어 있다. 이 스포츠센터는 오래 전부터 생겼고 또한 그 주변에서 가장 크고 광범위한 프로그램을 갖추고 있었으므로 많은 고객들이 찾고 있었고 또한 유아, 어린이 운동프로그램부터 성인들의 요가, 골프까지 다양한 고객층을 갖고 있었다. 그리고 새로 다른 찜질방이 생기기 전까지 H사우나는 몹시 잘되고 있었다. 그 사우나의 입장가격은 약 3600원이었다.

그런데 문제는 그 사우나의 대각선 부분 코너에 찜질방을 겸비한 Y사우나가 생긴 것이이다. 몇 년 전부터 불어닥친 찜질방의 열풍에 힘입어 그 찜질방은 현대적인 시설과 넓은 규모 그리고 비교적 친절한 서비스를 통해 오픈하자마자 동네 아주머니를 비롯한 고객층들이 밀어닥쳤다. 그리고 점점 더 고객들이 몰리기 시작했다. 또한, 이러한 고객

들은 찜질방만을 이용하는 것이 아니라 Y사우나만을 이용하기 위해서도 손님이 증가하기 시작했다. 가격은 찜질방과 사우나 동시 이용은 5000원, 사우나만 이용은 4000원이었다. 이러한 Y사우나 · 찜질방의 호황은 또 다른 영향을 줬는데 그것은 경쟁자를 불러들인 것이다.

Y사우나의 뒷편으로 약 20미터 뒤에 새로운 찜질방이 생겼다. 바로 M찜질방이었다. 누가 봐도 이는 결국 Y찜질방과 M찜질방이 같은 고객을 타겟으로 영업을 시작한 것이다. 그런데 한 가지 이상한 것은 그 M사우나가 후발주자임에도 불구하고 Y사우나에 비해 시설과 규모가 떨어진다는 것이었다. 즉, 시설과 규모가 떨어짐에도 불구하고 떡하니 Y사우나 옆에 같은 가격으로 같은 고객을 대상으로 영업을 시작한 것이었다. 드디어 결전이 시작된 것이다.

그런데 또 한 가지 흥미로운 것은 바로 리더업체인 Y사우나의 대응전략이었다. Y사우나는 M찜질방이 개시하는 시점에 맞물려 할인 쿠폰을 대량으로 기존 고객들에게 뿌렸다. 즉, 한번 찾은 고객들에게 약 2500원으로 찜질방 · 사우나를 이용할 수 있는 쿠폰을 거의 한 달 동안 배포했다. 이 한 달이라는 기간은 정확히 M찜질방이 오픈하는 시기였고 당시 M찜질방은 설립으로 인한 투자비로 인해 분명히 현금흐름이 안 좋았을 것이다. 그런데 바로 이때 Y찜질방에 의한 공격이 시작된 것이다. 쿠폰을 받은 고객들은 기존에 만족하고 있던 Y찜질방에서 반 값의 쿠폰을 주자 주저없이 Y찜질방을 계속 이용하게 되었고 많은 고객들은 근처에 M찜질방이 개업한 사실조차도 몰랐던 것이다.

이러한 Y와 M간의 전투가 오가는 동안 H사우나는 무대응의 전략으로 일관했다. 즉, 기존의 스포츠센터를 통한 고객기반을 믿었던 탓인지 H사우나는 거대 찜질방의 등장에도 불구하고 시설개선이라든가 서비스개선, 가격인하 등을 전혀 고려하지 않고 기존의 입장을 계속 밀고나갔다. 처음에는 어찌되었든 고객들이 꾸준이 오는 것 같더니 드디어 손님들이 하나 둘씩 줄기 시작했다. 결국, 고객들은 400원을 더 주고 시설이 좋은 인근 Y사우나를 찾게 된 것이다. 그런데 이상한 것은 이렇게 고객이 급속하게 이탈하고 있는데도 H사우나는 가격 인하는 전혀 고려하지 않은 것이다.

결국, Y사우나의 독점적 고객확보와 전략적 선제공격, M사우나의 비차별성과 낮은 시설, 그리고 H사우나의 무대응이 약 반년 동안 지속되었다.

그리고, 얼만전 H사우나를 소유하고 있는 그 스포츠센터 앞에 큰 현수막이 걸렸다. 'H사우나 폐업 예정. 임시 고객특가 2500원!

결국 H사우나는 폐업을 결정한 것이다. 그런데 여기서 저자가 지울 수 없는 의문은 과연 H사우나가 폐업을 할 수밖에 없었나 하는 것이다. H사우나의 차별화 포인트는 없었나? 저자는 전혀 그렇지 않다고 생각한다. 오히려, H사우나에는 더 많은 경쟁력 확보 발판이 있었다. 이는 다음과 같다.

첫째, H사우나는 무조건 가격을 미리 낮추어야 했다. 즉, 처음부터 2천원대 중반으로 가격을 설정함으로써 찜질이 아닌 목욕만을 위한 고객들을 H사우나로 유도해야 했다. 이 가격이라면 충분히 시설 좋은 4천원의 목욕비 대비 경쟁력이 있다.

둘째, H사우나는 단지 사우나로 끝나는 것이 아닌 스포츠센터 전체의 입장에서 생각해야 한다. 기존 H사우나는 연간 회원권과 골프 회원 등을 대상으로 해서 사우나 서비스를 무료로 제공하게 되었는데, 이제 사우나가 폐업됨에 따라 이러한 고객들 마저 이탈할 가능성이 매우 크다. 오히려 H사우나는 이러한 스포츠센터의 입장을 차별 포인트로 제시해야 했다. 즉, 기존의 요가, 수영, 헬스 회원 등을 대상으로 사우나 서비스를 매우 싸게 제시함으로써 사우나의 매출 증가와 더불어 요가, 수영, 헬스 부분의 매출 증가와 고객서비스 제고를 도모할 수 있었다. 이미, 헬스장도 여러 군데서 난립하고 있는데 만약 사우나 서비스를 첨가한 헬스 서비스를 제공한다면 충분히 경쟁력을 높일 수 있었다.

그렇다면, 후발 찜질방인 M사우나는 어떠했어야 하는가? M사우나는 처음부터 그 자리로 개업을 해서는 안되었다. 가격은 동일한데 시설수준이 낮다면 일부러 그쪽으로 갈 고객은 없을 것이다. 결국 M사우나는 시장분석을 제대로 하지 않은 상태에서 무조건 찜질방이 잘되니까 우리도 하면 잘되겠다하고 영업을 시작한 것이었다. 이제 M사우나의 결정은 한 가지밖에 없다. 즉, M사우나는 Y찜질방과 차별화된 포인트를 찾아야 한다.

예컨대, 기존의 남성고객을 아예 포기하고 여성전용으로 만들어서 시설을 넓히고 여성 전용에 초점을 맞춘 서비스를 제공하는 것이다. 어차피 남성 고객은 비중이 크지 않고 또한 그렇다고 해서 남성 사우나만을 작게 만들 수도 없는 일이다. 만약, 조만간 M사우나가 Y사우나 대비 차별화된 포인트를 찾지 못하고 지금과 같은 영업방식을 계속한다면 결국은 H사우나가 맞이한 최후와 크게 다르지 않을 것이다. 오히려 훨씬 더 비참할 수 있다. H사우나는 오랜 영업 기간으로 인해 기존에 축적해둔 이익이 있지만 M사우나는 투자비용을 건지기도 힘들 것이다.

결국 사우나 삼국지는 Y사우나의 성공적인 전략에 힘입어 이제 경쟁자를 무찌르고 거의 독점적인 위치를 구축해가고 있다. 이러한 사례는 비록 사우나 같은 서비스업체도 기업이나 회사는 아니지만 충분한 시장분석과 경쟁전략을 갖추지 못하면 살아남지 못한다는 사실을 여지없이 보여주는 것이다. 하지만, Y사우나도 항상 경계를 해야 할 것이다. 변덕스러운 고객은 언제 어떻게 바뀔지 모르기 때문이다.

자료: 휴넷(www.hunet.co.kr), 2004년 3월 12일

이 장에서는 기업경영 구조를 형성하고 있는 경영자원과 경영전략에 대해 공부하고자 한다. 경영자원은 기업의 효과적인 목적달성을 위해 투입요소로서 적절히 배분하고 활용해야 한다. 또한 경영전략은 기업을 에워싸고 있는 불확실하고 동태적인 경영환경하에서 지속적인 경쟁우위 획득으로 성장을 위한 효과적 시장전략의 틀을 수립해야 한다.

먼저 기업이 형성되기 위한 가장 기본적인 요소인 경영자원에 관하여 살펴보고, 특히 최근 가장 핵심자원으로 지적되고 있는 인적자원에 관해서 구체적으로 다룬다. 다음으로 경영자원을 어떻게 효과적으로 배분 및 활용함으로써 기업의 목적을 달성할 수 있는가에 대한 경영전략를 공부한다.

01 경영자원

U N D E R S T A N D I N G B U S I N E S S

1.1 경영자원의 정의

경영자원(managerial resources)이란 기업경영의 토대를 총력적으로 굳히기 위한 자원의 집합을 뜻한다.

경영자원은 자본 · 생산설비 등의 재물이나 인적자원 등 유형자원만을 가리키는 것은 아니다. 이밖에도 기업이 가진 고유의 기술과 경영능력 및 신용, 그리고 기업이 갖는 품격 등의 무형의 자원도 중요한 경영자원이다. 예를 들면, 연구개발력 · 생산기술력 · 마케팅력 · 특허 · 상표의 권위, 그리고 경영관리능력과 유통지배력 등을 들 수 있다. 또한 기업경영상 주목해야 할 자원으로서 슬랙 자원(slack resources, 여유자원)이 있다. 이것은 기업이 환경의 혜택을 받아 고수익과 고성장을 이루고 있을 때, 기업내부에 축적되는 미이용(未利用)의 잉여자원이며, 중간관리직이나 스탭의 자기 증식, 과잉재고, 방만한 광고비 지출, 과대한 연구개발투자와 고율의 주식배당금의 지불 등의 형태로 퇴적된다. 기업환경이 악화되거나 불황에 당면하게 되면 기업은 이 슬랙 자원을 줄여 기업의 유지를 도모하게 된다. 또한 슬랙 자원을 이용하여 다각화를 도모함으로써 그렇게 하지 않을 경우와 비교하여 자본수익성을 높일 수 있게 된다. 이것을 '성장의 경제' (economy of growth)라고 한다. 또한 슬랙 자원인 연구개발비, 광고비나 전문 스탭에의 투자가 기업의 혁신성을 낳는 경우도 있다. 이것을 슬랙 혁신(slack innovation)이라고 한다.

1.2 경영자원의 종류

기업이 보유하고 있는 경영자원은 어떠한 것들이 있는가? 즉, 기업의 경영자원을 구체적으로 어떻게 분류할 것인가에 대한 명확한 기준은 없다. 일반적으로 유형자원(tangible resource)과 무형자원(intangible resource), 인적자원(human resource)으로 크게 나눈다.

경영자원의 종류와 예를 정리하면 〈표 7-1〉과 같다.

(1) 유형자원

유형자원은 기업이 가지고 있는 자원 중 눈에 보이며 가장 쉽게 파악할 수 있고 평가할 수 있는 자원이다. 이러한 유형자원은 크게 물적(physical)

표 7-1 기업의 경영자원의 분류와 특성

<table>
<tr><th colspan="2">경영자원의 종류</th><th>주 요 특 성</th></tr>
<tr><td rowspan="3">유형
자원</td><td>물적자원</td><td>공장과 설비의 규모와 위치, 기술의 정밀성과 유연성, 건물과 토지의 용도전환과 위치 중요. 원자재의 획득가능성이 기업의 생산성을 제한하며, 비용 및 품질우위 결정</td></tr>
<tr><td>금융자원</td><td>기업의 자금차입능력과 내부자금의 운용가능성이 기업의 투자능력 결정</td></tr>
<tr><td>여유자원</td><td>과잉재고, 방만한 광고비 지출, 과대한 연구개발투자와 고율의 주식배당금 지불의 퇴적자원</td></tr>
<tr><td rowspan="2">무형
자원</td><td>기술자원</td><td>특허권, 저작권, 기업비밀 등의 독점기술과 노하우 등 전문기술을 포괄하는 기술자원, 기술혁신자원, 연구설비, 기술인력</td></tr>
<tr><td>브랜드</td><td>소비자들에게 널리 알려진 상표를 기업이 보유함으로써 소비자들과 좋은 관계를 만들어갈 수 있으며, 기업이 만드는 제품에 대하여 소비자들에게 신뢰감 제공 가능</td></tr>
<tr><td colspan="2">인적자원</td><td>종업원에 대한 훈련과 그들이 보유한 전문기술이 그 기업에게 활용할 수 있는 기술수준 결정, 종업원들의 유연성이 기업이 계획한 전략의 유연성 결정, 종업원들의 충성과 헌신이 경쟁우위 유지할 수 있는 기업의 능력결정</td></tr>
</table>

자원과 금융(financial)자원으로 구분할 수 있다.

물적자원은 기계, 원재료, 시설 및 기계장치, 건물 등과 같은 것을 의미한다. 이러한 물적자원의 특성은 고정적인 자산(fixed assets)의 특징을 가지고 있다. 물적자산은 조직의 건전성에 매우 중요하다. 왜냐하면 자산이 풍부하다는 것은 안전성(stability)과 강점(strength)을 제공하고, 유형적이기 때문에 조직의 성공을 측정하는 데 외부 근거가 될 수 있다. 일례로 우리가 대기업이라고 할 때, 그 기업이 소유하고 있는 물적자원, 즉 자산에 초점을 많이 두는 이유도 여기에 있다.

금융자원은 기업의 현금과 같은 유동성 자산(liquid assets)을 말한다. 이러한 금융자산은 현금, 주식, 채권, 투자 및 운영자본 등을 들 수 있다. 물적자산처럼 금융자원은 기업 성장과 팽창을 위한 기회에 있어서 기업조직의 능력의 측면에서 중요하다. 또한 전반적인 재무적 안정성과 강점을 반영한다. 이것은 조직의 자산(재산)과 부채(빚)의 비교에 의해 결정된다. 긍정적인 산출물(positive outcome)은 순가치(net worth)와 관련이 있다. 순가치는 은행, 투자가, 그리고 공공기관들이 어떤 조직의 건전성(health)을 결정하는 데 하나의 중요한 기준이 된다.

또한, 기업경영상 주목해야 할 유형자원으로서 앞의 경영자원의 정의에서 언급한 슬랙 자원(slack resources, 여유자원)이 있다.

(2) 무형자원

무형자원은 크게 기술자원과 브랜드로 구분할 수 있다. 기술자원은 특허권, 저작권, 기업비밀 등의 독점기술과 노하우 등 전문기술을 포괄하는 기술자원, 기술혁신자원, 연구설비, 기술인력 등을 말한다. 기술자원은 종업원들의 노하우와 조직문화를 구성하는 집단적 성향을 말한다. 무형자산이 소유의 대상이라면 기술은 어떤 일을 할 수 있는 능력으로 행위적인 성격을 띠고 있다. 또한 기술자원은 무형자산과 비교할 때 판매와 기술이전(technology transfer)에 있어서 많은 제약을 받는다. 무형자산은 사람과는 독립적인 반면, 기술은 사람에게 절대적으로 의존하기 때문이다. 따라서 기업이 소유하고 있는 특허권이나 지적소유권 등의 무형자산은 명확히 획득할 수 있으나 사람 속에 들어 있는 노하우나 조직문화와 같은 것은 쉽게 획득되지 않는다.

기업이 갖고 있는 좋은 이미지나 명성, 등록상표의 신뢰성 등 브랜드는 경쟁기업이 쉽게 모방할 수 없는 중요한 경영자원이 된다. 가령, 우리나라 제과산업을 주도하고 있는 롯데, 해태, 크라운, 빙그레의 브랜드이미지는 신규진입기업들이 쉽게 모방할 수 없는 경쟁우위를 가져다 준다.

(3) 인적자원

기업의 경영자원 중 인적자원을 별도로 분류하는 이유는 다음과 같다.

첫째, 인적자원이 무형자원인지 또는 유형자원인지 그 구분이 불분명한 이유도 있으나, 보다 중요한 이유는 인적자원이 기업이 소유한 가장 중요한 경영자원이기 때문이다. 그런데 기업에 일하는 종사자의 수를 본다면 인적자원을 유형자원으로 간주할 수 있지만 흔히 인재라고 하는 인적자원이 기업에 제공하는 서비스는 사람들에게 체득된 노하우, 기술, 의사결정 능력과 같은 눈에 보이지 않는 무형자원이다. 경제학에서도 인간이 갖고 있는 생산적인 능력을 무형자산이나 유형자산에 대비하여 인적자원(human capital)이라고 한다.

둘째, 인적자원은 그 성과를 측정하기가 상당히 힘들다. 왜냐하면, 기업의 주요한 의사결정이나 생산활동은 개인이 하는 경우보다는 팀에 의하여 이루어지기 때문이다. 그래서 기업의 생산활동을 어느 한 개인의 몫으로 귀속시키기는 상당히 어려운 현실이다. 또한 인적자원의 가치 측정을 어렵게 하는 것은 고정자산 또는 유동자산과 같이 표준화되고 전형적인 척도기준을 사용하기가 어렵기 때문이다. 결과적으로 인적자원은 물적자원과 같이 감가상각(가치의 하락)을 할 수도 없고 금융자원과 같이 조직의 순가치를 반영하는 데 이용할 수도 없다. 인적자원이 조직의 번영(prosperity)을 반영하는 데 사용할 수 없기 때문에 기업의 최고경영층이나 경영자들은 이러한 사실을 종종 간과한다.

셋째, 오늘날 기업의 핵심적인 경쟁우위요소로 인적자원을 들고 있는 이유는 많은 경우에 무형의 경영자원이 그 기업에서 종사하는 사람들에게 체화(體化)되어 있기 때문이다. 가령, 어느 기업의 생산과정의 노하우는 관리매뉴얼에 쓰여져 있기보다는 공장에서 일하는 종업원들의 손끝과 머릿

속에 체화되어 숙련된 경험으로 양질의 제품을 생산하는 것이다.

넷째, 기업이 갖고 있는 기업문화 역시 경쟁우위를 나타내는 중요한 원천이 될 수도 있다. 즉, 기업문화는 종업원들로 하여금 기업특유의 공통된 가치관을 공유토록 하여 유형 · 무형 · 인적자원을 하나로 결집시키는 역할을 한다. 그러므로 기업에서의 인적자원의 개발은 기업경영의 사활을 결정할 만큼 현대 기업경영에서 중요시되고 있다.

1.3 경영자원의 평가

기업의 지속적인 경쟁우위는 어떠한 경영자원에서 창출되며 지속적인 기업의 경영성과를 가져오는가? 이러한 경영자원에 대한 평가는 제3절에 설명할 경영전략 차원에서 다루어진다. 그렇다면 경쟁우위가 유지될 것인가의 여부는 〈그림 7-1〉의 모방하기 힘든 경영자원에서와 같이 다음 세 가지 기준을 통하여 판단할 수 있을 것이다.

(1) 지속성

지속성(durability)이란 특정 회사의 상호나 특허, 브랜드에 대해 소비자

그림 7-1 **모방 비용이성 경영자원**

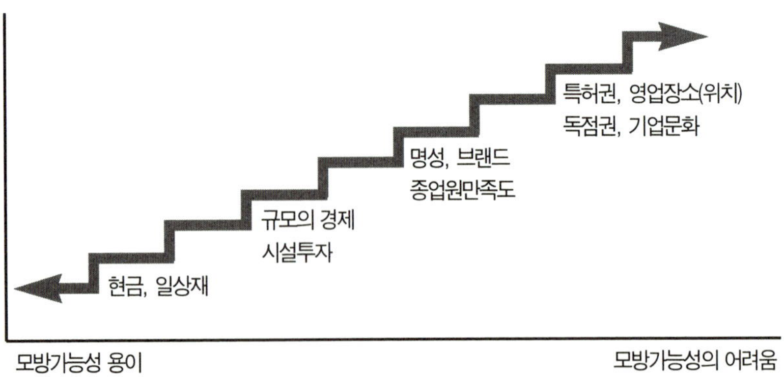

들이 갖는 긍정적 이미지 또는 신뢰감을 뜻한다. 기업의 어떤 경영자원들은 다른 자원에 비하여 지속성을 지니며 이러한 자원들은 경쟁우위를 위한 보다 안전한 기초를 제공한다. 특히 기술변화 속도가 더욱 가속화됨에 따라 대부분 자산의 수명이 단축되고 있는 실정이다.

특허권(patent)의 가치는 기술의 급진적인 발전에 따라 점차 줄어드는 반면, 소비상품의 브랜드는 지속성이 매우 강하다. 가령, 코카콜라와 같은 브랜드는 거의 100년 가까이 시장의 리더로서의 위치를 차지하고 있다. 기업의 명성 또한 매우 지속성이 강하다. 세계적 기업인 우리나라의 삼성, 엘지, 포스코 등은 효율적인 경영은 물론, 사회적 책임감, 재무적 건전성, 제품의 신뢰성, 종업원에 대한 배려 등의 명성을 소비자들에게 주고 있다.

(2) 획득가능성

획득가능성(transferability)이란 기업이 시장에서 경쟁우위를 창출하는 자원을 시장에서 구매할 수 있는 능력의 높고 낮음을 말한다. 가령, 대형아파트단지 내에 기존의 프랜차이즈보다 대형프랜차이즈 음식점이 신규개설하여 손님들이 끌고 있다고 할 때, 기존의 경쟁음식점이 똑같이 실내장식라든지 서비스를 모방하는 것은 쉬울 것이다. 그런데 이런 양자구도는 결국 서로를 무력화시키므로 경쟁우위요인으로 평가할 수 없다.

실제적으로 청도역 부근에 추어탕집으로 유명한 의성식당은 허름하고 서비스도 형편없는데 운문산을 찾는 여행객들에게 널리 알려져 유명하다. 그러나 주변의 경쟁 추어탕집은 깨끗하게 손님맞이 서비스를 제공하지만 그렇게 손님이 찾아오지 않는 것을 목격할 수 있다. 즉, 의성식당은 비록 허름하지만 추어탕을 만드는 비법이 경쟁음식점과 다른 일면이 있기 때문일 것이다. 따라서 경쟁음식점들은 의성식당이 갖고 있는 요리비법을 쉽게 찾아 획득할 수 없기 때문에 상대방의 전략을 무력화시키기 힘들 것이다. 또한 불완전한 정보 때문에 경쟁음식점이 가진 경영자원을 객관적으로 평가하기가 쉽지 않으며, 그러한 경쟁음식점의 경쟁우위가 정확히 어디에서부터 비롯되었는지를 규명하기 위해서는 상당히 많은 양의 정보와 시간이 필요하게 된다. 이러한 불완전한 정보 때문에 의성식당의 경쟁우위는 상당히 오랫동안 지속될 수 있다.

(3) 모방가능성

모방가능성(replicability)이란 시장경쟁에서 특정 기업이 경쟁기업의 제품이나 기타 경쟁우위의 경영자원을 복제할 수 있는 능력이 높음과 낮음을 말한다. 일반적으로 서비스산업의 경우는 모방가능성이 높은 반면에 제조업의 경우 특허권 등으로 모방가능성이 쉽지 않다. 가령, 경주의 황남빵(www.hwangnam.co.kr)은 신라 古都로 관광 오는 여행객들에게 전국적으로 유명하다. 그 황남빵 브랜드 이미지 같은 경영자원은 경쟁사가 쉽게 모방할 수 없는 경영자원이다. 황남빵은 오랫동안 소비자들 사이에서 명성을 쌓았기 때문에 이 황남빵 브랜드는 신규제빵기업들이 쉽게 모방할 수도 없고 또한 쉽게 얻지도 못한다. 따라서 이러한 기업특유의 경영자원은 그 해당 기업을 통째로 인수하지 않으면 완벽하게 모방할 수 없는 특징을 갖고 있다. 또한, 인터넷 사이트로 미리 진입한 인터넷 벤처보다는 후발주자인 인터넷 사이트가 더 많은 고객을 끌어들이고 있다. 이는 온라인 세계에서도 오프라인 기업의 명성이 중요한 경영자원이 되고 있다는 점을 시사하고 있다.

복제가능성과 관련하여 전략학자인 바니(Barney)는 어떠한 자원이 기업의 지속적인 경쟁우위를 가져오는가에 대하여 VRIO 모형을 제시하고 있다. 즉, 기업의 자원이 지속적인 경쟁우위를 가져오기 위해서는 가치성(valuable), 희소성(rareness), 모방가능성(imitability), 조직능력(organization) 등의 속성을 지녀야 한다고 주장하였다. 그의 논의를 좀더 구체적으로 살펴보면 〈표 7-2〉와 같다.

여기서 가치있는 자원은 기업으로 하여금 경제적 성과를 달성하는 데 유익한 것이어야 하며, 모방하기 힘든 자원이나 능력은 독특한 역사적 조

표 7-2 바니의 VRIO 모형

가치성 문제(V)	기업의 자원과 능력이 환경의 기회를 활용하고 위협에 대처하는 데 도움이 되는 것인가?
희소성 문제(R)	얼마나 많은 경쟁기업들이 특별히 가치있는 자원과 능력을 소유하고 있는가?
모방성 문제(I)	경영자원이나 능력을 소유하지 않은 기업들이 경영자원을 획득하는 데 많은 비용이 드는가?
조직문제(O)	조직이 경영자원과 능력들을 전적으로 활용할 수 있도록 조직화되어 있는가?

건 속에서 만들어진 것(오랜 시간이 소요), 인과관계가 모호한 것, 사회적인 복잡성을 지니는 것, 특허를 획득하는 것 등이다.

02 인적자원의 특성

U N D E R S T A N D I N G B U S I N E S S

인적자원개발이라는 논의에 앞서 우선 '인간' 이라는 문제를 생각해보면, 인간을 조직과 연계할 때 그리고 기업조직관점에서 '인적자원' 이라고 부른다.

인간에 대한 이해는 인간이 지니고 있는 욕구와 동기, 지각, 학습, 태도, 성격 등의 특성을 지닌 '사회적 동물' 이라는 사고에서 비롯된다. 우리는 이러한 것을 인간행동이라는 통합적 개념으로 접근할 수 있다. 즉, 인간에 대한 이해는 곧 인간행동의 이해라고 볼 수 있다.

여기에서는 조직내 인적자원의 특성을 지각, 학습, 성격, 태노, 동기 능의 핵심적인 차원에서 살펴보기로 한다.

2.1 지 각

(1) 지각의 의의

지각(perception)이란 외부로부터 들어오는 자극에 주의를 기울여 적절하게 반응을 보이는 심리적 과정이다. 즉, 우리 인간이 외부자극의 요소들을 조직화하고 나름대로 의미를 부여하여 하나의 전체적 형상을 그리는 것으로서 우리 인간이 심리적으로 다른 사람이나 사물을 평가하는 것을 말한다. 가령, 한 교수는 특정 제자에 대해 성실하고 대범하며, 예의범절을 갖춘 학생으로서 학교생활이 모범적이라고 긍정적 평가를 하는 한편, 다른 교수는 그 제자에 대해 소심하고 지나치게 신중하며 개별적 행동을 많이 하는 학생이라고 부정적 평가를 내릴 수 있다. 이것은 우리가 실제를 그대로 보지 못한다는 것을 뜻한다. 이는 우리 인간이 본 것을 해석하고 그것을 실제(reality)라고 부르며, 우리는 자신의 지각에 따라 행동한다는 것을 보여준다.

(2) 지각과정과 영향요인

지각과정은 〈그림 7-2〉에서 보듯이 선택(selection)→조직화(organization)→해석(translation)으로 구분할 수 있다. 인간은 감각기관을 통해서 외부자극을 받아들이며 외부자극들은 감각기관에 의해 전기신호로 변환되어 중추신경계로 전달된다. 일반적으로 사람들은 주어진 자극을 모두 받아들이기보다는 자신과 관련성을 지니거나 자신에게 유리한 자극만을 선택적으로 받아들이게 된다. 그 다음 단계로 우리 인간은 환경자극에서 선택된 대상에 대해 의미 있는 것으로 만들기 위해 이를 조직화 또는 체계화한다. 마지막 단계로는 조직화된 대상에 의미를 부여하게 된다.

지각에 영향을 미치는 요인에는 지각자의 특성, 대상의 특성 및 상황의 특성 등이 있다. 지각자의 특성에는 지각하는 사람의 동기(motive)나 욕구(needs), 성격(personality), 사전학습(prior learning)이나 경험 등이 있으며, 대상의 특성으로는 대상의 강도(intensity), 크기(size), 위치, 새로움, 움직임(motion), 반복(repetition), 대조(contrast), 착각 등이 있다. 상황의 특성으로

그림 7-2 지각과정

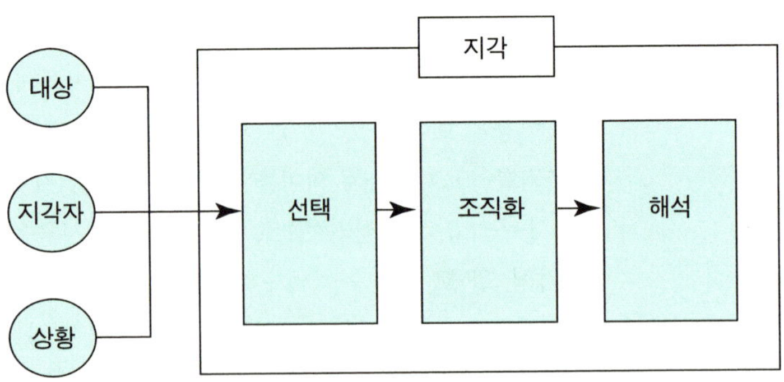

는 동일한 지각자나 동일한 대상이라 하더라도 지각은 시간이나 장소에 따라 영향을 받게 된다.

(3) 지각상의 오류

우리 인간은 다른 사람이나 사물을 판단하고 평가할 때 지각에 영향을 미치는 많은 요인으로 인하여 지각의 해석에 있어서 오류를 야기할 수 있다. 따라서 조직 내의 개인행동을 이해하기 위해서는 어떠한 종류의 지각적 오류—선택적 지각, 스테레오타입, 현혹효과, 투사, 기대, 방어적 지각 등—가 어떤 경우에 발생할 수 있는가를 파악할 필요성이 있다.

첫째, 선택적 지각(selective perception)이란 개인이 외부환경으로부터의 자극에 대해 모두 감지하는 것이 아니라 자기 자신의 준거틀에 유리한 자극만을 감지하는 경향을 말한다. 가령, 대구백화점(www.debec.co.kr)에서 모피재킷을 구입하려는 부인은 전시된 모피재킷, 가격표, 세일안내 등에 대해 자신에게 유리한 부분적 정보만을 받아들여 전체에 대한 판단을 내리는 경우를 말한다.

둘째, 스테레오타입(stereo type)이란 상동적 태도라고도 부르며, 어떤 사람이나 사물을 평가할 때, 그들이 속한 집단에 대한 고정관념에 기초하여 지각함으로써 부정확하게 지각하게 되는 오류를 말한다. 예를 들면, 우리나라 지역특성에 따라 사람에 대한 편견적 평가를 들 수 있다.

셋째, 현혹효과(halo effect)란 인물이나 사물 등 일정한 대상을 평가하면서 그 대상의 특질이 다른 면의 특질에까지 영향을 미치는 일을 말한다. 대상의 특징적 선(善) 또는 악(惡)이 눈에 띄면 그것을 그의 전부로 인식하는 오류를 말하는 심리학 용어로서, 광배효과(光背效果)라고도 한다. 외적 특징을 잡으면 그 특징으로부터 연상되는 일정한 고정관념에 맞추어 대상을 완전히 이해한 것으로 짐작하는 것이다. 포장이 세련된 상품을 고급품으로 인식하거나, 근무평정을 산정할 때 성격이 차분한 직원에게 업무수행능력의 정확성 면에서 높은 평점을 주는 일 등이다. 이와 같은 효과를 방지하기 위해서는 선입관이나 고정관념·편견 등을 없애고, 평점요소마다 분석평가함으로써 한꺼번에 전체적인 평정을 하지 않아야 한다.

넷째, 투사(projection)란, 다른 사람들도 나의 태도나 감정 등과 똑같은 것을 가졌다고 단정하려 드는 경향을 말한다. 아이들에게서 흔히 볼 수 있다. 또 자기 자신이 납득하기 어려운 사고, 감정이나 만족할 수 없는 욕구를 갖고 있는 경우에 그것을 타인에게 돌려버리는 것과 같은 무의식적인 마음의 움직임이다. 이것은 방위기제의 한 가지이다.

다섯째, 기대(expectancy)란 과거의 경험과 현재의 상황에 비추어 어떠한 현상이나 사건 등이 일어날 것을 예견하고 기다리는 행동의 준비상태로서 보통 정서적 긴장상태를 수반한다. 톨먼에 따르면 학습의 성립은, 교육자의 지시에 대해서 학습자가 어떠한 행동을 하면 목표에 도달할 수 있다는 기대를 가질 때 가능하다고 한다. 이것을 '기대설'(期待說)이라고 하는데, 이는 학습과정을 설명하는 데 있어 중요한 개념이다.

마지막으로 방어적 지각(defensive perception)이란 사물이나 사람을 보는 자신의 습성 또는 고정관념에 어긋나는 불유쾌하거나 위협을 안겨주는 자극 등의 정보를 회피 또는 인식하기를 거부 · 왜곡함으로써 범하는 오류이다.

2.2 학 습

(1) 학습의 의의

학습(learning)이란 개인행동 형성의 근본적인 과정으로 연습이나 경험의 결과로 일어나는 행동상의 비교적 영구적인 변화를 말한다. 개인의 행동은 고정되어 있지 않고 일상생활을 통하여 항상 변해가고 있기 때문에 개인은 모두가 학습과정을 거쳐가고 있다고 간주할 수 있다. 개인의 지식과 기술은 물론 신념과 가치관 그리고 정서적 감정과 태도 등은 모두 학습과정을 통해 얻어지게 된다. 오늘날 지식경영시대에 있어서 상대적으로 부족한 부존자원을 가진 우리나라는 지식, 정보, 학습, 문화 등과 같은 무형의 지식자산과 혁신능력이 경쟁력의 주요한 원천이므로 이것의 획득을 위해서라도 학습의 중요성을 아무리 강조해도 지나침이 없을 것이다.

(2) 학습과정

학습과정(learning process)이란 우리 인간이 효과의 법칙(law of effect)에 근거하여 다듬기(shaping)와 모방(modelling)의 과정을 거쳐 나타나는 행동을 말한다. 가령, 대학생이 훌륭한 CEO를 닮아야겠다고 할 때, 특정 CEO에 대해 관찰하고 그의 행동을 모방하려고 노력하는 것이 일종의 학습과정에 해당되는 것이다. 학습과정과 관련한 대표적인 이론으로는 자극반응이론이 있다. 이는 학습을 어떠한 자극으로부터 행동을 유도해내는 기계적인 과정으로 보고 자극과 반응을 토대로 개인의 행동변화를 설명한다. 자극반응이론에는 고전적 조건화와 조작적 조건화가 있다.

첫째, 고전적 조건화는 러시아 태생으로 노벨의학상을 수상했던 파블로프(Pavlov)가 개 실험을 통해 조건자극과 무조건자극을 반복해서 짝지움으로써 조건자극과 조건반응 사이에 자극－반응관계를 형성할 수 있다고 주장한 데서 이루어졌다. 〈표 7-3〉은 파블로프에 의해 실험된 개의 고전적 조건화 모형을 나타내고 있다. 이 실험은 음식을 보고 침을 흘리던 개가 음식과 종소리를 연합한 과정, 즉 조건이 형성되고 난 후에는 종소리만 듣고도 침을 흘리게 하는 실험이다.

둘째, 조작적 조건화(operant conditioning) 이론은 스키너(Skinner)의 쥐 실험에 의해 상당부분 개발되었다. 그는 상자 속의 쥐에게 막대라는 자극을 제공하고 쥐가 그 막대를 누르면 먹이라는 보상을 줌으로써 쥐의 막대 누르는 행위가 강화된다는 사실을 발견하였다. 이 이론에 의하면 바람직한 결과를 얻기 위해 환경에 작용을 가함으로써 자발적 행위가 학습된다고 볼 수 있다. 조작적 조건화에 관한 개념적 모형은 〈그림 7-3〉과 같다.

표 7-3 고전적 조건화

조건형성 전	조건형성 기간 중	조건형성 후
• 종 → 반응 없음 • 음식(US) → 침(UR)	• 종(US)+음식(CS) → 침(UR)	• 종(CS) → 침(CR)

· US = 비조건화된 자극(unconditioned stimulus) · UR = 비조건화된 반응(unconditioned response)
· CS = 조건화된 자극(conditioned stimulus) · CR = 조건화된 반응(conditioned response)

그림 7-3 조작적 조건화 모형

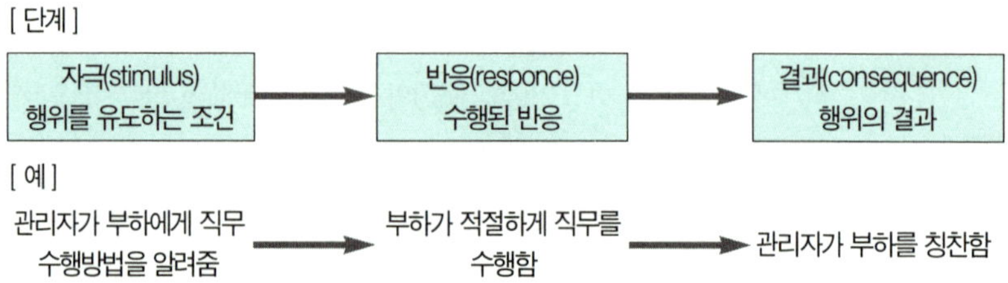

(3) 강화이론

강화(reinforcement)란 어떤 요인에 의해 자극과 반응 사이의 특정 관계가 강력해지는 현상을 말한다. 가령, 조직에서 종사원에게 바람직한 행동이 있은 후에 보상을 제공하는 것 등을 들 수 있다. 강화전략이란 보상과 처벌을 적절히 이용함으로써 종업원의 바람직한 행위의 가능성을 증가시킨다든지, 바람직하지 못한 행위의 가능성을 감소시키는 것이다.

행위변화기법에는 〈그림 7-4〉와 같이 적극적 강화(positive reinforcement), 소극적 강화(negative reinforcement), 소거(extinction) 및 벌(punishment)로 구분할 수 있다. 적극적 강화는 바람직한 행위에 보상을 부여하는 것을 의미한다. 소극적 강화는 바람직한 행위를 증가시키기 위해 불편한 자극을 철회하는 것을 말하며, 그 방법으로 도피학습, 회피학습을 들 수 있다. 도피학습(escape learning)은 바람직한 행위를 하게 되면 이미 불편한 상태에 있던 자극이 끝나도록 하는 것이며, 회피학습(avoidance learning)은 바람직한 행위를 하게 되면 불편한 자극을 사전에 피할 수 있도록 하는 것이다. 소거는 바람직하지 못한 행위를 감소시키기 위해 보상을 철회하는 방법이다, 마지막으로, 벌은 바람직하지 못한 행위를 감소시키기 위해 불편한 자극을 부여하는 방법이다.

강화계획은 강화의 일정계획을 말하는 것으로 조건화될 행위의 연속과 관련하여 강화요인의 발생을 공식적으로 구체화하는 것이다.

강화계획은 연속강화계획과 부분강화계획으로 분류할 수 있다.

첫째, 연속강화계획(continuous reinforcement schedule)은 종업원들이

그림 7-4 행위변화기법

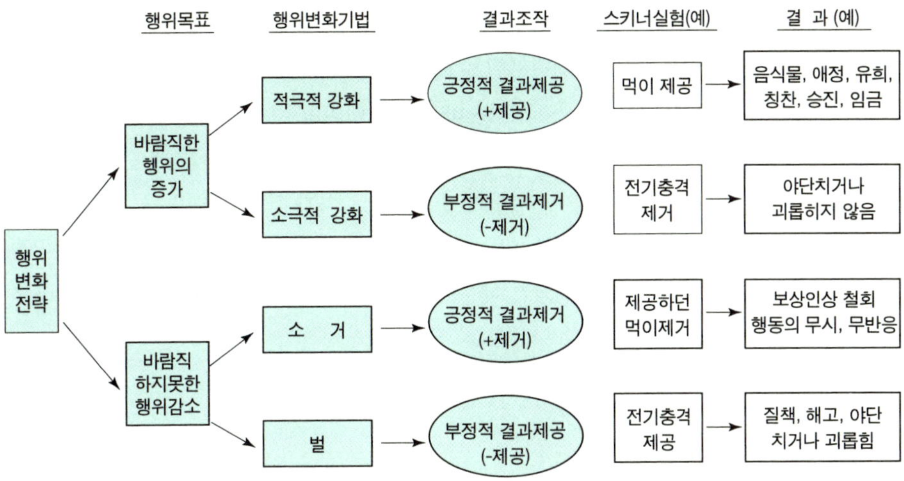

정확한 반응을 낼 때마다 강화물을 주는 방법으로, 강화방법 중 가장 이상적이고 효과적이나 현실적 적용에 어려움이 많으며, 연속강화계획을 실시하면 바람직한 행위가 급격히 증가하지만 강화요인 제거시 성과가 급격히 하락하게 되는 단점을 지닌다.

둘째, 부분강화계획(intermittent reinforcement schedule)은 학습은 느리지만 반응의 유지보존(retention)은 지속적으로 나타난다. 부분강화계획은 ① 고정간격법(fixed interval schedule), ② 변동간격법(variable interval schedule), ③ 고정비율법(fixed ratio schedule) 및 ④ 변동비율법(variable ration schedule)으로 구분할 수 있다.

고정간격법은 직전의 강화로부터 일정시간이 경과된 후에 강화요인을 제공하는 방법으로써 반응률이 높지 않고 성과가 안정적이지 못하며 보상을 제거하였을 때 바람직한 행위가 급격히 소멸하게 되는 단점을 지닌다.

변동간격법은 어떤 평균을 기준으로 해서 종업원이 예측할 수 없는 변동적인 시간간격으로 강화요인을 제공하는 방법이다. 변동간격법은 급여제도로는 부적합하며 칭찬, 승진, 감독방문의 시행에 유효하다. 고정간격법보다 더 지속적이고 안정적 성과를 보이며, 보상을 제거하였을 때 바람직한 행위의 소멸이 완만하게 이루어진다.

고정비율법은 일정한 수의 바람직한 행위가 나오면 강화요인을 제공하는 방법으로 매우 열심히, 그리고 꾸준히 요구되는 행위를 수행하게 할 수 있으나, 보상을 제거하였을 때 바람직한 행위가 급격히 소멸하게 된다.

변동비율법은 요구되는 바람직한 행위의 수가 나와야 강화요인을 제공하는 방법이며 요구되는 반응수가 어떤 평균을 기준으로 해서 변화하게 된다. 변동비율법은 종업원의 행위유지에 가장 강력한 방법으로 높고 안정적인 성과를 기대할 수 있으며, 보상을 제거하였을 때 바람직한 행위의 소멸이 완만하게 진행되기 때문에 현실적으로 가장 효과적인 방법이라 할 수 있다.

2.3 성 격

성격(personality)이란 사람을 분류하거나 유형화하는 데 사용되는 심리적 특성(psychological traits)의 집합을 의미한다. 성격은 개인 자신이 선천적으로 타고난 성격과 후천적으로 학습을 통해 형성된 성격으로 분류할 수가 있으며, 후자는 일상생활을 통해 변화한다. 이러한 맥락에서 성격이란 어느 정도 안정된 개인의 특성으로서 개인으로 하여금 자기 자신이 처해 있는 환경에 독특하게 적응해 나가도록 해주는 동태적인 심리 · 생리적 시스템을 말한다.

성격의 개념에는 독특성(uniqueness)과 일관성(consistency)이라는 중요한 요소가 있다. 독특성은 다른 사람과 구별되는 그 사람만의 독특한 특성을 지니는 것을 의미한다. 일관성은 개인의 행위가 환경조건에 관계없이 장기간 지속되는 것을 의미한다.

(1) 성격발달이론

우리 인간은 자신이 성장해 나가는 과정에서 환경과의 상호작용을 통해서 자기 자신의 고유한 성격을 형성해 나간다. 이러한 성격발달이론에는 프로이드(Freud)의 4단계이론, 아지리스(Argyris)의 미성숙 · 성숙이론, 에

표 7-4 아지리스의 미성숙 · 성숙 연속선 이론

미 성 숙 단 계		성 숙 단 계
수동성	⇨	능동성
의존성	⇨	독립성
행동방법의 한정	⇨	다양한 행동방법
얕은 관심	⇨	깊은 관심
단기적 안목	⇨	장기적 안목
종속적 지위	⇨	대등 · 우월한 지위
자아의식 결여	⇨	자아의식과 자기통제

릭슨(Erikson)의 8단계 이론 등이 있다.

첫째, 프로이드는 인간의 성격을 구순단계→구강단계→고환형성단계→생식기형성단계의 4단계를 거쳐 발달한다고 주장하였다. 구순단계는 출생에서 1년 사이로 인간의 욕구충족부위가 입에 있는 단계를 말한다. 구강단계는 1년~3년 사이로 인간의 욕구충족부위가 항문에 있는 단계이다. 고환형성단계는 출생후 3년~5년 사이로 어린이가 막연하게나마 생식기를 쾌락의 원천으로 알게 되는 단계이다. 생식기형성단계는 사춘기에서 죽을 때까지 전개되는 단계로 진정한 이성에 대한 욕구가 싹트는 단계를 뜻한다.

둘째, 아지리스는 개인이 성숙하는 과정에서 성격의 변화를 하나의 연결선상에서 7가지로 들어 설명하고 있다. 건강한 성격은 하나의 연결선을 따라 미성숙단계에서 성숙단계로 발달한다고 주장하였다. 따라서 관리자는 종업원들이 미성숙상태에서 성숙상태로 발전하도록 도와주어야 한다고 주장하였다. 개인이 미성숙상태에서 성숙상태로 발전해가는 과정은 〈표 7-4〉와 같이 7가지 성격차원에서 변화의 연속선을 따라 이루어지고 있다.

셋째, 에릭슨은 성격이 일생에 걸쳐 형성되며 변화한다고 보았다. 따라서 성격을 8단계로 분류한 후 나이에 따른 성격단계와 각 단계에서의 성공적 특성과 실패적 특성을 제시하였다.

(2) 주요 성격차원

조직 내의 인간행동을 예측하는 데 있어 다양한 성격유형으로는 권위주의, 통제원천, 마키아벨리즘, A형 · B형 성격 등이 있다.

1) 권위주의

권위주의(authoritarianism)란 조직내 구성원들간에 지위와 권력 사이에 차이를 두어야 한다는 신념을 바탕으로 하는 성격차원을 말한다. 권위적이고 개성이 강한 사람들은 지적으로는 엄격하고 다른 사람에 대해 비판적이며, 윗사람에게는 공손하고 아랫사람에게는 악착스러우며, 신뢰성이 부족하고 변화에 대해서는 저항한다. 권위적인 성격의 소유자는 규칙 및 규정과 밀접한 관련을 갖는 고도의 구조적인 직무에는 좋은 성과를 가져오는 반면에 다른 사람의 감정이나 재치에 민감하게 영향을 받는 직무나 복잡하고 변화하는 상황에서의 적응능력에 대해 유연하게 대응해야 하는 직무에는 부정적 성과를 가져오므로 주의해야 한다. 극히 이러한 성격의 소유자는 지배와 복종관계를 중시하고 사람을 신뢰하지 않으며, 변화를 싫어하는 경향을 갖고 있기 때문에 복잡하고 다른 사람과의 협조를 필요로 하는 과업에는 적합하지 않다.

2) 통제원천

통제성향 또는 통제원천(locus of control)이란 사람들이 자기 주위에서 일어나는 일을 통제할 수 있다고 믿는 정도를 말한다. 개인의 통제성향이 어디에 있느냐에 따라 내재적 통제성향과 외재적 통제성향으로 구분된다. 내재적 통제성향은 자신이 운명의 주인공이라고 생각하고 스스로 자신의 운명을 통제할 수 있다고 믿는 사람들이다. 외재적 통제성향은 자신에게 일어나는 일들이 자신의 통제력에 의해서가 아니고 타인 또는 조직과 같은 외부의 영향력에 의해 결정된다고 믿는 사람들이다. 가령, 일 못하면 연장

표 7-5 통제위치의 특성

내재론자의 신념	외재론자의 신념
승진은 지속적이고 열심히 일함으로써 된다.	돈을 버는 것은 행운이 좌우한다.
내 경험을 보면 공부한 정도와 성적은 직접적인 관련이 있다.	내가 받은 성적은 선생님의 상황적 반응에 좌우된다.
높은 이혼율은 사람들이 결혼생활을 위한 노력을 하지 않기 때문임을 의미한다.	결혼은 크게 보면 하나의 도박이다.
내가 옳으면 타인들을 납득시킬 수 있다.	타인의 기본적인 태도를 진실로 바꿀 수 있다는 생각은 바보스럽다.

나무라는 사람 또는 자신의 탓으로 돌리는 사람이 있음을 이해하면 된다. 일반적으로 내재적 통제성향은 외재적 통제성향에 비해 정보수집 노력을 많이 기울이고 정보의 유지나 이용에도 앞장서며 직무에 보다 만족하고 소외를 덜 느낀다. 〈표 7-5〉는 통제성향의 특성에 관한 내용이다.

3) 마키아벨리즘

마키아벨리즘(machiavellianism)이란 목적을 위하여 수단을 가리지 않는 권모술수주의를 뜻한다. 마키아벨리는 그의 『군주론』에서 군주는 권력을 유지 · 강화하기 위하여 여우와 같은 간사한 지혜(책략)와 사자와 같은 힘(무력)을 사용할 필요가 있으며, 신의가 두텁고 종교심도 많으며 인격도 고결한 사람처럼 보여야 하지만 실제로 그럴 필요는 없다고 말하였다. 마키아벨리는 정치가는 그의 정치목적을 달성하기 위하여 어떠한 수단을 사용하여도 좋다고 생각하는 사람인 것처럼 일반인에게 인식되었고, 그러한 생각이 마키아벨리즘을 낳게 되었다.

실제적으로 기업에서 마키아벨리즘성향이 강한 종업원은 기업에게 도움이 될까? 이에 대한 답은 직무의 유형에 따라 다르며, 성과평가에서 윤리적인 요인을 고려하느냐에 따라 달라진다. 협상력을 요구하는 직무이거나 승자가 높은 보상을 받는 직무에서는 마키아벨리즘성향이 강한 사람이 보다 생산적인 반면에 목적이 수단을 정당화하지 못하거나 성과에 대한 절대적인 표준이 부족한 직무에서는 그 성과가 항상 좋다고 예측할 수는 없다.

4) A형 · B형 성격

개인의 성격을 건강과 관련하여 연구한 성격유형으로 A형 · B형 성격이 있다. A형 · B형 성격에 관한 분류는 프리드만(Freedman)과 로즈먼(Roseman)이 처음으로 명명하였다. A형 성격은 참을성이 없으며, 성취에 대한 갈망이 높고 완전주의를 지향하는 성격유형인 반면에, B형 성격은 낙관적이고 덜 경쟁적인 성격유형이다.

A형 성격과 B형 성격의 우열은 과업의 성격에 따라 다르다. 시간의 압력이나 여러 가지 상충되는 요구가 있거나 독립적인 과업일 때는 A형이 효과적이며, 복잡한 판단이 필요하고 팀의 한 구성원이 되어야 하는 과업에서는 B형이 더 효과적이다. A형과 B형의 성격특성은 〈표 7-6〉과 같다.

표 7-6 A형/B형의 성격특성

A형 성격	B형 성격
경쟁적이고 조급하다.	자연스럽고, 시간 또는 사람에 대한 갈등의 압력을 느끼지 못하고 정상적인 추진력을 갖는다.
신경질적이며, 방해를 받을 때는 더 강력하게 반응하는 경향이 있다.	과업을 성취하기 위해 꾸준히 일을 한다.
업무처리 속도가 빠르다.	작업속도가 일정하며 시간에 얽매이지 않는다.
과도한 경쟁, 공격성, 시간의 압박, 열정적인 언변, 얼굴근육의 긴장 등을 나타낸다.	작업시간을 연장시키지 않으며 과업성취를 위해 서두르지 않는다.

2.4 태 도

(1) 태도의 개념과 구성요소

태도(attitude)란 어떤 사물이나 사람에 대해 일관성 있게 호의적 또는 비호의적으로 반응하려는 학습된 경향(predisposition)을 뜻한다.

태도 정의에 대한 다음과 같이 몇 가지 부연 설명을 통해 태도를 이해해 보자.

첫째, 어떤 대상에 대한 사람들의 태도는 직접 관찰될 수 없다. 태도는 외관상 드러나는 것이 아니므로 적절한 측정방법에 의해 추론되어야 한다. 둘째, 태도가 학습을 통하여 형성된다는 사실은 대상에 대한 정보 및 경험에 의해 태도가 형성된다는 것을 의미한다. 이와 같이 태도는 후천적으로 형성되므로 마케터는 광고, 인적판매, 샘플시용 권유 등에 의해 소비자의 태도를 창조하거나 수정가능하다.

셋째, 태도는 반응하려는 정신적 경향이므로 태도로부터 행동이 예측가능하다. 그러므로 특정브랜드에 대한 소비자태도를 조사함으로써 그 소비자의 미래 구매행동을 예측할 수 있다.

넷째, 태도는 비교적 일관성 있는 반응경향으로서 쉽게 변화하지 않으며, 특정대상에 대한 태도는 여러 상황에서 일관성을 갖는다.

태도는 인지적, 감정적, 그리고 행동의욕적 요소의 세 가지 하위요소로 구성되어 있다. 인지적 요소(cognitive component)는 대상에 대해 개인이 가지는 지식이나 신념을 말한다. 감정적 요소(affective component)는 대상에 대해 긍정적 혹은 부정적인 느낌이나 평가이다. 행동적 요소(behavioral component)는 대상에 대해 어떤 방식으로 행동하려는 경향과 관련된 요소이다.

(2) 태도의 기능

태도는 실용적 기능(utilitarian function), 자기방어적 기능(ego-defensive function), 가치표현적 기능(value expressive function), 지식기능(knowledge function)을 가지고 있다.

실용적 기능은 자신에게 보상을 가급적 크게 하는 대상에 호의적 태도를 가지고 그러한 일에 매달리는 것을 말한다. 자기방어적 기능은 개인의 욕구가 좌절되었을 때 자아가 붕괴되는 것을 막기 위해 방어적 역할을 한다. 가치표현적 기능은 자신의 중심적 가치에 대해, 그리고 자신과 비슷한 유형의 인간에 대해 긍정적으로 표현하는 기능을 말한다. 지식기능은 사람들이 자기주변의 사람들이나 사건들을 이해하고 해석하는 기준이나 준거체계를 제공해주는 역할을 한다.

(3) 태도변화 단계

르윈(Lewin)은 사람의 태도변화 단계를 〈그림 7-5〉와 같이 해빙, 변화, 재동결의 3단계를 거치는 것으로 정리하였다.

첫째, 해빙(unfreezing)은 개인이나 집단으로 하여금 변화에 대해 준비하도록 하는 단계이다. 즉, 과거의 방식을 깨뜨림으로써 새로운 방식을 받아들일 태세를 갖도록 하는 단계이다.

둘째, 변화(changing)는 변화의 내용을 투입하는 것을 말한다. 변화는 순응, 동일시, 내면화를 통해 이루어진다. 순응(compliance)은 개인이 다른 사람이나 집단의 호의적인 반응을 얻기를 원하거나, 또는 나쁜 반응을 회피하기 위하여 그들의 영향력을 수용할 때 일어난다. 동일시(identification)는 개인이 다른 사람 또는 집단과의 관계가 만족스럽고, 자기의 자아의 일부를 형성한다고 느껴 그들의 태도를 받아들일 때 일어난다. 내면화(internalization)는 유발된 태도나 행위가 내재적으로 보상되며, 한 사람의

그림 7-5 **태도변화 단계**

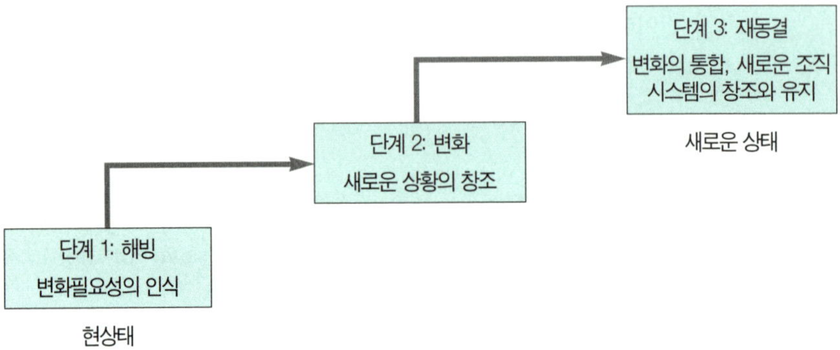

가치체계에 부합될 때 일어난다. 이때 바라는 행위를 가장 신속하게 유도하는 방법은 순응이고, 가장 어려운 방법은 내면화이다. 그렇지만 내면화는 일단 이루어지면 가장 효과적인 방법이다.

셋째, 재동결(refreezing)은 새로 획득된 태도 · 지식 · 행위가 개인의 성격이나 정서에 통합되어 정착되어가는 과정을 의미한다.

(4) 태도변화의 방법

바람직한 태도는 성과의 향상과 같은 순기능을 제공하지만 바람직하지 않은 태도는 낮은 성과나 결근 등과 같은 역기능을 초래하게 된다. 따라서 개인들의 태도를 어떻게 바람직한 방향으로 변화시킬 것인가를 살펴보는 것은 인력개발을 위해서 중요한 과제이다. 태도변화를 위한 방법에는 인지부조화의 유발, 설득, 공포의 유발(fear arousal) 또는 공포의 감소(fear reduction), 참여제도(participation), 여론지도자(opinion leader)의 활용 등이 있다.

특히, 인지부조화(cognitive dissonance)는 개인이 가지고 있는 두 가지 이상의 태도가 서로 일치하지 않을 때 발생하는 심리적인 불안정 상태를 의미한다. 인간은 인지에 있어서 비일관성을 싫어한다. 인간은 비일관성이 존재하는 부조화(dissonance)의 상태에서 어떠한 형태의 노력을 기울여서라도 조화(consonance)의 상태로 가고자 한다. 그 결과로 태도의 변화가 야기될 수 있다. 일반적으로 부조화가 발생하여 조화의 상태로 가기 위한 방법으로 첫째, 부조화를 일으키는 두 인지요소 사이에 어느 하나의 중요성을 감소시킨다. 둘째, 조화요소들을 더 많이 투입시켜 부조화의 크기를 감소시킨다. 셋째, 부조화 요소 자체를 배제하거나 극소화시키는 방법이 있다.

설득(persuasion)은 논리적인 주장과 사실의 확인을 통하여 설득대상의 태도를 변화시키는 행위과정을 의미한다. 이러한 설득은 언어, 영상, 문서 등 다양한 메시지를 활용하여 이루어진다. 설득은 사람의 태도변화를 위해 사용되는 수단 중 강력한 수단이라 할 수 있다. 설득에 영향을 미치는 요인은 다양하지만 설득자의 특성, 설득메시지와 설득방식이 중요한 요인들이다.

2.5 동기부여

(1) 동기부여의 개념과 의의

동기부여(motivation)란 어떤 사람을 자극하는 행동을 불러일으키거나 어떤 사람으로 하여금 바람직한 행동을 수행하도록 이끄는 것을 말한다. 즉, 동기부여는 인간의 행동을 개발하고, 그 개발된 행동을 유지하며, 더 나아가서는 그들을 일정한 방향으로 유도해가는 과정을 의미한다. 동기부여는 정적인 개념이 아니라 동적이다. 조직구성원들이 어떠한 욕구를 가지고 있는가를 파악하는 데 그치지 않고 파악된 욕구를 바탕으로 구성원들을 활성화한다. 또한 동기부여는 구성원들의 행동을 어떤 방향으로 나아가도록 하며, 그 행동을 일회적인 것으로 끝나게 하지 않고 지속시키는 것까지 포함하고 있다.

동기부여는 내재적 동기부여와 외재적 동기부여로 구분된다. 내재적 동기부여(intrinsic motivation)는 일의 내재적 요인에 의해 이루어지는 동기부여로서 종업원과 일 사이의 직접적 관계에서 발생한다. 내재적 요인에는 일을 수행하면서 얻게 되는 성취감, 도전감, 자신감 등이 있다. 외재적 동기부여(extrinsic motivation)는 일의 외재적 요인에 의해 이루어지는 동기부여로서 직무환경으로부터 발생한다. 외재적 요인에는 급여, 부가급부, 승진정책, 감독 등이 있다.

(2) 동기부여이론

동기부여이론은 크게 내용이론과 과정이론으로 구분된다. 내용이론(content theory)은 인간의 행동을 유발하고 방향을 제시하며 유지하거나 멈추도록 하는 인간 내부에 존재하는 요인에 대한 이론이다. 과정이론(process theory)은 개인의 행위가 일어나는 과정에 초점을 두고 행동이 어떻게 유도되고 어떤 단계를 밟아 진행되는가를 연구하는 이론이다.

1) 동기부여의 내용이론

내용이론에는 매슬로우(Maslow)의 욕구단계이론, 알더퍼(Alderfer)의 ERG이론, 허츠버그(Herzberg)의 2요인이론, 맥클리랜드(McClelland)의 성취동기이론 등이 있다.

① 매슬로우의 욕구단계이론

인간의 욕구를 계층적으로 다섯 가지 종류의 욕구로 나누고 있다. 이 이론에서는 욕구가 계층을 이루고 있으며 「생리적 욕구(physiological needs)→안정 및 안전의 욕구(safety needs)→소속 및 사랑욕구(사회적 욕구)→존경의 욕구(ego and esteem needs)→자아실현의 욕구(self-actualization needs)」의 순으로 충족되어 간다고 보았다.

② 알더퍼의 ERG이론

알더퍼의 ERG이론은 인간의 욕구를 존재욕구(existence needs), 관계욕구(relatedness needs), 성장욕구(growth needs)로 분류하였다. 이는 매슬로우의 욕구단계이론(need hierarchy theory)을 수정하여 조직환경하에서 개인의 욕구동기를 보다 현실적으로 제시한 이론이다.

욕구단계이론은 만족–진행 접근에 기초하고 있는 반면에 ERG이론에서는 만족–진행 접근법에 좌절–퇴행접근을 하고 있다. 또한, ERG이론에서는 한 가지 이상의 욕구가 동시에 작용할 수 있음을 지적하였다. 욕구단계이론에서 고차욕구가 발생하기 위해서는 반드시 하위욕구가 충족되어야 한다는 가정을 ERG이론에서는 배제하였다.

③ 허츠버그의 2요인이론

허츠버그는 인간의 욕구를 성장하고자 하는 욕구와 고통을 회피하고자 하는 욕구로 구분하였다. 고통을 회피하고자 하는 욕구를 위생요인(hygiene factor)이라 하고, 성장하고자 하는 욕구를 동기요인(motivational factors)이라고 한다. 불만족을 주는 직무요인인 위생요인과 만족을 주는 직무요인인 동기요인은 별개의 군을 형성된다. 즉, 만족과 불만족은 전혀 별개의 차원에 있다는 이론이다. 위생요인에는 지위, 개인 상호간의 관계, 회사의 방침과 관리 · 감독, 작업조건, 직무안전, 임금, 보수 등이 있으며, 이러한 요인들은 충족되더라도 만족이 생기지 않으며 다만 불만족만을 없게 한다. 동기요인에는 성취, 인정, 성장, 발전, 책임과 직무 그 자체 등이 있으며, 동기요인이 충족될 때 종업원들은 만족을 경험하게 되므로 종업원을 동기부여할 수 있다고 주장하였다.

허츠버그의 2요인이론(two factor theory)은 동기요인과 위생요인을 명확하게 구분하기가 어렵다는 것과 동기요인과 위생요인을 구별함에 있어 개인차를 무시하고 있다는 비판을 받고 있다. 기존의 연구들과는 달리 허츠버그의 2요인이론은 개인행동을 자극하는 동기요소를 두 가지 요인으로 나누고 이들이 개인의 불만족행동과 동기행동에 미치는 영향을 분석하고 있다. 곧, 허츠버그는 종래의 만족-불만족의 단차원적(unidimensional) 개념을 부인하고 만족과 불만족의 복수차원적(bidimensional) 개념을 제시함으로써 동기요인들의 작용영역과 한계를 명백히 해주고 있다.

④ 맥클리랜드의 성취동기이론

맥클리랜드의 성취동기이론은 매슬로우의 다섯 가지 욕구 중에서 상위욕구에 초점을 맞추어서 욕구를 성취욕구, 권력욕구, 친교욕구로 구분하였다. 여기에서 세 종류의 욕구가 인간행동의 80% 정도를 설명한다고 본다.

성취욕구(need for achievement: n Ach)는 탁월한 기준과 경쟁하려는 행위이다. 성취욕구가 높은 사람들은 성공에 대한 강렬한 희망을 가지고 있으며, 또 실패에 대해서는 그와 비슷한 정도의 강한 두려움을 가지고 있다. 이러한 사람들은 도전받기를 좋아하고 상당히 높은 목표를 설정하곤 한다.

권력욕구(need for power: n Power)는 다른 사람을 통제하고 싶어하고, 그들의 행위에 영향을 미치려고 하며, 다른 사람을 위해 책임을 지고 싶어하는 욕구로 정의할 수 있다. 권력욕구가 높은 사람들은 강압적이고, 완고하고, 자기본위적이고, 남을 가르치고 공적인 강연을 하는 것을 좋아한다.

친교욕구(need for affiliation: n Aff)는 타인과 친교를 맺고 이를 유지하는 등 타인과 다정하고 따뜻한 관계를 갖기를 원하는 욕구로 정의된다. 친교욕구가 높은 사람들은 일반적으로 사랑을 받는 데서 기쁨을 느끼며, 사회집단으로부터 배제되는 아픔을 피하고자 하는 경향이 있다. 또한 이들은 어려운 처지에 있는 사람들을 위로하고 도와주는 데 주저하지 않고 다른 사람들과 친근한 상호작용을 즐긴다.

맥클리랜드는 성취욕구를 사람들에게 가르칠 수 있다고 주장하였다. 따라서 기업이 성과를 향상시키기 위해서는 선천적으로 높은 성취욕구를 지닌 구성원을 선발하거나, 조직 내에 현존하는 구성원의 성취욕구 수준을 향상시켜야 한다.

이상의 내용이론은 다음과 같은 한계점을 지닌다. 첫째, 욕구가 동기부여의 원인이 되는 것을 이해했지만, 욕구가 어떻게 해서 발생하는지를 검증하지 못했기 때문에 동기부여의 근본적인 방법을 찾지 못한 것이다. 물론 신체적 욕구와 같이 기본적인 욕구는 생명유지를 위해 모든 인간이 지니고 있다고 할 수 있지만, 심리적 욕구들은 왜 존재하며, 모든 사람이 가지고 있는지, 욕구들간에 순서가 있는 것인지에 대해서는 명확한 해답을 제공하지 못한다. 둘째, 개별욕구들은 보편성을 지니지 못한다. 즉, 개인의 경험, 가치관, 환경과 문화 등에 따라 그 욕구의 의미가 다르며 그 중요성

그림 7-6 동기부여의 내용이론 비교

	매슬로우	알더퍼	허츠버그	맥클리랜드
고차욕구	자아실현욕구	성장욕구	동기유발요인	성취욕구
	존경욕구			권력욕구
저차욕구	사회욕구	관계욕구	위생요인	친교욕구
	안전욕구	존재욕구		
	생리적 욕구			

에도 차이가 있을 것이다. 지금까지 살펴본 네 가지의 내용이론을 상호 비교하면 〈그림 7-6〉과 같다.

2) 동기부여의 과정이론

동기부여 과정이론(process theory)이란 모티베이션 과정에서 발생하는 제변수와 이들 변수들간의 상호관련성을 검토하는 데 초점을 두고 있는 동기부여이론이다. 동기부여 과정이론에는 브룸(Vroom)의 기대이론, 아담스(Adams)의 공정성이론, 강화이론, 목표설정이론 등이 있다. 여기서는 기대이론과 공정성이론을 대표적으로 살펴보기로 하자.

① 기대이론

기대이론(expectancy theory)이란 개인은 자신의 행동형성과정에서 여러 가지의 가능한 행동대안 또는 행동전략을 평가하여 자기 자신이 가장 중요시하는 결과를 가져오리라고 믿어지는 행동대안 또는 전략을 선택하게 된다는 것을 특징으로 하는 동기부여이론이다. 여기에서 개인들이 지니는 어떤 행위에 대한 동기부여의 정도는 특정 행위가 성과를 가져다줄 가능성(기대감), 성과가 보상을 가져다줄 것이라는 주관적 확률(수단성), 그리고 행위가 가져다주는 결과의 매력 정도(유의성), 결과, 힘 등에 의해 결

그림 7-7 포터와 로울러의 기대이론

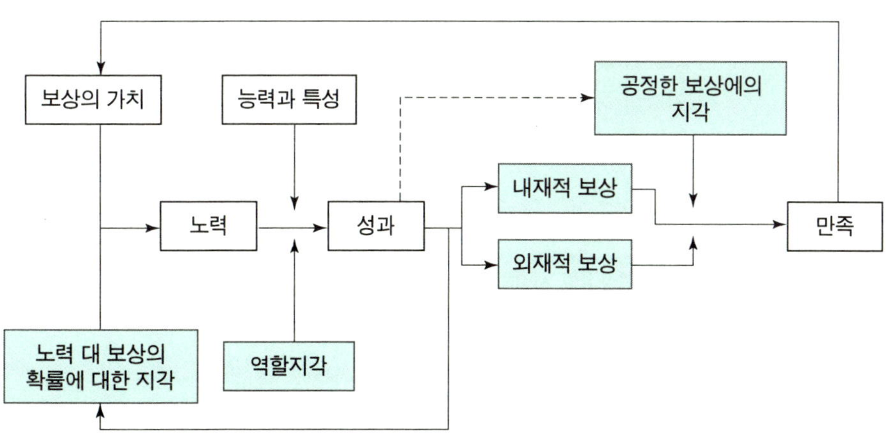

정된다는 이론이다.

기대감(expectancy)이란 특정노력이나 행동이 특정결과를 가져올 주관적인 확률을 말한다. 수단성(instrumentality)은 1차수준 결과와 2차수준 결과의 상관관계를 말한다. 유의성(valence)은 특정결과에 대한 개개인의 매력의 정도를 나타낸다. 결과(outcome)는 특정행동의 최종적인 산물을 의미한다. 여기에서 1차수준 결과와 2차수준 결과가 있는데 1차수준 결과는 일 그 자체와 관련된 것으로 성과를 들 수 있고, 2차수준 결과는 성과와 관련된 보상으로 임금, 승진, 인정 등을 들 수 있다. 힘(force)은 동기수준으로 개인이 이용가능한 여러 행동대안 가운데서 행동의 방향을 결정하는 역할을 한다.

한편, 포터와 로울러(Poter & Lawler)는 브룸의 기대이론을 토대로 하여 추가 변수를 종합하고, 공정성이론과도 연결시켜 기대이론의 확장모형을 〈그림 7-7〉과 같이 제시하였다. 여기에서 개인의 동기는 노력, 성과, 보상 및 만족의 복합적인 함수로 나타나고 있다. 이들 변수들간의 관계에서 보상의 가치, 노력 대 보상의 확률에 대한 지각, 역할지각, 개인의 능력과 특성 및 공정한 보상에의 지각이 중요한 변수로 작용한다는 사실을 강조하고 있다.

② 공정성이론

공정성이론(equity theory)이란 아담스가 개인이 자신의 투입과 산출을 준거인물의 투입과 산출을 비교하여 크거나 작을 때 불공정성을 느끼며, 이러한 불공정성으로 적지 않은 심리적 불안, 걱정, 근심을 유발하게 되며, 이것을 해소시켜 나가는 과정에서 동기가 유발된다고 주장하였다. 불공정성 지각의 동기유발 과정은 〈그림 7-8〉과 같다.

공정성이론은 세 가지 사실을 전제로 하고 있다. 첫째, 개인들은 자신의 일에 대해 정확한 보상을 받아야 한다고 생각한다. 둘째, 정확한 보상의 여

그림 7-8 불공정성 지각의 동기유발 과정

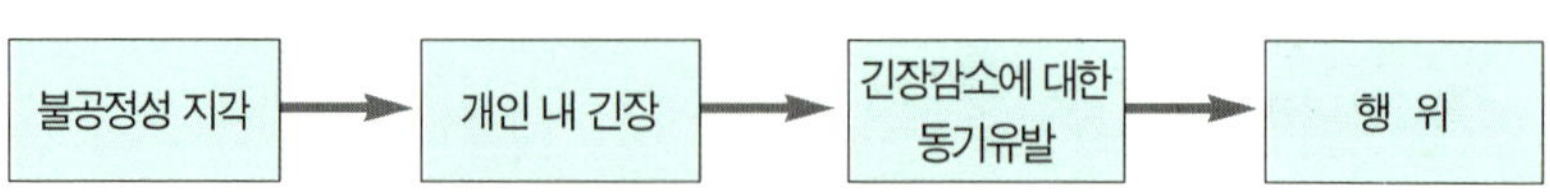

부는 타인의 보상과 비교함으로써 확인할 수 있다. 셋째, 불균형이 발생하면 심리적 긴장을 통해 이를 감소시키려고 노력한다.

불공정한 상황이 주어졌을 때 공정성을 유지하는 방법에는 투입이나 결과를 변경하거나, 투입이나 결과에 대해 인지적 왜곡(cognitive distortion)을 시도하거나, 비교대상을 변경하는 등의 방법이 있다. 투입의 변경이란 자신의 투입을 증가 또는 감소시켜 공정성이 유지되도록 하는 방법이며, 결과의 변경이란 자신의 결과를 증가 또는 감소시켜 공정성이 유지되도록 하는 방법이다. 투입이나 결과의 인지적 왜곡(cognitive distortion)이란 자신이나 타인의 투입 또는 결과에 대해서 공정성이 유지되고 있다고 믿는 것이며, 비교대상을 변경하는 것은 공정성이 유지될 새로운 타인으로 비교대상을 바꾸는 것을 의미한다.

공정성이론은 모든 경영자(관리자)들로 하여금 모든 구성원들을 공정하게 대우해 주어야 한다는 사실과 동기부여에 있어서 구성원들의 지각이 중요하다는 사실을 인식하게 하였다.

③ 목표설정이론

목표설정이론(goal setting theory)은 개인의 행위가 목표에 의해서 영향을 받으므로 직무를 수행하기 위해서는 달성해야 할 목표를 명확하게 해주어야 한다는 것이다. 목표와 행위와의 관계를 설명하기 위해서는 목표의 속성 이외에도 조직적 지원, 개인의 능력 및 숙련 정도, 보상 등과 같은 변수를 고려하여야 한다.

그림 7-9 **목표이론의 확장모형**

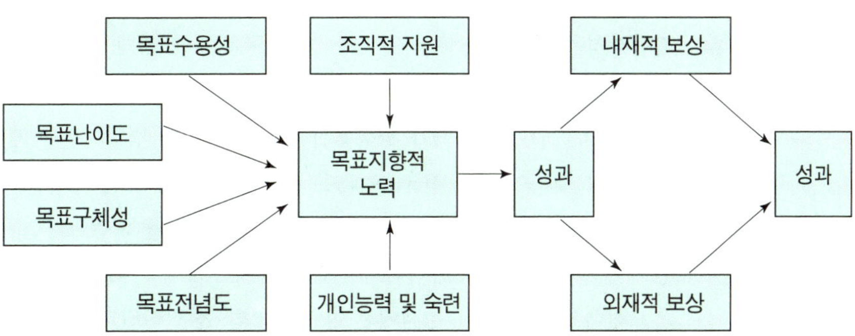

〈그림 7-9〉의 모형에서 목표수용성이란 특정 목표를 자신의 목표로 받아들이는 정도를 의미한다. 목표전념도는 일단 수용한 목표를 달성하기 위해 몰입(헌신)하는 정도를 의미한다. 내재적 보상은 달성도 내지는 성취감과 같은 개인적 느낌에 의해 형성되며, 외재적 보상은 성과에 대해서 조직이 제공한 보상에 의해 형성된다.

03 경영전략

UNDERSTANDING BUSINESS

3.1 경영전략의 개념

(1) 경영전략의 의의

경영전략(business strategy)은 오늘날 경영학의 이론적 · 실무적인 측면에서 그 중요성이 더욱 증대되고 있음에 따라 경영학에서 새로운 학문분야로 자리를 잡아가고 있다. 경영전략은 경영학의 교과목 중 경영전략론 또는 전략경영이라는 과목을 통해 배우게 된다. 여기에서는 경영전략의 개념과 종류를 간략히 살펴보기로 하자.

영어로 전략(strategy)이란 의미의 단어는 그리스어 'strategos' 또는 'strategia' 에서 유래된 것으로, 군대를 의미하는 Stratos와 이끈다(lead)는 의미를 가진 -ag가 합쳐진 용어이다. 군사적인 용어의 전략일지라도 실제 기업경영을 이해하는 데 적지 않는 도움을 준다. 전략과 유사한 개념으로 전술이라는 용어가 있다.

전략이 기업이나 국가가 경쟁우위를 갖기 위하여 경영자원을 배분하는 전반적인 계획이라면, 전술(tactic)은 특정한 행동을 위한 계획을 뜻한다. 즉, 전술이 소규모의 전투에서 승리하기 위한 작전을 의미한다면, 전략은 전투가 아닌 전쟁에서 승리하기 위한 계략이라고 볼 수 있다.

요컨대 경영전략은 '경쟁에서 이기는 방법' 을 말한다. 경영전략을 이야기할 때 흔히 손자병법을 언급한다. 손자병법은 전쟁에서 열악한 환경 속에서도 장수가 주어진 자원과 환경을 적절히 배분하여 환경을 활용하는 책략에 따라서 전쟁에서 승리하는 방법들을 보여주고 있다. 특히 '지피지기 백전불태'(知彼知己 百戰不殆), 즉 적을 알고 나를 알면 백번 싸워도 위태롭지 아니할 것이라는 의미는 새겨둘 명언이다.

(2) 경영전략의 정의

경영전략이란 '희소한 경영자원을 배분하여 기업에게 경쟁우위를 창출하고 유지시켜 줄 수 있는 주요한 의사결정'이라고 정의할 수 있다. 이러한 경영전략에는 기본적으로 도(道), 천(天), 지(地), 장(將), 법(法)의 손자전략의 다섯 가지 기본원칙이 적용되고 있다. 즉, 현대 기업경영에서 손자의 기본원칙인 '도'는 기업의 목적으로, '천'은 시장개방, 정부규제, 혁신기술과 환경변화 등으로 해석할 수 있다. '지'는 산업의 구조적 특성과 경쟁의 성격으로, '장'은 경영자로, '법'은 조직구조 및 관리과정으로 해석할 수 있다.

챈들러(Chandler)는 경영전략을 기업의 장기적 목적 및 목표의 결정, 이들 목표를 실행하기 위하여 필요한 활동방향과 자원배분의 결정이라고 정의하였다. 여기에는 경영목적과 경영전략을 구분하지 않았다. 이에 대하여

표 7-7 경영전략의 정의

학 자	정 의
Chandler (1962)	기업의 기본적인 장기목표를 결정하고 행동의 코스를 적용하고, 목표달성을 위해 자원을 배분하는 것
Ansoff (1965)	제품/시장의 범위, 성장벡터, 경쟁우위 및 시너지 등에 대해 의사결정을 내리는 규칙
Schendel & Hatten (1978)	기업의 기본목표, 기본목표달성을 위한 프로그램, 그리고 환경적응을 위한 자원할당 형태
Miles & Snow (1978)	외적 환경으로부터 발생한 기회, 위협 및 요구에 대한 조직의 반응형태
Glueck (1980)	기업의 기본목적 달성을 위한 총괄적 · 통합적 · 종합적인 계획
Hatten & Hatten (1988)	조직의 목표를 달성하는 방법
Zan & Zambon (1994)	복잡한 기업 내부를 연결해주는 질서
Quinn (1996)	조직의 주요 목적, 정책, 활동들을 결합시킨 패턴 또는 계획
Barney (1997)	기업으로 하여금 성과를 유지 · 개선하게 하는 자원할당 형태

앤소프(Ansoff)는 경영전략을 주로 기업의 외부적 문제로서, 외부환경의 변화에 기업을 전체로서 적응시키기 위한 제품과 시장구조의 결정이라고 하여, 경영전략의 개념에 경영목적을 포함시키지 않고 있다.

경영전략은 경영목적을 달성하기 위한 포괄적인 수단으로, 환경적응의 기능을 가지며, 기업이 장차 당면할 전략적 문제나 전략적 기회를 발견하는 기능을 가진다. 또한 경영전략은 각 부문의 경영활동을 전체로 총합하는 기능을 가지며, 정보수집을 효율적으로 하기 위한 결정을 내리는 규칙(rule)이 되기도 한다.

아직까지 전략이란 이것이다라고 합의된 정의는 없는 실정이다. 전략의 의미는 어느 위치에서 무엇을 보느냐에 따라 달라질 수 있다. 이상의 경영전략에 대한 학자들의 다양한 정의를 종합적으로 정리하면 〈표 7-7〉과 같이 정리할 수 있다.

3.2 경영전략의 구성 및 과정

경영전략은 일반적으로 「기업사명 및 비전 설정→기업목표 설정→전략수립→전략실행→전략통제」의 구성과 과정을 통해 이루어진다. 특히 세 번째 단계인 전략수립단계와 네 번째의 전략을 실행하는 단계는 경영전략에 있어서 매우 중요하다.

경영전략의 구성과 과정을 도식화하면 〈그림 7-10〉과 같다.

(1) 기업사명과 비전 설정

경영전략에서 기업사명(mission) 및 비전(vision)은 기업이 존재하는 이유를 밝혀주는 정체성(identity)을 확인시켜 주고 사업의 범위를 결정하는 역할을 한다. 즉, ① 우리 회사는 어떤 사업을 하고 있는가? ② 우리의 고객은 누구인가? ③ 우리의 사업이 고객들에게 어떤 가치를 제공하는가? ④ 우리의 사업이 앞으로 어떻게 되어야 할 것인가? 등 우리 회사는 왜 존재하는가에 대한 이유를 구체화하는 것이다.

따라서, 기업의 사명정립은 시장환경의 중요한 변화 파악과 시장의 기

그림 7-10 경영전략의 구성과 과정

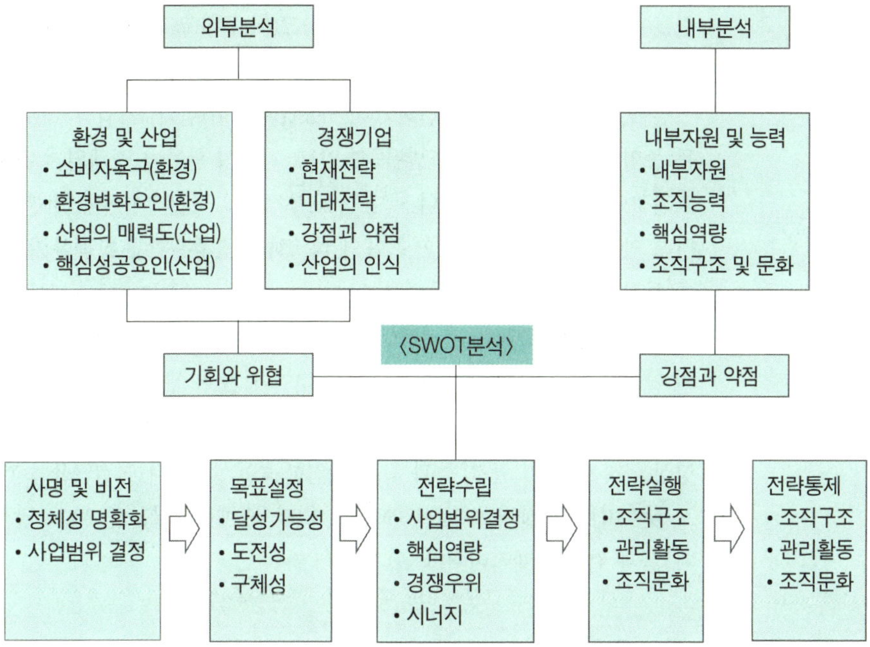

본적 성격을 이해하며, 차별적인 능력의 확인—가능한 사업영역의 확인, 경영구조상의 차별적 능력의 확인, 경영기능상의 차별적 능력의 확인—을 통해 수립되어야 한다. 특히, 기업사명의 전제조건은 종업원들에게 명확한 가치를 제공하고, 기업사명 속에 자신이 진출할 산업들의 범위와 각 산업 내에서 자사의 사업이 공략해야 할 시장의 범위를 명확히 정의해야 하며, 종업원들에게 동기유발과 기업장래의 비전을 제시해야 한다. 가령, 화장품 메이커가 '여성의 미를 아름답게' 라는 기업사명보다는 '인류의 미를 아름답게' 라는 기업사명을 설정한다면 보다 종업원들에게 가치와 그 기업이 진출할 산업 그리고 시장의 범위를 명확하게 해주는 것이다.

(2) 기업목표 설정

경영전략에서 기업의 전체목표를 설정하기 위해서는 목표의 달성가능성, 도전성, 구체성의 3가지 요건을 충족시켜야 한다.

첫째, 기업의 목표는 달성가능(achievable)해야 한다. 기업의 목표는 자신들이 가지고 있는 자원이 뒷받침될 수 있어야 하고, 또한 환경의 기회요인이 정확히 파악되어야 도달가능성이 있다.

둘째, 기업의 목표는 도전적(challenging)이어야 한다. 기업의 목표는 모든 종업원들이 동기부여를 받을 수 있고, 기업의 활동이 정체되지 않도록 도전적으로 설정되어야 한다. 목표는 내부적으로 도전적이어야 할 뿐만 아니라 외부적으로도 경쟁자의 목표와 비교하여 경쟁우위를 창출할 수 있도록 설정되어야 한다.

셋째, 기업의 목표는 구체적(specific)이어야 한다. 기업의 목표는 언제까지 달성할 것인가, 얼마만큼을 달성할 것인가, 또한 무엇을 달성할 것인가 등에 대하여 구체적으로 명시되어야 한다. 예를 들면, 열심히 일하자! 품질향상을 하자! 많이 팔자! 등과 같은 막연한 목표설정보다는 결근율을 1%대로 낮추자! 품질불량을 1000PPM으로 내리자! 매출성장률을 200% 달성하자! 등과 같이 구체적이어야 한다.

(3) 전략의 수립

전략의 수립(strategy formulation)이란 기업의 목표가 설정된 후, 목표를 달성하기 위해서는 어떠한 행동을 취하여야 할 것인가를 계획하고 결정하는 것을 말한다. 전략을 수립하는 이유는 목표달성을 위해 최대한 신속하고 체계적으로 달성하는 방법을 모색하기 위한 것이다.

전략의 수립은 버스가 지나가고 난 후에 손을 흔들면 이미 늦다는 것을 의미한다. 쇠가 달아올랐을 때 망치로 두드려야 한다. 주어진 시간과 여건 내에 기업의 목표를 달성하기 위해서 전략을 수립하는 것이다. 전략수립의 핵심은 어떻게 하면 남들보다 빠르게, 정확하게, 적은 비용으로 목표에 도달할 수 있을 것인가에 있다. 이를 위해서 전략수립단계에서는 외부환경에 대한 충분한 검토와 아울러 내부자원의 강점과 약점을 파악하여 SWOT분석을 한다.

전략수립단계에서는 매력적인 사업영역을 확보하고 지속적인 경쟁우위를 가지도록 다음과 같은 4가지 요소를 고려해야 한다.

첫째, 사업범위 혹은 행동영역(scope or domain of action)은 목표달성을 위한 사업활동의 영역을 의미한다. 사업범위는 기업의 사명이나 비전에 의해서 전체적인 범위가 결정된다. 기업사명과 비전은 기업의 활동영역에 대한 전체적인 윤곽을 제공한다. 이를 통해서 기업이 성장하고 다각화하는데 안내자 역할을 수행한다.

둘째, 핵심역량(core competence)은 기업이 목표달성을 위해 사용하는 기술(skills)과 자원(resources)으로 경쟁자보다 잘 할 수 있는 어떤 능력을 의미한다. 핵심역량은 다양한 제품이나 용역의 시장에 진출할 수 있는 역량과 최종재화에 대한 가치평가의 핵심요소를 의미한다.

셋째, 경쟁우위(competitive advantage)는 기업이 가진 기능이나 자원의 활용을 통해 경쟁자들에 앞서 달성할 수 있는 우위를 의미한다. 기업이 내부적으로 강점을 가지고 있다고 하더라고 경쟁자들과 비교하여 상대적인 우위가 없으면, 경쟁에서 살아남을 수가 없다. 절대적인 의미의 내부강점은 외부경쟁자들과의 비교에서도 우위를 점할 수 있어야 한다. 기업의 핵심역량이 경쟁우위로 연결되기 위해서는 경쟁자와의 경쟁에서 실제적인 이익을 줄 수 있어야만 한다.

넷째, 시너지(synergy) 개념은 이러한 비용절감 효과보다 훨씬 포괄적인 것으로, 경영자의 경영능력, 조직구성원의 다양한 기술, 기능부서들간의 협동 등 경영에 관련된 소프트웨어적인 측면들이 다수 포함된다. 기업이 시너지 효과를 창출하기 위해서는 무엇보다도 부서간, 팀간, 계층간의 협동이나 조정에 경영의 초점을 맞추어야만 한다. 이러한 노력이 부족한 경우에는 시너지 효과를 기대하기가 어렵게 되고 오히려 여러 가지 제품이나 기능을 한 기업에서 관리함으로써 혼란과 관리비용만을 증가시키는 결과를 초래할 수도 있는 것이다.

(4) 전략의 실행

전략의 실행(implementation)은 전략수립에 비해 실행을 위한 방법모형을 상대적으로 미약하게 제시하고 있다. 그러나 기업실무에 있어서는 전략수립과 함께 전략실행의 문제가 더 중요하게 대두되기도 한다. 효과적 전략실행을 위해서는 기업내부적인 과정에 대해 폭넓은 지식을 지니고 있는 경영자들이 스스로의 특성에 적합하도록 관리메커니즘을 활용해야 한다.

첫째, 전략이 수립되고 나면 기업은 수립된 전략을 실행한다. 전략수립에서 이루어진 계획을 구체적으로 실천하기 위해서는 기업내부적인 관리가 뒷받침되어야 한다. 기업 상부에서 수립된 전략은 하부구성원들에게 원활하게 전달되어야 함은 물론, 의도하는 전략을 수행하는 데 필요한 자원을 배분하여야 한다.

둘째, 종업원들이 수립된 전략에 적극 동참하게 하기 위해서는 인사고과제도라든지, 보상제도, 승진제도 등의 기업내부적인 관리과정활동들도 전략실행을 뒷받침할 수 있도록 구축되어야 한다. 이러한 과정에서 최고경영층의 기획능력과 함께 지휘능력이 중요하다. 이와 함께 전략이 제대로 실행될 수 있는 조직문화 형성도 매우 중요하다.

(5) 전략적 통제

기업이 전략적 경영을 위해 기업사명과 비전을 설정하고, 목표를 정하고, 전략을 수립하고, 이를 수행하는 단계와 아울러, 관심을 가져야 할 사항은 전략적 경영이 제대로 이루어지고 있는가의 여부를 판단하고 평가하는 일, 즉 전략적 통제(strategic control)이다. 여기에서는 전략적 성과와 재무적 성과를 같이 평가해야 한다. 전략적 통제를 위해서는 통제의 기준이 있어야 하며 그 기준은 일반적으로 기업의 목표에 의해서 결정된다. 성과가 목표와 차이를 보이는 경우 그 원인을 찾아내고 치유책을 모색하는 과정이 전략적 통제의 핵심이라고 할 수 있다.

전략적 통제에 있어 한 가지 유념할 점은 목표달성을 제대로 하지 못한 경우에만 통제가 국한되는 것이 아니라는 점이다. 대부분의 기업은 목표를 달성하지 못했을 때에는 그 이유를 알아보려는 노력을 하지만, 목표를 초과달성했을 경우에는 이에 만족하고 그 성공원인을 밝히려는 노력을 간과한다. 그러나 초과달성의 경우에는 이를 가능케 하였던 요인이 무엇인가를 밝혀냄으로써 지속적인 경쟁우위를 유지하기 위한 도구로 활용할 수 있을 것이다.

3.3 산업구조 분석

(1) 산업구조 분석의 의의

산업은 기업이 가장 근접하고 있는 외부상황임과 동시에 전략의 수립에 가장 직접적인 영향을 끼치는 외부요소이기도 하다. 산업분석에서 산업의 매력도는 경쟁상황에 의해서 결정된다고 보고 있다. 산업조직론에 따르면 기업의 전략적 행동은 산업구조에 의해서 결정되고, 산업구조에 맞는 전략을 선택하는 기업은 산업 내에서 생존하는 반면, 그렇지 못한 기업은 도태되어 버린다는 것이다. 따라서 기업은 자신이 속한 산업의 경제구조에 대한 충분한 이해를 통해 상황에 적합한 전략을 수립해야 한다.

한편, 경영전략이란 기업의 내부경영자원 및 조직프로세스와 그 기업이 처한 외부환경을 연결하는 중요한 연결고리이다. 따라서 경영전략 수립을 위해서는 산업의 두 가지 중요한 큰 요소를 분석해야 한다. 하나는 기업의 외부환경인 산업구조 분석이고, 또 다른 하나는 기업내부에서 경쟁우위를 창출하는 경영자원을 분석하는 방법이다.

여기서는 산업환경을 분석하는 여러 가지 개념과 그 분석기법을 소개한다. 산업구조 분석은 사업부수준의 전략과 기업수준의 전략을 수립하는 데 아주 중요한 역할을 한다. 기업전략은 그 기업이 어느 신규사업분야로 진출하고, 어느 사업분야에서 탈퇴할 것인가에 관한 결정을 한다. 그러한 결정을 내리기 위해서는 기업의 개별사업분야가 속해 있는 각각의 산업이 유망한가 또는 사양화단계에 있는가를 판단할 필요가 있다.

기업의 입장에서는 산업의 경제적 특성을 개괄적으로 파악함으로써 어떠한 전략이 바람직할 것인가에 대한 대체적인 윤곽을 파악할 수 있다. 예를 들어 시장의 규모가 엄청나게 큰 경우에는 다른 기업과의 차별성을 제고하거나, 규모의 경제를 실현하여 경쟁자들보다 싸게 물건을 팔거나, 혹은 시장의 특정 부문에 집중적인 투자와 판매를 함으로써 나름대로의 수익과 경쟁우위를 보장받을 수 있을 것이다. 그러나 제품이 표준화되어 있고 규모의 경제에 의해 주도되는 산업이라는 판단이 내려지면, 비용절감전략이 보다 바람직할 것이다. 사후에 추가적인 분석을 통해 시장의 성장률이 둔화되고 실질적인 제품판매 가능성이 감소하고 있다고 판단될 때에는 퇴출을 위한 준비를 하거나 시장의 경계선을 확장시킬 수 있는 전략적 대안을 모색해야 한다는 결론을 얻어낼 수 있는 것이다.

(2) 산업구조 분석기법

산업구조를 분석하는 기법을 처음으로 경영전략에 도입한 사람은 하버드 경영대학원의 포터(Michael Porter)이다. 포터는 경제학의 산업조직론에서 발전된 산업구조 분석을 기업에 적용하기 쉽도록 변형시킨 〈그림 7-11〉과 같은 산업구조 분석모형을 제시하였다. 이 모형에 의하면 다섯 가지 경쟁적인 세력에 의해 산업의 수익률이 결정된다.

1) 산업 및 기업간의 경쟁

대부분의 산업에서 경쟁의 양상과 산업 전체의 수익률을 결정하는 가장 중요한 요인은 이미 그 산업 내에서 경쟁하고 있는 기업들간의 경쟁관계이다. 산업 내의 기존기업들간의 경쟁양상과 강도를 결정하는 요인은 다섯 가지로 정리할 수 있다.

첫째, 산업의 집중도 요인이다. 산업의 집중도는 동일산업에 속하는 기

그림 7-11 포터의 산업구조 분석모형

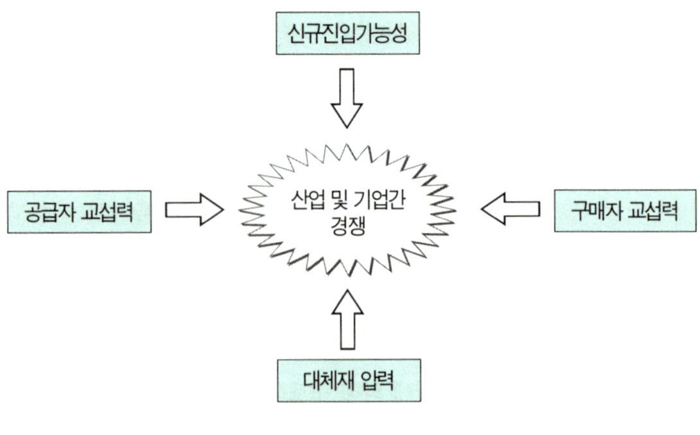

업의 수와 그 개별기업의 규모를 말한다. 산업이 집중되어 있을수록, 즉 그 산업에 참여하고 있는 기업의 수가 적을수록 산업의 전반적인 수익률은 상대적으로 높아지게 된다. 또한 소속되어 있는 산업이 경쟁적일수록, 즉 많은 기업들이 경쟁에 참여할수록 산업의 수익률은 낮아지게 된다.

둘째, 경쟁기업의 동질성과 이질성 요인이다. 동일산업 내에서 기업들 간의 경쟁을 피하기 위해 담합을 할 수 있는 가능성은 단순히 기업의 수에만 의존하지 않고 그 기업들의 전략, 목적에 따라 상당히 다양하다. 일반적으로 기업들의 전략, 목적 등이 유사할 경우에 훨씬 더 명시적이거나 암묵적인 담합을 하기가 쉬워진다.

셋째, 제품차별화 요인이다. 의약품 혹은 빵 과자와 같이 제품차별화가 많이 된 기업일수록 그리고 소비자들의 제품브랜드에 대한 선호도가 높은 산업일수록 가격으로 경쟁하는 것을 피하고, 광고나 신제품출시 등의 차별화기법으로 경쟁하게 된다. 이렇게 차별화된 산업일수록 수익률이 높고 차별화가 적은 농산품, 생필품과 같은 일상재 산업에 가까운 산업일수록 수익률이 낮아지게 된다.

넷째, 초과설비 요인이다. 초과설비와 경기순환에 따라 산업의 수익률이 민감하게 변한다. 생산설비와 수요가 일치할수록 기업의 수익률이 높아진다. 불황기의 많은 기업들은 유휴설비를 갖는다. 특히 자본집약도가 높은 산업일수록, 즉 거대한 생산설비가 필요할수록, 불황기의 기업들은 고정비용을 줄이기 위해 가격을 인하해야 할 필요성을 느낀다. 이러한 불황기의 유휴설비로 인한 가격인하는 산업의 수익률을 급격하게 악화시킨다.

마지막으로 산업의 비용구조 요인이다. 비용구조는 고정비용과 가변비용의 비중을 의미한다. 이러한 비용구조에 따라서 각각의 산업에서 기업들의 가격경쟁이 달라진다. 일례로 반도체산업의 비용구조를 살펴보면 자본설비에 대한 투자와 연구개발에 대한 투자가 대부분을 차지하고 원재료비는 꾸준히 감소하는 추세이다. 임금이 차지하는 비중은 극히 미미하고 유통비, 운송비 등이 차지하는 비중은 전체에서 1~2% 정도로 아주 낮은 수준이기 때문에 대부분이 고정비용으로 구성되어 있어, 기업들은 생산설비의 활용도를 높이기 위해 가격경쟁을 시도할 유인이 존재한다.

2) 신규진입가능성

기존기업들이 신규진입기업에 비해 가지는 우위를 진입장벽(entry barrier)이라고 한다. 진입장벽이란 신규진입기업들이 기존기업들에 대해 부담하는 상대적인 불리함을 의미한다. 진입장벽은 그 산업에서의 경쟁기업의 진입을 약화시키고 그 산업에서의 높은 수익률을 유지할 수 있게 한다. 이러한 진입장벽에 대하여 신규진입자들은 여러 가지 방법으로 이를 피해가려고 한다. 신규진입자들은 새로운 기술, 새로운 경영능력, 새로운 브랜드 등과 같은 새로운 방식으로 진입을 시도한다.

만일 어느 산업의 수익률이 상당히 높거나, 그 산업이 정말 유망한 산업이라고 할 때, 모든 기업들은 그 산업에 진입하고 싶어할 것이다. 그러나 막대한 이익을 얻는다고 해서 모든 기업들이 반도체 시장에 진입할 수 있는 것은 아니다. 모든 산업들이 자유롭게 진입할 수 있다면 산업의 높은 수익률은 진입자들과의 경쟁에 의해 점차 낮아지게 될 것이다. 또한 실제적으로 진입이 일어나지 않는다고 하더라도 만일 다른 기업들이 언제든지 그 산업에 뛰어들 준비가 되어 있다면, 그 산업에 있는 기존기업들은 잠재적 경쟁자가 진입할 수 있다는 위협 때문에, 가격을 높게 받지 못하고 경쟁적인 수준으로 낮추어 이러한 진입을 막을 필요가 없다.

이러한 신규진입가능성에는 자본소요량, 규모의 경제, 절대적인 비용우위, 제품차별화, 유통채널, 정부규제와 제도적 진입장벽, 기존사업자의 보복 등이 영향을 미친다.

3) 대체재의 압력

만일 산업의 수익률이 소비자가 그 제품이나 서비스에 대해 기꺼이 지불하려는 가격에 따라 결정된다면 산업의 수익률은 대체재(substitute)의 유무에 따라 굉장히 달라지게 된다. 일반적으로 대체재가 많으면 많을수록 기업들이 자신의 제품이나 서비스에 높은 가격을 받을 수 있는 가능성은 줄어든다. 이와 같이 대체재의 존재가 그 산업의 가격결정에 미치는 영향은 소비자들이 쉽게 대체재로 옮겨갈 수 있는가와 대체재의 유용성에 따라 달라진다.

4) 구매자 교섭력

어떤 산업에 있는 기업이든 소비자들에게 제품이나 서비스를 공급한다. 소비자들은 기업이 제공하는 제품이나 서비스를 선택하거나 다른 제품을 구매할 수 있는 힘을 가지고 있다. 이러한 기업의 제품이나 서비스에 대한 구매자의 압력을 구매자의 교섭력이라고 한다. 구매자의 교섭력을 결정하는 데에는 구매자의 집중도, 구매물량, 교체비용, 구매장소 등이 있다. 즉, 구매자가 더 큰 기업일수록, 구매자 금액의 크기가 공급자의 매출에서 차지하는 비중이 크면 클수록, 구매자가 훨씬 가격에 민감할수록, 공급하는 기업의 수익률은 낮아지게 된다.

5) 공급자의 교섭력

공급자가 자신의 교섭능력이 강할 때 가격을 높임으로써 이윤의 폭을 넓힐 수 있다. 많은 산업에 있어서 일상품을 공급하는 기업들은 종종 자신의 교섭능력을 높이기 위해 카르텔을 형성하기도 한다. OPEC는 산유국의 교섭력을 높이려는 카르텔이고, 노동조합도 노동서비스를 공급하는 노동자들이 단체교섭력을 높여 구매자인 기업으로부터 더 많은 이익을 얻기 위한 조직이라고 이해할 수 있다.

공급자의 교섭력을 결정하는 요인으로 공급자의 집중도, 공급물량, 대체재, 해당 산업에서 공급자 집단의 주요 고객 여부, 공급자 제품의 중요도, 유통망 전방통합능력 등이 있다.

이러한 산업구조 분석기법은 기본적으로 정태적인 모형이기 때문에 산업구조가 동태적으로 변한다는 사실을 충분히 구체적으로 고려하고 있지 못하고 있으며, 또한 이 모형은 기업들간의 구체적인 경쟁전략을 묘사하지 못한다는 한계가 있다. 어느 산업에서 한 기업이 가격을 인하하여 자사의 시장점유율을 높이려 할 때, 경쟁기업이 이에 대응하여 가격을 경쟁적으로 내린다면, 결국 두 기업간에는 가격차이가 없어지고 원래 계획한 대로 시장점유율을 탈취하기가 어렵게 된다.

(3) 경쟁전략의 수립: SWOT분석

외부환경요인 및 기업내부요인에 대한 분석을 기초로 하여 전략목표를

그림 7-12 SWOT분석모형

내 부 요 인

외부요인		장 점 (Strength)	단 점 (Weakness)
외부요인	기회 (Opportunity)	SO 전략 기회활용을 위해 강점을 사용할 수 있는 상황	WO 전략 기회활용을 위해 약점을 보완해야 하는 상황
외부요인	위협 (Treat)	ST 전략 위협을 극복하기 위해 강점을 사용할 수 있는 상황	WT 전략 위협을 극복하기 위해 약점을 보완해야 하는 상황

달성할 수 있는 가능한 최적의 전략대안들의 수립방향과 지침을 제시해주는 기법이 SWOT분석이다. 이러한 SWOT자료를 토대로 경쟁전략이 수립된다. 〈그림 7-12〉는 이러한 SWOT분석모형을 보여주고 있다.

1) SO전략

SO전략은 주요 성공요인 중의 기회요인과 기업내부의 강점을 대칭시키는 전략으로, 대부분 기업의 기본전략이라고 할 수 있다. 이러한 전략이 효과적으로 수립되었을 경우 그 수행도 비교적 용이하다. 또한 특별한 환경상황 변화가 수반되지 않는다면 기대하는 기업목표를 달성할 수 있는 가능성이 커지게 된다. 기회요인을 적절히 활용하고 기회를 효과적으로 붙잡을 수 있는 기업내부적인 능력이 뒷받침되므로 기업의 성과와 직접적인 연계성을 가지고 있다.

2) WT전략

WT전략은 외부적 위협요인과 기업내부의 약점을 고려하여 위협요인을 회피하고 내부의 약점을 보완하는 전략이다. SO전략이 성과를 높이는 데 필요한 전략이라면 WT전략은 위험을 줄이는 데 관계된 전략이라고 할 수 있다.

3) WO전략

WO전략은 기회요인과 기업의 약점을 대칭시키는 전략이다. 이 전략은 전략수립의 기본개념인 적합성(fit)과는 다소 거리가 있는 전략수립의 방법이다. 이러한 방식의 전략수립은 근래에 와서 매우 각광을 받고 있다. 그 이유는 후발주자의 입장에서 선발주자를 따라잡고 추월하기 위해서는 어쩔 수 없이 빈약한 내부자원이라는 약점을 창조적으로 활용하여 외부적 기회요인에 도달하려는 노력이 필요하고, 이를 위해서는 전통적인 SO전략으로는 불가능할 것이기 때문이다. 예를 들어 도요타, 캐논과 같은 일본의 기업들이 이러한 전략을 통해 성공적으로 경쟁력을 얻어냈다.

4) ST전략

ST전략은 기업의 강점을 충분히 활용하여 외부로부터의 위협요인을 줄이거나 제거하려는 노력이다. WT전략과 마찬가지로 전략수행에 수반되는 위험을 줄이기 위해서는 매우 중요한 의미를 갖는 전략이다.

일단 외부의 위험요소가 줄어든 상황이 되면, 내부적 약점이 경쟁에 있어 결정적인 부담이 될 수 있는 가능성이 감소하고 전체적인 전략대안들을 안정적으로 전개할 수 있는 여건이 형성되고 지속적인 경쟁우위의 확보도 가능해지는 것이다.

이상의 4가지 전략을 종합정리해 보면, 〈그림 7-13〉처럼 먼저 후발주자들은 WO전략을 통해 과감하게 기회에 도전하는 한편, 부족한 자원의 약점을 보완하는 노력을 통하여 선발주자와의 경쟁력을 확보한다. 다음 단계는 확보한 경쟁력을 강화시키기 위해 SO전략을 통해 성과향상에 노력하는 한편, ST전략을 통해 위협요인을 자신의 강점을 활용하여 완화 혹은 제거함으로써 위험을 줄이고, WT전략을 통해 자신의 약점에도 효과적으로 대처하게 된다.

그림 7-13 SWOT분석의 전략유형과 기대효과

전략유형	전략단계 및 내용	기대효과
WO전략	후발주자로서 외부적 기회를 자신의 것으로 만들기위해 부족한 자원을 창조적으로 활용하는 단계	• 선발 주자의 경쟁력 획득
SO전략	확보된 경쟁력을 기반으로 강점과 기회를 매칭시켜 성과를 지속적으로 높이고 수성을 하는 단계	• 경쟁력 유지 • 성과 향상
WT전략	ST 전략에 의해 감소된 위험을 기반으로 자신의 약점이 경쟁우위의 유지에 장애가 되지 않도록 함	• 약점 감소
ST전략	수성하기 위한 전략적 방편의 하나로 외부적 위협요인을 자신의 강점을 통해 줄이려는 노력	• 위협 감소

3.4 사업부전략: 경쟁우위전략

앞서 살펴본 바와 같이 산업 및 경쟁자분석을 통해 위협요인과 기회요인, 그리고 주요 성공요인을 파악하고, 기업내부분석을 통해 기업내부적인 강점과 약점을 파악하여 내부적 성공요인을 파악한 다음에는 이를 기초로 어떠한 전략을 선택할 것인가를 결정하게 된다.

실제적인 의미에서 경쟁전략은 지구상에 있는 기업의 숫자만큼이나 다양하다고 할 수 있으나, 전략분야에서는 이들 전략유형을 일정한 유형으로 분류하여 그 특성적인 면과 상황적합성을 파악하고 있다. 여기에서는 본원적 전략으로 알려진 〈그림 7-14〉와 같은 포터의 경쟁우위확보전략(generic competitive strategy)을 중심으로 각 경쟁전략의 특성과 이들 전략선택에 대하여 살펴보기로 하자.

그림 7-14 경쟁우위확보전략 (본원적 경쟁전략)

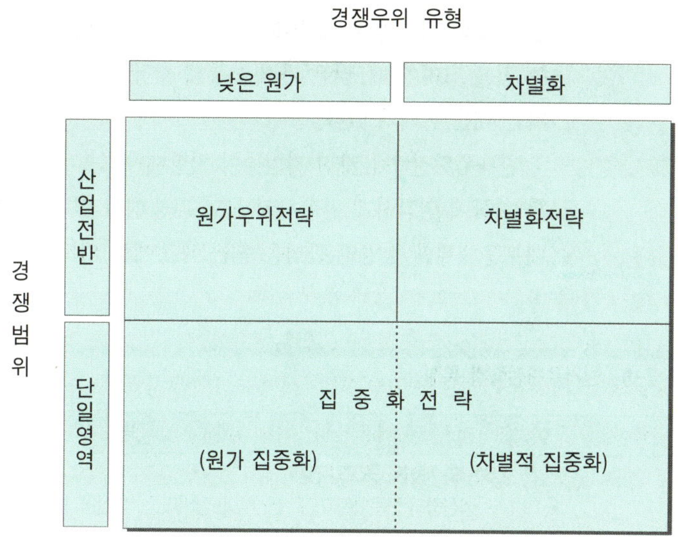

(1) 원가우위전략

원가우위(cost leadership)전략은 생산성 등의 효율향상을 통해 생산원가를 낮추고 이를 상품이나 재화의 가격에 반영함으로써 경쟁우위를 달성하려는 전략이다. 이러한 전략을 수립하는 경우에 경영자의 관심은 주로 기업내부적인 문제에 초점을 두게 된다. 예를 들어, 상품이 표준화되어 있고, 소비자들은 가격에 민감하며, 기업은 규모의 경제나 경험곡선효과를 살릴 수 있는 경우 비용주도전략이 바람직하다고 알려져 있다.

원가우위전략을 수행하는 방법에는 크게 두 가지가 있을 수 있다. 첫째, 적은 비용으로 생산한 만큼 같은 가격에 판매하는 방법이다. 둘째, 적은 비용으로 생산했음에도 불구하고 경쟁자들과 같은 가격을 유지하는 방법이다. 일반적으로 원가우위전략은 전자를 의미한다. 그 이유는 다른 경쟁자들보다 낮은 가격의 판매를 통해 판매량을 늘리고 시장점유율을 높여 새로운 규모의 경제를 추구하고 이에 따른 원가절감을 또다시 가격결정에 반영하는 과정을 순환함으로써 시장이 갖고 있는 특성에 부응하는 한편, 기업이 가지고 있는 규모의 경제의 장점을 개발해갈 수 있다는 점에 있다. 그러나 규모의 경제는 어느 경계선상을 넘으면 규모의 비경제로 바뀔 수 있다는 점을 고려할 때, 낮은 가격을 통해 시장점유율을 지속적으로 확보해 나가는 데는 한계가 있다.

원가우위전략을 가진 기업들이 처할 수 있는 위험은 무엇보다도 외부상황 변화에 민감하게 반응하지 못할 가능성이 있다는 것이다. 또한 기업의 내부문제에만 경영의 관심을 쏟는 과정에서 외부상황이 변화하는 모습을

표 7-8 원가우위전략의 특징

<table>
<tr><th colspan="2">특 징</th><th>내 용</th></tr>
<tr><td colspan="2">원가우위의 원천</td><td>• Size의 차이와 규모의 경제
- 생산량과 전문화된 기계, 생산량과 설비비용, 생산량과 종업원전문화, 생산량과 총비용
• 경험 차이와 경험곡선 경제
- 경험곡선과 규모의 경제, 원가우위, 경쟁우위
• 생산요소에 대한 저원가 접근
• 원가우위를 달성할 수 있는 기술의 소유
• 원가우위를 달성할 수 있는 제품과 서비스 선택</td></tr>
<tr><td colspan="2">장 점</td><td>• 원가주도와 경제적 성과
- 비용 차이는 경제적 성과달성
• 비용주도와 환경위협
- 진입위협 감소, 경쟁위협 감소, 대체재에 대한 위협 감소, 공급자 위협 감소, 구매자 위협 감소</td></tr>
<tr><td colspan="2">단 점</td><td>• 효과적인 사이즈에 대한 물리적 한계
• 관리비용 증가
• 종업원 동기 저하
• 시장 및 공급자와의 거리로 인한 유통비용 증가</td></tr>
<tr><td rowspan="3">원가우위 달성을 위한 조직화</td><td>조직구조</td><td>• 적은 보고계층
• 단순한 보고관계
• 소수의 스탭
• 사업기능을 작은 범위에 초점</td></tr>
<tr><td>관리통제 시스템</td><td>• 엄격한 가격통제시스템
• 양적인 비용목표
• 작업, 원재료, 재고 등에 대한 철저한 감시</td></tr>
<tr><td>보상정책</td><td>• 비용절약에 대한 보상
• 모든 종업원들이 비용절약에 몰입할 수 있는 인센티브체계</td></tr>
</table>

파악하는 데 소홀할 수 있다는 것이다.

원가우위전략의 특징을 정리하면 〈표 7-8〉과 같다.

(2) 차별화전략

차별화(differentiation)전략은 제품의 품질, 성능, 서비스, 기술적인 우위 등을 통하여 다른 제품과의 차별성을 가질 수 있을 때 이에 대한 프리미엄을 가격에 포함시키고 이를 통해 경쟁우위를 달성하려는 전략이다. 이러한 차별화전략은 시장에서 판매되는 제품이 특이하고, 소비자들 또한 이러한 제품의 특이함을 선호하고, 기업의 입장에서는 이러한 제품을 적정한 가격에 생산할 수 있는 능력이 있을 경우에 차별화전략이 가능해진다고 할 수 있다. 베네통, 로렉스 시계, 벤츠자동차 등 명품제품들이 여기에 해당된다.

표 7-9 차별화전략의 특징

특 징		내 용
차별화의 원천		• 제품이나 서비스의 속성의 변화, 기능들 사이의 연결성 • 타이밍, 입지, 제품믹스, 다른 기업과의 연결 • 명성
장 점		• 제품차별화와 경제적 성과 - 차별화가 경쟁우위에 관련 및 소비자 기호 • 제품차별화와 환경적 위협 - 경쟁, 진입, 수요자, 공급자, 대체재 위협 감소 • 제품차별화의 환경적 기회 - 소규모 기업들이 경쟁하는 산업에서 제품의 지위 이용 - 태동산업 : 제품 지각우위를 통한 기술적 리더십 - 성숙산업 : 제품믹스를 통한 시장지위 확보 - 쇠퇴산업 : 독특한 특성을 바탕으로 산업리더
차별화 달성을 위한 조직화	조직구조	• 부서간의 조정과 연결장치 • 새로운 기회 활용을 가능하게 할 수 있는 구조의 탐색의지 • 강도 높은 창의적 노력을 위한 자금지원
	관리통제 시스템	• 유연한 통제활동 • 창의적 개인에 대한 인내 • 혁신 실패로부터 학습능력
	보상정책	• 위험감수에 대한 보상, 실패에 대해 벌하지 않음 • 창의적 직감력에 대한 보상 • 주관적/질적 성과측정

차별화전략은 상품에 대한 충성심을 소비자들로부터 이끌어낼 수 있다는 장점이 있다. 따라서 차별화전략이 성공하면 이를 통한 경쟁우위를 지속시킬 수 있는 가능성이 원가우위전략에 비해서 커지게 된다.

차별화전략에는 몇 가지 위험이 있다. 고객이 원하는 이상으로 제품을 차별화하는 경우, 차별성에 대하여 고객들이 지불할 프리미엄 이상의 가격을 책정하는 경우, 소비자의 기호를 잘못 파악하는 경우에는 차별화를 통한 경쟁우위를 지속시키기가 어려워진다. 차별화전략의 특징을 정리하면 〈표 7-9〉와 같다.

(3) 집중화전략

집중화 또는 틈새(focusing or niche)전략은 시장 전체를 대상으로 하기보다는 시장의 특정부분만을 사업영역으로 설정하고 이를 집중적으로 공략하는 전략을 말한다. 집중화전략은 원가우위전략을 통해서나 차별화전략을 통해서나 가능하다. 예를 들면, 차별적 집중화전략으로 로렉스나 롤스로이스를, 원가차별화전략으로 우리나라의 이랜드와 지오다노와 같은 의류제품을 들 수 있다.

집중화전략은 일반적으로 다음과 같은 경우에 유용하다. 첫째, 산업이 크기나 성장률, 혹은 수익성에 있어 매우 다양한 형태를 가지고 있는 경우이다. 둘째, 틈새시장이 수익을 낼 수 있을 만큼 충분한 크기를 갖추고 있을 때이다. 셋째, 기업이 특정 시장에서 경쟁할 수 있는 기술과 자원을 보유하고 있을 때이다. 마지막으로 경쟁자들도 틈새시장을 공략하기에는 비용면에서나 관리 및 유통면에서의 경영노력 분산가능성으로 인해 제품확장의 노력을 기울이지 않는 경우에 유용하다.

(4) 경쟁전략의 실행

경쟁전략이 달라짐에 따라 이를 수행하는 데 필요한 내부자원이나 기능의 특성이 달라지게 될 뿐만 아니라 기업 전체의 경영방식에도 서로 상이한 점이 발생하게 된다. 〈표 7-10〉에서와 같이 원가우위전략을 수행하는 경우에는 주로 생산기능에 경영의 초점이 맞추어지게 되고 효율성을 중시

표 7-10 경쟁전략과 경영자원 및 조직구조

전 략	요구되는 경영자원 및 관리	조직구조
원가우위전략	• 생산부문 중시 • 특정 기능에 대한 숙련도 • 통제를 통한 관리 • 구성원들간의 경쟁 • 성과급	• 집권화 • 관료제 • 기계적 조직구조
차별화전략	• 마케팅 및 연구개발 중시 • 창의력 • 구성원 참여와 몰입 • 구성원간의 협동	• 분권화 • 유기적 조직구조

하게 된다. 이에 따라 극히 한정된 부문의 기술에 숙련된 구성원을 선호하고 생산성 향상을 위해 감독과 통제를 통한 경영방식을 도입하게 된다. 또한 자원의 인색한 배분과 성과에 대한 강박관념 등으로 인하여 구성원들간의 과다한 경쟁심을 유발할 가능성도 생기게 된다. 원가우위전략하에의 이러한 경영기능 및 자원의 특성으로 인하여 조직 전체적인 면에서 볼 때 일반적으로 집권적이고 관료적인 경향을 보이게 되고 조직형태도 기계적인 구조를 나타내게 된다.

차별화전략인 경우에는 경영의 기능 중에서도 마케팅이나 연구개발의 기능을 강조하게 된다. 구성원에게 요구하는 능력도 숙련도 향상을 통한 효율성의 제고보다는 구성원 개개인의 창의력을 요구하게 된다. 왜냐하면 구성원의 이러한 창의력을 바탕으로 환경변화를 빨리 읽고 이에 대처함으로써 자신들의 차별성을 유지할 수 있는 요소들을 파악하고 필요한 제품이나 서비스를 만들어낼 수 있기 때문이다. 따라서 통제에 의한 생산성 확보보다는 자유로운 분위기 속에서 구성원들의 창의력이 개발될 수 있도록 동기부여를 하게 되고 구성원들의 참여와 몰입을 유도하게 된다. 이러한 과정에서 구성원들은 동료와의 직접적인 경쟁보다는 팀내 구성원들간 혹은 경영기능간의 협동을 통하여 차별성의 제고에 기여하게 된다. 따라서 이러한 기능 및 자원의 특성을 원만하게 구조적인 틀 속에 수용하기 위해서는 권한위양을 통해 분권화하고 유기적인 조직의 형태를 갖추어야 하며, 이러한 조직구조를 통해 창의력을 개발하고 환경의 불확실성에 민첩하게 대처해야 한다.

3.5 기업전략: 다각화전략

앞서 다루었던 경쟁우위전략은 사업단위수준에서 전개되는 전략이다. 이제까지의 산업 및 경쟁자분석, 기업내부분석은 주로 단일사업을 영위하는 기업을 대상으로 한 것이었다. 여기에서는 전략수립과 실행주체를 한 수준 높여 기업차원에서 다루는 기업전략(corporate strategy)을 살펴보기로 하자.

여러 가지의 사업영역에 걸쳐 사업을 영위하는 기업에 관련된 전략이 기업전략이다. 기업전략은 경영전략의 계층상에서 가장 위쪽에 위치하는 전략이다. 기업전략은 다각화된 기업의 나아갈 방향을 제시하는 한편, 각 사업부나 계열회사의 사업부전략의 가이드라인을 제공함으로써 기업경영 전반에 대한 운영을 총괄할 수 있게 한다. 여기에서 기업전략으로 가장 많이 사용되는 다각화전략을 중심으로 다루고자 한다.

(1) 다각화전략의 의의

다각화(diversification)전략은 기업이 사업확장을 추구하면서 어떤 사업에 진출하는 것이 가장 많은 이익을 창출할 것인가와 관련된 전략이다. 이러한 다각화전략은 〈그림 7-15〉에 나타난 바와 같이 기업의 성장전략 중에서 신제품으로 신시장에 진입하는 전략이다.

그림 7-15 기업의 성장전략

제품 \ 시장	기존시장	신시장
기존제품	시장심화전략	신시장 개척전략
신제품	신제품개발전략	다각화전략

표 7-11 다각화의 동기와 다각화의 특성

다각화 동기	다각화 목표	경영자원 활용
시장장악력 확보	수익극대화	비효율적
경영자 개인이해 추구	경영자 이익극대화	비효율적
자원의 효과적인 활용	수익극대화	효율적
위험분산	위험의 분산	비효율적
기업통제	비효율적인 경영자 교체	효율적
시너지 효과의 창출	수익극대화	효율적

최근 유행하고 있는 다운사이징 등 규모축소를 위한 기업전략은 주로 기업의 효율성을 높이기 위한 단기적인 방안임에 반하여, 기업의 규모를 늘려나가는 전통적인 의미의 다각화전략은 보다 장기적인 안목에서 규모의 경제나 범위의 경제를 실현한다는 기본적인 목표를 두고 있다. 또한 기업의 효과성이나 환경적응성의 제고를 통해 기업의 경쟁우위를 확보하기 위한 전략적 대안의 일환이다.

(2) 다각화동기

기업의 다각화동기는 매우 다양하다. 다각화동기는 수익극대화를 위한 시장장악력 확보 및 자원의 효과적인 활용, 시너지 창출동기가 있다. 또한 경영자 이익극대화를 위한 경영자의 개인적 이해추구, 기업의 위험분산동기, 경영자 교체를 위한 기업통제동기에 의해서 이루어진다. 이러한 다각화동기에 따라서 자원활용의 효율성 또한 달라진다.

이러한 다각화동기 중 자원의 효과적인 활용, 기업통제, 시너지 창출동기는 경영자원의 활용측면에서 효율적이다. 그러나 시장장악력 확보, 경영자 개인이해 추구, 위험분산동기는 오히려 자원활용 차원에서 비효율적이다. 〈표 7-11〉은 다각화 동기와 다각화의 목적 및 자원의 활용 등을 정리한 것이다.

(3) 다각화전략 수립방법

다각화를 추진하는 방법은 여러 가지가 있다. 가장 전형적인 방법은 기

표 7-12 다각화 방법의 유형 및 특성

특 성		기업인수	내부개발
추진속도		빠름	느림
진입장벽		낮고, 극복이 용이함	높고, 극복이 힘듬
비 용		높음	낮음
다각화의 유형		비관련형	관련형
위 험	수립시	낮음	높음
	실행시	높음	낮음
환경의 변화속도		빠름	느림

업인수와 내부개발이다. 이들 각각의 특성을 정리하면 〈표 7-12〉와 같다.

1) 인수합병

인수를 통한 다각화전략은 가장 흔하게 사용되는 방법이다. 일반적으로 충분한 자금력과 적절한 인수대상기업만 파악할 수 있다면, 빠른 시일 내에 다각화를 완결할 수 있을 뿐만 아니라 진입장벽을 넘는 어려움도 비교적 덜하다.

그러나 성과나 경쟁력이 뛰어난 기업을 인수하려는 경우 높은 프리미엄을 지불해야 하는 부담이 있다. 인수를 통한 다각화는 조직문화의 차이, 인원활용에 있어서의 문제, 기타 경영상의 상이점으로 인하여 기대하는 만큼의 성과를 달성하지 못하는 수행상의 위험이 있다. 일반적으로 인수를 통한 다각화는 환경의 변화속도가 매우 빨라서 단기간 내에 진입장벽을 뛰어넘지 않으면 다각화의 진정한 의미를 찾을 수 없는 경우에 유용하다고 알려져 있다.

2) 내부개발

내부개발을 통한 다각화란 기존기업 내에서 연구개발 등의 방법을 통해 새로운 생산시설의 설립, 공급원의 개발 및 판매망의 확보로 새로운 사업영역을 만들어 새로운 산업에 진출하는 다각화의 방법을 말한다. 일반적으로 진입에 따른 시간적인 압박감이 적은 경우 적합한 다각화 방법이다.

일반적으로 관련형 다각화를 추구하는 경우에는 내부개발의 방법을 많이 사용하게 되는 반면, 비관련형 다각화를 추구하는 경우에는 인수합병을 통한 다각화를 많이 하게 된다. 또한 환경변화가 심할수록 내부개발보다는 인수합병에 의한 방법을 주로 쓰게 된다.

3) 조인트벤처

조인트벤처(joint venture)는 함께 모험한다는 의미를 담고 있으나, 근래에는 위험의 공유를 통해 이로 인한 타격을 줄이거나 자원이나 능력의 공유(pooling)를 통하여 서로간의 약점을 보완하고 협동하기 위한 방법이다.

그러나 특성상 한시적인 성격을 띠고 있는 조직형태이기 때문에, 다각화의 방법 중에서 가장 위험스런 것으로 지적되고 있다. 특히 파트너들간에 지분비율을 어떻게 할 것인가 하는 문제는 조인트벤처의 효과적인 통제와 경영권의 확보와 관련하여 매우 중요한 의미를 지닌다.

(4) 다각화전략의 수립

다각화전략을 수립하는 데 먼저 세 가지 선행요소를 고려해야 한다. 다음으로 포트폴리오 분석방법 중 성장-점유율 매트릭스를 활용하여 다각화전략을 수립한다.

1) 다각화전략 수립의 선행요소

다각화가 정당성을 갖기 위해서는 매력도, 진입비용, 상승효과를 먼저 고려해야 한다.

첫째, 다각화를 위한 매력도(the attractiveness test) 요소이다. 매력도는 다각화를 위해 선정된 산업이 높은 수익률을 창출할 수 있는 잠재력을 의미한다. 이를 알아보기 위해서는 잠재적 진입자, 공급자, 수요자, 경쟁자, 대체재 등 산업의 수익력을 결정하는 요소들에 대한 심층분석이 필요하게 된다.

둘째, 다각화를 위한 진입비용요소이다. 산업의 구조가 높은 수익률을 제공할 수 있을 때 매력이 있는 산업이라고 할 수 있다. 즉, 산업이 매력적이라는 것은 높은 진입장벽으로 인해 잠재적 진입자들의 기업내 진출이 어려운 상황이므로 이러한 산업에 진입하기 위해서는 이에 상응하는 비용을 지불해야만 한다. 따라서 다각화를 위한 분석을 하는 데 있어서 매력도와 함께 새로운 산업에 진입하는 데 따르는 비용은 과연 얼마나 될 것인가를 고려해야 한다. 아무리 수익잠재력이 뛰어난 산업이라 할지라도 진입에 따르는 비용이 더 큰 경우에는 다각화의 의미가 퇴색되어 버리는 것이다.

셋째, 다각화를 통한 상승효과(the better-off)이다. 다각화가 진정한 의미를 가져다주기 위해서는 새로운 사업영역의 진출을 통해 상승효과를 기대할 수 있어야만 한다. 기존의 기업이 새로운 사업영역에 대하여 경쟁우위를 가져다줄 수 있는 가능성이 있거나 혹은 새로운 사업영역이 기존기업의 어떤 사업영역에 경쟁우위를 가져다줄 수 있어야만 한다.

2) 포트폴리오 분석: 성장-점유율 매트릭스

포트폴리오 분석(portfolio analysis)은 다각화된 기업의 사업영역 각각을 마치 주식투자에 있어 포트폴리오를 형성하는 것과 동일하게 생각하여 사업영역을 선택하고 매각하는 데 대한 판단의 기준을 마련해주는 한편, 전

그림 7-16 성장-점유율 매트릭스

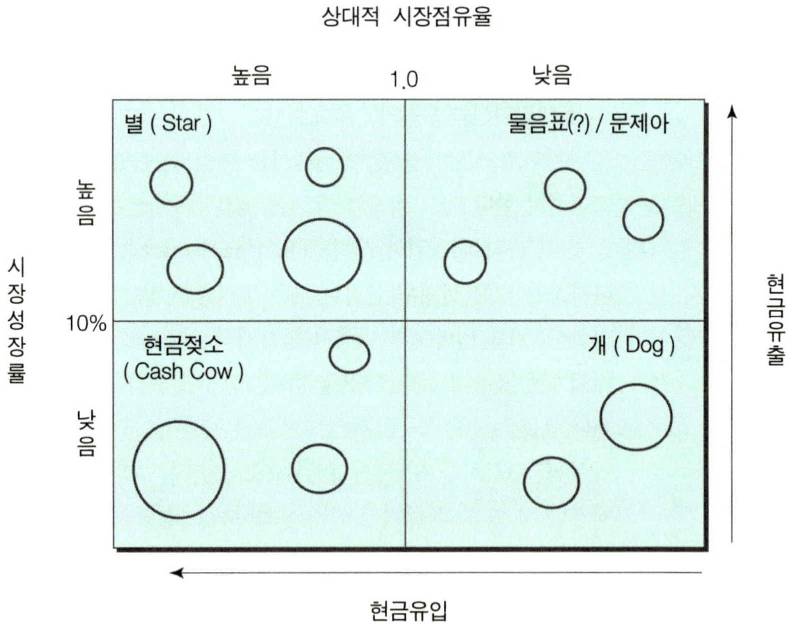

체기업의 사업구성을 조망할 수 있도록 하는 분석방법이다.

흔히 사용되는 포트폴리오 분석방법에는 성장-점유율 매트릭스, GE매트릭스, 시장진화 매트릭스 등이 있다. 여기에서는 BCG(Boston Consulting Group)의 성장-점유율 매트릭스(growth-share matrix)를 중심으로 포트폴리오 분석에 대하여 살펴보자.

BCG매트릭스는 상대적인 시장점유율과 시장성장률을 기준으로 한다. 상대적인 시장점유율은 해당 사업부의 시장점유율과 산업 내에서 가장 강한 경쟁기업의 시장점유율과의 비율을 말한다. 해당 사업부의 시장성장률이 전산업 평균성장률보다 성장률이 높으면 'high', 전산업 평균보다 낮으면 'low'로 분류된다. 그리고 각 셀에 표시된 원의 크기는 기업 전체에서 해당 전략사업단위(SBU: strategic business unit)의 매출 혹은 자산이 차지하는 상대적 비중을 의미한다. 〈그림 7-16〉은 이를 나타내주고 있다.

이 매트릭스에 의하면, 시장점유율이 높아질수록 기업에 들어오는 돈은 많아지고, 시장성장의 잠재력이 크면 클수록 나가는 돈이 많아진다는 것이다. 따라서 상대적으로 나가야 할 돈은 적고 들어오는 돈은 많은 현금젖소(cash cow)를 가능한 한 통통하게 살을 찌우고 서서히 추수를 준비하면서 남는 자원(돈)을 다른 곳에 투자함으로써 기업이 개(dog)의 상태로 옮아가는 것을 방지해야 한다는 것이다.

이러한 성장-점유율 매트릭스는 두 가지 기본적인 가정을 하고 있다. 하나는 시장점유율과 수익률간에 정(正)의 관계를 가진다는 것이다. 경험곡선효과와 규모의 경제라는 개념에 근거하여 시장점유율이 높은 기업은 비용주도전략을 추구할 수 있는 위치에 있다는 것이다. 일단 경험곡선효과를 누릴 수 있는 기업은 싼 가격에 제품을 생산하여 판매할 수 있고 이를 통해 시장점유율 제고를 통한 리더가 될 수 있다는 것이다. 다른 하나의 가정은 기업 혹은 산업의 수명주기가 초기단계(question mark), 성장단계(star), 성숙단계(cash cow) 그리고 쇠퇴단계(dog)를 거친다는 것이다.

물음표(question mark, problem children)에 속한 사업부는 성공할 잠재력은 있으나 이를 실현하기 위해서는 많은 자금이 소요된다. 물음표에 속한 사업부는 스스로 자금을 조달할 여건이 되지 못하기 때문에 현금젖소와 같은 다른 사업부의 지원을 필요로 하게 된다.

스타(star)에 속한 사업부는 시장점유율이 높기 때문에 자원조달이 원활하고 시장성장률이 높기 때문에 설비투자나 연구개발투자 등에 많은 자원을 또한 필요로 하게 된다. 따라서 이러한 사업부가 할 일은 현상을 유지하면서 시장성장률이 둔화하는가 여부를 예의주시하고 시장점유율을 더욱 높이는 것이다. 가능하다면 시장성장률을 둔화시킬 수 있는 방안을 모색할 수도 있을 것이다.

현금젖소(cash cow)는 시장성장률이 둔화된 시장상황에서 시장점유율이 높은 경우이므로 소요되는 자원보다는 벌어들이는 자원이 많다. 따라서 여유자원을 충분히 비축하고 이를 물음표(?)와 같은 새로운 사업부에 투자함으로써 기업 전체의 자금흐름의 균형을 유지하고 자원을 효율적으로 활용할 수 있게 된다.

개(dog)의 위치에 있는 사업부는 시장이 성숙된 경우이다. 투자해야 할 자원은 많이 필요로 하는 데 반해, 이를 지원할 수 있는 자금을 벌어들이지 못하는 사업부이므로 이러한 사업부는 처분하도록 권고하고 있다.

결국, 바람직한 다각화란 자금을 원활하게 운용할 수 있도록 현금젖소에서 물음표로, 물음표에서 스타, 그리고 스타에서 현금젖소의 과정을 순환적으로 지속할 수 있는 경우라고 할 수 있다. 기업입장에서는 각각의 셀에 속한 사업부를 균형 있게 보유함으로써 자금수급의 균형을 유지해야 하는 것이다. 성장-점유율 매트릭스는 잘 활용되기만 한다면 복잡한 사업구성을 갖고 있는 다각화된 기업의 사업부 전체에 대한 대체적인 현황을 파악하고 기업 전체의 그림을 한눈에 볼 수 있다는 점에서 매우 유익한 도구라고 할 수 있다.

(5) 다각화전략의 유형

다각화에 대한 유형분류는 학자들에 따라 매우 다양하다. 대표적으로 다각화전략 유형은 관련다각화, 비관련다각화, 수직계열화로 다각화전략 유형을 구분하고 있다.

1) 관련다각화

관련다각화(related diversification)는 제품이나 판매망, 기술 또는 생산방식, 원재료 등이 서로의 연관성을 갖도록 다각화하는 경우를 말한다. 일반적으로 관련다각화에서는 기술이나 조직구성원의 기능, 판매망, 경영 노하우, 제품 등이 전략적 적합성을 통한 시너지 효과를 창출할 수 있을 때 바람직한 전략으로 인식되고 있다.

2) 비관련다각화

비관련다각화(unrelated diversification)는 제품이나 판매망, 기술 또는 생산방식, 원재료에서 사업영역간의 큰 상관이 없이 이루어지는 다각화의 유형을 말한다. 비관련다각화는 전략적인 적합성이나 시너지를 추구하는 목적보다는 위험의 분산이나 재무적인 적합성 등을 추구하기 위한 다각화방법이라고 할 수 있다. 여기에서 재무적인 적합성(financial fit)이란 내부자금시장의 효율성뿐만 아니라, 위험분산에 따른 파산위험의 감소나 기업의 크기가 커짐으로 해서 생기는 장점 등에 따른 자금조달능력의 확보를 의미한다. 가령, 섬유제품을 생산 · 판매하는 회사가 자기고유의 사업영역을 벗어나 식품사업에 참여하는 경우가 이에 해당된다.

3) 수직계열화

수직계열화(vertical integration)는 주어진 산업 내에서의 경쟁의 범위를 확장하는 전략이다. 예를 들면 석유탐사 및 채굴에서부터, 유조선, 파이프라인, 정유시설, 육로수송시설 및 주유소까지를 기업내부에 포함시키는 것을 말한다. 공급선 쪽으로 수직계열화하는 것을 후방수직계열화(backward vertical integration)라고 한다. 예를 들어 석유산업에서 정유시설만을 보유하다가 유조선이나 석유탐사까지 사업영역을 확대하는 경우가 해당된다. 최종소비자 쪽에 가까운 사업영역으로 확장하는 것을 전방수직계열화(forward vertical integration)라고 한다. 예를 들어 정유시설만을 보유하던 회사가 주유소 사업까지 경영활동을 확대하는 경우가 해당된다.

수직계열화의 효과가 최대한 발휘되기 위해서는 기업의 장기적 전략방향과 성과목표와 연계성이 유지되어야 한다. 또한 계열화를 통하여 산업 내에서의 위치가 얼마만큼 강해질 수 있는가의 문제와 이를 통한 경쟁우위 향상 및 유지 등이 충분히 고려되어야 한다.

경영사례 플러스

CASE+

한중관계의 채찍효과와 나비효과

한국의 대중(對中)수출이 대미(對美)수출을 앞지르면서 중국은 명실공히 한국시장에 가장 영향력 있는 국가 1순위라고 할 수 있다. 따라서 중국 시장과 맞닿아 있는 우리로서는 중국시장에 대한 전략적인 시각을 갖는 것이 필요하다.

채찍효과(Bullwhip Effect)는 황소를 몰 때 쓰는 채찍의 손잡이 부분에 작은 변화가 생겨도 채찍의 끝에 큰 파동이 생긴다는 개념이다. 예를 들어 하루 매출이 100±10개인 햄버거점이 있다고 했을 때 이들은 평균 100개의 판매를 하지만 수요가 많을 때를 대비해 매일 110개의 햄버거 빵을 주문하게 된다. 이들 햄버거점에 햄버거빵을 공급하는 제빵사의 경우는 모든 햄버거점에서 동시에 수요가 상승할 경우를 대비하여 1,100개의 빵을 안전재고(safety stock)로 잡고 더 많은 밀가루를 주문하게 되고 다시 밀가루 업체는 편차를 고려해 밀을 더 많이 주문하게 되는데 이와 같은 것을 채찍효과라고 한다.

나비효과(Butterfly Effect)는 겉으로 보기엔 전혀 무관하지만 아주 사소하고 미미한 요인이 엄청난 결과를 불러올 수 있다는 점을 강조한다. 실례로 미국의 한 주식 투자자가 브라질에 비가 왔다는 기사를 보고 스타벅스 주식을 사 큰 재미를 보았다고 한다. 세계 최대의 커피 생산국인 브라질에 비가 와서 가뭄이 해소되면 커피 생산량이 늘게 될 것이고 커피 원료값이 크게 떨어져 스타벅스의 이윤이 늘어날 것이라고 예상했다고 한다.

대중국 의존도가 단기간에 급상승한 우리 경제도 채찍효과와 나비효과를 생각하지 않을 수 없는 상황이 됐다. 대중국 수출품목에서 원부자재의 비중이 약 70% 가량 차지하므로 중국 소비자들의 미세한 변화가 국내에선 자칫 과도한 안전재고를 야기할 수 있기 때문이다. 따라서 중국시장 점유율 확대만이 아닌 채찍효과와 나비효과의 부작용을 최소화하기 위한 대책 마련이 필요한 시점이다. 현지 투자기업에게 원부자재를 수출하는 B2B 구조보다는 소비재를 가지고 소비자와 직접 만나는 B2C 진출 전략이 더 긴요하다고 할 수 있다.

자료: KOTRA, 2004년 4월 20일

요 / 약

1 경영자원은 기업경영을 위한 출발점이자 기본적인 구성요소가 된다. 이러한 경영자원은 기업경영의 투입요소로서 기업의 자원이나 요소를 의미한다. 경영자원은 기업이 보유하고 있는 모든 자산, 능력, 정보, 지식 등을 포함한다. 즉, 기업의 경영자원은 기계와 같은 자본재, 종업원들이 보유한 기술, 기업이 보유한 특허권과 브랜드 등을 포함한 총체적인 자원을 말한다.

2 경영자원은 기업 경영전략의 기초로서, 기업 수익창출의 원천으로서 그 역할을 한다.

3 경영자원은 유형자원(tangible resource)과 무형자원(intangible resource), 인적자원(human resource)으로 크게 나눈다. 유형자원은 크게 물적(physical)자원과 재무적(financial) 자원으로 구분된다. 무형자원은 크게 무형자산(intangible assets)과 기술(skills)로 구분된다. 인적자원(human resources)은 조직에 고용된 사람과 관련이 있다. 인적자원의 개발은 기업경영의 사활을 결정할 만큼 현대 기업경영에서 중요시되고 있다.

4 경영자원의 평가는 어떠한 경영자원이 기업의 성과를 올리는 수익을 가져오는가를 평가하는 것이다. 이러한 평가는 전용가능성, 내구성, 이전가능성, 복제가능성 등의 경영자원이 지니고 있는 속성을 기준으로 이루어진다.

5 인적자원에 대한 접근은 행동주의적 접근법, 인지적 접근법, 절충적 접근법으로 이루어져 왔다. 또한 인적자원의 특성은 지각, 학습, 성격, 태도, 동기 등의 핵심적인 차원에서 접근된다.

6 인적자원의 특성 중 기업경영에서 직접적으로 중요한 것이 인적자원의 동기이다. 동기(motive)는 행동을 일으키고 방향을 지시하는 요인으로, 환경적 요소에 반응하여 행동에 영향을 미치는 심리적 요소로 작용한다.

7 동기부여(motivation)는 기업의 목표달성을 위해 종업원의 지속적 노력을 효과적으로 발동시키는 것이다. 즉, 동기부여는 인간의 행동을 개발하고, 그 개발된 행동을 유지하며, 더 나아가서는 그들을 일정한 방향으로 유도해가는 과정을 말한다.

8 동기부여이론은 크게 내용이론과 과정이론으로 구분된다. 내용이론(content theory)은 인간의 행동을 유발하고 방향을 제시하며 유지하거나 멈추도록 하는 인간내부에 존재하는 요인에 대한 이론이다. 과정이론(process theory)은 개인의 행위가 일어나는 과정에 초점을 두고 행동이 어떻게 유도되고 어떤 단계를 밟아 진행되는가를 연구하는 이론이다.

9 동기부여의 내용이론에는 매슬로우(Maslow)의 욕구단계이론, 알더퍼(Alderfer)의 ERG이론, 허츠버그(Herzberg)의 2요인이론, 맥클리랜드(McClelland)의 성취동기이론 등이 대표적이다. 동기부여의 과정이론에는 기대이론, 공정성이론, 강화이론, 목표설정이론 등이 대표적이다.

10 경영전략은 희소한 경영자원을 배분하여 기업에 경쟁우위를 창출하고 유지시켜 줄 수 있

는 주요한 의사결정을 말한다.

11 경영전략은 「기업사명 및 비전 설정→기업목표 설정→전략수립→전략실행→전략통제」의 구성과 과정을 통해 이루어진다. 특히 경영전략은 전략수립단계와 전략실행단계를 강조하고 있다.

12 기업사명(mission) 및 비전(vision)은 기업의 존재하는 이유를 밝혀주는 정체성을 확인시켜주고 사업의 범위를 결정하는 역할을 한다. 기업의 전체목표를 설정하기 위해서는 목표의 달성가능성, 도전성, 구체성의 3가지 요건을 충족시켜야 한다.

13 기업의 목표가 설정된 후, 목표를 달성하기 위해서는 어떠한 행동을 취하여야 할 것인가를 계획하고 결정하는 것이 전략수립(strategy formulation)이다. 전략수립을 하는 이유는 목표달성을 위해 최대한 신속하고 체계적으로 달성하는 방법을 모색하기 위한 것이다. 전략수립단계에서는 매력적인 사업영역을 확보하고 지속적인 경쟁우위를 가지도록 사업범위, 핵심역량, 경쟁우위, 시너지 등을 고려해야 한다.

14 효과적인 전략실행을 위해서는 기업내부적인 과정에 대해 폭넓은 지식을 지니고 있는 경영자들이 스스로의 특성에 적합하도록 관리메커니즘을 활용해야 한다. 전략실행단계에서는 조직구조, 관리활동 및 조직문화 형성을 고려하게 된다.

15 전략통제를 위해서는 통제의 기준이 있어야 하며, 그 기준은 일반적으로 기업의 목표에 의해서 결정된다. 성과가 목표와 차이를 보이는 경우 그 원인을 찾아내고 치유책을 모색하는 과정이 전략통제의 핵심이라고 할 수 있다.

16 경영전략의 유형은 일반적으로 조직이 환경변화에 적응하는 패턴으로 보고 구분되고 있다. 대표적으로 마일즈(Miles)와 스노우(Snow)는 환경에 대한 조직의 적응으로 기업가적 문제해결→관리적 문제해결→기술적 문제해결 사이클을 중심으로 방어형, 공격형, 분석형, 낙오형으로 구분하였다.

17 산업구조 분석은 사업부수준의 전략과 기업수준의 전략을 수립하는 데 아주 중요한 역할을 한다. 기업전략은 그 기업이 어느 신규사업분야로 진출하고, 어느 사업분야에서 탈퇴할 것인가에 관한 결정을 한다. 마이클 포터(Michael Porter)의 산업구조 분석모형에서는 산업 및 기업간의 경쟁, 신규진입가능성, 대체재의 압력, 구매자 교섭력, 공급자 교섭력 등 다섯 가지 경쟁적인 세력에 의해 산업의 수익률이 결정되는 것을 보여준다.

18 경쟁전략 수립을 위해서 SWOT분석을 활용한다. 외부환경요인 및 기업내부요인에 대한 분석을 기초로 하여 전략목표를 달성할 수 있는 가능한 최적의 전략대안들의 수립방향과 지침을 제시해주는 기법이 SWOT분석이다. 이러한 SWOT자료를 토대로 경쟁전략이 수립된다.

19 사업부수준의 경쟁우위전략은 원가우위전략, 차별화전략, 집중화전략 등 포터의 본원적 전략이 있다. 기업전략(corporate strategy)은 여러 가지의 사업영역에 걸쳐 사업을 영위하는 기업에 관련된 전략이다. 기업전략으로 가장 많이 사용되는 것이 다각화전략이다.

20 다각화(diversification)전략은 기업이 사업확장을 추구하면서 어떤 사업에 진출하는 것이

가장 많은 이익을 창출할 것인가와 관련된 전략이다. 기업의 다각화동기는 수익극대화를 위한 시장장악력 확보 및 자원의 효과적인 활용, 시너지 창출동기가 있다. 다각화를 추진하는 가장 전형적인 방법은 기업인수와 내부개발이다.

21 다각화전략을 수립하는 데 먼저 매력도, 진입비용, 상승효과 등의 선행요소를 고려하고, 포트폴리오 분석방법 중 성장-점유율 매트릭스를 활용하여 다각화전략을 수립한다. 다각화전략 유형은 대표적으로 관련다각화, 비관련다각화, 수직계열화로 구분된다.

생각해볼 문제

1 경영사례플러스의 "목욕탕 삼국지"에서 H사우나의 폐업원인은 무엇인가?

2 경영자원의 정의와 경영자원의 종류, 그리고 그 예를 정리해보자.

3 강화이론을 설명하라.

4 동기부여의 내용이론에 대해 비교설명하라.

5 경영전략을 수립할 때 경쟁우위를 가지기 위한 4가지 요소를 설명하라.

6 포터의 산업구조 분석모델을 설명하라.

7 경쟁우위확보전략에 대해 논하라.

8 기업의 성장전략에 대해 설명하라.

CHAPTER

8

UNDERSTANDING BUSINESS

1. 경영조직의 개념과 구성요소
2. 경영조직의 상황변수
3. 경영조직의 형태

경영조직의 이해

경영사례 플러스

CASE+

델컴퓨터 잘나가는 이유— '압력솥 기업문화' 가 경쟁력

"세계 1위 개인용 컴퓨터(PC) 메이커인 델컴퓨터가 해마다 승승장구하고 있는 까닭은 마이클 델 최고경영자(CEO)의 독특한 경영철학 덕분이다."

비즈니스위크 최신호(11월3일)는 "인터넷 직접판매를 통한 박리다매 방식의 사업모델 이외에도 긴장을 결코 늦추지 않는 "압력솥(pressure-cooker) 기업문화"가 델컴퓨터의 또 다른 경쟁력"이라며 이같이 보도했다.

때문에 오는 2006년까지 매년 15%씩 성장, 연 6백억 달러의 매출을 달성하려는 델컴퓨터의 계획은 실현가능성이 매우 높다는 게 비즈니스위크의 분석이다.

"5초간 기뻐하고 5시간 반성하라"

델 CEO는 "자기만족"을 기업경영의 최대 적으로 간주한다. 엄청난 판매실적을 거둔 직원들에게도 칭찬은 짧게 하는 대신 향후 더 나은 판매법을 찾아보라고 독려한다.

이와 같은 분위기가 전 사업부문으로 확산되면서 "5초간 승리를 기뻐한 뒤, 무엇을 더 잘할 수 있었는지 5시간 반성하라"는 슬로건까지 생겼다. "쉬운 목표"는 결코 "목표"가 될 수 없다는 것도 이 회사가 가진 기업문화다.

힘든 과제를 던져주고 최선의 노력으로 최대 결과를 낼 수 있도록 직원들에게 요구한다. 예를 들어, 델컴퓨터 직원들은 단순한 매출 신장뿐 아니라 영업 마진율 등 다양하고도 엄격한 기준으로 평가를 받고 있다.

이처럼 불도저식 경영을 강조하다보니 사내에서는 언제나 "직접 화법"이 사용된다. CEO에서부터 하급직원까지 자신의 생각을 가감없이 표현하며, 문제가 발견되면 상급자에 대해서도 신랄한 비판을 할 수 있는 통로를 마련해 놓았다.

한 명의 "스타"보다 단결력을 중시

델 CEO는 실적에 대해서는 어떠한 변명도 용납하지 않는다.

문제점을 인정하고, 곧바로 대안을 제시할 줄 아는 직원들에게 더 후한 점수를 준다. 특히 분기별로 이뤄지는 사업부별 재평가 시간은 매우 혹독하며, 문제점에 봉착한 담당자는 다음번 회합 때까지 해결책을 가져오는 게 관례화돼 있다.

책임소재를 분명히하기 위해 "공동책임제"(two-in-a-box)가 운영되는 것도 특징이다. 한 프로젝트에 두 명의 간부를 투입, 상호 약점을 보완하고 실적이 나쁠 경우 함께 책임을 지는 제도다. 한 명의 "스타"를 만들기보다는 공동책임제를 통해 회사내 단결력을 높여 경쟁력을 극대화한다는 의미다.

실적 우선의 "긴장된" 기업문화 때문에 직원들에게는 비용절감운동이 항상 몸에 배 있다. 특히 매니저급 이상 간부들은 부품 생산에서 매출에까지 비용과 관련한 모든 정보를 꿰뚫고 있도록 요구한다.

자료: 한경, 2004년 10월 27일

앞 장에서 기업경영에 필요한 유 · 무형의 경영자원과 기업의 비전과 성장의 동력일 수 있는 경영전략에 대해 공부하였다. 그런데 경영조직의 궁극적 목적은 기업 스스로 시장환경에 알맞은 전략을 수립하고, 주어진 경영자원의 효율적 배분 및 활용을 통해 이익의 창출이지만 그 이면에 '경영조직을 어떻게 설계해야 할 것인가?'가 중요한 이슈이다.

경영조직의 설계는 마치 건축물 설계도를 작성하는 것에 비유할 수 있다. 물론 건축물을 비롯한 모든 구조물은 각 건축물마다 설계도의 생김새가 다른 것처럼 보이지만 유심히 살펴보면 공통된 요소를 추출해낼 수 있다. 즉, 설계도를 구상하고 그릴 때 일상적인 기본원리가 존재하기 때문이다. 설계도는 이러한 기본원리에 따라 완성되어야 비로소 이를 기준으로 건축시공에 들어갈 수 있다. 한편, 설계도마다 동일한 기본원리를 이용하는 데도 각각 다른 이유는 건축물마다 주어진 땅의 평수, 경사 및 형태와 같은 생김새, 땅의 특성 등에 적합하도록 설계되어야 하기 때문이다.

경영조직의 구조도 마찬가지이다. 각 기업의 경영조직마다 그 구조에 공통된 원리가 있으며 특성이 상이하다. 모든 기업은 수행하는 과업과 사람을 기준으로 하기 때문에 공통되는 원리가 있는 반면에 기업마다 처한 상황이 다르다. 종업원 수, 매출액, 시장규모, 생산공장의 크기, 주생산품의 기술, 고객특성, 정부규제환경, 소유주의 구성 및 의사결정권한 등이 상이할 수 있기 때문이다.

본 장에서는 이러한 경영조직의 설계에 대하여 이해해 보기로 한다. 경영조직의 구조를 설계하기 위해서는 경영조직을 형성하고 있는 기본원리와 경영조직 설계에 영향을 주는 상황변수를 이해해야 한다. 우선 경영조직에 대해 간략히 살펴보기로 하자.

01 경영조직의 개념과 구성요소

UNDERSTANDING BUSINESS

1.1 경영조직의 개념과 중요성

조직이란 특정한 목적을 추구하기 위해 구성된 사회적 단위 혹은 이들의 집합을 말한다. 가령, 학교, 병원, 기업이 대표적인 조직이다. 경영조직(business organization)이란 경영목적을 달성하기 위하여 필요한 여러 활동을 많은 경영구성원에게 분담시키고 그 관계들을 규정하며, 여러 활동이 전체적으로 유효하게 이루어지도록 통합한 협동활동 시스템을 말한다.

경영조직의 첫째 요소는 경영목적의 존재이다. 경영목적은 포괄적 · 추상적 · 전체적인 상위목적(예를 들면, 존속 · 성장)에서부터 구체적 · 부분적인 하위목적(예를 들면, 원가절하)에 이르는 연쇄체계(連鎖體系)이다. 경영조직은 이 연쇄체계에 대응하여 전체적 목적을 추구하는 전체조직과 이를 구성하고 또 이에 내포되면서 부분적인 목적을 추구하는 각종 부분조직, 즉 부과(部課) · 영업소 등으로 나누어진다. 부분조직의 구분 중 가장 널리 행해지고 있는 것은, 경영관리조직과 작업조직으로 구분하는 것이다.

경영조직의 둘째 요소는 많은 협동활동자, 즉 경영구성원의 존재이다. 조직의 규모가 커지고 분업이 철저해지면, 모든 협동활동자들이 목적을 주체적으로 이해하고, 협동활동을 의욕적으로 행한다고 할 수는 없다. 오히려 많은 사람들은 임금획득 등의 수단으로서 경영조직에 참가한다. 이처럼 경영목적과는 별도의 개인목적을 가진 많은 사람들에게 협동활동을 지속하게 하기 위해서는, 임금으로 대표되는 물질적 유인(誘因)이나 지위 · 기회 같은 비물질적 유인을 마련해 주어야 한다.

경영조직의 셋째 요소는 경영목적을 각 조직구성원에게 주지시키고, 또 각자가 합리성이 높은 행동을 할 수 있도록 필요한 정보를 전달하는 커뮤니케이션이다. 이는 지휘명령, 책임과 권한관계의 명확화, 보고제도의 정비, 각종 회의, 경영정보 시스템 등으로 구체화된다.

경영조직을 좁은 뜻으로 해석할 경우에는 목적달성에 필요한 여러 가지 일, 즉 기능을 배분하고 각종 직위와 기관을 설정하여, 그러한 각종 직위나 기관의 책임과 권한관계를 규정화한 조직구조만을 말한다. 여기서는 조직도(組織圖)에 표시된 것과 같은 정태적(靜態的)인 기구가 경영조직이다. 그러나 이러한 경영조직은 조직의 기초이긴 하지만, 그 일부에 불과하다.

현실의 경영조직은 좁은 뜻의 조직구조를 기본적으로 두고서, 감정과 성격을 달리하는 살아 있는 사람들이 직위를 차지하고 기관을 구성하여, 서로 협력과 갈등을 되풀이하면서 활동을 해나가고 있다. 즉, 조직구조란 주로 기업의 성공적인 경영활동을 위해 필요한 일과 부서, 직위나 권한관계 등을 안정적으로 짜놓은 틀 또는 뼈대를 말한다. 따라서 경영조직을 동태적(動態的)으로 파악하기 위해서는 우선 기본적으로 사람과 사물 및 기술의 시스템으로 파악하고, 그것이 의사결정에 의해 움직여 나간다고 보아야 한다. 즉, 경영조직을 맨머신시스템(man-machine system)과 정보시스템의 통합으로 보려는 것이 새로운 경영조직관인 것이다.

1.2 경영조직의 구성요소

경영조직은 단단한 뼈대를 만들어주는 구성요소와 부드러운 접착제와 같은 조직과정의 상호작용으로 형성되는 것이다. 여기서는 〈그림 8-1〉과 같이 경영조직의 세 가지 구성요소들로서 복잡성(과업의 분업화와 통합), 공식화, 그리고 집중화(권한의 배분과 책임)에 대해 알아보기로 한다.

먼저 복잡성(complexity)이란 조직분화의 양을 고려하는 개념이다. 즉, 노동의 분업이 많을수록 조직의 수직적 계층이 많아지며, 조직단위의 지역적 분산이 이루어질수록 사람과 활동을 조정하기가 어려워진다. 복잡성은 분업화(specialization)라고도 하며, 조직이 하부단위로 세분화되는 과정을 말한다. 여기에서 수직적 분화는 부문화로 기능별, 제품별, 고객별, 지역별 부문화가 있으며, 수평적 분화는 계층을 의미한다.

공식화(formalization)란 조직이 구성원의 행동을 지시할 규칙과 절차에 의존하는 정도 또는 규율과 규칙이 활용되는 정도를 말한다. 가령, 어떤 조직은 표준화된 지침이 거의 없이 운영되는가 하면, 어떤 조직은 할 수 있는 것과 없는 것을 종업원들에게 가르치는 다양한 규제형태를 갖고 있다. 즉, 조직의 규제와 규칙이 많을수록 공식화가 높다고 평가하면 된다.

그림 8-1 기업조직 형성의 기본원리

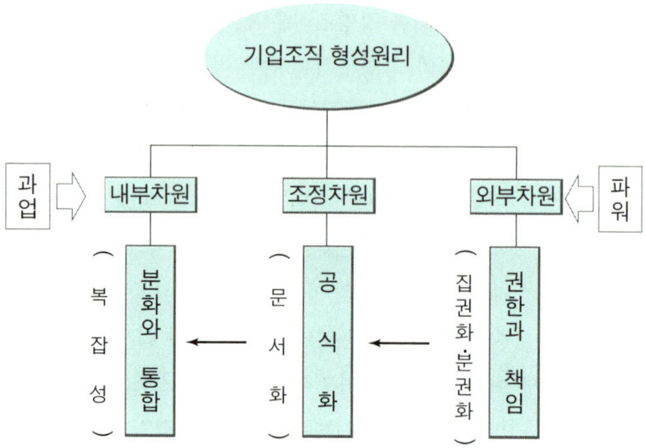

집권화(centralization)란 의사결정 권한이 조직의 CEO들에게 집중되어 있는 것을 말한다. 분권화는 의사결정권한이 조직내 각계각층에 있는 여러 사람에게 분산되어 있는 것을 말한다. 따라서 의사결정이 집권화되어 있을 때 문제에 대한 적절한 행동을 선택할 권한은 중역에게 집중되나 분권화되어 있을 때는 하위계층으로 위양된다.

1.3 복잡성의 원리

복잡성(complexity)이란 앞에서 조직분화의 양을 고려하는 개념이라고 했다. 즉, 조직의 구성원에게 특정 과업을 어느 범위까지 그리고 어느 정도 깊이 부여할 것인가와 관련된 것이 분업화와 통합이다. 분업화와 통합은 기업의 목적을 효과적으로 달성하기 위해서 필요한 일을 정하고 분담하거나 비슷한 여러 일들을 묶어주는 활동이다.

과업의 분업화는 달리 말하면 구성원들이 노동을 협력적으로 분업(division of labor)하는 것이다. 각자 맡은 분야의 과업을 지속적으로 수행함으로써 학습효과로 인해 전문가 능력을 갖추게 될 것이다. 따라서 분화의 원리는 전문화(specialization)의 원리와 일맥상통한다. 같은 일을 반복함으로써 자신의 고유 과업에 대하여 숙련이 되고, 새로운 기술을 시행착오를 거쳐 개발함으로써 그 분야의 전문가가 되도록 해주는 것이 분화의 논리이다. 분화는 개인적으로는 능력개발과 조직차원에서는 성과향상을 가져다준다.

한편, 과업의 분업화는 수평적 분업화와 수직적 분업화로 나누어진다.

(1) 수평적 분업화 및 수직적 분업화

수평적 분업화(horizontal specialization)란 조직구성원이 책임을 지고 수행해야 할 과업의 범위, 즉 몇 가지의 다른 일을 수행하느냐의 문제이다. 수평적 분업화의 목적은 과업의 생산성을 제고시키기 위함이다. 가령, 핸드폰 조립공장에서 한 종업원이 모든 부분품을 가져다가 혼자서 완성품을 조립한다면 수평적 분업화의 정도는 낮을 것이다. 즉, 과업이 수평적으로 분업화가 되어 있지 않다는 뜻이다. 그러나 핸드폰 조립공장에서 한 종업원은 핸드폰 조립에 하루 종일 부품에 대해서만 반복작업하고 옆의 종업원은 조립과정의 또 다른 부품만을 삽입하는 작업을 한다면 수평적 분업화 정도는 대단히 높다고 평가할 수 있다.

수직적 분업화(vertical specialization)란 특정과업을 수행함에 있어서 과업수행방법의 결정이나 후속조치에 대하여 어느 정도나 재량권과 책임을 가지고 있느냐의 문제이다. 수직적 분업화의 정도가 높다는 것은 과업 수행방법의 결정이나 후속조치에 대해 아무런 재량권이나 책임 없이 타인에 의하여 결정된 수행방법에 의해 과업만을 반복하는 경우를 말한다. 실제적으로 기업들은 자기조직 구성원들의 시장환경에 대한 대응능력이 뛰어나다면 대체로 수직적 분업화의 정도가 낮다는 것을 알 수 있다. 이것은 그만큼 시장에 대한 유연한 대응력과 그 시장에 대응하고자 하는 인적자원의 역량을 신뢰하기 때문이라고 평가할 수 있다.

(2) 직무전문화와 부문화

직무전문화(job specialization) 또는 역할전문화(role specialization)란 수행하는 일의 성격에 따라 일을 세분화하여 개개인의 능력과 개성에 맞게 과업 또는 역할을 할당하는 것을 말한다. 말 그대로 개별 사람에게 과업을 나누어 수평적으로 할당하는 것이다. 일반적으로 다른 조건이 같다면 직무전문화가 진행될수록 조직의 수평적 분화가 증대되어 더욱 복잡한 조직이 된다.

기업에서는 전문화로 인해 복잡성이 증대되는데 전문화를 추구하는 이유는 분업의 효율성 때문이다. 가령, 우리 속담에 '백지장도 맞들면 낫다'라는 의미에서 분업의 효율성을 찾아볼 수 있다. 분업은 인간의 물리적 한계, 지식의 한계를 극복하게 해주며, 원자핵폭발에 나타나는 시너지 효과를 발생시키기도 한다.

부문화(departmentation)는 직무를 어떤 논리적 기준에 따라 집단화시키는 과정으로, 수평적 분화라고도 한다. 즉, 통합의 원리에 따라서 세분화된 과업을 유사한 성격별로 다시 묶어 집단화하는 것이다. 부문화는 전문가를 만들어주는 역할을 한다. 다시 말해 전문가들 중에서 유사한 일을 수행하는 전문가들을 집단화하는 것이 부문화이다. 이러한 부문화는 일반적으로 종업원의 수, 과업수행기능 또는 목적에 따라서 이루어진다. 기업에서 가장 전통적으로 볼 수 있는 것이 기능에 따른 부문화이다. 즉 생산부, 영업부, 인사부, 경리부, 구매부 등 여러 기능에 의한 부문화를 생각하면 된다.

(3) 직무확대 및 직무충실화

과업의 분화와 대비되는 개념이 통합의 원리이다. 즉, 분화가 심해질수록 통합은 약해지고, 분화가 약해지면 통합은 강해지는 법이다. 그런데 수직적 분권화는 직무의 표준화를 용이하게 하며 수평적 분업화는 생산성을 높여준다고 한때 생각하였으나, 그 이후 수행된 많은 연구결과에 의하면 지나친 수직적 분권화와 수평적 분권화는 인간소외를 초래하고 직무 담당자에게 무력감을 주게 됨으로써 생산성이 감소된다는 것을 알게 되었다.

통합의 원리가 오늘날 기업에서 수평적 분권화를 줄이기 위해 직무확대

(job enlargement)로, 수직적 분권화를 통합하기 위해 직무충실화(job enrichment)라는 개념으로 활발히 적용되고 있다. 직무확대는 유사한 과업끼리 묶어 과업의 양을 넓혀주는 것이고, 직무충실화는 맡은 일에 대한 재량권과 책임을 더욱 깊이 해준다. 따라서 이 두 가지 방법을 통하여 직무담당자에게 일의 의미를 부여하고 이를 통하여 동기부여함으로써 '보람있는 일터' (quality of work life)를 만들고 생산성을 향상하려는 것이 최근의 동향이다.

(4) 분화와 조직구조 형태

〈그림 8-2〉에서와 같이 조직은 그 과업의 분화 정도에 따라서 조직구조 형태가 달라진다. 이러한 조직구조는 외형적으로 크게 고층구조와 평면구조로 구분할 수 있다. 이러한 형태는 일반적으로 회사 또는 기관의 조직도를 살펴보면 한눈에 알아볼 수 있다.

그림 8-2 분화와 조직구조 형태

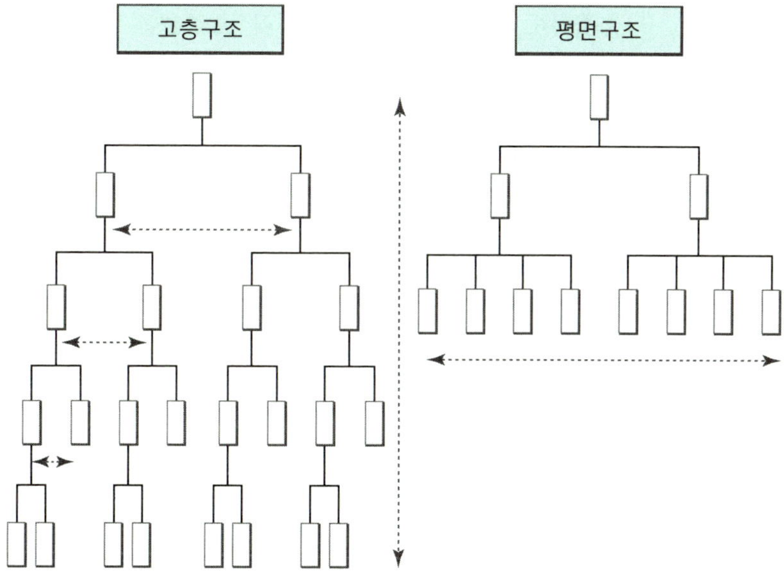

1) 고층구조

고층구조(tall structure)는 조직의 복잡성이 수평적 분화가 상대적으로 낮고 수직적 분화가 높다. 그림에서 보면 좌우가 좁고 상하가 큰 형태이다. 따라서 고층구조는 감독의 폭이 좁다. 이러한 경우에는 상사가 통제해야 할 부하직원의 수가 적기 때문에 철저한 통제가 가능해지고 상하간의 접촉 기회가 많아져 의사소통이 원활해질 수 있다.

반면에 이러한 고층구조는 상하의 결재계층 수가 많아서 의사결정의 신속성이 떨어지고, 여러 명을 통해서 일선담당자로부터 최고경영층에게 의사전달이 이루어지기 때문에 메시지의 누락 및 왜곡현상이 발생하는 단점이 있다. 이러한 구조는 전통적인 기업조직에서 흔히 볼 수 있는 과 · 부제 형태에서 나타난다.

2) 평면구조

평면구조(flat structure)는 조직의 복잡성이 수평적 분화가 높고 상대적으로 수직적 분화가 낮다. 〈그림 8-2〉에서 상하가 낮고 좌우 옆으로 쭉 늘어진 납작한 모형의 구조특성을 지닌다. 이러한 평면구조는 감독의 폭이 상대적으로 높다. 상사 한 명이 관리해야 할 부하의 수가 많기 때문에 통제가 원활하게 이루어지기는 어렵고, 수평적으로 다른 부문과 의사전달이나 업무조정이 곤란한 경우가 많다. 그러나 상하간의 의사전달이 신속 · 정확해지고 구성원의 자율성이 높아져 능력발휘 기회가 많은 장점도 있다.

이상과 같이 고층구조와 평면구조는 일장일단을 지니고 있기 때문에 어느 구조가 더 우월하다고 판단하기는 어렵다. 따라서 각 기업마다 주어진 상황과 특성을 고려하여 적합한 조직구조를 택하는 것이 중요하다. 일반적으로 조직규모가 클수록 평면구조는 효율성이 떨어진다. 조직규모가 커지면 복잡성이 높아지기 때문에 관리통제의 어려움이 발생하기 때문이다. 이러한 경우에는 고층구조가 더 효율적일 수 있다.

1.4 공식화

(1) 공식화의 개념

공식화(formalization)란 기업조직 내의 과업에 대한 표준화(standardization) 정도를 뜻한다. 공식화는 어떤 일을 수행하는 데 어느 정도 문서화되어 있는가를 의미한다. 즉, 공식화는 어떤 일에 대하여 규칙, 절차, 작업지시 및 의사소통 등이 기록되어 있는 정도이다. 어떤 조직이 고도로 공식화되어 있다면, 그 과업을 수행하는 담당자는 자신의 일에 대한 재량권이 매우 제한된다. 왜냐하면 특정한 일을 수행하는 사람이 그 일을 언제, 무엇을, 어떻게 해야 하는가에 대하여 이미 문서로 규정되어 있기 때문이다.

한편, 공식화 정도가 낮은 조직에는 과업을 수행하는 담당자의 행동에 대하여 규정이 적기 때문에 자유재량권이 높다. 가령, 동대문시장과 같은 재래시장에서는 '박리다매'(薄利多賣)로 의류를 파는 옷가게의 종업원들을 생각해 보자. 개개의 종업원마다 손님을 응대하는 방식이 다를 것이다. 같은 옷을 팔더라도 손님의 특성에 따라서 때론 주어진 가격대로 판매하기도 할 것이고, 까다로운 손님을 만나면 흥정을 통해 속칭 '밑지는 장사' 도 감수할 것이다. 종업원이 옷을 판매하는 행동 하나하나에 대하여 자유재량권이 만약 관공서의 공무원과 같이 규정에 묶여 제한되어 있다면 그 가게는 어떻게 될까?

(2) 공식화의 기법

기업에서는 여러 가지 기법을 활용해서 종업원의 행동을 공식화 또는 표준화한다. 대표적으로 종업원의 선발, 과업 및 역할 할당, 작업규정, 교육훈련 등을 들 수 있다.

1) 선 발

선발(selection)이란 조직내 각 직무에 응모한 사람들 중에서 가장 적절한 사람을 뽑는 고용활동을 말한다. 기업에서는 아무나 또는 어떤 기준 없이 종업원을 선발하지 않는다. 각 기업마다 적합한 종업원을 효과적으로 선발하기 위해서 각종 규정을 두고 있다. 일반적으로 모든 기업은 서류나 시험, 면접, 추천 등의 선발과정과 수단에 대한 규정을 두어 채용을 결정한다. 또한 여기에 해당 직무마다 학력, 경험, 적성(전공), 신체적 특징 등 자격요건에 대한 세부규정을 두고 있다. 최근에는 연봉제, 인턴제, 촉탁제 등의 도입을 통해 채용기간 및 방식에 대해서도 규정하기도 한다.

2) 과업 및 역할 할당

과업이란 조직 내에서 종업원들에게 할당된 업무로서 기업의 모든 종업원은 각자 맡은 과업에 대한 역할에서 해당 종업원이 어떠한 일을 어떻게 수행해야 하는가에 대하여 규정하고 있다. 우리나라 기업에서는 일반적으로 '업무분장' 이라는 용어로 많이 쓰인다. 경영학 이론으로는 직무기술서(job description)와 직무명세서(job specification)라는 용어로 사용된다.

직무기술서는 직무내용, 직무의 난이도, 직무수행방식 등 말 그대로 일에 대한 기술이다. 직무명세서는 과업수행자의 자격, 요구능력 및 기술, 경험 등에 대한 구체적인 명세서이다. 이러한 직무기술서와 직무명세서는 조직에서 종업원 각자가 수행해야 할 과업을 알려주고 과업에 요구되는 바람직한 역할행동을 규정한다. 따라서 이러한 역할기대는 기업에서 바라는 종업원의 행동을 규제하는 데 중요한 역할을 한다.

3) 작업규정

작업규정은 작업을 수행하는 데 필요한 규칙, 절차, 정책 등을 말한다. 종업원이 무엇을 해야 하고 무엇을 해서는 안되는가를 알려주는 성문화된 문서가 규칙이다. 절차는 종업원 자신의 과업을 완성하는 데 해야 할 일과 관련된 각각의 내용을 의미한다. 정책은 종업원이 일을 수행하면서 내리는 의사결정에 한계를 정하는 지침이다.

규칙을 통해서 종업원이 무엇을 언제 어떻게 해야 하는 것을 명시함으로써 종업원의 행동을 규제할 수 있다. 절차를 통해서는 작업과정의 표준화를 설정하여 과업을 수행하면서 나타날 수 있는 시행착오를 방지할 수 있다. 정책을 통해서는 주어진 권한과 책임만큼 자유재량권을 행사하도록 할 수 있다.

4) 교육훈련

교육훈련이란 기업에서 신입사원 및 종업원들에게 기업문화 또는 특정 업무 등의 원활화를 도모하고 조직에 적응력을 제고시키는 차원에서의 공식적 및 비공식적인 배움을 말한다. 공식화를 위한 기법으로 기업조직에서 훈련이 상당히 많이 활용된다. 이러한 훈련을 통한 공식화 원리는 종업원이 입사하면서부터 시작된다. 신입사원이 입사하면 신입사원 오리엔테이션 프로그램(입직훈련)을 통해서 회사방침과 복무규정, 작업절차 및 규칙 등에 대하여 배운다. 입직훈련이 끝나면 해당 부서에 배치를 받고 담당업무와 관련하여 직무훈련을 받게 된다. 이 외에도 승진을 위한 교육, 인사이동시 새로운 업무에 전환배치될 때 교육훈련을 받게 된다.

이상과 같이 공식화는 기업조직의 기본원리 중에서 과업수행과 관련된 종업원의 행동을 조정해주는 역할을 한다. 각 기업마다 주어진 환경과 여건에 적합하도록 과업 자체에 대한 방식과 권한을 문서로 규정함으로써 기업이 원활하게 돌아가도록 조정해준다.

1.5 권한과 책임

(1) 권한의 개념과 원천

권한(authority)이란 상위계층의 허락 없이도 어떤 사안에 대해 특정인 자신이 의사결정을 내리고 부하들로 하여금 이에 따르도록 할 수 있는 조직에서의 특정 개인 또는 직위의 합법적이고 공식적 권리를 의미한다. 즉, 기업에서는 상사가 조직목표를 달성하기 위하여 하위자에게 어떤 일을 하도록 요구할 수 있는 권리를 뜻한다. 권한은 일정한 범위 내에서의 의사결정, 하위자에 대한 과업할당, 부하직원에게 만족스러운 업무수행을 요구할 수 있는 권리 등으로 표현된다.

가장 넓은 의미로 언급되는 권한의 유형은 라인권한과 스탭권한이다. 기업에서는 공식적인 명령지휘계통을 통해서 부하직원들의 업무를 직접적으로 지휘하는 권한을 라인권한(line authority)이라고 하며, 부하직원에 대하여 직접적인 지휘권은 없어도 라인권한을 지닌 사람을 지원하거나 조언하는 권한을 스탭권한(staff authority)이라고 한다. 여기에서 명령계통(chain of command)은 상사와 부하 종업원의 관계를 의미하며, 이는 최고경영층에서 출발하여 기업의 최하위계층까지 내려옴에 따라 증가하여 펼쳐진다. 의사결정이 분권화될 때 권한은 명령계통을 따라서 아래로 위임되며, 이때 명령계통은 권한이 배분되는 경로를 나타낸다.

권한의 개념을 종합적으로 정리하면, 권한은 기업조직에서 만들어진 규칙 또는 규정이나 규범에 의해 주어지는 공식적인 의사결정권리이자 명령 · 지시권리이다. 또한, 권한은 합법적이고 조직에서의 직위를 바탕으로 주로 위에서 아래로 행사되는 성격을 지니고 있다.

권한은 일반적으로 상위계층으로부터 위양을 받으며, 이러한 권한의 위양을 하향적 권한(top-down authority)이라고 한다. 즉, 「사장→이사→부장→과장→대리→사원」의 계층구조를 지닌다. 또한, 권한은 부하직원들로부터 오기도 한다. 이런 형태의 권한을 상향적 권한(bottom-up authority)이라고 한다. 아래로부터 올라오는 상향적 권한은 때때로 비공식권한(informal authority)이라고도 한다. 상향적 권한은 공식조직구조상에 나타나 있지 않기 때문이다. 비공식권한은 상사의 지식, 능력, 행동 등 개인적 특성이 부하직원들에게 비공식권한을 부여하게 한다.

(2) 책임의 정의와 원천

책임은 과업을 수행하는 데 대한 의무(obligation)를 의미한다. 책임은 기업에서 부여받은 일을 수행해야 한다는 임무이다. 사회의 모든 일이 그러한 것처럼 권리 또는 권한에는 반드시 책임이 따른다. 이와 같이 책임은 이러한 권한과 밀접하게 관련되어 있다.

이러한 책임은 권한의 위양과는 달리 책임위양은 불가능하다. 상사가 권한과 함께 직무를 부하직원에게 위양한다고 해서 그 자신의 책임이 감소되는 것은 아니다. 실제로는 권한의 위양은 관리자의 책임을 증가시키는 것이 된다. 이러한 책임은 종업원이 특정 과업을 수행할 것을 동의할 때 발생한다.

표 8-1 분권화 및 집권화의 결정요인

구 분	분권화 결정요인	집권화 결정요인
환 경	복잡하고 불확실한 환경	안정적 환경
의사결정의 중요성 기준	하위경영자의 의사결정 경험이나 능력 보유	하위경영자의 의사결정 경험이나 능력 부족
의사결정의 참여수준	하위경영자의 의사결정 참여 욕구	하위경영자의 의사결정 의지 결여
의사결정의 경중	비교적 사소한 의사결정	의사결정의 중대성
기업문화의 개방성 정도	미래 발생가능성에 대해 의사표시할 수 있는 기업문화	사업실패 위험이나 위기 직면
조직의 분산정도	조직의 지리적 분산	대규모 기업
경영전략의 유연성 기준	경영전략의 효과적 집행이 의사결정참여와 유연성을 갖는 경영자에 의존하는 경우	경영전략의 효과적 집행이 미래에 대한 의견개진을 유보하고 있는 경영자에 의존하고 있는 경우

(3) 분권화와 집권화

분권화(decentralization)란 조직에 있어서 의사결정권과 명령지시권이 조직의 여러 계층에 대폭 위양되어 있는 상태를 말한다. 반면에 집권화(centralization)는 조직의 의사결정 및 통제권한이 조직의 상위층에 집중되어 있는 상태를 뜻한다.

전통적으로 조직은 권한과 권력이 상층부에 집중되는 피라미드 형태를 취하고 있는 것을 볼 수 있는데, 이는 비교적 집권화된 의사결정이 인기가 많았음을 단적으로 보여주는 것이다. 그러나 조직환경이 복잡하고 동태적으로 변하면서 점점 더 많은 조직들이 분권화된 의사결정 형태를 취하였다. 이와 같은 조직의 분권화와 집권화의 수준을 결정하는 데 영향을 미치는 요인들은 〈표 8-1〉에서와 같이 다양하다.

02 경영조직의 상황변수

UNDERSTANDING BUSINESS

경영조직에 결정적으로 영향을 미치는 상황변수는 조직의 규모, 기술, 환경, 전략, 권력작용, 내부자원 등을 들 수 있다. 이러한 상황변수는 조직

그림 8-3 조직구조의 상황변수

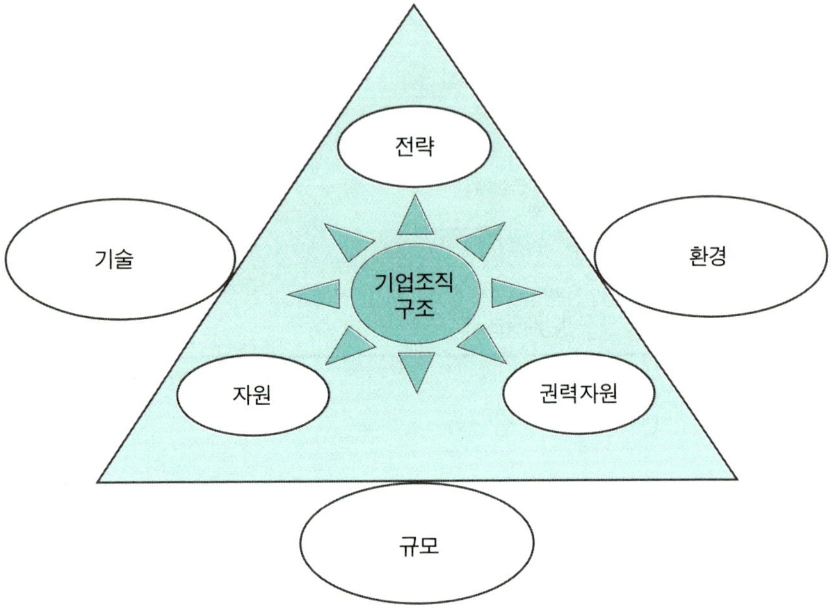

외부에서 발생하여 영향을 미치는 외생적 상황변수와 조직내부에서 발생하여 영향을 미치는 내생적 상황변수로 구분된다.

조직의 규모, 기술, 환경은 조직외부 상황변수에 해당된다. 한편, 조직의 전략, 권력작용 및 자원, 내부자원은 조직내부 상황변수이다. 이를 도식화하면 〈그림 8-3〉과 같다.

여기에서는 상황변수의 개념을 살펴보고 경영조직의 기본변수, 즉 기본원리에 어떠한 영향을 미치는가를 살펴보기로 하자.

2.1 외부 상황변수

(1) 조직의 규모와 경영조직

조직의 규모란 조직의 크기를 의미하며 종업원 수, 매출액, 자본금 등을 기준으로 하거나 동일업종내 종업원의 수를 기준으로 삼는다. 일반적으로 상황이론에서는 종업원의 총수를 기준으로 한다.

기업에서 종업원이라고 하면 전통적으로 정규직원을 의미한다. 그러나 기업에는 업종에 따라서 정규직 종업원도 있지만 파트타임, 아웃소싱(outsourcing) 등을 통해 임시로 채용하는 비정규직 종업원도 상당한 실정이다. 특히, 최근에는 많은 기업들이 이러한 비정규직 고용형태를 취하는 경향이 증가하는 추세에 있다.

조직규모는 기업의 경영조직에 결정적인 영향을 미친다. 이러한 관계를 살펴보기 위해서 조직규모와 경영조직을 형성하고 있는 기본변수간의 관계를 분석해보면 된다.

먼저 분화와 통합의 원리, 즉 복잡성 원리에서 보면 조직규모가 커질수록 경영조직은 더욱 복잡해질 수밖에 없다. 대기업과 벤처기업을 연상해보면 쉽게 이해가 된다. 같은 업종에 있더라도 대기업은 벤처기업보다 과업의 분화와 수직적 계층이 상당히 복잡하다. 또한 조직규모가 커질수록 공식화 정도가 높아지게 된다. 마지막으로 조직규모의 성장은 권한을 아래로 위임하는 분권화를 가져온다.

즉, 벤처기업은 창업, 상업화, 성장, 성숙의 단계를 거치면서 경영조직의 규모도 병행해서 커지는 것을 생각해볼 수 있는 것이다. 실제적으로, 벤처기업을 꿈꾸고 창업했을 때는 사장을 비롯한 소수 정예인원이 여러 가지 일을 수행하고, 일에 대한 공식적 문서도 체계적으로 갖출 겨를이 없다. 또한 사장이 직접 진두지휘하고 모든 의사결정을 하게 될 것이다. 그러나 벤처기업의 성장에 따라 사업을 확장하고 종업원 수를 증가시킨다. 기업규모의 증가는 과업을 더욱 전문화시키고, 과업에 대한 문서화를 강화한다. 또한 사장이 일상적이고 사소한 일까지 모두 결정할 시간이나 여유가 없기 때문에 의사결정권한을 아래로 위임하게 될 것이다.

(2) 기 술

기술(technology)이란 기업의 생산활동과 조직목표를 능률적이고 신속하게 처리해주는 도구, 기구, 기계 등을 활용하여 작업수행에 지식을 응용하는 것이다. 일반적으로 기술이라고 하면 생산방식, 설비, 기법 등 협의의 개념과, 종업원의 육체적 능력과 숙련 정도, 지능 및 지식을 포함한 광의의 개념으로 구분된다. 또한, 직접 과업을 수행하는 생산과 관련된 생산기술과 대인관계 및 통합적인 개념과 관련된 관리기술로 구분할 수도 있다.

일반적으로 기술을 '조직 내에서 투입물을 산출물로 변화시키는 과정 또는 방법'으로 정의하고 있다. 이러한 정의는 조직 내에서 수행되는 변화과정에서 이용되는 기계, 종업원의 교육 및 기술, 그리고 작업절차 등을 포함한다. 가령, 현대자동차(www.hyundai-motor.com)는 기술에 있어서 에쿠스, 그랜저, 소나타 시리즈, 아반테 등 승용차 조립생산라인을 갖고 있고, 다음커뮤니케이션(www.daum.net)은 카페, 쇼핑몰, 검색, 뉴스, 금융, 자동차보험을 위한 조직을 갖고 있다. 이들 조직은 각각 상이한 기술을 보유하고 활용하고 있다.

한편, 대부분의 사람들은 기술을 생각할 때 조립라인이나 기계를 연상하지만 서비스조직에도 적용가능하다. 예를 들면, 은행은 고객들의 은행이

표 8-2 기술과 구조적 특징

<table>
<tr><th rowspan="2">구 분</th><th rowspan="2">분류대상</th><th rowspan="2">분석수준</th><th rowspan="2">분류기준</th><th colspan="4">조 직 구 조</th></tr>
<tr><th>기계적 조직구조</th><th>예</th><th>유기적 조직구조</th><th>예</th></tr>
<tr><td rowspan="2">Woodward</td><td rowspan="2">생산조직</td><td rowspan="2">조직수준</td><td rowspan="2">생산기술의 복잡성</td><td rowspan="2">대량생산 기술</td><td rowspan="2">자동차 조립</td><td>단위소량생산 기술</td><td>주문생산제품 수공예품</td></tr>
<tr><td>연속공정생산 기술</td><td>화학제품, 경유</td></tr>
<tr><td rowspan="3">Perrow</td><td rowspan="3">생산조직</td><td rowspan="3">개인, 부서수준</td><td rowspan="3">과업의 다양성, 과업의 분석 가능성</td><td rowspan="3">일상적 구조</td><td rowspan="3">철강산업</td><td>비일상적기술</td><td>항공기산업</td></tr>
<tr><td>장인기술</td><td>공예산업</td></tr>
<tr><td>공학적 기술</td><td>중기계산업</td></tr>
<tr><td rowspan="2">Thompson</td><td rowspan="2">생산조직 서비스조직</td><td rowspan="2">개인, 부서수준</td><td rowspan="2">과업의 상호의존성</td><td>중개형 기술</td><td>은행예금과 대출</td><td rowspan="2">집약형 기술</td><td rowspan="2">종합병원, 연구실험실</td></tr>
<tr><td>연속형 기술</td><td>자동차 조립</td></tr>
</table>

용의 편리성을 위해 다양한 서비스들을 기술의 한 형태로 간주할 수 있다. 이처럼 기술이 조직구조의 유일한 결정요소라고 할 수는 없으나 조직구조를 결정하는 중요한 요소임에는 틀림없다

덧붙여서 기술을 중요한 상황요인으로 연구한 사람들은 우드워드(Woodward), 페로우(Perrow), 톰슨(Thompson) 등을 들 수 있다. 이들이 분류한 기술의 분류대상, 분류기준, 조직구조를 정리하면 〈표 8-2〉와 같다.

(3) 환 경

경영조직의 환경은 기업을 둘러싼 외부환경과 내부환경으로 구분할 수 있다. 외부환경은 기업조직 밖에서 존재하면서 기업의 전략수립, 조직설계 및 조직관리에 영향을 주는 환경을 말한다. 내부환경은 기업내부의 독특한 특성이나 기업분위기를 말한다.

기업조직의 외부환경은 다시 기업의 의사결정이나 투입 및 산출의 변환과정에 영향을 미치는 정도에 따라 거시환경과 과업환경으로 다시 구분한다. 거시환경은 범위가 넓고 기업에 미치는 영향이 간접적인 특성을 지니고 있다. 거시환경은 경제적 환경, 정지석 환경, 사회문화적 환경, 인적·물적·재무적 자원환경, 기술적 환경 등이 있다. 과업환경은 기업 고유의 환경으로 기업에 직접적인 영향을 미치는 환경이다. 과업환경에는 기업에 직접적인 영향을 미치는 소비자 환경, 공급자 환경, 경쟁자 환경, 사회정치적 환경, 신기술의 변화와 같은 기술환경 등이 있다. 또한 환경은 눈으로 실제 볼 수 있는 실제환경과 추상적인 지각환경으로도 구분한다.

기업을 둘러싼 환경의 속성을 파악하기 위한 기준으로 환경의 불확실성이라는 개념을 사용한다. 환경의 불확실성(uncertainty)은 기업의 의사결정자가 충분한 정보를 가지고 있지 못함으로써 외부환경 변화를 예측하지 못하는 상태를 의미한다. 환경의 불확실성은 환경의 복잡성과 환경의 동태성 두 가지 차원에서 다시 구분할 수 있다.

환경의 복잡성(complexity)이란 조직이 의사결정을 할 때 고려해야 할 환경요소의 수와 관련된 개념이다. 일반적으로 환경이 복잡 또는 단순하다고 하는 것은 이러한 환경적인 요소의 수가 많다 또는 적다는 것을 말한다. 따라서 환경의 복잡성은 복잡(complex)－단순(simple)으로 구분한다.

그림 8-4 환경의 불확실성과 내용

환경의 복잡성 (구성요소 수)

환경의 동태성 (요소의 변화 정도)	단순	복잡
정태적	• 매우 낮은 불확실성 • 조직구조 - 복잡성 : 높음 - 공식화 : 높음 - 집권화 : 높음 • 컨테이너 회사, 대량생산업체	• 다소 낮은 불확실성 • 조직구조 - 복잡성 : 높음 - 공식화 : 높음 - 집권화 : 낮음 • 대학, 병원
동태적	• 다소 높은 불확실성 • 조직구조 - 복잡성 : 낮음 - 공식화 : 낮음 - 집권화 : 높음 • 패션의류회사, 장난감 제조회사	• 매우 높은 불확실성 • 조직구조 - 복잡성 : 낮음 - 공식화 : 낮음 - 집권화 : 낮음 • 전자산업, 석유회사

환경의 동태성(dynamics)이란 조직이 의사결정을 할 때 고려하는 환경요소들이 얼마나 동태적으로 변화하는가와 관련된 것이다. 달리 말하면 기업이 처해 있는 환경이 동태적인가 또는 안정적 · 정태적인가를 의미한다. 따라서 환경의 동태성은 동태적(dynamic)－정태적(static)으로 구분한다.

환경의 복잡성과 동태성을 기준으로 환경의 불확실성의 내용과 조직구조의 관계를 살펴보면 〈그림 8-4〉와 같다. 환경의 불확실성은 〈그림 8-4〉에 나타난 바와 같이 조직구조에 영향을 미친다. 일반적으로 환경의 불확실성이 매우 낮은 상태에서는 조직구조의 기본변수인 복잡성, 공식화, 집권화가 매우 높다. 그러나 환경의 불확실성이 높아질수록 복잡성, 공식화, 집권화는 낮아진다.

표 8-3 외부 상황변수와 조직구조 관계의 종합

	복잡성	공식화	집권화
조직규모	+	+	+
기술의 일상성	−	+	+
환경의 복잡성	−	−	−

(4) 외부 상황변수와 조직구조 종합

외부 상황변수와 조직구조의 관계를 종합적으로 정리하면 〈표 8-3〉과 같이 요약할 수 있다.

조직의 규모는 조직구조의 기본변수 모두와 정(+)의 상관관계를 가진다. 즉, 조직규모가 커질수록 복잡성, 공식화, 집권화가 높아진다. 기술의 일상성은 복잡성과는 부(-)의 상관관계를 지니고, 공식화와 집권화와는 정(+)의 상관관계를 가진다. 즉, 기술의 일상성이 높아질수록 복잡성은 낮아지고 공식화와 집권화는 높아진다. 환경의 복잡성은 조직구조의 기본변수 모두와 부(-)의 상관관계를 지닌다. 환경의 복잡성이 높아질수록 복잡성, 공식화, 집권화는 낮아진다.

2.2 내부 상황변수

(1) 경영전략과 조직구조

전략과 구조의 관계에서는 전략이 구조에 영향을 미치는가 아니면 구조가 전략에 영향을 미치는가?「전략→구조」의 내용은 경영자의 전략적 선택이 조직구조를 결정짓는다는 것이며,「구조→전략」의 내용은 기존의 조직구조가 전략에 제약을 가한다는 것이다.

대표적으로 챈들러(Chandler)는 미국 70개 기업의 발전사 연구를 통해 "구조는 전략을 따른다"(structure follows strategy)라는 결론을 얻었다. 한편, 차일드(Child)는 전략과 함께 조직내 경영자의 전략선택과 권력작용의 상호작용의 결과가 조직구조를 결정한다고 주장하였다. 그러나 알드리치

(Aldrich)는 경영자 능력의 한계와 환경의 영향으로 경영자의 전략선택 재량권이 한계를 가진다고 주장하였다. 이처럼 전략과 구조논쟁은 여전히 대립되고 있다. 여기에서는 이러한 논의에 관계없이 전략과 조직구조간의 관계를 살펴보기로 한다.

경영전략과 조직구조의 관계는 마일즈와 스노우의 방어형과 공격형을 중심으로 살펴보기로 하자. 일반적으로 방어형 경영전략을 취하는 경우 안정적인 환경을 추구하기 때문에 기업조직 구조는 공식화와 집권화 경향이 높다. 반면에, 공격형은 환경변화에 신속히 적응하기 위해서 복잡성과 분권화가 높아지는 경향이 있다.

(2) 권력작용과 조직구조

앞서 설명한 조직규모, 기술, 환경 등의 외부 상황변수와 경영전략은 조직구조에 영향을 미치는 대표적인 상황변수로 제시되어 왔다. 그러나 최근 들어서는 조직 내의 권력작용과 자원 또한 중요한 영향을 미치는 변수로 지적되고 있다.

먼저 권력(power)은 어떤 개인 또는 집단이 다른 개인이나 집단의 행동에 영향을 미칠 수 있는 능력을 의미한다. 기업의 의사결정과 목표추구 과정에서 구성원 또는 집단간의 이해관계에 따라 권력이 행사될 수 있다. 왜냐하면 기업조직은 이해관계자 집단의 연합체이기 때문이다. 따라서 이러한 이해관계자의 정치적 활동이 활발히 진행되는 장(場)이 기업조직이다.

오늘날 많은 기업들이 최고경영층이나 핵심 인사가 바뀌는 경우 기업의 조직구조 개편이 대대적으로 이루어지는 것을 볼 수 있다. 가령, 기억에서 멀지 않는 시점에 있었던 현대그룹의 일명 '황태자의 난' 을 들 수 있다. 현대그룹의 핵심 소유주이자 최고경영자인 정회장의 두 아들간 그룹 장악을 위한 권력 싸움에서 대대적인 기업조직 구조조정을 엿볼 수 있었다.

결론적으로 기업조직내 권력자들은 그들이 원하는 방향대로 기업을 통제하기 위해서 조직구조를 선택하게 된다. 권력자가 통제를 용이하게 하기 위해서는 조직구조의 복잡성을 최소화하고 공식화와 집권화를 최대화하게 된다. 즉, 권력작용이 강하게 작용할수록 복잡성은 낮아지고 공식화와 집권화는 높아진다.

(3) 경영자원과 조직구조

경영자원은 오늘날 기업조직 구조를 결정하는 중요한 현대적 상황요인이 되고 있다. 특히 정보화사회로 전환되면서 컴퓨터로 주도되는 자동화시스템의 영향은 기존의 업무형태와 심지어 조직구조의 변화를 초래하였다.

경영자원 및 정보가 조직구조에 영향을 미친다는 것은 자원의존이론(resource based theory)에 의해 규명되었다. 즉, 기업의 조직구조가 기업이 보유하고 있는 자원에 따라 달라진다는 것을 의미한다. 또한 기업의 자원이나 정보의 흐름은 특히 조직내 권력구조의 변화를 가져온다. 권력구조의 변화는 곧 기업조직구조의 변화를 초래한다. 만약, 조직내 어떤 사람 또는 집단이 기업의 중요한 생존과 성장에 관련하여 핵심 자원과 정보를 가지고 있다면, 그 사람이나 집단에 의존할 수밖에 없다. 따라서 핵심자원과 정보를 보유한 사람에 의해 조직구조가 변할 수 있다. 오늘날 많은 기업들은 자원 및 정보를 안정적으로 확보할 수 있는 조직구조 설계방향을 모색하고 있다.

03 경영조직의 형태

UNDERSTANDING BUSINESS

여기에서는 앞서 살펴본 경영조직의 기본원리와 상황변수의 조합을 통해 형성되는 경영조직의 형태에 관하여 다룬다. 경영조직을 이해하는 데는 기본적으로 어떠한 개념에서 접근할 것인가와 어떤 형태들이 있는가를 이해해야 한다. 또한, 환경변화를 거듭하면서 현대사회 환경에서는 어떠한 조직형태들이 등장하고 있는가를 검토해야 한다. 이 절에서는 신유근 교수의 경영조직모형 분류를 토대로 기업조직의 개념적 모형과 기본적 형태, 그리고 21세기형 기업조직형태를 정리해 보기로 한다.

먼저 기업조직의 개념적 모형으로 기계적 조직 및 유기적 조직 모형을 다루고 그 기본 형태로는 가장 일반적인 형태인 라인조직, 스탭조직, 사업부제 조직, 혼합형 조직을 다룬다.

3.1 기계적 조직 및 유기적 조직

(1) 기계적 조직과 유기적 조직의 정의

기계적 조직과 유기적 조직은 기업조직을 이해하는 개념 형성에 유익하다. 기계적 조직과 유기적 조직의 특성을 구분하는 데는 환경에 대한 대응에 있어서 유연성과 관련이 깊다. 번즈(Burns)와 스토커(Stalker)는 환경의 불확실성에 대한 적응형태를 기준으로 기계적 조직과 유기적 조직을 구분하였다. 이들은 조직의 외부환경에 대응하여 기업조직의 구조가 어떠한 형태를 취하는가를 통해 이러한 구분을 하였다.

기계적 조직은 기계가 작동하듯이 조직이 정형화된 규칙과 절차에 따라 운영되는 조직으로, 안정된 환경에서 공식적인 규정과 절차 및 방식에 따라서 기업을 운영하는 개념적 형태이다. 가령, 대표적으로 관료제를 취하고 있는 정부 및 공공기관을 들 수 있다. 정부 및 공공기관은 환경의 변화가 거의 일어나지 않는 안정적인 상황에서 운영된다. 또한 모든 업무절차가 문서화되고 표준화되어 있다. 미리 정해진 절차에 의존하여 업무를 처리하는 상당히 경직되어 있는 조직을 생각할 수 있다. 실제적으로 민원업무를 위해 관공서를 방문해보면 민원업무를 보기 위해서 온 다른 사람과 마찬가지로 모든 것이 똑같은 절차와 방식에 따라서 진행되는 것을 알 수 있다. 마찬가지로 단순한 조립생산공장을 예로 들면 이러한 생산공장은 환경이 안정적이며, 정해진 작업규정에 따라서 과업이 진행된다.

유기적 조직은 환경변화에 매우 반응이 신속하고 필요에 따라서는 수시로 변형시킬 수 있는 유연한 조직형태로서, 기업이 상황에 적합한 행동방식을 취하는 조직유형이라고 할 수 있다. 가령, 특정 목적을 달성하기 위한 프로젝트조직을 생각할 수 있다. 또한, 아프간 테러전쟁에 참여한 델타포스와 같은 특수부대, 수시로 상황이 급변하는 미우주항공국(NASA) 조직을 생각해볼 수도 있다. 기업의 경우에는 제품주기가 짧고 고객수요가 급변하는 제품을 생산하는 다품종소량생산 회사를 들 수 있다.

(2) 적합한 환경과 특성

기계적 조직과 유기적 조직 중 어느 형태가 더 좋을까? 가장 나은 조직형태는 그 조직을 둘러싸고 있는 환경이 어떠한가에 달려 있다. 즉, 안정적이고 확실성이 높은 환경이라면 기계적 조직형태가 더욱 적합하다. 반면에 환경이 동태적이고 불확실성이 높다면 유기적 구조가 효과적이다.

일례로 관공서가 혁신의 목적으로 매년 또는 분기별로 수행하는 업무가 달라진다면 국민들은 매우 불편을 느끼게 될 것이다. 따라서 정부기관에 대하여 매우 불안정함을 느끼게 되고 결국 정부를 불신하게 될 것이다. 정부와 같이 안정적인 상황에 있으며 질서와 통제를 목적으로 하는 조직은 기계적인 조직이 적합하다. 반면에, 치열한 경쟁환경에 직면해 있는 첨단기술의 컴퓨터부품 개발회사를 생각해보자. 경쟁회사는 대용량의 하드디스크(HDD) 100기가바이트 개발에 거의 성공하고 있는데 기존의 생산방식을 고수하고 있다면 어떻게 될 것인가? 이 회사의 미래는 시장에서 도태될 것이 불을 보듯 뻔하다. 이 회사는 적어도 이 수준 이상의 경쟁제품 개발에 맞는 조직형태로 변화하지 않으면 생존할 수 없을 것이다. 이와 같이 급변하는 환경의 불확실성 속에 있는 기업은 유기적인 조직이 더욱 적합할 것이다.

이러한 기계적 조직과 유기적 조직의 특징을 간략히 정리하면 〈표 8-4〉와 같다.

표 8-4 기계적 조직과 유기적 조직의 특징

주요 특성		기계적 조직	유기적 조직
적합한 환경		안정적 환경	동태적 환경
주요 목표		효율성, 생산성	유연성, 적응성
과업수행 방식		기계적 방식에 의존	인간의 능력에 의존
조직구조 기본원리	과업분화	높음	낮음
	공식화	높음	낮음
	권한배분	낮음(최고경영층 집중)	높음(사람의 능력과 기술 집중)
조직과정 운영방식	의사결정	조직내 지위에 의존	개인능력에 의존
	의사소통	하향식(상사 → 부하)	쌍방향(상사 ↔ 부하)
	갈등해결	상급자에 의한 갈등해결(조정)	상호 또는 자발적 갈등해결(조정)
적합한 기술형태		대량생산, 연속생산기술	다품종소량, 주문생산기술

3.2 라인조직과 스탭조직

라인조직이란 과업의 분화라든지 부문화가 진전되지 않은 매우 초보적인 조직형태를 말한다. 일반적으로 기업조직을 가장 쉽게 구분할 수 있는 형태가 라인(line) 중심의 조직과 스탭(staff) 중심의 조직이다. 이러한 구분은 조직의 부문별 역할 특성을 중심으로 구분한 것이다. 톰슨(Thompson)은 라인조직을 기술핵심(technical core) 조직으로, 스탭조직을 변경(boundary-spanning units)조직이라는 용어로 사용하였다.

라인조직과 스탭조직은 나무(tree)에 비유된다. 즉, 〈그림 8-5〉에서와 같이 나무의 줄기가 라인에 해당되고 나뭇가지, 잎사귀, 풀이 스탭이라고 생각하면 된다. 라인중심의 조직은 나무가 생존할 수 있도록 줄기 역할을 강조하는 조직을 의미하는 것으로서, 조직이 생존하는 데 필수적으로 요구되는 중요한 생산활동을 수행하는 부서 또는 집단을 뜻한다. 제조기업의 경우 생산현장 또는 조립라인과 같은 생산부서가 여기에 해당된다. 유통판매

그림 8-5 **라인조직과 스탭조직**

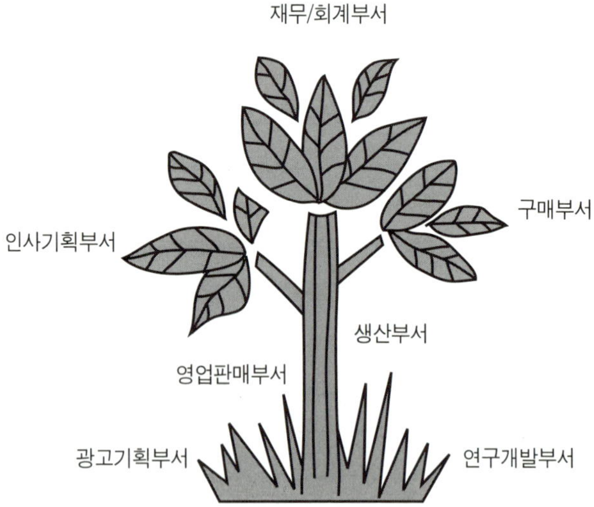

기업은 마케팅 또는 영업부서가 여기에 해당된다.

기업이 생존하기 위해서 제조기업에서는 제품생산을 통해 이윤을 창출하고, 유통판매기업은 상품을 판매함으로써 이윤을 창출할 수 있다. 이윤이 창출되어야만 기업이 생존 및 성장할 수 있다. 한편, 대학 및 연구소의 경우에는 연구 및 강의를 담당하는 부서 및 집단이 여기에 해당된다.

스탭조직은 나무를 풍성하게 꾸며주는 나뭇가지 및 잎사귀에 해당되며, 라인조직이 효율적으로 운영되도록 외부환경으로부터 보호하고 지원하는 부서를 의미한다. 제조기업의 경우 생산활동이 이루어질 수 있도록 원자재를 구입하는 구매부서, 보다 나은 제품생산이 이루어지도록 연구하는 연구개발부서를 들 수 있다. 광고를 통해 기업의 신제품을 알림으로써 판매를 촉진해주는 광고기획부서, 기업의 자금흐름과 재무정보를 관리하는 재무 및 회계부서, 적정인력의 확보 및 배치 등을 담당하는 인사기획부서 등이 스탭조직에 해당한다.

기업마다 이러한 라인조직과 스탭조직 사이의 권한관계로 마찰이 발생하는 경우가 흔히 있다. 스탭은 라인활동이 원활히 수행되도록 고유의 지원역할을 해야 함에도 불구하고 현장라인에 간섭과 영향력을 행사함으로써 라인조직과 마찰 및 갈등을 유발시킨다. 가령, 최근 재벌그룹의 종합기획실, 경영기획실, 기획조정실, 구조조정본부라는 명칭의 강력한 스탭조직은 거대 재벌 소유주를 옹호하는 역할을 수행하면서 기업운영에 많은 문제점을 유발시켰다.

그렇다면 이와 같이 불필요한 갈등을 불러일으키는 스탭조직은 필요가 없는 것인가? 그렇지 않다. 기업이 형성되는 창업단계나 벤처기업과 같이 안정적인 환경에서는 기업이 생존 측면에서 라인조직을 중심으로 조직이 운영되는 것이 효과적이고 일반적이다. 그러나 기업의 규모가 커지고 환경이 복잡해지고 불안정한 경우에는 스탭조직의 활성화가 더 효과적이다.

가령, 나무가 자라는 것을 생각해 보라. 따뜻한 온실에서 필요한 양분을 충분히 제공받으면서 자라는 경우 나뭇가지와 잎사귀는 잘라 없어진다. 그러나 나무가 크게 성장하여 온실에서 벗어나 야생에서 자라는 경우에는 추운 겨울을 넘기고 비바람을 견디기 위해서 나뭇가지와 잎사귀, 주변의 풀을 통해 보호를 받아야만 살아남을 수 있다.

3.3 기능조직과 사업부조직

오늘날 기업조직은 유사업무를 중심으로 운영하거나 생산 및 취급하고 있는 사업을 중심으로 운영하는 형태를 취하는 것을 볼 수 있다. 전자에 해당하는 조직이 기능조직이고, 후자는 사업부조직을 의미한다.

(1) 기능조직

기능조직은 조직형태 중 가장 기본적이고 전통적인 것으로 과업수행 내용이 유사하고 관련성이 있는 업무를 통합하여 운영하는 조직형태이다. 일반적으로 기능중심의 기업에서는 수행활동을 중심으로 생산부, 영업부, 구매부, 인사부, 회계부 등과 같이 기능별로 조직을 형성한다. 이렇게 기능별 부서의 장, 즉 기능관리자가 최고경영층에게 업무활동과 관련된 전반적 사항을 보고한다. 〈그림 8-6〉은 이와 같은 기능조직의 예로서 전기부품을 생산하는 H회사의 조직도이다.

그림 8-6 기업형태의 분류

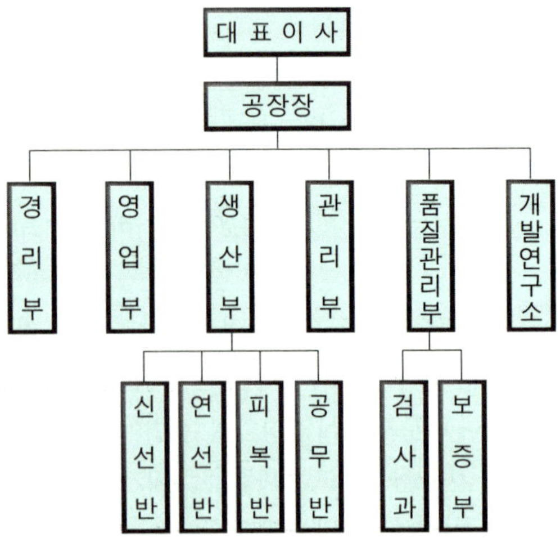

(2) 사업부조직

사업부조직은 제품별, 시장별, 지역별 이익중심점(profit center)을 원천으로 독립채산제를 실시하는 조직형태이다. 이러한 사업부조직은 오늘날 대기업에서 널리 볼 수 있는 본사-계열사의 관계에서 많이 나타난다. 본사는 전 사업부가 전체목표를 추구하는 데 필요한 기본방침과 계획을 수립하고 조정 및 통제하는 역할을 주로 담당한다. 각 사업부는 하나의 개별기업을 운영하는 것과 같이 각 사업부의 모든 과업을 독자적으로 계획, 집행, 그리고 성과통제를 하는 자기충족(self-contained) 조직이다. 이러한 사업부조직 형태를 도식화하면 〈그림 8-7〉과 같다.

이상에서 설명한 기능조직과 사업부조직의 특성을 정리하면 〈표 8-5〉와 같다. 기능조직은 비교적 안정적인 환경의 단순반복적이고 일상적인 기술을 지닌 중소기업에 적합하다. 사업부조직은 환경이 동태적이고 비일상적인 기술을 수행하는 대기업에 적합하다.

그림 8-7 사업부조직

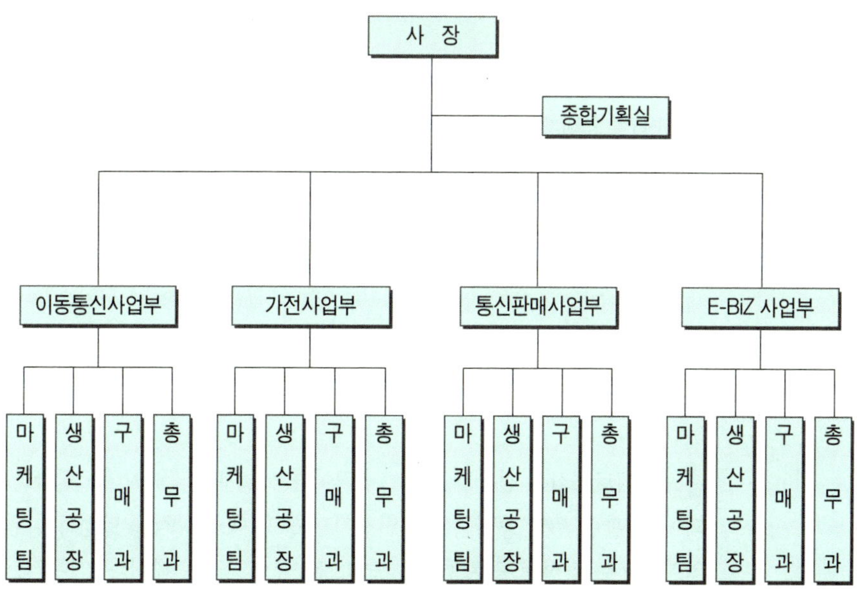

표 8-5 기능조직과 사업부조직의 특징

주요 특성		기능조직	사업부조직
적합한 환경	환 경	• 안정적 환경, 낮은 불확실성	• 동태적, 불확실성 높음
	조직목표	• 내적 효율성, 기술전문성과 질	• 외적 효과성, 적응성, 고객만족
	기 술	• 일상적, 낮은 상호의존 기술	• 비일상적, 높은 상호의존 기술
	조직규모	• 중소규모	• 대규모
내부체계	운영목표	• 기능적 목표 강조	• 제품라인 강조
	계획예산	• 비용기준예산, 통계수치 보고	• 수익획득 단위 기준
	공식권한	• 기능관리자(부서장)	• 제품관리자(사업부본부장)
이점 및 특징		• 기능별 규모의 경제가 이점 • 기능별 기술개발이 용이 • 기능목표달성이 용이 • 소품종생산에 적합	• 환경변화에 적응성이 높음 • 고객차별화에 따른 고객만족 제고 • 사업부내 기능간 조정이 용이 • 다품종생산에 적합
한계점		• 환경변화에 경직적 • CEO 의사결정에 집중 • 부서 및 부문간 갈등조정 어려움 • 혁신 및 변화가 어려움	• 기능부서별 규모의 경제가 제한 • 제품라인간의 갈등조정 어려움 • 기술개발 및 전문화 곤란 • 제품라인간 통합이 어려움

(3) 혼합형 조직

앞서 설명한 기능조직과 사업부조직 형태는 모든 조직에 기초적으로 적용되지만, 실제 기업에서는 두 가지 형태를 적절히 혼합하여 활용하는 경우가 대다수이다. 이러한 조직형태를 혼합형 조직이라고 한다.

기업이 성장을 거듭하면서 제품종류가 많아지고 시장이 다양해지면 기능조직에서 제품중심의 사업부조직 형태가 필요하다. 또한, 사업부조직에서는 일부 기능을 본사에 집중하여 규모의 경제나 전문화의 이점을 유지하려고 한다. 〈그림 8-8〉은 이러한 형태를 도식화한 것이다.

혼합형 조직은 프로젝트(project)조직과 매트릭스조직으로 구분되기도 한다.

프로젝트조직은 전통적인 라인조직이나 사업부조직을 보완 · 결합한 형태이다. 관련 부서 종업원들이 일정기간 동안 특정 목적을 달성하기 위해 임시적으로 형성된 프로젝트를 중심으로 모인 조직형태이다. 실무적으로는 프로젝트팀 또는 태스크포스팀(TFT: task force team)이라는 용어로 불

그림 8-8 혼합형 조직

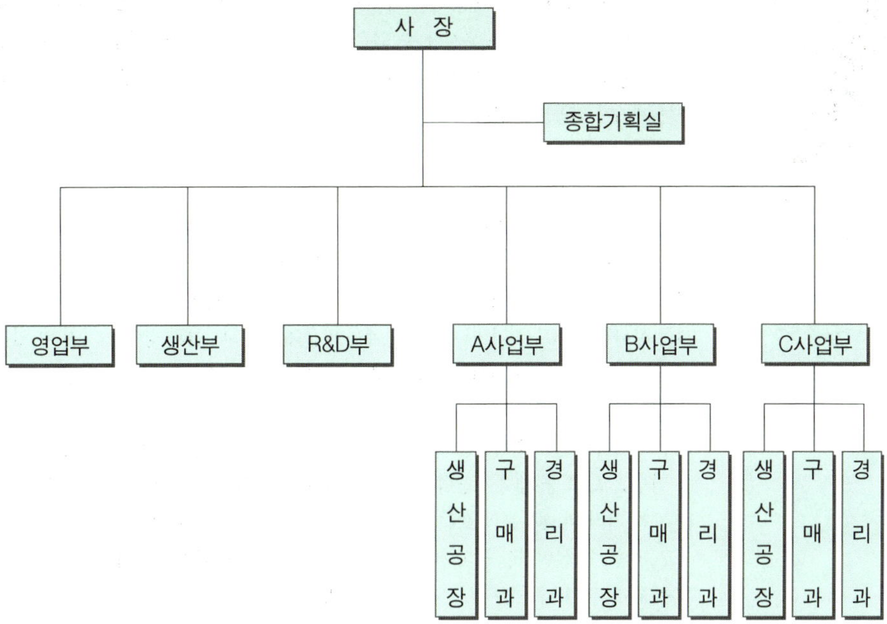

린다. 이러한 프로젝트조직을 총괄하는 관리자를 프로젝트매니저(PM: project manager)라고 한다. 프로젝트조직은 과업 완수후 해체되어 참여 구성원은 원래의 부서로 원대복귀하게 된다. 대형 프로젝트를 수행하는 경우에는 한 기업에서 이를 감당하기 힘든 경우가 있다. 이때는 프로젝트조직이 기업간에도 이루어진다. 기업내부를 벗어나 기업간에도 특정 프로젝트 조직은 관련부서의 핵심 전문가들의 상호작용과 협동을 통해 임무를 완수시킴으로써 단기간 내에 인력과 자원을 집중할 수 있는 이점이 있다.

매트릭스(matrix)조직은 효율성과 유연성을 동시에 향상시키기 위해서 기능조직과 프로젝트조직이 결합된 형태이다. 매트릭스 조직은 1960년대 초 미국 보잉항공사가 최초로 시도한 것이 처음이다. 이러한 조직형태에서는 한 구성원이 기능부서에 소속되면서 또한 프로젝트팀에도 소속되게 된다. 매트릭스 조직은 다품종소량 주문생산기술, 급변하는 환경, 기업조직

경영사례 플러스

미국에도 정(情)이 통하는 비즈니스가 존재한다

비즈니스에 있어서 '정'(情)이란 어울리지 않을 법 하지만, 비즈니스를 행하는 주체가 사람이라 정이란 것을 무시할 수 없을 것이다. 국제 비즈니스에서도 '한국적인 정(情)'이 통용될 수 있다는 다음의 사례를 통해 '정(情)이 있는 기업문화'에 대해 생각해 보는 계기가 되었으면 한다.

개인적이고 이해타산적일 것만 같은 미국사회에도 인간관계를 중시하는 한국의 비즈니스 문화는 분명히 존재한다.

미시간주 그랜드 래피드(Grand Rapids)시에 소재한 자동차 부품 및 가구부품 전문 제조업체인 수스파(Suspa)사의 구매 담당자인 제임스 오코넬씨(Mr. James O'Connell)는 최근 부사장 로버트 키나씨와 함께 한국을 방문해 고무회사들과 상담을 가진 바 있는데, 경상북도에 위치한 K사를 납품업체로 선정하는 데 있어 그 회사 구성원들로부터 느꼈던 인간미가 큰 요인으로 작용했다고 밝혔다.

두 바이어는 한국 회사들을 방문하기 전 여러 회사들로부터 고무제품에 대한 견적서를 접수했고, 그 중 가격 경쟁력을 지닌 S사와 K사를 방문하기로 결정했다. 이 두 회사는 제품 가격 외 대부분의 요건에서 큰 대조를 보였는데, S사가 회사 규모, 연혁, 재정규모, 직원 수, 설비시설 등의 객관적인 요건에서 K사에 비해 월등하게 우위를 차지했기 때문에 S사가 납품업체로 선정될 것이 자명해 보였다.

그러나 흥미롭게도 오코넬씨와 키나씨는 대부분의 요건에서 약세에 놓인 K사에 높은 점수를 주었다. 오코넬씨는 이 의외의 결과에 대해 "K사에 긍정적 평가를 내렸던 데에는 K사가 그들에게 보여주었던 정(情) 중심의 기업문화가 많은 영향을 미쳤다"고 설명했다.

K사는 10년도 채 안되는 회사연혁에 직원 20여명을 둔 영세기업이지만, 모처럼 맞은 기회를 잘 활용하여 미국으로 수출할 수 있는 중대한 기반을 마련했다. K사의 사장은 이 바이어들과 만나기 전부터 지속적으로 이메일을 통해 안부를 묻는 등 한국 특유의 인간미를 보여주며 친분을 쌓아갔다.

또 방한시에는 인천공항에서 이 바이어들을 픽업해 자신의 회사가 소재한 경상북도까지 동행했고 상담일 다음 날에는 인근 관광지로 안내하는 노력을 보였는데, 이러한 배려는 이들에게 강한 인상을 주기에 충분했다. 더욱이 K사의 사장은 이들이 미국으로 돌아간 후에도 가족 사진을 보내는 등 오래 사귄 친구처럼 우정을 나누고 있다.

오코넬씨는 "K사는 해외수출 담당부서가 없어 별도로 통역원을 고용해야 할 만큼 수출경험이 전무하지만, 의사소통의 어려움에도 불구하고 자신들에게 따뜻한 미소로 호의를 베풀었던 사장의 노력에 진한 감동을 받았다"고 밝히며, "사장이 직원들을 정감 있게 대하는 태도, 직원들간의 친밀감 등은 자신의 회사가 추구하는 올바른 기업문화"라고 덧붙였다.

그는 현재 200여명의 직원을 고용하고 있는 수스파사의 구매 담당자로서 생산직에

CASE+

있는 직원의 이름까지 모두 기억할 정도로 인간관계를 매우 중요시하는데, 매달 정기적으로 부서, 지위를 막론하고 전 직원이 함께 모여 주제에 구애 없이 자유롭게 토론함으로써 서로 더욱 가까워지고, 회사 내부의 문제점들을 해결할 수 있다고 생각한다. 또, 이러한 정기모임을 통해 직원들은 참여의식을 갖게 되고, 이는 결국 회사의 생산성에 큰 기여를 하고 있다고 믿는다.

여전히 수많은 한국기업들이 미국 바이어들을 사로잡기 위해 회사의 규모 확장, 능숙한 영어실력, 고비용의 접대비 투입 등의 외적 요건에 치중하는 가운데, 수스파사의 납품업체 선정과정이 시사하는 바는 크다. 대부분의 기업들이 간과하기 쉬운 '정' 이라는 내적 요소가 '미국으로의 수출' 이라는 성과를 가져온 것이다. 외국 바이어 접대 경험이 많은 규모 있는 기업이라고 자만심을 가져서도 해외수출 담당부서조차 없는 영세기업이라고 소극적 자세를 취해서도 거래를 성사시킬 수 없다.

"가장 한국적인 것이 세계적" 이라는 어구가 실리를 중시하는 국제 비즈니스 관계에서도 통용될 수 있는 듯하다. 이제부터라도 바이어들에게 비즈니스와 관련된 서신교환, 전화통화가 아닌, 단지 정감 있게 안부를 묻는 이메일을 보내기 시작해 보는 것이 어떨지 제안해 본다.

자료: KOTRA, 2004년 5월 17일

이 지역적으로 분산되어 있는 경우에 많이 활용된다. 오늘날 정보기술(IT)이 급격히 발전하면서 신기술개발이나 새로운 사업을 추진하기 위해서 정보기술 업종의 기업들에서 성행하고 있다. 일례로 웹 솔루션을 개발하는 IT기업의 프로그래머, 디자이너, 시스템관리자는 각각 소속부서에 속한 일을 수행하면서 A프로젝트, B프로젝트, C프로젝트 등을 동시에 수행하는 경우이다.

3.4 21세기형 조직형태

조직이 처한 상황은 고정적이지 않고, 시대적 상황이 바뀌면 조직이 처한 상황도 변한다. 21세기로 접어들면서 현대사회는 급격한 변화의 조류를 겪고 있다. 20세기 후기산업사회를 걸쳐 21세기는 한마디로 일컬어 지식정보화사회라고 한다. 기업이 처한 환경도 지식정보화사회의 맥락 속에 급속히 변화하고 있다. 따라서 기업의 조직형태도 지식정보화사회 환경에 적합하게 바뀌어져야 한다.

(1) 21세기 조직변화 방향

지식정보화사회 환경 속에서 조직변화의 방향은 크게 정보처리형 조직화, 수평조직화, 고객지향적 조직화, 학습조직화, 글로벌 조직화 등으로 향하고 있다.

첫째, 정보처리형 조직화의 방향은 기업이 정보기술 환경의 급속한 발전에 대응하여 이를 적극적으로 활용함으로써 기업의 자원을 데이터베이스(DB)화하여 효율적으로 관리하는 것을 의미한다. 또한, 정보기술을 통해서 조직 내에서 원활한 의사소통과 정보공유의 능력과 시스템을 갖추도록 하는 것을 의미한다.

둘째, 수평조직화는 한마디로 수직적 결재라인, 즉 계층을 대폭 줄이는 것을 말한다. 피라미드형 고층조직에서 평면조직을 형성하는 것을 뜻하는 것으로서, 이러한 수평조직화는 조직의 슬림화(slim)를 의미한다. 슬림화란 불필요한 계층과 부문을 줄이는 기업의 군살빼기를 말한다. 이를 통해서 일당백으로 구성된 '작고도 강한 조직' 을 형성하는 것을 목적으로 한다.

셋째, 고객지향적 조직화는 마케팅활동을 비롯한 생산운영관리, 인적자원관리, 경영정보시스템 등 모든 경영활동이 고객의 욕구와 가치 충족을 통한 고객만족 중심의 조직으로 지향하는 것을 의미한다. '고객결재란' 을 두거나 '고객이 주인이다' 라는 어떤 기업의 슬로건은 이러한 고객지향적인 조직화를 잘 설명해주고 있다.

넷째, 학습조직화는 최근 급속히 확산되고 있는 지식경영의 한 일환으로 기업이 조직학습을 지속적으로 할 수 있는 학습조직을 구축하는 것을 의미한다. 여기에서 조직학습은 환경에 대한 조직 내의 지식을 창출하고 공유하는 과정을 의미한다.

다섯째, 글로벌 조직화는 정보통신기술과 교통수단 등 사회간접자본(social infrastructure)을 적극적으로 활용하여 전세계를 네트워크화함으로써 세계시장을 무대로 기업의 경영을 이끌어가는 조직의 구성을 의미한다. 최근 급속히 성장하고 있는 인터넷을 활용해 이루어지고 있는 전자상거래(EC: electronic commerce)를 비롯한 기업과 고객간 거래(B2C: business to customer), 기업과 기업간 거래(B2B: business to business) 등 인터넷비즈니스(E-Biz: e-business)가 좋은 예가 된다.

(2) 21세기형 조직형태

앞서 제시한 지식정보화사회의 조직변화 방향에 따라 많은 기업들이 21세기로 접어들면서 다양한 21세기형 조직형태가 속속 등장하고 있다. 대표적으로 팀조직, 사내벤처 및 분사조직, 네트워크조직, 역피라미드조직 등을 들 수 있다.

첫째, 팀조직은 전통적인 기능중심의 조직과 위계조직의 명령과 지휘계통을 탈피하여 업무 · 과제 · 주제 중심으로 팀을 형성하고, 팀들간의 유기적 연결관계가 형성되도록 한 조직이다. 팀조직은 수평조직화의 원리에 따라서 팀원→팀장의 단 두 단계로 결재라인을 간소화시키고 팀원에게 과업에 대한 권한과 책임을 대폭 부여한 조직형태이다. 따라서 팀장의 역할이 상당히 중요시된 조직으로, 의사결정의 신속성과 현장중심의 과업수행, 그리고 종업원의 능력향상을 꾀하고자 하는 데 목표를 두고 있다.

둘째, 사내벤처 또는 분사조직은 기업내 종업원에게 기업가적 정신을 고취시킴으로써 기업 내부 또는 외부에 자율적으로 사내기업을 창업 · 운영을 지원하여 지속적인 혁신과 조직변화를 촉진하려는 조직이다. 기존 사업부문의 일부 혹은 신규 사업부문을 본사로부터 완전히 독립시켜 독립법인화하거나 신규사업팀 조직을 완전 자율경영체제로 운영하는 형태를 의미한다. 오늘날 대기업에서 성행하고 있는 사내벤처(회사내 독립사업 자율경영), 소사장제(도급형태), 분사(독립법인) 등이 이러한 예이다.

셋째, 네트워크 조직은 정보처리형 조직형성을 의미한다. 정보기술을 활용하여 조직의 유연성과 연계성을 극대화하여 신기술이나 새로운 유행에 신속히 적응하는 것을 의미한다. 네트워크 조직은 수평적으로 연계된 조직과 사람, 정보를 중시한다. 특히 사람의 자율참여와 자기관리를 중시한다. 이러한 네트워크 조직은 인터넷을 통한 소호기업(SOHO: small office home office)과 같은 가상기업이나 세계적 다단계회사인 암웨이 등에서 볼 수 있다.

요 / 약

1 경영조직의 구성요소에는 분화 및 통합의 원리(과업의 복잡성), 공식화(문서화), 권한 및 책임의 원리(분권화 또는 집권화) 등 기본적인 세 가지가 있다.

2 분화와 통합은 구성원에게 특정 과업을 어느 범위까지 그리고 어느 정도 깊이 부여할 것인가와 관련된 것이다. 분화와 통합은 기업의 목표를 효과적으로 달성하기 위해서 필요한 일을 정하고 분담하거나 비슷한 여러 일들을 묶어주는 활동이다. 분화의 원리는 전문화(specialization)의 원리와 일맥상통한다. 과업의 분화는 수평적 분화(horizontal differentiation)와 수직적 분화(vertical differentiation)로 구분된다.

3 통합의 원리에 의해 수평적 분화는 직무확대(job enlargement)로, 수직적 분권화가 통합되어 직무충실화(job enrichment)라는 개념으로 적용되고 있다. 직무확대는 유사한 과업끼리 묶어 과업의 양을 넓혀 주는 것이고, 직무충실화는 맡은 일에 대한 재량권과 책임을 더욱 깊이 해준다는 것이다.

4 기업조직은 과업의 분화 정도에 따라서 조직구조 형태가 달라진다. 조직구조는 외형적으로 크게 고층구조(tall structure)와 평면구조(flat structure)로 구분된다. 고층구조는 조직의 복잡성이 수평적으로 분화가 상대적으로 낮고 수직적 분화가 높다. 평면구조는 조직의 복잡성이 수평적으로 분화가 높고 상대적으로 수직적 분화가 낮다.

5 복잡성 조직단위간 과업의 수평적 분할 정도를 의미하는 수평적 분화와 조직내 계층의 깊이를 의미하는 수직적 분화, 지리적 분산을 의미한다. 수평적 분화, 수직적 분화, 그리고 지역적 분산 세 가지 중 어느 하나라도 높아지면 복잡성은 증가하게 된다.

6 공식화(formalization)는 기업조직 내의 과업에 대한 표준화(standardization) 정도, 즉 어떤 일을 수행하는 데 어느 정도 문서화되어 있는가를 말한다. 공식화 정도가 낮은 조직에는 과업을 수행하는 담당자의 행동에 대하여 규정이 적기 때문에 자유재량권이 높다. 공식화 원리는 어디까지 문서화해야 하는가와 관련된 공식화의 범위의 결정과 선발, 과업 및 역할 할당, 작업규정, 교육훈련 등의 공식화 기법이 중요하다.

7 권한(authority)은 과업을 수행에 있어서의 의사결정권한으로, 종업원이 어떤 일을 수행하는 데 필요한 권리(right)이다. 권한위양은 하향적 권한(top-down authority)과 상향적 권한(bottom-up authority)으로 구분된다. 책임은 과업수행에 대한 의무(obligation)를 의미한다. 권한위양과 달리 책임의 위양은 불가능하다.

8 권한의 배분에는 권한의 집중성에 따라서 집권화와 분권화가 이루어진다. 이에 따라서 집권적 조직과 분권적 조직으로 구분된다. 집권화–분권화의 문제는 어느 쪽을 선택하느냐의 문제가 아니다. 두 가지 모두가 상황에 따라 적절할 수가 있다. 효과적인 조정을 유지하고 결정된 내용이 잘 실현될 수 있도록 하기 위해 어느 쪽이 적절할 것인가를 결정해야 한다.

9 기업조직구조에 결정적으로 영향을 미치는 상황변수로는 일반적으로 조직의 규모, 기술, 환경, 전략, 권력작용, 내부자원을 들 수 있다. 상황변수는 조직외부에서 발생하여 영향을 미치는 외생적 상황변수와 조직내부에서 발생하여 영향을 미치는 내생적 상황변수로 구분된다. 조직의 규모, 기술, 환경은 조직외부의 상황변수에 해당된다. 조직의 전략, 권력작용, 내부자원은 조직내부 상황변수이다.

10 기업조직의 개념적 모형으로 기계적 조직과 유기적 조직 모형이 있다. 기업조직의 기본형태는 라인조직, 스탭조직, 사업부제 조직, 혼합형 조직으로 구분된다.

11 지식정보화사회의 조직변화 방향에 따라 다양한 21세기형 조직형태가 속속 등장하고 있다. 대표적으로 팀조직, 사내벤처 및 분사조직, 네트워크조직, 역피라미드조직 등을 들 수 있다.

생각해볼 문제

1 경영조직의 개념과 구성요소에 대해 설명하라.

2 분권화와 집권화의 결정요인은 무엇인가?

3 환경의 복잡성과 동태성에 대해 설명하라.

4 기계적 조직과 유기적 조직의 특징을 설명하라.

5 라인조직과 스탭조직의 의미를 특정 기업의 조직도를 활용하여 설명하라.

III

UNDERSTANDING BUSINESS

기업경영의 행위

제Ⅲ부에서는 기업경영에서 발생하는 행위에 관하여 다룬다. 기업경영의 행위는 기업경영의 관리과정(management process)을 말한다. 기업경영의 행위는 전통적 관리과정 관점에서 관리순환(management cycle), 즉 「계획(planning) · 실행(doing) · 통제(seeing, controlling)」 활동과 기업에서 이루어지는 각 기능별(function) 관리활동, 즉 기본활동(basic management), 핵심관리활동(line management), 지원관리활동(staff management)으로 구분하여 접근할 수 있다.

- 제9장은 「계획(P)→실행(D)→통제(S)」의 관리사이클에 따른 기업경영의 관리순환행위와 기업경영조직에서 발생하는 기업의 기본 관리활동을 다룬다.
- 제10장은 기업경영의 핵심활동인 마케팅활동, 로지스틱스, 생산관리활동을 다룬다.

CHAPTER

9

UNDERSTANDING BUSINESS

기업경영의 관리과정과 기본 관리활동

경영사례 플러스

CASE+

실패를 극복하는 10가지 방법

사람은 살아가면서 실패를 하게 마련이다. 그러나 여러분이 실패를 어떻게 받아들이고 이를 이용하는가에 따라서 오늘의 실패가 내일의 성공이 될 수도 있다. 이안 시모어의 〔멘토〕 중에 나온 실패를 극복하는 10가지 방법에 대해 탐독해보자.

1. 실패 속에서 성공을 찾아보아라. 실패를 분석하다 보면, 모든 실패는 어떤 종류의 성공을 감추고 있다는 사실을 발견하게 된다.
2. 원인을 찾아라. 즉, 자신의 실수에서 배워야 한다.
3. 시간을 두고 생각해 보아라. 충분한 시간을 두고 생각하면 실패는 일시적이라는 사실을 깨달을 수 있다.
4. 과거의 성공을 이용하여 현재의 실패가 주는 충격을 완화시켜라. 과거의 성공 이야기를 꺼내는 것만으로도 실패를 극복하기 위한 힘이 된다.
5. 네가 받은 축복을 돌이켜 보아라. 긍정적인 측면을 바라보려 노력하고, 자신이 누리고 있는 것에 대해 일일이 되새겨보는 것이다.
6. 긍정적인 이력서를 작성해라. 당신 자신의 장점과 긍정적인 자질을 생각나는 대로 적어보아라.
7. 연습하면 완벽해진다. 실패를 피할 수 없는 상황이라면, 실패를 좋은 목적으로 사용하거나 당신의 기술을 연습해볼 기회로 삼아라.
8. 역경에 맞서 웃어라. 웃음은 실패가 당신을 쓰러뜨리지 못하도록 하는 가장 효과적인 방법이다.
9. 사적으로 받아들이지 말아라. 비즈니스 세계에서, 실패나 거절은 그 대상이 당신

이 아니라 제품, 서비스, 혹은 회사이다.

10. 손을 떼고 하느님께 맡겨라. 실패에서 손을 떼고, 그대로 잊어버린 뒤 다음으로 넘어가야 할 때도 있다.

이 중 가장 여러분에게 필요하다고 생각되는 항목은 어떤 것인가? 이 모든 것을 모두 한꺼번에 외우려고 하기보다는 현재의 여러분에게 가장 필요하다고 생각되는 한 가지 항목을 찾아서 집중적으로 실생활에 적용시켜 보기 바랍니다. 여러분도 모르는 사이에 긍정적인 변화가 일어나게 될 것입니다. 성공과 실패의 차이는 사소한 실천의 차이에서부터 시작됩니다.

자료: 『멘토』, 2004년 7월 12일

기업경영행위는 기업경영의 관리과정(management process)을 뜻한다. 이는 전통적 관리과정맥락에서의 관리순환(management cycle)인 「계획(planning)→실행(doing)→통제(seeing, controlling)」활동과 기업에서 이루어지는 각 기능별(function) 관리활동인 기본활동(basic management), 핵심관리활동(line management)과 지원관리활동(staff management)을 말한다.

본 장에서는 「계획(P)→실행(D)→통제(S)」의 관리순환에 따른 기업경영의 관리과정 행위를 다루고자 한다. 또한 경영자가 기업을 운영하면서 전개하는 기본적인 관리행동, 즉 의사결정→리더십→커뮤니케이션을 경영자에 초점을 두어 이해한다.

경영자는 기업조직의 목적을 달성하기 위해 기업을 경영하면서 사업에 대한 의사결정을 내리고, 리더십을 발휘한다. 또한 종업원 및 외부환경과 지속적인 커뮤니케이션을 통해 정보를 교환하게 된다. 의사결정 및 기법들은 경영학에서 주로 경영과학 또는 계량경영 과목을 통해서 심도있게 다루고 있다. 한편, 리더십과 커뮤니케이션은 조직행위론이라는 과목에서 깊이 다루고 있다. 경영학의 토대가 되는 기본적인 학문영역이 바로 이러한 경

그림 9-1 기업경영의 관리과정

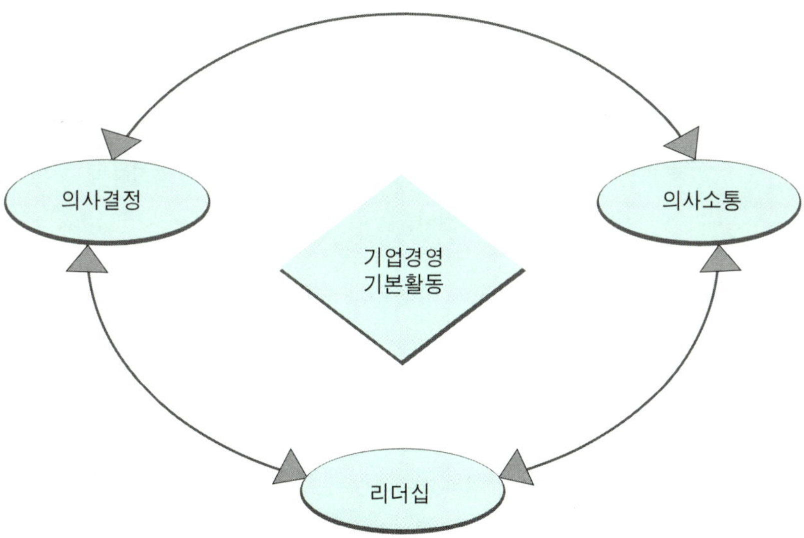

영과학과 조직행위론임을 고려하면 〈그림 9-1〉에서처럼 의사결정, 리더십, 커뮤니케이션은 기업경영의 기본 관리활동이 된다. 경영자는 이러한 기업경영의 기본행동을 토대로 각 기능별로 관리활동을 전개해 나가게 되는 것이다.

01 경영관리과정과 기능

UNDERSTANDING BUSINESS

1.1 기업경영행위

(1) 관리과정과 관리기능 관점

전통적으로 기업경영행위는 수직적 차원의 관리과정과 수평적 차원의 기업기능 관점으로 구분되어 왔다. 일반적으로 대부분의 경영학원론 서적들은 관리과정 관점에서 전개하고 있는 반면에 기업기능 관점은 주로 경영학의 각 전공별로 심도있게 배우게 된다.

기업경영의 관리과정 관점에서는 〈그림 9-2〉에서처럼 활동이 수직적으로 「계획→실행→통제→계획→실행…」과 같이 순환된다. 기업기능 관점은 기업의 특수성을 고려하여 경영관리의 핵심대상이 되는 생산관리, 마케팅, 인사관리 그리고 재무관리라는 기업고유의 경영기능에 통한 수익창출을 기대한다고 볼 수 있다.

(2) 관리과정과 관리기능의 통합적 관점

앞에서 설명한 기업경영행위의 관리과정 및 관리기능 관점을 상호보완적 결합에 따라 보다 효과적인 기업경영행위를 이해할 수 있다. 기업경영행위의 통합을 위한 접근은 어느 것을 우선적 기준으로 해야 할 것인가의 문제이다. 기본적으로는 관리과정 관점이 기준이 되어야 한다. 이를 각 관리기능에 적용하면 기업의 경영관리 행위에 대한 이해가 쉽게 될 것이다.

그림 9-2 기업경영의 관리과정

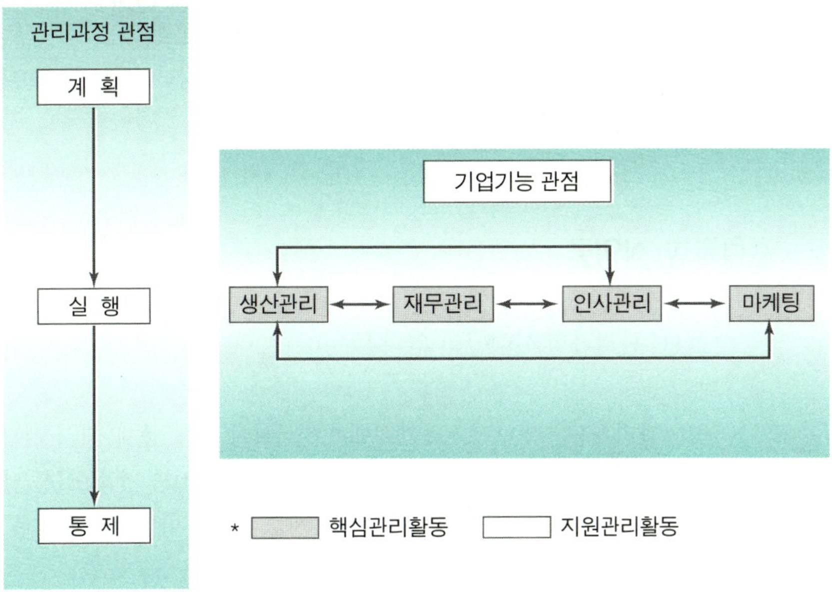

그림 9-3 기업경영행위의 통합적 관점

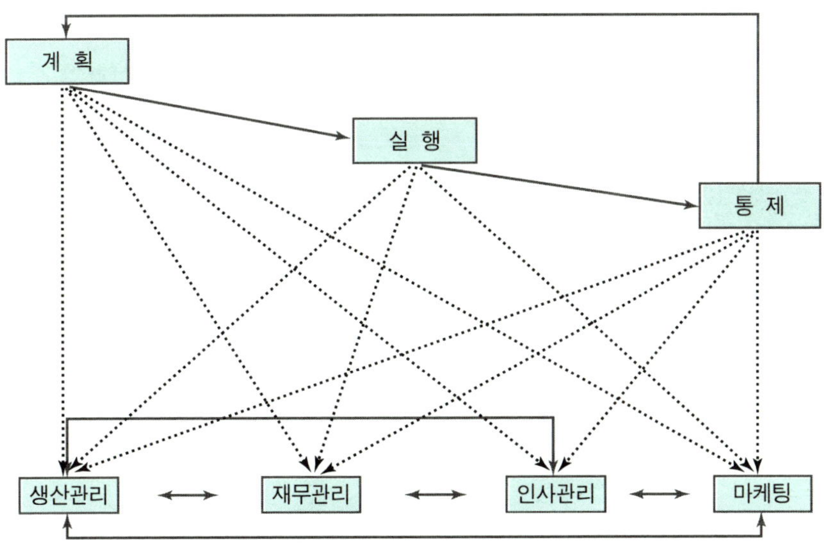

기업경영에서는 〈그림 9-3〉에서 보듯이 무엇보다도 관리과정 관점이 기본적인 활동이 된다. 이러한 관리과정 활동은, 각 기능별 관리활동들인 생산관리, 마케팅관리, 인사관리, 재무관리 등의 활동에 적용된다. 가령, 생산관리활동은 제품생산 계획을 수립하고, 계획에 따라서 생산을 실행하고, 최종 생산된 제품에 대해 통제가 이루어진다.

1.2 관리과정 사이클

(1) 관리과정 사이클의 의의

관리과정은 일반적으로 계획에서 시작하여 실행, 통제, 다시 계획단계로 순환하는 관리의 흐름을 의미한다. 계획단계에서는 기업목표를 달성하기 위한 계획을 수립한다. 실행단계에서는 계획에 따라 실행한다. 통제단

그림 9-4 관리과정 사이클의 구분

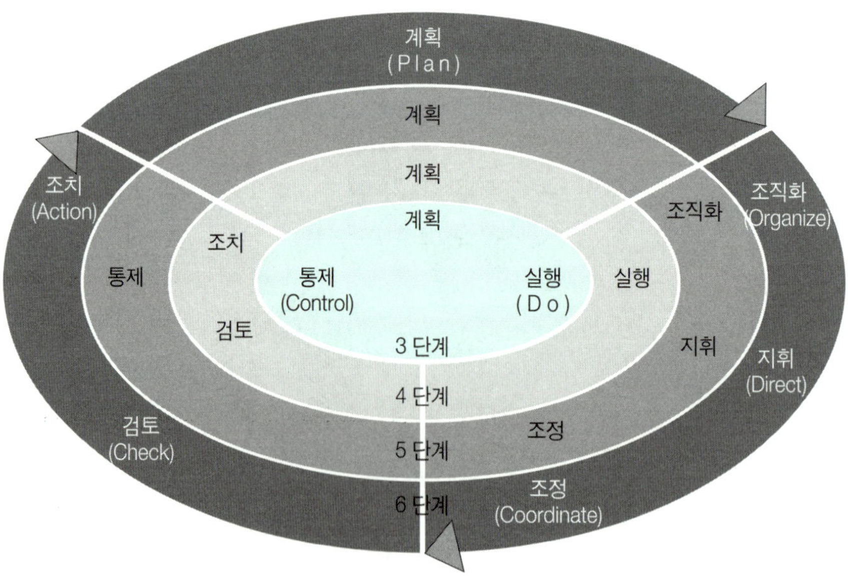

계에서는 실행한 결과를 측정 · 검토 · 확인한 결과와 차이가 있으면 필요한 수정조치를 반영한다.

관리과정은 〈그림 9-4〉에서와 같이 「계획→실행→통제」라는 순환의 3단계를 기본으로 하여 4단계, 5단계, 6단계로 구분하기도 한다. 관리과정을 4단계로 구분하는 경우에는 통제단계를 2단계로 나누어 「계획(plan)→실행(do)→검토(check)→조치(action)」로 접근한다. 5단계로 구분하는 경우에는 실행단계를 3단계로 나누어 「계획→조직화(organize)→지휘(direct)→조정(coordinate)→통제(control)」로 접근한다. 6단계의 경우에는 4단계와 5단계를 통합하여 「계획→조직화→지휘→조정→검토→조치」 등 세부적으로 구분하기도 한다.

여기에서는 가장 일반적으로 사용하고 있는 「계획→조직화(실행)→통제」라는 순환사이클을 중심으로 이해하고자 한다.

(2) 관리과정과 기업조직 구조

우리는 매년 초에 1년을 어떻게 살아갈 것인가에 대한 새해의 계획을 구상할 것이다. 그리고 그 계획을 실행에 옮기고 연말에 가서 다시 계획한 것이 제대로 이루어졌는가를 돌이켜볼 것이다. 여기에서 주의해야 할 사안은 자기역량에 맞게 실천가능한 계획과 실행, 그리고 통제가 수반되어야 한다. 이를 위해서는 현재 주어진 자신의 상황에 해당되는 연령, 신체적 특징, 재산, 학문적 배경 등을 고려해야 한다. 이는 기업조직의 구조에 비유될 수 있으며, 기업경영 또한 이러한 과정을 통해 기업을 운영해 나간다. 마찬가지로 기업의 관리과정도 기업의 조직구조에 의해서 이루어진다.

이상에서 살펴본 계획→실행→통제 과정은 기업경영의 관리과정순환 또는 관리과정사이클(management cycle)이라고 한다. 기업경영의 모든 활동은 관리 사이클에 따라서 진행되며 모든 기업의 조직구조에 적용되고 활용된다.

〈그림 9-5〉는 실제적으로 사업부제 조직구조를 경영관리 사이클에 적용해 본 것이다.

그림 9-5 **관리과정과 조직구조**

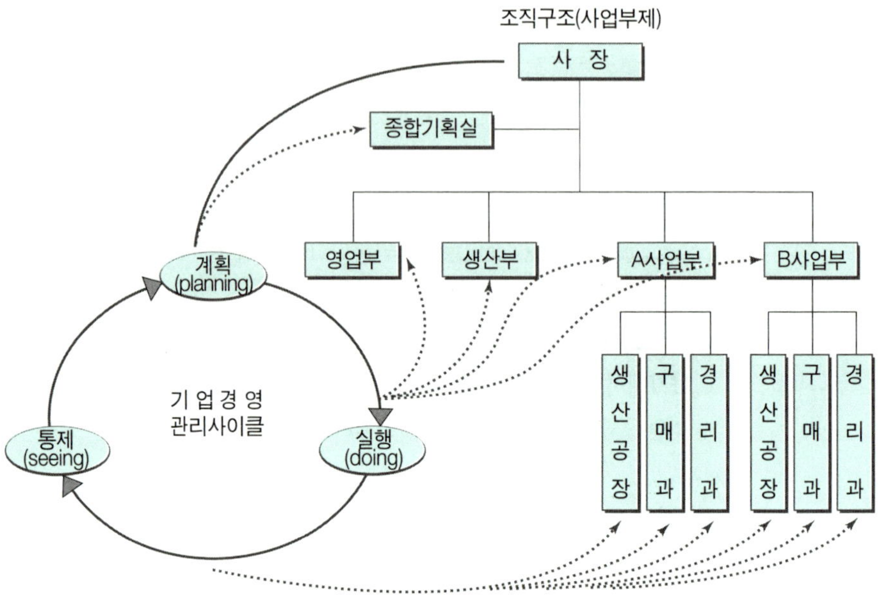

02 계 획

UNDERSTANDING BUSINESS

2.1 경영계획의 의의와 중요성

(1) 경영계획의 의의

경영계획(business planning)이란 기업이 환경의 변화에 대응하면서 장래의 경영활동에 관하여 의사결정을 행하고 행동예정(行動豫定)을 구체적으로 표현하는 일이다.

넓은 뜻으로는 기업경영에 관한 모든 계획을 말하지만, 좁은 뜻으로는

표 9-1 계획의 계층과 내용

수 준	관리계층	기 간	주요 내용
조직 전반의 수준	최고경영층	장기	경영전략 수립 자원배분
사업부, 기능부서 수준	중간관리층	중장기 · 중단기	방침, 절차, 예산 수립
일선업무의 수준	일선감독층	단기	일정계획, 예산, 실행계획

그러한 계획들 중에서 경영자가 결정하는 기본적 · 전사적(全社的) · 장기적 계획만을 말한다. 어느 쪽이든 경영계획은 행동예정의 일종이며, 그것이 경영방침이나 경영전략과 같은 경영계획 이외의 행동예정과 다른 점은, 계획이 기간(시간)적 한정을 설정하고, 계수(計數: 금전 · 물량 등)의 형태로 행동을 예정적으로 표현하는 데 있다. 시간 역시 계수의 일종이므로, 경영계획의 특색은 계수적 행동예정이다. 경영계획은 경영의 합리성 향상을 위해 필요하다. 인간이나 조직은 전지전능하지 않으므로, 그 행동에는 불확정성과 위험이 따르며, 그것이 목표달성을 저해한다. 불확정성이나 위험을 줄이고, 제약된 범위 안에서 합리성을 높이기 위해서는 경영환경을 분석하고 목표를 명확히 하며, 저해요인의 극복을 위한 행동에 대해 복수(複數) 대체안을 설계하여 각 대체안을 평가하고, 한 가지 대체안을 선택하여 행동예정으로 삼는 단계를 밟는다. 이리하여 경영계획은 합리성 향상을 위해 없어서는 안될 수단이 된다.

경영계획은 전체적으로 체계성을 유지할 수 있게 〈표 9-1〉과 같이 여러 가지로 구분된다.

첫째, 그 내용이 커버하는 기간에 따라 장기경영계획과 단기경영계획으로 구분하며, 필요에 따라서 중기경영계획을 덧붙인다. 이러한 기간구분에는 획일적인 기준은 없지만, 영업기간(1년)을 넘는 것을 장기, 영업기간 이내의 것을 단기로 정하는 경우가 많다. 이론적으로는 기업의 구조변화(예를 들면, 규모확대를 위한 투자계획)에 관한 것을 장기, 일정한 구조를 전제로 한 행동에 관한 것을 단기로 한다.

둘째, 계획내용이 경영과정의 어느 부분과 관계되느냐에 따라 조달계획 · 재고계획 · 제조계획 · 판매계획 등으로 구분된다.

셋째, 경영을 구성하는 생산적 자원에 따라 재무계획 · 노무계획 등으로 구분한다. 과정별 계획과 자원요소별 계획은 조직부문의 편성계획과 거의 일치하므로, 흔히 일괄해서 부문계획이라고 한다.

넷째, 기업은 실체적인 측면과 가치적인 측면을 가지는데, 이들 양면에 대응하여 실체계획과 가치계획으로 구분한다. 실체계획에 속하는 것으로는 제품계획 · 교육계획 등이 있으며, 가치계획에 속하는 것으로는 이익계획 · 예산 등이 있다.

다섯째, 연구개발과 합병 등 특정 문제에 관한 프로젝트 계획과 한정된 기간 속에서 각종 행동을 망라하는 기간계획(period plan)으로 구분한다.

여섯째, 경영의 어느 범위를 대상으로 하느냐에 따라서 기본계획과 실시계획으로 구분한다. 기본계획은 좁은 의미의 경영계획이며, 구조적 · 가치적 · 장기적 · 프로젝트적 · 전략적 성격이 농후하다. 실시계획은 각급 관리자가 결정하는 구체적 집행계획이며, 대체로 단기 부문계획이다

(2) 경영계획의 중요성

기업에서 경영계획은 왜 중요한가? 경영계획이 수립되어 있지 않다면, 기업은 의도한 대로 목표를 쉽게 달성할 수 없을 것이다. 왜냐하면 기업의 경영자원을 어느 분야에 얼마만큼 적절해 배분해야 하는지 파악되지 않기 때문에 자원의 낭비를 초래할 수 있으며, 시장의 불확실성에 유연성 있게 대응할 수 없기 때문이다. 따라서 경영계획 수립을 통해 얻을 수 있는 이점과 그 중요성을 지적하면 다음과 같다.

첫째, 경영계획수립은 경영자의 시장지향적 사고를 갖게 하는 동시에 경영자의 자질을 개발하게 한다. 다시 말해 불확실한 시장상황에 적합한 경영계획을 수립하는 사람들에게는 경영이론과 시장정보의 중요성 여부, 조직의 비전과 일맥상통하도록 체계적이고 다양한 경영능력이 요구되는 것이다.

둘째, 경영계획은 미래의 불확실성을 줄여주고 변화에 대한 준비 역할을 한다. 경영계획은 기업경영이나 기업으로 하여금 미래를 수용하기보다는 미래에 영향을 미치도록 한다. 즉, 경영계획은 환경분석을 통해 미래의 불확실성을 줄이고 경영자가 환경변화에 대처해 가는 데 도움을 준다.

셋째, 경영계획은 기업과 구성원들에게 목표에 집중하도록 한다. 따라

서 경영계획은 기업과 종업원들의 업적을 개선하게 한다. 공식적으로 계획활동을 하고 있는 기업은 계획활동이 없거나 비공식적으로 계획활동을 하고 있는 기업보다 훨씬 더 높은 업적을 이룬다.

넷째, 경영계획은 기업이 효율적으로 자원을 배분하는 것을 도와준다. 언제 어느 시점에 어떠한 부서에서 얼마만큼의 비용과 수익을 발생할 것인가를 계획함으로써, 필요한 때에 필요한 만큼의 자원을 배분할 수 있도록 해준다. 정부가 매년 예산을 수립하는 것을 생각해 보라. 모든 국가사업이 예산에 따라서 자금이 배분되고 있다.

다섯째, 경영계획은 통제기능과 밀접하게 관련되어 있다. 즉, 목표계획이 없다면 무엇으로 통제할 것인가? 경영계획은 달성한 성과의 기준이 되는 동시에 성과를 평가하는 잣대 역할을 한다.

2.2 경영계획의 유형

경영계획의 유형을 구분하는 가장 보편적인 방식은 〈그림 9-6〉과 같이 적용범위, 기간, 이용빈도 또는 반복성, 요소, 기능 등 다양한 기준에 의해 구분할 수 있다. 이러한 계획수립의 분류기준은 독립적인 것이 아니라 상호의존적이며 보완적이다.

(1) 적용범위

경영계획의 적용범위란 조직 내에서 적용되는 폭이나 범위에 따라 구분하는 방식으로 전략적 계획, 운영계획으로 구분할 수 있다. 전략적 계획(strategic plans)은 기업의 전사적인 차원에서 이루어지며, 전반적인 조직목표를 설정하고 조직이 처한 조직환경적 관점에서 조직의 위치와 방향을 설정하고 이것을 실현될 수 있도록 하기 위해서는 어떠한 전략과 자원이 필요한가를 결정하게 된다. 즉, 전략적 계획은 기업전체의 목적을 달성하기 위한 보다 폭넓은 계획의 입안을 말한다. 반면에, 운영계획(operational plans)은 전략적 계획에 비하여 범위가 좁고 상위의 개념인 전략적 계획의 목표를 달성하기 위한 세부적 계획이다.

그림 9-6 계획의 유형

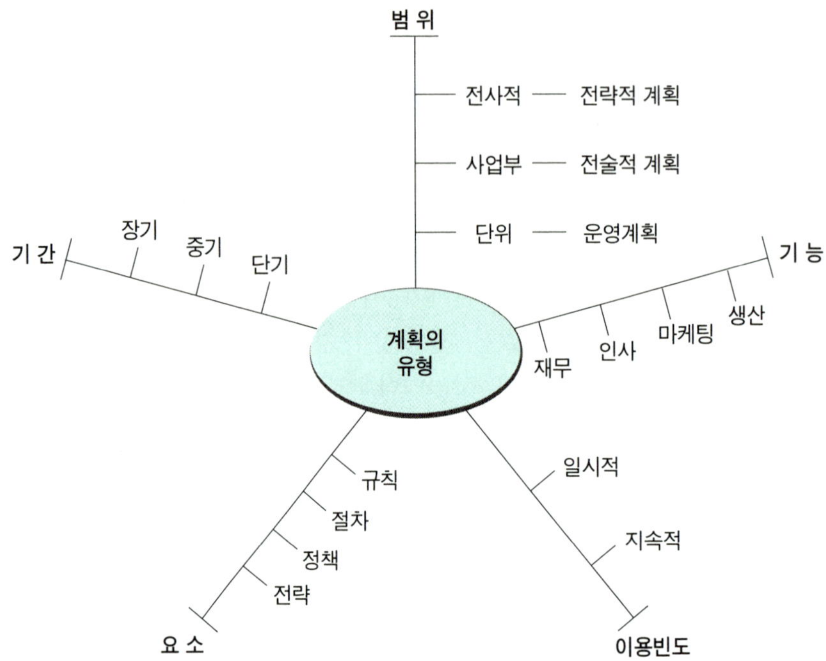

(2) 기 간

경영계획이 적용되는 기간에 따라서 장기경영계획, 중기경영계획, 단기경영계획으로 구분할 수 있다. 단기경영계획은 일반적으로 1년 미만의 계획을 의미한다. 중기경영계획은 1년에서 5년 사이, 장기경영계획은 5년 이상의 계획을 뜻한다. 특히 장기경영계획은 기업의 기술 및 경쟁, 자원의 배분 등에 관련된 계획으로서 산업이나 기업에 따라 기간이 다양하다.

기업은 장기경영계획을 수립하는 데 있어서 몇 가지 고려해야 할 사항으로 첫째, 장기경영계획은 기업의 목적 및 전략과 일치되어야 한다. 둘째, 경영계획기간의 중간중간에 재검토할 수 있는 기회가 제공되어야 한다. 셋째, 경영계획기간이 길면 길수록 경영계획의 구체성이 없게 되므로 목표의 수용범위가 표시되어야 한다. 마지막으로 장기경영계획은 불확실성이 따르게 되므로 계획에 유연성이 부여되어야 한다.

(3) 이용빈도

경영계획은 이용빈도에 따라서 크게 일시적 계획과 지속적 계획으로 분류할 수 있다. 일시적 계획(single-use plan)은 신제품 개발이나 예산수립과 같은 특정 프로젝트나 과업을 수행하기 위해서 정해진 기간에 완료되는 일시적으로 존재하는 계획이다. 일시적 계획은 비교적 짧은 기간 내의 어떤 구체적인 목적을 달성하기 위하여 짜여진 계획으로서 기간이 완료되면 더 이상 이용되지 않는 계획이다. 가령, 일시적 계획의 예로는 예산안, 프로그램 및 프로젝트를 들 수 있다.

지속적 계획(standing plan)은 기업의 방침이나 규정과 같이 장기적으로 운영되는 사업계획을 말한다. 이러한 지속적 계획은 정책(policy), 절차(procedure) 및 규칙(rule) 등의 기준이 되고, 여러 상황하에서도 계속적으로 일관성을 갖고 적용될 수 있도록 행동의 지침을 제공해준다.

(4) 요 소

기업의 경영계획은 전략, 정책, 절차, 규칙 등 여러 가지 다양한 요소로 구성되어 있다.

전략은 목적을 달성하기 위한 기업의 활동영역을 선택하는 것과 관련되며 영향의 범위가 가장 광범위하다. 정책은 의사결정상의 표준지침을 제공한다. 이러한 정책은 조직의 전략에서 도출되고, 의사결정의 적용기준으로 작용하며, 종업원의 행동범위를 제약하기도 한다. 정책에는 제품정책, 마케팅정책, 재무정책, 인사정책, 구매정책 등이 있다. 절차는 정확하게 무엇을 어떻게 해야 한다는 것을 명시하고 있다.

절차는 정책보다 더 좁고 구체적인 행동지침이다. 절차는 개인이 문제해결에 사용할 수 있는 개별적인 판단의 범위를 축소시킨다. 규칙은 해야 할 것과 해서는 안될 것에 대한 구체적인 지시이다. 전달하려는 바를 규칙을 통해서 종업원들에게 용인될 수 있는 행동의 범주가 정확하게 무엇이라는 것을 알려준다. 규칙을 무시하는 경우에는 처벌이 뒤따르게 된다.

(5) 기 능

기능계획은 그 계획에 의해 영향을 받게 되는 기업내 기능부서에서 이루어진다. 일반적으로 기업기능에는 생산, 마케팅, 인사, 재무 등이 있다. 이러한 기능중심의 계획은 주로 운영계획차원에서 이루어진다.

2.3 계획수립 과정

계획수립은 여러 단계를 거쳐 이루어지는 종합적인 과정이다. 이러한 계획수립 과정과 관련하여서는 경영전략수립 과정을 의미하기도 한다. 일반적으로 이러한 계획수립 과정은 〈그림 9-7〉과 같이 환경분석, 목표설정, 계획전제의 설정, 대안탐색 · 평가 · 선택, 그리고 계획수립의 단계로 이루어진다. 수립된 계획은 다시 달성된 성과통제를 통해 새로운 계획수립을 위한 환경분석에 적용된다.

그림 9-7 기업형태의 분류

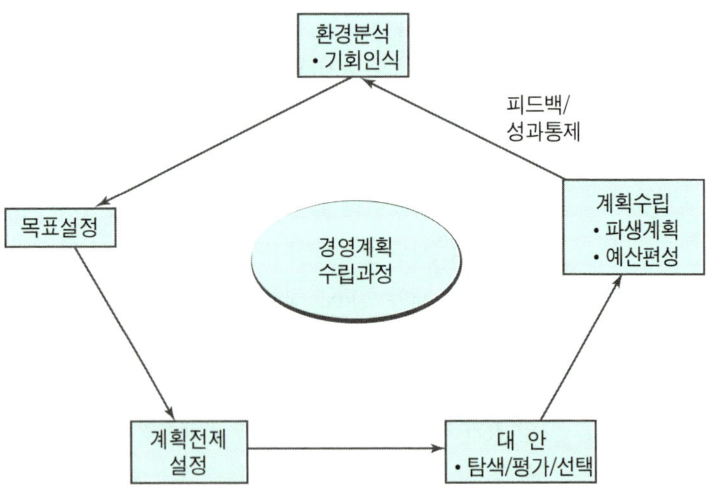

(1) 환경분석 및 기회인식

계획수립의 출발점은 기업의 외부 및 내부 환경분석에서 시작된다. 환경분석은 일반적으로 SWOT분석으로 외부환경의 기회와 위협을 분석하고 기업내부자원의 강점과 약점을 파악하는 것이다. 환경분석을 통해서 계획수립시에 사업기회를 파악한다. 이러한 환경분석에 대한 것은 경영전략 분야를 참고하기 바란다.

(2) 목표설정

목표설정 단계는 기업이 궁극적으로 달성해야 할 목표를 구체화하는 단계이다. 기업 전체의 목표설정을 통해 하위의 전술계획 및 운영계획 등이 체계적으로 수립된다. 경영목표는 전략, 방침, 절차, 규칙, 예산, 프로그램 등의 네트워크에 따라 체계화 · 문서화되어야 한다. 또한, 모든 종업원들은 기업 전체의 목표를 분명히 이해하고 있어야 성과달성에 기여할 수 있다.

(3) 계획선행조건

목표가 구체적으로 설정된 다음 계획에 필요한 선행조건으로 계획에 필요한 요건들을 검토해야 한다. 이것이 계획전제의 설정이다. 미래계획에 영향을 미칠 수 있는 조건은 매우 복잡하고 많다. 이러한 조건들을 전부 고려하기가 어렵기 때문에 중요도 순서를 정하고 우선순위별로 고려해야 한다.

(4) 대안탐색, 평가, 선택

계획수립에서 미래의 모든 것을 완벽하게 예측하여 이루어지는 것은 없다. 사회의 모든 현상에는 항상 상충관계(trade off)가 있다. 즉, 벤처기업처럼 수익이 높으면 위험이 높게 마련이다. 만약 여러분이 100만원을 투자해서 1,000만원을 단기에 벌어들이려고 한다면, 그만큼 100만원을 잃어버릴 가능성도 높다. 반면에 100만원을 투자해서 110만원의 수익을 올리려면 상대적으로 잃어버릴 위험은 낮다. 따라서 여러 가지 대안적인 계획을 만들어야 한다.

우선 현재 기본계획을 중심으로 문제점을 발견하고 다른 대안적인 계획을 검토해야 한다. 여러 대안이 만들어지면 각 대안의 장점과 단점을 평가하고 목표달성에 가장 적절하고 실행가능한 대안을 선택해야 한다.

(5) 계획수립

최적의 대안이 선택되면 선택된 대안을 토대로 여러 가지 파생되는 계획을 수립해야 한다. 또한 그 계획에 소유되는 예산을 편성하게 되면 계획수립은 일단락된다. 파생계획과 같은 특정 계획이 이루어지려면 필요한 요건들이 있다. 가령, 여러분들이 어떤 아이템을 가지고 인터넷 벤처창업을 하기 위해서 사업에 대한 환경분석과 목적을 설정하여 사업계획을 수립하였다고 생각해보자. 이것으로 사업계획은 끝나는 것이 아니다. 창업에 필요한 자금과 인력의 확보에 대한 파생계획이 발생한다. 또한, 기존업체의 아이템과 브랜드 등 시장진입장벽이 높아서 진입이 어려운 경우 기존 선도기업과 전략적 제휴(strategic alliance)를 위한 계획도 수립하여야 한다.

03 실행: 조직화

U N D E R S T A N D I N G   B U S I N E S S

3.1 조직화의 의의

조직은 둘 이상의 사람에 의해 의식적으로 조정된 활동이나 힘의 시스템이다. 이것은 사람들이 공동의 목적을 위해 함께 모이고 공식적으로 자신들의 노력을 결합하는 데 동의할 때 조직이 성립한다는 의미이다. 조직화(organizing)란 기업경영의 관리과정 사이클에서 계획수립 과정이 끝나면 그 확정된 계획을 실행에 옮기는 것을 말한다. 즉, 조직화는 조직을 설계하는 것으로서, 상이한 경영자와 경영계층간 권위체계의 확립과 커뮤니케이션이 원활히 이루어지기 위해 필요한 모든 정보와 자료를 확보하는 작업이 주류를 이루는 활동이다. 요컨대 조직화는 경영자가 계획을 수행하는데 필요한 사람, 기계, 자금 등의 경영자원을 결합하는 과정에서 일어나는 활동을 뜻한다.

3.2 조직화 과정

기업경영에서 조직화 단계는 기업의 목표달성을 위한 일의 어떤 원칙과 방법에 의해 분할할 것인가와 분할된 업무를 어떻게 조정하여 결합시킬 것인가가 가장 중요하다. 일의 분할은 기업조직의 분화의 원리에 따라서 직무전문화원칙에 입각하여 이루어진다. 이렇게 전문화되어 분할된 업무가 원활히 수행될 수 있도록 조정하여 결합하는 것이 조직화 과정이다. 기업경영에서 조직화과정은 〈그림 9-8〉과 같이 5단계를 거쳐 이루어진다.

제1단계는 기업목표의 설정단계로서 조직화의 초점은 여기에 맞춰진다.

제2단계는 기업 전체의 업무를 개인이나 집단이 적절히 수행할 수 있도록 논리적으로 일을 분할하는 것이다. 여기에는 직무전문화와 역할전문화의 원리를 사용한다.

제3단계는 종업원 개개인이 각자 맡은 업무의 성격에 따라 집단화 또는 부서화시킨다. 이러한 집단화 방법은 기능별 집단화, 사업부 및 제품별 집단화, 매트릭스식별 집단화 등이 있다.

제4단계는 종업원들에 의해 수행된 일들이 서로 유기적으로 이루어지도록 적절히 조정하는 활동이 필요하다.

제5단계는 기업의 효과성 향상을 위해 필요한 수정조치를 취하는 단계

그림 9-8 조직화 과정

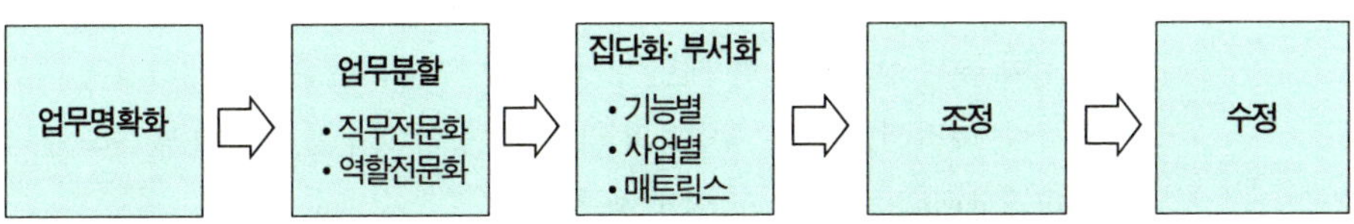

이다. 즉, 권한관계와 정보흐름을 통하여 모든 부문화된 부문들을 수평적 및 수직적으로 통합한다.

04 통 제

UNDERSTANDING BUSINESS

4.1 통제의 의의

통제(control)란 조직의 경영활동이 수립한 계획대로 목적달성될 수 있도록 조직활동을 규제하는 것을 말한다. 즉, 관리과정 사이클의 마지막 단계인 통제는 계획과 일치하는 바람직한 결과의 달성을 위해 업무진행 상황과 성과를 지속적으로 파악하고, 문제가 있을 때 즉각적인 조치를 취하는 과정이다. 통제는 기업이 성장하면서 규모가 커질수록 더욱 어려워진다. 따라서 기업이 성장할수록 통제는 환경의 불확실성, 조직업무의 증대에 따른 복잡성, 업무와 사람의 통제에 대한 인간능력의 한계, 권한의 위임과 분권화 차원에서 더욱 중요하다.

통제의 중요성에 대해 설명하면 다음과 같다.

첫째, 계획된 목표가 환경의 불확실성으로 인하여 원천계획의 수정이나 변경 등의 조치가 뒤따라야 하므로 통제시스템이 요구된다.

둘째, 기업의 성장은 곧 조직의 복잡성 증대를 뜻한다. 기업의 규모와 활동이 복잡해짐에 따라서 통제는 더욱 필수적이다. 복잡한 조직일수록 집단이기주의, 개인이기주의와 같은 갈등과 업무상의 마찰이 더욱 빈번해진다. 그러므로 개인 또는 부서간의 활동을 조화시키기 위해서 적절한 통제가 요구된다.

셋째, 인간능력에는 한계가 있기 때문에 통제가 필요하다. 환경의 불확실성이 높은 상황에서 한 개인이 정확·신속한 의사결정을 내리기란 매우 힘들다. 따라서 통제는 경영자의 의사결정상의 실수를 신속히 발견하여 적절하게 시정조치를 할 수 있게 해준다.

넷째, 기업이 규모가 커질수록 권한의 위임과 분권화가 증대하고 이로 인해 통제가 필요하다. 아무리 권한을 위임하더라도 최종 책임은 최고경영자가 져야 하기 때문이다. 따라서 부하의 활동에 대한 통제가 필요하다.

4.2 통제의 과정

통제의 과정은 〈그림 9-9〉와 같이 크게 표준설정, 성과측정, 표준과 성과의 비교, 그리고 성과평가와 행동선택 등 4단계로 이루어진다.

(1) 표준설정

표준설정은 통제목적을 위해 설정되기 때문에 명확하고 가능한 한 조직의 목표로부터 도출되어야 한다. 왜냐하면, 구체적이고 특정한 목표는 경영자로 하여금 필요한 절차를 추정하고 실행하게 하며, 목표달성 여부를 평가하는 기준이 되고 업무성과에 대한 각 개인의 책임문제를 명확히 할

그림 9-9 **통제의 과정**

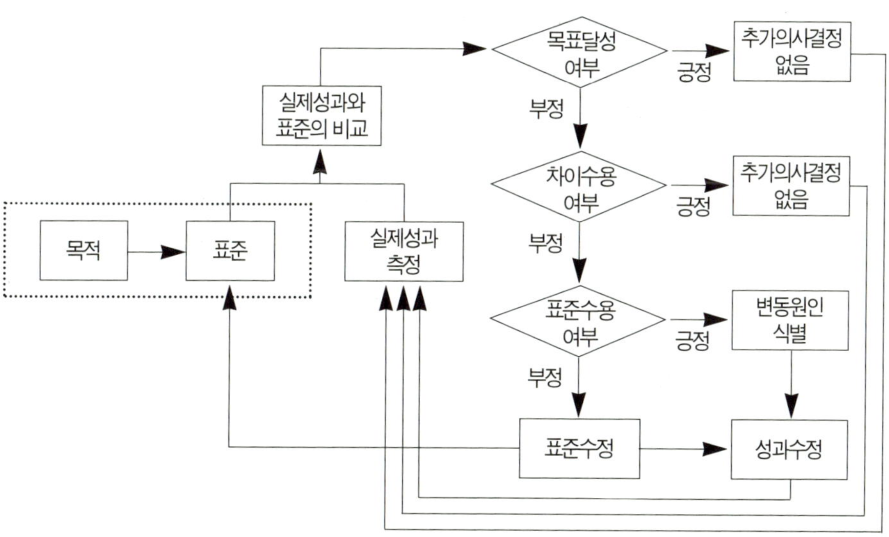

표 9-2 성과측정방법과 장 · 단점

성과측정방법	장 점	단 점
관 찰	• 실제상황을 직접 파악	• 주관적 판단에 의존 • 불신 초래 및 사기 저하 • 장시간
통계보고서	• 신속 및 정확성 • 전략집행에 유용	• 질적 자료 측정 불가
구두보고	• 실제상황을 파악하기에 용이	• 확실한 근거를 남기기 곤란 • 주관적 판단에 의존 • 장기간
서 면	• 종합적 상황 정리 • 근거자료 남음	• 정보의 왜곡

수 있기 때문이다. 이때 표준으로 설정되는 업적지표는 측정가능하고 적절한 용어로 표현되어야 한다. 표준설정은 계획수립 과정에서 이루어지며, 표준설정의 첫 번째 단계는 다음 단계에 나타날 성과를 비교할 대상인 표준을 설정하는 것이다.

(2) 성과측정

성과측정이란 표준의 설정을 통한 실제의 진행이나 수행된 성과를 투입면과 산출면에서 측정하는 것을 말한다. 따라서 성과측정을 위해 사용되는 방법 내지 정보의 원천은 ① 개인적 관찰, ② 통계보고서, ③ 구두보고, ④ 서면보고 등이 있다. 이 단계에서는 무엇을 어떻게 측정할 것인가가 중요하다. 따라서, 경영자는 이들 정보원천을 결합시킴으로써 신뢰할 만한 정보를 획득할 가능성을 증가시킬 수 있다. 그런데 네 개의 측정방법은 〈표 9-2〉와 같이 각각 장 · 단점을 갖고 있으므로 종합적 통제를 시도하는 경영자들은 네 가지 측정기법을 모두 활용하는 것이 시각의 편견 없는 자세일 것이다.

(3) 표준과 성과의 비교

통제과정의 세 번째는 측정된 실제성과와 1단계의 표준설정간의 비교분석단계이다. 경영자는 이러한 비교를 통해서 기대치와 실제치간에 차이가 발생할 때 시정조치의 행동을 취하게 된다. 비교분석단계에서 양자간의 차이가 부족한 경우도 있지만 넘치는 경우도 있을 것이다. 부족한 경우는 말할 것도 없고 넘치는 경우에도 경영자는 그 원인을 분석하여 수정을 가해야 한다. 왜냐하면 계획을 잘못 수립하였거나 환경이 바뀔 때 차이가 발생하기 때문이다. 실제적으로 우리나라의 경제가 우울증에 걸린 환자라고 표현한 경제부총리의 지적처럼 스태그플레이션(저성장, 고물가, 고실업)에 직면함에 따라 성장지수를 낮추고 있는데 그 원인을 발견해야 한다. 소비자의 수요변화 또는 경쟁업체의 부도 등으로 이러한 결과가 나타났다면 가격인상이나 생산시설을 높여 생산량을 증대시키는 시정조치를 취해야 할 것이다.

(4) 성과평가와 행동선택

성과평가와 행동의 선택은 제3단계의 표준과 성과의 비교에 의해 성과를 평가하고 합리적 행동을 선택하는 것이다. 여기에서 경영자는 분석적 · 진단적 기능에 의거하여 성과를 평가하고 현상유지, 편차수정, 표준의 변경 등 행동을 선택할 수 있다.

05 의사결정

U N D E R S T A N D I N G B U S I N E S S

5.1 의사결정의 개념과 의의

의사결정(decision-making)이란 기업의 소유자 또는 경영자가 기업 및 경영상태 전반에 대한 방향을 결정하는 일을 말한다. 원래는 기업소유자의 기업정책에 대하여 사용하던 말인데, 주식회사의 거대화에 비례하여 소유자로부터 경영자가 기능적으로 분리되어, 소유자가 행하는 전략적 의사결정과, 경영자가 내리는 경영적 의사결정의 구별이 필요하게 되었다. 실제로는 양자가 서로 짝이 되어 있는 것이지만, 현재의 경영학 · 경제학에서는 경영적 의사결정밖에 밝혀지지 않고 있다. 전략적 의사결정은 말로는 쓰이고 있지만 실제적으로는 거의 밝혀지지 않고 있다.

의사결정의 문제는 기업간 경쟁의 격화나 국제적인 정치 · 경제의 유동화 현상에 따라, 전략적 의사결정의 문제로서 그 비중이 더해졌다. 추상적 의사결정론은 먼저 해결해야 할 문제를 밝히는 것이 선결조건이다. 이는 경영목적을 명확하게 정의하는 데 있으며, 이 목적에 대하여 여러 대체적인 전략을 설정하고 목적에 대응하는 최적의 전략을 선별해야 한다.

더욱이 의사결정은 기업을 둘러싼 사회적 · 경제적 조건이나 경쟁자의 전략 등과의 관계가 외적 조건으로 되어 있으며, 다시 결정이 이루어질 때의 내적 조건으로는 〈그림 9-10〉과 같이 다음 3가지가 있다. ① 확실성에 의한 의사결정, ② 위험도가 있는 상태에서의 의사결정, 즉 기업간 위험도와 기업내 위험도에 대한 경험적 확률을 근거로 한 의사결정, ③ 불확실성에 의한 의사결정, 즉 생길 수 있는 결과의 확률을 알지 못하고 있을 경우의 주관적 확률에 따른 의사결정 등이다. 요컨대, 의사결정(decision making)은 기업경영에서 어떤 문제를 인식하고 그 문제를 해결할 수 있는 여러 가지 가능한 대안을 탐색 또는 개발하고 선택함으로써 바람직한 결과를 이끌 수 있는 일련의 체계적인 과정을 말한다.

그림 9-10 불확실성과 신뢰성의 관계

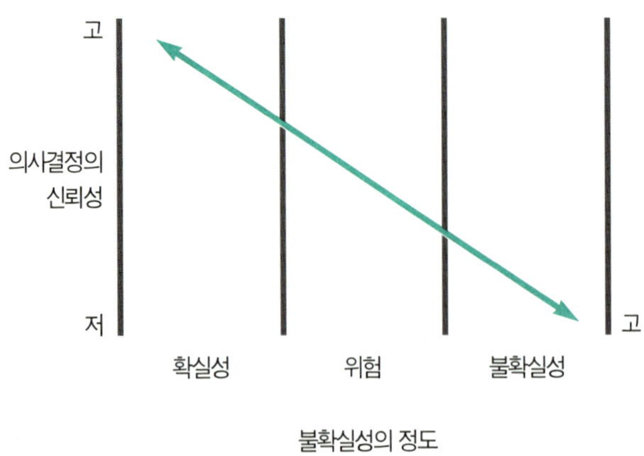

5.2 의사결정 과정

경영자가 내리는 의사결정 과정은 〈그림 9-11〉과 같이 문제의 인식, 대안의 탐색, 대안의 평가, 대안의 선택 및 실행, 결과의 평가 등 5단계로 구분할 수 있다.

먼저, 문제인식(problem recognition)이란 의사결정자가 처해 있는 현 상황과 바라는 이상적인 상황의 괴리(gap)가 심할 때 발생하는 것이다. 가령, 이동통신서비스기업에서 자사의 회원수가 전년도에 비해 감소함에 따라 수익구조가 악화되었다고 생각해보자. 자사의 마케팅에 무슨 문제가 있는지에서 문제의 인식이 시작되는 것이다. 즉, 문제인식은 시장에서 그 기업의 상황이 좋지 않다는 시그널(signal)이 작동함을 뜻한다. 반면에 문제가 기회로 반전할 수 있도록 다음 단계를 고민하게 된다. 실제적으로 오늘날의 하이트맥주는 과거 조선맥주라는 브랜드로 OB맥주와 맥주시장의 양대 산맥을 구축하였으나 늘 2등 브랜드였다. 그래서 1등 브랜드로 올라설 수 있는 기회가 바로 문제인식의 출발점이라고 이해하면 된다.

둘째, 대안의 탐색(alternative search)은 경영자가 어떤 특정 현안에 대한 문제해결이 가능한 다른 방안의 모색을 말한다. 문제는 개방적 자세를 갖고 다양한 방법으로 현안을 해결할 수 있지만 얼마나 기업에서 최저의 비용으로 신속하게 그리고 다른 요인들에 영향을 최소화시키면서 경제적 극대화를 가져오느냐이다. 그런데 경영자가 최적의 대안이 탐색했지만 자체의 경영자원으로 해결할 수 없다거나 그 대안이 실행할 수 없을 정도라면

그림 9-11 **의사결정 과정**

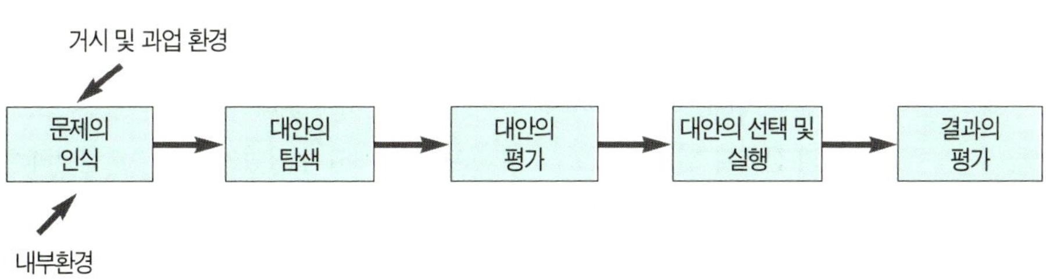

선택될 여지는 매우 낮을 것이다. 여기에서 주목할 사안은 모든 대안이 평가될 때까지는 어떤 대안이든 제외하지 않고 고려하는 것이 바람직하다.

셋째, 대안의 평가(alternative evaluation)란 경영자가 제시된 여러 대안을 기억으로부터 회상하거나 외부로부터 수집한 정보를 이용하여 정성적 및 정량적으로 선택대안을 평가한다. 실제적으로, 소비자가 브랜드 선택에 도달하기 위하여 대안들에 관한 정보를 처리하는 단계와 일맥상통한다. 대안을 평가하는 데 있어 조직마다 고유의 목적과 시장상황을 반영하여 평가하는 경우도 있음을 기억해야 할 것이다. 실제적으로 정부투자기관들은 과거에 정책입안시 공익성을 강조했지만 최근에는 공익성과 자립성을 함께 평가하고 있다. 그리고 대안의 평가기준으로는 충분성(sufficiency), 실현가능성(feasibility), 현실성(realism)을 사용하고 있다.

넷째, 대안의 선택 및 실행(alternative choice and implementation)이란 경영자가 동태적인 시장상황하에서 여러 제시된 대안들 중에서 가장 기업의 목표에 유효한 성과를 동반할 수 있는 대안을 선택하여 실행하는 단계이다. 일반적으로 경영자가 특정대안을 선택하고 실행할 때 그 기업의 비전과 목표에 초점을 두고 자신의 경영감각과 시장의 다양한 위험 및 예측력, 전문성 등을 종합한다. 따라서 경영자는 대안을 선택하고 실행할 때 ① 조직에 있어서 대두된 문제에 대한 해결과정을 통한 대안의 효과를 고려해야 하고, ② 문제에 대한 대안의 실행가능성을 염두에 두어야 하며, ③ 문제에 대한 대안의 실행이 오히려 조직구성원이나 발생한 현안에 오히려 역기능을 유발하지 않는지 면밀히 검토해야 한다. ④ 실행에 있어서 자원의 효과적인 활용은 곧 특정문제의 영향권 안에 있는 인적자원들을 참여케 하여 실행의 성과를 제고시켜야 한다.

다섯째, 결과의 평가(result evaluation)란 경영자가 문제에 대한 대안의 선택과 실행의 과정을 거쳤을 때 결과를 평가하는 것을 말한다. 그런데 문제에 대한 처방이 기대한 성과에 미치지 못했을 때 또 다른 대안을 즉각적으로 모색하고 원인이 무엇인지 밝히는 조치가 뒤따라야 한다. 물론 그 대안의 선택과 실행에 있어 또 다른 변수의 개입이 있었는지를 주도면밀하게 검토하는 것도 잊지 말아야 한다.

5.3 의사결정 유형 및 스타일

(1) 의사결정 유형

의사결정의 유형은 〈그림 9-12〉에서와 같이 크게 전략적 의사결정, 관리적 의사결정, 운영적 의사결정으로 구분할 수 있다. 마찬가지로 의사결정은 의사결정 계층, 의사결정 문제, 의사결정 환경 등 의사결정 상황에 의해 이루어진다.

1) 전략적 의사결정

전략적(strategic) 의사결정은 기업의 외부문제에 관련된 것으로 CEO층에 의해서 이루어진다. 또한, 의사결정 문제는 매우 비정형적이고 문제가 구조화되어 있지 않다(non-structured). 이러한 의사결정 환경은 매우 동태적이고 복잡한 불확실한 경우에 대부분 이루어진다.

그림 9-12 의사결정의 유형, 계층 그리고 환경

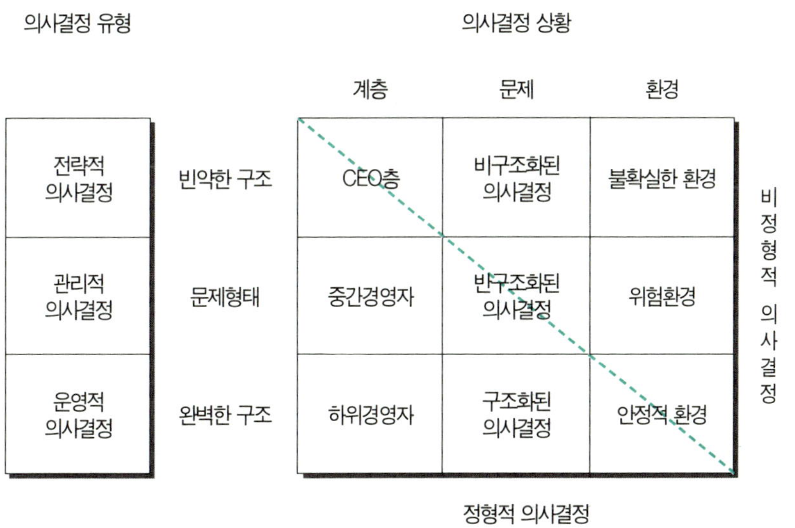

불확실성하의 의사결정은 오늘날의 경영상황에서 흔히 있는 현상이다. 이러한 상황에서 경영자들은 대안적 해결책을 찾아내기 위해 논리적 사고, 독창력, 판단력, 경험 등을 활용하게 되며, 가능한 한 신빙성 있는 정보를 많이 수집하려고 노력한다.

불확실한 상황에서의 의사결정은 가장 신뢰할 수 없고 불확실성에 노출되어 있는 상황이다. 달성해야 할 목표나 대안을 위한 정보가 불완전하고 또 거기에 따른 위험도 분석할 수 없는 상황에서 의사결정을 해야 하기 때문이다. 가령, 기업이 새로운 사업에 진출하는 문제, 해외진출 문제, 신제품 개발, 기업목표 변경, 다각화 등의 문제들은 전략적 의사결정이 요구되는 사안이라고 할 수 있다.

2) 관리적 의사결정

관리적(managerial) 의사결정은 주로 내부문제에 관한 것으로 중간관리층에 의해서 이루어진다. 이러한 의사결정과 관련된 문제는 가끔 발생하는 반구조화된(semi-structured) 특징을 지닌다. 동태적인 불안정한 위험환경하에서 주로 이루어진다.

위험의 의사결정 상황은 중간관리자가 불완전하지만 신뢰할 만한 정보를 근거로 의사결정을 해야 하는 상황이다. 위험의 상황하에서는 의사결정자가 대안적 해결책에 따른 미래의 결과를 확실히 알지 못한다. 그러나 중간관리자는 각 대안적 해결책의 결과에 대한 확률을 계산할 수 있는 충분한 정보를 가지고 있다. 따라서 중간관리자는 성공의 확률이 가장 높은 대안적 해결책을 선택할 수 있게 된다. 이 위험의 상황은 확실성의 연속체상의 확실성과 불확실성 사이에 놓이게 된다. 가령, 유통경로, 입지, 자금, 설비, 인원에 관한 결정 등이 관리적 의사결정의 대상이라고 볼 수 있다.

3) 운영적 의사결정

운영적(operational) 의사결정은 전략적 의사결정과 관리적 의사결정을 보다 구체화하기 위하여 기업내 모든 자원의 효율을 극대화하는 것을 목적으로 하며, 주로 일선 감독층이나 담당자들에 의해서 이루어진다.

이러한 의사결정은 주로 안정적인 환경에서 일상적이고 정형화된 의사결정 문제가 대부분이다. 안정적 또는 확실한 상황은 문제의 내용, 그 문제의 대안적 해결책 그리고 각 대안적 해결책의 예상되는 결과에 대해 충분한 정보를 가지고 있는 상황이다. 가령, 제품의 불량개선, 단기재고처리 문제, 물품대금의 회수, 일상적 구매 등이 그 대상이 될 수 있다.

(2) 의사결정 스타일

경영자들은 기업 내의 특정 현안에 대해 의사결정을 내릴 때, 경영자 나름의 스타일이 있음을 알 수 있다. 실제적으로 한 국가의 대통령의 의사결정에도 나름의 스타일이 있다. 구체적인 예를 들면, 어떤 경영자는 문제가 될 만한 정보를 무시하고 특정 문제에 직면하기를 바라지 않는 소위 문제기피자(problem avoider)가 있는 반면에 그러한 문제를 적극적으로 해결하고자 하는 문제해결자(problem soler), 현재의 문제뿐만 아니라 새롭고 예상되는 문제에도 적극적으로 나서는 능동적 스타일의 문제추구자(problem seekers)도 있을 것이다.

따라서 〈그림 9-13〉과 같이 X축으로는 사고방식의 합리성과 직관성을, Y축으로는 애매모호함의 수용 정도를 이용하여 경영자의 스타일을 분류해볼 수 있다. 먼저, 1/4분면의 개념적 스타일 유형은 사고방식이 식관적이

그림 9-13 의사결정 스타일

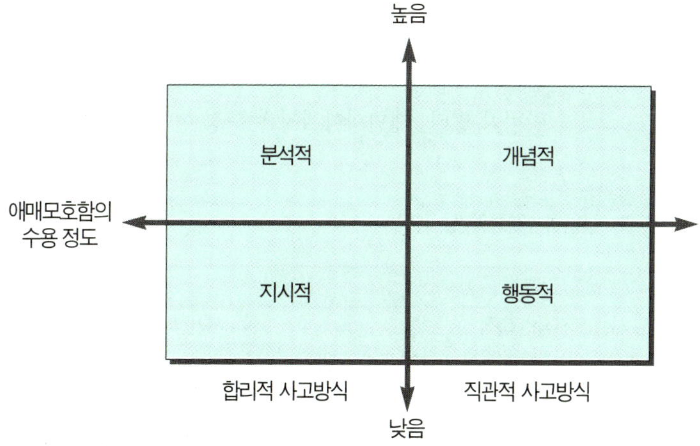

고 애매모호한 현안의 수용 정도가 높기 때문에 매우 광범위한 시야를 보유하고 다양한 대체안을 고려한다. 특히 장기적 관점에서 검토하고 창의적 문제해결방안을 모색한다. 2/4분면의 분석적 스타일 유형은 사고방식이 합리적이고 역시 애매모호한 현안의 수용 정도가 높다. 따라서 의사결정에 앞서 많은 정보를 취합하고 분석하는 스타일이므로 특이한 상황의 현안에 직면할 때 치밀하게 분석하는 신중한 의사결정자이다. 3/4분면의 지시적 스타일 유형은 합리적 사고방식을 기반으로 하기 때문에 애매모호한 현안의 수용 정도는 낮다. 그러므로 이런 유형은 명확하지 않으면 의사결정을 내리지 않으므로 벤처기업보다는 안정된 대기업의 일상적 업무관리형으로 적격이다. 이런 유형은 신속한 의사결정과 단기에 관심이 집중되어 있으므로 안정적이고 단기적 성과를 바라는 기업에 유리한 스타일이다. 4/4분면의 행동적 스타일은 직관력이 높고, 애매모호함의 수용 정도는 낮다. 조직문화에서 종업원들간의 갈등을 회피하고 화목한 분위기를 조성하며 다양한 의견을 수용하려는 행동적 화합형 스타일이다.

그런데 이러한 4가지 의사결정 스타일은 이분법으로 분류되어 이해의 정도는 높지만 대체로 특정 부분의 성향이 조금 앞선다는 것뿐이며 하나 이상의 특성을 가졌다고 볼 수 있다.

(3) 개인 및 집단 의사결정의 비교

의사결정(decision making)이란 집단의 성과와 효율성을 결정짓는 가장 근본적인 요소이다. 기업내 의사결정에는 개인의사결정과 집단의사결정 방법이 있다. 개인의사결정은 특정 현안에 대한 의사결정 과정이 한 개인

표 9-3 집단의사결정의 장 · 단점

장 점	단 점
폭넓은 사실과 지식의 축적	시간낭비, 비용의 과다
의사결정에 대한 만족과 이해에 대한 폭넓은 지원	지나친 집단 의존으로 경영자 관리능력 제한
높은 정확도	최적안이 아닌 타협안의 도출
다양한 대안의 탐색가능성	의견선도 리더들에 의해 집단을 지배
보다 폭넓은 지지	집단사고(thinkgroup)현상의 유발

표 9-4 개인 및 집단 의사결정의 비교분석

요 인	개인의사결정	집단의사결정
문제나 과업의 유형	창의성 또는 능률이 필요할 때	다양한 지식 및 기술이 요구될 때
의사결정의 수용	수용이 중요하지 않을 때	집단구성원들의 수용이 중요할 때
해결안의 질	가장 훌륭한 구성원이 확인될 수 있을 때	여러 집단구성원들이 해결안을 개선할 수 있을 때
개인의 특성	개인들이 협력할 수 없을 때	집단구성원들이 함께 일한 경험을 갖고 있을 때
의사결정의 분위기	분위기가 경쟁적일 때	분위기가 문제해결에 지원적일 때
가용시간의 양	비교적 시간적 여유가 없을 때	비교적 시간적 여유가 많을 때

에 의해서 수행되는 반면에 집단의사결정은 의사결정 과정에서 여러 사람들이 참여하여 의견 및 아이디어, 지식교환 등의 상호작용을 통해서 이루어진다.

오늘날 기업에서 개인의사결정은 주로 부서 수준에서 일상적인 개별적 업무와 관련되어 이루어지는 운영적 의사결정 형태이다. 그런데 집단의사결정은 전략적 수준의 의사결정으로 위원회, 중역회의, 태스크포스 등의 형태로 이루어진다. 기업경영에서 의사결정은 주로 전략적 의사결정을 말한다. 따라서 집단적 의사결정의 중요성은 점증되고 있다.

요컨대 이러한 집단적 의사결정의 장 · 단점을 〈표 9-3〉와 같이 정리할 수 있으며, 개인의사결정과 집단의사결정의 비교분석은 〈표 9-4〉와 같다.

06 리더십

UNDERSTANDING BUSINESS

6.1 리더십의 의의

경영자는 기업경영에서 기업의 비전을 제시하며, 중간관리자와 일선감독자의 리더역할을 한다. 실제적으로 20년전 텍사스대학 실험실에서 델컴퓨터를 창업했던 세계 PC업계의 거물급 인사인 마이클 델은 그의 리더십으로 계속된 PC시장 불황에도 비용절감과 과감한 R&D 투자 등으로 탁월한 실적을 거두었으며, 회사를 세계 초우량기업으로 만들어 놓았다. 가까운 예로 한국축구의 월드컵 신화를 낳게 한 히딩크의 리더십은 인구에 회자되기도 하였다. 그처럼 오늘날 한 명의 경영자에 의해 기업의 흥망이 결정되는 경우를 많이 접하게 된다. 따라서 리더의 행동, 즉 리더십은 기업경영의 기본행동으로서 결정적으로 중요하다.

리더십(leadership)은 일정한 상황하에서 집단의 목표나 내부구조의 유지를 위하여 구성원이 자발적으로 집단활동에 참여하여 이를 달성하도록 유도하는 능력을 말한다. 그러나 리더십을 누가 행사하느냐, 행사하는 목적이 무엇인가, 리더십이 행사되는 방식에 따라서 다양하게 정의된다.

리더십은 기능의 방법에 있어서 탄력적이어야 하며, 이를 위해서는 리더에게 통찰력과 적응성이 요구된다. 그러므로 리더십의 자성론(資性論)을 연구하는 학자도 많은데, 아위크는 필요한 자성의 요건으로서 용기 · 의지력 · 마음의 유연성 · 지식 · 고결한 성품을 지적하였으며, 특히 공정과 성실함을 끊임없이 간직함으로써 부하에게 신뢰를 받는 일이 중요하다고 하였다.

6.2 리더십 이론

(1) 전통적 이론

1) 리더십의 특성이론

리더십의 특성이론(trait theory)은 리더와 리더가 아닌 사람들을 구별하는 구체적인 특성을 찾아내는 데 초점을 집중시키는 연구의 흐름으로, 일명 '자질론'이나 '위인이론'이라고도 한다. 이 이론에 따르면 리더는 고유한 개인적인 특성만 가지고 있으면 그가 처해 있는 상황이나 환경이 바뀌더라도 항상 훌륭한 리더가 될 수 있다는 것이다.

특성이론을 연구한 대표적인 학자인 데이비스(Davis)는 리더의 특성으로 지능, 사회적 성숙과 폭, 내적 동기부여와 성취욕구, 인간관계의 태도 등 네 가지를 들고 있으며, 버나드(Barnard)는 리더에게 필요한 특성으로

박력과 지구력, 결단력, 설득력, 책임감 그리고 지적능력을 들고 있다. 최근까지 리더의 특성연구를 해오고 있는 학자인 바스와 스톡딜(Bass and Stogdill)은 1948년 이후의 특성연구들을 분석한 결과 효과적인 리더의 특성으로 육체적 특성(연령, 심장, 체중), 사회적 배경(교육, 사회적 배경 이동성, 사교관계), 지능(판단력, 결단력, 표현력), 성격(독립심, 자신감, 공격성), 과업특성(지구력, 책임감), 사회적 특성(대인관계기술, 권력욕, 청렴성) 등을 들고 있다.

실제적으로 우리들에게 리더로 인정받고 있는 이순신 장군, 인도의 간디 수상, 남아공의 만델라(Mandela) 대통령은 비리더들이 갖고 있지 않은 공통적 특성을 갖고 있음은 부인하기 어렵다. 이러한 초기 특성이론에서는 특정 특성을 지닌 자가 리더가 된다고 주장하고 있으나 현실적으로는 리더가 됨으로써 특정 특성을 지니는 경우도 있다. 또한, 초기 특성이론은 주관적으로 실증된 이론이라는 비판도 받고 있다. 초기 특성이론이 리더나 리더의 행동에 관한 연구인 반면에, 1970년대에 와서는 목표달성을 위해 리더로 하여금 특정 특성을 요구하고 있다는 카리스마적 리더십과 같은 특성이론들이 대두되었다.

2) 리더십의 행동이론

리더십의 행동이론(behavioral theory)은 리더의 공통적인 특성을 발견하는 데 실패함으로써 그 대안으로 리더의 행동관찰을 통해 리더십유형 연구를 시도한 것이다. 행동이론은 주로 성과와 리더십 유형간의 관계를 밝히는 데 초점을 두고, 리더의 활동을 기준으로 리더십의 유형을 구분하였다. 이를 통해서 리더의 행위유형간의 차이를 밝혀내거나, 또는 여러 가지 유형 가운데서 가장 바람직한 유일 · 최선의 리더십 유형을 찾아내려는 데 초점을 두고 있다.

리더십행동이론에 관한 대표적 연구로는 아이오와대학의 연구, 탄넨바움(Tannenbaum)과 슈미트(Schmidt)의 이론, 리커트(Likert)의 관리시스템론, 오하이오주립대학의 구조주도(initiating structure)와 배려(consideration) 연구, 블레이크(Blake)와 머튼(Mouton)의 관리그리드 이론 등이 있다.

① 아이오와(Iowa)대학의 리더십스타일

1939년 아이오와대학의 리피트와 화이트(Lippitt and White)는 르윈

표 9-5 아이오와대학의 리더십스타일 분석

	독재형	민주형	자유방임형
본 질	리더가 모든 권한과 책임보유	리더는 최종책임을 보유하되 상당한 권한 위양	리더는 책임과 권한을 집단에 부여
	리더가 명확히 정의된 과제를 구성원들에게 할당	작업은 참여적 의사결정을 토대로 분할 및 할당	집단구성원 자발적 작업수행, '최선 다하라'는 지시 청취
	주로 하향적 커뮤니케이션 형성	활발한 쌍방커뮤니케이션 유지	동료들간의 수평적 커뮤니케이션 유지
강 점	신속성, 질서 그리고 예측가능한 성과 강조	참여를 통한 개인적 헌신 격려	리더의 방해 없고 적합한 것 행하도록 허용
약 점	개인의 독창성 묵살	민주적 과정은 시간 낭비	집단에 리더가 방향을 제시하지 않아 목표 없이 표류 및 방황

(Lewin)의 지도하에 10대 소년들을 대상으로 〈표 9-5〉와 같이 독재형(authoritarian), 민주형(democratic), 자유방임형(laissez-faire)으로 나누어 리더십행동이론에 관한 개척자적인 연구를 하였다. 첫째, 독재형 리더십은 X이론을 토대로 조직내 모든 의사결정은 지도자 혼자서 의결하는 리더십을 말한다. 둘째, 민주형 리더십은 Y이론에 입각하고 있으며, 의사결정의 권한을 부하들에게 대폭적으로 위양하는 리더십스타일을 뜻한다. 민주형 리더는 추종자들의 참여와 자율성을 존중하며, 권한과 책임의 위양, 의사결정에의 참여 유도, 활발한 커뮤니케이션을 유도한다. 자유방임형 리더십은 지도자는 가능한 한 의사결정과정에 참여하거나 간섭하지 않고 구성원들, 즉 부하들에게 의사결정의 권한을 완전히 위양하는 리더십을 의미한다.

생산성 측면에서는 세 가지 리더십 유형간의 우열을 가리기가 어렵지만 리더와 구성원의 관계, 집단행위의 특성, 리더 부재시의 구성원 태도 등에서 민주형 리더십이 가장 호의적인 것으로 보고 있다.

② 탄넨바움과 슈미트의 전제적 리더와 민주적 리더

〈그림 9-14〉는 탄넨바움과 슈미트의 리더십 행동스타일의 연속체를 나타내고 있다. 리더십 행동스타일은 전제적 리더십으로부터 민주적 리더십으로까지 양분하였지만 다양한 행동유형을 제시하였으며, 그 범위는 광범위하다. 이때 경영자는 어떤 리더십행동을 구사할 것인지를 결정하기 위해 선택된 대안이 가져다 주는 편안함과 같은 경영자 자신에게 내재된 요소, 자발적 책임감수와 같은 종업원에게 내재된 요소, 그리고 시간적 압박과

그림 9-14 탄넨바움과 슈미트의 이론

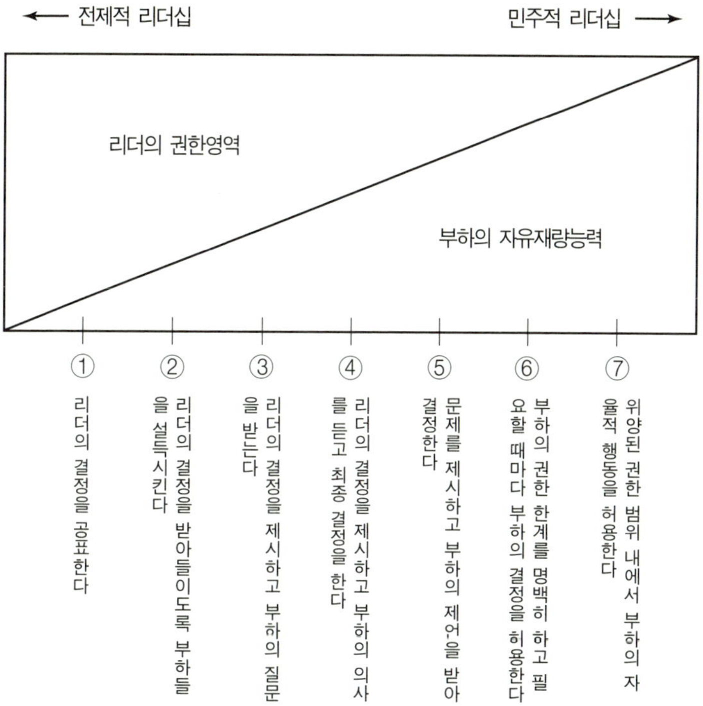

같은 상황에 내재되어 있는 요소를 고려해야 한다. 특히 이들은 리더십스타일이 장기적으로는 민주적 방향으로 이동해야 한다고 권고하였다. 그 이유는 민주적 리더십행동스타일이 종업원의 동기부여, 의사결정의 질, 팀워크, 사기, 그리고 종업원 발전을 증가시킬 것이기 때문이다.

③ 오하이오주립대학의 구조주도-배려 리더십

오하이오주립대학의 리더십 연구는 리더행위기술설문지(LBDQ: leader behavior description questionnaire)를 사용하여 부하들에 의해 리더십행동스타일로 묘사된 것을 구조주도와 배려 등 2개의 범주로 요약하였다.

구조주도(initiating structure)란 목표달성을 추구하는 과정에서 리더가 자신의 역할과 부하의 역할을 정의하고 작업, 작업관계, 그리고 목표를 조직화하려는 행동을 말한다. 가령, 구조주도 행동에 높은 비중을 두고 있는

그림 9-15 오하이오주립대학의 배려와 구조주도

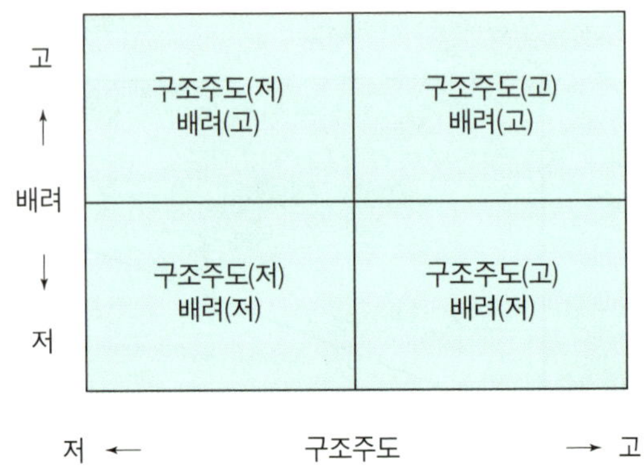

리더는 구성원들에게 특별한 과제를 할당하고 종업원들이 명확한 성과기준을 유지할 것을 기대하며, 마감일 준수를 독려한다. 배려(consideration)는 부하의 아이디어와 느낌을 존중하고 상호신뢰에 바탕을 둔 직무관계를 갖고 있는 정도를 말한다. 예를 들면, 종업원에게 관심을 보이고, 온화하고 다정하며 종업원에게 지지를 나타내는 분위기를 확립하려는 리더의 행동스타일을 의미한다.

여기에서는 〈그림 9-15〉에 나타난 바와 같이 리더십 유형을 구조주도와 배려를 축으로 하여 네 가지로 유형화하였다. 결론적으로 구조주도와 배려 둘다 높은 리더십 유형이 가장 효과적이다.

④ 미시간대학의 리더십 연구

1947년 미시간(michigan)대학의 연구조사센터에서는 성과가 높은 리더가 사용하는 일반적인 리더십 유형을 발견하기 위하여 연구를 시도했다. 연구의 결과 부하에 대한 신뢰, 부하의 존중, 부하의 복리후생에 대한 관심 등에 초점을 둔 인간중심의 리더십(person centered leadership)과 과업의 정의와 할당, 엄격한 감독, 합법적 · 강제적인 권력의 사용에 초점을 둔 직무중심의 리더십(job centered leadership)으로 분류하였다. 미시간대학의 리더십 연구의 특징은 리더십유형이 단순한 성과와 같은 양적인 지표뿐만 아니라 부하의 직무만족이나 결근율, 이직률 등의 비(非)양적인 성과지표도 고려했다는 점이다. 그 결과 높은 성과를 올린 리더들은 부하의 인간적인 측면에 보다 많은 관심을 가지는 인간중심적인 리더인 것으로 판명되었다. 그러나 미시간의 연구는 오하이오주립대학(OSU)의 연구와 마찬가지로 상황요인을 고려하지 않았으며, 지도자 행동이 상황에 따라 변할 수 있다는 사실을 보여주지 못한 점이 지적되었다.

⑤ 관리격자이론

관리격자(managerial grid)는 블레이크와 머튼이 오하이오주립대학의 연구 개념을 연장시켜 〈그림 9-16〉에서와 같이 생산에 대한 관심과 인간에 대한 관심의 개념을 교차시켜 개발한 이론이다. 이를 기준으로 리더십 유형을 무관심형 리더(impoverished leader)(1.1), 사교주도형 리더(country club leader)(1.9), 과업지향형 리더(autocratic task leader)(9.1), 팀형 리더(team leader)(9.9), 중도형 리더(middle of the road)(5.5)로 분류하였다.

무관심형 리더(1.1)는 인간에 대한 관심과 생산에 관한 관심이 최소 수준에 머무는 유형으로, 관리자는 상급자로부터 하급자에게 정보를 전달하는 사람에 불과하다. 사교주도형 리더(1.9)는 생산에 대한 관심은 매우 낮으나, 인간에 대한 관심은 매우 높은 유형이다. 과업지향형 리더(9.1)는 인간관계의 유지에는 적은 관심을 보이지만, 생산에 대해서는 지대한 관심을 보이는 유형이다. 팀형 리더(9.9)는 생산과 인간관계 모두에 지대한 관심을

그림 9-16 **리더십의 관리격자 모형**

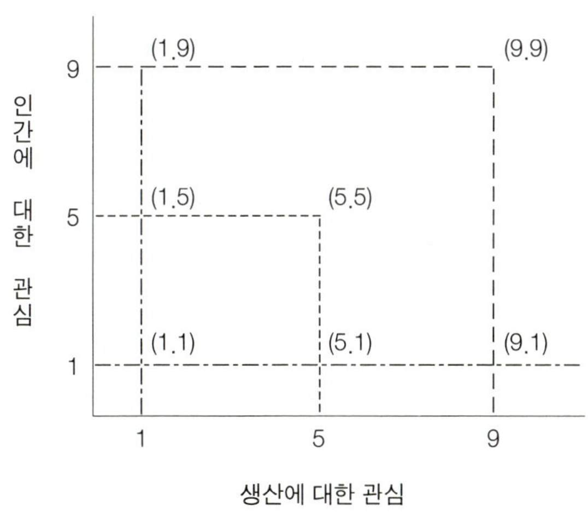

보이는 유형으로, 종업원의 자아실현 욕구를 만족시켜 주고 신뢰와 지원의 분위기를 이루며, 생산에 있어서의 욕구도 충족시킨다. 중도형 리더(5.5)는 생산과 인간관계의 유지에 모두 적당한 정도의 관심을 보이는 유형이다. 이 중에서 무관심형 리더십은 경계해야 하며, 오늘날과 같이 산업사회에서 가장 이상적인 리더십은 팀형(9.9)과 같이 생산과 인간에 모두 관심을 가지는 리더십이다.

3) 리더십 상황이론

특성이론이나 행동이론은 최상의 리더십 유형을 발견하고자 하였다. 그러나 현실적으로 상황에 따라서 리더십 유형의 효과성이 상반되곤 하였다. 따라서 상황이론(contingency theory)은 리더십 유형과 상황적 요인의 효율적 결합을 의미하는 것으로서 리더가 직면한 상황변수가 달라짐에 따라 효과적인 리더십 유형도 달라짐을 뜻한다.

상황이론은 어떤 상황에서나 효과적인 최선의 리더십 유형은 없으며, 리더의 행위가 구체적인 상황에 가장 잘 부합될 때 리더십은 효과적인 것이 될 수 있다고 본다. 요컨대, 효과적인 리더십 유형은 상황에 따라 결정되어야 한다는 이론이다. 예를 들면, 피들러(Fiedler)의 상황적합이론, 허시(Hersey)와 블랜차드(Blanchard)의 수명주기이론, 하우스(House)와 에반스(Evans)의 경로-목표이론 등이 대표적인 이론이다.

① 피들러의 상황적합이론

피들러의 상황적합이론(contingency model of leadership effectiveness)은 상황변수를 리더의 직위권력, 과업구조 및 리더-구성원 관계로 구체화하였다.

리더의 직위권력(position power)은 리더의 직위가 구성원들로 하여금 명령을 받아들이도록 할 수 있는 정도를 의미하며, 이를 강 · 약으로 구분하였다. 과업구조(task structure)는 과업이 어느 정도 명확하고 구체적으로 규정되어 있는가 하는 정도를 의미하며, 구조적 · 비구조적으로 구분하였다. 리더-구성원관계(leader-member relations)는 구성원들이 리더를 어느 정도 신뢰하고 좋아하는가 하는 정도를 의미하며, 좋음 · 나쁨으로 구분하였다.

피들러는 리더들이 자기가 가장 싫어하는 동료들에 대해 어떻게 평가하

그림 9-17 피들러의 상황적합이론

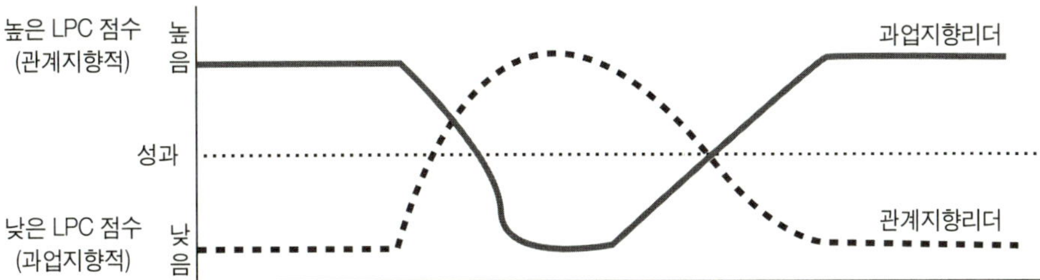

상황	1	2	3	4	5	6	7	8
리더-부하관계	좋음	좋음	좋음	좋음	나쁨	나쁨	나쁨	나쁨
과업구조	구조적	구조적	비구조적	비구조적	구조적	구조적	비구조적	비구조적
리더의 지위권력	강	약	강	약	강	약	강	약
리더의 입장	유리함			중간			불리함	
상황의 확실성	확실함			중간			불확실함	

느냐에 대한 짐수를 측정하는 LPC(least preferred co-worker score)척도를 개발하였다. LPC점수를 사용하여 리더십 유형을 과업지향적(task oriented) 리더십, 인간관계지향적(human relations oriented) 리더십으로 분류하였다. LPC점수가 낮을수록 과업지향적일 가능성이 크고, LPC점수가 높을수록 인간관계지향적일 가능성이 크다. 리더십 유형과 상황간의 적합관계를 살펴보면 〈그림 9-17〉과 같다.

세 가지 상황변수의 결합이 리더에 대한 상황의 호의성, 즉 리더가 집단에 영향력을 행사할 수 있는 정도를 결정한다. 리더가 강력한 직위를 차지하고 있고, 명확하게 정의된 직무를 지시할 수 있으며, 구성원들이 모두 리더를 좋아하는 상황일 때가 가장 호의적 상황이다. 연구결과에 의하면 상황이 매우 호의적 또는 매우 비호의적일 때는 과업지향적 리더십이 효과적이고, 중간 정도의 호의적 상황일 경우에는 인간관계지향적 리더십이 효과적이다.

피들러의 상황이론은 LPC점수의 타당성에 의문이 제기되며, 모형개발 과정이 역순으로 이루어졌으며, 상황의 분류가 단순하며, 집단의 효율성을 위해 상황에 맞는 리더를 선택하기 때문에 리더를 훈련시키지 못하는 등의 문제점이 있다. 그럼에도 불구하고, 리더십 이론에 최초로 상황변수를 도입하였으며, 상황과 리더의 적합관계가 리더십 효과성에 매우 중요하다는 발견을 통해 상황의 변화를 시도함으로써 효과성의 증대가 가능함을 보여주는 공헌을 하였다

② 허시와 블랜차드의 수명주기이론

상황이론은 피들러가 리더십 차원으로 인식한 과업행동과 관계행동을 동일하게 사용하고 있다. 다만 허시와 블랜차드는 구성원의 성숙도를 상황변수로 도입하였다. 구성원의 성숙도는 직무와 관련된 기능 및 기술적 지식과 같은 직무상 성숙도와 자신감, 자기존경심 등과 같은 정신적 성숙도로 구분할 수 있다.

이들은 오하이오주립대학의 구조주도-배려 모형를 토대로 리더의 행위를 과업지향적 행위와 인간관계지향적 행위 두 축으로 하여 리더십 유형을

그림 9-18 **허시와 블랜차드의 리더십 수명주기이론**

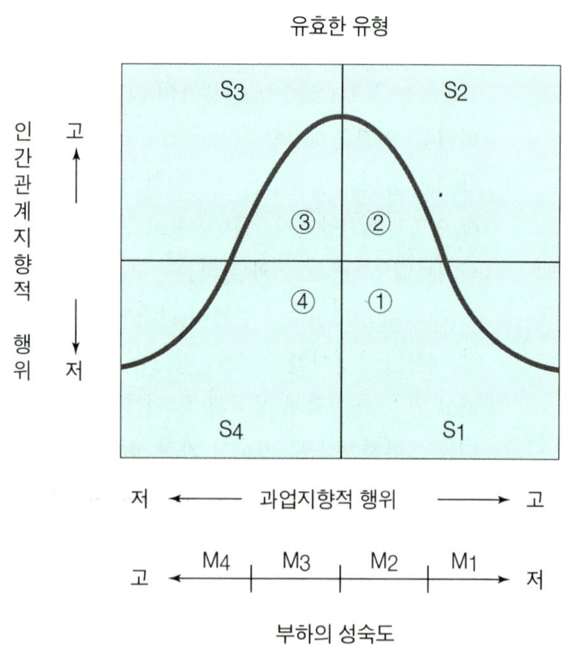

지시형(telling: S1), 설득형(selling: S2), 참여형(participating: S3) 그리고 위양형(delegating: S4)으로 〈그림 9-18〉과 같이 제시하였다.

지시형(고과제-저관계)은 리더가 부하들의 역할을 결정하고, 과업의 종류나 과업수행의 시기 및 방법을 지시하는 유형으로 일방적 커뮤니케이션이 이루어진다. 설득형(고과제-고관계)은 부하의 자주성과 주체성을 인정하고 배려하는 유형이다. 참여형(저과제-고관계)은 의사결정 과정에서 리더와 부하가 서로 의견을 교환하고, 리더는 부하들의 자발적 행동을 조장하는 유형이다. 위양형(저과제-저관계)은 리더가 영향력을 거의 행사하지 않는 유형이다.

상황변수는 부하의 성숙도로 직무수행에 필요한 능력, 지식, 기술, 매력, 교육, 경험 및 과업에 대한 의지 등을 말한다.

수명주기이론은 효과적 리더가 되기 위해서 과업을 수행하는 구성원들의 성숙도에 따라 과업지향적 행위와 인간관계지향적 행위의 비중을 조정해야 한다는 것을 강조하고 있다. 리더십 수명주기이론은 리더 행위의 범주와 부하의 성숙도가 지나치게 개괄적으로 서술되어 있다는 비판을 면치 못하는 점도 있다.

③ 하우스와 에반스의 경로-목표이론

경로-목표이론(path-goal theory)은 동기부여이론 중에서 기대이론과 오하이오주립대학의 연구를 통합한 리더십 이론이다. 경로-목표란, 유능한 리더란 종업원의 작업목표를 명확히 해주고, 보상과 작업성취를 연계시키며, 목표와 보상이 어떻게 성취될 수 있는지를 설명함으로써 종업원에게 동기부여를 제공한다는 가정에서 유래한 것이다. 즉, 리더는 목표성취에 이르는 경로를 명백하게 제공해주어야 한다는 논리이다. 이들은 능력, 통제위치, 욕구와 동기, 경험 등의 부하의 특성과 과업특성, 공식적 권한체계, 작업집단 특성 등의 환경적 특성을 상황변수로 파악하였다. 경로-목표 모형은 〈그림 9-19〉와 같다.

경로-목표이론에서는 오하이오주립대학의 배려-구조주도적 모형에 근거하여 리더십의 유형을 지시적(instrumental) 리더십, 지원적(supportive) 리더십, 참여적(participative) 리더십 및 성취지향적(achievement oriented) 리더십으로 분류하였다.

첫째, 지시적 리더십은 계획, 조직, 통제와 같은 공식적 활동을 강조하는

그림 9-19 **하우스와 에반스의 경로-목표이론**

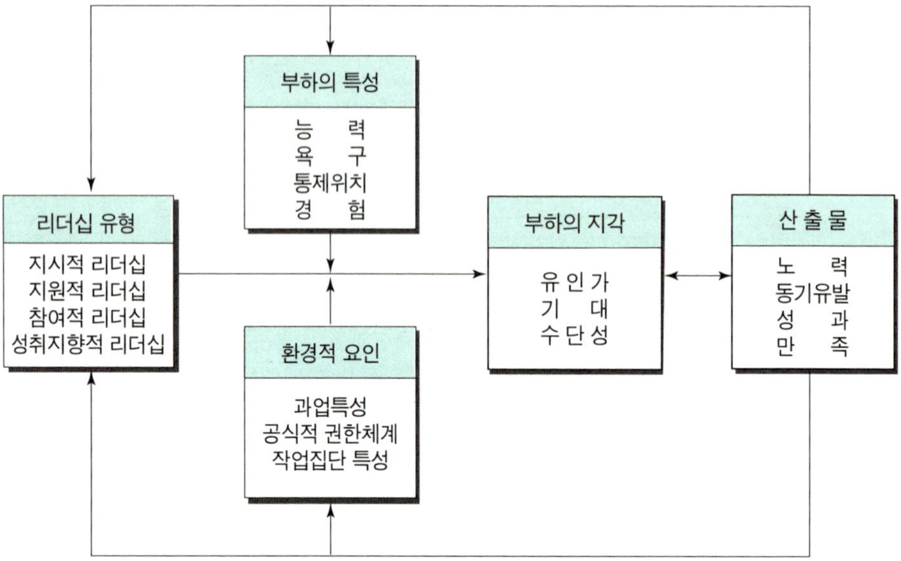

유형이다.

둘째, 지원적 리더십은 종업원의 복지에 관심을 두며 후원적 분위기의 조성을 위하여 노력하는 유형이다.

셋째, 참여적 리더십은 종업원들과 정보를 교환하고, 상담을 강조하며, 제안을 유도하는 유형이다.

넷째, 성취지향적 리더십은 도전적 작업목표를 설정하고, 성과개선을 강조하며, 종업원의 능력발휘에 대하여 높은 기대를 보이는 유형이다.

여기에서 구성원의 특성과 관련하여 지각된 능력이 높을수록 지시적 리더십보다는 성취지향적 리더십이 유효하며, 내재론자에게는 참여적 리더십이, 외재론자에게는 지시적 리더십이 유효하다. 안전욕구가 강하면 지시적 리더십이 유효하고, 소속감과 애정, 존경의 욕구가 강하면 지원적 · 참여적 리더십이 유효하고, 성취욕구가 강하면 성취지향적 리더십이 유효한 것으로 나타났다. 환경의 특성과 관련하여 과업의 구조화가 낮으면 지시적 리더십이, 구조화가 높으면 지원적 리더십이 유효한 것으로 나타났다.

(2) 최근의 리더십 이론

앞에서 거론한 리더십 이론은 전통적으로 특성이론, 행동이론, 상황이론으로 구분되어 연구되어 왔다. 최근에는 급변하는 기업환경에 적극 대응하고 리더십을 통한 기업의 성과를 높이기 위하여 리더십을 지금까지와는 다른 관점에서 연구하는 경향을 엿볼 수 있다. 여기에서는 카리스마적 리더십, 거래적 리더십과 변혁적 리더십, 비전적 리더십, 자율적 리더십, 봉사적 리더십 등을 간략히 살펴보기로 한다.

① 카리스마적 리더십

카리스마(charisma)란 원어대로 해석하면 '재능 · 천부적인 능력'을 뜻하며, 창조주가 주신 재능, 경이적 또는 예외적인 업적의 수행을 가능하게 하는 것으로 인식되어 왔다. 카리스마적 리더십(charismatic leadership) 개념은 베버(Weber)에 의해 최초로 소개되었다.

베버는 하위자들이 자신의 리더가 다른 사람들이 소유하고 있지 못한 천부적인 특성을 갖고 있다고 느낄 때 카리스마적 리더라고 명명하고 카리스마적 리더십을 발휘할 수 있다고 하였다. 카리스마적 리더는 자신의 특성에서 나오는 힘과 하위자들이 리더와 동일시하고자 하는 과정을 통해 하위자들에게 심오하고 기대한 것 이상의 영향력을 행사하여 높은 성과를 가져오게 한다.

카리스마적 리더십에 대한 연구는 1970년대 중반 이후에 본격적으로 이루어져 왔다. 여러 연구에서 일반적으로 제시되고 있는 카리스마적 리더의 특성은 확고한 신념, 기존질서의 재편, 변화지향적인 비전의 제시, 개인권력의 활용을 선호, 자신감 있는 커뮤니케이션, 위험부담, 부하에 대한 위양(empowerment)을 통한 동기부여 등이 있다.

② 거래적 리더십과 변혁적 리더십

거래적 리더십(transactional leadership)은 리더와 하위자간에 일어나는 일련의 교환과 거래관계에 근거하고 있다. 거래적 리더는 하위자들에게 그들의 과업과 목표가 무엇인지를 알려주고 그 목표를 달성했을 때 어떠한 보상을 받게 되는지를 명확히 해준다. 거래적 리더는 하위자가 과업을 수행함에 있어서 특별하고 예외적인 일이 발생하는 경우를 제외하고 개입하지 않는다. 따라서 거래적 리더십은 리더가 부하들의 역할과 과업요건을 명확하게 함으로써 기존에 정립되어 있는 목표달성을 위해서 부하들이 노력하도록 동기부여시키는 대부분 이론이 여기에 해당된다.

변혁적 리더십(transformational leadership)은 어떻게 하면 부하들의 변화를 촉진하는 리더십을 발휘할 수 있는가라는 관점에서 이루어진 것이다. 변혁적 리더십은 기존의 대부분 리더십 이론이 거래적 리더십 관점에서 전개된 것이라고 명명하면서 새롭게 접근된 리더십이다. 변혁적 리더십은 리더가 부하들로 하여금 자기 자신의 이익을 초월하여 더 나아가 조직의 이익에 관심을 가지도록 하여 부하 자신의 성장과 발전을 위해서도 노력하도록 중대한 영향을 미치는 리더십을 말한다. 즉, 리더의 카리스마적 특성이 하위자들을 이끌리게 하여 이해관계를 초월하게 하고, 하위자들에게 비전을 제시하여 비전 달성을 위해 함께 협력할 것을 호소한다. 비전 달성을 위해서는 점진적인 변화가 아닌 혁신적 변화를 필요로 하기 때문에 하위자들의 가치관과 태도를 변화시켜 기존 사고의 틀에서 벗어나도록 한다. 또한, 변혁적 리더십은 소외감을 느끼는 하위자들을 개별적으로 보살펴 줌으로써 리더가 하위자들의 개인적 성장을 지원한다.

③ 비전적 리더십

최근 많은 기업들에서 유행하고 있는 비전 경영, 비전 제시 등과 같이 비전(vision)은 조직구성원들이 경영자와 함께 추구하고자 하는 미래상 내지 실현하고자 하는 꿈을 의미한다. 비전적 리더십(visionary leadership)은 구성원들과 경영자들이 함께 명확한 비전을 설정하여 구성원 모두가 인지하도록 하고 일상적인 업무를 추진하는 과정에서 비전을 지향하고 성취하도록 동기를 부여하는 것을 말한다.

비전적 리더십은 다섯 가지 원칙을 제시하고 있다. 첫째, 구성원들이 혁신지향적이 되도록 하고 아이디어 맨을 적극 지원하여 구성원 모두가 개척자가 되도록 하라. 둘째, 구성원들이 비전을 공유하도록 열정을 갖고 고무하라. 셋째, 팀구성원들이 동료를 지원하고 협동정신을 갖도록 하라. 넷째, 구성원들이 보고 배울 수 있는 모델을 구축하라. 즉, 솔선수범하라. 다섯째, 구성원들이 과업에 애정과 마음을 쏟아 과업을 성취하게 하라.

④ 자율적 리더십

자율적 리더십은 슈퍼 리더십(super leadership)이라고도 한다. 자율적 리더십은 말 그대로 자기가 스스로 자신을 리더하는 리더십을 말한다. 부하의 입장에서는 자기규제와 자기통제에 의해 스스로 자신을 이끌어 나가는 것을 의미하며, 리더의 입장에서는 부하들이 자율적 리더십 능력을 갖도록 촉진하고 지원하는 과정이다.

자율적 리더십 이론에서의 리더는 하위자들에게 본보기가 되는 모델이 되어야 하며, 하위자들이 스스로 자신들의 목표를 설정하고 이를 추진하도록 유도함으로써 자율적 리더십의 개발이 촉진되도록 해야 한다. 자율적 리더십은 하위자 자신이 자신에 대한 최대의 비판자이며 보상 주체가 되도록 하는 데 그 목적이 있다. 그러나 하위자들이 높은 성장욕구를 갖고 있지 않은 경우에는 이 이론을 적용하는 데 한계가 있을 것으로 본다.

자율적 리더십은 기업에서 자율경영이 가능하도록 부하를 개발하는 데 초점을 두고 있다. 리더는 부하들이 잠재능력을 최대한 발휘할 수 있도록 자극해주고 스스로 모범을 보이며, 궁극적으로는 관리가 필요없는 수준까지 기업의 힘을 키우는 것이다. 이러한 자율적 리더십은 기존의 리더십 이론과 동기부여이론을 통합하는 데 기초적 개념을 제공하고 있다.

⑤ 봉사적 리더십

봉사적 리더십(servant leadership)이란 섬기는 자세를 가진 봉사자로서의 역할을 먼저 생각하는 리더십을 말한다. 봉사적인 리더는 리더로서 다른 사람을 지도해야 한다는 것을 먼저 생각하는 일반적인 리더와는 대조적이다. 봉사적인 리더는 부하들의 욕구를 충족시키기 위해 섬기는 자세로 봉사한다. 부하들의 욕구가 무엇인가를 파악하고 그 같은 욕구를 충족시키기 위해 그들이 어떤 직무를 어떻게 수행해야 하는지를 친절하게 안내하고 협조하는 역할을 수행한다.

그러나 일반적인 리더는 부하들을 지도하기 위해 자신에게 부여된 권력을 활용하여 영향력을 행사하고 또 그것을 위해 여러 가지 수단을 동원한다. 이러한 봉사적 리더십에서 과업은 구성원들을 개발하기 위해 존재한다는 것을 가정하고 있다. 봉사적 리더의 역할은 하위자들의 목표와 욕구를 충족시키고 더 큰 목적이나 사명을 실현시키기 위해 노력한다.

봉사적 리더십의 궁극적 목적은 과업달성을 통해 욕구를 충족하게 하고 기업의 사명이나 목표를 위해 하위자들을 헌신하도록 하는 데 있다. 봉사적 리더십에서는 하위자들의 창조성을 최대한 개발하고 완전한 헌신과 학습을 자연적으로 유도하기 때문에 학습조직에 유용하다. 기업에서 상위계층의 리더는 봉사적 리더십을, 하위계층의 종업원은 자율적 리더십을 갖도록 하는 것이 이상적이다.

6.3 리더십과 팔로우십

기업에서 리더가 발휘하는 리더십이 효과적으로 수행되기 위해서는 '부하들이 얼마만큼 리더를 잘 따르는가' 하는 팔로우십(followship)에 따라서 달라진다. 팔로우십은 리더십의 유효성을 높이는 방향으로 리더의 영향력을 따르는 부하의 특성 및 행동방식을 말한다.

최근 사람이 재산이라는 말처럼 훌륭한 부하를 두는 것도 기업에서는 매우 중요하다. 역사적으로 훌륭한 리더에는 대부분 훌륭한 참모와 부하들이 있었다는 점을 염두에 두어야 한다. 그렇다면 훌륭한 팔로우십은 어떠한 것인가?

첫째, 훌륭한 팔로우들은 자신의 문제는 물론 집단이나 기업의 문제 및 관심사에 몰두한다. 둘째, 팔로우들은 자기개발을 통해 기업에 공헌할 수 있는 업무기량을 지속적으로 배양한다. 셋째, 훌륭한 팔로우들은 정직하고 용감하며 신뢰할 수 있다. 훌륭한 팔로우들은 자신을 독립적인 비판가로서 성장시키는데, 이때 그들의 생각과 판단은 신뢰할 수 있으며 높은 수준의 윤리적 기준에 기초하고 있다.

07 커뮤니케이션

UNDERSTANDING BUSINESS

7.1 커뮤니케이션의 의의

커뮤니케이션은 사회생활을 성립시키는 기초적인 조건이므로 이것이 원활하게 이루어지지 않으면 개인과 사회 모두 바람직하지 못한 결과가 야기된다. 개인으로서는 사회적 부적응으로 정서장애의 원인이 될 수도 있으며, 사회로서는 조직운영의 능률과 나아가 국제관계 개선에 중대한 장애가 될 수도 있다.

커뮤니케이션의 어원은 라틴어의 '나누다'를 의미하는 'communicare'이다. 신이 자신의 덕을 인간에게 나누어 준다거나 열이 어떤 물체로부터 다른 물체로 전해지는 것과 같이, 어떤 사실을 타인에게 전하고 알리는 것을 뜻한다.

경영의 기본적 활동의 마지막 행동으로 커뮤니케이션을 들 수 있다. 기업의 모든 행위는 언어적이든 비언어적이든 커뮤니케이션을 통해서 이루어진다. 왜냐하면 기업은 사람으로 구성되어 있으며 사람은 다른 사람들과 대화를 나누거나 정보 및 지식을 교환하지 않고서는 살아갈 수가 없기 때문이다. 이러한 커뮤니케이션(communication)은 기업에서 상급자와 부하간, 동료간, 부서간 등에서 의사 및 정보의 전달활동을 말한다.

커뮤니케이션은 구성원들의 경영활동을 수행하는 데 필수적인 활동이다. 커뮤니케이션을 통해서 구성원들은 기업 외부 및 내부에 관한 정보를 경영자에게 보고하기도 하고, 경영자는 의사결정 내용을 명령한다. 따라서 커뮤니케이션은 인체의 신경계통에 비유될 만큼 중요하며, 기업의 목표를 달성하기 위한 활동을 원활하게 수행하도록 해준다.

이러한 커뮤니케이션은 기업목표 달성을 위해 다음과 같은 역할을 수행한다.

첫째, 커뮤니케이션은 구성원들의 활동을 조정 · 통합하는 기능을 수행함으로써 기업목표 달성을 위해 구성원들의 역량이 결집될 수 있도록 해준다. 둘째, 커뮤니케이션은 구성원간의 사회적 접촉을 가능하게 함으로써 사회적 소속욕구를 제고시키는 등 종업원들을 동기부여시켜 주는 유용한 수단이 된다. 셋째, 커뮤니케이션은 종업원들의 창의성을 제고시켜 주고 신속한 업무가 이루어지도록 촉진제 역할을 수행한다. 넷째, 커뮤니케이션은 종업원이 변화된 상황에 적응하도록 하며 기업혁신을 촉진시켜 준다. 마지막으로 커뮤니케이션은 사람들이 기업에서 업무를 수행하면서 가장 기본적인 활동을 수행한다. 앞서 설명한 기업경영의 활동 중 의사결정, 리더십은 물론 갈등의 조정 등은 커뮤니케이션을 통해 그 효과가 높아진다.

7.2 커뮤니케이션의 과정

커뮤니케이션(communication) 과정이란 정보의 전달 혹은 발신자와 수신자 쌍방간에 사고에 있어서의 공통영역을 구축하는 과정을 말한다. 발신자가 전달하고자 하는 메시지를 부호화하여 적절한 매체를 통하여 수신자에게 전달하고, 메시지를 전달받은 수신자는 부호화된 메시지를 해독하여 특정한 반응을 보이고 피드백되는 6단계의 과정을 밟으면서 다시 송신자에게 전달되는 과정을 반복한다.

따라서 조직의 구성원은 커뮤니케이션 과정(communication process)의 이론을 이해하고 있을 필요성이 있다. 〈그림 9-20〉에서와 같이 일반적으로 커뮤니케이션 과정은 9개의 요소로 구성되어 있다.

① 발신자(sender) 커뮤니케이션 과정에서 커뮤니케이션 메시지를 보내는 주체로서 정보의 원천(source)이라고도 한다. 발신자는 기업이 될 수 있고 마케터 혹은 제품광고에 등장하는 모델이 될 수도 있다. 발신자의 전문성, 진실성 그리고 호감은 수신자의 해독과 반응에 영향을 미치므로 신뢰할 만한 발신자를 등용하는 것이 중요하다.

② 부호화(encoding) 발신자가 전달하고자 하는 메시지를 보다 체계적으로 전달하기 위해 메시지 내용을 시각적 혹은 청각적인 부호(code)나 상징(symbols), 언어적 혹은 비언어적 부호나 상징으로 전환시키는 과정을 말한다. 이를 위해 발신자는 수신자에게 친숙한 단어나 상징을 사용하여 메시지를 작성할 필요성이 있다.

③ 메시지 질(message quality) 발신자가 수신자에게 전달하고 싶은 정보 혹은 의미로서 언어적 · 비언어적 · 시각적 · 청각적 수단이나 상징을 통해 표현된다. 이상적인 메시지는 표적청중인 수신자의 주의를 끌 수 있어야 하고, 발신자와 수신자 공히 공감이 가는 소재나 언어를 사용하며, 수신자의 욕구를 일으키는 동시에 수신자의 사회적 여건을 고려하여 욕구만족을 충족시켜 주어야 한다.

④ 매체(medium) 발신자로부터 수신자에게 메시지를 전달하는 데 사용되는 의사전달 채널을 말한다. 채널에는 상사, 부하, 동료 등의 인적채널

그림 9-20 커뮤니케이션 과정의 구성요소

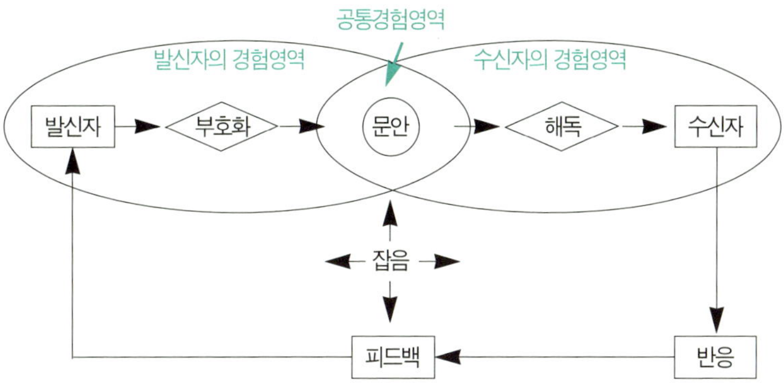

(personal channel)과 대중매체와 인터넷과 같은 다이렉트 도구들인 비인적 경로(nonpersonal channel)가 있다.

⑤ 해독화(decoding) 발신자가 부호화하여 전달한 의미를 수신자가 해석하는 과정을 의미한다. 이 과정은 수신자의 경험영역에 의해 영향을 받는 곳으로서 커뮤니케이션 상황과 관련하여 수신자가 가지고 있는 경험, 지각, 태도, 가치 등을 말한다. 가령, 어린이용 신발광고는 어린이들이 알아듣기 쉽고, 잘 이해할 수 있으며, 좋아하는 언어, 부호 그리고 심볼을 이용하여 작성하여야 한다.

⑥ 수신자(receiver) 발신자가 제공한 메시지를 읽거나 청취해서 이를 해독하는 표적청중인 소비자를 뜻한다. 발신자와 수신자의 효과적인 커뮤니케이션은 발신자의 부호화와 수신자의 해독화 과정이 일치해야 한다. 즉, 수신자는 발신자가 전달하고자 하는 내용을 이해하고 이를 정확히 해석할 수 있어야 한다. 따라서 발신자의 경험영역과 수신자의 경험영역이 서로 중복되는 공통경험영역(common ground)의 크기가 클수록 보다 효과적인 커뮤니케이션이 된다.

⑦ 반응(response) 수신자가 메시지에 노출된 후 일어나는 수신자의 인지적(cognition), 감정적(attitude formation) 그리고 행동의 결과를 말한다. 여기에서 주의할 점은 메시지에 노출된 모든 구성원이 앞의 세 가지 반응을 모두 거치는 것은 아니다. 즉, 수신자가 특정한 지식이 별로 없더라도

자신이 좋아하는 분야의 자료를 접했다면 지금까지의 부정적 태도가 긍정적 태도로 전환될 수 있다는 점이다.

⑧ 피드백(feedback) 수신자 반응이 발신자에게 전달되는 반응을 뜻한다. 피드백은 다음의 커뮤니케이션 활동에 반영되므로 그 피드백 결과를 얻기 위해 다양한 수단을 활용한다. 즉, 발신자의 의도가 제대로 전달되어 개인 또는 조직의 변화를 감지한 것일 수 있으며, 마케팅의 경우 커뮤니케이션과정의 결과는 매출로 연결되거나 고객만족, 구전효과, 추천, 재방문 의사 등으로도 나타난다.

⑨ 잡음(noise) 커뮤니케이션 과정에서 끼어드는 일체의 방해요인으로, 계획되지 않은 현상이나 왜곡이 일어나는 것을 뜻한다. 즉, 수신자는 발신자가 전달하고자 하는 내용을 수신하지 못하거나 발신자의 의도와는 다른 메시지를 획득하게 된다. 잡음에는 외적 잡음(예: 아기울음소리, 비행기 폭음, 자동차 클랙션 소음), 내부잡음(예: 수면부족, 피로, 긴장과 같은 잡음), 경쟁잡음(예: 특정기업이 전달하고 있는 메시지 내용과 상반된 메시지를 주장하거나 인접되어 있는 타사광고로 주의가 산만해지는 소음) 등을 들 수 있다. 가령, 수신자가 업무를 보고 있는데 옆에서 시끄럽게 전화통화를 하고 있거나 다른 사람이 말을 시켜 수신인의 주의가 분산되는 경우 등이 있다.

커뮤니케이션 과정을 둘러싼 환경에는 상당한 양의 잡음이 존재하지만 수신자들이 발신자가 의도한 대로 메시지를 수용하지 못하는 데는 4가지 원인이 있다. 첫째, 수신자들은 선택적으로 노출되고 주의를 기울이기 때문에 자신들이 접하는 자극들을 모두 감지한다는 것은 불가능하다. 둘째, 수신자들은 자신들이 듣고 싶어하는 것을 듣는 경향이 있기 때문에 메시지를 자의적으로 변형하여 수용하는 습관이 있다. 셋째, 수신자들은 정보처리능력의 한계로 인하여 장기기억 속에 자신들이 접한 커뮤니케이션 메시지들 중의 일부만을 간직할 뿐만 아니라 저장된 메시지들 중에 일부만을 선택적으로 인출되는 경향으로 인하여 노출된 메시지의 일부만을 기억해 낼 수 있을 뿐이다. 넷째, 수신자와 발신자(기업)간에 공통경험영역이 없거나 작으면 의도된 대로 메시지가 수용되지 못할 수 있다. 즉, 표적수신자들은 자신들에게 익숙하지 않은 상징과 단어로 구성된 커뮤니케이션 메시지에 접하면 발신자의 의도와 다르게 메시지를 해석하는 경향을 갖게 된다.

7.3 커뮤니케이션의 유형

커뮤니케이션 유형에는 크게 대인커뮤니케이션과 조직커뮤니케이션이 있다. 대인커뮤니케이션은 개인과 개인간의 커뮤니케이션을 말한다. 조직커뮤니케이션은 기업조직과 같이 조직 내에서 일어나는 커뮤니케이션을 의미한다. 여기에서는 기업에서 일어나는 조직커뮤니케이션을 중심으로 살펴보기로 하자.

(1) 수직적 커뮤니케이션과 수평적 커뮤니케이션

조직커뮤니케이션이 수평적으로 이루어지는가 또는 수직적으로 이루어지는가와 같이 커뮤니케이션이 이루어지는 방향에 따라서 수평적 커뮤니케이션과 수직적 커뮤니케이션으로 구분된다. 이를 도식화하면 〈그림 9-21〉과 같다.

그림 9-21 **수직적 · 수평적 의사소통**

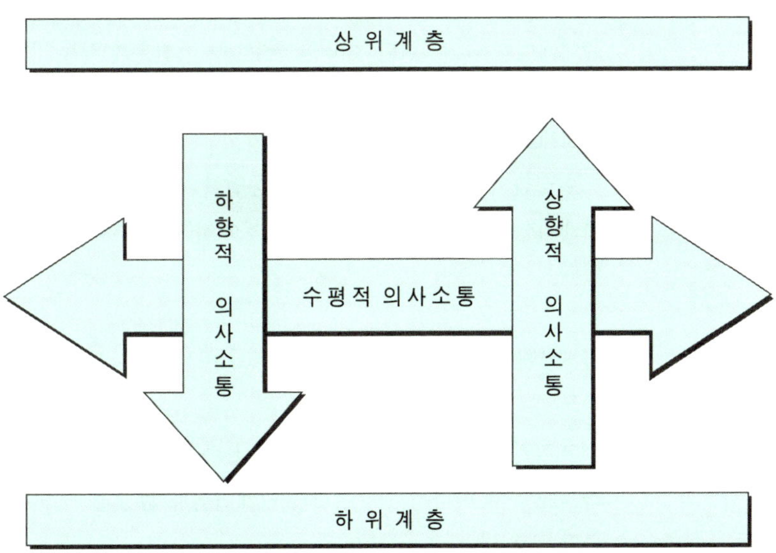

1) 수직적 커뮤니케이션

수직적 커뮤니케이션은 조직의 위계상 상하간에 이루어지는 커뮤니케이션 유형을 말한다. 여기에는 상하 방향에 따라서 하향적 커뮤니케이션과 상향적 커뮤니케이션으로 다시 구분된다. 하향적 커뮤니케이션은 기업조직의 위계 또는 명령계통에 따라서 상사로부터 부하에게 전달되는 명령이나 지시, 성과표준 등이 포함된다. 상향적 커뮤니케이션은 기업조직의 하위계층에서 상위계층으로 정보가 전달되는 과정으로, 주로 목표달성 진행정도, 하급자의 일에 대한 의견이나 태도, 개인적 고민이나 제안 등 아주 광범위하다.

이러한 수직적 커뮤니케이션이 원활히 진행되기 위해서는 상하 양방향의 커뮤니케이션의 균형이 매우 중요하다. 커뮤니케이션이 상사의 명령과 지시에 의한 것만이 일어난다면 어떻게 될 것인가 생각해보라. 불평과 불만이 가득할 것이다. 또한, 반대로 여러분이 어떤 방향이나 지시가 없이 여러분이 과업을 설계하여 매일 상사에게 보고만 한다고 생각해보라. 너무도 골치 아플 것이다.

2) 수평적 커뮤니케이션

수평적 커뮤니케이션은 기업에서 동일한 수준의 계층 또는 부서간의 커뮤니케이션을 의미한다. 이러한 커뮤니케이션은 수직적 커뮤니케이션보다 상호작용 활동이 왕성하다. 여러분이 선생님과의 대화와 친구와의 대화를 비교해보라. 수다의 정도는 어떠한가?

이러한 수평적 커뮤니케이션도 동일한 부서 내에서 같은 계층간의 커뮤니케이션과 서로 다른 부서간에 이루어지는 커뮤니케이션 두 가지 형태가 있다.

(2) 일방적 커뮤니케이션과 쌍방적 커뮤니케이션

조직커뮤니케이션은 커뮤니케이션 과정상에 피드백(feedback)이 있는가 없는가에 따라서 일방적 커뮤니케이션과 쌍방적 커뮤니케이션으로 구분할 수 있다.

1) 일방적 커뮤니케이션

일방적 커뮤니케이션은 전달자가 수용자의 아무런 피드백을 기대하지 않고 일방적으로 메시지를 전달하는 커뮤니케이션 유형이다. 이러한 일방적 커뮤니케이션은 시간상의 제약이 있는 경우나 피드백이 없어도 메시지의 정확한 전달이 큰 문제가 되지 않는 경우에 많이 사용된다. 최근에는 인터넷과 정보통신의 발달로 화상회의나 가상강의 같은 경우 일방적인 커뮤니케이션이 자주 발생한다. 또한, 수직적 커뮤니케이션에서 하향식 명령과 지시에서 자주 일어난다. 군대의 명령에 대한 절대복종 방식을 생각해 보면 될 것이다. 이러한 일방적 커뮤니케이션은 신속하다는 장점과 함께 정보내용의 풍부성이 떨어질 수 있는 단점이 있다.

2) 쌍방적 커뮤니케이션

쌍방적 커뮤니케이션은 전달자로부터 메시지의 전달에 대해 어떤 형태로든 수용자의 반응이 있는 커뮤니케이션 유형이다. 이러한 쌍방적 커뮤니케이션은 대학에서 토론수업을 진행하는 경우 그러하다. 또는, 기업에서 부서간의 회의를 진행할 때 의제를 발표하고 의견을 묻고 응답하는 경우를 생각하면 된다. 이러한 쌍방적 커뮤니케이션은 왕성한 정보교환의 장점이 있는 반면에 시간이 많이 걸린다는 단점도 있다.

(3) 공식적 커뮤니케이션과 비공식적 커뮤니케이션

조직커뮤니케이션은 기업의 공식적인 측면과 비공식적인 측면을 그대로 반영해주고 있다. 따라서 커뮤니케이션도 공식적 커뮤니케이션과 비공식적 커뮤니케이션이 있다.

공식적 커뮤니케이션은 기업내 누가 누구와 커뮤니케이션할 수 있는가를 기업이 사전에 공식적으로 결정한 커뮤니케이션 경로를 통해 이루어지는 정보의 전달활동을 말한다. 공식적 커뮤니케이션은 기본적으로 권한 및 책임, 의무에 의해 이루어진다. 기업에서 임원회의나 이사회 등 공식회의를 생각해보면 된다.

비공식적 커뮤니케이션은 자생적이고 비계획적인 소문 형태의 커뮤니케이션을 의미한다. 이러한 비공식적 커뮤니케이션은 마치 실타래를 마구

풀어놓은 모습이나 포도넝쿨이 흩어져 있는 방식과 같이 진행된다고 해서 그레이프바인(grapevine)이라고도 한다. 이러한 비공식적 커뮤니케이션은 휴게실에서 잡담하는 회사원들의 부서 이야기나 회사 이야기를 생각해보면 된다.

경영사례 플러스

CASE+

성공한 리더들의 10가지 특성

성공한 리더들은 다음과 같은 10가지의 특성을 갖고 있으며, 이들이 서로 결합될 때 꿈을 현실로 전환시킬 수 있다고 한다. 가벼운 마음으로 읽어 보고 인생에 참고하기 바란다.

1) 당신이 어떻게 생각하느냐가 가장 중요!! 항상 적극적으로 생각하고, 성공을 생각하라. 부정적 환경을 경계하라.(How you think is everything! Always be positive. Think success, not failure. Beware of a negative environment!)

2) 당신의 진실한 꿈과 목표를 결정하라!! 당신의 명확한 목표를 기록하고 그것들을 달성하기 위한 계획을 개발하라.(Decide upon your true dreams and goals! Write down your specific goals and develop a plan to reach them!)

3) 행동하라!! 행동/실천 없는 목표는 아무런 의미가 없다. 지금 시작하는 것을 두려워 말고 바로 시작하라.(Take action! Goals are nothing without action. Don' t be afraid to get started now. Just do it!)

4) 결코 학습을 멈추지 말라!! 학교나 책을 통하여 학습하라. 훈련을 하고 스킬을 획득하라.(Never stop learning! Go back to school or read books. Get training and acquire skills!)

5) 불굴의 인내로 열심히 노력하라!! 성공은 단거리 경주가 아니라 마라톤과 같은 장거리 경주다. 결코 포기하지 말라.(Be persistent and work hard! Success is a marathon, not a sprint. never give up!)

6) 상세히 분석하는 것을 배워라!! 모든 사실을 모아 입력하고, 실수로부터 학습하라.(Learn to analyze details! Get all the facts, all the input. Learn from your mistakes!)

7) 시간과 돈에 집중하라!! 사람과 일이 당신을 혼미케 하지 못하도록 하라.(Focus your time and money! Don' t let other people or things distract you!)

8) 혁신을 두려워 말라!! 차별화하라. 다수를 따르는 것은 평범한 자가 되는 확실한 길일 뿐이다. (Don't be afraid to innovate! Be different! Following the herd is a sure way to mediocrity!)

9) 사람들과 효과적으로 관계를 맺고 커뮤니케이팅 하라!! 사람은 고립된 섬과 같은 존재가 아니다. 다른 사람들을 이해하고 동기부여하는 것을 배우라.(Deal and communicate with people effectively! No person is an island. Learn to understand

and motivate others!)

10) 정직하고 다른 사람들이 의지할 수 있는 사람이 되라!! 책임을 질 줄 아는 사람이 되라. 그렇지 않으면, 1)~9)까지의 성공비밀 특성은 의미가 없을 것이다.(Be honest and dependable! Take responsibility! Otherwise, success secrets number one through nine won' t matter!)

자료: 휴넷, 2004년 3월 16일

요 / 약

1 전통적으로 기업경영의 행위에 대해서는 수직적 차원의 관리과정과 수평적 차원의 기업기능 관점으로 구분되어 진행된다.

2 기업경영에서 관리과정 사이클은 계획에서 시작하여 실행(do), 통제(see), 다시 계획단계로 순환하는 관리의 흐름을 의미한다. 계획단계에서는 기업의 목표를 달성하기 위한 계획을 설정한다. 실행단계에서는 계획에 따라 실시한다. 통제단계에서는 실시한 결과를 측정하여 검토 · 확인하고 검토한 결과와 차이가 있으면 필요한 수정조치를 취한다.

3 기업경영에서 계획(plan)은 목표를 달성하기 위해 경영자들에 의해 사용되는 정책 · 절차 · 방법을 설정하는 것이며, 기업이 추구하는 목표를 어떻게 달성할 것인가를 체계적으로 밝힌 내용이다. 계획수립(planning)은 기업경영과정의 한 부분으로서 기업이 추구하는 목표를 분명하게 규정짓고 이를 달성하기 위한 과업들을 결정하는 과정이다. 계획수립의 의미에는 미래지향성, 의사결정, 목표지향성이라는 성격을 지니고 있다. 계획은 과정, 관리철학, 예측인과성, 계획의 계층 등의 속성을 지닌다.

4 계획은 미래의 불확실성을 줄여주고 변화에 대처, 기업과 구성원들의 목표 집중, 기업의 효율적 자원배분, 통제역할 등을 수행한다.

5 계획은 계획의 포괄범위 및 수준, 기간, 빈도 또는 반복성, 요소, 기능에 따라서 구분된다. 계획의 포괄범위에 따라서는 전략적 계획, 전술적 계획, 운영계획으로 구분된다. 계획이 적용되는 기간에 따라서 장기계획, 중기계획, 단기계획으로 구분된다. 사용빈도에 따라서 상용계획(standing plan)과 단일계획(single-use plan)으로 분류된다.

6 계획의 내용에는 전략, 정책, 절차, 규칙 등 여러 가지 다양한 요소로 구성되어 있다. 기능계획은 그 계획에 의해 영향을 받게 되는 기업내 기능부서에서 이루어지는 것이다.

7 계획수립과정은 환경분석, 목표설정, 계획전제의 설정, 대안탐색 · 평가 · 선택, 그리고 계획수립의 단계로 이루어진다. 수립된 계획은 다시 달성된 성과통제를 통해 새로운 계획수립을 위한 환경분석에 적용된다.

8 기업경영의 관리과정 사이클에서 계획수립과정이 끝나면 그 계획을 실천에 옮기는 실행단계로 넘어간다. 이를 조직화(organizing)라고 한다. 조직화는 경영자가 기업이 수행해야 할 여러 가지 일들을 관리가능한 방식으로 나누고 각 구성원들이 분담하여 수행하는 업무나 결과를 효과적으로 조정하여 통합해 나가는 과정이다. 기업경영에서 조직화과정은 업무명확화, 업무분할, 집단화, 조정, 수정 등 5단계를 거쳐 이루어진다.

9 관리과정 사이클의 마지막 단계인 통제는 계획과 일치하는 바람직한 결과를 달성하기 위하여 업무진행 상황과 성과를 지속적으로 파악하고, 문제가 있을 때 조치를 취하는 과정이다. 통제는 환경의 불확실성, 조직업무의 증대에 따른 복잡성 증가, 업무와 사람의 통제에 대한 인간능력의 한계, 권한의 위임과 분권화 등으로 인해 매우 중요하다. 통제의 과정

은 크게 성과의 측정 · 비교 · 시정조치 등 세 단계로 이루어진다.

10 경영자는 기업목적을 달성하기 위해 기업을 경영하면서 사업에 대한 의사결정을 내리고, 리더십을 발휘한다. 또한 종업원 및 외부환경과 지속적인 커뮤니케이션을 통해 정보를 교환하게 된다. 의사결정(decision making)은 기업경영에서 어떤 문제를 인식하고 그 문제를 해결할 수 있는 여러 가지 가능한 대안을 탐색 또는 개발하고 선택함으로써 바람직한 결과를 이끌 수 있는 일련의 체계적인 과정이다. 의사결정과정은 문제의 인식단계, 대안개발 및 선택단계, 선택안의 실행단계, 결과평가단계 등 4단계로 구분된다.

11 의사결정의 유형은 전략적 의사결정, 관리적 의사결정, 운영적 의사결정으로 구분되며 의사결정 계층, 의사결정 문제, 의사결정 환경 등 의사결정 상황에 의해 이루어진다. 한편, 의사결정 방법에 있어서 이론적 모형은 합리적 경제인 모형과 관리인 모형으로 구분된다. 또한 의사결정은 개인의사결정과 집단의사결정으로 나누어진다.

12 리더십(leadership)은 일정한 상황에서 목표달성을 위해 개인이나 집단의 행위에 영향력을 행사하는 과정이다. 경영자의 리더십에 따라서 기업 성과가 좌우되는 경우가 많기 때문에 훌륭한 리더십을 지닌 경영자의 확보 · 양성은 현대기업에 있어 매우 중요하다.

13 리더십 이론은 전통적 이론과 최근 이론으로 구분할 수 있다. 전통적 이론에는 리더의 특성이론(trait theory), 리더의 행위이론(behavioral theory), 상황이론 등이 있다. 최근 이론으로 카리스마적 리더십, 거래적 리더십과 변혁적 리더십, 비전적 리더십, 자율적 리더십, 봉사적 리더십 등이 등장하고 있다.

14 기업에서 리더가 발휘하는 리더십이 효과적으로 수행되기 위해서는 부하들이 얼마만큼이나 리더를 잘 따르는가 하는 팔로우십(followship)에 따라서 달라진다. 팔로우십은 리더십의 유효성을 높이는 방향으로 리더의 영향력을 따르는 부하의 특성 및 행동방식을 말한다.

15 커뮤니케이션(communication)은 기업에서 상급자와 부하간, 동료간, 부서간 등에서 의사 및 정보의 전달활동을 말한다. 커뮤니케이션은 기업목표 달성을 위해 구성원들의 활동을 조정 · 통합, 역량 결집, 동기부여, 창의성 제고, 기업혁신 촉진, 의사결정, 리더십, 갈등조정 등의 역할을 수행한다. 커뮤니케이션은 메시지를 주고받는 전달자와 수용자의 상호작용 과정이며, 이러한 상호작용 과정에 커뮤니케이션 상황이 영향을 미친다.

16 커뮤니케이션 과정에서는 전달자의 명확화 능력, 언어구사 능력 등과 같은 개인적 특성과 수신자(communicatee)의 이해력, 수용자의 인지구조, 청취태도, 피드백 능력 등의 개인적 특성, 그리고 전달경로, 커뮤니케이션의 방향, 사회 · 정치 · 문화 등의 커뮤니케이션 상황이 영향을 미친다. 조직커뮤니케이션은 기업의 공식적인 측면과 비공식적인 측면을 그대로 반영해주며, 따라서 커뮤니케이션도 공식적 커뮤니케이션과 비공식적 커뮤니케이션이 있다.

17 커뮤니케이션 유형에는 크게 대인커뮤니케이션과 조직커뮤니케이션으로 구분할 수 있다. 대인커뮤니케이션은 개인과 개인간의 커뮤니케이션을 말한다. 조직커뮤니케이션은 기업조직과 같이 조직 내에서 일어나는 커뮤니케이션을 의미한다. 조직커뮤니케이션이 이루

어지는 방향에 따라서 수평적 커뮤니케이션과 수직적 커뮤니케이션으로 구분된다. 수평적 커뮤니케이션은 기업에서 동일한 수준의 계층 또는 부서간의 커뮤니케이션을 의미한다. 이러한 커뮤니케이션은 수직적 커뮤니케이션보다 상호작용 활동이 왕성하다. 조직커뮤니케이션은 커뮤니케이션 과정에서 피드백(feedback)이 있는가 없는가에 따라서 일방적 커뮤니케이션과 쌍방적 커뮤니케이션으로 구분할 수 있다.

생각해볼 문제

1 경영계획의 의의와 중요성에 대해 논하라.
2 경영계획의 유형에 대해 구체적으로 설명하라.
3 통제의 의의와 그 중요성을 논하라.
4 의사결정 과정을 특정한 예를 들어 설명하라.
5 의사결정 유형과 스타일에 대해 설명하라.
6 리더십의 정의를 내리고 리더십 상황이론을 설명하라.
7 최근의 리더십 이론에 대해 논하라.
8 커뮤니케이션의 정의, 역할 그리고 과정을 설명하라.

CHAPTER

10

기업경영의 핵심 관리활동: 마케팅, 물류, 생산관리

1. 마케팅개념의 이해
2. 마케팅철학의 발전과 정과 고객
3. 소비자행동과 시장 세분화
4. 마케팅믹스
5. 로지스틱스
6. 생산관리

경영사례 플러스

CASE+

명품 같은 고급품이 대량으로 '매스티지' 뜬다

30만원대 청바지 '디젤' 대표적 '準명품'

식기 '아올디' · 과일 '돌' 등도 인기몰이

'매스티지' 가 새로운 소비 트렌드로 산업 전반에 확산되고 있다.

매스티지(Masstige)는 '대중' (Mass)과 '명품' (Prestige Product)을 합성한 신조어로, 대량으로 판매되지만 질은 고급인 상품을 말한다. 매스티지라는 개념을 처음 소개한 미국 경제전문지 '하버드 비즈니스 리뷰' (HBR)는 '소득수준이 높아진 중산층 소비자들이 품질이나 감성적인 만족을 얻기 위해 비교적 저렴한 고급품을 소비하는 추세' 로 정의했다.

의류업계에서는 준(準)명품 대열에 들어선 25~ 30만원대의 프리미엄 청바지가 대표적인 매스티지 제품으로 꼽힌다. 신세계백화점에서는 '디젤' 등 프리미엄 청바지 매출이 지난 1월부터 크게 늘고 있다. 경기불황으로 백화점 전체 매출이 역성장 추세를 보인 것과 대조적이다.

외국 유명 브랜드 중에서는 명품브랜드 샤넬의 하위 브랜드인 '마크바이마크제이콥스' , 역시 명품브랜드인 아르마니의 대중적 브랜드 '아르마니 익스체인지' (A/X)가 매스티지 브랜드에 속한다. '모스키노' '바네사부르노' 등 기존 명품보다는 가격이 낮으면서도 품질은 내셔널 브랜드보다 우수한 브랜드들이 인기를 끌면서 명품시장을 확대시키고 있다.

국내 브랜드로는 '빈폴' 이 매스티지에 속한다. 합리적인 주부들이 '폴로' 와 비슷하지만 상대적으로 가격이 저렴한 빈폴을 선호한다는 것이다.

스타벅스, 커피빈 등 커피전문점도 매스티지 상품으로 분류가능하다. 어디서나 쉽게

찾을 수 있는 체인점이면서도, 다양한 커피를 갖추고 있어서 개인 취향에 맞게 주문이 가능하다.

이러한 소비 변화에 따라, 산업 전반에서 매스티지 상품을 내놓고 있다. 고급 도자기 업체인 광주요는 그 동안 광주요 제품을 사용하고 싶어도 비싼 가격 때문에 망설이던 주부들을 겨냥해 생활식기 브랜드 '아올다'를 최근 선보였다. '손느낌 몰드'라는 새로운 기술을 활용해 대량생산한 제품이면서도 마치 하나하나 손으로 빚은 듯한 느낌이 나도록 만들었다. 값은 개당 3만~9만원으로 기존 광주요 제품보다 저렴하다.

과일업체들도 매스티지족의 입맛에 맞춘 '프리미엄 과일 브랜드'를 내놓고 있다. 세계적 과일업체 돌(Dole)은 해발 700m 고산지대에서 일반 바나나보다 5~8개월 더 오래 재배해 당도와 영양이 높고 육질이 쫀득한 '스위티오 바나나'를 최근 선보였다. 델몬트 역시 고산지대에서 재배해 떫고 신맛을 줄인 '골드 파인애플'을 판매중이다.

자료: 조선일보, 2004년 6월 2일

과거 단순히 생산만 하면 팔리던 시대의 기업들에게는 시장환경의 동태적 변화가 몰고온 파장은 적지 않는 실정이다. 즉, 기업입장에서 시장의 경쟁자 증가, 소비자 구매취향의 다양화, 마케팅의 다양화 등 만든 제품을 살 수 있도록 고객에게 끊임없는 전략적 접근이 요구된다. 따라서 기업들은 생존을 위해 마케팅활동의 중요성을 깨닫게 되었으며, 불특정다수의 소비자들을 만족시키기 위해 다양한 마케팅전략을 도입 · 활용하게 되었다.

이 장은 오늘날 모든 소비자들에게 접근할 수 있는 기본적인 프레임워크(framework)를 제공하므로 매우 중요하다. 특히 최근에 들어 시장에서 관심의 대상이 되고 있는 마케팅이란 무엇이며, 마케팅이 왜 태동하게 되었으며, 수요에 따른 어떤 유형의 마케팅전략이 있는지를 알아본다.

01 마케팅개념의 이해

UNDERSTANDING BUSINESS

기업에서는 공급자시대에서 소비자시대로 그 패러다임이 변화함에 따라 마케팅이 그 어느 때보다도 중요성이 커졌다. 따라서 여기에서는 마케팅의 개념에 대해 이해하도록 한다.

1.1 마케팅의 기초개념

마케팅이란 생산자와 구매자간의 교환관계(exchange relationship) 과정이라고 할 수 있다. 교환관계 과정이란 〈그림 10-1〉에서처럼 기업의 목표는 생존과 지속적 성장을 추구하기 위해서 제품을 생산하여 소비자에 제공하면 소비자는 자신의 필요(needs)와 욕구(wants)를 충족하기 위하여 이들 제품구입에 대한 일정한 대가를 지급하고 구매한다. 생산자와 구매자가 만나서 교환활동을 제공하는 곳이 바로 시장임을 알 수 있다.

〈그림 10-1〉에서 마케팅개념을 구성하고 있는 요소들인 필요와 욕구, 생존과 성장, 교환, 시장에 대해서 살펴보면, 첫째, 필요와 욕구에서 필요란

그림 10-1 마케팅의 개념과 형성

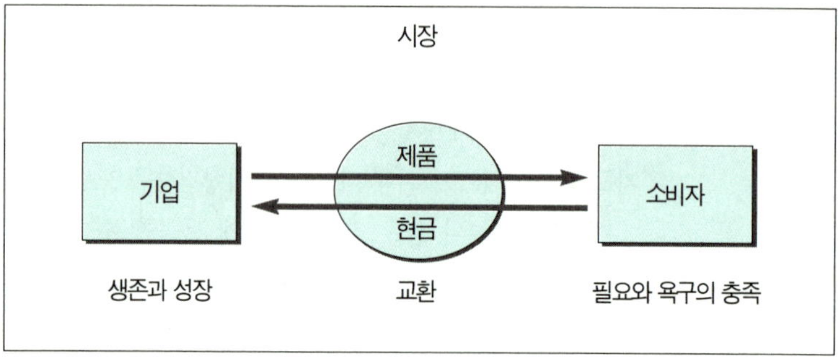

어떤 기본적인 만족이 결핍된 상태를 뜻한다. 이를테면, 배가 고플 때에는 음식을 필요로 하고, 술자리에 술을 먹어야 한다든지, 운동을 하고 나면 갈증해소를 위해 음료수가 필요하다. 욕구란 필요를 만족시켜 주는 수단에 대한 구체적인 바람을 말한다. 구체적으로 설명하면 소비자가 시장기가 들 때 이를 해결하기 위해 필요로 하는 음식 가운데서도 김밥, 국화빵, 자장면, 설농탕 등이 될 것이다. 또한 술을 먹어야 할 때 양주, 민속주인 안동소주, 일반소주, 맥주 등이 될 수 있으며, 운동을 하고 나서 갈증이 생길 때 음료수를 먹어야 되는데 그 가운데에서도 생수, 815콜라, 칠성사이다, 우리능금주스, 파워레이드, 게토레이, 포카리스웨트, 실론티, 쿨피스 등이 일종의 욕구라고 간주할 수 있다.

둘째, 생존과 성장의 측면에서 볼 때 어떤 기업이 경쟁사보다 선의의 경쟁으로 소비자에게 자사 제품이 얼마나 가치 또는 만족(심리적 요인, 경제적 요인, 사회적 요인)을 제공하느냐에 따라 해당 기업은 생존과 성장의 기로에 직면하게 될 것이다.

셋째, 교환이란 소비자와 기업이 서로 제품과 현금의 교환을 통해 각각의 목적을 달성하는 경우이다. 즉, 소비자는 자신의 필요와 욕구를 위해 기업이 만든 빵, 음료수 등을 대금을 지불하고 구매함으로써 서로의 목적을 충족하는 것이다.

넷째, 시장은 이른바 동대문시장, 대구의 서문시장과 같이 기업과 소비자가 서로 의도한 목표를 충족시키기 위한 장소적 의미를 뜻하나, 최근에는 시장이 반드시 어떤 특정 장소를 지칭하는 개념이라기보다는 어떤 제품이나 서비스의 실제 또는 잠재적 구매자들의 집합을 의미하는 뜻으로 쓰이고 있다.

1.2 마케팅의 개념과 관리

마케팅의 본질은 고객에게 가치를 전달하는 것이다. 기업이 최종고객들에게 가능한 한 최대한의 경쟁적 비교우위를 갖는 가치를 제공해주기 위해 내부적 고객들 및 외부적 고객들인 유통업체들에게 가치있는 기업으로 인식되도록 운영하는 활동이라고 할 수 있다. 마케팅은 교환관계의 개념 속에서 대체로 이해되고 정의된다. 미국마케팅학회(AMA: American Marketing Association)는 최근 다음과 같은 마케팅개념을 공식적으로 채택하고 있으며 코틀러*의 정의도 이와 유사하다.

"마케팅**이란 개인적이거나 조직적인 목표를 충족시키기 위한 교환을

---

* 코틀러에 의하면 "마케팅관리란 개인 및 조직의 목적을 달성하게 해주는 교환관계를 창조하기 위해 아이디어나 재화 및 서비스 등의 개념화, 가격, 촉진, 유통을 계획하고 관리하는 과정이다"(Marketing management is the process of planning and exchanging and executing the conception, pricing, promotion, and distribution of ideas, goods, and services to create exchanges that satisfy individual and organizational objectives)라고 정의하고 있다.

** 마케팅에는 일반적으로 소비재마케팅과 산업재마케팅으로 분류할 수 있다. 전자의 특징은 최종소비자를 대상으로 표준화된 제품, 정찰제, 간접유통상의 활용, 광고중심의 촉진전략 등을 활용하는 반면에, 후자는 재생산목적의 조직구매를 의미하는 것으로 제품의 경우 주문생산, 가격은 협상 및 입찰의 형태를 띠며, 유통은 직접유통 그리고 촉진은 인적판매중심으로 이루어진다. 가령, 라면의 경우 최종소비자가 직접 끓여 먹고자 구입할 경우는 소비재이나 국방부나 어떤 조직에 납품할 경우는 산업재로 둔갑함을 기억할 필요가 있다. 또한 산업재의 경우는 어느 한 사람이 재구매를 제외한 제품을 단독으로 구매의사결정을 하는 경우는 없으며, 여기에는 조직의 구매센터가 가동된다. 그밖의 특징으로, 산업재는 대개 가격의 변동에 따라 크게 영향을 받지 않는 비탄력적 수요를 가진다. 예를 들면, 단추의 가격이 떨어졌다고 갑자기 의류제품 제조회사들의 단추 구매량이 대폭 늘어나지는 않는다. 즉, 의류제품에 대한 소비자의 수요가 증대되지 않는 한 의류제품 제조회사의 단추에 대한 수요는 증가하지 않는 경우이다. 그리고 무형재에 대해서는 서비스마케팅이 존재하며, 그 정의는 특정한 형태를 갖추고 있지 않은 무형의 서비스상품을 소비자의

창출하기 위해 아이디어, 제품, 그리고 서비스의 개념정립, 가격결정, 촉진, 그리고 유통을 계획하고 집행하는 과정이다."

그리고 바고지(Bagozzi)는 마케팅관리 과정을 단순한 하나의 사실(fact)이나 사건(event)이 아닌 과정(process)으로 해석하였다. 여기에서 마케팅의 핵심개념인 "교환***이란 반대급부를 바라고 다른 사람에게 어떤 것을 제공함으로써 자신이 원하는 제품을 얻는 행동임을 의미하는 것이다."

그러나 이러한 조건은 교환이 일어날 가능성이 있다는 것이지 실제적인 교환의 발생은 두 당사자 모두가 교환 이전보다 교환 이후에 조금이라도 더 유익하게(또는 적어도 더 나빠지지는 않게) 될 수 있는지의 여부에 달려 있다. 그래서 교환은 가치의 창조과정(value-creating process)으로 볼 수 있으며, 실제로 두 당사자 모두에게 교환을 하기 이전보다 교환을 함으로써 더 유익해질 수 있어야 한다. 그리고 교환은 하나의 사건(an event)이라기보다는 하나의 과정(a process)으로 보아야 한다. 두 당사자가 협상을 하고 계약을 한다면 이들은 교환과정에 참여한다고 말할 수 있다. 만약 계약을 했다면 그 계약은 두 사람간의 가치의 거래(transaction)라는 과정을 통해 이루어지기 때문이다.

마케팅관리(marketing management)란 조직의 목적을 달성하기 위해서 현상을 분석하여 과업을 수행하기 위한 계획을 수립하고 수립된 계획을 실천하며, 끝으로 실천결과를 계획과 비교하여 평가하는 일련의 과정을 말한다. 그렇다면 마케팅관리자 또는 마케터(marketer)의 책무는 조직의 목표를 달성하는 데 도움을 줄 수 있는 이른바 제품에 대한 수요를 자극하거나 창조하는 것이라고 볼 수 있다. 즉, 마케터는 수요를 창조하거나 증대시킬

욕구에 맞도록 개발하여 잘 팔리도록 노력하는 활동, 즉 친절과 예의와 정성이 깃들어야 한다. 특징으로는 무형성, 이질성, 소멸성, 비분리성이 있다. 서비스(service)의 이니셜을 활용하여 서비스의 다양한 일면을 파악해 볼 수 있다. smile & speed, energetic, revolution & remind, vividness, impression, closeness & intimacy, entertainment가 그것이다.

***교환은 마케팅의 중요한 개념으로서 다음과 같이 5가지 조건이 충족될 때 이루어진다. ① 교환과정에는 적어도 두 당사자가 있다. ② 각 당사자는 상대방에게 가치가 될 수 있는 어떤 것을 가지고 있다. ③ 각 당사자는 서로 커뮤니케이션이 가능하고, 가치를 전달할 수 있다. ④ 각 당사자는 가치의 교환을 자유롭게 수용하거나 거절할 수 있다. ⑤ 각 당사자는 다른 당사자와 교환하는 것이 적절하고 바람직하다고 믿는다.

표 10-1 수용상황과 대응적 마케팅전략

수요상황	마케팅관리 과제(예)	전략명칭
부정적 수요 (negative demand)	부정적 생각 변경(어린이들이 치과병원을 싫어하는 것)	전환적 마케팅 (conversional marketing)
무수요 (no demand)	수요창조(캔으로 장애인 돕기 운동, 열대지방에 아이스링크 만들어 스케이트 수요 자극)	자극적 마케팅 (stimulational marketing)
잠재적 수요 (latent demand)	수요개발(물로 가는 차, 타르 없는 담배, 살찌지 않는 피자, 무가당 껌이나 설탕)	개발마케팅 (developmental marketing)
감퇴적 수요 (reclining or faltering demand)	수요부활(교회, 사찰의 신도수 감소, 쌀이나 밀 수요 감소, 소득증대로 돼지고기 수요 감소)	재마케팅 (remarketing)
불규칙적 수요 (irregular demand)	수요 · 공급시기 일치(에어컨, 계절의류, 전화, 기차 · 항공기 주말요금 상이)	동시화마케팅(synchro or concurrent marketing)
완전수요 (full demand)	수요유지: 기업이 바라는 상황	유지마케팅 (maintenance marketing)
초과수요 (overfull demand)	수요감소(도심통과료 징수, 가격인상, 품질 · 서비스 · 판매촉진활동 감소: SK텔레콤	역마케팅 (demarketing)
불건전한 수요 (unwholesome demand)	수요소멸(술, 담배, 포르노, 마약, 필로폰 등 사회악의 근원 제거)	카운터마케팅 (counter marketing)

뿐만 아니라, 수요를 현상 유지시키거나 감소시키는 수요관리(demand management) 임무를 수행하는 것이다.

따라서 기업은 항상 시장과의 적정교환수준을 고려하게 된다. 그래서 어느 특정 시점에서 실제수요는 기업이 기대하는 수요수준을 초과하기도 하고, 그것에 미달되기도 하며, 때로는 일치하기도 한다. 구체적으로 마케터는 시장의 실제수요가 기대수요를 초과하는 경우에는 수요를 감소시키는 노력을 해야 하고, 반대로 미달되는 경우에는 수요를 증대시키는 노력을 해야 하며, 일치하는 경우에는 수요수준을 유지시키는 노력을 경주해야 할 것이다.

〈표 10-1〉은 이상의 세 가지 수요상황에 따른 대응적 마케팅전략*을 8가지로 분류하고 있다.

* 신세대들을 위한 기업의 마케팅활동을 살펴보면, 1월 14일은 diary day(당신의 사랑과 함께 멋진 다이어리를 선물하는 날), 2월 14일은 valentine day(달콤한 초콜릿에 당신의 사랑을 담아 선물하는 날), 3월 14일은 white day(당신께 사랑의 캔디를), 4월 14일은 black day(새까만 자장면 먹는 아픔), 5월 14일은 yellow & rose day(다음엔 노란색 카레말고 빨간색 장미꽃을 받으세요), 6월 14일은 kiss day(연인들만의 언어 당신의 달콤한 키스를 기대합니다), 7월 14일은 silver day(은반지의 순수함처럼 아름다운 너의 모습을 사랑하며), 8월 14일은 green & music day(달콤한 음악과 초록의 싱그러운 사랑을 위해), 9월 14일

02 마케팅철학의 발전과정과 고객

UNDERSTANDING BUSINESS

경영철학, 사회분위기, 그리고 경제적 환경은 마케팅이 무엇인지, 그리고 어떻게 해야 그것을 가장 잘 실행할 수 있는지에 대한 의미를 변화시킨다. 그러나 마케팅을 거시적 시각에서 본다면 금세기에 걸쳐 몇 가지 개념의 형태가 나타난 것으로 의견이 모아진다. 이들 개개의 개념은 각 시대에 걸쳐 지배적인 사고형태로 작용하였지만 현재에는 이들이 다양하게 혼합되어 나타나고 있다고 간주할 수 있다.

2.1 마케팅철학의 발전과정

(1) 생산지향적 개념

20세기에 미국에서 나타난 가장 초기의 마케팅철학은 생산지향적 개념(production concept)일 것이다. 이 개념은 제품 및 서비스의 생산과 유통을 강조하여, 그 효율성을 개선시키는 데 초점을 두었다. 그러나 생산과 유통의 지나친 강조로 인하여 적지 않는 제품의 실패를 경험하였다. 생산지향적인 개념의 결정적인 결함은 소비자욕구를 간과한 것으로서, 예를 들면 어떤 기업이 신소재를 이용하여 획기적이고 완벽한 지우개를 개발하여 판매에 나섰는데, 그 가격이 경쟁사의 지우개보다 몇 곱절 비싸게 문방구에 공급하였다고 하자. 물론 그 지우개를 생산하는 기업은 시장점유율이나 많

은 leaf day 혹은 photo day(나뭇잎을 예쁘게 말려 전하는 날)(사진 속에 담긴 우리의 사랑 영원하길 바래요), 10월 14일은 wine day(깊어가는 가을날 연인과 함께 분위기 있는 와인 한 잔 건배!), 11월 11일은 빼빼로 day(키큰 사람이 키작은 사람에게 주는, 즉 날씬한 빼빼로를 나눠먹는 재미), 11월 12일은 칸쵸데이(빼빼로날에 받은 선물을 답례하는 날), 11월 14일은 orange & movie day 혹은 muffler or neckerchief day & orange day(애인과 함께 멜로물 영화를 보고 오렌지 주스를 마시는 날 또는 머플러나 오렌지를 주는 날), 12월 14일은 hug day(한해의 마지막 달 연인들만의 짜릿한 포옹의 날) 등이 있다. 이러한 수요촉진차원에서 기업은 다양한 마케팅프로그램을 개발하여 실행중이다.

은 이익을 가져올 것이라고 잔뜩 기대하였으나 커다란 기대는 곧 무너졌다. 신소재를 이용한 신제품 지우개가 왜 실패하였을까를 곰곰이 분석한 결과 질좋은 지우개에 대한 수요의 부족에 있었던 것이 아니라, 소비자가 이해하지 못할 지우개의 높은 가격 때문인 것으로 진단되었다. 여기에서 우리는 이 회사의 사장에게 높은 가격에 소비자들이 지우개를 살 수 있는지에 대해 먼저 조사하지 않았는지 질문을 제기할 수 있다.

그래서 생산지향적 개념으로부터 얻을 수 있는 교훈은 아무리 품질이 좋은 제품도 그것이 효과적으로 마케팅화되지 않는다면 성공할 수 없다는 것과, 마케팅은 소비자욕구에 대한 철저한 사전이해가 선행되어야 한다는 시사점을 얻을 수 있다. 또한, 생산지향적 개념의 적용은 제품에 대한 수요가 공급을 초과하거나 제품원가가 높아 생산성 향상이 요구되는 경우에 특히 힘을 발휘한다.

(2) 판매지향적(영업) 개념

판매지향적 개념의 핵심은 단순히 판매량을 증가시키기 위한 판매기술의 개선에 초점을 누고 있다. 미국은 그 동안 생산과 유통에 강점을 얻었으나 판매과정에 다소 소홀한 것으로 간주하고 "우리는 어떤 것이든지 팔 수 있다"라는 좌우명으로 판매에 상당한 관심을 기울이기 시작하였다. 즉, 기업에서 생산되는 제품이나 서비스를 충분히 소비자들이 구입하지 않을 것이라는 가정하에 상당히 공격적인 영업 및 촉진활동을 전개한 것이다.

그러나 판매개념을 채택하고 있는 기업들은 제품의 공급과잉 상태에 있는 경우가 많다. 소비자들이 원하는 상품을 만들기보다는 기업이 만든 상품을 소비자들에게 단순히 판매하는 것 자체를 목표로 하기 때문에 결국은 기업의 밀어내기식(push selling) 판매에 기인하는 매출증가는 개선될지 몰라도 장기적으로 고객의 불만과 함께 부정적인 구전을 야기한다. 이는 치명적이고 회복하기 어려운 기업이미지 또는 상표이미지의 실추로 연결될 수 있다.

따라서 〈그림 10-2〉와 〈표 10-2〉에서와 같이 판매개념과 마케팅개념은 엄격하게 구분되어야 한다. 이 두 개의 개념을 구분하는 가장 중요한 기준은 시장에 접근함에 있어 기업의 입장에 서느냐 아니면 고객의 입장에 서

표 10-2 판매개념과 마케팅개념의 비교

마케팅개념	판매개념
소비자 욕구의 강조	제품의 강조
먼저 고객이 원하는 것을 결정한 다음 그 욕구를 충족시켜 줄 수 있는 제품으로 이익을 얻으면서 생산 · 제공할 수 있는 방법 모색	먼저 제품을 만든 다음 그것으로 이익을 얻고 판매할 방법 모색
대외적, 시장지향적	대내적, 기업지향적
시장(구매자)요구의 강조	기업(판매자)요구의 강조

그림 10-2 판매개념과 마케팅개념의 비교

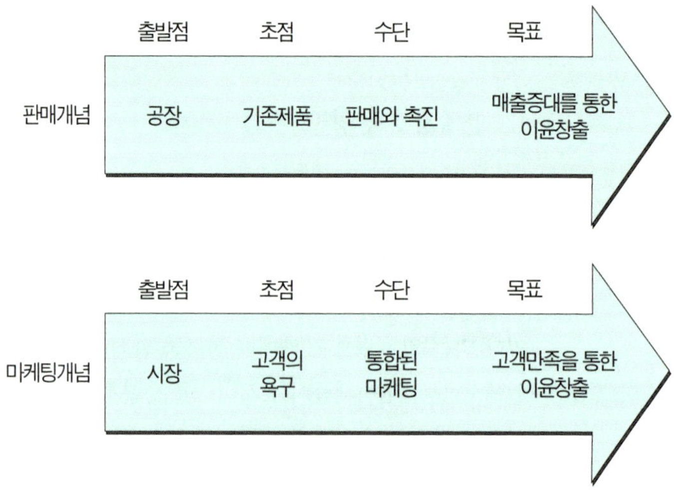

느냐 하는 것이다.

(3) 마케팅 혹은 고객지향적 개념

앞에서 언급한 생산지향적 개념과 판매지향적 개념은 기업중심적 마케팅철학이라고 지칭할 수가 있으며, 마케팅 혹은 고객지향적 및 시장지향적 개념은 고객중심적 마케팅전략이라고 볼 수 있다. 마케팅 혹은 고객지향적 개념은 다음과 같은 네 가지의 특징을 지닌다.

① 고객의 욕구를 이해하고 반응하는 데 초점을 둔다.
② 모든 기업조직의 활동들인 생산 · 재무 · 판매 등이 고객의 욕구에 부응하도록 통합한다.
③ 고객의 욕구를 충족시킴으로써 모든 목표—금전적인 것뿐만 아니라 사회적이고 인간적인 것 포함—를 달성할 수 있다는 점을 강조한다.
④ 고객의 욕구에 부응하는 데 있어 나타나는 사회적 결과—고객의 욕구가 기업에 의해 다루어지는 방법도 포함—에 관심을 가진다.

고객의 욕구에 초점을 맞춘 마케팅지향적 개념은 생산 및 판매지향적 개념보다 현저한 관리효과를 가져왔다. 그러나 그것은 고객에게 너무 집중적인 초점을 맞춤으로써 소매상 등 다른 주요한 관련집단들을 무시할 수 있다는 비판을 받아왔다. 비록 고객의 욕구가 기업의 마케팅 노력의 견인차이기는 하지만, 고객 이외의 다른 주요한 집단에도 관심을 두어야 한다는 것을 의미한다. 즉, 이들 관련집단들은 다양한 상호작용을 통하여 기업과 고객간의 교환관계에 직접적인 영향을 미칠 수 있기 때문이다.

두 번째 비판은 고객들이 그들이 원하는 것을 형상화할 수 없다거나 명확한 센스를 가지지 못할 수도 있다는 것이다. 이들 잠재적인 욕구를 확인하고 촉진하는 것도 마케팅활동의 주요한 영역이 될 수 있다. 많은 환경적 요소와 고객 이외의 다른 주요한 집단들은 고객들이 제품이나 서비스를 받아들이는 의지뿐만 아니라, 그들의 욕구를 형상화하는 능력에도 영향을 미친다. 고객욕구에 대한 일반적인 관심을 마케팅 풀(marketing pull)*에 너무 과도하게 의존하고, 사이언스 푸시(science push)**에는 불충분하게 의존함으로써 결과적으로 제품혁신을 저해시킬 수 있다. 다시 말해서, 향후에 개발될 수 있는 시장기회가 있는데도 불구하고, 지금 명백하고 즉각적인 시장기회가 없다고 하여 연구개발을 소홀히 할 수 있다.

* 사전적으로 시장조사를 하여 제품이 고객욕구를 충족시키는 차원을 말함.
** 기업이 신제품을 개발하여 고객욕구를 창조하고 개발하는 차원으로 어느 화장품회사의 코팩이라든지, 기능성 치약들이 해당된다.

(4) 시장지향적 개념

기존의 세 가지 마케팅개념이 지니는 취약점을 보완한 것이 일종의 시장지향적 개념이다. 이것은 고객지향적 개념의 장점을 포함하면서 그 한계점을 극복하기 위한 하나의 노력이다. 이는 기업이 최종고객들과의 원활한 교환을 통하여 그들에게 최상의 가치를 제공해주기 위하여 시장에서 활동하고 있는 기업 내외의 모든 구성요소들간의 상호작용을 관리하는 기업노력의 총체를 의미한다. 여기서 가치의 인식은 고객이 받는 제공물에 관련된 모든 혜택과 그와 관련된 비용의 차이에 의해 결정된다. 혜택과 비용에는 경제적인 것은 물론 사회적이거나 심리적인 요소들도 포함된다.

시장지향적 경영개념의 핵심은 고객들을 위한 가치를 극대화하기 위해서 시장의 다양한 구성요소들이 부가가치를 보다 더 창출하기 위해 상호작용하여야 한다는 것과 그들이 효과적으로 관리되고 이용되어야 한다는 것이다. 가령, 기업내부에서 마케팅관리자는 다른 부서와의 상호작용관계를 이해하고 이를 효율적으로 마케팅활동에 반영하도록 관리하여야 한다. 또한, 어느 한 제품에 있어서 제품기획, 가격결정 그리고 촉진의 상호작용을 통하여 그 제품의 차별적인 이미지를 창출하여야 한다. 나아가 기업외부의 다양한 이해관련 집단들인 도 · 소매상, 공급업체, 주주 등의 상호작용관계와 진행과정을 지속적으로 파악하여야 하고, 그것이 마케팅활동에 효과적으로 영향을 미칠 수 있도록 관리하여야 한다.

그러므로 시장지향적 경영개념은 단순히 마케팅부서만이 가져야 될 개념이 아니라 기업 내외의 전 부서와 기관들이 가져야 할 하나의 경영철학이 되어야 한다. 이는 단순히 기업활동에 있어서 마케팅의 중요성만을 강조하는 것이 아니라 최종사용고객들의 가치창출을 위해 기업의 모든 경영기능이 그 자원과 노력을 응집시켜야 하며, 그를 위해 모든 구성원들이 시장지향적 개념을 기업의 핵심적인 경영사고로서 갖추고 있어야 함을 의미하는 것이다.

이러한 시장지향적 개념은 지금까지의 경영혁신 기법들의 핵심개념들을 종합적으로 정리한 것이다. 특히, 고객만족경영 및 마케팅을 단순히 소비자만족운동이나 고객불만족 해소차원이 아닌 전사적인 차원과 나아가서는 최종고객과 관련되는 전체 시장구성요소들과의 차원에서 전략적 · 실무

그림 10-3 **마케팅철학의 발전과정**

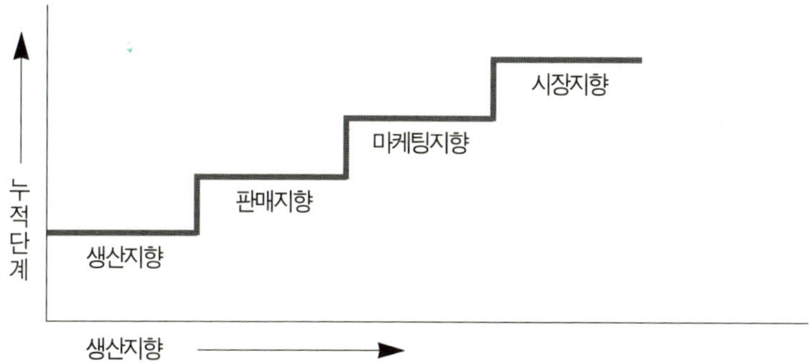

적으로 연계시키는 경영관리사고의 틀을 의미한다. 이상으로 마케팅철학의 발전과정을 〈그림 10-3〉과 같이 이해하기 쉽게 정리할 수 있다.

2.2 고객의 개념

일반적으로 고객은 누구라고 생각하는가? 이 질문에 대해 최종소비자, 즉 제품을 구입해 주는 사람이라고 생각하고 답할 것이다. 그러나 이것은 미시적 접근에 의한 고객을 뜻하며, 거시적 접근에서 보면 〈그림 10-4〉와 같이 가치생산고객인 사내고객, 협력기관으로 가치전달고객인 중간고객, 가치구매고객인 최종고객의 세 분류로 나눌 수가 있다.

구체적으로 설명하면, 먼저 사내고객은 고객만족의 출발점으로, 가령 생산공정에서 전공정의 고객은 후공정이며, 후공정의 고객은 차후 공정이 된다는 것이다. 다시 말해서 전공정의 작업자는 고객에게 불량품을 넘겨서는 안되는 것이다. 이러한 원리에서 보면 조직 내에 있는 모든 구성원은 사실 고객이 되는 것이다. 따라서 오늘날 모든 기업들이 강조하고 있는 고객만족경영(CSM: customer satisfaction management)이란 바로 내부고객부터 만족시켜야 경쟁력이 샘솟는다는 것을 알아야 할 것이다.

그 다음으로 중간고객 또는 가치전달고객이란 판매점이나 대리점 또는

그림 10-4 고객의 분류, 역할 그리고 대상

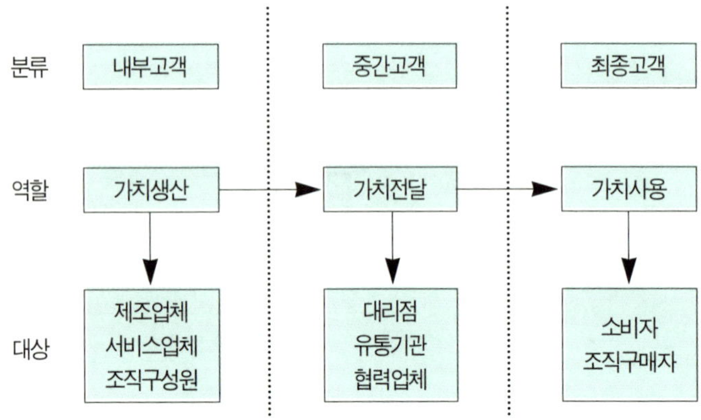

원료를 공급하는 원료공급원 내지 협력업체들이 해당된다. 중간고객의 중요성은 바로 이들을 만족시키지 못하면 최종고객인 소비자를 만족시키기 힘들다는 데에 있다. 예를 들면, 약사는 일종의 가치전달고객으로 어느 회사가 출하한 신제품을 자신이 운영하는 약국에 들여왔을 때 특정한 환자에게 신제품의 적극적 권유 여부에 따라 고객 만족과 불만족으로 이해할 수 있는 것이다. 불만족에는 품질, 가격, 납기, 영업사원의 매너 등 다양한 요인이 있을 수 있다. 또한 간혹 경쟁력 있는 제품을 생산하여 공급하는 메이커의 이사들 가운데 중간고객을 자신들의 제품공급으로 먹고사는 일종의 빈대로 간주하고 홀대하는 경향이 있는데 아주 위험천만한 사고를 갖고 있는 셈이다. 메이커가 아무리 좋은 제품을 만들더라도 유통상의 협력적인 도움 없이는 제품판매에 애로를 겪을 것이기 때문이다.

마지막으로 〈그림 10-5〉에서의 역피라미드형 조직과 고객의 위치를 볼 때, 기업이 만든 제품을 구입 및 소비하는 최종고객을 오늘날 '왕' 또는 '하느님' 으로 간주한다. 왜냐하면 개별적 소비자들이 모이면 커다란 힘으로 작용하여 기업의 성장과 퇴보라는 갈림길의 변화를 주도하는 원천이 되기 때문이다. 기업은 이제 고객이 가장 중요한 존재라는 것을 깨닫거나 깨달아가고 있는 단계인 것 같다. 기업에서 고객의 존재란 ① 기업에게 이윤을 안겨주고, ② 고객이 기업에 의존하는 것이 아니라 기업이 고객에게 의

그림 10-5 역피라미드형 조직과 고객의 위치*

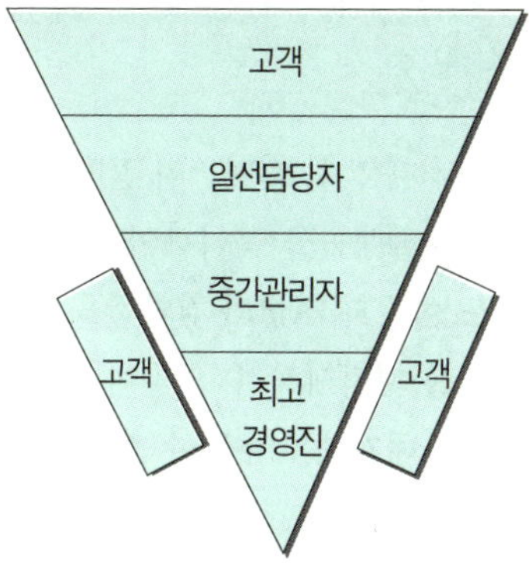

존하는 것이며, ③ 기업은 고객을 위해 존재한다. ④ 기업이 고객에게 서비스를 베푸는 것이 아니라 고객이 서비스할 기회를 제공함으로써 호의를 베푸는 것이다. 바로 이 점들을 깨달아야 고객의 중요성을 바로 알고 있다고 할 수 있다.

과거에는 구매자와 판매자의 관계가 대립적인 관계로 형성되어 어느 한 편이 이득을 보면 다른 한편이 손해를 보는 관계였다. 하지만 이제 이 관계는 청산되고 동반자적인 관계로서 상호 호혜적인 승 · 승 관계(win-win relationship)인 고객과 판매자를 공동체로서 인식하도록 하는 것이 필요하다. 이를 위해서는 기업과 소비자간에 파트너십(partnership)과 관계형성이 요구된다. 판매자와 구매자가 모두 이득을 얻도록 하는 관계와 기업이 고객을 단순히 판매의 대상으로 삼는 것이 아니라 고객의 이해를 대변할 수 있는 고객만족경영이 요구되는 것이다.

* 역피라미드는 고객과 제일선 종업원에 대한 지원을 의미하는 것이다.

03 소비자행동과 시장세분화

UNDERSTANDING BUSINESS

기업에서 제품 및 서비스의 판매를 원활하게 하기 위해서는 무엇보다도 소비자의 구매행동을 분석하여야 한다. 손자병법에 '지피지기 백전불퇴' 란 의미도 아군과 적군의 강약점을 충분히 숙지하고 그 전투에 임해야 비로소 적군을 패퇴시킬 수 있듯이 시장에서도 역시 소비자 욕구에 맞는 제품정보와 판매전략을 수립한 소비자행동이야말로 시장을 꿰뚫어볼 수 있는 방안일 것이다. 또한 시장세분화는 기업이 어느 시장에서 경쟁해야 하는가의 문제로서 시장이 어떻게 분할되어 있는가 하는 시장의 특성을 나타낸다. 따라서 여기에서는 소비자행동과 시장의 세분화를 이해하여 시장을 손바닥 들여다 보듯이 소비자행동의 전문가가 되도록 하자.

3.1 소비자행동

(1) 고객의 유형

고객은 소비재시장에서는 가정, 산업재시장에서는 조직구매자가 될 것이고, 경우에 따라서는 〈그림 10-6〉에서 보는 바와 같이 개인이나 개인들의 집단이 될 것이다. 현재까지 대부분의 고객행동에 관한 연구는 개인의 사결정자에 집중되어 왔다. 그러나 고객은 여러 명으로 구성된 의사결정단위가 될 수 있다. 가족구매단위에서는 의사결정과정의 각 단계에서 가족구성원 상호간에 서로 다른 영향을 미칠 수 있다. 더욱이 가족의 구성원들은 서로 상이한 구매역할을 하기도 한다. 즉, 어떤 구성원은 소비의 필요성(욕구발생, 문제인식)을 제기하며(발안자, initiator), 또 다른 구성원은 정보의 형태를 결정함으로써 정보통제자가 되거나 의사결정에 영향력을 행사하고(영향자, influencer), 다른 가족구성원들은 어떤 제품이 가장 적합한가를 결정하거나(결정자, decider), 구매자금을 대거나(지출자, financier), 제품을 구매하거나(구매자, purchaser) 혹은 사용할 수 있다(사용자, user). 그러므

그림 10-6 고객의 유형

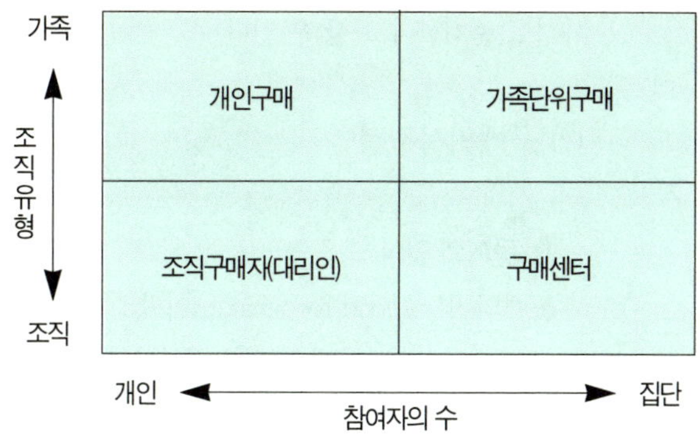

로 가족의 구성원들은 구매과정에서 상이한 또는 그 이상의 개인들이 구매에 관여할 때 전체의 욕구와 개개의 욕구가 상충되는 경우가 있어 갈등이 일어나기도 한다.

조직구매자의 경우 구매결정과정에 관련되는 구성원들을 흔히 구매센터(buying centre)라고 부르기도 한다. 가령, 재료와 자본설비의 구매에 있어 구매센터의 구성원들은 구매부서, 설계실, 경리부, 그리고 품질관리부서의 구성원들이 해당될 것이다. 일반적으로 가족의 의사결정과 마찬가지로 제품 또는 서비스가 중요하거나 위험성이 있거나 고가일수록 구매센터의 수는 많아진다. 또한 각 구성원들은 구매과정에서 상이한 역할을 수행하고 그 역할들은 구매의 성격에 따라 달라진다. 그러므로 조직의 구매행동은 조직구성원들 상호간에 의사결정상의 갈등을 일으킬 여지를 안고 있다. 한편, 조직구매는 구매대리인 같은 개인에 의해 수행되기도 한다.

학자들은 흔히 조직구매를 가족구매와 다른 것으로 다룬다. 그러나 둘 사이에는 매우 많은 유사성이 존재한다. 가족과 조직은 모두 의사결정과정에 한 사람 이상을 포함한다. 또한 둘은 모두 의사결정과정에서 갈등을 경험하기도 하고, 하나 혹은 그 이상의 구매역할을 수행하는 구성원들로 이루어진다. 그리고 구매에 관련된 위험에 직면하기도 하고 가격이 정해진 상황이거나 혹은 협상을 요구하는 상황에 직면할 수 있으며, 제품을 구매해야 할 것인가 아니면 빌려야 할 것인가를 결정하여야 한다. 그러므로 고객으로서 개인과 조직간에는 중요한 차이점이 있지만 또한 매우 중요한 유사성도 존재한다고 할 수 있다.

(2) 구매의사결정

1) 문제의 인식

문제의 인식(need recognition)이란 〈그림 10-7〉에서와 같이 구매의사결정 과정에서의 제1단계로서, 소비자가 자신이 처해 있는 현 상황과 바라는 이상적인 상황의 괴리가 심할 때 발생하는 것이다. 욕구는 배고픔, 목마름 등의 내부적 자극에 의해서 발생할 수도 있으며, 분식가게 옆을 지나가다가 얼큰하고 먹음직스러운 떡볶기에 시장기를 느끼거나 친구의 새로 산 봄 옷이나 액세서리 등을 부러워하게 되는 것과 같이 외부적 자극에 의하여 발생할 수도 있다. 이러한 내부적 또는 외부적 자극들은 소비자들로 하여금 자신의 욕구나 문제를 인식하게 하고 이는 구매행동을 유발할 수 있기 때문에 마케터는 소비자들이 필요를 인식하게 하는 요인들과 상황들을 잘 이해하고 있어야 한다.

2) 정보의 탐색

정보의 탐색(information search)은 내적 탐색과 외적 탐색으로 나눌 수 있다. 전자는 필요(needs)를 인식한 소비자가 그 욕구를 채울 수 있을 만큼 만족스러운 제품이 머리에 떠올라서 직접 그 제품을 구매하는 경우를 말한다. 후자는 소비자 자신의 욕구를 만족시킬 해결책을 기억 속에서 충분히 갖고 있지 못할 경우를 말한다.

소비자들은 다양한 정보원천으로부터 외부의 정보를 획득한다. 정보의

그림 10-7 구매의사결정 과정

원천은 개인적 정보원천(personal sources)(예: 가족, 이웃, 친지), 상업적 원천(commercial sources)(예: 광고, 판촉사원, 중간상, 포장, 진열), 공공적 원천(public sources)(예: 신문기사나 방송, 잡지 등), 경험적 원천(experimental sources)(예: 시험구매, 제품의 직접 사용) 등이 있다.

이러한 정보원천의 영향력은 관여도에 따라 달라진다. 즉, 어떤 대상이 특정 상황에서 한 개인에게 관련된 정도 혹은 부여하는 의미의 정도로서 소비자는 자신의 욕구와 관련된 제품군에 대한 관여도가 높을수록 보다 많은 정보를 찾는다.

3) 대안의 평가

대안의 평가(alternative evaluation)는 소비자들이 정보탐색 과정을 거친 뒤 많은 브랜드들 중 어떤 브랜드를 선택할 것인가의 문제에 직면하게 되는 단계를 말한다. 즉, 소비자가 브랜드선택에 도달하기 위하여 대안들에 관한 정보를 처리하는 단계이다. 소비자들은 대안의 평가를 위해서 먼저 평가기준을 설정하는데, 평가기준은 대안들을 비교·평가하는 데 사용하는 속성 또는 명세(specification)로서 가격, 품질, 내구성 같은 것들을 말한다. 가령, 소비자들은 음식점 선택의 경우 평가기준으로 맛, 영양, 종업원의 친절 등 제품이나 서비스를 구매할 때 선택기준으로 사용하는 속성(attribute)을 고려하지만, 각각의 속성에 대하여 부여하는 중요도는 개인에 따라 다르다. 또한, 소비자는 각 대안이 속성별로 어떠할 것이라는 소비자의 지각(perception)을 형성한다. 이와 같이 소비자는 평가기준과 속성신념의 형성에 따라 각 대안에 대한 태도를 형성한다.

4) 구매의사결정

구매의사결정(purchase decision making)이란 평가단계에서 각 브랜드들에 대한 평가가 이루어진 후 소비자가 가장 선호하는 브랜드를 구매하는 것을 말한다. 즉, 특정 브랜드에 대한 구매결정과 그 브랜드를 취급하는 여러 점포들 중 한 점포의 선택 및 그 점포 내에서의 쇼핑과정을 포함한다. 소비자는 관여수준과 과거 구매경험에 따라 다양한 구매유형을 보인다. 구체적으로 지난번에 구매했던 브랜드를 재구매하거나 또는 새로운 브랜드로 전환할 수 있으며, 계획 없이 충동구매를 하기도 한다. 브랜드 및 점포의 결정과 구매과정에 영향을 미치는 중요한 요인의 하나가 상황(situation)이다. 가령, 선물용으로 구매되는 화장품 브랜드와 자신이 사용하기 위해 구매하는 브랜드는 차이가 날 수 있다.

5) 구매후 행동

제품을 구매한 후 소비자들은 제품에 대하여 만족 또는 불만족 등의 반응을 나타내며, 이는 다시 구매후 행동(post purchase behavior)으로 이어진다. 소비자들의 구매에 대한 만족·불만족은 소비자들의 기대와 제품의 지각된 성능간의 관계에 의하여 결정된다. 만약 제품의 성능이 제품을 구매하기 전에 가지고 있던 기대에 못 미치게 된다면 소비자는 실망하게 될 것이고, 제품의 성능이 기대에 부응하게 되면 소비자는 만족을 느끼게 되며 더 나아가서 제품의 성능이 기대했던 것보다 뛰어나면 소비자는 매우 기뻐할 것이다.

소비자들의 제품에 대한 기대는 판매자, 친구 및 다른 정보원천으로부터 획득한 정보에 근거하여 형성된다. 지나치게 높은 기대의 형성은 오히려 구매후 불만족의 원인으로 작용할 수도 있다. 만약, 판매자가 제품의 성능을 과장하면 그에 따라 소비자는 기대를 높게 형성하고 제품을 구입하기 때문에 그 결과로 불만족을 느낀다. 기대와 성능간의 차이가 크면 클수록 소비자들의 불만족은 높아지기 때문에 소비자의 만족을 높이기 위해서는 판매자들이 제품의 성능을 솔직하게 밝히는 것이 효과적이다. 어떤 판매자들은 소비자의 만족을 높이기 위해서 제품의 성능을 일부러 낮추어 전달하기도 한다. 그 이유는 소비자들이 기대보다 높은 성능을 얻게 되면 재구매가 쉽게 일어나고 잠재적 소비자들에게 호의적인 구전(word of mouth effects)을 전달하는 효과를 얻을 수도 있기 때문이다.

제품의 구매 후, 특히 고가품을 구매한 소비자의 대부분은 자기의 의사결정이 옳았는지에 대한 확신의 부족으로 인한 인지부조화(cognitive dissonance) 또는 심리적인 불편(psychological discomfort)을 경험한다. 구매한 제품에 대하여 완전히 만족하는 소비자는 자신이 구매하지 않은 제품의 결점을 회피할 수 있었던 것에 대해 다행으로 생각한다. 하지만 대부분의 제품이 결점과 장점을 동시에 가지고 있기 때문에 소비자들이 자신이 구매한 제품에 대해 완전히 만족하는 경우는 드물다. 따라서 소비자들은 거의 모든 구매에 있어서 어느 정도의 구매후 부조화를 느끼게 된다. 그러므로 기업은 자사제품 구매자의 불만족을 극소화하기 위한 노력을 게을리 해서는 안된다.

기업의 매출은 신규구매와 반복구매로부터 발생하는데, 반복구매 여부를 결정하는 소비자의 만족 · 불만족은 기업에게 매우 중요하다. 일반적으로 기존의 고객들을 유지하는 것보다는 신규고객을 유치하는 것이 훨씬 더 어렵다. 특히 성숙기에 접어든 상품의 경우 기존고객들을 유지하는 것은 신규고객을 유인하는 것보다 더 중요하며, 이를 위해서는 기존 소비자들이 자사상품에 만족을 느끼게 하는 것이 가장 좋은 방법이다. 만족한 소비자는 재구매를 할 가능성이 높으며, 다른 사람들에게 호의적인 구전을 행하고, 경쟁상표의 광고에 관심을 덜 갖는 경향이 있으며, 자사에서 나온 다른 제품도 구매하게 된다.

3.2 시장세분화

(1) 시장세분화 개념

시장세분화(market segmentation)란 제한된 자원을 소유한 기업이 보다 광범위한 시장에 대해 무차별적 공략보다는 소비자집단의 제품욕구와 구매행동이 유사하고, 집단간에는 상이하도록 몇 개의 소비자집단으로 군집화하여 차별적 마케팅전략을 활용함으로써 비용의 최적성과 위험의 최소화를 통한 시장접근의 한 방법을 말한다. 가령, 대구지역 기업체인 금복주는 소비자들의 소주 선호취향이 달라질 것이라는 판단 아래 소주를 희석식을 좋아하는 집단과 증류식을 좋아하는 집단으로 나누어, 전자는 '참소주'를, 후자는 '안동소주'라는 브랜드(brand)로 각 세분시장별로 서로 다른 제품 및 차별적 마케팅전략을 가지고 시장을 공략하고 있다.

시장세분화의 이점은 ① 시장을 소비자욕구, 구매동기 등으로 보다 정확히 파악할 수 있어 변화하는 시장수요에 창조적으로 대응할 수 있는 마케팅프로그램을 작성할 수 있다. ② 경영자는 기업의 경쟁적 강 · 약점을 평가하여 유리한 시장을 선택할 수 있다. ③ 각 마케팅활동에 대한 소비자

그림 10-8 시장세분화, 표적시장 선정, 포지셔닝의 수립과정

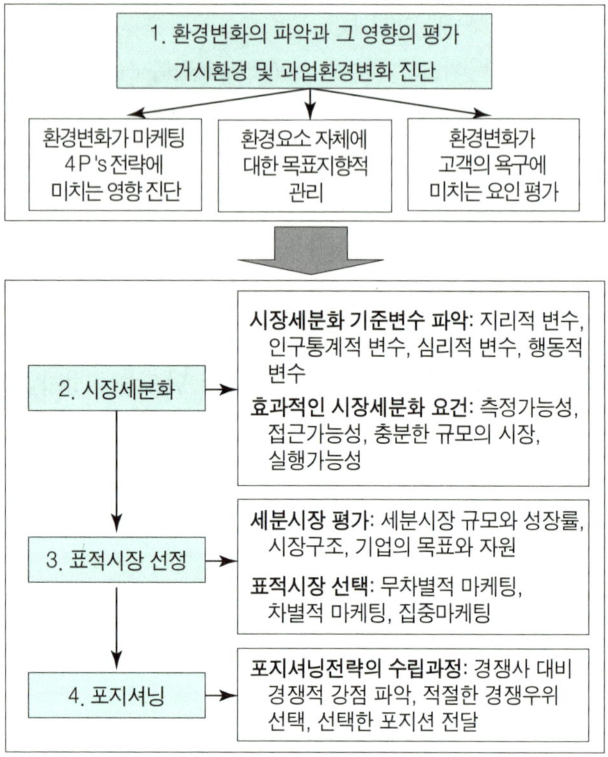

들의 반응을 알 수 있으므로 마케팅자원을 보다 효과적으로 배분할 수 있다. ④ 시장에서의 표적(target market)을 더욱 뚜렷이 인식할 수 있다.

여기에서는 〈그림 10-8〉에서처럼 마케팅의 골격이 되는 시장세분화, 표적시장 선정 그리고 포지셔닝에 대해 차례대로 이해해보도록 한다.

(2) 시장세분화의 요건과 기준

시장을 세분화할 수 있는 방법은 다양하다. 그러나 모든 세분화가 효과적인 것은 아니다. 가령, 소주시장을 키가 큰 소비자들과 작은 소비자집단으로 세분화할 수 있지만, 키가 크고 작은 것은 소주의 구매에 아무런 영향을 미치지 않으며, 더 나아가서 모든 소주 소비자들이 매주 비슷한 양의 소주를 소비하고 또한 모든 소주는 서로 다를 것이 없다고 생각하여 상표에 관계없이 동일한 가격에 소주를 구입하기를 원한다면, 기업은 이 시장을 세분화하여 얻을 수 있는 효과가 전혀 없다고 할 수 있다. 따라서 시장세분화가 유용하게 사용되기 위해서 갖추어야 할 몇 가지 조건이 있다.

① 측정가능성(measurability) 세분시장의 규모, 세분시장에 속한 소비자들의 구매력과 같은 세분시장의 특성들이 측정가능해야 한다.

② 접근가능성(accessibility) 세분시장은 접근이 용이해야 한다.

③ 충분한 규모의 실체적인 시장(substantiality) 세분시장은 충분한 규모가 있어서 이익을 얻을 수 있을 정도라야 한다.

④ 실행가능성(actionability) 세분시장을 공략하기 위한 효과적인 마케팅 프로그램을 개발할 수 있어야 한다.

시장세분화(market segmentation)는 모든 상황에 효과적인 하나의 방법만 있는 것은 아니다. 어떤 제품에 대하여는 가장 효과적인 세분화기준이 되는 것이 다른 제품에 대하여는 그다지 효과적이지 못한 기준이 되기도 한다. 자동차와 같은 경우에는 소득이 중요한 세분화변수가 될 수 있지만, 의류시장에 있어서는 나이와 패션이 시장을 명확하게 구분할 수 있는 변수가 될 수 있다. 따라서 기업들은 시장세분화할 수 있는 다양한 변수를 기준으로 세분화를 실시하여 시장구조를 가장 잘 나타내는 세분화변수를 채택하게 된다. 시장세분화를 할 수 있는 변수들은 지리적 변수, 인구통계학적 변수, 심리적 변수 그리고 행동적 변수로 나눈다.

3.3 표적시장 선정

시장이 구조적으로 매력적이고 또한 세분시장의 규모가 충분히 크며 성장률이 높더라도 기업은 세분시장과 관련된 자사의 목표와 자원을 고려하여 시장의 매력도를 평가해야 한다. 세분시장이 그 자체로서 매우 매력적이더라도 기업의 주요 목표와 부합되지 않는 시장이라면 기업은 그 시장을 선택할 수 없을 수도 있다. 경우에 따라서는 환경적 · 정치적 · 사회적 책임이라는 시각에서 볼 때 세분시장이 그다지 바람직하지 못하다면 기업은 그 세분시장에의 진입을 포기할 수도 있다. 가령, 대기업들은 중소기업 고유품목에 대해 시장진입을 자제하는 것은 여론의 비난과 불매운동뿐만 아니라 기업에게 나쁜 이미지를 남기기 때문이다.

따라서 기업은 그 세분시장에서 경쟁자들보다 우위를 얻을 수 있고, 시장에 참여했을 때 잃는 것보다 얻는 것이 더 많다고 판단할 때 그 세분시장에 진입해야 성공할 수 있다. 세분시장에 대한 평가가 이루어진 뒤 기업은 어떤 시장을 공략해야 될 것인지 또는 몇 개의 세분시장을 공략할 것인가의 문제를 해결해야 한다. 기업이 선택할 수 있는 마케팅전략은 무차별적 마케팅, 차별적 마케팅, 집중마케팅의 세 가지가 있다.

(1) 원가우위마케팅전략

원가우위마케팅전략(costleadership marketing strategy), 무차별적 마케팅전략(undifferentiated marketing) 또는 대량마케팅(mass marketing)이란 세분시장간의 차이를 무시하고 하나의 제품으로 전체시장을 공략하는 전략이다. 즉, 이 전략은 소비자들 사이의 차이점보다는 공통점에 초점을 맞추는 것으로서, 소비자들의 마음속에 우수한 자사제품의 이미지를 심어주기 위해서 기업은 대량유통과 대량광고 방식을 채택한다. 예를 들면, 롯데 새우깡이나 오리온 초코파이는 시장을 세분화하지 않고 모든 소비자들을 대상으로 판매하고 있다. 이러한 무차별마케팅전략은 비용절감이라는 효과를 동반한다. 구체적인 예로 기업의 단순한 생산라인으로 인하여 재고관리, 유통 등의 비용절감과 단일광고프로그램의 광고비용을 절감, 세분시장에 대한 조사와 기획의 필요성이 없기 때문에 마케팅조사비용과 제품관리비용의 절약을 가져올 수 있다.

(2) 차별적 마케팅전략

차별적 마케팅전략(differentiated marketing)이란 두 개 이상의 세분시장을 목표시장으로 선정하여 각각에 대하여 최적의 마케팅믹스를 별도로 제공하려는 전략을 말한다. 다수의 기업들은 차별적인 마케팅전략을 구사하고 있다. 왜냐하면 차별적 마케팅은 일반적으로 무차별적 마케팅보다 높은 매출과 이익을 올리는 것을 가능하게 해주기 때문이다. 그러나 차별적 마케팅은 각각의 세분시장에 적합한 차별적 마케팅전략을 구사하기 위해서 조사와 개발, 기술 등에 많은 비용*을 사용하기 때문에 일반적으로 비용의 증가를 동반한다. 각 세분시장별로 적합한 마케팅계획을 수립하기 위해서는 각 세분시장별로 조사, 예측, 촉진계획 그리고 유통관리 등이 이루어져야 한다. 경우에 따라서는 각각의 세분시장에 차별적 광고를 제작하기도 하기 때문에 상당히 비용이 많이 들 수밖에 없다. 따라서 기업은 차별적 마케팅전략을 구사하기 위해서는 증가된 비용을 고려한 예상수익을 무엇보다 먼저 생각해보아야 할 것이다.

(3) 집중마케팅전략

집중마케팅전략(concentrated marketing)이란 기업의 자원이 제한되어 있을 경우에 주로 사용되는 방법으로서, 큰 시장에서의 작은 시장점유율을 누리기보다는 하나 또는 소수의 작은 시장에서 높은 시장점유율을 누리기 위한 전략이다. 집중마케팅전략을 통하여 기업은 자사가 공략하고 있는 특정한 시장에 속한 소비자의 욕구를 매우 잘 알고 있기 때문에 그 시장 안에서 강력한 위치를 얻을 수 있다. 그 외에도 기업은 생산, 유통 그리고 촉진의 특화를 통하여 운영의 경제성을 누릴 수도 있다. 예를 들면, 집중마케팅의 대표적 성공기업으로는 미국의 캘빈 클라인(Calvin Klein)사를 들 수 있다. 이 기업의 여성의류를 위한 마케팅믹스는 품질을 중요시하는 16~35세의 젊고 말쑥한 여성들로 구성된 특정한 시장에 대해 일관성 있게 집중되어 있다. 키 크고 날씬한 사람들을 위해 디자인된 캘빈 클라인의 옷은 가격이 매우 비싼 편이며, 모든 사람들이 입을 수는 없는 것이 특징이다.

---

* 차별적 마케팅전략은 곧 여러 개의 세분시장을 추구해야 하기 때문에 많은 종류의 비용이 뒤따른다. 구체적으로 추가적인 연구개발과 엔지니어링 또는 특수장비비용을 포함하는 제품수정비용, 생산준비비용, 수요예측, 매출분석, 유통관리 등과 같은 관리비용, 재고비용, 촉진비용 등이 있다.

그러나 집중마케팅전략을 구사하기 위해서는 기업이 보다 높은 위험을 감수하여야 한다. 일반적으로 집중마케팅전략을 구사하는 기업들은 매우 작은 규모의 시장을 공략하기 때문에 그 시장에 속한 소비자들의 구매행동이 변화하게 되면 더 이상 그 시장은 시장성을 갖지 못하게 된다. 또한 경우에 따라서는 보다 큰 경쟁자가 동일한 시장에 진입할 수도 있다. 이러한 이유들 때문에 다수의 기업들은 하나의 시장을 선택하여 집중마케팅전략을 구사하기보다는 복수의 세분시장에 접근하는 것을 더 선호한다.

3.4 포지셔닝

제품의 포지셔닝(positioning)이란 소비자들의 인식 속에 자사제품이 경쟁제품에 대비하여 차지하고 있는 상대적 위치를 말한다. 달리 말하면 기업이 의도하는 제품개념과 포지션을 고객의 마음속에 위치화시키는 것을 뜻한다. 가령, 소비자들의 마음속에 대구백화점은 양질의 전국적인 브랜드(national brand)인 고급의류를 판매하는 백화점으로 포지셔닝되어 있고, 서문시장은 양질이지만 지역적 브랜드(private brand)인 저렴한 가격의 의류를 판매한다고 포지셔닝되어 있을 것이다.

기업은 특정한 제품속성에 따라 포지셔닝전략을 구사하는데, 가령 메르세데스 벤츠는 고급승용차, 프라이드와 마티즈, 아토즈는 실용적인 승용차로 포지셔닝되어 있다. 이처럼 기업은 다양한 방법으로 제품을 포지셔닝시켜 고객을 브랜드 로열티(단골)로 확보하고자 한다.

포지셔닝전략을 구체적으로 보면 첫째, 기능적 편익 또는 속성에 의한 포지셔닝으로는 브렌닥스 치약의 경우 충치예방능력을 강조하고, 페리오 닥터는 치석제거를 강조하였으며, 클로즈업 치약은 입냄새제거 치약으로 포지셔닝하였다.

둘째, 상징적 · 감각적 편익에 의한 포지셔닝으로는 동서식품의 "가슴이 따뜻한 사람과 만나고 싶다", "커피의 명작, 맥심"과 같은 광고문구로써 '맥심'을 정서적 · 사색적이면서 고급이미지로 포지션하였다. 반면 감각적 포지셔닝은 제품이 감각적인 만족이나 자극에서의 차별성을 강조하는 것으로 동서식품의 '맥심 모카골드'는 개성이 강한 연극인 윤석화를 내세워

"저도 알고 보면 부드러운 여자예요"라는 광고카피로써 부드러운 맛의 커피로 포지셔닝하는 데 성공한 바 있다.

셋째, 제품이 사용될 수 있는 상황의 묘사를 통한 포지셔닝으로는 '운동 후에 갈증해소'라는 카피로 동적인 게토레이와 '내 몸에 가까운 물'이라는 광고카피를 활용하면서 정적인 광고배경을 통해 유명 연예인을 등장시키는 포카리스웨트 광고를 들 수 있다.

넷째, 제품의 사용자 집단이나 계층에 의하여 포지셔닝하는 것으로서, 밀러(Miller)는 주로 상류층이나 여자들의 맥주로 포지션되었으나, 이를 대량 음주자들인 노동자계층에 적절한 맥주로 재포지셔닝하여 크게 성공하였다.

04 마케팅믹스

UNDERSTANDING BUSINESS

마케팅믹스(marketing mix)란 4Ps(product, price, place, promotion)라고도 하며, 마케팅목표의 효과적인 달성을 위해 마케팅활동에서 사용되는 여러 가지 방법을 전체적으로 균형이 잡히도록 조정 · 구성하는 일을 말한다.

마케팅활동의 성패는 4P의 관리에 달려 있다고 할 수 있을 정도로 마케팅관리의 중요한 과제의 하나이다. 마케팅믹스를 보다 효과적으로 구성함으로써 소비자의 욕구나 필요를 충족시키며, 이익 · 매출 · 이미지 · 사회적 명성 · 사용자본이익률(ROI: return on investment:)과 같은 기업목표를 달성할 수 있게 된다.

마케팅믹스는 〈그림 10-9〉와 같이 하위믹스(submix)로 성립된다. ① 제품 · 서비스믹스(브랜드 · 가격 · 서비스 · 제품라인 · 스타일 · 색상 · 디자인 등), ② 유통믹스(수송 · 보관 · 하역 · 재고 · 소매상 · 도매상 등), ③ 커뮤니케이션믹스(광고 · 인적판매 · 판매촉진 · 디스플레이 · 퍼블리시티 · 머천다이징 · 카탈로그 등)이다. 마케팅믹스는 고정된 것이 아니라 기업이나 제품에 따라 달라지며, 환경변화에 대응하여 수정된다.

그림 10-9 **마케팅믹스**

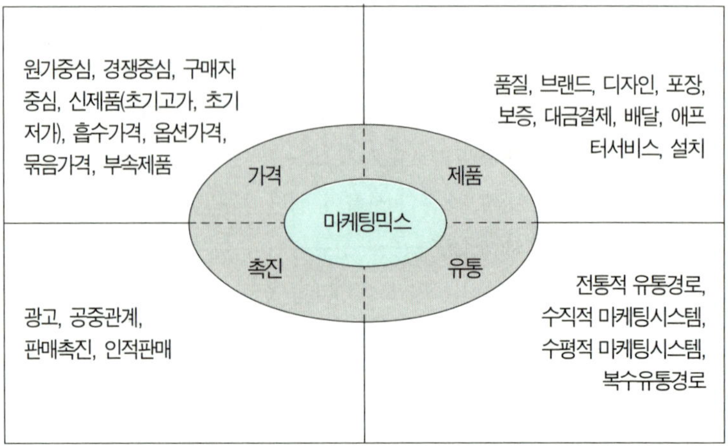

4.1 제 품

제품(product)이란 기업이 생산하여 판매하는 유형재와 무형재인 서비스를 뜻한다. 즉, 고객이 주의를 기울여서 구매한 다음 이를 사용 혹은 소비함으로써 자신의 욕구와 필요를 충족시켜 줄 수 있는 것으로, 판매목적으로 시장에 내놓은 모든 것을 말한다. 따라서 제품은 유형적인 재화뿐만 아니라 형태가 없는 서비스, 사람, 장소, 조직 아이디어 등도 고객의 욕구와 필요를 충족시켜 줄 수 있다는 점에서 제품이라고 할 수 있다.

따라서 마케터는 다양한 소비자의 욕구를 충족시키기 위해 다차원적으로 제품을 이해해야 한다. 〈그림 10-10〉은 제품개념의 세 가지 구성요소인 핵심제품(core product), 유형제품(tangible product) 그리고 확장제품(augmented product)을 나타낸 것이다. 먼저, 핵심제품이란 제품개념 중에서 가장 기본적인 차원으로서 고객이 제품구매로부터 얻으려고 하는 가장 근본적인 효용이나 서비스를 말한다. 가령, 여성들이 어떤 화장품을 구매할 때 화장품을 통해 자신의 아름다움을 유지하고 또한 그 화장품으로 또

그림 10-10 **제품개념의 3가지 구성요소**

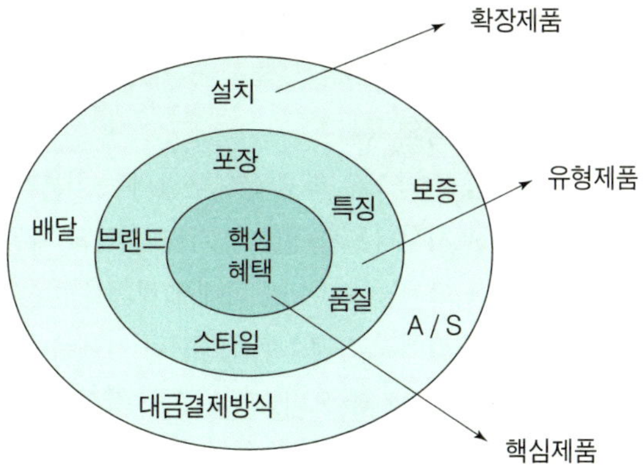

다른 심리적 혜택까지 획득하기를 바라는 것이다.

둘째, 유형제품은 실제적인 제품(actual product)을 말한다. 유형제품은 품질, 스타일, 브랜드, 포장 그리고 제품속성 등의 물리적 제품을 가리킨다. 가령, 삼성노트북은 가볍고 고성능이어서 여행할 때도 가지고 다니면서 언제 어디서나 충분한 정보를 접할 수 있는 편리한 제품이라는 핵심적 혜택을 소비자에게 제공하기 위하여 브랜드, 부품, 스타일, 특징, 포장 그리고 기타의 속성들을 결합한 것이다.

셋째, 확장제품은 핵심제품과 유형제품을 확장한 개념으로 배달, 설치, 보증, 대금결제방식, 애프터서비스 등의 추가적인 서비스와 편익을 말한다. 즉, 에어컨을 판매할 때 배달하여 설치해주고 고장나면 무료로 수리해주겠다고 한다면 이것이 확장제품이다.

(1) 제품믹스의 구성요소

1) 제품의 품질

제품의 품질(product quality)이란 제품이 지닌 기능을 발휘할 수 있는 능력을 말한다. 제품의 품질은 제품의 전반적인 내구성, 신뢰성, 정밀성, 작동과 수선의 용이성 그리고 기타의 가치있는 여러 제품속성들의 결합으로 결정된다. 이는 제품디자인, 원자재와 부품, 제조기술, 품질측정도구, 경영철학 등 많은 요인에 의해 영향을 받는다.

2) 제품의 특성

제품의 특성은 타제품과 구별되는 기본적인 기능을 의미하며, 또한 제품의 포지셔닝을 결정한다. 가령, 최근의 자동차회사들은 경쟁적으로 컵받침이나 고기능 오디오를 차내에 장착하였는데, 그 이유는 운전자들의 통근거리가 길어지고 패스트푸드를 차 안에서 주문받는 경향이 늘어나면서 컵받침이나 고기능 오디오가 단순히 장식품이 아니라 차내에 반드시 필요한 부속품이 된 것이다.

3) 제품스타일

제품스타일은 제품의 색깔, 크기, 모양, 성분, 무게, 제조방법, 제품의 경향, 유행 등을 총칭하는 이른바 디자인(design)을 뜻한다. 같은 회사에서 생산된 제품이라고 할지라도 그 제품을 사용하는 소비자들에 따라서 다른 스타일의 제품을 제공한다. 가령, PC는 뭉뚱한 모니터, 엷은 회색의 직사각형 본체에서 탈피하여 다양한 칼라와 디자인으로 바뀌고, 휴대폰 단말기도 여러 가지 모양과 색깔로 소비자를 유혹한다. 뿐만 아니라 의복에도 기능성 디자인이 유행하고 있다. 심지어 바이오 양말, 바이오 팬티에서부터 생필품의 황토벽지에 이르기까지 제품의 색, 크기, 모양, 무게 등에 의해 나타나는 제품디자인은 소비자들에게 제품을 구매하게끔 하는 원인을 제공해준다.

4) 포 장

포장(package)이란 제품을 담는 용기(container)나 이것을 감싸는 도구(wrapper)를 말한다. 포장은 제품의 안전성과 사용편의성을 높인다는 점에서 제품의 주요 구성요소이다. 또한, 포장은 제품에 대한 고객의 호의적 태도와 구매의사결정에 많은 영향을 미친다. 가령, 등산을 좋아하는 소비자는 병이나 캔에 들어 있는 고추장보다 사용하기 편한 튜브형 제품을 보다 선호할 것이다.

포장의 주요 기능으로는 제품기능, 의사전달기능 그리고 가격기능 등 세 종류의 기능을 수행한다. 첫째, 제품기능은 포장이 제품 자체가 가지는 각종 한계를 연장하고 극복해주는 것을 의미하는 것으로서, 액체나 분말 등의 제품을 담는 기능, 제품이 상하거나 훼손되는 것을 예방하는 보호기능, 고리를 당겨 여는 음료수 깡통, 쓴 약을 쉽게 복용할 수 있도록 한 캡슐형 약품 등 제품의 사용을 편리하게 하는 기능이 그것이다. 둘째, 포장의 의사전달기능으로는 콜라병과 사이다병처럼 제품식별기능, 둥근형 · 핑크색상 · 천포장을 통한 여성적인 이미지를 줄 수 있도록 제품의 인상을 지어주는 기능, 장난감포장과 같은 정보를 제시하는 기능, 고급술이나 화장품의 포장을 통한 태도변화의 기능을 들 수 있다. 셋째, 가격기능(price function)으로는 대형포장 구매유도기능과 다량구매유도기능, 가격표시기능 등이 있다.

포장을 개발하는 데 있어서 개발자는 원가, 포장의 안전성, 포장의 일관성 등을 고려해야 한다. 이밖에도 제품의 특성, 용도, 이점 등에 관한 정보를 제공해줄 수 있는 촉진적 기능과 유통경로상에서의 운반과 저장의 편의성을 제공하는 기능도 포장개발에 있어서 고려해야 할 요소들이다.

5) 브랜드명

브랜드명(brand name)은 제품개념을 전달하며, 제조업자, 소매업자, 고객 그리고 기타 대중에 의한 제품확인의 수단으로서, 그리고 제품의 법적인 보호를 위해 중요하다. 일반적으로 브랜드는 brand, brand name, brand mark, trade mark, trade name 등과 동의어로 사용되고 있는데, 이를 구체적으로 알아보면 〈표 10-3〉과 같다.

브랜드의 기능으로서는 제품의 식별기능, 출처표시기능, 품질보증기능, 광고기능, 시장점유율의 유지 및 통제 기능, 자산기능 등을 가지고 있다. 이것은 관념적인 구분이며 현실적으로는 여섯 가지 기능이 하나가 되어 커다란 경제적 기능을 발휘하게 됨으로써 브랜드는 상표권으로서의 재산권을 행사하게 되고 동시에 소비자를 보호하는 작용을 하게 된다.

첫째, 브랜드가 갖는 제품의 식별기능 때문에 소비자는 자기가 원하는 상품이나 서비스를 식별할 수 있으며, 생산자를 표시함으로써 소비자를 보호하는 수단이 되기도 한다. 또한 브랜드는 품질에 대한 신뢰기준이 된다.

표 10-3 브랜드의 범주

(광의) 브랜드 (Brand)	(협의) 브랜드 (trade mark)	원형으로 표시된 등록브랜드로서 법적 보호가 부여되어 상표권이 형성되므로 타인이 함부로 사용할 수 없는 브랜드
	(통명) 브랜드 (brand name)	음성으로 표시할 수 있는 브랜드의 일부분으로서 소비자, 판매자, 판매업자, 제조업자가 사용하는 제품의 이름(예: 프라이드, 액센트 등)
	브랜드마크 (brand mark)	브랜드이지만 언어로 표현할 수 없는 상징이나 디자인(예: 제비표, 노루표, 기차표 등)
	(사명) 상호 (trade name)	제조업체명

유명브랜드는 소비자에게 어떤 입지나 긍지를 심어주기도 하며, 생산자에게는 자기가 생산한 상품을 수요자에게 인식시켜 보다 많은 고객을 유인할 수 있게 된다.

둘째, 상품의 출처표시기능은 생산자가 제조 · 판매하는 상품을 표시 혹은 과시하는 것으로, 이 기능에 의해서 생산자는 최종소비자와 연결될 수도 있으며, 생산자 입장에서는 제품의 구매자가 구입한 제품의 생산자를 인식하고 타제품과 비교할 수 있다. 그리고 타제품보다 우수하다고 판단될 때에는 그만큼 지속적인 구매를 유발해 시장에서 보다 확고한 위치를 차지할 수 있게 한다. 한편, 출처표시란 반드시 제조업자만을 표시하는 것은 아니며 때에 따라 판매업자나 수입업자를 표시하는 수도 있다.

셋째, 상품의 품질보증기능은 브랜드사용자의 신용도와 밀접한 관계가 있다. 브랜드의 사용자는 브랜드에 축적된 명성과 신용을 유지하며 더욱 우수한 제품을 공급하고자 노력할 것이다. 따라서 구매자는 동일한 브랜드가 부착된 제품에 대해서는 동일한 품질과 성능을 가진 것으로 기대하게 되므로, 동일 브랜드가 부착된 제품은 적어도 동일한 성능과 품질을 보증하는 것이어야 한다. 이런 의미에서 품질보증기능은 소비자를 보호하는 작용을 하고 있다.

넷째, 광고기능으로, 이는 제품을 소비자에게 알리는 기능을 말한다. 즉, 매스미디어를 통해 브랜드 자체를 선전하여 브랜드를 소비자에게 기억시킴으로써 판매촉진을 꾀하는 것도 가능하다. 이는 대량생산, 대량판매라는 현대의 경제거래에서 커다란 의의를 갖고 있다. 그러므로 오늘날 기업경쟁은 제품의 품질보다도 오히려 브랜드의 광고기능에 의해 수행되고 있다고 해도 과언이 아니다.

다섯째, 시장점유율의 유지 및 통제기능을 갖는다. 소비자 촉진의 한 방안으로 특정 기업이 판매하는 제품을 반복해서 구입하는 소비자를 자사의 주위에 집합, 고정시킴으로써 소비자를 기업에 소속시키려는 소비자 계열화전략은 궁극적으로 소비자에게 자사의 브랜드를 수용하게 하거나 이를 인식시켜 소비자의 구매욕구를 자극하여 계속적인 구매를 유발시키는 것이다.

여섯째, 브랜드 자산이란 한 브랜드와 그 브랜드의 이름 및 상징에 관련된 자산과 부채의 총체인데, 이것은 제품이나 서비스가 기업과 그 기업의 고객에게 제공하는 가치를 증가시키거나 감소시키는 역할을 한다. 만일, 브랜드의 이름이나 심볼이 바뀐다면 자산과 부채의 전부 혹은 일부가 영향을 받거나 없어질 수 있다. 때문에 브랜드 자산을 구성하는 자산이나 부채는 브랜드네임이나 심볼과 연관된 것이어야 한다. 단지 일부만이 새로운 이름이나 상징으로 옮겨질 수 있는 것이다. 브랜드 자산의 근간을 이루고 있는 자산과 부채는 상황에 따라 다른데, 이것들은 5가지 범주, 즉 브랜드 로열티, 브랜드네임의 인지도, 소비자가 인식하는 제품의 질, 브랜드의 연상이미지, 특허 · 등록브랜드 · 유통관계 등과 같은 기타 독점적 브랜드 자산 등으로 구분될 수 있다.

6) 보장과 보증

보장(warranty)은 제품에 하자가 발생했을 경우 제조업자가 제공해야 할 서비스 및 제품으로부터 기대되는 기능을 기술한 공식적인 보증서이며, 보증(guarantee)은 제품성능이 소비자의 기대에 미치지 못할 경우 환불이나 교환과 같은 보상을 약속한 일종의 보험(insurance)과 같은 것이다. 가령, 소비자가 삼성전자의 가전제품을 구매한 후 사용상에 제품의 하자가 발생하면 언제라도 교환이 가능하도록 제도화함으로써 삼성제품에 대한 신뢰감 제고와 더불어 시장점유율이 상승한 경우를 찾아볼 수 있다.

7) 대금의 지불

대금의 지불(payment)은 소비자가 구입한 제품에 대한 그 물품의 대가를 지불하는 수단을 말한다. 최근 들어 자동차 제조회사들은 자동차 판매회사의 설립을 통해 소비자들에게 가장 편리하고 부담스럽지 않은 대금지불방법을 개발 · 관리하고 있다. 특히 자동차나 가구 등과 같이 고가제품의 경우 제품의 성능 이외에 대금지불의 형태가 구매의사결정에 많은 영향을 미치게 된다.

소비자에게 편리한 대금지불수단을 제공함에 있어서 기업의 내부자금흐름에 대한 고려도 함께 해야 한다. 따라서 마케팅부서는 자체만의 판단보다는 재무부서와 같은 타부서와의 공식적 의사소통을 통해 대금유입계획을 함께 검토하는 작업을 병행해야 할 것이다.

8) 배 달

배달(delivery)은 구매한 제품을 안전하고 신속하게 고객이 원하는 목표장소에 전달하는 행위를 말한다. 효과적인 배달체계의 도입은 고객들이 자사제품을 선택하는 데 있어 유인책이 될 수 있어 판매향상에 도움을 준다. 가령, 서울 강남구에 거주하는 가정주부가 경상도 의성에서 생산되는 무공해 유기농법의 사과농법을 TV매체를 통해 보고 그것을 사고 싶어한다면, 농협이나 우체국을 통해 얼마든지 구매자의 집까지 택배가 가능하다. 뿐만 아니라, 울릉도 오징어, 목포의 세발낚지도 소비자가 원하는 어느 곳이든 배달체제가 가능해졌다.

9) 애프터서비스

애프터서비스(after-sale service)는 고객이 구매한 제품에 대하여 보증하는 기간 내에 문제가 발생할 경우 제조업자가 약관에 따라 제공하는 서비스를 말한다. 애프터서비스는 전자제품뿐만 아니라 신발, 의류, 잡화 등 거의 모든 제품분야에서 제공되며, 확장제품의 대표적인 구성요소라고 할 수 있다. 기업은 A/S제도를 통해 고객의 브랜드애호도(brand loyalty)를 높일 수 있는데, 특히 삼성전자가 무상품질보증제도를 통해 경쟁사인 엘지전자보다 브랜드애호도를 제고시킨 경우가 그 같은 예이다. 애프터서비스는 유상과 무상으로 제공되는데, 기업은 제품특징과 보증기간, 그리고 보장하는 방법에 따라 고객이 이득을 느낄 수 있도록 이들을 적절히 결합해야 할 것이다.

10) 설 치

설치(installation)는 구매를 한 고객이 즉각적인 사용과 작동에 어려움이 있는 경우에 설비담당기사를 파견하여 제품사용이 가능하도록 준비하는 모든 과정을 의미한다. 설치는 산업재의 경우 특히 중요하다. 가령, K대학교 학술정보관을 신축할 때 엘리베이터 설치가 계약상에 포함되어 있을 경우, 엘리베이터 구입시 엘리베이터를 설치하기 위해 설비기사를 파견하여 신축건물에 장착시키고 안전하게 운행될 수 있도록 모든 준비를 제공할 것이다. 이 경우 구매자는 엘리베이터라는 유형제품뿐만 아니라 시공 및 작동준비라는 확장제품까지 구매하게 되는 것이다.

(2) 제품믹스

제품믹스(product mix)란 기업이 판매하고자 하는 모든 개별제품들의 집합을 말한다. 이때 제품믹스의 구조는 넓이와 깊이 그리고 길이로 이루어진다. 넓이(width)는 기업의 제품계열의 수를 말하며, 깊이(depth)는 제품계열 내의 각 제품이 제공하는 품목의 수로서 각 제품이 사이즈, 칼라별

그림 10-11 제품믹스의 예

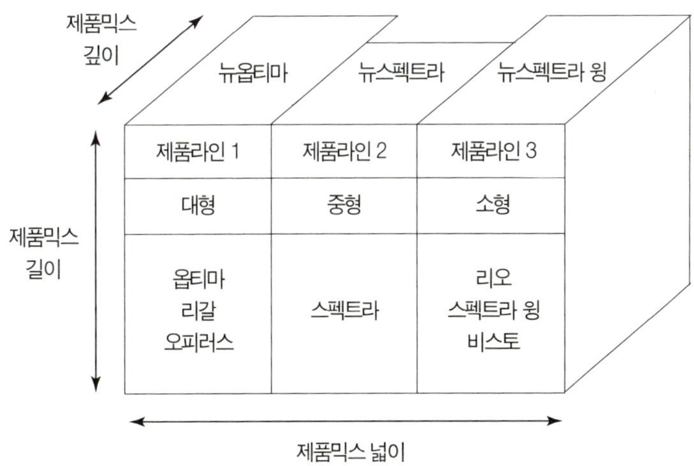

로 얼마나 다양한 구색을 갖추고 있느냐를 뜻한다. 길이(length)는 기업이 제공하고 있는 총품목의 수로서 넓이 곱하기 깊이로 측정한다. 여기서 깊이는 각 제품계열별 깊이의 평균을 말한다.

〈그림 10-11〉은 기아자동차 승용차 사업부의 제품믹스를 가상적으로 정리해본 것이다. 제품믹스 넓이는 대형, 중형, 소형으로 세 개이고, 대형차 제품라인의 길이는 옵티마, 리갈, 오피러스로 세 개인 것을 알 수 있다. 그리고 옵티마의 깊이는 한 개이다.

마케터는 소비자들의 욕구와 시장상황에 따라 제품믹스를 변화시킨다. 새로운 제품계열을 확장하여 제품믹스의 넓이를 늘릴 수도 있고 기존 제품계열 내에 제품을 추가하여 제품계열의 길이를 늘릴 수도 있다. 또한 인기 있는 제품의 깊이를 깊게 하여 소비자들이 다양하게 선택하도록 유도할 수 있다.

그러나 마케터는 전체적인 제품믹스를 이루는 각 제품계열들은 서로간에 일관성과 보완성의 유지—여러 제품계열이 그 용도나 생산에 필요한 요소, 판매경로의 경제성 등 여러 가지 점에서 상호밀접한 관련이 있도록 시너지 효과를 동반하도록 하여야 한다.

(3) 브랜드전략

브랜드전략의 유형을 살펴보면, 첫째로 자사브랜드전략은 수출기업이 자체적으로 개발한 브랜드를 의미한다. 기업이 자사브랜드로 해외에 수출하기 위해서는 강력한 마케팅 수행능력과 적정수준의 재정규모가 전제되어야 하며, 시장조사에 의한 합리적인 의사결정과 과감하고 지속적인 R&D 투자, 그리고 해외마케팅 조직의 확보도 필요하다. 만일 기업의 재무상태가 양호하다면 R&D 투자, 광고활동, 유통경로 관리 그리고 해외지사에 대한 지속적인 투자가 가능해져 자사브랜드전략을 사용하게 될 것이다. 또한 최고경영자의 태도가 진취적이고, 투자수익에 대한 장기적인 관점이 지배적이며, 최고경영자가 자사브랜드의 중요성을 충분히 인식하고 있다면 자사브랜드전략을 사용하게 될 것이다.

최근 중소기업을 중심으로 자사제품의 인지도를 높이고 수출량을 확대하기 위한 방안으로 통합공동브랜드*전략이 대두되고 있는데, 다수기업이 공동으로 브랜드를 개발하거나 기존 브랜드를 공동으로 사용하는 브랜드 전략을 말한다. 이는 단일기업이 자기브랜드를 개발할 경우 소요되는 막대한 초기투입비용을 경감하고 실패위험을 최소화하기 위해 여러 중소기업이 참여하여 공동으로 브랜드를 개발 · 공유하고, 품질 · 디자인 등에 대한 공동관리를 통해 브랜드 이미지를 부각시키는 브랜드전략을 의미한다.

또한, 통합공동브랜드의 도입형태는 유사하거나 동일한 업종에 종사하는 회원들이 조합이나 협회 같은 단체의 명의로 등록받아 소속회원이 공동으로 브랜드를 사용하면서 공동으로 시장을 개척하고 상품을 개발하는 경우와, 대외 인지도를 확보한 특정 기업의 브랜드를 품질 및 기술수준에 도달한 다른 기업의 제품에 자사브랜드를 사용할 수 있도록 라이선스를 제공하고 마케팅비용을 분담하는 형태로 구분할 수 있다.

둘째, 혼합브랜드명전략은 기업들이 복수의 제품계열에서 여러 제품들을 생산하고 있으므로 개별브랜드명과 공동브랜드명을 조합하여 사용하는 전략을 말한다. 혼합브랜드명전략은 다시 제품계열별 공동브랜드명전략과 개별브랜드명 · 공동브랜드명 혼용전략으로 나눌 수 있다. 제품계열별 공동브랜드명전략은 여러 제품계열을 생산하는 기업이 각 제품계열에 대해 상이한 브랜드명을 부착하고, 각 제품계열 내의 모든 제품에는 공동브랜드명을 이용하는 전략이다. 이러한 브랜드명을 채택하는 기업의 예가 미국의 대중백화점인 시어스(Sears)백화점인데, 시어스는 가족용 내구제품에는 켄모어(Kenmore), 여성의류에는 케리브룩(Kerry brook), 공구류에는 크래프트스맨(Craftsman)이라는 브랜드를 사용한다. 개별브랜드명 · 공동브랜드명 혼용전략은 소비자에게 이미 친숙한 기업명을 개별브랜드명과 결합시키는 브랜드명전략이다. 가령 농심은 농심신라면, 농심안성탕면, 농심너구리, 농심해물탕의 경우와 같이 각 제품의 독특성을 반영한 브랜드명과 소

* 통합공동브랜드란 최근 중소기업을 중심으로 자사제품의 인지도 향상과 수출확대 방안으로 대두된 것으로, 다수기업이 공동으로 브랜드를 개발하거나 기존 브랜드를 공동으로 사용하는 브랜드를 말한다. 즉, 단일기업이 자기브랜드 개발시 소요되는 막대한 초기투입비용을 경감하고 실패위험을 최소화하기 위해, 여러 중소기업이 공동으로 브랜드를 개발 · 공유하고 품질 · 디자인 등 공동관리를 통해 브랜드 이미지를 부각시키는 브랜드개발방법이다. 대표적인 통합공동브랜드로는 가파치(가죽제품업체), 온누리(중소노트업체), 아리랑(화장지제조업체), 노들국수(면류공업협동조합), 코지호(대구패션조합), 부산패션일레븐, 쉬메릭(대구상공회의소 · 대구광역시) 등이 있다.

비자의 인지도가 높은 기업명을 연계시킴으로써 상승효과를 얻는 브랜드명전략을 채택하고 있다.

셋째, 주문자브랜드전략은 제조능력에 우위성을 가진 기업과 판매능력에 우위성을 가진 개별기업이 생산과 판매를 일체화시킴으로써 각자의 경영효율화를 도모하고자 하는 기업전략이다. 여기서 제조능력의 우위라 함은 제조기술면에서 우위를 뜻하는 것이 아니며, 표준화된 기술하에서 제조비용이 낮은 것을 의미한다. 수출기업이 주문자브랜드전략을 사용하는 이유는 기업의 가동률을 최대한 높여 완전생산을 이루려는 의도적인 면이 강하기 때문이다. 만일, 제품개발능력이 없는 수출기업의 경우 표준화된 제품을 생산할 수밖에 없다. 이런 경우 생산된 제품에 대한 가격경쟁력이 치

표 10-4 브랜드전략별 장·단점 비교

구 분	장 점	단 점
자사 브랜드전략	• 제품의 우수성과 광고를 통한 제품에 대한 독점적 포지션 확보 • 소비자의 신뢰에 의한 지속적이고 높은 수익 확보 • 브랜드 등록에 따른 자사개발브랜드의 법적인 보호 가능 • 국제경기 변동시 독자적 대응 가능	• 브랜드선전, 판매조직 구성, 유통경로관리에 많은 비용 소요 • 제품판로 선정의 제한 및 시장기회 상실위험 초래 • R&D, 마케팅에 지속적인 투자 필요 • 해외시장에 대한 독자적 정보수립 능력, 기술 및 디자인 개발 요구
혼합 공동브랜드 전략	• 브랜드 개발을 위한 막대한 초기투입비용 절감 · 실패위험 최소화 가능 • 자사브랜드의 라이선스 제공 가능 • 마케팅비용의 공동부담 가능 • 소량다품종제품 요구에 부응 • 생산품목의 전문화 · 수출시장의 자율 배분으로 과당경쟁 방지 • OEM · 하청업체가 입게 될 피해 방지 • 독자영역 구축으로 생산성 향상	• 브랜드 선전, 판매조직 구성, 유통경로관리에 많은 비용 소요 • 제품판로 선정의 제한 및 시장기회 상실위험 초래 • R&D, 마케팅에 지속적인 투자 필요 • 해외시장에 대한 독자적 정보수립 능력, 기술 및 디자인 개발 요구 • 참여기업의 품질 및 기술수준의 균질성 확보 필요
주문자 브랜드전략	• 시장진입시 추가적인 부담 없이 판매력 보완을 통한 수출량 증대 • 대량생산에 의한 생산비용 절감 • 수출상대국의 수입규제장벽 활용 • 적은 판매경로유지비 및 광고선전비 • 기술과 품질관리의 급성장 • 자사브랜드 수출보다 적은 위험성	• 선진국의 하청업체화 우려 • 최종소비자 확보 곤란 • 수출채산성의 한계 • 핵심기술 전수의 한계 • 고유브랜드 개발 지연 • 국제적인 신제품개발 지연 • 해외마케팅 경험축적의 곤란

열하므로 브랜드 설정으로 인한 이익을 기대하기가 어렵다. 그러므로 주문자브랜드전략은 주로 생산활동에 중점을 두고 단기간내 수출의 양적 확대를 꾀하는 기업이 주로 사용한다. R&D 투자와 해외광고활동 등에 대한 지속적인 투자가 불가능한 소규모의 기업, 해외시장 진출경험이 없거나 적은 기업, 해외시장에서의 경쟁이 치열한 제품을 생산하는 기업, 대외경쟁력이 취약한 기업 등이 사용하게 된다.

이상을 정리한 것이 〈표 10-4〉이다.

(4) 제품라이프사이클

제품라이프사이클(PLC: product life cycle)이란 인간의 일생이 출생, 성장, 사망의 과정을 거치듯이 제품도 시장에 새로 도입되어 판매량이 상승하여 종국에 가서는 시장에서 사라지는 시간적 경과를 가리킨다. 이와 같은 제품라이프사이클은 보통 S자형을 가지며 다음과 같은 4주기로 구분된다. 즉, 도입기(introduction stage), 성장기(growth stage), 성숙기(maturity stage), 쇠퇴기(decline stage) 등이 그것이다. 그리고 이와 같은 제품수명은 제품마다 각기 다르다. 예를 들어, 어떤 제품은 1년이 채 못되어 위와 같은 주기를 모두 거치는가 하면, 어떤 제품은 수년이 경과하는 성숙기를 갖기도 한다. 그렇다면 이와 같은 제품수명주기의 장단에 영향을 미치는 요인은 무엇인가? 그것은 소비자기호의 변화(changes in consumer preference), 기업의 마케팅노력(marketing effort), 경쟁사의 활동, 기술적인 변화(technological changes), 새로운 아이디어에 대한 소비자의 수용 등이다.

1) 제품라이프사이클의 형태

제품라이프사이클의 형태는 매우 다양해서 일반적으로 단정짓기는 어려우나 전형적인 제품라이프사이클은 〈그림 10-12〉와 같이 S자형을 가진다. 제품라이프사이클은 신제품을 시장에 소개함으로써 매출이 서서히 증가하는 시기의 도입기, 급속한 시장수용단계로 지속적으로 매출액과 이익이 상승하는 성장기, 제품이 대부분의 잠재고객에게 수용됨으로써 매출성장률이 둔화되는 성숙기, 매출액이 급격히 하락하고 이익이 감소하는 쇠퇴기의 4단계로 나누어진다.

그림 10-12 전형적인 제품수명주기

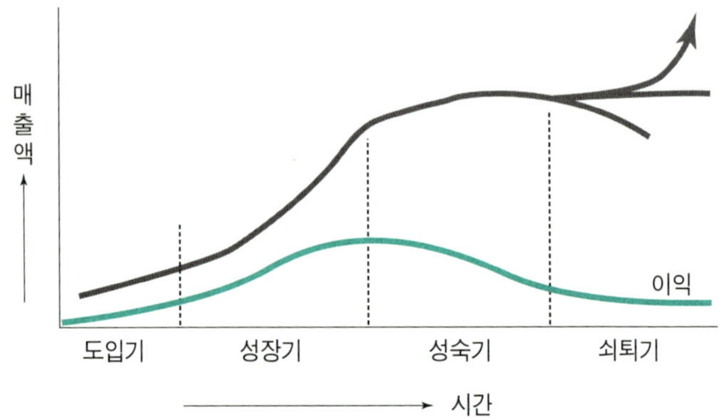

제품라이프사이클은 S자형 이외에도 〈그림 10-13〉과 같이 다양한 형태를 가질 수 있다. 〈그림 10-13〉에서 보면 일시적인 유행상품은 짧은 시간 내에 소비자들에 의해 급속하게 수용되었다가 매우 빨리 쇠퇴하는 형태의 수명주기를 가진다. 얼마 전 TV프로그램에 남녀 주연탤런트 덕택에 유행한 파란 와이셔츠와 머리핀이 그러한 경우이다. 박카스, 이명래 고약, 칠성사이다, 모나미 등과 같은 장수상품은 출시된 후 오랫동안 꾸준히 많은 소비자들에 의해 지속적으로 구매되는 형태의 수명주기를 가진다.

순환-재순환 형태는 쇠퇴기에 접어들었다가 촉진활동의 강화나 재포지셔닝으로 다시 한번 성장기를 맞는 제품라이프사이클로서, 재순환과정은 최초순환과정보다 크기가 작고 기간도 짧은 것이 특징이다. 이와 유사한 순환적인 상품은 계절에 따라 매출의 증감이 반복되는 라이프사이클형태를 취한다. 스타일형 라이프사이클곡선은 인간이 노력을 기울이는 여러 활동분야에서 나타나는 기본적이고 특징적인 표현양식(mode of expression)이다. 가령 스타일은 건축양식에서도 나타나고, 의복에서는 정장 · 캐주얼 · 펑키 등으로, 미술에는 초현실파 · 추상파 등으로 나타난다. 스타일은 한 번 형성되면 여러 세대를 거쳐 나타났다가 사라지고 하면서 지속된다. 스타일은 일정기간 반복적으로 새로운 관심을 가지게 되면 여러 번 되풀이 되기도 한다. 요약하면 스타일이 출현하면 한때 유행하였다가 일정기간이

그림 10-13 **다양한 제품수명주기 유형**

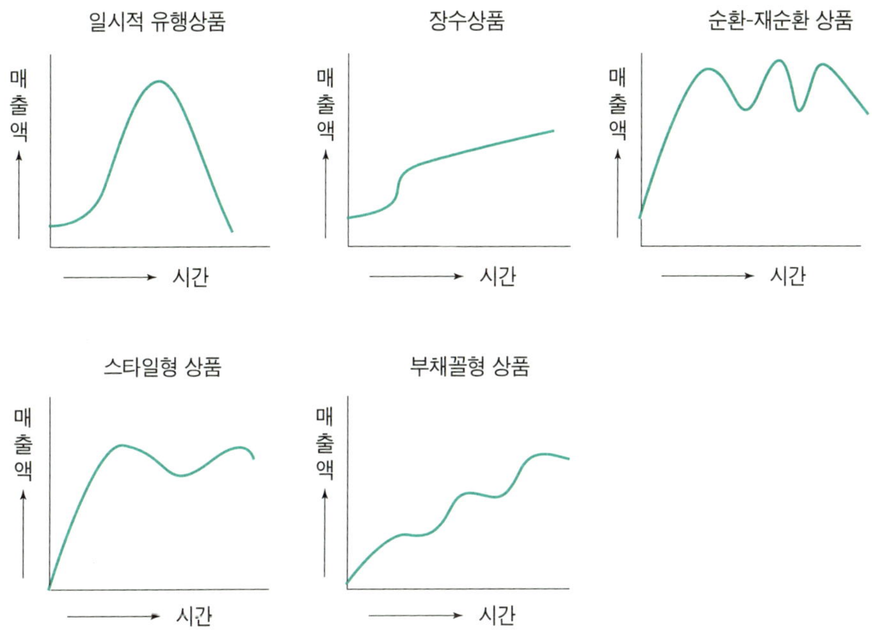

지나 다시 유행하는 형태로 오랜 기간 지속되는 모양을 나타낸다.

부채꼴형 또는 연속성장형 라이프사이클곡선은 새로운 제품특성이나 용도, 사용자 등을 발견함으로써 매출성장이 연속적으로 이어진다. 예를 들면 베이킹 소다(baking soda)는 빵 굽는 데 사용되었지만 방향제(deodorizer), 체취제거제, 치약, 자동차 배터리 침식방지제 등으로도 판매되고 있으며, 최근에는 피부를 부드럽게 하기 위한 목욕물 첨가제로도 사용되고 있다. 그밖에 나일론의 경우 시간이 경과하면서 새로운 용도, 즉 낙하산, 양말, 셔츠나 블라우스, 카펫 등의 용도를 개발했기 때문에 그 판매액이 부채꼴 형태를 나타낸다.

2) 제품라이프사이클단계별 특징과 마케팅전략

제품라이프사이클은 제품이 시장에 출시되어 성장하는 과정을 생태학적 관점에서 분석한 것이다. 그런데 제품라이프사이클이 제품의 성장과정

표 10-5 제품라이프사이클단계별 특징과 마케팅전략

구 분		도입기	성장기	성숙기	쇠퇴기
특성	매출액	낮음	급속신장	최고매출	매출감소
	고객당 비용	높음	중간	낮음	낮음
	이익	적자	증대	최대	감소
	고객	혁신층	조기수용층	중간다수층	후발수용층
	경쟁자	소수	점차 증가	일부 감소	감소
마케팅 목표		제품인지와 사용의 증대로 시장침투	시장점유율 극대화	시장점유율 방어와 이익극대화	비용절감과 제품 철수
마케팅 예산		많음	많음	적어짐	적음
마케팅 전략	제품	기본제품 제공	제품 및 서비스확대, 서비스보증 제공	다양한 브랜드 및 모델의 제시	경쟁열위제품의 철수
	가격	원가가산법	시장침투가격	경쟁가격	가격인하
	유통	선택적 유통활동	집중적 유통활동	보다 집중적 유통활동 전개	이익이 없는 유통경로를 폐쇄하는 선택적 유통활동 전개
	광고	조기수용층과 유통상에게 제품인식	대량시장에 제품인식 및 관심증대	브랜드 차이와 이점 강조	브랜드로열티를 가진 소수 단골들을 대상으로 광고
	판매촉진	기본제품 시용 위한 판매촉진	수요확대에 따른 판촉활동감소	브랜드전환을 위한 판매촉진활동증가	최소수준으로 감소
중점활동		품질관리	광고	가격	전략적 의사결정

을 전반적으로 파악하는 틀을 제공해준다는 면에서는 유익하지만 제품성장을 운명론적 관점에서 접근하고 있다는 데 단점을 갖고 있다.

제품라이프사이클은 〈표 10-5〉와 같은 단계별 마케팅전략 수립에 시사점을 제공해준다. 물론 단계별 마케팅전략은 공식화된 것은 아니지만 제품관리의 전반적인 틀을 제공해주는 장점을 갖고 있다.

3) 성숙기의 마케팅전략

성숙기의 제품관리가 중요하다. 먼저, 우리나라 기업에서 생산하여 수출되는 상품의 대부분이 세계시장의 측면에서 본다면 성숙기의 제품이라 할 수 있다. 개별기업의 경우에서도 성숙기 제품들이 전체매출의 큰 비중을 차지하고 있다. 다음으로 성숙기 제품은 쇠퇴기로 접어들게 되므로 매출성장과 이익성장을 계속할 수 있도록 경영자가 특별히 관리에 노력을 해야 한다. 그 다음으로 성숙기 제품을 잘 관리함으로써 제품의 수명을 연장시킬 수도 있다.

구체적으로 성숙기 제품을 세계시장에 판매함에 있어서 일반적으로 나타나는 애로는 ⓐ 시장침투의 여지가 없다. 제품취급점포와 시장점유율의 증가가 어려우며 광고비 지출 등의 촉진활동이 증가되어서 매출증가효과가 미미하다. ⓑ 제품차별화가 어려워진다. ⓒ 중간상들이 제품을 외면하고 관심도 적어진다. 즉, 중간상들은 소비자들이 많이 찾는 상품을 취급하여 매출액 및 이익의 증가를 도모하고자 한다. 만약 중간상에서 취급하기 싫어하는 제품이라면 소비자들이 선호하고 있는 제품이라고 생각하기 어렵다. ⓓ 경쟁이 과열된다. 성숙기에는 경쟁품의 수가 증가한다. 경쟁사는 대형거래처에 거래처의 상표를 붙여 저가격으로 판매한다. ⓔ 시장구조가 변화한다. 성장기의 제품고객이 매출증가를 선도하던 집단이라면 성숙기나 쇠퇴기의 제품고객은 가장 뒤늦게 구매하는 집단(late majority laggard)에 해당된다.

성숙기에 접어들어 제품의 매출성장이 둔화되기 시작하면 경쟁상품과 경쟁에서 승리할 수 있도록 제품을 수정해야 한다. 제품수정이 필요한 이유는 여러 가지가 있겠지만 새로운 기술개발을 응용하기 위한 경우 또는 매년 자동차의 디자인 개선과 같이 경쟁상의 필요에 의한 경우도 있다. 제품수정전략으로는 품질개선, 특성개선, 스타일개선 등이 있다.

ⓐ 품질개선(quality improvement)은 원재료나 생산방법을 개선하여 제품의 성능, 내구성, 신뢰도를 증가하려는 전략으로서 제품의 품질을 현저하게 변화시킬 수 있고, 품질개선에 따라 소비자의 수요증대효과가 큰 경우에 사용된다. 품질개선을 통해서 기업은 경쟁우위를 획득하고 명성을 얻을 수 있으며, 매출액도 증가시킬 수 있는 장점이 있다. 그러나 품질개선에는 많은 시험연구비의 투자가 요구되며, 원가상승에 따른 가격인상이 발생한다. 고가격의 양질의 제품을 선호하는 소비자들의 수가 많지 않을 때 경쟁기업의 제품이 약간 저질이라 하더라도 강한 판매촉진전략으로 공격해오게 되면, 품질을 개선한 기업이 더 이상 마케팅지출을 출혈로써 감당할 수 없게 되어 결국 경쟁에서 몰락하게 되는 위험이 뒤따른다.

ⓑ 특성개선(feature improvement)은 제품의 디자인을 개선함으로써 제

품의 새로운 용도, 효율성, 안정성, 편의성 등을 제공하여 실질적 효율은 물론 환상적 효용을 증대하고자 하는 전략이다. 제품의 기능적 개선은 비교적 적은 비용을 투입하여 이룰 수 있으므로 경쟁기업에서도 쉽게 모방할 수 있는 단점이 있다. 그러나 경쟁기업보다 먼저 기능적 개선을 함으로써 신문, 라디오 등으로부터 홍보효과도 얻을 수 있으며, 소비자들에게는 진취적 기업으로의 이미지를 부각시킴으로써 제품선호를 얻게 되며, 인적판매나 중간상인들의 협조를 얻을 수 있는 장점이 있다.

ⓒ 스타일개선(style improvement)은 제품의 기능적 소구보다 미적 소구를 증가시키려는 전략이다. 자동차의 모델을 매년 조금씩 변경함으로써 구형, 신형의 심리적 차별인식과 진부화 감정을 주입시켜 독점적 경쟁의 이점을 얻으려고 하는 것이 좋은 예이다. 스타일개선은 경쟁수단으로서 효과적으로 이용될 수 있는 장점이 있으나 과연 소비자가 새로운 스타일을 선호할 것인가를 예측하기가 곤란하며, 시간의 경과에 따라서 소비자의 기호도 변화하고 유행도 변화하므로 스타일개선에는 많은 위험이 수반되는 단점이 있다.

성숙기 제품의 마케팅전략으로서 ⓐ 도약전략(take off strategy)은 성숙기 제품의 포장이나 성능을 변경하여 새로운 용도나 시장을 목표로 하는 새로운 제품수명주기를 만들어보려는 전략을 말한다. 원래의 수명주기가 하향하는 시점에서 새로운 성장곡선을 향해 도약 또는 이륙하는 전략을 구사할 수 있을 것이다. 합성섬유인 나일론은 1960년대부터 자연섬유에 시장을 빼앗기자 운동화, 양산, 레저용품, 산업용자재 등의 새로운 시장의 개발하여 성공하였다. 이와 같이 기존 소비자들 중에서 사용계층의 사용률을 증가시키거나 새로운 시장에 침투, 그리고 산업용 원자재로 제품을 개발함으로써 제품의 성장커브를 새로이 창조할 수 있을 것이다. 이와 같은 예로는 1회의 사용량 증대를 위한 사용량의 증가(치약, 로션 등)나 핸드폰의 타깃이 기존 비즈니스맨에서 젊은 층으로까지의 확대, 소형냉장고에서 대형냉장고의 개발 등을 들 수 있다.

ⓑ 시장여건에 대한 적응전략은 매출액이나 시장점유율을 확대시킬 것이 아니라 경쟁상품의 도전에 효율적으로 적응하려는 전략이다. 취급이 용이한 형태로의 포장변경, 기업이미지 회상을 위한 광고스케줄로 매출유지, 거래처 재고정리, 덤핑방지 등을 위한 촉진적 거래를 추진하고 시장거래질

서 확립차원에서의 거래처촉진강화, 경쟁사의 전략예측에 사전대비 등을 들 수 있다.

ⓒ 재순환전략이다. 10년 전의 유행이 일정한 기간의 유행주기를 지나면서 다시 되돌아올 수도 있을 것이다. 마치 봄이 지나면 영원히 봄은 가버리는 것이 아니라 1년 후에 또 찾아오는 것을 예측하는 것이다. 소형라디오는 소멸되었으나 소형라디오와 녹음기를 가미한 경박단소의 고기능 스테레오가 다시 유행하고 있으며, 제2의 IMF의 도래로 겨울철에 내복이 유행하고 있다.

ⓓ 제품라이프의 연장과 수확전략으로 성숙한 젖소가 우유를 많이 생산하듯이 성숙한 제품은 기업에게 현금수입을 증가시켜 준다. 설비투자에 대한 감가상각비의 부담도 적어졌을 뿐만 아니라 판매경비를 절약하더라도 매출액을 유지할 수 있기 때문이다. 그래서 성숙기 제품의 수명을 가능한 한 연장(stretch)시키면서 현금수입이라는 수확(harvest)을 증가시키려는 전략이 널리 이용된다.

4) 제품라이프사이클전략에 대한 비판

제품라이프사이클전략의 광범위한 활용에도 불구하고, 이 개념의 유용성을 제한하는 여러 가지 가정들이 존재한다.

첫째, 제품부류들이 각각 그 한정된 수명을 지니고 있다는 것이다. 그러나 상당한 제품부류들이 그 라이프사이클에 일치하기보다는 예외적인 경우를 더 많이 지니고 있다. 가령, 오리온초코파이, 신라면, 박카스 등은 쇠퇴기를 맞고 있다는 어떠한 기미도 보이지 않고 있다. 또한 제품에 따라서도 그 라이프사이클의 유형이 미리 결정되어 있지는 않다. 시장에서의 치열한 경쟁에도 불구하고 오랫동안 시장의 지배적 위치를 유지하고 있는 상표들을 볼 수 있다.

둘째, 각 제품라이프사이클단계는 일반적으로 미래의 전략을 계획하는데 있어서 유용한 독립변수로 여겨지고 있다. 그러나 이는 단순히 앞 단계의 경영활동의 결과일 수도 있다. 예컨대, 판매액의 감소는 제품부류 또는 개별적 제품이 쇠퇴기에 있는 것인지, 아니면 전체산업 또는 기업의 부실한 경영에 의한 것인지에 대한 의문을 갖게 한다. 각 단계에서 수행된 전략의 효과성을 알지 못하는 한, 다음 단계에 대하여 수립된 전략이 적절하다고 판단하기는 어렵다. 눈에 보이는 잘못된 점들이 사전에 결정된 제품라이프사이클단계에서 비롯되었다기보다는 그릇된 경영활동에서 기인할 수 있는 것이다. 그러므로 진단적 의미의 변수로서 수명주기의 단계에 의존하거나 모델의 다음 단계에서 제시되는 전략을 무조건 따르는 데에는 보다 신중한 고려가 필요하다.

셋째, 제품라이프사이클의 모델이 제품부류(자동차)나 제품형태(소형자동차) 또는 제품(그랜저, 크레도스) 중의 어떠한 것에 대한 것이냐에 따라 이 모델은 다른 함축적인 의미를 지닌다. 전통적으로 제품라이프사이클모델은 제품이나 서비스를 신제품형태나 신제품부류로서 다루고 있다. 그러나 제품이 성장기나 성숙기에 있는 제품형태로서 새로운 상표를 도입하는 경우 마케팅전략은 일반적인 제품라이프사이클에 의거한 전략과는 매우 상이할 것이다.

넷째, 제품라이프사이클을 확장시키는 것과 같은 제품라이프사이클전략은 제품의 여러 가지 형태에 따라 특별히 다르게 요청되지 않는다는 점에서 포괄적이라 할 수 있다. 그러나 이러한 전략은 전체제품 중 몇몇의 특정 제품에 대하여 적용하는 것이 적절할 것이며, 보다 장기적인 성공을 위한 전략이 되기 위해서는 더욱 특별한 노력이 요구된다.

다섯째, 제품라이프사이클전략은 판매량과 같은 효율성 측정에 의존하고 있지만, 판매량은 직접적으로 마케팅부서의 통제하에만 있지는 않다. 다시 말해, 판매량은 마케팅부서활동만의 함수로 구성되어 있다기보다는 기업 전체차원의 효과함수이다. 판매를 마케팅의 기능만으로 관련시키는 것은 마케팅의 영향을 과대평가하는 것이며, 또한 조직의 다른 사업부서의 중요한 기여를 무시하는 것일 수 있다. 마케팅의 기능이 잘 수행되어도 조악한 품질관리나 인사, 재무, 연구개발 및 기타의 조직부서의 지원부족으로 판매량이나 시장점유율이 감소할 수 있는 가능성은 항상 있는 것이다.

요약하면, 비록 제품라이프사이클전략은 명백하고 활동지향적인 방향제시를 한다는 이점을 가지고 있지만, 마케팅전략 수립시에 이러한 방법을 사용하기 위해서는 각 제품들과 시장조건의 본질에 대한 충분한 고려가 요구된다.

4.2 촉 진

촉진(promotion)이란 밀어붙인다(push forward)는 뜻으로, 예상고객이 될 수 있는 사람들에게 적절한 방법을 통하여 그들의 수요욕구가 환기되도록 수행하는 모든 활동을 말한다. 이는 곧 구매자에게 설득적인 커뮤니케이션을 함으로써 정보제공 및 영향력의 행사라고 할 수 있다. 오늘날 촉진관리가 중요성을 더해가고 있는 이유는 시장이 소비자행동의 비합리성, 정보의 불안정성 등 불완전경쟁하에 놓여 있고, 기술혁신에 의한 대량생산, 생산과잉, 경쟁의 심화 등의 요인을 들 수 있다.

판매촉진믹스(promotion mix)에는 광고(advertising), 인적판매(personal selling), 홍보(publicity), 판매촉진(sales promotion) 등이 있다.

(1) 광 고

광고(advertising)란 상품이나 서비스를 구매하도록 하기 위한 유상의 비인적 의사소통으로서 광고주(sponsor)가 대중통신매체(mass medium)를 통하여 일단의 사람들의 행동(구매행동)에 영향을 미칠 목적으로 시각적 내지는 구두의 메시지(message)를 그들에게 전달하는 활동이다. 광고를 비인적 의사소통(impersonal communication)이라고 하는 것은 의사소통이 대면적 상황(face-to-face)에서 이루어지지 않기 때문이다.

광고에 사용되는 가장 일반적인 대중통신매체는 신문, 라디오, 텔레비전, 잡지, 광고 게시판(billboard) 등이다. 어떤 유형의 매체를 사용할 것인가에 대한 결정을 내리는 데 있어서 관리자는 몇 가지의 요인들을 고려해야 한다. 그 요인들을 열거하면 ① 제품의 유형, ② 표적시장 내의 소비자들의 특성, ③ 다양한 매체의 활용가능성, ④ 광고비에 충당할 수 있는 자금의 양 등이다.

이와 같이 광고는 기업의 대량생산에 대한 대량판매의 필요성 때문에 대중매체를 사용하는데, 장점으로 ① 짧은 시간 안에 많은 사람들에게 접근할 수 있다. 따라서 신제품 초기에 광고는 이것의 출시사실과 간략한 특징 등을 알리는 매체로 적합하다. ② 광고는 고객당 소요촉진비용이 저렴하다. 단점으로는 ① 광고는 고객에게 제공할 수 있는 정보의 양이 제한되어 있다. ② 광고는 많은 대중에게 일시에 접근하므로 문안을 고객에 따라 개별화할 수 없다. 따라서 광고를 통해서 받는 정보는 고객 모두를 정보의 양과 종류면에서 만족시켜 주지 못할 가능성이 상대적으로 높다. 이것은 더 나아가서 광고의 설득력에 문제가 존재할 수 있음을 의미한다.

(2) 인적판매

인적판매(personal selling)란 판매원이 고객을 직접 찾아가 기업이 판매하고 있는 제품이나 서비스에 대하여 쌍방적 대인의사소통을 하는 판촉활동이다. 넓은 의미의 인적판매에는 전화 및 우편을 통한 상품에 대한 메시지의 교환도 포함되나 인적판매의 중심적인 내용은 판매원이 고객과의 대면적 의사소통을 통하여 구매자극이나 수요창조를 도모하는 것이다. 그리고 판매촉진방법으로서의 인적판매는 다음과 같은 경우에 특히 필요하게 된다. 즉, ① 제품이 비교적 고가일 때, ② 효과적인 대중통신매체(mass media)가 없을 때, ③ 고객의 필요나 욕구에 맞추기 위해 제품이 주문에 의해 생산되지 않으면 안될 때, 그리고 ④ 인적판매는 고객이 산업구매자나 대중간상 촉진일 경우에 더욱 중요한 판촉수단이 된다.

일반적으로 광고가 판촉활동 중에서도 가장 비용이 많이 드는 활동으로 생각하고 있지만, 경우에 따라서는 인적판매가 가장 값비싼 판촉활동이 되는 수가 있다. 판매원이 고정급에 의해 보상을 받는 경우가 있는가 하면, 그가 판매한 제품의 수량에 대한 몇 %의 판매수수료에 의해 보상받기도 하고, 또 어떤 경우에는 고정급과 판매수수료 양쪽에 의해 높은 보상을 받기도 하기 때문이다.

판촉수단으로서 인적판매를 활용할 경우 관리자는 판매원의 선발 및 승진에 관한 주의깊은 의사결정을 할 수 있어야 하고, 판매원의 순회방식(the routing of salesmen)이나 판매할당량(sales quotas)의 설정 및 판매원의 유효성(salesmen effectiveness)을 측정하여야 한다.

(3) 홍 보

홍보는 상업적으로 매우 중요한 대중적 의사소통으로서, 광고와는 달리 비용은 기업이 아닌 대중매체 스스로가 부담하는 것을 말한다. 즉, 무상(unpaid)으로 기업 또는 상품에 관한 뉴스(news)를 대중통신매체에 제공하여 게재하거나 방송하게 하는 판촉활동이다. 이와 같은 방법이 중요시되는 이유는 비용이 들지 않는다는 이점 때문이기도 하지만, 홍보(publicity)에 의한 메시지는 광고에 의한 메시지보다 통제가 불가능함하므로 더 많은 신뢰성을 확보하기 때문이다.

홍보는 PR(public relation)과 구별되어야 한다. 비록 요즈음의 PR방식이 홍보효과를 창출해내는 것과 관계가 있지만, 그 영역에 있어서 PR이 홍보보다 더 넓다. PR이라는 것은 고객, 주주, 고용자, 유통업자, 관계기관 등으로부터 회사 전체에 대한 호감을 불러일으키는 것과 관계가 있다. 이에 반해 홍보는 회사의 특정 제품이나 서비스 또는 아이디어를 전달하고 촉진시켜 나가는 것과 관계된 것으로, PR에 비해서 구체적이고 미시적인 경향을 보인다. 또한 선전(propaganda)은 주로 정치방면에 많이 사용되고 있는 용어로 이해하면 될 것이다.

(4) 판매촉진

판매촉진은 특정 제품이나 서비스에 대한 고객의 인지도와 관심을 증대시켜서 판매를 촉진하기 위한 비교적 단기적인 동기부여 수단의 총칭이다. 광고는 장기적으로 제품이나 서비스의 구매 이유를 제공하는 데 목적이 있는 반면, 판매촉진은 바로 지금 시점에 구매할 합리적 이유를 제공하는 촉진방법이다.

판매촉진은 새로운 시용을 유도하고 충성도가 높은 소비자에게 보답하고, 재구매율을 높이는 데 활용될 수 있다. 또한, 짧은 기간 내에 판매를 대폭 늘리거나 한 번에 더 많은 양을 구매하도록 유도하거나, 1년 내내 판매가 일정하게 이루어지도록 하는 등 목적을 달성하는 데 효과적이다.

판매촉진에는 시장에서 소비자의 반응을 보다 빠르게 또는 강하게 촉진하기 위해서 소비자촉진(consumer promotion), 거래촉진(trade promotion)

표 10-6 촉진수단의 특징 비교

촉진수단	범 위	비 용	장 점	단 점
광 고	대중고객	보 통	빠르고 메시지통제가 가능	효과측정 어려움, 정보의 양
인적판매	개별고객	고 가	정보의 양과 질, 즉시적 피드백	비용, 촉진속도
판매촉진	대중고객	고가일 수 있음	주의끌고 즉시적 효과	모방이 쉬움
홍 보	다중고객	거의 무료	신뢰도 높음	통제가 어려움
P R	다중고객	보 통	다각적 효과	효과가 장기적이고 간접적

또는 중간상촉진, 판매원촉진(sales force promotion)의 여러 가지 방법이 사용된다. 소비자촉진에는 가격할인, 무료샘플, 쿠폰제공, 경품행사, 리베이트(rebate), 구매자시연, 시음, 시식, 전시회 등이 있으며, 거래촉진에는 구매할인, 상품할인, 협력광고, 판촉비 제공, 구매수당, 딜러 판매경연 등이 포함된다. 그리고 판매원촉진에는 보너스, 판매경쟁 등이 있다.

지금까지 각종 촉진수단에 관해서 설명했다. 〈표 10-6〉은 이들의 특징을 요약한 것이다.

4.3 가 격

가격이란 소비자가 그 제품 또는 서비스 한 단위를 사기 위하여 지불해야 하는 화폐의 양을 말한다. 가격은 제품과 서비스에 따라 수업료, 전기료, 이자, 집세, 봉급, 택시요금 등 다양한 명칭으로 불린다. 가격은 기업의 수익과 이익에 직결되는, 즉 기업존립의 원천이 되는 이익을 결정하는 요소로서 총이익 = 총수익 − 총비용 = (가격 × 판매량) − 총비용으로 나타낼 수 있다.

가격결정에 영향을 미치는 요인으로는 소비자, 원가, 정부의 법적 규제, 유통경로, 경쟁환경의 요인들이 작용한다. 그리고 가격결정과 관리는 단순히 일회적인 것이 아니라 신제품의 출시, 기존제품의 수정, 경쟁환경의 변화, 비용구조의 변화 등과 같이 시장환경의 변화에 따라 지속적으로 관리되어야 할 연속적인 과정임을 주지할 필요가 있다.

(1) 가격의 결정

기업이 제품가격을 결정하는 데에는 여러 가지 방법이 있다. 가격결정 방법은 원가중심적 접근방법, 수요중심적 접근방법, 경쟁중심적 경쟁방법 등 세 가지로 나눌 수 있다. 그 중에서도 가장 일반적인 방법은 제품원가에 근거하여 판매가격을 결정하는 방법이다. 이 원가가산가격 방법(the cost plus pricing method)이 사용될 경우 판매가격(selling price)은 제품원가(the cost of the product)에 일정률의 이윤폭을 부가하여 결정한다. 그리고 투자수익률을 기초로 하는 방법으로서 수익률법이 있다. 이 수익률법을 사용할 경우에는 먼저 최고경영자가 투자액에 대한 몇 %의 수익률을 미리 예상한다. 그리하여 예상수익과 예상비용을 감안하여 예상투자수익률(the expected return on investment)의 달성이 가능한 범위 내에서 판매가격을 결정한다.

두 번째 방법은 수요중심적 접근방법으로, 기업이 제품을 생산하는 데 들어간 원가가 아니라 소비자가 인식하는 제품의 가치(perceived product value)에 따라 가격을 결정하는 방법이다. 될 수 있는 대로 고가로 판매가격을 책정하는 방법이다. 이와 같은 방법을 사용하기 위해서는 시장조사를 통해 소비자들이 그 특정 상품에 대해 기꺼이 지불하려고 하는 가격이 어느 정도인가를 먼저 알고 있어야 한다. 그리고 관습적 가격결정법은 기업들의 사회관습으로 관행이 된 가격으로서 가령 과자류, 라면, 빙과류 등에서 볼 수 있다.

세 번째 방법에는 경쟁을 주로 고려하는 가격선도제와 경쟁입찰가격결정법이 있다. 가격선도제는 시장점유율이 높은 리더기업들이 가격을 처음으로 올리거나 내리게 되면 타기업도 이에 따르는 경우이다. 가격을 변경하는 경우 일반적으로 이를 미리 공개함으로써 의식적인 평형관계를 유지하고자 하는데, 대표적으로 석유회사를 들 수 있다. 경쟁입찰가격결정법은 경쟁입찰이 공개 또는 비공개로 이루어지며 후자의 경우 가격을 결정할 때 수요, 경쟁, 원가 등을 모두 고려해야 한다. 경쟁입찰의 대상품목은 동물, 예술품에서 정부소유의 부동산이나 건설공사, 중고차까지 다양하다.

(2) 가격전략의 유형

관리자는 판매가격을 결정하는 데 적용할 수 있는 일반적인 가격전략을 수립하게 된다. 이와 같은 가격전략에는 신제품고가전략(market skimming pricing strategy)과 시장침투가격전략(market penetration pricing strategy)이 있다. 전자는 처음에는 신제품에 고가정책을 사용함으로써 특정 고객만을 표적으로 하는 것으로, 시장의 노른자위 고객만을 대상으로 한다. 다음으로 가격을 조금 낮추어서 그 다음 고객층에서 수요를 창출하며, 그 후 차츰 가격을 인하하는 전략을 말한다. 대체로 핵심적인 기술이나 브랜드 등 마케팅능력을 보유한 기업들이 신제품을 개발하여 시장에 출시할 경우 고가전략을 많이 활용하며, 점차로 후발주자가 나타날 경우 가격을 인하하여 후발주자가 진입하지 못하도록 선점효과를 유지하려고 한다.

시장침투가격전략은 초기 저가격전략이라고도 한다. 이 가격정책은 제품원가에 약간의 이윤폭을 가산하여 판매가격을 결정하는 전략으로서, 단기간 내에 대량시장을 획득하려는 목적으로 사용된다. 이와 같은 가격전략하에서는 제품단위당의 이윤폭이 낮기 때문에 경쟁업체의 시장진입을 저지할 수 있는 이점은 있지만, 양산체제에 의한 생산능률을 높여 단위당 생산비를 저하시켜 대규모 이익을 얻을 수 있는 경우라야만 하고, 일용품 또는 대중용품과 같은 가격에 대한 소비자의 반응이 민감한 상품이어야 한다. 따라서 이러한 가격전략을 채택할 경우에는 시장조사나 수요예측을 통하여 저가에 의한 대량판매의 가능성을 먼저 타진하여야 한다.

(3) 판매가격에 대한 기타 고려요소

상술한 마케팅믹스의 가격요소에 대한 설명 이외에도 마케터는 판매가격의 결정에 대한 여러 가지 측면을 고려하여야 한다. 가령, 어떤 특정 제품이 제품라이프사이클의 각 단계를 거쳐감에 따라 언제 어느 정도의 가격변화가 있어야 하는가에 대한 결정이라든지, 기업의 목표와 정책이 가격에 어떠한 영향을 미치고 있는가에 대한 문제 등에 관한 것이다. 그리고 관리자는 제품의 판매가격결정에 관련된 정부의 규제나 법규 등도 고려하여야 한다.

4.4 유 통

유통이란 생산자나 서비스제공자로부터 최종소비자에까지 이르는 다양한 조직들 사이의 관계들을 연결시켜 주며, 주문, 거래협상, 지불, 금융 및 수송, 보관과 같은 마케팅기능의 흐름을 촉진시켜 주는 활동을 말한다. 이와 같은 역할을 수행하는 일련의 연결시스템을 유통경로라 한다.

유통경로(distribution channels)란 제품과 서비스가 생산자로부터 최종소비자에게 이전되는 과정에 참여하는 모든 개인 및 기업의 집합을 의미한다. 유통경로는 생산자와 최종소비자(사용자) 그리고 중간상을 포함하게 된다. 중간상은 제품에 대한 소유권을 가지고 직접 마케팅활동을 담당하는 상인중간상(merchant middlemen)과, 소유권을 가지지 않고 단순히 생산자로부터 사용자에게 이전되는 것을 용이하게 하는 역할을 담당하는 대리중간상(agent middlemen)이 있다.

생산자가 중간상에게 판매업무를 위임한다는 것은 제품의 판매대상과

표 10-7 중간상의 개념 비교

구분	내용
중간상 (middleman)	생산자로부터 소비자에게 이르는 상품의 유통과정에서 행해지는 상품의 구매 및 판매와 직접적인 관련을 가지는 기능을 수행하거나 또는 서비스를 제공하는 전문화된 사업체
대리상 (agent)	구매나 판매를 위하여 상담은 하지만 상품에 대한 소유권은 취득하지 않는 중간상인
도매상 (wholesaler)	다른 형태의 중간상인 소매상에게 재판매를 전문으로 하는 중간상
소매상 (retailer)	최종소비자를 대상으로 판매활동을 하는 중간상
거간 (broker)	일종의 대리상으로서 취급상품에 대해 직접적이며 실질적인 관리는 하지 않으나 구매자와 판매자 중 어느 한쪽을 대표하여 사업활동을 한다.
판매대리업 (sales agent)	상품의 소유권은 가지지 않고 제조업자와의 계약을 통해 판매액의 일정률을 수수료로 취득한다.
유통업자 (distributor)	판매, 재고관리, 신용대여 등 다양한 유통기능을 수행하는 중간상으로, 보통 산업용품 시장에서 많이 쓰이며 이 경우 도매상과 같은 뜻으로 쓰이게 된다.
중매상 (jobber)	주로 산업용품 시장에서 도매상 또는 유통업자와 같은 뜻으로 사용

판매방법에 대한 통제권을 상실한다는 것을 의미한다. 이러한 이유는 중간상을 이용함으로써 표적시장의 제품접근성을 크게 향상시킬 수 있기 때문이다. 접촉, 경험, 전문성 그리고 운영의 규모에 따라 〈표 10-7〉과 같이 중간상의 개념을 정리해볼 수 있다.

(1) 유통경로의 필요성과 기능

유통경로상에서 중간상이 필요한 이유로는 〈그림 10-14〉에서와 같이 우선 경제성의 법칙이 적용되는 총거래수 최소의 원칙(the principle of minimum total transaction)과 구색개념(the concept of sorting)을 들 수 있다. 가령, 지역의 주요 브랜드를 생산하는 기업은 개별소비자와 직접 거래 시 9번의 거래가 중간상이 개입되었을 경우 6번의 거래로 총거래수 최소화가 가능하다. 〈그림 10-14〉에서 중간상은 여러 생산자로부터 제품을 공급받아서 다양한 구색을 갖춘 후 소비자에게 분배하는 역할을 한다. 즉, 전형적으로 생산자는 소품종을 대량생산하고 있지만, 소비자는 다양한 제품을 소량으로 구매하기를 원한다. 따라서 중간상은 소비자가 원하는 수량과 품질의 제품을 제공함으로써 고객의 다양한 욕구를 충족시키는 역할을 담당하는 것이다.

그림 10-14 유통경로의 존재 필요성

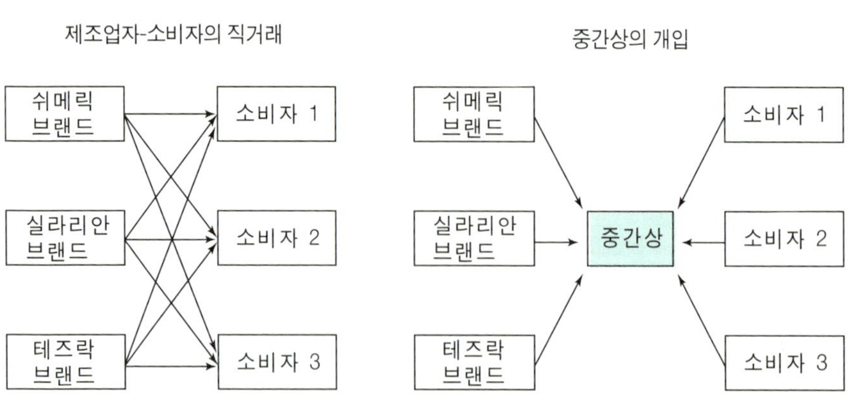

그림 10-15 유통경로의 기능과 흐름

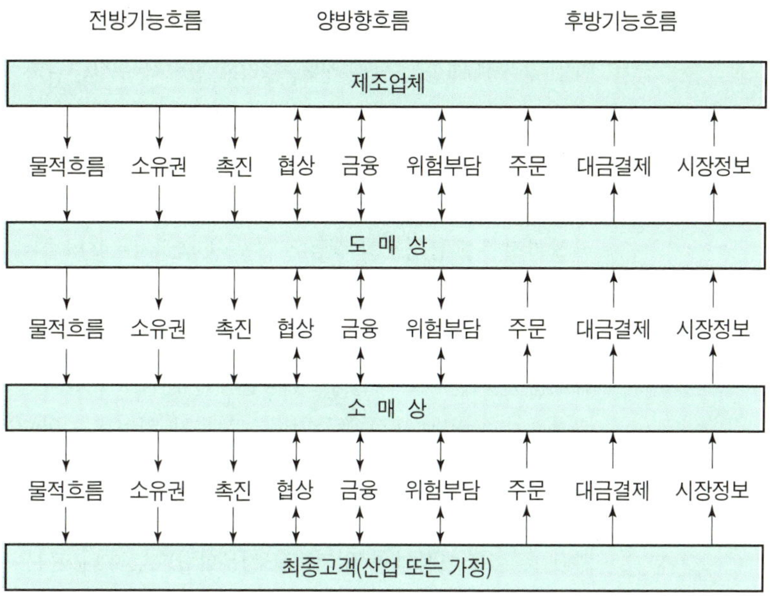

다음으로, 중간상의 이용은 제조업체가 최종사용자들과 직접 거래하는 것보다 이들에게 더 많은 시간효용, 장소효용, 소유효용 그리고 형태효용을 제공한다. 시간효용(time utility)은 소비자가 상품을 원할 때 구매할 수 있도록 함으로써 발생되며, 장소효용(place utility)은 소비자들이 원하는 장소에서 구매할 수 있도록 함으로써 발생된다. 소유효용(possession utility)은 소비자가 상품을 소유할 수 있도록 도와줌으로써 창출된다. 그리고 형태효용(form utility)은 제품과 서비스를 고객에게 좀더 매력적으로 보이기 위하여 그 형태나 모양을 변경시키는 모든 활동을 말한다.

유통경로는 이러한 네 가지 효용을 제공하기 위하여 여러 가지 기능을 수행하는데, 경로구성원들의 기능은 〈그림 10-15〉에서 보는 바와 같이 그들이 작용하는 방향에 따라 세 가지로 분류해 볼 수 있다. 물적흐름(선적, 수송, 보관), 소유권 그리고 촉진과 같은 기능들은 생산자로부터 최종이용자의 방향으로 흐르며(전방기능흐름), 주문과 대금결제는 최종이용자로부터 소매상, 도매상 그리고 생산자의 방향으로 흐른다(후방기능흐름), 그리고 거래협상, 금융, 위험부담 등의 기능은 양방향으로 흐른다(양방향흐름).

유통믹스전략의 수립과 조정을 위해서는 무엇보다도 상기의 8가지 유통기능 각각에 대한 분석과 진단, 그리고 전략적 우선순위의 결정과 그 종합적인 관리에 주의를 기울여야 한다. 이러한 기능별 분석은 도소매업의 형태결정에 기초가 되는데, 형태별로 기능수행의 범위와 정도가 달라지기 때문이다.

장기적인 유통경로의 성공은 제품이 생산자로부터 최종이용자로 계속 흐르는 데 달려 있다. 이와 같은 원활한 흐름은 효과적이고 효율적인 유통기능의 수행을 통해서 달성될 수 있다. 유통기능은 유통시스템의 전반적 목표달성을 전제로 개별경로구성원의 일관되고 보완적인 노력이 없이는 수행하기 어렵다. 또한 유통기능은 모두가 없어서는 안되는 활동들이며, 비록 각 기능이 경로구성원간에 이전(移轉)은 될 수 있을지라도 그 기능들이 본질적으로 제거될 수는 없는 것이다. 기능의 이전은 경로구성원들이 하나 혹은 그 이상의 특정 기능을 전문화함으로써 나타나는 현상이라고 할 수 있다. 이러한 전문기능의 이전과 조정이 원활하고 협력적으로 이루어지면 전반적인 유통경로의 효율성과 효과성은 증진되는 것이다.

(2) 유통경로의 결정

유통경로는 판매경로라고도 하며, 제품이 생산자로부터 소비자 또는 산

표 10-8 제품의 유통경로

소비재 유통경로	• 생산자가 소비자에게 직접 판매하는 경우로서 가장 단순한 유통경로. (예: 컴퓨터가 생산자로부터 사용자에게 직접 유통되는 경우, 호별 방문판매나 직영소매점, 통신판매에 의한 판매)	직접경로
	• 소매점, 백화점, 슈퍼마켓, 연쇄점 등과 같은 대규모 소매점에 판매된 다음 이들을 통해 다시 소비자에게 판매되는 경우 • 도매업자를 거쳐 소매상을 통해 소비자에게 판매되는 경우 • 판매회사나 대리점을 거쳐 도매업자 및 소매상을 통해 소비자에게 판매되는 경우	간접경로
산업재 유통경로	• 수요자에게 직매하는 경우 : 직접경로 • 도매상을 통해 수요자에게 판매하는 경우	간접경로

업구매자 및 사용자에 이르기까지 통과하게 되는 모든 루트(route)를 말한다. 그 제품이 소비재인가 아니면 산업재인가에 따라 유통경로도 달라지는데, 이를 살펴보면 〈표 10-8〉과 같다.

이와 같은 유통경로에 관하여 마케팅관리자는 각 제품의 유통경로상의 중간단계의 수를 어떻게 결정할 것인가? 그리고 각 단계에 있어서 판매자의 수를 어떻게 할 것인가에 대한 결정을 해야 한다. 예를 들어, 소매상을 통하여 판매하기로 결정했다면 그 시장 내의 모든 상점에서 판매하게 할 것인가, 아니면 몇몇 상점에 국한시켜 판매하게 할 것인가에 대한 결정을 해야 한다는 말이다.

05 로지스틱스

UNDERSTANDING BUSINESS

로지스틱스(logistics) 또는 물적 유통(physical distribution)이란 효율적이

그림 10-16 마케팅과 로지스틱스

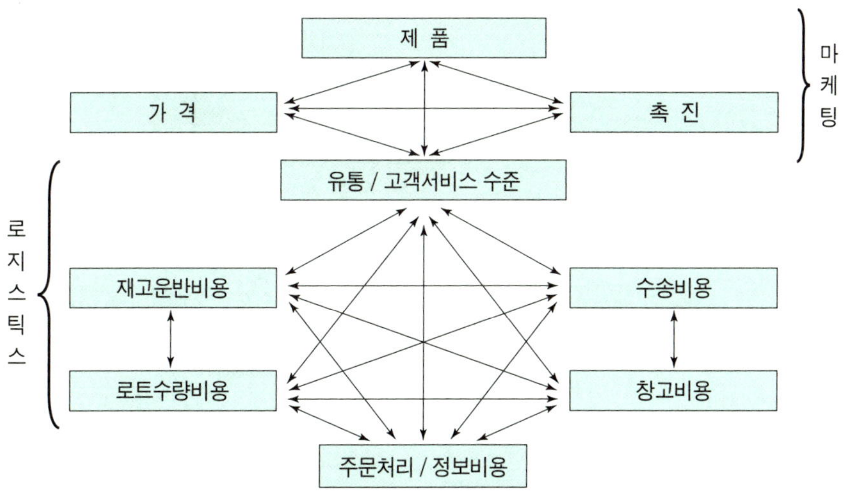

고 비용면에서 효과적인 원자재(raw materials), 중간재고품(in-process inventory), 완제품(finished goods)의 흐름과 보관 그리고 소비자의 요구에 부응하기 위해 원산지(origin)에서 소비단계까지의 관계된 정보를 계획, 실행 그리고 통제하는 과정이다. 즉, 로지스틱스 또는 물적 유통의 핵심은 공급업자로부터 최종사용자에 이르기까지의 부가가치 흐름(value added flows)인 전체의 공급사슬을 관리하는 것을 포함하고 있다. 보다 구체적으로 말하면 〈그림 10-16〉처럼 배송, 수송, 보관, 창고, 정보 등 상품이 적절한 시기에 적절한 양만큼 적절한 장소에서 소비자에게 공급될 수 있도록 하기 위한 제활동을 말한다.

5.1 로지스틱스의 역할

기업은 효과적인 로지스틱스 관리를 통해 소비자에게 제품을 효율적으로 제공하고 제품에 시간과 장소의 효용성을 부여함으로써 마케팅 노력(시

그림 10-17 **마케팅과 로지스틱스 관리 개념**

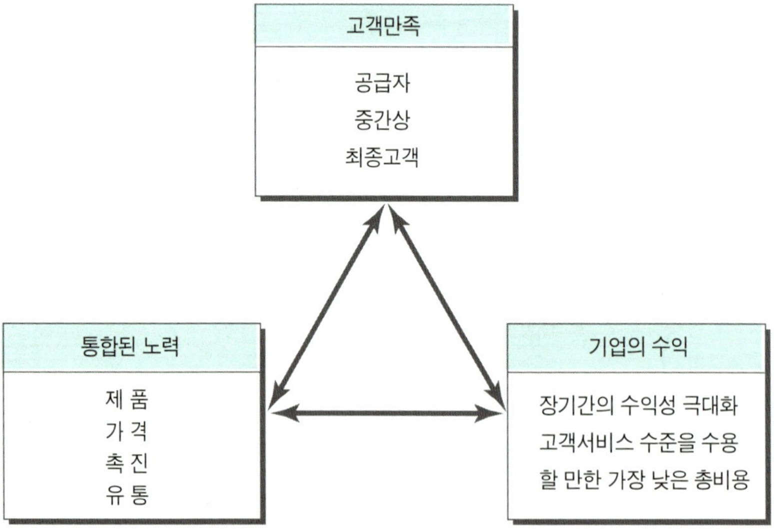

장에서 차별화된 우위를 갖게끔 하는)을 돕는다. 로지스틱스는 회계측면에서 기업의 고유자산으로 생각할 수 있다. 구체적으로 기업에서의 로지스틱스 역할은 첫째, 로지스틱스는 마케팅지향적이다. 로지스틱스는 마케팅 노력의 일환으로서 고객을 만족시키고 전체적으로 이익을 낼 수 있게 한다. 〈그림 10-17〉은 로지스틱스 관리의 관점에서 본 마케팅개념을 보여주고 있다. 고객만족(customer satisfaction)은 공급자, 중간소비자, 최종소비자에게 시간과 장소의 효용을 최대화시키는 것을 뜻한다. 통합된 노력(integrated effort)은, 기업이 시너지 효과(즉, 부분의 합보다 전체가 커야 한다)를 얻을 수 있기 위해서 마케팅활동들(제품, 가격, 개선, 분배)을 잘 조화시키는 것을 필요로 한다.

둘째, 로지스틱스는 시간과 장소의 효용을 증가시킨다. 제품은 가치나 효용을 갖는데, 그 이유는 개개의 부품이나 원료보다는 조립된 것이 더 가치가 있기 때문이다. 자동차를 예로 들면, 소비자에게는 개개의 부품보다는 완성된 차가 더 가치가 있다. 이처럼 재료들을 완성된 상태의 것으로 만들어내는 가치, 즉 효용을 형태효용(form utility)이라고 한다. 하지만 소비자에게는 제품의 형태효용 외에도 제품이 알맞은 장소와 시간에 구매가 가능해야 한다. 제조를 통해 부가된(form utility) 것 외의 가치를 장소, 시간 그리고 소유(possession) 효용이라 한다. 마케팅이 구매효용을 제공하는 반면, 로지스틱스 활동은 장소와 시간효용을 제공한다.

셋째, 로지스틱스는 고객에게로 효율적인 이동을 가능하게 한다. 즉, 로지스틱스 시스템의 다섯 가지 적절함(rights)이란 제품을 소비하는 고객에게 정확한 제품을 정확한 시간에 정확한 장소에서 정확한 조건으로 적절한 비용에 공급하는 것을 뜻한다.

넷째, 로지스틱스는 독점자산(proprietary asset)이다. 효율적이고 경제적인 로지스틱스 시스템은 경쟁사가 쉽게 모방하기 힘든 기업 장부의 유형자산과 비슷하다. 만약, 기업이 신속하고 적은 비용에 제품을 고객에게 제공할 수 있다면 경쟁사보다 높은 시장점유 이익을 얻을 수 있게 된다. 기업은 로지스틱스의 효율성으로 제품을 보다 낮은 가격에 팔 수 있거나 보다 높은 고객서비스 수준을 제공함으로써 신용(goodwill)을 창출한다. 아직까지는 어떤 기업도 이 '자산'을 대차대조표에 기재하고 있지는 않지만, 이론적으로는 특허권, 판권, 상표와 같은 것을 포함하는 무형자산(intangible asset)으로 나타낼 수가 있을 것이다.

5.2 로지스틱스 관리활동

(1) 고객서비스

고객서비스란 모든 로지스틱스 관리활동에 대한 동인(forces)을 결합하고 통일화하는 것을 의미한다. 고객서비스의 완결부분인 고객만족(customer satisfaction)은 고객서비스기업이 가진 모든 마케팅 노력이 성공적일 때 일어난다. 각 기업의 로지스틱스 시스템의 각 요소는 고객에게 적시에(at the right time), 적정가격에(the right cost), 적절한 조건에서(in the right condition), 적정장소에(at the right place), 정확한 제품(the right product)을 받을 수 있느냐의 여부에 영향을 미칠 수 있다. 따라서 고객서비스란 가능한 가장 낮은 총비용에서 필요한 고객만족을 제공하기 위해서 통합된 로지스틱스 관리 개념의 성공적인 실행을 포함한다.

(2) 주문처리

주문처리(order processing)는 분배과정을 촉발시키고 주문수요를 만족시키는 데 필요한 활동의 방향을 제시하며, 이는 인간의 중추신경계에 비유할 수 있다. 주문처리활동의 구성요소는 크게 세 가지로 나눌 수 있다.

① 운영요소(operational elements) 주문입력/수정(order entry/editing), 일정계획(scheduling), 주문선적준비(order-shipping set preparation) 그리고 송장작성(invoicing)

② 커뮤니케이션 요소(communication elements) 주문수정(order modification), 주문상태의뢰(order status inquiries), 추적 및 신속조치(tracing and expediting), 오류 수정(error correction) 그리고 제품정보 요구(product information requests)

③ 신용과 회수 요소(credit and collection elements) 신용확인 및 외상매출

액 처리/회수(credit checking and accounts receivable processing/collecting).

한 기업의 주문처리의 신속성과 정확성은 그 기업이 제공하는 고객서비스 수준에 많은 영향을 미친다. 보다 나은 시스템을 통하면 주문을 받아 창고나 저장시설로부터 제품을 선적하는 데까지 걸리는 시간을 줄일 수 있다. 주문은 주로 구입자의 컴퓨터를 통해 판매자의 컴퓨터로 전송된다. 최신의 시스템(advanced systems)은 비싸지만 주문처리의 정확성과 주문에 대한 반응시간(order response time)을 향상시킨다. 그리고 이러한 시스템의 경비는 기타 로지스틱스 지출(재고, 운송, 창고 등)의 절감 내지는 고객서비스의 향상으로 인한 판매의 증가로 정당화될 수 있다.

(3) 유통커뮤니케이션

오늘날과 같은 사업환경에서 성공하려면 복잡한 커뮤니케이션을 잘 관리(management)해야 한다. 효과적인 커뮤니케이션은 다음과 같은 곳에서 일어나야 한다.

① 기업과 고객과 공급자 사이, ② 기업의 주요 기능 구성요소 사이(마케팅, 생산, 로지스틱스, 재무, 회계 등), ③ 로지스틱스와 관련된 다양한 활동(고객서비스, 교통과 수송, 창고와 보관, 주문처리, 재고관리), ④ 각 로지스틱스 활동의 다양한 구성요소(예를 들어, 재고관리의 경우 공장재고, 운반중 재고, 창고의 재고).

커뮤니케이션은 모든 로지스틱스 과정과 고객간의 중요한 연결로서, 신속하고 정확한 커뮤니케이션은 성공적인 로지스틱스 관리의 초석이다. 가령, 60개국에 5,000개 이상의 상점을 갖고 있는 이탈리아 스포츠웨어 업체인 베네통(Benetton)은 특정 지역시장의 요구에 신속히 맞추기 위해 (기성복)생산방식을 재설계(redesign)하였다. 이탈리아에 있는 자동화된 생산-유통(distribution)단지 한 곳에서만 매년 생산하고 선적하는 옷은 5천만벌에 이른다. 보유재고(In-stock) 배달은 평균 4주일(생산기간까지 포함) 걸린다. 주문은 가계로부터 직접 컴퓨터화된 기계로 옮겨져 요구한 스타일과 색상의 옷을 만들어낸다. 이 생산방식은 상점, 운송사, 3자 물류(third parties), 창고, 공장간의 완벽한 EDI연결을 통해 정확한 제품을 정확한 장소와 시간에 배달하는 것을 가능하게 해준다. 한 기업의 의사소통 시스템은 컴퓨터화된 경영정보 시스템만큼 정교할 수도 있고, 개개인간의 구전(口傳) 의사소통처럼 단순할 수도 있다. 하지만 시스템이 어떠하건 간에, 중요한 정보는 '꼭 알아야 할' (need to know) 사람에게 제공되어야 한다.

(4) 재고관리

재고관리(inventory control)는 고객의 요구와 생산의 요구를 충족시키기 위해 충분한 제품의 공급을 유지하는 것이 필요하므로 매우 중요한 것이다. 원재료, 부품 및 완제품 재고를 유지하는 데는 장소와 자본이 모두 소모된다. 재고에 드는 비용으로 인해 그만큼을 다른 곳에 쓸 수가 없게 된다. 여기서는 재고유지비용이 제품에 따라 12%에서 50%까지 변한다는 것을 아는 것만으로도 충분하다. 성공적인 재고관리는 다른 로지스틱스 활동을 수행하는 비용을 고려하면서 고객서비스의 만족할 만한 수준을 성취하는 데 필요한 재고의 수준을 결정하는 것이다.

(5) 수요예측

수요예측(demand forecasting)은 미래의 어느 시점에서 고객이 필요로 하는 제품과 그에 수반되는 서비스의 양을 결정하는 것이다. 얼마만큼의 제품이 필요할지를 정확히 아는 것은 마케팅, 생산, 로지스틱스 등 기업운영의 모든 관점에서 중요하다. 마케팅에서의 미래수요예측은 촉진전략, 판매인원의 할당, 가격전략, 시장조사 활동을 결정한다. 생산에서의 예측은 생산계획, 구입과 취득 전략, 공장내 재고를 결정한다.

로지스틱스 관리에서의 수요예측은 기업이 생산한 각 아이템들을 기업의 다양한 시장에 얼마나 수송해야 하는가를 결정한다. 로지스틱스 경영자는 수요가 어디서 일어나는지를 알아서 각 시장에 적당량의 제품을 갖다놓거나 보관해 두어야 한다. 미래수요 정도에 대한 파악은 로지스틱스 경영자가 자원(예산)을 그 수요에 대한 서비스 활동에 할당할 수 있게 한다. 불확실성하에서 의사결정을 내리면 대부분의 경우 최적의 결정보다 못하게 되는데, 그것은 어떤 제품과 서비스가 요구되는지를 모른 채 로지스틱스의 활동에 자원을 분할하기 때문이다. 따라서 기업은 반드시 어떤 형태로든 수요예측을 하고 그 결과를 마케팅, 생산, 로지스틱스 부서와 상의를 해야 한다. 이러한 예측은 정확한 컴퓨터 모형이나 추세분석 또는 판매력(sales force) 추정치를 통해서 할 수 있다.

(6) 교통과 수송

원산지(origin)에서 소비시점까지의 제품(반품)의 움직임(movement) 혹은 흐름(flow)은 로지스틱스 과정에서 중요한 구성요소 중 하나이다. 교통과 수송활동(traffic and transportation)이란 제품의 움직임을 관리하는 것을 말하며, 운송수단(항공, 철로, 파이프 라인, 트럭)의 선택, 특정 경로의 선택(routing), 지방 · 주 · 정부의 운송규제를 따르는 것, 국내 · 국외 수송의 필요사항을 인지하는 것 등의 활동을 포함한다. 수송은 로지스틱스 과정에서 유일하게 비용이 높은 부분이다. 그러므로 수송은 효과적으로 관리해야 하는 중요한 구성요소이다.

(7) 창고와 보관

제품이 만들어지는 즉시 소비자들이 구매하지 않는다면 제품들은 차후의 판매와 소비를 위하여 공장이나 필드(field)에 보관해야 한다. 생산과 소비간의 시간 차이가 벌어질수록 더 많은 재고가 쌓이게 된다. 창고와 보관활동(warehousing and storage)은 재고를 쌓아두고 유지하는 데 필요한 공간을 관리하는 것이다. 구체적인 보관활동으로는 창고를 매입 혹은 리스할 것인지 아니면 임대할 것인지의 결정, 창고의 설계 및 디자인, 제품믹스(product mix)의 고려, 안전과 유지, 보안시스템, 인원 교육, 생산성 측정 등이 있다.

(8) 공장과 창고의 위치선정

전략적으로 공장과 창고(보관시설, storage facilities)의 위치를 시장과 가까운 곳에 두면 기업의 고객서비스 수준도 높아질 것이다. 또한 적절한 위치에 시설을 둠으로써 공장에서 창고로, 공장에서 공장으로, 창고에서 고객으로의 제품의 움직임에 있어서 보다 적은 양과 관계되는 운송률(lower volume-related transportation rates)이 가능해진다.

위치선정에 있어서 제일 먼저 고려해야 할 것은 기업이 가지고 있는 여러 시장들의 위치이다. 고객의 욕구와 원재료 · 부품 · 반제품의 위치도 고려해야 한다. 왜냐하면 기업은 내부이동과 보관(inbound movement and storage)뿐만 아니라 외부흐름(outbound flows)도 고려해야 하기 때문이다. 그 외에 고려해야 할 것으로는 노동률, 운송서비스, 시 · 주 · 국가의 세제, 보안, 법적 문제, 지역 요인(새로운 산업에 대한 주민들의 태도), 지가, 여타 시설의 이용가능성 등이 있다.

(9) 원재료 취급

원재료 취급(material handling)은 한 공장 내지는 창고 내에서의 원재료, 재공품, 완성품의 움직임이나 흐름의 모든 면과 관련된다. 원재료 취급의 목적은 ① 가능한 어느 곳이거나 취급(handling)을 제거, ② 운반거리의 최소화, ③ 가공중인 제품을 최소화, ④ 병목없이 일정한 흐름을 제공, ⑤ 낭비, 파손, 폐물(spoilage), 절도로 인한 손실의 최소화에 있다.

기업의 입장에서는 한 품목이 취급될 때마다 비용이 발생하는데, 그것은 원재료 취급이 어떠한 가치도 창조하지 못하기 때문이다. 그러므로 이 과정(operation)을 최소화시켜야 할 것이다. 특히, 단위당 가치가 낮은 품목들에 대해서는 총제품비용에 대해 원재료 취급 비용이 차지하는 비율이 매우 크다. "원재료 취급을 소홀히 하면 직접적으로 제품의 파손, 고객의 불만족, 생산의 지연, 인력과 장비의 비효율성이 나타난다. 원재료 취급은 재고량의 감소, 비용의 절감, 생산성의 증가에 기여하는 바가 크다.

(10) 조 달

어느 기업이든간에 타기업으로부터 어느 정도는 재료와 서비스를 공급받는다. 미국산업의 대부분이 그들의 수익 중 40%~60%를 외부로부터의 재료와 서비스를 위해 지출한다. 조달(procurement)이란 기업의 제조와 로지스틱스 과정의 효과적인 운용을 위한 재료와 서비스를 획득하는 것을 말하며 공급원의 위치선택, 획득할 재료의 형태결정, 구입시기의 결정, 가격의 결정, 품질통제 등의 여러 활동을 포함한다. 최근의 경제환경의 변화(재료의 유용성과 가격면에서 본)로 인하여 획득이 로지스틱스 과정에서 더욱 더 중요하게 되었다.

(11) 부품과 서비스의 지원

로지스틱스는 원재료, 재공품, 완성품의 움직임 외에도 제품의 수선과 서비스지원(parts and service support)에도 관련되어 있다. 제품이 고객에게 전달되었다고 해서 로지스틱스 활동이 끝나는 것은 아니다. 판매후 고객에게 서비스를 제공하는 것은 기업의 마케팅활동의 한 부분이다. 여기에는 제품이 부서지거나 작동이 안될 때 대체부품을 공급하는 활동도 포함된다. 예를 들면, 자동차 판매부에서는 서비스와 자동차 보수를 위해서 효율적인 서비스 부서를 갖추어야 한다. 적절한 부품의 여분과 대체품의 공급은 서비스와 수선활동의 주요한 부분이므로 로지스틱스는 고객이 필요로 하는 시간과 장소에 부품이 이용가능하도록 해야 할 책임이 있다. 제품이 생산설비의 부속일 경우 제품의 공급지연으로 인해 생산라인을 늦추거나 닫아버린다면 고객에게 큰 손해가 돌아간다. 따라서 부품의 여분과 대체품을 공급하는 기업은 신속하고 완고하게 대처(반응)해야 한다. 판매후 지원(post-sale support)이 기업의 마케팅 노력의 일환일 때 적절한 부품과 서비스의 지원은 굉장히 중요해진다.

(12) 포 장

포장(packaging)은 마케팅과 로지스틱스 두 가지 기능을 수행한다. 마케팅의 관점에서 포장은 촉진과 광고의 형태로 작용한다. 크기, 무게, 색깔, 인쇄된 정보 등은 고객을 유인하고 제품에 대한 지식을 전달한다. 로지스틱스의 관점에서 보면 포장은 이중역할을 한다. 첫째는 보관이나 운송되는 동안에 제품의 손상을 막는다. 둘째는 제품의 저장과 이동을 손쉽게 함으로써 취급 또는 처리(handling)를 줄이고 이에 따른 비용을 감소시킨다. 기업이 국제마케팅에 관여될 때에는 포장이 더욱 중요해진다. 해외에서 팔리는 제품들은 더 먼 거리와 더 많은 취급운영(handling operation)을 거치며 환경도 국내(미국)보다 더 나쁠지도 모른다. 많은 나라에서 경영자들은 적절하게 재료를 취급하지 못하며 교육이 잘 안된 인력에 의존해야 한다. 국내용 포장이 수출의 험한 운송을 견디지 못하는 것이 일반적이다.

(13) 폐기물 회수 및 폐기물 매각

생산과 로지스틱스 과정의 폐기물, 즉 부산물(by-product)은 폐기하는 원자재(waste material)이다. 이 부산물을 재생할 수 없는 경우에는 어떻게든지 처리를 해야 한다. 로지스틱스 과정(logistics process)은 효과적이고 효율적으로 부산물을 취급 · 수송 · 보관해야 하며, 다시 사용할 수 있거나 재생이 가능한 경우에는 재생산장소나 재처리장소로 수송해야 한다.

(14) 반품취급

역로지스틱스(reverse logistics)라고도 불리는 반품의 취급(return goods handling)은 로지스틱스 과정의 중요한 부분이다. 구매자는 제품의 결함, 노후화(overages), 잘못 배달 등의 이유로 물건을 판매자에게 반납할 경우가 있다. 역로지스틱스는 일방통행 길에서 반대로 가는 것과 같은 것이다. 왜냐하면 제품의 대부분이 한 방향으로 흐르기 때문이다. 대다수의 로지스틱스 시스템은 역방향의 제품의 흐름을 적절히 취급하지 못한다. 특히 고객이 보증수리, 대체품(replacement), 재활용 등으로 반품을 하는 산업에서는 역로지스틱스 비용이 매우 높을 수가 있다. 고객에서 생산자에게 제품을 거꾸로 이동시키는 것은 정상적(생산자에서 고객)으로 이동시킬 때보다 9배나 비용이 더 든다. 반품은 쉽게 수송 · 저장 · 취급될 수 없기 때문에 많은 로지스틱스 비용이 발생한다. 고객들이 더 유연(flexible)하고 관대한 반품정책을 바라고 재활용과 기타 환경문제들이 심각해짐에 따라 역로지스틱스도 그 중요성을 더해간다. 이상에서 언급한 로지스틱스 활동과 관련된 12가지의 내용을 정리하면 〈그림 10-18〉과 같다.

그림 10-18 로지스틱스 관리에 포함된 활동

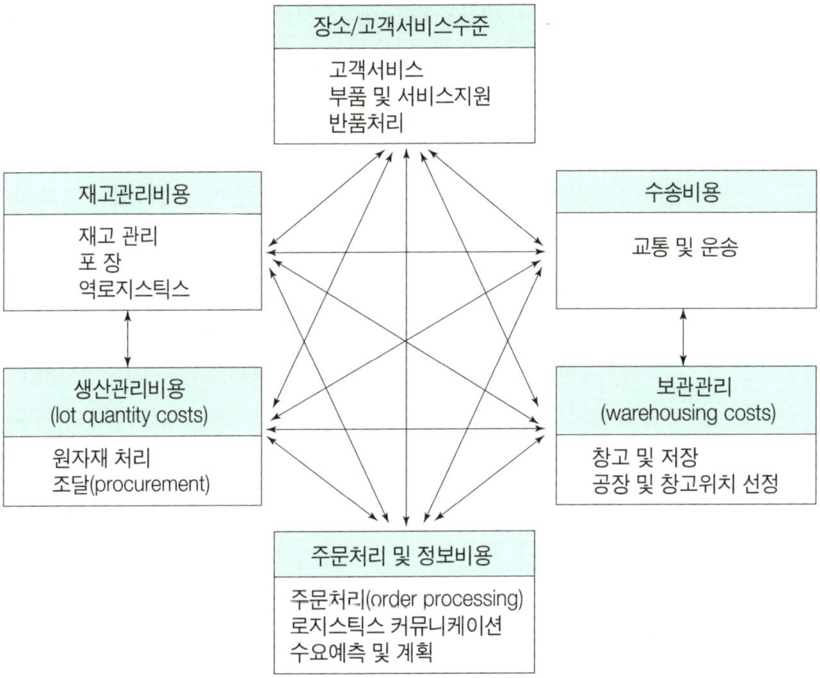

06 생산관리

UNDERSTANDING BUSINESS

6.1 생산관리의 개념

생산(production)이란 제품이나 서비스를 포함한 경제재를 만들어내는 과정을 말한다. 다른 측면에서는 생산을 일련의 에너지를 사용하여 물질의 물리적 또는 화학적 성질을 변경시켜 제품으로 변환하는 제조(manufacturing)라고도 한다. 생산관리(production management)란 생산시스템의 생산효율을 극대화할 수 있도록 생산활동이나 생산과정을 관리하는 것, 즉 생산시스템의 생산운영활동을 계획하고, 조직하며, 지휘 · 조정 · 통제함으로써 생산효율을 극대화시키려는 일련의 활동을 의미한다.

그리고 생산의 개념은 역사적으로 볼 때 자연을 대상으로 한 1차산업의 생산활동시기를 거쳐 제조중심의 생산활동이 확립된 이른바 시장생산의 개념이 도입되었다. 이 시기는 산업혁명후 미국기업에서 행해져 오던 자유방임적 관리를 비판한 테일러의 과학적 관리법이 등장하였으며, 또한 대량생산방식을 상징하는 포드시스템이 구축되었다. 그 후 인적요소중시의 생산관리와 계량적 생산관리는 포드시스템 이후 생산의 능률에만 치우치던 생산관리의 지나친 인간의 기계화를 비판하고 실제 생산을 담당하는 사람에 대한 관심을 증대시키게 되었고, 다른 한편으로는 보다 정확하고 효과적인 문제의 분석과 해결을 위해 수학이나 통계학, 컴퓨터 등의 계량적 방식을 활용하였다. 최근에 이르러 생산관리의 범위는 병원, 은행, 호텔, 음식점, 백화점, 수송, 교육, 공공부문 등과 같이 광범위한 서비스활동으로까지 확산되고 있다. 결론적으로 생산관리란 고객이 요구하는 양질의 제품이나 서비스를 적기에 적량을 적가로 생산 · 공급하기 위해서 생산시스템을 설계하고 이것을 관리하는 기업활동을 뜻한다.

6.2 생산관리의 영역

생산관리활동은 기업이 속한 업종에 따라 상이하다. 그러나 전반적으로 기업의 생산관리활동은 제품 및 공정의 설계로부터 시작되어 입지설계, 예측과 생산계획의 수립 및 통제, 그리고 재고관리와 품질관리활동이 주종을 이룬다고 볼 수 있다.

(1) 제품 및 공정설계

생산관리에서 제품설계는 먼저 신제품개발(new product development)의 아이디어와 신제품이 성공할 수 있을 것인지에 대한 타당성 연구 다음 단계에서 이루어진다. 기업의 제품설계전략은 제품수명주기에 따라 달라

그림 10-19 신제품개발 과정

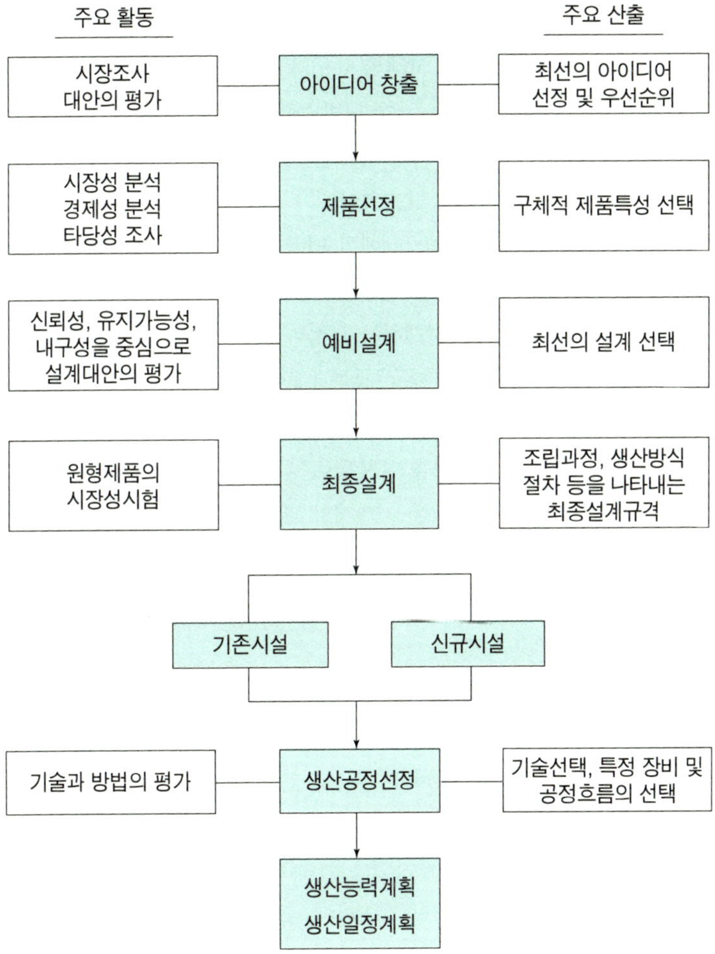

지지만 신제품 개발과 설계는 〈그림 10-19〉와 같은 과정을 거쳐 이루어진다. 제품설계(product design)는 제품이 구체적 가치를 제공해줄 수 있도록 하기 위해서 구성부품, 활동을 구조화한 것이다. 제품설계는 예비설계,* 최

* 선택된 제품의 개념적인 형태를 충족시켜 줄 여러 대체적인 설계를 개발하는 것을 말한다. 가령, TV메이커가 TV를 만들기로 결정한다면, 스타일이나 브라운관의 크기 등에 대한 문제들이 이 단계에서 취급된다.

종설계* 그리고 공정설계로 이어진다.

1) 제품설계

제품이란 고객의 욕구와 선호도에 부합하도록 설계 및 생산하여 시장에 출하한 제품 또는 서비스를 뜻한다. 이와 같이 제품은 외부환경요소들과 연결해주는 가장 중요한 역할을 담당하고 있기 때문에 생산부문에서 제품설계는 매우 중요하다.

제품설계는 앞에서 언급하였듯이 제품의 설계명세서를 개발하고 확정하여 시험용 모형을 제조하고, 이 시험용 모형의 시장시험(market pretest)을 거쳐 재설계하는 과정까지가 제품설계에 포함되는 과정이 된다. 이러한 제품설계는 이후 생산과정에서 사용될 원료의 종류와 양, 작업방법의 결정, 공정의 선택, 생산규모의 결정, 품질수준과 생산원가의 산정 등에 직접적으로 영향을 미치므로 생산의사결정에 있어 중요한 문제로 제기되고 있다. 특히, 제품을 설계할 때 주의해야 하는 것은 제품이 고장나기 전까지 사용할 수 있는 기간을 뜻하는 신뢰성, 고장난 제품을 곧 사용할 수 있도록 제품에 대한 정비의 용이성(maintainability) 등이다.

2) 공정설계

공정설계(process design)란 공장에 있어서 원재료로부터 최종제품에 이르기까지의 자재, 부품의 조립 및 종합조립의 흐름을 순서정연하게 능률적인 방법으로 계획(planning)하고, 공정을 결정(routing)하고, 일정을 세워(scheduling), 작업을 할당하고(dispatching), 신속히 처리하는(expediting) 절차라고 정의를 내린다. 즉, 생산할 제품이 결정되고 제품설계를 통해 제품의 설계명세서가 작성되면, 이 설계에 따라 제품을 제조할 생산공정을 설계해야 한다. 이때 공정(process)이란 원료를 입력시켜 제품을 출력시키는 데 필요한 모든 작업의 유기적 집합체를 말한다. 공정설계는 전체 생산시스템 관점에서 유효성이 높도록 설계해야 하며, 이는 제품설계와 유기적으로 관련되어 있으므로 이 두 가지는 동시에 고려되어야 한다.

---

* 제품과 그 구성요소 및 전면적인 생산을 위한 정보를 제공해주는 조립설계의 완전한 명세를 포함한다.

공정설계에 있어 먼저 수행되어야 할 것은 공정의 유형을 결정하는 것이다. 생산공정의 유형에는 연속형, 단속형, 프로젝트형의 공정시스템이 있다. 연속공정 시스템*은 소수의 표준화된 제품을 대량으로 생산하기 위하여 설계된 고도로 전문화된 시스템이다. 이와 같은 예로는 소품종대량생산업종인 석유화학, 자동차, 전자제품 메이커 등에서 많이 볼 수 있다. 단속공정 시스템은 다양한 공정의 요구조건을 충족시키도록 적은 양의 다양한 제품을 생산하는 데 적합한 일반화된 생산시스템으로서, 다품종 소량생산업종인 건축업, 항공산업, 의료 및 교육시스템 등에서 볼 수 있다. 그리고 프로젝트 시스템은 업무수행기간이 제한된 것으로, 복잡하고 특정한 목적을 가진 업무에 가장 적합한 시스템이다. 예를 들면 특별한 건설프로젝트, 신제품개발, 우주선 발사계획 등이 이러한 시스템에 속한다.

생산공정이 결정되면 다음 단계는 필요한 기계설비를 효과적으로 배치하는 일이다. 배치설계(layout)**는 공장 내에 필요한 기계설비 등을 공간적으로 적절히 배열하여 생산활동의 최적흐름을 실현하려는 의사결정기능을 말한다. 설비배치의 형태로는 제품별 배치(product layouts), 공정별 배치(process layouts), 고정형 배치(fixed-position layouts) 등이 있다. 제품별 배치는 라인별 배치라고도 하며, 고객이나 제품이 시스템 내부에서 처리되는 작업 내지 생산활동의 순서에 따라서 작업자나 설비를 배열하는 것으로 자동차조립공장, 식품가공공장 및 식당에서 많이 볼 수 있다. 공정별 배치는 유사한 기능을 수행하는 작업자나 설비를 집단화하여 배열하는 형태이며, 이 배치방식은 검사, 페인팅, X-레이와 같은 특수한 제기능이 다수의 제품에 대해 한 장소에서 수행되기 때문에 기능별 배치라고도 한다. 병원, 대학, 은행 등 비제조업에서 이러한 배치특성을 갖는 경우가 많다. 고정형 배치는 작업이 수행되는 작업현장에 관리기술, 작업자, 원자재 및 설비가 운반되게 하는 배치특성을 가진다. 건물, 조선, 댐, 교량 등 거대한 건설공사에서 많이 활용된다.

---

* 연속공정 시스템은 시스템 내에서 품목이 빠른 속도로 이동하기 때문에 가끔 흐름공정 시스템(flow system)이라고도 한다.

** 배치설계의 원칙으로 만족과 안전의 원칙, 총합의 원칙, 최단이동의 원칙, 공간이용의 원칙, 탄력성의 원칙, 경제성의 원칙이 제시되고 있다.

(2) 입지설계

입지설계(location design)란 기업의 생산활동이 위치할 지리적 장소를 선정하는 것이다. 기업조직이 제품설계를 완성하여 그것의 시제품(test product)을 개발하여 기술적 · 경제적 가능성을 확인하고 나면, 관리자가 그 다음으로 고려해야 하는 생산시설이다. 만약, 그 기업조직이 새로 형성되었거나 기존의 생산시설을 가지고 있지 않다면 제품생산을 위한 설비를 갖추어야 한다. 비록 그 기업조직이 기존의 공장설비를 갖추고 있다고 할지라도 그 신제품을 생산하기 위한 새로운 공장의 건설이 요구될 수도 있다. 어떻든 신제품의 생산을 위한 새로운 공장설비를 건설해야 한다면 관리자는 먼저 공장입지에 관한 의사결정을 하지 않으면 안된다.

관리자가 공장입지를 선정하는 데는 여러 가지 입지요인들이 고려되어야 한다. 특히 제조업의 입지결정을 좌우하는 것은 호의적인 노동력, 시장근접성, 삶의 질, 공급자 및 자원의 근접성, 모기업의 다른 시설과의 근접성 등이 있다. 반면, 서비스업의 입지결정조건은 고객들이 얼마나 편하게 그 회사와 거래할 수 있는가를 결정하는 핵심적인 요인이 될 것이다.

(3) 생산계획 설계

설계에 의해 생산할 제품과 생산할 공정이 결정되면 생산활동에 대한 계획에 착수하게 된다. 일반적으로 생산계획은 생산시스템의 능력과 예상수요를 고려하여 공정 및 시간면에서 계획을 수립하는 활동을 뜻한다. 생산활동의 출발점이 되는 수요예측을 먼저 살펴본 후 생산계획의 구체적인 내용을 이해하기로 한다.

1) 수요예측

수요예측(demand forecasting)*은 경쟁적이고 동태적인 환경에서 관리해야 할 활동에 대한 합리적인 지침서를 마련해줄 수 있는 역할을 수행한다.

---

* 예언(prediction)은 특정 상태의 선택을 의미하지만 예측은 미래상태에 대한 통계적인 예상을 말한다.

표 10-9 수요예측기법

접근방법		요 점
질적 접근법 (정성적 방법)	판단적 방법	
	소비자설문조사(시장조사)	미래계획에 대한 소비자의 의견
	판매원 의견조사	판매원으로부터 획득된 추정의 결합
	관리자 의견	재무, 마케팅, 생산관리자가 예측계획 수립에 참여
	델파이기법	익명으로 관리자들로부터 질문의 답을 이끌어 냄. 다음 질문은 앞의 조사로부터 얻어진 정보에 의함
	전문가 패널	컨설턴트 또는 전문가가 함께 예측활동에 참여함. 구성원간에는 예측에 관한 정보를 서로 공유함
계량적 접근법 (정량적 방법)	시계열분석법	시계열의 다음 값은 바로 앞 단계와 같다는 기법
	단순예측법	예측값은 최근값의 평균에 의존한다는 기법
	이동평균법	이동평균의 정교한 형태
	지수평활법	시계열을 추세, 계절 및 순환요인에 의해 분리함
	분해법	
	인과모형분석법	한 변수의 값으로 다른 변수의 값을 예측하는 기법
	단순회귀분석법	둘 또는 그 이상의 변수값으로 다른 변수값을 예측하는 기법
	다중회귀분석법	예측변수들의 종속적 회귀방정식을 연립적으로 추정하고 회귀변수를 이용한 변수간 상호관계를 토대로 경제활동을 예측하는 기법
	계량경제모형	

즉 특정 제품이 언제, 얼마나, 고객으로부터 수요가 있을 것인가를 미리 추정하는 것이므로 기업의 수요예측은 경영의 지표가 되고 있으며, 적합한 수요예측은 고용관계의 개선, 자재관리의 개선, 자본과 설비의 효율적 관리, 소비자서비스의 개선 등의 이점을 얻을 수 있다.

수요예측의 방법에는 〈표 10-9〉에서와 같이 질적인 방법과 계량적 방법이 있다. 전자는 정성적 방법이라고도 하며, 주로 주관적 자료로 구성되어 있으며 인적요소, 개인의견 등을 포함한다. 후자는 정량적 방법이라고도 하며, 과거 경험적 자료의 확장 또는 인과변수로 예측할 수 있도록 하기 위한 인과형 모형과 시계열기법이 있다.

2) 생산계획

수요예측에 의해 생산할 제품의 예상수요가 결정되고 나면 전체적으로 이를 생산할 계획을 수립하여야 한다. 생산계획에는 총괄생산계획과 일정계획으로 나눌 수 있다.

첫째, 총괄생산계획(aggregate production planning)은 생산자원의 적정 배분과 비용의 최소화를 목적으로 하여 일정기간에 대하여 생산율 및 고용수준, 재고수준, 잔업 및 하청 등을 중심으로 여러 가지 제약조건하에서 수립되는 생산계획을 뜻한다. 총괄생산계획의 기법에는 도표법(graphic method), 수리적 기법에 해당되는 선형결정기법(LDR: linear decision rule), 휴리스틱기법(heuristic technique), 탐색결정기법(SDR: search decision rule) 등이 있다.

도표법은 생산할 품목의 종류가 그리 많지 않거나 제품공정이 별로 번잡하지 않은 경우에 계절적인 수요에 대처해서 수립하는 생산계획이다. 이것은 도표에 나타나는 모델이 정적이고 여러 가지 계획안 중에서 최적안을 제시할 수 없다는 점이 결점이다. 선형결정기법은 생산계획기간에 걸쳐 최적생산율 및 작업자의 수를 결정하기 위하여 사용할 수 있는 결정규칙이나 선형방정식을 도출하는 기법이다. 휴리스틱기법은 발견적 기법이라고도 하며, 인간의 사고기능을 통해 경험을 살려 스스로 해결방안을 모색하면서 점차로 해결책에 접근해가는 방법을 말한다. 탐색결정방법은 총괄적 생산계획문제를 컴퓨터를 이용하여 해결하기 위해서 최근에 개발된 기법으로서, 상황이 너무 복잡하여 수학적인 기법을 적용할 수 없을 때 사용된다. 이러한 기법들은 생산자원의 효율적인 배분과 아울러 생산코스트의 최소화를 기하기 위하여 판매량, 작업능률, 임금 및 노사관계, 원자재 및 임금사정 등 제 문제를 고려하여 선택하는 것이 바람직하다.

둘째, 일정계획(scheduling)은 총괄생산계획을 구체화한 계획으로, 주어진 생산능력의 활용에 관한 계획이라고 할 수 있다. 일정계획은 생산시스템의 유형과 공정의 실제상황에 깊이 연관된다. 일정계획은 단지 시간만을 결정하는 단순한 것이 아니라, 일반적으로 작업순서결정(sequencing), 작업배분(dispatching), 진척관리(follow up)와 같은 문제들이 일정계획과 동시에 병행하여 해결되어야 한다. 일정계획을 수립하기 위해서는 생산기간, 기계부하, 납기, 일정표의 작성이 필요하다. 특히 일정표는 수주로부터 설계, 자료, 외주 등 최종제품완성에 이르기까지 모든 작업 및 업무의 일정표를 작성하여 관리하는 것이 바람직하다.

(4) 재고관리

재고(inventory)란 미래의 사용을 목적으로 보유하고 있는 사용하지 않는 자원, 즉 경제적 가치를 지니고 있는 유휴자원으로서, 대개의 경우 원료나 생산과정에 투입되어 있는 재공품 또는 반제품, 그리고 아직 팔리지 않은 완제품의 형태를 띤다. 재고는 일견 제조업에만 국한되는 것으로 여겨지기 쉬우나 항공운송과 같은 서비스산업의 경우에도 수요가 없어 대기중인 승무원들이 유휴자원인 재고가 된다. 재고의 보유동기는 고객의 예상수요에 탄력적 대응, 생산량의 균형화, 공정간 작업분리, 재고고갈(stock out) 예방, 경제적 로트 규모(economic lot sizes) 이용, 가격상승 대비(hedge)에 있다. 재고관리의 목적은 적시에, 적당한 장소에, 충분한 양의, 양질의 제품을 보유하여 고객의 서비스수준을 최대화하려는 것과, 바람직한 수준의 고객서비스를 제공하는 데 드는 비용을 최소화하려는 데 있다. 따라서 재고와 관련된 비용에 대해 살펴보면 다음과 같다.

첫째, 주문비(ordering cost)는 재고를 주문하고 인수하는 데 관련되는 비용으로서 사무 및 서류처리, 통신, 수송, 수입검사(incoming inspection), 준비비(setup cost) 등이 포함되며, 주문의 크기와는 관계없이 주문건당 고정된 금액으로 계산되는 것이 일반적이다.

둘째, 재고유지비(inventory holding cost)는 재고를 보유함으로써 발생하는 투입자본의 이자, 저장비용(저장설비, 사용에 따른 보관비, 보험료, 세금 등), 위험비용(도난, 파손, 진부화) 등을 말하는데, 투입자본에 대한 비용이 가장 높게 나타난다. 이 비용은 재고유지기간과 평균재고량에 비례한다.

셋째, 품절비 또는 재고부족비(shortage cost)는 재고가 부족하여 생산기회나 판매기회를 상실함으로써 발생하는 기회손실을 말하며, 조업의 중단, 신용의 상실 등을 주관적으로 평가할 수 있다.

1) 자재소요계획

자재소요계획(MRP: material requirement planning) 기법은 완제품의 생산수량 및 일정을 기초로 하여 그 제품생산에 필요한 원자재 · 부품 등의 여러 자재의 소요량 및 소요시기를 역산하여 자재조달계획을 수립함으로써, 일정관리와 더불어 효율적인 재고관리를 기하고자 하는 방법을 말한다. 이의 주목적은 제품생산에 필요한 자재를 필요한 시기에 필요한 양을 필요로 하는 장소에 조달·공급하는 것이다. 자재소요계획기법을 적용하기 위해서는 종합생산계획의 존재가 전제되어야 한다. 왜냐하면 종합생산계획에 의하여 최종제품의 생산량과 생산시기를 알 수 있기 때문이다. 그리고 관련정보를 포함한 자재청구서 등의 모든 전표, 장부 등이 존재해야만 하고, 모든 재고품의 조달기간이 사전에 알려져 있어야 자재소요계획기법의 적용이 가능하다.

2) 적시(JIT)관리

적시관리(JIT: just-in-time inventory control system)란 생산과정에서 요구되는 재고량의 수준을 낮추기 위해 각 생산단계에서 요구되는 자재의 양과 재고수준을 연결시키기 위해 설계된 시스템이다. 이 아이디어는 생산과정에서 필요한 각 부품이 필요할 때에 그 즉시 그곳에 도착할 수 있도록 하여 산처럼 쌓여 있는 재고에서 오는 비능률을 줄여보자는 것이다. 재고수준이 낮으면 낮을수록 그 생산시스템은 그만큼 능률적이기 때문이다. 일본에서는 생산부품의 요구가 간반시스템(Kanban system)에 의해 시행되고 있다. 간반의 의미는 가로×세로 4인치×8인치의 플라스틱카드를 의미한다. 그러나 JIT의 요구는 전자장치에 의해 제동된다.

오늘날 많은 자동차공장에서는 부품공급업체들까지도 이와 같은 JIT시스템과 연계되어 있다. 많은 부품(예를 들어, 타이어)을 재고창고에 보관하는 데서 오는 비용을 절감하고 당일 생산에 필요한 양만큼의 부품을 생산·선적하고 있다. 그리고 JIT재고관리 시스템은 소매상이나 서비스부문에도 널리 채용되고 있다. 예를 들어, 이탈리아의 스포츠웨어 판매회사인 베네통사는 물류센터를 운영하는 데 JIT개념을 활용하고 있다. 60여 국가에 산재해 있는 5,000여개의 점포의 요구에 응하기 위해 컴퓨터가 판매부서, 공장, 창고를 연결하여 업무를 처리하도록 하고 있다. 예를 들어, 판매부서에서 어떤 특정한 빨간 스웨터의 재고가 예측한 주문날짜 이전에 바닥이 났다는 것을 알게 되었다면 자신들의 개인용 컴퓨터를 통해 본사의 컴퓨터에 주문량을 발송한다. 그 스웨터는 원래 베네통사의 컴퓨터에 의한 디자인시스템(CAD system: computer-aided-design system)을 통해 제조되었기 때문에 컴퓨터가 그 스웨터의 모든 치수를 디지털코드(digital code)로 보관하고 있다. 그래서 그 정보는 컴퓨터에 의해 자동통제되는 편직기에 이송되고 그 편직기는 스웨터를 주문량만큼 생산하게 된다. 그러고 나면 공장작업자는 그 제품을 박스에 포장하여 원래의 주문처를 나타내는 바코드(bar code) 표지를 붙여 배송한다. 이런 방식으로 매일 230,000품목을 처리하는 데 소요되는 인력은 겨우 8명에 불과하다. 거기에는 바코드를 읽을 줄 아는 로봇(robot)이 있어서 각 박스를 분별하여 트럭에 실어 보내고 있는 것이다. 이러한 작업의 전 과정은 4주간이 걸리는데, 다른 대부분의 회사에서 하고 있는 시간의 1/3에 지나지 않는 시간이다.

(5) 품질관리

근래에 와서 소비자의 영향력이 증대됨에 따라 제품의 품질은 기업의 이미지와 직접적인 관련을 가지며, 기업의 생산성과 마케팅활동에도 중요한 영향을 미치고 있다. 또한, 고객의 욕구를 충족시켜 줄 수 있는 품질의 제품이나 서비스는 기업의 전략적인 목표로 그 중요성이 강조되어야 한다. 품질(quality)이란 제품이 사용목적을 달성하기 위해 갖추어야 할 모든 성능 · 형상 · 상태 및 조건이라고 할 수 있다. 품질관리란 소비자의 요구에 알맞은 품질의 제품을 경제적으로 생산할 수 있도록 조직 내의 여러 집단이 일정한 품질수준을 유지 · 개선하도록 하는 관리적 활동을 말한다. 여기서 좋은 품질이란 반드시 모든 면에서 가장 양질의 제품을 의미하는 것은 아니다. 품질은 원가와 상충관계(trade-offs)에 있다.

1) 품질수준의 결정

품질관리의 대상이 되는 제품의 품질은 그 제품의 설계로부터 변형과정을 거쳐 제품으로서 소비자에게 인도된 후까지 각 과정에 따라 다음과 같이 분류될 수 있다.

① 설계품질

설계품질은 제품이 생산되기 전에 엔지니어링부에서 판매부와 생산부의 도움을 받아 소비자의 욕구와 제조능력을 감안하여 결정된다. 즉, 소비자가 요구하는 품질과 공장의 제조능력을 경제적으로 균형시켜 품질규격

그림 10-20 **품질진화단계**

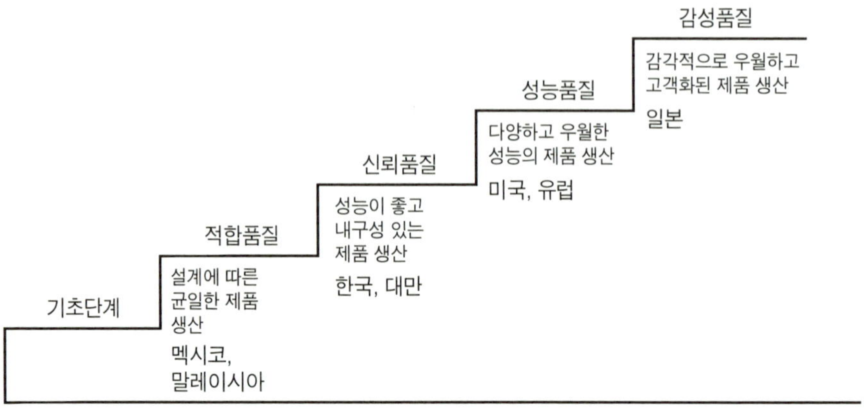

(quality specification)을 설정하고 이에 따라 제조하는 품질을 말한다.

② 제조품질

〈그림 10-20〉과 같이 제품을 설계규격에 맞게 균일한 품질로 안정되게 생산할 수 있는 능력인 적합품질(conformance quality), 제품의 수명이나 내구성, 성능의 올바른 작동 등 제품의 특성이 옳게 발휘될 수 있는 제품을 공급하는 능력인 신뢰품질(reliability quality), 고객이 요구하는 여러 가지 높은 성능의 제품을 공급하는 능력인 성능품질(performance quality), 동일한 성능일지라도 감성적으로 우월한 제품을 공급하는 능력인 감성품질(amenity quality)로 나눌 수 있다.

가령, 라디오 제품을 통해 제품품질의 발전과정을 생각해 보면, 적합품질의 경우 라디오는 R&D연구실에서 시방한 규격에 맞게 생산부서에서 균일한 품질만 생산하면 된다. 신뢰품질은 내구성, 수명을 적합품질에 부가한 경우를 말함이며, 성능품질은 라디오의 기능에 돌비시스템이나 아날로그에서 디지털로의 변경을 생각해볼 수 있다. 감성품질은 하이터치 하이테크를 활용한 이른바 섬세한 디자인, 리모콘 조작, 거치형 라디오에서 이동형 라디오 겸 오디오 기능을 가진 복합스테레오라고 말할 수 있다.

③ 사용품질

소비자가 실제로 사용하고 소비한 후 그 제품으로부터 만족감이나 불만족감을 지각함으로써 결정된다. 따라서 소비자의 만족도를 높여야 하는데 그렇게 하기 위해서는 생산자측의 부담이 커진다. 반대로 제품의 품질을 낮추면 생산자측의 비용은 감소하지만 소비자측의 부담이 증가하게 되므로 제품의 사용품질은 이러한 생산자측 및 소비자측의 비용을 고려하여 최적수준에서 결정되어야 한다.

2) 품질비용

품질비용(quality cost)이란 물품이나 서비스의 품질과 관련하여 발생하는 비용으로서, 예방비용(prevention cost), 평가비용(appraisal cost), 실패비용(failure cost) 등이 있다. 예방비용은 품질수준의 유지와 불량품질을 예방하는 데 드는 비용으로서 실제 생산이 진행되기 전에 소요되는 비용이다. 평가비용은 생산된 품질특성이 기술적인 규격에 적합한가를 확인하기 위하여 검사하는 데 소요되는 비용이다. 실패비용은 완성된 제품의 품질이 일정한 품질수준의 미달로 인해 발생한다. 불합격품, 등외품, 반품 등의 결과로 나타나며 제품에 결함이 없다면 발생하지 않는 비용이다.

6.3 범세계적 통합품질관리

기업경영의 영역이 국제화되고 경쟁이 치열해짐에 따라 기업들은 거의 모든 영역에서 새로운 도전에 직면해 있다. 특히, 품질관리에 있어서는 시장과 생산거점이 글로벌화함에 따라 지금의 총괄적 품질관리(TQM: total quality management)를 대신할 새로운 개념의 도입이 시급해지고 있다. TQM 패러다임에서는 고객가치의 만족, 지속적인 개선 그리고 조직원의 전반적인 관여 등이 성공적인 TQM 실행의 주요 요인이라는 사실은 이미 잘 알고 있지만, 기업의 환경이 전세계적인 시장과 이에 대응하는 생산전략으로 확장된 오늘에 와서는 그 개념과 실무적인 적용이 한계를 드러내고 있다.

따라서 범세계적인 경쟁과 국가별 시장의 특성에 적응할 수 있는 품질경영체제인 범세계적 품질경영(GQM: global quality management)의 적용이 불가피한 실정이다. 이것은 국가별로 다른 고객욕구의 만족을 극대화할 수 있도록 제품과 제조공정을 범세계적으로 통합경영하는 전략적 계획으로 정의할 수 있다. 이러한 정의는 TQM의 기본적인 개념을 포함하면서 조직의 사업이 범세계적인 범위로 확산된 품질관리의 기능을 고려한 것으로, 전지구적인 네트워크 안에서 볼 때 시장의 수는 증가하고 시장별 고객의 욕구는 다양해진다. 뿐만 아니라, 부품 조달과 고객에 대한 욕구를 모든 시장에서 균형있게 이룰 수 있는 공급사슬(supply chain) 역할을 부각시키는 것이 글로벌화된 기업에서 요구되는 품질경영, 즉 GQM의 요건이 된다.

GQM과 이전의 접근방법과의 근본적인 차이점은 <표 10-10>과 같다. 품질경영의 진화단계에 따라 GQM의 특징을 살펴보면 다음과 같다.

첫째, 관리영역에 있어서 GQM은 다국가간 경영조직을 운영해야 하며, 기능이 다양해지는 국제화된 기업을 전제로 한다. 국내기업이 다수의 시장과 다수의 생산기지를 가지게 되면 TQM을 적용하는 경우, 전세계적 시장과 생산이 야기하는 문제점에 직면하게 된다. GQM은 이러한 경우 TQM의 한계를 극복하는 데 적용되며 국가의 주권, 언어와 문화적 차이, 지리적 특성, 세금, 관세 그리고 환율의 문제까지 고려의 대상에 포함시키게 된다.

둘째, 시장차원에서 볼 때 GQM은 서로 다른 시장과 서로 다른 고객의 요구가 TQM의 경우보다 다양하고 고객의 가치나 문화적 차이에 민감한

표 10-10 품질개념의 진화

구 분	1단계: 통계적 및 전사적 품질관리 (SQC, TQC)	2단계: 총괄적 품질관리 (TQM)	3단계: 범세계적 통합품질 경영 (GQM)
관리영역	제품과 기능부서 중심	범기능부서, 총괄적 조직대상	소국가적 범조직 대상
시장차원			
고객가치	낮다	높다	매우 높고 다양
문화적 요소	낮다	중간	매우 높다
생산차원			
대상운영시스템	제품 · 공정	조직 전체	소국가 경영조직
통제주체	본국본부의 중앙집권	지역본부가 있으나 본국본부가 조정	범세계 네트워크내 지역본부가 자율통제
유연성	낮다	중간	높다
정보시스템	공장내부용 네트워크	기업통합망	범세계적 통합망
기술네트워크	공장내부용 네트워크	기업내 네트워크	범세계적 기술경제 네트워크

상황을 전제하고 있다. 그러므로 GQM에서는 나라마다 다른 취향에 맞게 제품과 고객서비스를 설계하여야 하며, 창의적이고 치밀한 시장조사만이 전세계적인 제품의 창출을 가능하게 할 것이다. 이는 특히 새로운 기술개발이 관련된 분야에서 더욱 그러하다. 이는 유행이 지났지만 문화적 민감성은 고객의 가치를 파악하고 만족시키면서도 범세계적으로 인정받는 제품이나 서비스를 창출하는 것이 경쟁의 생명이라고 할 수 있다. 따라서 이는 당연히 정교하게 구축된 정보전략의 도입을 요구한다.

셋째, 생산의 차원에서 볼 때 통계적 품질관리(SQC: statistic quality control)와 전사적 품질관리(TQC: total quality control)가 생산현장과 제품을 대상으로 한다면 TQM은 한 조직을 전체적으로 관리하는 것인 반면, GQM은 모든 국가에 산재되어 있는 조직과 다양한 관리영역을 고려하는 것으로서 TQM의 전지구적인 확장이라고 할 수 있다. 가령, 생산과 마케팅의 조화는 어떤 국가에 있어서는 가능하지만 다른 국가에서는 불가능할 수도 있다.

모든 기능이 한 특정 국가에 위치하지 않을 수도 있다. 만일 어떤 사업부가 국내의 공급업체가 가격이나 기술에 있어 경쟁력이 없다고 판단할 때는 국외의 공급업체와 계약을 할 수도 있다. 마찬가지로 지역 내의 시장에 친근해지기 위해서는 국외의 유통업체와 연계하는 것이 당연하다. 이러한 확장되고 다국적화된 공급사슬에서는 단일국가 내의 기능적인 통합을 넘어선 새로운 시각이 요구되므로 생산조직은 결국 범세계적인 조직의 여러 국가간의 조직의 연계에 기반을 두게 된다. 이러한 이유로 생산의사결정은 SQC나 TQM처럼 국내에 있는 본사본부에 의해서만 이루어질 수 없다. 다양한 시장에 대한 반응은 다수의 지역별 본부에 의한 네트워크를 요구하는 것이다.

이러한 점을 추구하는 데에 가장 중요한 것은 바로 유연성이라고 할 수 있다. 적은 물량과 높은 다양성 그리고 낮은 원가를 동시에 추구하는 생산과정은 그 유연성으로서 다양한 마케팅 노력의 비용과 상쇄될 것이다. 21세기에는 CALS(computer aided logistics system)에 속하지 않으면 부품, 원자재공급과 제품판매의 국제화는 물론 하나의 정보망 안에서 이루어지는 국제간 수출입업무도 수행할 수 없게 된다. 이때 GQM은 가장 중요한 개념이 될 것이다.

경영사례 플러스

경이적인 비즈니스 모델—아동복 「나루미야」

아동복 브랜드인 「메조피아노」 및 「엔젤블루」, 혹은 캐릭터 「나카무라군」, 「하나짱」 등을 알고 계시는지? 의류업계 종사자나, 초등학생 자녀를 둔 부모라면 알고 있으리라 생각한다. 이들은 나루미야 인터내셔널(이하, 나루미야로 표기)이라는 아동복 메이커의 주력 브랜드와 캐릭터로, 초등학생을 중심으로 대단한 인기를 끌고 있다. TV의 경제뉴스 프로그램에서도 나루미야의 쾌속행진은 자주 보도되므로, 흥미를 가지고 있는 분들이 많을지도 모르겠다.

나루미야의 브랜드를 입은 십대 초반의 "카리스마모델"이 등장하기도 하고, 신작 발표회에 자녀를 동반한 부모들이 열광하고 있다. 사실 이러한 열기는 단순한 붐으로 끝날 것이라고 생각했었다. "이 불경기에 1장에 6,800엔이나 하는 아동용 티셔츠나, 1만 2,800엔의 청바지의 판매호조가 오래 가지는 않을 것이다"라고. 그러나 그러한 생각은 빗나갔다. 나루미야에는 체험하지 않으면 알 수 없는 놀랄 만한 비즈니스모델이 존재한다.

나루미야의 로우틴(low+teen) 비즈니스

최초의 발단은, 딸아이가 8살 생일을 맞이한 날의 일로 시작되었다. 그때까지 딸아이는 유니클로(주: 중국산 저가 브랜드)를 입고 좋아했었다. 이것은 딸아이에 대한 교육이 성과를 발휘한 결과라 할 수 있었다. 예를 들어, 유니클로에서 팔리고 있는 "키스 헤링은 팝아트의 세계에서는 신적인 존재란다"라며 딸아이에게 말하거나, 오버워시된 청바지를 입히고는 "청바지는 오래될수록 멋있어"라고 가르쳐주어, 딸아이는 유니클로의 매니아가 되어 있었다. 나의 생각대로 척척 맞아들어가고 있었던 것이다. 그런데 딸아이는 8살 생일을 앞두고, 할머니로부터 '생일파티에는 특별한 옷을 입고 가라'며 용돈을 받았다. 우리집도 전형적인 「식스포켓(six+pocket, 생활비 및 학비 등 자녀를 위해 필요한 돈을 부모 외에 양가 조부모를 더해, 총 6개의 지갑으로부터 지출되는 것을 말한다)」가족으로, 외출복 등은 할머니 등이 사주는 일이 많다. "어떤 옷을 사고 싶니?"라고 딸아이에게 물으니 "엔젤블루가 입고 싶어"라고 대답했다.

딸아이가 언제부터 나루미야의 옷을 입고 싶다는 생각을 하게 되었는지 정확하지는 않다. 다만, 초등학생이 되어 어떤 단계에 이르면, 모든 부모가 경험하게 되는 일종의 의무 같은 것일지도 모른다.

"드디어 올 것이 왔다 !" 하며 조금은 괴로워하면서, "어떤 옷이 좋아?"라고 물으니, 딸아이는 소녀만화잡지인 「쨔오」를 들고 왔다. 나루미야는 「쨔오」와 같은 초등학생 대상 잡지에 교묘히 브랜드캐릭터를 노출시켜, 부모들이 모르는 사이에 일종의 「브랜드의식」을 만들어내는 데 성공한 것이다. 예를 들어, 메조피아노의 「미미포포쨩」이 프린트된 비닐백 등이 「쨔오」의 부록에 들어 있는 식이다. 이것은 초등학생에게 있어 그들만의 대단한 "보물"인 것이다.

이는 게임의 세계에서 보여지는 미디어믹스 전략과 같은 것이다. 1990년경, 게임산

CASE+

업에서는 초등학생 대상 마케팅에 있어, 미디어믹스가 중요하다는 것을 인식하고 있었다. 초등학생용 학습지 및 만화잡지에 게임 캐릭터를 주인공으로 만화를 연재하거나 애니메이션화하는 등, 게임브랜드의 인지도를 높이려는 노력을 해왔다. 포켓몬스터의 성공은 그러한 전형적인 예라고 할 수 있다.

나는 '나루미야의 비즈니스도 그러한 예의 소녀버전이다' 라고 내 멋대로 상상하고는, 휴일에 가족과 함께 신주쿠(新宿)에 있는 백화점에 갔다. 이때만 해도 실은 나루미야의 "늪" 에 막 빠지기 시작한 때로, 나 자신은 아직 그 사실을 눈치채지 못하고 있었다. 그런데 실로 대단했다. 백화점의 아동복 판매코너는 「미키하우스」의 독무대라고 생각했었는데, 언제부턴가 나루미야 브랜드 숍이 2~3개나 진출하고 있었다.

"어서 오세요." 엔젤블루의 점원인 아가씨가 딸아이에게 말을 걸어 왔다. "이름이 뭐야?" 라는 물음에 "낫짱" 이라고 딸아이가 대답했다. "낫짱은 몇 살이니?", "8살." 대화중에 부모인 우리들도 끼어든다. "딸아이의 8살 생일을 맞아 축하선물로 옷을 사주려고요", "그렇구나, 낫짱은 좋겠다. 어떤 옷이 좋아?" 하고 점원이 기뻐하며 딸아이에게 묻는다. "어디 좀 같이 돌아볼까" 하며 점원이 딸아이를 데리고 가주니, 부모인 우리들도 안심하고 편안히 주위를 둘러보았다. 금새 딸아이는 점원과 친해졌고, 다양한 상품을 고르며 즐거워하고 있었다. "낫짱, 이 팔찌, 나도 했어. 자 봐, 똑같지?" 하는 식이다. 딸아이는 매우 즐거워하며, 할머니에게 받은 돈으로, 티셔츠, 팔찌 그리고 벨트를 구입했다.

귀가길에 딸아이가 말했다. "있잖아, 아빠. 다음주에도 그 가게에 또 가고 싶어." "응? 왜?" "왜냐면 그렇게 친절한 언니는 처음인 걸." 그 순간, 나는 번개에 맞은 것 같은 기분이 들었다. 그러고 보니 아까 그 점원, 딸아이에게만 말을 걸었던 것이 아닌가. 보통 아동복코너에 가면, 점원과 얘기하는 것은 부모들로, 딸아이는 점원과 부모가 선택한 물건을 '옷 갈아 입히기 인형' 처럼 입어보고 결정한다. 그러나 나루미야의 비즈니스 방법론에서는, 딸아이가 점원과 같이 '옷고르기를 즐긴' 것이다.

미키마우스가 소매업이라고 한다면 나루미야의 정체는 서비스업. 그런 가설이 머릿속을 스쳐 지나갔다. 그로부터 1개월 정도 후에, 다른 백화점에 갔을 때이다. 거기에는 메조피아노의 가게가 입점하여 있었다. 딸아이가 가까이 가자, 다른 점원이 다가와서는, "이름이 뭐야?" 하고 묻는다. "낫짱." "낫짱, 우리 같이 가서 새로운 신제품 나온 거 보지 않을래?" "좋아요" 하며 대화가 시작된 순간, 이러한 '서비스업 가설' 은 확신으로 바뀌었다. 딸아이는 완전히 푹 빠져 있었다. 엔젤블루의 가게로부터는 "낫짱, 잘 있나요?" 하는 엽서가 배달되게 되었다.

역시 소매업보다는 서비스업이 마진이 높은 것이다. 그러나 점원이 친절히 대해주면 자꾸자꾸 들르게 되는 것까지 아빠를 안 닮아도 되는데…라고 통감하며 보낸 나루미야 판매점에서의 휴일이었다.

자료: YOMIURI(무역협회 번역), 2004년 6월 10일

넷째, 정보시스템에 있어서는 기술의 발전이 전세계적인 운영에 있어 정보시스템의 효과적인 지원을 가능하게 하였다. SQC, TQC는 공장내부의 네트워크로 충분하지만 TQM의 정보시스템은 기업 내의 모든 기능부서와 계층을 통합하는 정보네트워크를 필요로 하며, 이를 통해서만 기업의 시너지 효과를 이룩할 수 있었다. 그러나 범세계화된 경영에 있어서는 전세계적으로 연결된 통합정보시스템이 요구되면 상기한 CALS의 발달에 병행하는 정보네트워크는 필수적인 도구가 되는 것이다. 따라서 GQM은 단순히 연결된 TQM이 아니라 전지구적인 기업에 있어 TQM의 범위를 넘어서는 통합된 품질중심경영시스템이다.

다섯째, 기술네트워크에 있어서도 각 국가 내에서의 경쟁상황과 요인이 상이하므로 네트워크는 각기 상이한 기술, 공급자, 생산, 유통, 마케팅활동을 전제로 한 것이어야 한다. 제1단계, 제2단계에서는 공장내부와 기업을 통합하는 기술네트워크가 전부였으나, 제3단계인 GQM시대에 와서는 기업 외적인 기술원천은 물론 범세계적으로 다른 나라의 기술네트워크를 포함시켜야 한다. 이것이 바로 〈표 10-10〉에서 제시된 범세계적 기술경제 네트워크이다.

요즘 국제경영에 있어서 한 가지 특이한 현상은 기업의 자원이나 자산을 다른 기업의 그것과 전략적으로 제휴함으로써 약점을 보완하고 강점을 극대화하는 것이다. 이러한 개념은 단순해 보이지만 이를 적용하는 경우 전략적 제휴상황하에서 통합되고 조화된 품질관리를 필요로 하게 된다. 전략적 제휴하의 경영에는 많은 어려움이 존재하게 된다. 전략적 제휴하에서는 기업간의 품질관리 시스템이 양립할 수 있도록 충분한 사전조율과 GQM과 같은 통합적인 시스템이 고려되어야 한다.

요 / 약

1 마케팅이란 생산자와 구매자간의 교환관계(exchange relationship)과정이다. 구체적으로 마케팅은 개인적이거나 조직적인 목표를 충족시키기 위한 교환을 창출하기 위해 아이디어, 제품, 서비스의 개념정립과 가격결정, 촉진, 유통을 계획하고 집행하는 과정이다.

2 마케팅철학은 생산지향적, 판매지향적, 마케팅 혹은 고객지향적, 시장지향적 단계로 발전해 왔다.

3 미시적 관점에서 고객은 최종소비자, 즉 제품을 구입해주는 사람을 뜻하며, 거시적 관점으로는 가치생산고객인 사내고객, 협력기관으로 가치전달고객인 중간고객, 가치구매고객인 최종고객의 세 분류로 나눌 수 있다.

4 구매의사결정 과정은 문제의 인식, 정보의 탐색, 대안의 평가, 구매, 구매후 평가의 과정을 거친다.

5 시장세분화(market segmentation)란 제한된 자원을 소유한 기업이 보다 광범위한 시장에 대해 무차별적 공략보다는 소비자집단의 제품욕구와 구매행동이 유사하고, 집단간에는 상이하도록 몇 개의 소비자집단으로 군집화하여 차별적 마케팅전략을 활용함으로써 비용의 최적성과 위험의 최소화를 통한 시장접근의 한 방법을 말한다.

6 유용한 시장세분화가 되기 위해서는 측정가능성, 접근가능성, 실질적 규모, 실행가능성이 있어야 한다.

7 제품의 포지셔닝(positioning)이란 소비자들의 인식 속에 자사의 제품이 경쟁제품에 대비하여 차지하고 있는 상대적 위치를 말한다. 즉, 기업이 의도하는 제품개념과 포지션을 고객의 마음속에 위치화시키는 것을 뜻한다.

8 제품이란 기업이 생산하여 판매하는 유형재와 무형재인 서비스를 말한다. 제품을 분류하면 소비재(편의품, 선매품, 전문품)와 산업재(부품, 자본재, 소모품)로 나눌 수 있다. 제품의 구성요소는 품질, 브랜드, 스타일과 디자인, 포장, 보증, 배달, 설치, 대금결제방식, 애프터서비스 등이 있다.

9 제품라이프사이클(product life cycle)은 인간의 일생이 출생, 성장, 사망의 과정을 거치듯이 제품도 시장에 새로 도입되어 판매량이 상승하여 종국에 가서는 시장에서 사라지는 시간적 경과를 가리키는 것이다. 제품라이프사이클은 보통 S자형이며 도입기(introduction stage), 성장기(growth stage), 성숙기(maturity stage), 쇠퇴기(decline stage) 등으로 나뉜다.

10 촉진(promotion)은 예상고객이 될 수 있는 사람들에게 적절한 방법을 통하여 그들의 수요욕구가 환기되도록 수행하는 모든 활동을 말한다. 촉진의 구성요소로는 광고(advertising), 인적판매(personal selling), 홍보(publicity), 판매촉진(sales promotion) 등이 있다.

11 가격이란 소비자가 그 제품 또는 서비스 한 단위를 사기 위하여 지불해야 하는 화폐의 양을 말한다. 가격은 제품과 서비스에 따라 수업료, 전기료, 이자, 집세, 봉급, 택시요금 등 다양한 명칭으로 불린다. 가격결정에 영향을 미치는 요인은 소비자, 원가, 정부의 법적 규제, 유통경로, 경쟁환경 등이다.

12 유통이란 생산자나 서비스 제공자로부터 최종소비자에까지 이르는 다양한 조직들 사이의 관계들을 연결시켜 주며 주문, 거래협상, 지불, 금융 및 수송, 보관과 같은 마케팅기능의 흐름을 촉진시켜 주는 활동을 말한다.

13 로지스틱스(logistics) 또는 물적 유통(physical distribution)이란 효율적이고 비용면에서 효과적인 원자재(raw materials), 중간재고품(in-process inventory), 완제품(finished goods)의 흐름과 보관 그리고 소비자의 요구에 부응하기 위해 원산지(origin)에서 소비단계까지의 관계된 정보를 계획, 실행 그리고 통제하는 과정이다. 즉, 로지스틱스 또는 물적 유통의 핵심은 공급업자로부터 최종사용자에 이르기까지의 부가가치흐름(value added flows)인 전체의 공급사슬을 관리하는 것을 포함하고 있다.

14 생산관리(production management)란 생산시스템의 생산효율을 극대화할 수 있도록 생산활동이나 생산과정을 관리하는 것, 즉 생산시스템의 생산운영활동을 계획 · 조직하며, 지휘, 조정, 통제함으로써 생산효율을 극대화시키려는 일련의 활동을 의미한다. 생산관리활동은 기업이 속한 업종에 따라 상이하나 전반적으로 기업의 생산관리활동은 제품 및 공정의 설계로부터 시작되어 입지설계, 예측과 생산계획의 수립 및 통제, 그리고 재고관리와 품질관리활동이 주종을 차지한다.

생각해볼 문제

1 마케팅의 정의와 마케팅철학의 발전과정에 대해 상술하라.
2 고객의 분류, 역할 그리고 대상에 대해 설명하라.
3 고객의 유형에 대해 그림을 그리고 설명하라.
4 시장세분화, 표적시장의 선정, 포지셔닝 수립과정을 도식하고 설명하라.
5 마케팅믹스에 대해 논하라.
6 로지스틱스의 정의와 역할에 대해 논하라.
7 품질진화단계와 범세계적 통합품질관리에 대해 논하라.

IV

UNDERSTANDING BUSINESS

기업경영의 신조류

제Ⅳ부에서는 21세기 지식정보화사회로의 진입과 함께 기업의 신경영에 관하여 다룬다. 시장개방과 더불어 시시각각으로 변화하고 있는 환경에 능동적 대응과 생존을 유지하기 위한 방안으로는 바로 지식경영과 협력경영을 들 수 있다. 특히, 여기에서는 기업 경영 환경의 변화로서 신경영 조류인 지식경영과 협력경영에 관하여 공부해 보기로 한다.

- 제11장은 지식경영을 다룬다.
- 제12장은 협력경영을 다룬다.

CHAPTER

11

UNDERSTANDING BUSINESS

지 식 경 영

1. 지식경영의 태동배경
2. 지식경영
3. 지식경영의 메커니즘
4. 지식경영활동
5. 지식인프라와 지식경영의 성공요인

경영사례 플러스

CASE+

외국의 지식경영 모범사례

CKO에 대한 관심은 지난 91년 세계 최초의 CKO에 임명된 스웨덴 스칸디아/AFS사의 리프 에드빈슨과 다우케미칼사의 고든 패트래시에 대한 성공사례가 소개되면서부터 비롯됐다.

에드빈슨의 경우 무형의 지식자산에 대한 내용을 세계 최초로 연례보고서에 보고함으로써 지식경영의 틀을 구축했다는 평가를 받고 있다. 기업경영과 CKO제를 활발하게 추진하고 있는 주요 외국기업들의 사례를 살펴봤다.

에드빈슨이 중심이 되어 지식경영의 발판을 구축한 스칸디아의 경우 먼저 지식자산에 대한 재고와 활용상태 파악작업에 착수했다. 이어 지적자본을 개발해 평가한 다음 이를 전략적 의사결정지원, 프로세스 혁신, 마케팅, 인적자원의 능력개발 등에 활용했다. 또한 업무방법 및 고객서비스 관련 사내베스트 프랙티스를 인트라넷에 공유시켜 큰 성과를 거뒀다.

컨설팅업체인 매킨지사는 지식공유체계를 도입해 지식경영에 성공한 사례로 꼽힌다. 이 체계는 지식자원 찾아보기와 신속응답 네트워크로 구성되어 있다. 매킨지는 또 연간 1500여건에 달하는 컨설팅 프로젝트로부터 도출되는 경험, 노하우, 지식을 집약해 관리하는 지식베이스를 구축했다.

전세계 75개 지사에 7000명 이상의 직원을 두고 있는 부즈 앨런사의 경우는 부사장이 CKO역할을 성공적으로 수행한 경우. 이 회사 역시 지식공유 네트워크체계를 통해 조직원에 체화되고 결합되어 있는 지식을 형식지(形式知)로 바꿔 조직 전체가 활용할 수 있도록 하고 있다. 지식공유체계는 이력서, 발표자료, 근무시 컨설턴트가 작성하는 여러 문서들을 수집하고 저장할 수 있다.

이밖에 마이크로소프트(MS)는 일종의 마스터플랜인 디지털신경체계(DNS)의 3개축 가운데 하나를 지식경영에 할당하고 있다. MS가 CKO를 두고 있지 않은 것은 오래전부터 직원간 지식공유체계가 잘 이뤄지고 있기 때문이다.

MS는 인트라넷을 지식공유네트워크로 활용하고 있으며 직원들이 지식공유를 활발히 하고 아이디어를 창출할 수 있도록 18개월마다 부서를 의무적으로 이동시켜 주고 있다.

자료: 전자신문, 1999년 12월 27일

요즘 우리나라 정부와 기업뿐만 아니라 전세계적으로 지식경영(KM: knowledge managemen)에 대한 관심이 고조되고 있다. 이는 일찍이 피터 드러커(Peter Drucker)가 예언한 지식근로자(knowledge worker)로부터 시작되었는데, 그의 저서 『경제인간의 종말』(*the end of economic man*)과 『산업사회 인간의 미래』(*the future of industrial man*)에서 지식근로자라는 말을 처음 쓴 이래, 『새로운 사회』(*the new society*)에서 지식사회(knowledge society)를 예견하였다. 그 이후 『격변기의 경영』(*managing in a time of great change*)의 제4부 사회에서 지식사회는 종업원사회로 지식근로자들은 팀에서 작업을 하며 조직에 고용되어야 한다고 강조했다. 또한 경쟁적인 지식경제는 국가간의 치열한 경쟁으로 발전할 것이며 따라서 지식은 사회, 경제, 정치, 정부의 모든 분야에 막대한 영향을 미칠 것으로 예언하고 있다. 이에 본 장에서는 21세기 신경영 조류에 해당되는 지식이란 무엇이고, 지식경영이란 무엇인가에 대해 알아보기로 하자.

01 지식경영의 태동배경

UNDERSTANDING BUSINESS

1.1 정보화사회와 경영환경의 변화

토마스 쿤(Thomas Khun)[*]에 의하면 패러다임(paradigm)은 변화한다고

---

* 미국의 과학사학자이자 철학자인 쿤(Thomas Khun)이 그의 저서 『과학혁명의 구조』(the structure of scientific revolution, 1962)에서 처음 제시한 개념이다. '패러다임' 은 '사례 · 예제 · 실례' 등을 뜻하는 그리스어에서 유래한 것으로, 언어학에서 빌려온 개념이다. 즉 으뜸꼴 · 표준꼴을 뜻하는데, 이는 하나의 기본동사에서 활용에 따라 파생형이 생기는 것과 마찬가지다. 이런 의미에서 쿤은 패러다임을 한 시대를 지배하는 과학적 인식 · 이론 · 관습 · 사고 · 관념 · 가치관 등이 결합된 총체적인 틀 또는 개념의 집합체로 정의하였다. 쿤에 따르면, 과학사의 특정한 시기에는 언제나 개인이 아니라 전체 과학자 집단에 의해 공식적으로 인정된 모범적인 틀이 있는데, 이 모범적인 틀이 패러다임이다. 그러나 이 패러다임은 전혀 새롭게 구성되는 것이 아니라 기존의 자연과학 위에서 혁명적으로 생성되고 쇠퇴하며, 다시 새로운 패러다임으로 대체된다.

하였다. 21세기 사회는 글로벌화라는 공간적 · 시간적 활동영역의 확대, 정보화사회로의 진입, 기술의 급격한 발달, 고객, 변화, 경쟁으로 대변되는 뉴패러다임이 확산되고 있다. 기존 사회와 패러다임을 달리하는 오늘날 그동안 기업의 성장과 번영의 동인이 되었던 요인들이 더 이상 의미가 없다는 실례가 속속 드러나고 있다. 특히, 규모의 경제를 향유해 왔던 국내 대기업들의 붕괴는 치열한 경쟁의 시대에 영원히 생존을 담보해줄 번영의 공식을 더 이상 가지고 있지 않다는 현실의 냉혹한 논리를 엿볼 수 있다.

우리 인간은 농업사회, 산업화사회라는 패러다임의 변화를 겪으면서 새로운 문명을 탄생시켜 왔다. 더욱이 인간은 산업혁명이라는 커다란 사회적 변화를 겪으면서 새로운 패러다임을 경험한다. 그리고 오늘날 급격한 정보통신기술의 발달은 정보화시대를 열게 하였으나 그 발전의 속도는 가속화되고 있다. 현재 우리는 과도기로서의 정보화시대를 경험해가고 있다. 정보화의 성장, 성숙기에 지속적 경쟁우위의 유지는 곧 희망과 약속의 땅이 될 수 있고, 혹은 최후의 격전장이 될 수도 있으므로 정보화사회를 위해 철저히 준비해야 할 것이다.

정보화사회는 뉴패러다임으로서 국가, 기업, 공공단체, 국민 개개인에 이르기까지 엄청난 파급효과를 미칠 것이다. 국가경쟁력은 정보화 수준에 의해 평가될 것이고, 기업은 정보의 수집, 가공, 공유를 통한 부가가치의 창출능력에 의해 평가받을 뿐만 아니라 국민 개개인은 시간적 · 공간적 장벽을 초월하여 그야말로 경계 없는 범위에서 지적생활을 경험하게 될 것이다. 요컨대 21세기 정보화사회의 기업경영환경 변화는 다음과 같이 정리할 수 있다.

(1) 정보 · 네트워크 사회

정보화사회의 도래는 우리 인간을 네트워크의 사회에 살도록 만들었다. 정보기술의 발달로 인해 과거에 상상할 수 없었던 변화를 우리 주변에서 엿볼 수 있다. 가령, 인터넷의 영향으로 시간과 거리의 장벽이 와해되면서 정보의 접근성이 과거와는 비교할 수 없을 정도로 용이하고, 전통적인 방식의 인간관계가 정보망(information network)을 통한 관계로 급속히 대체되고 있다.

모든 사람은 통신 네트워크에 연결되어 언제, 어디서나 통신접속이 가능하고 재택근무, 원격교육 · 의료 · 금융거래 등이 상용화됨에 따라 전통적인 시간적 · 공간적 거리는 더 이상 인간활동이나 기업경영에 중요한 장애요인이 되지 않고 있다. 인터넷은 비즈니스에도 새로운 지평을 열어주고 있다. 세계 전자상거래 시장은 폭발적 규모로 성장할 전망이고 전자상거래 관련 시장조사, 보안 및 전자결제 같은 주변사업들이 새로운 성장분야로 부상하고 있다.

(2) 기술발전 및 확산의 가속화

정보기술의 혁명과 함께 기술발전이 가속화되고 있다. 치열한 기술개발 경쟁은 제품수명주기의 단축을 불러왔으며 기업으로 하여금 끊임없는 신기술 개발을 압박하는 한편 핵심 고유기술의 가치가 상승하여 업체간 기술 확보경쟁이 더욱 치열해지고 있다.

생산기술은 유연화 · 지능화되며 소프트웨어의 역할이 높아지고 있다. 제품수명주기의 단축에 맞서 신속한 원형제작, 유연한 제조공정 등이 일상화되어 신속한 주문생산이 가능해지고 있다. 기술발전의 상호 상승작용이 커지고 고기능 제품에 대한 소비자의 선호가 확산됨에 따라 서로 다른 산업 · 기술 · 상품간 복합화가 활발히 전개된다.

기술개발 및 확산의 가속화는 지식경영의 중요성을 증대시켰다. 지식 등 눈에 보이지 않는 자산의 중요성은 이미 오래 전부터 인식되어 왔지만 지식을 기업경영의 핵심요소로 관리하게 된 것은 비교적 최근의 일이다. 경쟁우위의 근본 원천이 바로 지식이라는 인식이 확대되었음을 알 수 있다.

(3) 그린(green)경영 환경

21세기의 가장 뜨거운 이슈라면 삶을 구성하는 포괄적 환경에 대한 때늦은 관심과 고민인 웰빙트렌드의 폭발이라고 할 수 있을 것이다. 개인이 갖고 있는 질적 환경개선의 욕구를 기업의 입장에서 다양한 마케팅전략을 이용하는 사례가 이어졌고, 각종 소비재 시장에서는 친환경을 표방하는 브랜드가 때를 기다린 듯이 쏟아져 나왔다. 소비자의 건강한 삶과 관련된 관심의 고조와 함께 기업측면에서는 사회적 책임으로서의 환경보존의 개념을 넘어 새로운 시장의 개척과 기업의 생존을 위한 '그린 경영'에 대한 관심과 필요를 요청받고 있는 현실인 것이다. 그런데 오존층 파괴, 지구온난화, 산성비 등 환경오염이 심각한 수준에 도달함에 따라 환경보존을 위한 국제적 차원의 규제가 강화되고 있다. 이미 선진국을 중심으로 몬트리올의정서, 바젤협약 등 180여건의 각종 환경협약이 체결되었거나 추진중이다.

이러한 환경에 대한 규제조치는 기업경영에 중대한 영향을 미친다. 즉, 일정한 환경기준에 미달하는 제품에 대해서는 수입을 규제하거나 수출국에게 폐기물 회수를 의무화함으로써 새로운 무역장벽으로 작용할 것이다. 아울러 소비자의 안전에 대한 의식이 높아짐에 따라 제품의 안전사고 발생시 제조자에게 책임을 묻는 제조물책임법이 일반화되는 등 안전요소가 제품개발에서 중요한 고려사항이 된다.

사실 우리 기업들은 환경지출을 국내법규와 선진국의 무역규제를 회피하기 위해 지출해야 하는 비용으로 생각해 왔다. 앞으로는 이를 자국의 경제발전과 인류의 공생을 위한 투자로 보는 인식의 전환이 요구된다. 단순히 물건을 만들어 팔겠다는 기존의 생각에서 벗어나 제품개발 단계에서부터 소비자의 다양한 입장을 고려하고 판매된 제품에 대해서는 끝까지 책임지는 자세를 가져야 한다.

(4) 새로운 소비계층과 소비문화 패턴

21세기 정보화사회는 소비계층과 소비행태의 변화를 촉진하고 있다. 이러한 소비문화의 변화는 인터넷을 비롯한 정보통신기술의 급격한 발전과 확산에서 비롯되었다. 이러한 소비행태와 문화의 변화는 세계적으로는 아마존과 이베이라는 인터넷 기반의 새로운 벤처대기업을 창립케 한 것이다. 우리나라의 옥션은 공동구매 소비행위와 문화를 창출하였고, LG홈쇼핑을 비롯한 통신판매가 새로운 소비계층과 소비문화를 형성하게 하였다. 이러한 새로운 소비계층과 소비문화의 형성 결과는 신세대와 여성고객을 중심으로 전개되고 있다는 것이 주목된다. 즉, 유행에 민감하고 과시적 · 충동적 구매를 하는 신세대와 여성들이 새로운 소비계층으로 부상함을 의미한다. 경제적으로 풍요한 환경에서 성장하여 내면적 자아실현을 추구하고 개성을 중시하며, 논리적 · 합리적인 판단보다 즉흥적인 느낌에 따라 행동하는 신세대의 등장은 소비생활의 소프트화를 촉진시킨다. 따라서 주부를 비롯한 여성들의 소비행태의 변화로 기업은 새로운 변화를 받아들여야 할 입장에 있다.

1.2 기업경영 패러다임의 변화

기업경영의 패러다임은 산업혁명을 기점으로 하여 전산업화시대, 산업화시대, 그리고 정보화시대로 분류해볼 수 있다. 이러한 기업경영의 패러다임 변화과정을 목표, 실행수단 및 개발내용의 측면에서 간략히 정리하여 보면 〈표 11-1〉과 같다.

시대적 패러다임의 변화와 함께 기업경영을 지배하는 경영관점과 경영방식도 변화하였다. 전산업화시대의 도제시스템에서 19세기 중반 산업화를 맞이하게 된다. 펜실베이니아 철강회사 기술자인 테일러(Taylor)에 의해 과학적 관리(scientific management)로 기업경영 개념이 개발되면서 급격한 변화를 맞이하게 되었다. 즉, 테일러의 과학적 관리이론은 낭비요소를 제거함으로써 최선의 방법을 찾아내는 데 초점을 두고 직무설계, 종업원 선발과 훈련, 성과로부터 계획의 분리 등이 이루어졌다. 이 시기의 기업경영은 직무에서 최선의 방식으로 종업원을 훈련시키고 강화하는 데 집중되었으므로 테일러의 과학적 관리는 '인간 없는 조직' 이라는 비판과 함께 새로운 도전에 봉착하였다.

테일러의 과학적 관리는 메이요(Mayo)의 호손공장 연구(1920)에 의해 새로운 경영패러다임으로 전환되었다. 기업의 생산성은 '사람의 관계적 특성에 영향을 받는다' 라는 메이요의 연구결과를 시발점으로 기업경영은 인간 및 인간관계에 집중하는 인간관계론에 기반하여 기업경영 패러다임으로 확산되기 시작하였다. 그러나 이러한 인간관계론 중심의 패러다임은 인간적인 면에 너무 치중하면서 조직의 성과 부분을 간과하였다. 따라서 "조직 없는 인간" 이라는 비판을 받게 되었다. 1950년대 들어 인간관계 패러다임은 그 적용과 해석에서 많은 오류를 범하면서 상당한 영향력이 상실되었다.

1950년대와 1960년대를 거치면서 기업경영에 있어서 행동과학운동이 지지되었고, 기업경영 패러다임 또한 변화를 겪게 된다. 이러한 행동과학 패러다임이 확산되면서 이를 기반으로 하는 많은 연구가 쏟아져 나왔다. 대표적으로 허츠버그(Herzberg), 로저스(Rogers), 매슬로우(Maslow), 드러

표 11-1 기업경영 패러다임의 변화

시 대		전산업화시대	산업화시대	정보화시대
목표	경제적	• 농업 강조 • 근대 제조와 서비스 산업	• 대량 산업화 • 확장된 서비스 • 낮은 노동집약적	• 치열한 국제경쟁에서 고기술의 급격한 변화 • 중요한 도전에 대한 감각
	지역적/정치적	• 전원의 소규모 도시 • 단순 정치시스템	• 도시-광역지역 • 정치와 정부의 범위 확장	• 도시-광역지역, 그러나 지역 정체성의 상실 • 매체기반 정치 • 시민의식 제고와 함께 정치적 참여 감소
	개인-가족	• 희소성 경제에 기원한 전통 기반 역할	• 핵가족 • 개인주의 • 이해중심 집단	• 높은 개인주의와 상실 • 가족 불안전성 • 새로운 규칙에 대한 욕구
실행수단	주요 수단	• 개인(+) • 가족(+++) • 지역(+++) • 교회(+++) • 학교(+) • 대학(-) • 작업장(+) • 대중매체(-)	• 개인(+) • 가족(++) • 지역(++) • 교회(++) • 학교(+++) • 대학(++) • 작업장(+) • 대중매체(+~++)	• 개인(+++) • 가족(+~-) • 지역(-) • 교회(+~-) • 학교(++~+) • 대학(++~+) • 작업장(+++) • 대중매체(+++)
	주요 내용	• 높은 주입식/낮은 의도적(intentional) 학습 • 전통적 제도의 지배 • 배태된(embedded) 시스템 관리 • 전통적 활동으로서 공식적 학습 • 좁게 정의된 커리큘럼 • 19C 중반의 변화하는 목표에 부적합한 시스템	• 사회-성-종교적 상황에서의 주입 • 의도적 학습의 확장, 특히 작업장 영역 • 시스템 관리의 감소 • 공식교육의 역할/파워 증가, 그러나 단절적 · 예외적 관리 • 시대에 성공적 시스템 • 60대 이후 혼란의 증후	• 새로운 자유와 선택의 측면에서 주입식 급격한 감소 • 국제적 학습의 증가와 공식적 교육기관 밖의 학습 • 시스템 혼란의 상당한 징후 • 고등교육의 위기와 새로운 교회-학교-대학의 협동의 예측 유도 • 목표 향상에 부합하는 학습 시스템의 장점 인식 • 그 결과가 어떻게 나타날 것인가?

* 중요도 : (-) 거의 중요하지 않음, (+) 어느 정도 중요, (++) 높은 중요, (+++) 매우 중요

커(Drucker), 맥그리거(McGregor), 리커트(Likert), 아지리스(Argyris) 등을 들 수 있다. 행동과학적 패러다임에서는 기업의 조직구조와 대인관계에서 발생하는 작업자와 관리 사이의 긴장(tension)이 초점이 되었다. 또한 이러한 패러다임하에서는 비공식적 집단의 영향을 수용하고, 인적자원이 재무적 자원과 물적자원과 같이 기업의 수익성에 매우 중요하게 인식되었다.

최근에 이러한 패러다임은 정보기술 및 과학의 발전과 전지구적 차원의 경쟁시대에 돌입하면서 지식경영 신경영 패러다임으로 전환을 맞이하고 있다.

1.3 신경영 패러다임 조류

기존의 기업경영 패러다임은 기업의 효율성을 제고하기 위해서 경영자의 결단을 중요시한 반면에 종업원들의 창의성이나 활동을 과소평가하는 경향이 많았다. 그러나 21세기로 접어들면서 기업의 변화나 발전의 주제가 기업의 효율성 관점에서 기업 내의 인간을 중시하는 인본주의적 방향으로 전개되고 있다. 노동의 측면에서도 단순 노동력의 의존에서 지속석인 학습을 통해 다기능을 추구하고 지식을 갖춘 문화인으로서 뇌본(腦本)중심의 패러다임으로 바뀌고 있다.

노사 양 당사자의 관계도 많은 변화를 겪고 있다. 즉, 대립적 노사관계에서 성과지향 공동체적 노사관계로 전개되고 있다. 사용자도 과거처럼 노동자들에게 직장을 만들어주었으니 무조건적으로 따라오라는 명령식의 통제적 사고가 많이 줄어들었다. 선진기업의 성공사례를 타산지석(benchmarking)으로 삼고 있으며 노동에 대한 상호보완적인 사고로 전환하고 있다.

한편, 고도의 전문화의 요구로 노동의 분화도 급격히 진행되고 있다. 지식정보산업의 등장, 정보통신기술의 진전에 따라 수많은 직종으로 분화되어 고전적인 대량생산시대의 단순육체노동자만의 시대는 지나가고 있다. 즉, 한마디로 사용자뿐만 아니라 노동자도 지난 세기의 대립적인 계급적 존재에서 다종다양하게 탈피하고 있다. 노동자도 이젠 단순히 육체적 힘과 단순작업만을 강요받는 노동력으로서만 존재하는 것이 아니라 하나의 독립된 인간으로서, 다기능을 갖춘 기능인, 전문적 능력을 갖춘 전문인으로 탈바꿈해 나가는 일명 지식노동자로 전환해가고 있다. 오늘날의 기업경영에서는 자본, 노동, 정보, 서비스, 아이디어 등 모든 생산요소별로 그 과정과 분배에 이르기까지 합리적으로 집행되는 논리가 기본이 될 것이다. 이러한 시대적인 흐름에 맞는 기업경영이 바로 지식경영이라고 볼 수 있다.

따라서 21세기의 정보화사회의 도래는 기업으로 하여금 다음과 같은 몇 가지 사고의 전환을 요구하고 있다.

(1) 가치창조경영

가치창조경영(VBM: value based management)은 기업의 궁극적 목표를 기업가치 극대화에 두고 기업의 각종 의사결정이나 부문의 목표와 성과를 가치로 측정하며, 이러한 가치를 기준으로 기업의 각종 의사결정이나 경영계획, 경영관리를 수행함으로써 기업 전체의 가치를 제고시키는 경영을 의미한다. 즉, 가치창조경영은 가치를 기본으로 기업의 목표를 설정하고 이에 근거한 분석적 기술을 적용하며, 기업의 의사결정의 초점을 가치창출에 집중함으로써 기업의 전체적 가치를 극대화시킬 수 있도록 하는 경영의 접근법을 의미한다.

가치창조경영은 기업의 각 단계 조직구성원의 의식을 바꾸는 과정을 필요로 하므로 상당히 길고 복잡한 단계를 거친다. 제1단계에서 구성원들은 가치창출의 수단 및 도구를 개발하고, 교육이나 연수를 통하여 이를 이용하는 방법을 배우게 된다. 제2단계에서 기존의 이해를 더욱 확실하게 하며, 가치평가 프로그램의 사용에 익숙해지도록 훈련한다. 가치에 근거한 보상제도의 실시는 이러한 수단들이 제대로 작동한다고 확신할 수 있을 때 비로소 실시할 수 있다.

가치창조경영의 성공적 시행은 최고경영층의 지속적인 관심이 무엇보다도 중요하다. 또한, 성공의 핵심요인은 기업의 다양한 하부조직에 걸쳐 조직의 변화를 주도할 집단을 형성하는 것이다. 가치창조경영의 성공적 시행은 가치와 성과 중시의 기업문화를 바탕으로 해야 한다. 또한 상의하달과 하의상달에 의한 양방향 커뮤니케이션과 적절한 인센티브 프로세스가 필요하며, 가급적 낮은 비용으로 달성하여야 한다.

(2) 스피드경영

스피드경영(speed management)이란 〈표 11-2〉에서의 속성과 같이 급변하는 경영환경에 대한 대응력을 극대화함으로써 고객이 만족하는 제품·서비스를 경쟁사보다 빠르게 제공하는 경영을 뜻한다.

미래학자들은 과거 100년의 변화보다 향후 10년의 변화속도가 더욱 빨라질 것으로 예상하고 있으나, 아직까지 사회의 대응, 기업의 대응은 지극히 취약하여 선진기업과의 격차를 좁히지 못하고 있는 상태이므로 향후 다가올 정보화시대는 시간과 공간의 장벽이 무너지는 시대로 경쟁패러다임도 당연히 변화될 것으로 전망하고 있다. 따라서 산업화시대의 양과 질만으로는 대응이 곤란하고 환경변화에 얼마나 신속히 대응하느냐, 즉 경쟁력=양(volume)×질(quality)×스피드가 핵심 경쟁우위요소로 간주되고 있다.

외국의 선진기업인 인텔(www.intel.com)은 시장을 선도하는 따돌리기 개발전략을 실현하고 있다. 즉, 경쟁자보다 먼저 차세대제품을 개발하고 스스로 세대교체를 유발함으로써 시장을 독점하는 전략이다. GE(www.ge.co.kr)는 90년대 경쟁우위요소를 스피드로 단정하고 자신감(self confidence), 단순성(simplicity), 스피드(speed) 등 3S의 개념을 전 조직에 확산시켰다. 시티뱅크(www.citibank.co.kr)는 신속한 고객대응스피드를 핵심 경쟁요소로 활용하여 미국의 주택담보 대출분야에서 수위를 확보하였으며, 우리나라의 삼성전자(www.sec.co.kr), 엘지전자(www.lge.co.kr) 등도 스피드경영을 통해 일본의 가전시장을 따라잡고 결국 시장을 리드하는

표 11-2 스피드경영의 속성

4대 속성	의 미	대 응 방 향
먼저 (기회선점경영)	early start, market leader	• 미래유망사업의 조기발굴, 사전준비, 선행투자 (예: 신상품매출비율) • 경쟁사대비 신상품 조기출시
빨리 (시간단축경영)	time compression, fast decision	• 프로세스 리드타임 단축 (예: 상품개발시간 단축, 주문출하시간 단축) • 신속한 의사결정
제때 (타이밍경영)	on time management, just in time	• 외부고객 및 회사 내부고객과의 납기준수 (예: 납기준수율) • 필요한 시점에 필요한 만큼 공급
자주 (유연경영)	real time management, flexible management	• 사람, 돈 물류 등 실시간 관리 (예: 일일결산체제) • 소량다품종, 고회전율 경영 (예: 자산회전율)

단계에 이르렀다고 평가하고 있다.

(3) 비전경영

비전경영(vision management)이란 기업이 독자적인 비전을 창출하고 기업 내외의 환경에 주체적으로 대응하여 새로운 미래를 창조하려는 경영활동을 말한다.

21세기 정보화사회에서 초일류기업으로 발전 · 성장하기 위해서는 장기적인 관점에서 경영비전을 정립하고 이를 구현해 나가야 한다. 비전경영은 경영혁신의 추진과 기업문화 창달을 기반으로 이루어진다.

사실 우리나라의 이랜드(www.eland.net)는 기독교정신의 구현이 목적이며, 기업의 전략도 이러한 가치관을 잘 반영하고 있다. 이랜드는 일요일에 점포를 열지 않으며, 종업원들이 근검절약할 것을 강조하고 있다. 여기에서 이랜드가 얻을 수 있는 무형의 가치는 기독교정신에 입각하여 근검절약정신을 강조하는 것도 값싸게 질좋은 제품을 공급한다는 이미지를 줌으로써 가격경쟁력을 강화시키는 효과를 얻을 것이다. 마찬가지로 마이크로소프트(www.microsoft.com)의 빌 게이츠(Bill Gates)는 단순히 이윤극대화를 위해 열심히 일하고 있다고는 볼 수 없다. 이미 수십억 달러의 재산을 가진 그가 돈보다는 자기성취 또는 컴퓨터산업의 지배와 같은 목적에 더욱 빠져 있을 것이다. 또 다른 예로 영국의 보디숍(www.thebodyshop.com)이란 점포는 환경보호, 동물애호를 주요 가치관을 삼고 샴푸나 화장품에 동물성 유지나 향료를 사용하지 않는데, 이러한 기업은 최근의 동물보호운동과 관련하여 기업이미지와 경쟁력을 강화하고 있다. 이와 같이 기업의 표방하는 가치관은 기업안의 여러 이해당사자들에게 기업이 추구하는 전략적 방향을 제시하고 각 이해당사자간의 목표를 같은 곳에 수렴시키는 역할을 하는 것이다.

이러한 비전경영은 다음과 같은 역할을 수행한다. 첫째, 비전경영은 경영자의 높은 수준의 야망을 실현시키는 원동력으로서 기능한다. 둘째, 비전경영은 기업구성원들이 자발적 · 창의적으로 과업을 수행하는 구성원을 임파워먼트(empowerment)시키는 역할을 수행한다. 셋째, 비전경영을 통해 기업의 이해관계자 특히 종업원에 대한 희망과 신뢰감을 심어줄 수 있다. 넷째, 비전경영은 기업경영 시스템의 각 구성요소를 하나의 비전으로 통합시켜 주는 역할을 수행한다. 마지막으로 비전경영은 비전을 제시함으로써 경영혁신과 기업문화를 통일된 방향으로 결집시켜 주는 역할을 한다.

02 지식경영

UNDERSTANDING BUSINESS

최근 정보화, 시장이 글로벌화되어가는 환경변화의 특징은 정보통신 기술의 발달, 근로자 의식수준의 향상, 인간가치 및 창의성 존중, 소비자 주도의 시장화를 들 수 있다. 미래학자 앨빈 토플러(Alvin Toffler)는 21세기를 다양성의 시대, 지식이 생산요소가 되는 시대, 탈대량화사회가 될 것으로 예측하였으며, 삼성경제연구소는 다섯 가지 요인인 국제화, 창지화(創知化), 정보화, 복합화, 상생화로 전망하였다. 바로 이러한 시대에 새롭게 등장한 이론이 바로 지식경영이다.

지식경영에서 중요한 사안은 제2물결 혁명인 산업혁명에서 생산의 함수가 노동, 자본, 그리고 기술의 생산요소에 의한 $Q=f(L, K, T)$이었지만, 정보혁명인 제3물결시대에는 지식, 정보, 그리고 기술이 경제부가가치를 창출하는 주요 자산요소가 된다는 점이다. 원래 노동자란 의미는 비용(cost)이란 뜻을 내포하고 있지만 지식경영에서의 노동자인 인간은 이제 더 이상 과거의 노동자 개념이 아니다.

비용으로서의 노동자(people as costs)란 개념이 이제 부의 원천으로서의 노동자(people as source of wealth)라는 개념으로 변한 것이다. 여기에서의 source란 '자원' 또는 '자산'(asset)을 말한다. 요즈음 구조조정의 개혁을 보면서, 왜 기업은 인력만을 감량하려고 하는가? 그 이유는 바로 근로자나 사용자 양측이 모두 인간을 '비용'이라는 개념으로 보기 때문이다. 인간을 비용이 아닌 '자산'으로 보고 접근한다면, 사용자는 어떻게 '자산'을 포기할 수 있을까? 또한 근로자는 자기들이 갖고 있는 스스로의 '자산가치'를 왜 가치창출에 적극적으로 활용하지 않을까? 우리가 '자산'이라는 개념으로 접근한다면 경제학에서 말하는 '자산'의 감가상각으로 처리가 가능할 것이다. 그러면 근로자나 사용자는 현재의 문제를 해결할 수 있을 터인데, 참으로 안타까운 일이다.

여기에서 한 가지 반드시 명심할 것은 근로자나 사용자는 인간(human)이요, 따라서 결론적으로 human is capital 이라는 것과 그 인적자산을 어떻게 운영하여 모두에게 이익가치를 창출하는가 하는 것이 바로 지식경영 이론의 결론이다. 따라서 인간은 '자산' (human asset or human capital)이라는 결론인데, 이것을 자칫 잘못 해석하고 적용할 수 있다는 것이다. 왜냐하면 '자산' 이란 비용의 개념이 아니라 반드시 가치를 창출할 때에만 그 원천적인 가치를 평가할 수 있기 때문이다. 무조건 나는 인간이요, 그러기 때문에 나도 기업의 자산이다,

그래서 기업은 나를 필요로 하니 나를 버릴 수 없다라는 식으로 접근한다면 그것은 위험 천만한 일이다. 가치를 창출하는 인간, 가치를 창출하는 자산만이 바로 요즈음 우리가 필요로 하는 것이므로, 이 점을 반드시 명심해야 한다.

또 하나 주지할 것은 지식이 중요하고 따라서 지식이 포함된 모든 지적자산(IC: intellectual capital)이 중요하다고 하는 것은, 우리가 기존의 기본원칙들인 재무제표, 손익계산서, 그리고 현금흐름표 등 재무데이터에 나타나는 것들을 무시한다는 것이 아니라는 사실이다.

이러한 기본 재무데이터는 경제원칙인 Input→Output의 결과물이므로 이는 우리가 Output을 평가할 때 가장 중요한 것이다. 다만, 이들 이외의 가치를 찾아내 보다 더 많은 가치를 창출하자고 하는 것이 바로 지식경영 이론이라는 점을 기억해야 할 것이다.

2.1 지식경영의 뉴패러다임

오늘날 산업중심의 자본주의시대가 지식주도의 탈자본주의시대로 이행하고 있다. 전통적인 생산요소인 토지, 노동, 자본 등의 부가가치 생산능력이 한계에 도달함에 따라 지식이 국가 및 기업 경쟁력의 새로운 원천으로 부상하고 있고 지속적인 지식창출과 혁신만이 경쟁우위를 보장한다는 것이다. 산업혁명이 자본주의를, 지식혁명은 지본주의의 개막을 뜻한다.

사실 경제발전단계상으로도 요소투입단계→투자유발단계→기술혁신단계로 진화되듯이 지식의 중요성이 증가하고 있다. 즉, 지식 · 기술의 경제성장 기여도가 증가하는 경제구조로 전환되고 있음을 의미한다.

선진국들은 90년대 중반부터 지식기반경제(knowledge based economy)* 심화를 위한 노력을 경쟁적으로 전개하고 있다. 이는 지식이 조직의 부와 경쟁력 창출의 핵심원천임을 뜻하는 것으로, 산업사회에서는 자본과 노동이 생산요소 중 중요한 비중을 차지한 반면에 지식사회에서는 지식이 핵심요소로 등장한 것이다.

한편, 크루그만은 1994년 말 『동아시아 성장한계론』에서 우리나라를 포함한 동아시아 국가들의 기적적인 경제성장의 원동력은 요소투입량 증가(노동력과 자본)에 의한 것이며, 지식창조를 통한 총요소생산성의 기여도는 미미하므로 향후 고도성장 유지는 불가능할 것이라고 진단하였다. 요컨대, 오늘날 지식경영과 지식기반경제의 논의가 확산되고 있는 배경은 기존의 전략으로 선진국을 따라잡을(catch up) 수 없다는 한계상황을 반영한 것이다. 다시 말해서 지식은 수확체증적 성격을 가지고 있어 지식기반의 심화 없이는 선진국과의 격차가 더욱 벌어질 것이다.

실제적으로 모토로라(www.motorola.com) 캘빈 회장은 지식경영은 비용이 아니고 투자라고 간주하고 중역들의 반대에도 불구하고 조직원의 지식경쟁력 제고를 위해 4,000만 달러의 투자를 단행하였다. 세계 최대의 스포츠화 업체의 위치를 확보한 나이키(Nike)(www.nike.com)는 어떤 측정지표를 이용하더라도 성공적인 기업으로 매년 성장률이 20% 이상이며, 자본대비 수익률은 30% 이상(생산의 100%를 아웃소싱하고 있으며, 생산시설이 없음)이다. 그런데 1970년대 초부터 운동화는 기능보다 디자인이나 패션부문의 기술축적이 중요함을 깨닫고 R&D와 마케팅, 유통부문에 집중적으로 투자하였다. 특히 제품의 생산부문은 전세계 업체에 외주를 주는 형태로 사업을 운영하여 시장 및 고객구매변화에 경쟁사와는 비교가 되지 않을 정도로 유연하게 대처가능하게 하였다.

---

* OECD(1996)는 지식기반경제를 지식과 정보의 생산 · 배분 · 활용에 기반을 둔 경제라고 한다. 또한 드러커(Peter F. Drucker)는 경제발전의 원동력이었던 전통적 생산요소인 토지, 노동, 자본은 오히려 제약이 되고 지식이 단하나의 중요한 생산요소가 되고 있다고 생산요소의 변화를 주장하였다.

또한 홀리데이 인(Holiday Inn)(www.holiday-inn.com)은 기업활동에서 발생하는 전반적인 문제들을 최고경영층으로부터 현장 근로자까지 서로 공유할 수 있도록 권한위양과 열린 문화를 구축했다. 손익분기점을 넘기 위해서는 최소한 객실 이용률이 72%는 되어야 했으나 호텔의 이용률이 평균 67%에 불과하다는 구체적인 경영현황을 청소원을 포함한 전 종업원들에게 공개하고 협력을 요청했으며, 동기부여를 위하여 손익분기 이상은 종업원과 공유하기로 약속하여 18개월 후 이용률을 85%로 증가시켰다.

2.2 지식과 지식경영

(1) 지식의 정의

지식의 사전적 정의는 '사물을 아는 마음의 작용', '알고 있는 내용이나 알려진 일', '인식을 통해 얻어진 성과'를 의미한다. 이성론자와 경험론자들은 지식을 정당화하고 참된 신념(justified true belief), 즉 개인이 옳다고 믿을 뿐만 아니라 객관적으로 참된 것(true)으로 인정받을 수 있는 믿음으로 인식하였다. 인식론자와 구조주의론자는 지식에 대해 서로 상반된 관점을 견지하고 있다. 전자의 관점은 두 개의 인식시스템이 같은 사물과 사건을 동일하게 표현할 때 지식으로 인정하는 소위 '지식은 보편타당한 것'으

표 11-3 지식의 정의

연구자	정의
Nonaka & Takeuchi(1995)	지식은 정당하고 진실된 체험과 믿음에 의해 획득된 스킬
Wiig(1995)	지식은 진실, 믿음, 전망, 개념, 판단, 기대, 방법, 노하우 등으로 이루어진 것으로 특정한 상황과 문제해결에 적용하기 위해 축적, 구성, 통합되어 오랜 기간 보유하고 있는 것
Leibestind(1996)	증명과정을 통해 타당성이 입증된 정보
Heibeler(1996)	조직지는 시스템을 구성하고 있는 개인의 이동과 관계없이 조직이 보유한 사용할 수 있고 행동에 옮길 수 있는 의미 있는 정보
Davenport, Long, Beers(1998)	지식은 경험, 상황(context), 판단, 사상과 결합된 정보
Leonard & Sensiper(1998)	지식은 당면한 문제와 연관되고 즉시 활용될 수 있는 정보로 경험에 준거한 것

로 간주하고 있는 반면에 후자의 관점은 지식이 개인의 감각과 경험에 밀접하게 연관된 것이기 때문에 사람마다 독특한 것으로 이른바 '지식은 보편타당한 것이 아님' 을 주장하였다.

우리나라 삼성경제연구소는 지식을 보다 기업관점에서 '조직의 의사결정과정과 경영활동에 유용하게 활용될 수 있는 개인이나 조직에 체화되어 있는 사실, 노하우, 유형(pattern), 제도 등의 집합' 이라고 정의하였다. 정의를 풀어쓰면 지식은 경험을 통한 사실, 기술을 통한 노하우, 조직과 구성원에게 체화되어 있는 업무처리방식, 문화를 포함한 제도를 총칭하는 것이다. 따라서 기업고유의 지식(firm specific knowledge)은 쉽게 이전되지 않으며, 모방과 거래가 곤란하고, 외부에서 사용할 경우 그 가치가 감소한다.

최근의 지식경영연구에서는 지식의 본질에 대한 성찰보다 지식자산의 활용측면에 초점을 두고 있다. 따라서 지식이 기업경쟁력의 핵심이라는 전제하에 기업의 지식경쟁력을 어떻게 제고할 것인가에 대한 연구가 주 관심사항이다. 따라서 지식의 활용목적과 범위에 따라 지식을 〈표 11-3〉에서와 같이 다양한 의미로 해석하고 있다.

(2) 지식의 속성과 특징

지식경영이 기존의 경영활동과 달리 정의되어야 하는 이유는 다른 경영자원의 활용과는 상이한 속성 때문이다.

지식의 속성으로 첫째, 무형(invisible)이다. 기존의 토지, 노동, 자본과 같은 전통적 자원과 달리 형태가 없기 때문에 창출과 습득이 추상적이고 어렵다. 반면, 일단 지식을 보유하게 되면 일정기간 동안 독점적으로 사용하는 선점효과가 가능하다.

둘째, 무한대(infinite)이다. 비용체증 · 수확체감의 법칙이 적용되는 기존자원과 달리 지식은 비용체감 · 수확체증의 법칙이 적용되며 형태가 없고 사용을 통해 소멸되지 않는 자원으로 볼 수 있다.

셋째, 무귀속(co existent)이다. 무형의 자산이기 때문에 어느 한 조직에 완전히 귀속되기 어렵고, 습득주체의 판단에 따라 손쉽게 이전되고 공유가 가능하다. 지식의 소유권에 대한 주장으로는 copy-right(지식을 사유재로 인식)의 논리와 copy-left(지식을 공공재로 인식)의 논리가 공존하고 있으나 현재는 미국의 신자유주의 방식에 따른 copy-right의 논리가 우세하다.

넷째, 무경계(borderless)이다. 지식을 단위, 부문, 주제 등 특정 기준으로 분류하는 데 한계를 갖고 있으며, 다른 분야의 지식과 융합화가 빈번하게 발생하고 있을 뿐만 아니라 학제간 경계를 넘어서 통용된다.

다섯째, 무연령(non-aging)이다. 기존자원을 활용한 부가가치활동에는 연령상 제한이 있으나 지식창조활동은 연령이 무제한이다. 신체 부자유자나 고령자들도 지식을 창조할 수 있으며, 어린 아이도 마찬가지이다. 지식 그 자체도 연령이 없으며, 생성으로부터 소멸이라는 생명주기를 거치는 과정에서 재창조라는 또 다른 자가증식과정이 발생한다.

지식의 특징으로는 첫째, 지식은 유형자산과 달리 사용한다고 소멸되는 것이 아니라 오히려 사용할수록 가치가 증대되는 일종의 수확체증 법칙이 적용된다. 실제적으로 기계설비 같은 고정자산은 사용할수록 가치가 저하되고 일정기간이 지나면 사용이 불가하나 지식은 사용할수록 새로운 지식의 확대재생산이 가능하다. 둘째, 지식을 이용하고자 하는 사용자의 규모나 범위에 따라 지식생성을 위한 추가비용이 발생하지 않는 비용불변의 법칙에 해당된다. 가령, 유형자산은 사용자가 제한되어 있고 이용자의 수에 따라 추가비용이 필요하나, 지식은 1명이 이용하든 100명이 이용하든 비용은 동일하다. 셋째, 유형자산은 이전의 자유가 제약되어 있어 특정한 시간 및 공간에서만 사용가능하나 지식은 지식 · 공간의 제약 없이 사용할 수 있는 이동자유의 법칙을 적용할 수 있다.

(3) 지식의 범주

지식은 넓게 볼 때 〈그림 11-1〉에서처럼 데이터, 정보, 지식, 지혜라는 4단계를 거친다. 데이터(data)는 일상적으로 발생하는 다양한 현상을 일정한 형식으로 기록해 놓은 것을 말한다. 가령, 대리점의 사장이 고객과 명함을 주고받았다든지, 주문을 접수했다든지 하는 일들을 기록하면 이는 데이터가 된다. 정보(information)는 데이터를 조직화해 의미를 부여한 것을 뜻한다. 예를 들면, 수출관련 데이터가 일정기간 쌓였다면 그것을 연도별, 분기별로 분석해 의미있는 형태로 가공하는 것이다. 지식은 부가가치가 높은 정보를 말한다. 즉, 조직의 성과를 올릴 수 있도록 진전시킨 정보로 조직의

그림 11-1 데이터, 정보, 지식, 지혜의 관계

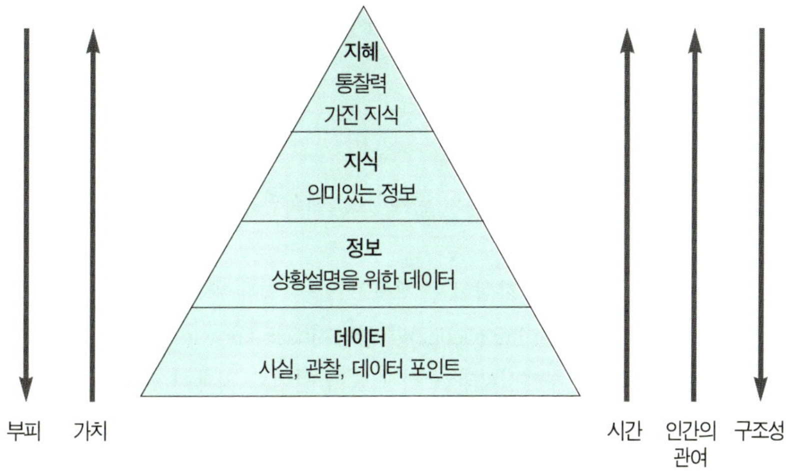

부가가치 창조에 기여하는 특성을 가지고 있다. 정보나 데이터가 사용자의 인식, 해석, 분석 및 이해 등 인지적 활동을 거치면서 경험이나 문제상황과 결합함으로써 보다 가치가 부가된 지식이 창출된다. 〈표 11-4〉에서처럼 정보가 데이터에서 추출한 한 가지 맥락이나 공통점과 같은 단순한 사실 그 자체를 의미하는 것이라면 지식은 정보를 토대로 새로운 것을 추론하는 것을 뜻한다.

지혜(wisdom)는 경영학적 이상의 형이상학적 가치를 만드는 지식이다. 지혜는 전체를 보는 눈이 있고, 멀리 보게 만들고, 깨달음이 있게 한다. 지혜를 포함할 경우 지식은 넓은 의미의 범주에 속하고, 지혜를 포함시키지 않을 경우 좁은 의미에 속한다. 여기서 주의할 점은 개별적 수준이 아무리

표 11-4 정보와 지식의 차이

정 보	지 식
단편적 사고	종합적 사고
수동적(외부에서 수용)	능동적(주체적으로 사고, 가공, 판단)
지식창조의 매개자료	사고의 경험을 통해 정보체계화
가치판단 및 정보체계	의사결정 및 행동을 통한 가치 판단

높은 지식을 모으더라도 지혜가 되는 것은 아니라는 것이다.

일반적으로 데이터로 갈수록 지식의 정도는 낮고, 지혜로 갈수록 지식의 심도는 깊어지고 가치가 높아진다.

(4) 지식의 유형

지식은 지식의 존재형태, 지식활용주체, 지식의 위치에 따라 분류해볼 수 있다,

첫째, 지식이 존재하고 있는 형태에 따라 〈표 11-5〉와 같이 형식지(explicit knowledge)와 암묵지(tacit knowledge)로 분류하고 있다. 전자는 업무수행절차와 규정과 같이 언어로 명확히 표현할 수 있는 눈에 보이는 지식으로서 다른 개인이나 조직으로 전파가 용이하다. 후자는 조직문화처럼 언어로 표현하기 힘든 주관적인 지식으로서 다른 개인이나 조직으로 전파가 곤란하다.

둘째, 지식활용주체의 수준에 따라 〈표 11-6〉에서처럼 조직지와 개인지로 구분된다. 조직지는 조직내부에 축적되어 있는 지식이며, 개인지는 조직구성원 개인이 갖고 있는 지식을 말한다. 콜린스(1997)에 따르면 〈표 11-7〉에서처럼 형식지와 암묵지, 조직지와 개인지의 두축을 활용해 지식을 명

표 11-5 형식지와 암묵지의 비교

구 분	형 식 지	암 묵 지
특 징	• 언어로 표현가능한 객관적 지식 • 언어를 통해 전달 및 습득 • 이전의 용이	• 언어로 표현하기 힘든 주관적 지식 • 은유를 통한 전달 • 경험을 통한 몸에 밴 지식으로 전수하기 어려움
사 례	• 컴퓨터 매뉴얼, 업무수행절차	• 자전거 타기, 조직문화

표 11-6 조직지와 개인지의 비교

조 직 지	개 인 지
• 조직차원의 지식 • 조직의 문화, 시스템, 제도 등 • 언어로 형식화된 지식 • 업무 프로세스	• 개인차원의 지식 • 개인에 체화된 지식 • 두뇌에 담겨 있는 개념적 지식

그림 11-7 콜린스에 의한 네 가지 유형의 지식

	형식지	암묵지
조직지	명시지 (업무매뉴얼)	문화지 (조직분위기)
개인지	개념지 (개인의 산술능력)	체화지 (타이핑 능력)

시지, 개념지, 문화지, 체화지 등 네 가지 유형으로 분류가능하다. 먼저 〈표 11-7〉을 X, Y축으로 볼 때 1/4분면의 문화지(encultured knowledge)는 조직문화에 녹아 있는 암묵지로 조직원간의 공유된 이해과정을 형성한 것을 말한다. 2/4분면의 명시지(encoded knowledge)는 언어로 표기할 수 있는 지식, 즉 조직수준의 형식지로 공공지식 또는 과학적 지식을 뜻한다. 3/4분면의 개념지(embrained knowledge)는 개인의 산술능력처럼 언어로 설명가능한 개인차원의 지식을 말한다. 4/4분면의 체화지(embodied

표 11-8 지식의 위치에 따른 분류

구 분	정 의	사 례
시장자본	기업이 시장에서 이익을 얻는 데 필요한 모든 자산을 총칭하는 개념	브랜드, 고객의 규모, 고객의 로열티, 유통경로, 라이선스, 단골거래처, 가맹점 협정
인간중심자본	조직의 구성원에 의해 구현되는 집단적 전문기술능력	직원의 문제해결능력, 전문기술, 리더십, 경영기술
지적소유자본	법적으로 보호받는 특허권이나 상표권	노하우, 기업비밀, 저작권, 특허권, 상표권
인프라자본	조직체가 기능하는 데 필요한 기술, 방법론, 절차 등	기업문화, 경영철학, 업무처리과정, 재무구조, 데이터베이스, 정보기술시스템

knowledge)는 개개인에게 체화되어 있는 암묵지로 감각적 지식, 대면접촉, 특정 상황과 연결되어 형성된다.

셋째, 브루킹(Brooking, 1996)은 지적자본(intellectual capital)이 위치하고 있는 장소에 따라 〈표 11-8〉에서처럼 시장자본, 인간중심자본, 지적소유자본, 인프라자본으로 구분하였다.

(5) 지식경영의 정의

지식경영에 대한 정의는 〈표 11-9〉에서처럼 다양하게 존재하며, 기존 경영이론의 개념을 포괄한다. 보다 구체적으로 설명하면 지식경영에서 지식은 핵심역량, 벤치마킹, 학습조직, 리엔지니어링 등에서 활용되는 기술력, 노하우, 학습, 스킬에 해당된다. 지식경영은 과거에 없었던 신개념으로 이해하고 접근하기보다는 기존 경영이론에서 강조해 온 개념을 시대변화에 맞추어 재조명한 것으로 보면 된다. 즉, 지식경영은 인류가 발전해 온 역사의 주요 단계에서 지배적인 경제 · 산업 · 문화활동의 산물로서 지속적으로 변천해 온 것이다.

표 11-9 기존문헌에 기술된 지식경영의 정의

연구자	정 의
APQC(1996)	지식을 창출하고 발굴하고, 모으고, 개조하고, 구성하고, 응용하고, 공유하는 것
Heust et al.(1997)	조직의 학습능력을 향상시키기 위해 지식프로세스를 능률화하는 것
Malhotra(1997)	정보기술의 데이터처리능력과 인간의 창의적 · 혁신적 능력의 시너지스틱 통합을 추구하는 조직적 프로세스를 구체화하는 것
Wielinga et al.(1997)	조직의 지식자산을 설명하고 관리하고 지식자산의 보존과 확장을 인도하는 프로세스의 집합
Wiig(1997)	기업의 성장력과 성공을 확보하기 위해 인텔리전트하게 행동하도록 만들거나 기업의 지식자산 가치를 극대화하는 것
Davenport et al.(1998)	지식창고를 구축하고, 지식에 쉽게 접근할 수 있도록 하고, 지식창조, 이전, 사용을 촉진하는 지식환경을 제고하고 지식을 자산으로 관리하는 것
Nonaka & Konno(1998)	새로운 지식을 창조하고 전 조직으로 확산하여 다시 상품, 서비스, 시스템으로 형상화하는 프로세스
Ruggles(1998)	조직내 혹은 조직 밖에 있는 노하우, 경험, 판단을 보다 적극적으로 활용하여 가치를 더하거나 혹은 창조하기 위한 접근

03 지식경영의 메커니즘

UNDERSTANDING BUSINESS

지식경영은 지식활동관리(knowledge activity management)와 지식자산관리(knowledge asset management)에 의해 실현된다. 즉, 지식활동관리는 조직, 사람, 정보기술 등의 지식인프라를 통해 지식창출, 공유, 전파, 학습활동들이 원활히 이루어지도록 관리하여 지식경쟁력을 높이는 것이며, 지식자산관리는 기업의 지식자산을 활용하여 제품리더십, 운영탁월성, 고객밀접을 이루어 기업경쟁력을 강화하는 활동을 말한다. 그런데 주의할 점은 지식경영은 지식활동관리와 지식자산관리 중 어느 한 부분이라도 잘못될 경우 실패할 가능성이 높다는 것이다.

지식경영의 목표는 지식경영을 통한 지식 자체가 아니라 지식을 활용해 기업의 경쟁력을 강화하는 데 있다. 기업경쟁력의 요건은 지속성(sustainable competence), 가시성(visible competence), 상생성(win-win competence)이다. 기업경쟁력 확보는 제품리더십, 운영탁월성, 고객밀접을 통해 달성된다. 제품리더십(product leadership)은 가장 우수한 제품을 신속하게 제공하여 고객가치를 창출하고 지속적으로 신제품을 개발함으로써 경쟁우위를 확보하는 것이다. 운영의 탁월성(operational excellence)은 규모의 경제, 범위의 경제, 표준화, 전문화, 기능화 등을 통한 비용절감과

표 11-10 필요지식으로서의 지식자산

기업경쟁력 확보전략	특 성	지식자산의 주요 내용
제품리더십	감성가치	브랜드력, 디자인력
	창조성	제품개발력, 특허권, 창의적 사고력
	고품질	품질관리력
운영탁월성	신속성	아웃소싱능력, 종업원의 숙련도
	완벽성	기획력, 통제력
	효율성	코스트관리력, 관리프로세스
고객밀접	서비스	고객맞춤형 서비스제공능력, 신속한 고객대응력
	관계형성	커뮤니케이션능력, 고객관련 전문지식

효율성을 향상시켜 기업경쟁력을 강화한다. 고객밀접(customer intimacy)은 고객과의 밀접을 통해 얻어진 지식을 바탕으로 고객에게 최적의 솔루션을 제공하여 고객가치를 창출하고 기업경쟁력을 강화하는 것이다.

지식자산(knowledge assets)은 기업경쟁력을 확보하기 위한, 즉 제품리더십, 운영탁월성, 고객밀접을 달성하기 위한 〈표 11-10〉에서와 같이 필요지식으로서의 지식창출, 축적, 학습, 공유의 지식활동을 통해 축적된 지식자산을 말한다.

04 지식경영활동

UNDERSTANDING BUSINESS

지식경영활동은 조직과 개인에게 체화되어 있는 지식의 창출, 공유, 학습, 축적의 전체적인 프로세스를 뜻한다. 창출(creating)은 새로운 지식을 만들어내는 활동이고, 공유(sharing)은 개인과 개인, 개인과 조직, 조직과 조직간 보유지식을 상호 교류하도록 하는 활동이며, 학습(learning)은 지식을 창출, 공유, 축적하는 과정에서 새로운 지식을 배우는 활동을 말하며, 축적(storing)은 지식을 목적에 적합하게 체계적으로 획득, 보유, 분류하는 활동이다.

지식경영활동 중에서도 지식의 창출과 공유는 특히 중요하다. 그 이유는 지식창출 없이는 기본적으로 지식경영의 목적을 달성할 수 있는 원천이 제공되지 않기 때문이다. 또한 지식기반사회에서 경쟁력의 원천은 바로 새로운 지식이기 때문이다. 여기에서는 지식경영활동 중 지식의 창출과 공유에 대하여 설명하고자 한다.

4.1 지식창출

지식창출은 조직에서 지식을 획득 · 공유 · 표현 · 결합 · 조달하는 지식변환 메커니즘이다. 따라서 지식창출은 지식변환으로도 불리기도 한다. 지

그림 11-2 노나카의 네 가지 지식창출 전환 모드

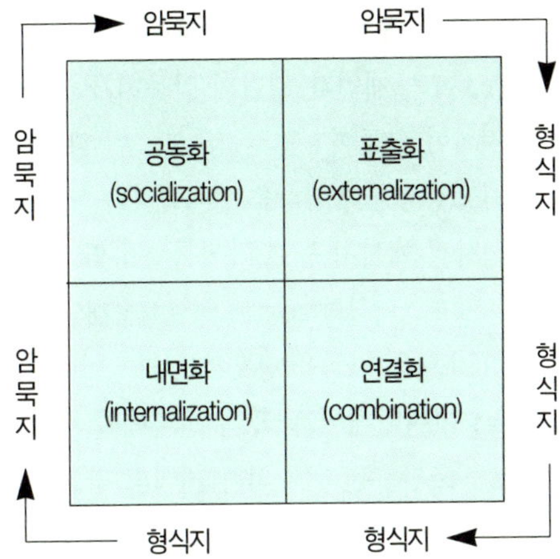

식창출은 암묵지와 형식지의 상호작용으로 원천이 되는 지식의 축과 변환되어 나온 결과물로서 지식의 축으로 이루어지는 매트릭스로 〈그림 11-2〉와 같이 나타낼 수 있다.

〈그림 11-2〉에서 보듯이 지식간의 변환에서 공동화, 표출화, 연결화, 내면화 등 4가지 기본적인 지식변환 유형을 도출할 수 있다. 이러한 과정이 순차적으로 한 번만 일어나지는 않는다. 개인의 지식창출에서 시작해서 집단, 조직의 차원으로 나선형으로 회전하면서 공유되고 발전해 나가는 지식창출 프로세스로 파악할 수 있다. 이처럼 개인 · 집단 · 조직 전체의 각 차원을 통해서 기업은 외부환경으로부터 배울 수 있는 이상의 지식을 새롭게 창조하는 것이다.

지식창출의 각 과정별 특징은 다음과 같다.

첫째, 공동화(socialization)는 개인 혹은 집단이 주로 경험을 공유함으로써 지식을 창출하고 전수하는 과정이다. 이는 언어에 의하지 않고 체험, 관찰, 모방 등과 같은 감각적 경험을 통해 지식이 공유 · 변환된다. 그리하여 암묵지에서 암묵지로 변환하는 과정이다. 가령, 마쓰시타 전기에서 자동 토스트기를 개발했을 때 개발자가 오사카 국제호텔에서 1년간 수업하면서 빵을 맛있게 굽는 전문가의 노하우를 보고 흉내내는 가운데 저절로 터득하는 일 등이다. 이 과정에서는 행동을 함께 공유함으로써 신체적인 감각을 총동원하여 말로 표현할 수 없는 지식을 창출한 것이다.

둘째, 표출화(externalization)는 암묵지를 형식지로 변환하는 프로세스이다. 이는 개인과 집단의 암묵지가 공유 · 통합되어 이를 바탕으로 새로운 지식이 만들어지는 과정이다. 이 과정에서는 제품개발 과정의 컨셉 창출, 최고경영자의 생각을 언어화하는 일, 숙련 노하우의 언어화 등으로 언어나 시각적 메시지 등 조직에서 공유와 전달이 용이한 형식지가 창출된다.

셋째, 연결화(combination)는 개인이나 집단의 각각의 형식지를 조합시켜 새로운 지식을 창조하는 과정이다. 예를 들면 언어, 문서, 사양서, 설계도, 데이터베이스 혹은 전자메일, 컴퓨터 등의 매개를 이용한 분류 · 가공 · 조합 · 편집에 의한 지식의 창조이다. 일본기업은 현장정보의 외부화로 암묵지에서 컨셉을 창출하는 경향이 있는 데 반해 미국 · 유럽기업에서는 우선 지식을 철저하게 형식지화한 다음 종합화시켜 컨셉을 창출하려는 경향이 강하다.

넷째, 내면화(internalization)는 형식지를 암묵지로 변환시키는 과정이다. 이 과정에서는 새로운 제품사양이나 문서가 조직 내에서 공유되는 과정을 통해 암묵지가 확신된다. 여기에서는 노하우, 매뉴얼, 시뮬레이션에 의해 개개인의 내부에 체험적으로 이해시키는 일 등을 포함하는데, 이때 시행착오적 실험과 경험이 의미를 지닌다.

이 네 가지 지식변환 유형들은 독립적으로 진행되는 것이 아니며, 성공적인 지식창조를 위해서는 이들이 상호 병렬 · 순환적으로 상승 발전한다. 지식변환 과정에서는 개개인의 공헌이 절대적으로 필요하고 이것이 조직의 중심적인 원동력이 된다.

4.2 지식공유

아무리 지식이 창조되었다 하더라도 그 지식이 조직구성원에게 공유되지 않고 사장된다면 부가가치의 증대, 핵심역량의 제고 혹은 경쟁력의 향상은 불가능하다. 효과적인 지식의 활용은 지식의 공유를 전제로 하고 있다. 또한 지식의 저장도 바로 지식의 창조나 공유를 위해 필요한 활동이다.

지식공유는 초기화, 구현, 활성화, 그리고 통합화 단계로 구분된다. 지식공유의 핵심척도로는 위험률이 활용되고 있다. 위험률은 모방이나 이전에 걸린 시간을 측정하는 개념이다. 이러한 지식공유는 지식공유 기회의 탐색 정도, 지적자산 공유를 위한 체계의 도출, 지식공유를 위한 시간의 투자 정도, 지식공유에 대한 만족도, 지식전달 횟수, 지식전달을 위한 시간의 투자, 지식공유를 위한 자발성, 타인의 지적자산 보호 정도 및 지적자산 공유 시 대외비 처리 정도를 말한다.

지식공유활동은 지식관리 시스템 중시 접근법에서 주로 전개되고 있다. 지식공유활동은 정보기술을 활용하여 기존의 조직 내 · 외부에 산재되어 있는 지식을 효율적으로 획득하고, 공유하여 기업성과를 극대화하는 것에 초점을 두고 있다. 따라서 그 속성상 주로 정보처리 혹은 MIS 관련학자와 시스템통합(SI) 관련 컨설턴트에 의해 주도되고 있다. 또한, 이러한 접근법에서는 지식공유를 위한 조직내부의 공감대 형성과 같은 조직의 지식공유를 위한 문화를 전제조건으로 하고 있다. 그러나 지식공유를 지원하는 데이터베이스 및 그룹웨어 구축 등이 핵심적으로 다루어지고 있다. 이러한 지식관리 시스템은 새로운 것을 직접 만들어내기 위한 시스템이라기보다는 기존 자산의 재사용 또는 향후 생성된 자산의 공유를 위한 기반 인프라 구축 및 조직문화의 형성을 통해 간접적으로 업무를 지원하는 데 초점을 두고 있다.

기업에서 지식이 공유되지 않는 이유를 살펴보면 다음과 같다. 첫째, 대개의 사람들은 지식을 공유하는 습관이 몸에 배어 있지 않기 때문이다. 둘째, 보너스 및 승진 등의 보상이 지식을 제공한 사람에게 주어지기보다는, 그 지식을 활용한 사람에게 주어지는 경향이 있기 때문이다. 오히려 자신만이 가지고 있는 지식을 공개했을 경우 기업 내에서 자신의 위치가 불안해지지 않을까 하는 우려가 지식의 자발적인 제공을 방해한다. 그러므로 이러한 장애요소들을 제거하고 지식공유문화를 장려하기 위해서는 구체적이며 다양한 인센티브 및 보상체계를 수립하여, 회사 내에서 많은 지식을 등록하는 직원들의 위상이 높아지는 분위기를 조성해야 한다. 또한 아무리 좋은 지식이 저장되어 있더라도 이를 활용하지 않는다면 아무 의미가 없기 때문에, 축적된 지식을 활용하는 습관을 권장하기 위해서 지식경영의 도입 초기에는 지식관리 시스템 등에 저장되어 있는 조직 내의 지식을 자주 활용하는 임직원에 대한 보상도 고려해야 한다.

이상에서 지식창조활동과 지식공유활동을 별개의 활동으로 구분하여 접근하는 데는 한계가 있다. 본래 지식이란 단순히 새로운 사실의 흐름인 정보와는 달리 인간의 사고와 경험을 통해 축적된 개인과 조직의 신념이다. 따라서 지식에는 특정한 입장과 견해 혹은 의도가 반영되어 신제품 또는 기술개발 등과 같은 목적을 두고 있는 행위와 연결된다. 노나카는 조직 내 지식의 창조를 위해 가장 중요한 점은 조직원간의 상호작용으로서 특히 얼굴을 맞대고 하는 대화라고 지적하고 있다. 즉, 지식의 태아인 암묵지는 조직구성원들간의 공유를 통해 비로소 지식으로 창조될 수 있기 때문이다. 따라서 지식경영은 지식창조활동과 지식공유활동을 동시에 고려하는 통합된 관점에서 접근이 이루어져야 한다.

05 지식인프라와 지식경영의 성공요인

UNDERSTANDING BUSINESS

지식인프라는 지식활동의 기반(fundamental)으로서 조직인프라(제도 및 문화 포함)와, 휴먼인프라, 정보기술인프라로 구성된다. 조직인프라는 지식경영을 위한 조직구조, 기업문화, 인력운용, 채용, 보상, 평가, 측정, 교육 등 조직차원의 공식 · 비공식적 제도 및 장치 등이며, 휴먼인프라는 지식활동이 원활히 일어날 수 있도록 최고경영층의 리더십, CKO, 지식관리매니저, 지식촉진자, 프로젝트 매니저, 지식스폰서, 지식노동자 등의 조직과 역할을 정립한다. 정보기술인프라는 지식의 창출, 공유, 학습, 축적을 지원하는 그룹웨어, 전자게시판, 각종 하드웨어 및 소프트웨어 등 정보기술 시스템을 말한다.

그러면 기업에서 지식경영을 도입하였을 때 성공하기 위한 주요 요인은 무엇일까? 지식경영의 주요 성공요인을 인지하는 데 도움이 되는 대표적인 연구로는 Earl, Nonaka, Davenport 등의 연구를 들 수 있다.

Earl(1994)은 지식경영을 실시하고 있는 기업에 대한 사례연구를 통하여 성공적인 지식경영을 위한 핵심요소로 ① 정보기술 등의 지식시스템 활용,

② 외부와의 네트워크 구축, ③ 지식근로자의 유지 및 활용, ④ 학습조직으로의 이행 등을 제시하였다.

Nonaka와 Takeuchi(1995)는 주로 일본기업을 대상으로 지식경영을 연구한 결과 ① 지식에 관한 비전 발표, ② 중간관리자를 중심으로 운영하는 middle-up-down경영, ③ 수직적 조직의 장점과 수평적 조직의 유연성을 동시에 추구하는 하이퍼텍스트(hypertext) 조직구조의 구축, ④ 지식담당 임직원에 대한 경력경로(career path) 제공, ⑤ 조직구성원들이 상호작용의 기회 확대, ⑥ 신지식을 창출하고 공유하기 위한 외부네트워크 형성 등을 제시하였다.

Davenport(1998)는 ① 지식경영과 기업의 성과 연계, ② 인터넷 등 기술적 인프라 확보, ③ 탄력적이며 동시에 표준화된 지식관리체계의 보유, ④ 지식중심적인 기업문화의 조성, ⑤ 지식경영에 관한 명확한 목표와 용어의 사용, ⑥ 조직구성원을 동기부여하는 적절한 수단 활용, ⑦ 지식이전을 위한 다양한 채널의 구축, ⑧ 지식경영에 대한 최고경영층의 지원 등을 꼽았다. 이를 Ulrich(1996)가 주장한 조직변화관리의 7가지 주요 성공요인에 관한 모델을 기본 축으로 하여 앞의 내용과 정리하면 〈표 11-11〉과 같다.

표 11-11 지식경영의 성공요인 비교

Ulrich의 주요 성공요인	Earl	Nonaka & Takeuchi	Davenport
조직변화 선도자			• 경영층 지원
비전 수립		• 지식비전 발표	• 지식경영과 성과의 연계 • 명확한 목표 및 용어 사용 • 지식중심의 문화조성
조직변화에 대한 필요성 확산			
조직변화 참여유도	• 지식시스템 활용	• 미들업다운 경영방식 도입	
조직구조와 시스템 변경	• 학습조직의 구축 • 네트워크 구축 • 지식근로자 유지활용	• 하이퍼텍스트 조직구조 구축 • 지식담당 임직원 경력관리 • 조직구성원간 상호작용기회 제공 • 외부와의 네트워크 형성	• 기술적 인프라 확보 • 표준화된 탄력적 지식관리 • 지식이전을 위한 다양한 채널 활용 • 모티베이션 수단(평가보상)
모니터링			
조직변화의 지속			

경영사례 플러스

기업의 '뉴트렌드' 지식경영

데이터→정보→지식 순으로 범위 좁혀 현실화… 생산력 증대의 핵심작업

GE, 마이크로소프트, 도요타 등은 '지식경영' 에서도 앞선 기업으로 평가받고 있다. 기업경영에서 '지식경영' (knowledge management)은 무엇을 의미하는가. 이에 대한 해답을 미국의 석유회사 셰브론(Chevron · 2001년 10월 텍사코와 합병하면서 셰브론텍사코로 회사명 변경)에서 찾아보자. 셰브론은 지식경영에서 가장 앞선 회사로 인정받고 있다.

1999년 1월 미국 샌프란시스코에서 개최된 '세계지식경영대회' (Knowledge Management World Summit)에서 당시 셰브론의 케네스 데르(Kenneth T. Derr) 회장은 "지식경영은 모든 직원들이 서로 지식을 나누고 관리하고 배우는 조직이 되는 길" 이라고 정의하면서 "이를 통해 셰브론은 지난 7년 동안 매년 20억 달러(2조 4000억원 · 총영업비의 21%)에 달하는 비용을 절감할 수 있었다" 고 발표했다.

데르 회장은 또 "새로운 지식을 찾아내 적용하는 일은 모든 직원들을 보다 흥미있고 도전적으로 만든다" 며 "기존직원은 물론 신입직원들도 과거의 경험, 그중에서도 가장 모범적인 사례(best practices)에 곧바로 접근할 수 있어야 한다" 고 주장했다. 그는 이같은 모범사례의 공유와 전달을 '셰브론 웨이' (The Chevron Way)라고 불렀다.

셰브론 웨이는 곧 지식경영의 한 표본으로 다른 회사들도 너도나도 뒤따르기 시작했다. 셰브론은 특히 지식경영이 구호나 슬로건으로만 그친 것이 아니라 조직 및 자본의 효율성 제고 및 그로 인한 비용절감이라는 보다 실질적이면서도 금전적인 결과로 나타났기 때문이었다.

지식경영전문연구소로 잘 알려진 텔리오스(Teleos)는 '전세계적으로 지식경영에 앞서가는 기업' (Global Most Admired Knowledge Enterprises)을 매년 선정 · 발표해오고 있다. 지난 7월 14일에 발표된 2003년 선정에는 제너럴일렉트릭(GE) · 마이크로소프트(MS) · IBM · 도요타 등 세계적으로 쟁쟁한 20개 기업이 포함돼 있다.

텔리오스는 올해 결과를 발표하면서 "지식에 기반한 경영을 추구하는 기업들이 과연 어떤 경제적 · 경쟁적 이점을 가질 수 있을까" 라는 질문을 던졌다. 텔리오스는 이에 대한 답을 얻기 위해 이번에 선정된 20개 기업과 최종후보까지 올랐던 29개 기업의 주식에 대한 총투자수익(TRI · 주가상승 및 배당을 모두 포함한 투자수익)을 계산했다.

이들 회사의 1992~2002년 중 총투자수익은 평균 19.6%로 경제잡지 포춘(Fortune)이 선정하는 500대 기업의 평균보다 2.2배나 높은 수준이었다. 특히 지식경영기업으로 선정된 델(Dell)컴퓨터의 경우 총투자수익이 43%로 가장 높았으며, 오라클(Oracle)과 시스코(Cisco)가 각각 31.5% · 28.2%로 그 뒤를 이었다.

지식경영이 전세계적 현상으로 확산되고 있다는 사실은 텔리오스가 지식경영기업을 선정하기 시작한 1998년과 이번 조사결과를 비교해보면 잘 알 수 있다. 1998년 선정시 최종후보로 올랐던 45개 기업의 국적을 보면 북미가 33개(73.3%), 유럽이 8개(17.8%)로 거의 대부분을 차지하고 있었다. 아시아는 2개(4.4%)뿐이었다.

CASE+

그러나 2003년의 경우 최종후보 49개 기업 중 북미가 27개(55.1%), 유럽이 11개(22.4%)를 차지했다. 이번에는 아시아가 10개 기업(20.4%)으로 유럽과 대등한 위치를 차지했을 뿐 아니라 남미도 1개 기업이 새로 이름을 올렸다. 우리나라에서는 삼성이 유일하게 최종후보까지 올랐다.

한번 시작하면 계속 하게 돼

또 한 가지 재미있는 사실은 한번 지식경영을 하게 되면 계속하게 된다는 것이다. 이번까지 6차례의 선정에서 한 번도 빠지지 않고 내리 선정된 기업이 20개 중 절반인 10개였다. 우리에게 낯익은 GE · MS · IBM · HP 외에도 엑센츄어(컨설팅) · 버크먼(화학) · 지멘스(전기전자) · 제록스(컴퓨터 및 사무용기기) 등이 이에 속하고 있다.

그렇다면 지식경영에서 말하는 지식은 무엇이고 또 지식경영은 무엇을 의미하는가. 먼저 지식을 데이터 및 정보와 구분할 필요가 있다. 데이터는 회사의 경영실적이나 기술에 대한 일반적 상식처럼 책이나 인터넷을 통해 누구든 쉽게 접할 수 있는 정도를 말한다. 또 정보는 데이터가 어느 정도 가공되고 체계화됨으로써 원하는 사람이 곧바로 이해하고 이용할 수 있는 형태를 의미한다.

반면 지식은 '정보가 여러 단계 또는 사례를 거쳐 가장 모범적인 사례 또는 기준임이 입증돼 향후 비슷한 경우가 발생할 경우 효과적으로 실행이 가능한 수준이 되었을 때(knowledge is the capacity for effective action)'를 말한다. 그러니까 데이터→정보→지식의 순으로 범위가 점점 더 좁혀지는 것으로 이해할 수 있다.

같은 연장선상에서 지식경영은 '효과적으로 실행가능한 수준의 지식을 만들어내는 동시에 서로 공유하는 것은 물론 실제상황에 적용함으로써 기업의 목표를 달성해가는 과정의 연속'이라 정의할 수 있다. 보다 구체적으로는 지식경영의 원조라 할 수 있는 피터 드러커(Peter Drucker) 교수가 말한 것처럼 지식이 하나의 생산요소가 되는 것이다. 드러커 교수는 "지식사회에서 가장 중요한 자원은 지식"이라며 "지식의 생산성이 생산은 물론 경쟁력의 가장 핵심적인 열쇠"라고 말했다.

지식경영을 효과적으로 수행하고 있는 기업들은 대부분 지식을 획득 · 창조 · 공유 · 실행하기 위해 기업 내에 따로 데이터베이스 또는 인트라넷(Intranet)을 구축하고 있다. 데이터베이스나 인트라넷에 모든 임직원들이 모범사례 또는 모범기준을 올리고 공유함으로써 작업이나 고객관계의 효율성은 물론 최종적으로는 비용절감에 동참토록 하는 것이다. 최근 일부 기업들이 기업내 지식을 관리하는 CKO(Chief Knowledge Officer · 지식담당임원)를 두고 있는 것도 바로 이 때문이다.

전세계 여기저기에 공장을 두고 전세계인을 고객으로 하는 다국적기업들의 경우 이 같은 모범사례 또는 모범기준의 취합과 공유는 필수적인 일이다. 시스코는 전세계에 퍼져 있는 직원(신입직원 포함)들이 필요한 기술은 물론 고객에 대한 분석정보 등을 원하는 즉시 얻을 수 있는 시스템(knowledge-on-demand)을 개발해 사용하고 있다. 또 텍사스인스트루먼트(TI)는 모범사례의 이용을 통해 생산능력을 제고함으로써 5억 달러가 소요되는 공장을 새로 짓지 않기로 결정하는 등 실질적인 결과로 나타나고 있다.

지식경영은 1990년대 중 · 후반과 2000년까지만 하더라도 전세계에서 한다하는 기업

들이 앞을 다퉈 받아들이려던 선진경영기법이었다.

그러다 2001년 IT산업의 거품이 꺼지면서 경기가 후퇴하자 지식경영이라는 말이 상대적으로 쏙 들어간 편이다. 지식경영을 위해서는 상당한 규모의 투자(특히 IT투자)가 초기에 이뤄져야 하는 것은 물론 기업차원에서의 지속적인 관심과 금전적 지원이 있어야 하기 때문이었다.

기업, 지식경영에 올 120억달러 지출

지난 4월 두바이에서 개최된 '세계지식경영대회' 에서 발표된 한 보고서에 따르면 기업들의 지식경영관련 지출이 1999년 20억달러(2조 4000억원)에서 올해는 120억달러(14조 4000억원)에 이를 것으로 추정됐다. 이는 최근 들어 다시 지식경영이 전면에 나서고 있는 조짐으로 볼 수 있다. IT업계가 조금씩 살아나고 있을 뿐 아니라 미국 경기도 되살아나는 기미를 보이고 있기 때문이다. 우리나라 기업들의 경우 1997년말 외환위기를 겪는 바람에 지식경영이라는 말만 있었을 뿐 제대로 받아들인 경우는 거의 없는 것 같다.

'세기의 전략가' (Strategist of the Century)로 불리는 지식경영이론가 피터 셍(Peter Senge) 교수는 21세기형 경영조직 및 기업문화의 하나로 '배우는 조직 또는 공부하는 조직' (learning organization)을 들었다. 지식은 브랜드와 함께 21세기 기업들이 관리하고 챙겨야 가장 중요한 무형자산(intangible assets)의 하나다.

자료: 『주간조선』, 2003년 10월 3일

요 / 약

1 21세기 정보화사회의 도래와 기업경영환경의 변화는 신경영 패러다임을 등장시키고 있다. 이러한 신경영 패러다임은 정보 · 네트워크사회의 도래, 기술발전 및 확산의 가속화, 환경의 중요성 대두와 안전규제 강화, 새로운 소비계층의 부상과 소비문화 등장 등 환경변화의 영향을 받고 있다.

2 기업경영의 패러다임은 산업혁명을 기점으로 하여 전산업화시대, 산업화시대, 그리고 정보화시대로 나누어진다. 기업경영의 패러다임 변화과정은 목표, 실행수단 및 개발내용의 측면에서 분석된다.

3 신경영 패러다임의 방향은 가치창조의 경영, 속도경영, 비전경영의 방향으로 진행되고 있다. 특히, 자본주의사회 패러다임에서 지식사회 패러다임으로 변화해감에 따라 기업경영의 새로운 패러다임으로 지식경영이 중시되고 있다.

4 지식정보화사회에서 기업의 지식경영활동에 따라 지식경영의 목적인 부가가치의 증대가 달라지고 핵심역량과 경쟁력이 달라진다. 지식경영활동 중 지식의 창조와 지식공유 활동이 중요하다. 기업내 지식경영 프로세스가 효과적으로 이루어지기 위해서는 지도력(leadership), 기업문화(culture), 기술(technology), 평가(measurement)와 같은 4개 요소가 뒷받침되어야 한다.

5 지식경영의 핵심 성공요인으로는 지식비전(knowledge vision)의 선포, 구성원간의 상호작용의 장(場) 마련, 미들업다운(middle-up-down) 경영, 하이퍼텍스트(hypertext) 형태의 조직구조, 지식관리직원(knowledge crew)에 대한 별도의 경로(career path) 구축, 외부와의 지식네트워크 형성 등이 제시되고 있다.

생각해볼 문제

1 경영사례플러스에 있는 외국의 지식경영 모범사례를 탐독하고 우리나라의 대표적 지식경영 모범사례를 개발해보라.

2 가치창조경영과 비전경영에 대해 비교설명하라.

3 스피드경영의 의미와 그 속성을 설명해보자.

4 지식의 정의와 지식의 속성 그리고 특징에 대해 논하라.

5 지식의 유형에 대해 논하라.

6 노나카의 네 가지 지식창출 전환 모드의 특징을 설명하라.

CHAPTER

12

UNDERSTANDING BUSINESS

협 력 경 영

1. 협력경영의 개념과 범위
2. 협력경영의 동기
3. 협력경영의 유형
4. 성공적 협력경영을 위한 과정

경영사례 플러스

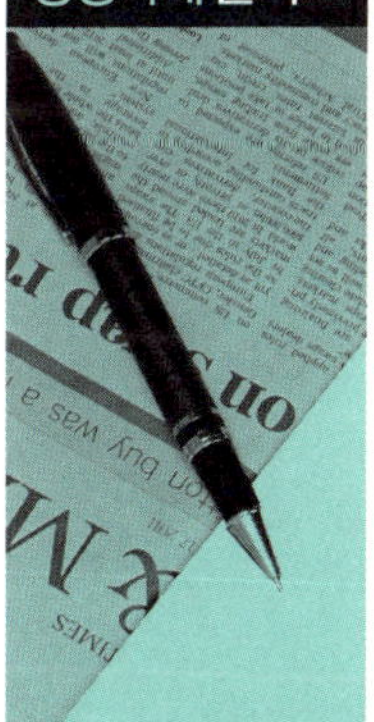

CASE+

공장 없는 제조회사 늘어난다

强小기업들의 新아웃소싱

99년 탄생한 비메모리 반도체 생산업체 엠텍비전은 첫해 1억 7900만원으로 시작해 2003년 563억원 매출을 기록했다. 2003년 매출대비 순익률 23%(132억원). 회사의 주력 제품은 휴대전화용 카메라를 조절하는 반도체 칩(Camera Control Processor)으로 국내 시장의 53%, 세계시장의 13%를 차지하고 있다. 빠른 성장과 높은 수익률의 배경에는 기술력과 더불어 독특한 제품생산방식이 있다.

엠텍비젼은 공장이 없다. 그러나 이성민 사장은 "공장이 지금도 4개나 있다"고 말했다. 회사 공장은 전세계에 퍼져 있다. 일본 후지쓰와 대만 TSMC, 국내에선 동부아남반도체, 삼성전자에서 물건을 만든다. 곧 공장이 5개로 늘어난다. 말레이시아에서도 물건을 만들 계획이기 때문이다.

회사는 제품을 만드는 기술을 만들 뿐 제품을 만들지는 않는다. 이 사장은 "제품별로 세계에서 가장 경쟁력이 있는 곳이 어딘가를 찾는다"며 "생산지와의 거리는 문제의 본질이 아니다"라고 말했다. 반도체 생산라인 건설에는 수조원이 든다. 때문에 세계 유수업체를 공장으로 삼는다는 글로벌 아웃소싱 전략을 택한 것이다.

반면 극히 한국적인 아웃소싱 방식을 찾아내 적용한 일등기업들도 있다. 얼핏 보기엔 공장이 있지만 사실은 없는 기업들이다. 홍진크라운은 오토바이용 헬멧 분야 세계 1위 업체(세계시장 점유율 16.5%). 지난해 매출 1022억원, 순익 104억원을 기록했다. 이 회사 홍완기 회장은 "회사의 최대 강점은 다품종 대량생산"이라고 말했다. 회사는 작년 약 160만개의 헬멧을 만들어 98%를 수출했다.

다품종 대량생산의 비결은 본사 건물 옆 제2공장에 숨어 있다. 2000년 가동하기 시작

한 제2공장과 내부설비는 홍진크라운 소유다. 그러나 이곳에서 일하는 사람들은 외부업체 직원들이다. 봉제, 페인팅 등 11개 업체가 부품을 생산해 홍진크라운에 납품하고 있다. 홍진크라운 자체 공장은 이 부품으로 완제품을 만든다. 11개 업체 사장은 과거 홍진크라운에서 일하다 소사장으로 독립했다. 회사에서 가장 가까운 곳에, 회사를 잘 이해하는 사람들을 모아 놓고, 직접 보면서 관리하겠다는 것이다.

국내 대표적 벤처기업 휴맥스도 한국적 아웃소싱을 한다. 휴맥스는 국내에 공장이 없다. 예를 들어 용인공장 건물은 휴맥스 소유지만 기계와 생산 인력은 송하디지털이란 업체 소속이다. 97년 처음 셋톱박스를 생산하면서 송하디지털과 관계를 맺고 자체 공장을 정리해버렸다.

휴맥스는 현재 영국 · 인도에 공장을 가지고 있다. 또 동구 · 중국에서도 제품을 만들 계획이다. 회사는 동구와 중국 공장도 용인 공장처럼 운영할 생각이다. 휴맥스식 외주생산방식을 세계 규모로 확대하는 것이다.

독특한 아웃소싱 노하우 덕분에 전세계 공장을 세우고 관리하는 팀은 10명에 불과하다. 박종간 부장은 "회사 건물에 믿을 수 있는 업체를 들여 제품을 생산하면 외부업체에 맡기는 것보다 비용이 덜 들고 관리가 편하다"며 "휴맥스식 아웃소싱을 따라하는 경쟁업체들도 생기고 있다"고 말했다.

자료: 조선일보, 2004년 4월 9일

최근 세계시장은 어떤 산업을 막론하고 국·내외 기업이 전면경쟁을 벌이는 글로벌 무한경쟁시대를 맞이하고 있다. 특히 세계경제의 신보호무역주의로 지역경제의 블록화 현상, 세계표준기술의 개발로 짧아지는 제품수명주기(PLC), 급속도로 진행되는 시장의 글로벌라이제이션의 결과로 1980년대 후반까지만 해도 선택적으로 이루어졌던 기업간의 협력이 1990년대 중반 이후에는 세계화시장에서 생존하기 위한 하나의 필수적 수단으로 그 개념이 변하고 있다.

본 장에서 살펴볼 협력경영에 관한 고찰은 자신이 핵심역량을 가장 잘 활용하기 위하여 또는 자신이 핵심역량이 부족할 때 이를 보완하기 위하여 협력을 어떻게 활용할 것인가를 제시해준다.

따라서 협력경영이란 전략적 요소와 파트너간의 협력관계의 의미가 내포되어 있다. 즉, 산업현장에서 협력을 체결하고자 하는 기업은 경쟁력 강화를 위해 의도적이고 장기적 경영전략수단으로서 협력을 추구할 것이고, 협력의 대상인 기술, 경영능력, 자원, 자산 등의 공유를 통해 협력관계를 가진다는 것이다. 이에 본 장은 기업의 협력경영의 정의와 범위, 협력경영의 동기와 성공적 협력체결을 위한 과정에 대해 알아본다.

01 협력경영의 개념과 범위

UNDERSTANDING BUSINESS

1.1 협력경영의 개념

협력이란 '둘 또는 그 이상의 기업들이 자신이 보유한 핵심역량을 바탕으로 상호 보완적인 역량을 결합하는 것' 또는 '경쟁관계에 있는 기업이 일부 사업 또는 기능별 활동부문에서 경쟁기업과 일시적인 협조관계를 갖는 것'을 뜻한다. 협력은 기업간 정신의 교류(meeting of the minds)라고도 하며, 경로협력의 관점에서 정의를 내리면, 구매자-판매자간에 있어서, 관계자들이 공급자 제품의 주문(ordering)과 물적유통(physical distribution)을 위해 목적(objectives), 정책(policies), 그리고 절차(procedures)에 동의한 유통업자와 독립된 공급자간의 지속적인 관계(on-going relationship)를 의미한다. 또한 포장(packing), 가격표시(price marking), 신제품 개발(new product development)과 시험(testing), 그리고 공동판매 촉진활동(joint sales promotion activities)에 대한 합의서도 포함하지만, 기본적인 초점은 거의 항상 주문과 물적유통에 초점을 둔다. 그래서 경로의 협력은 공급자 협력(supply partnerships)을 지칭하기도 한다. 따라서 이는 〈그림 12-1〉에서와 같이 기업간의 협력관계를 구축하는 다양한 행위의 총칭으로 사용되고 있다.

일부학자들은 협력을 기업간의 관계의 측면에서 이해하였다. 구체적으로 협력을 달리 표현하면 관계마케팅으로서 관계적 계약(relational contracting), 관계마케팅(relational marketing), 수직적 부가가치사슬(vertical value-adding chains),* 부가가치 파트너십(value adding

그림 12-1 기업간 협력관계의 전형

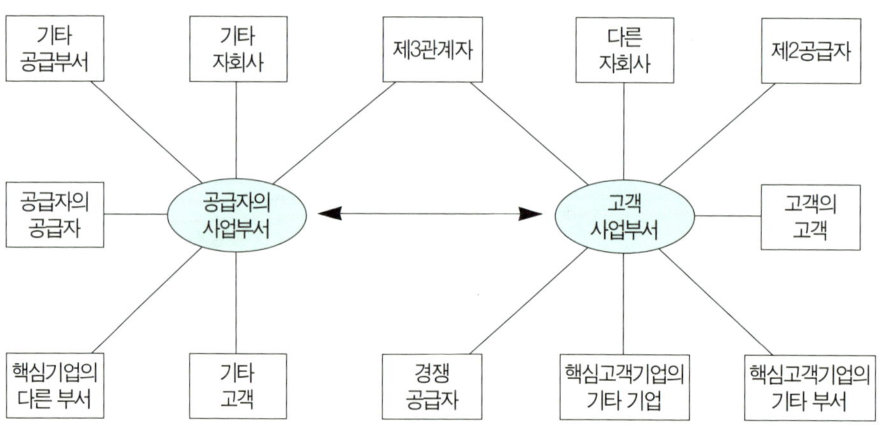

* 포터(Porter, 1985)는 "가치사슬"(value chains)의 개념을 다음과 같이 제시하였다. 경쟁우위는 한 회사가 그저 전체로 바라본다고 되는 것이 아니다. 이는 한 회사가 제품의 설계, 생산, 마케팅, 배송 및 지원 등의 업무를 수행할 때 수반되는 다수의 각기 분리된 활동으로부터 나온다. 이러한 각각의 활동은 한 회사의 상대적인 원가 지위에 기여할 수 있고, 차별화의 근거를 마련해준다. 가치사슬은 원가구조와 기존 및 잠재하고 있는 차별화의 원천을 이해할 수 있도록 회사를 전략적으로 연관된 활동들로 분해한다. 기업은 이러한 전

partnership), 업무 파트너십(working partnership), 심바이오틱 마케팅(symbiotic marketing), 전략적 제휴(strategic alliance), 공동마케팅 제휴(co-marketing alliance), 그리고 내부마케팅(internal marketing), 공급자 파트너십(supply partnerships), 연합(coalition), 전략적 파트너십(strategic partnership), 조직체간의 연계(interorganization at linkage), 혼합협정(hybrid agreement) 등 다양한 견해가 있다.

협력의 가장 근본적인 원리는 상호성(reciprocity)으로서 파트너끼리 상호이익을 위하여 경영자원들을 공유·교환·통합하는 조직적 접근이다. 가령, 협력을 공동제품개발에서 공식적인 합작투자와 소수지분참여에 이르는 다양한 기업간 협력관계 내지는 소수지분 참여에 이르는 계약을 포괄하는 것으로서 어떤 전략적 목적을 달성하기 위해 기업들간에 체결하는 파트너십, 기술교환, 공동연구개발, 보완적 자산 결합을 포함한 쌍무적 관계, 파트너기업들이 장기적인 협력적 노력과 동일 지향점을 개발하기 위해 구성하는 조직간 관계의 특정한 유형이라고 볼 수 있다.

1.2 협력의 범위

모든 기업간 협력경로에서 공동의 사업을 이행하는 구성원들은 일종의 협력관계를 형성하고 있다. 관계(relationship)의 유형에는 조화로운(harmonious) 관계, 신랄한(acrimonious) 관계, 오해(misunderstanding)의 관계 혹은 부당한(mismanaged) 관계 등으로 분류할 수 있다. 〈그림 12-2〉에서와 같이 관계마케팅에 있어서 조화로운 경로관계는 최종사용자에 의해 필요한 서비스상품을 전달하는 과정에서 효과성(effectiveness)과 효율성(efficiency)을 달성하는 방법인 과정의 집중성(convergence)뿐만이 아니라, 관계의 다양한 측면에 관하여 경로구성원들에게 유사한 목표(goals)가 요구된다.

이러한 관계의 연속성에 대한 궁극적인 목적은 〈그림 12-3〉에 나타난 것

략적으로 중요한 활동들을 경쟁자보다 더 낮은 비용과 보다 나은 방법으로 수행함으로써 경쟁우위를 획득한다.

그림 12-2 조화로운 관계의 기준

과정 \ 목표	분산적	집중적
집중적	오해의 관계	조화로운 관계
분산적	신랄한 관계	부당한 관계

처럼 운영상 한편으로는 임기응변적인 거래관계에, 다른 한편으로는 지속적인 전략적 협력관계에 있다.

이분법(dichotomy)은 관계의 본질(임기응변 혹은 지속적)과 목적(전략적 혹은 운영적)에 따라 경로상에서 관계유형의 범위를 정의하는 데 이해력을 제고시켜 준다. 거래적 관계(transactional relationship)는 고객과 공급자가 매우 경쟁력 있는 가격에 대한 기본 제품의 시의적절한 교환에 초점을 둔다. 협력관계(partnering partnership)는 지속적으로 광범위한 사회적, 경제적, 서비스적, 그리고 기술적 유대(ties)를 통해 발생한다. 전략적인 협력의 의도는 총비용이 오히려 낮거나, 경로에 대한 가치가 증가됨으로써 상호 이익(mutual benefits)을 획득한다. 협력의 관계는 경로구성원들간에 의사교환(communication), 협력(cooperation), 의존(dependence), 신뢰(trust), 그리고 결속(commitment)을 요구한다. 요약하면, 조직간 협력은 공급자와 그들의 유통업자간 혹은 공급자와 고객간에 깊은 협력관계에 있다. 이러한 관계자가 협력을 통해 달성하고자 하는 것은 거의 단순하다고는 말할 수 없다. 관계자들은 목적, 정책, 발주와 물리적으로 제품을 분배하는 데 대한 절차 등에 동의하여야 한다. 어떤 경우에 그들은 주문이행률(order

그림 12-3 관계협력의 분류

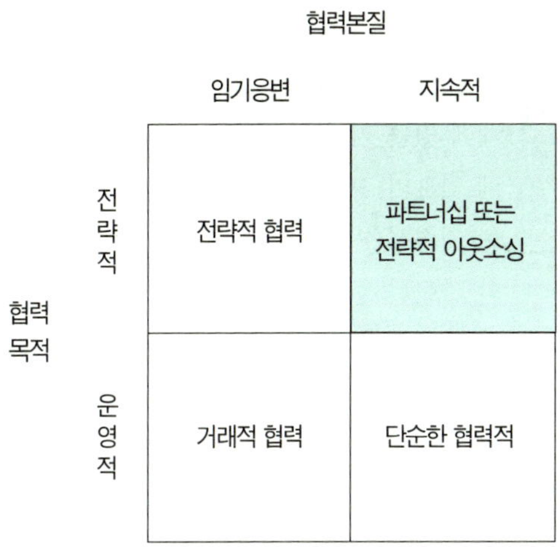

그림 12-4 상새적인 협력의 분류

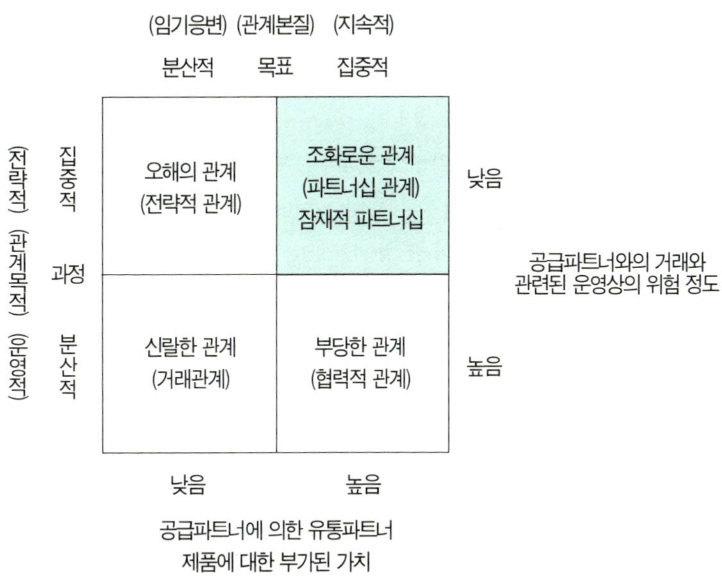

fulfillment), 재고관리(inventory management), 물류(distribution), 구매(purchasing) 그리고 판매후 서비스(post-sales service)에 대한 공동책임의 새로운 방식을 채택하여야 한다.

결론적으로 협력이란, 〈그림 12-4〉에서와 같이 일목요연하게 파트너 관계에 있는 기업은 목표(goals)와 과정(process)이 집중적인 조화로운 관계에 있으며, 또한 관계목적에 있어서는 전략적 관점과 관계 본질에 있어서는 지속성을 함유하고 있어야 하며, 그리고 이른바 공급 파트너와의 거래와 관련된 운영상의 위험의 정도가 낮아야 하며, 공급 파트너에 의한 유통 파트너의 제품에 대한 부가된 가치가 높은 1/4분면의 모습으로 범주화할 수 있다.

02 협력경영의 동기

UNDERSTANDING BUSINESS

기업이 협력을 기업경영전략으로 선택하는 배경은 학자들마다 의견이 다르다. 구체적으로 어떤 학자*는 R&D 비용 및 위험의 경감, 규모의 경제 실현, 신공정 · 제품기술의 신속한 개발 및 확보, 시장진입 및 확대, 경쟁방식의 조정, 경영자산의 공유 등을 들고 있으며, Glaister & Buckley(1996)**는 위험경감(risk sharing), 제품합리화(product rationalization) 및 규모의 경제, 기술이전과 특허공유(transfer of technology and exchange of patent), 경쟁방식의 조정(shaping competition), 정부정책에 순응, 국제화 촉진(facilitate international expansion), 수직적 통합(vertical links), 시장지위의 공고화(market position)를 들었다. 이상을 정리하면 ① 위험분산, ② 신제품개발과 시장진입속도 단축, ③ 보완적 자원의 공유, ④ 새로운 경쟁구도의 구축으로 공통요인을 추출할 수 있다. 협력의 유형에 따라 한 가지 목적

* 홍유수(1994), 「전략적 제휴와 기술혁신의 국제화」, 대외경제정책연구원, pp.9-35.

** Glaister, K.W. and Buckley, P. J.(1996, 05), "Motives for International Alliances Formation," *Journal of Management Studies*, pp.303-308.

만을 달성하기 위한 협력동기도 있고, 앞의 네 가지를 모두 충족하는 협력동기도 있을 수 있다.

(1) 위험분산

기술혁신의 대형화 · 복잡화로 인해 연구개발 투자 소요액이 급격하게 증가하게 되어 기업의 재무부담이 크게 증가하였고, 기술개발에 실패했을 때 손실은 기업에 치명적일 것이다. 따라서 오늘날 동태적인 시장환경에 기업간 협력경영은 사업과 관련된 비용과 위험을 협력관계의 특정 일방이 전적으로 부담하지 않기 때문에 위험을 분산하는 유효한 수단이 되고 있다. 즉, 협력에 의해 새로운 사업 또는 시장으로의 진출에 따른 위험을 분산할 수 있고 협력 파트너와의 협력체결에 의해 비용을 절감할 수 있다. 협력관계를 형성하는 데 소요되는 비용은 각 파트너가 단독으로 투자하는 경우보다 적다. 그래서 협력체결은 쌍방의 전문지식과 비교우위를 지렛대로 이용하여 위험도가 상대적으로 큰 사업에 진출할 때 활용될 수 있다.

정리하면, 기업의 협력체결은 자신에게 부족한 핵심역량을 파트너로부터 획득하거나 자신의 역량과 파트너의 핵심역량을 결합하여 빠른 시일 내에 시장에 진입할 수 있게 하고 경쟁기업에 비하여 경쟁우위를 가지며, 사업의 위험을 분산시켜 기업의 총투자비용 및 기회비용을 낮출 수 있다. 다만, 파트너간에 협력체결에 앞서 사전적으로 검토되어야 할 사항은 협력체결을 바라는 당사자가 상대 파트너보다 어느 정도의 핵심역량의 매력요인을 갖고 있느냐가 관건이다.

(2) 신제품개발과 시장진입속도 단축

소비자의 욕구변화, 시장의 글로벌화, 경쟁사의 출현 등 동태적 시장환경의 변화는 모든 기업들에게 시장유지 및 생존을 위한 위협요인들이다. 이에 제한된 자원을 보유한 기업들은 지속적인 시장선점이라는 초기진입자의 경쟁우위 확보전략을 위해 경쟁사보다 신제품의 개발속도를 단축시켜야 한다.

이토록 시간에 의한 경쟁우위(time based competition)가 중요해짐에 따라 모든 기업들의 공통된 고민은 어떻게 하면 경쟁자보다 막대한 자금을 투자하여 신속하게 신제품개발로 시장에 먼저 내놓을 수 있는가와 어떻게 하면 경쟁기업이 진입하기 전에 신시장에 먼저 진입할 것인가가 기업경영에서의 초미의 관심사다. 이러한 고민의 해결, 즉 자신이 모든 분야에서 핵심역량을 가질 수 없는 기업들은 자연히 역량을 가진 기업과의 협력의 필요성이 증대한 것이다. 가령, 제약산업은 막대한 개발비용과 장기적인 개발기간으로 인해 진입장벽이 매우 크며, 관련 기초과학과 축적된 노하우들로 인해 선진국 제약회사가 세계시장의 대부분을 점유하고 있다. 국내기업 중 엘지는 미래의 고부가가치사업인 제약사업의 국내기반 확보를 위해 연구개발에 투자하고, 독자 개발 신약의 세계시장 진출을 위한 선진 제약기업과 협력을 체결하였다.

엘지는 제약산업을 21세기 전략산업으로 선정하고 장기간 연구개발에 투자하고 있는데, 1982년 연구소를 개설하여 미국의 Chiron사와 연구개발 협약을 필두로 신약개발을 시작 1990년 감마인터페론을 국내 최초로 상품화한 회사이다. 1982년 제약산업 연구개발을 시작한 이후 누계로 약 2천억원의 R&D 투자를 지속적으로 하였으며, 현재 LG화학 기술연구원 바이오텍연구소에는 약 216명의 연구인력이 신약개발에 매진하고 있다. 현재 미국 San Diego의 현지 연구소 LG BioMedical Institute(LG BMI), 국내외 협력 연구기관과의 공동연구, 해외 대학 및 연구소와의 공동연구를 통해 신약개발을 추진중에 있다.

엘지는 1995년부터 상품화된 신약의 해외진출전략으로서 전략적 협력을 통한 국제화계획을 수립하였다. 전략적 협력의 목표는 첫째, 엘지가 세계적인 신약을 상품화하기 위함이며, 둘째, 신약개발의 노하우를 체득함으로써 한국 의약사업의 질적 능력을 향상시키고, 셋째 마케팅협력을 통하여 고부가가치사업인 의약사업의 전세계 마케팅 경험을 공유함으로써 국내 의약사업의 국제화를 앞당기는 것이다. 그러나 상품화를 위한 개발을 위해서는 막대한 개발비가 필요할 뿐만 아니라, 필요한 전문인력 및 노하우의 확보 그리고 상품화 이후의 해외시장 진출을 위한 마케팅을 성공적으로 추진하기 위한 세계적 제약회사와의 전략적 협력은 적절한 국제화전략이라고 판단할 수 있다.

(3) 보완적 자원의 공유

협력의 근간은 협력 당사자간의 시너지를 극대화하고 기술이나 여타의 숙련된 기법을 이전함으로써 전략적 혜택을 만들어내어 조직간의 단순한 지식이전 이상의 이익을 가져온다. 가령, 상호이질적인 자원을 보유한 기업이 서로 장기적인 관계를 구축함으로써 보완적 자산에 대한 탐색비용을 장기적으로 낮출 수 있게 된다. 자본과 기술의 결합을 통한 기업가치의 창조와 연구개발 투자의 컨소시엄 등의 보완적 자원의 공유를 위한 협력의 예로 설명될 수 있다. 또한 협력은 배타적 자원의 공유를 통해 시장접근성을 획기적으로 높여줄 수 있다. 가령, 제조기업의 경우 특허권을 공유한다든지, 유통업체의 경우 영업권을 공유하는 방법으로 빠른 시간에 새로운 시장으로의 진입을 가능하게 한다.

가령, 1998년에 설립된 벤처기업 i3system(www.i3system.com)이 의료업계와 공동으로 국내 최초로 캡슐 내시경을 개발한 것을 들 수 있다. 캡슐 내시경은 소형 비디오 카메라를 삼키는 것과 같이 지름 11㎜, 길이 25㎜ 크기의 큰 알약 정도. 캡슐 내시경을 환자가 삼키면, 구강에서 지장까지 위장의 운동에 따라 이동하며 영상을 촬영, 몸 밖에 있는 수신기에 전송한다. 캡슐 내시경은 몸 안에 들어가 1초당 2개의 영상을 촬영하여 송신하며 한 번 검사에서 전송된 5만여장의 고감도 영상정보는 환자가 허리에 찬 기록장치에 저장된다. 검사가 종료되면 캡슐은 약 24시간 안에 대변과 함께 몸 밖으로 배출된다. 판독은 의료진이 컴퓨터로 다운로드드된 영상을 보면서 한다. 캡슐 내시경은 지난 2001년 미국 식품의약품안전청(FDA)의 공인을 획득했다.

(4) 새로운 경쟁구도의 구축

기업의 협력경영은 상호경쟁관계에 있는 기업에 영향을 미치고 심지어 경쟁구도 자체를 바꾸어 버린다. 가령, 합작투자는 잠재적인 경쟁상대와 동맹함으로써 다른 경쟁기업의 반격능력을 무디게 만들 수 있다. 따라서 합작투자는 단일기업이 상대하기 어려운 위협적인 세력으로부터 현재의 전략적 지위를 유지하는 수단이 된다. 더 나아가서 합작투자는 다양한 여러 기업의 내부자원을 혼합함으로써 자신에게 유리한 경쟁자를 창출할 수도 있는 방어적 전략으로도 활용된다. 물론 이와는 반대로 협력은 경쟁관계에 있는 기업들이 이익과 시장점유율을 제고하기 위해서 라이벌과 협력하는 것은 협력이 공격적으로 이용된 경우이다. 실제적으로 VCR산업에서 일본의 Sony=베타방식과 Matsushita=VHS기술이 산업표준화로 경쟁하다가 Sony가 실패한 사례는 산업표준이 얼마나 중요한가를 알려주는 사례인 동시에 시장의 지각변동을 일으킨 공격적 전략이라고 볼 수 있다.

03 협력경영의 유형

UNDERSTANDING BUSINESS

협력경영에는 〈그림 12-5〉에서처럼 다양한 유형이 있다. 협력경영에서 가장 단순하고 단기적 성격이 높은 협력의 유형은 연구개발 컨소시엄 또는 기술협력이다. 그런데 합작투자는 기업들의 지분참여도가 높고 협력 당사자들간에 결속하는 정도가 높은 협력의 유형이다. 이처럼 협력경영은 일부 기능별 협력보다 합작투자에서 더욱 더 긴밀한 협력관계를 나타낸다.

결과적으로 〈그림 12-5〉에서와 같이 기능별 협력은 지분참여가 뒤따르지 않기 때문에 협력경영의 궁극적 형태는 합작투자라고 할 수 있다.

(1) 인수합병

인수합병(M&A: mergers and acquisitions)이란 경영환경의 변화에 대응하기 위하여 기업의 업무 재구축의 유효한 수단으로 행하여지는 기업의 매수 · 합병을 말한다. 즉, 어떤 기업의 주식을 매입함으로써 소유권을 획득하는 경영전략이다. 보다 쉽게 풀어쓰면 두 기업이 하나의 기업으로 통합하여 새롭게 출발하는 형태라고 볼 수 있다.

M은 기업합병을, A는 매수(종업원 포함)를 뜻하며, M은 매수한 기업을 해체하여 자사(自社) 조직의 일부분으로 흡수하는 형태를, A는 매수한 기업을 해체하지 않고 자회사 · 별회사 · 관련회사로 두고 관리하는 형태를

그림 12-5 **협력경영의 유형**

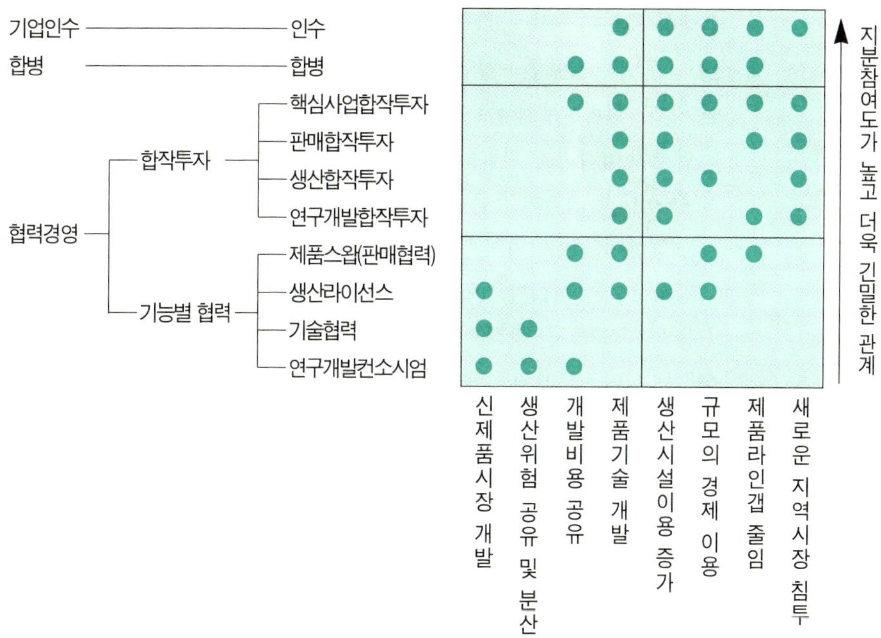

말한다.

M&A는 투기를 목적으로 하는 단기수익추구형과 경영방식의 개선을 위한 경영다각화형으로 나눌 수 있는데, 한국의 기업은 주로 후자의 입장에서 신속한 시장진입, 규모의 경제와 범위의 경제 활용가능, 리스트럭처링, 현지 생산 · 판매, 경영 노하우 습득, 선진국의 무역장벽 극복, 국제화의 발판 마련 등을 위하여 외국기업의 인수 · 합병에 주력해 왔다. 실제적으로 현대자동차의 기아자동차 인수합병, 삼성자동차의 르노인수, 국민은행의 주택은행과 통합 등이 M&A의 예이다.

(2) 합작투자

합작투자(joint venture)란 2개국 이상의 기업 · 개인 · 정부기관이 특정 기업체 운영에 공동으로 참여하는 투자방식이다.

2개국 이상의 기업 · 개인 · 정부기관이 영구적인 기반 아래 특정 기업체 운영에 공동으로 참여하는 국제경영방식으로 전체 참여자가 공동으로 소유권을 갖는다. 공동소유의 대상은 주식자본 · 채무 · 무형고정자산(특허권 · 의장권 · 상표권 · 영업권 등) · 경영노하우 · 기술노하우 · 유형고정자산(기계 · 설비 · 투자 등) 등에 이르기까지 다양하다.

합작에 참가하는 기업들이 소유권과 기업의 경영을 분담하여 자본 · 기술 등 상대방 기업이 소유하고 있는 강점을 이용할 수 있고 위험을 분담한다는 점에서 상호이익적 투자방식이다.

합작투자는 신설방식으로 이루어질 수도 있고, 기존 현지법인의 일부 소유권을 취득하는 방식으로 이루어질 수도 있다. 다국적기업이 현격한 기술격차를 이용하여 해외에 진출했던 1950~1960년대에는 합작투자보다 단독투자방식이 많이 이용되었지만, 경쟁이 격화되고 신기술이 지연되는 등 독점적 우위의 확보가 어려워짐에 따라 최근 들어 합작투자를 통한 해외진출을 많이 이용하고 있다.

합작투자방식이 선호되는 경우는 첫째, 현지 정부의 제한 때문에 단독투자방식을 이용할 수 없는 경우, 둘째, 필요로 하는 원료 및 자원을 현지 파트너가 생산하고 있어 원료 및 자원의 입수가 현지 진출을 위한 전제조건이 되는 경우, 셋째, 다각적인 제품을 취급하는 기업의 경우 현지 마케팅 노력이 요청되는 경우, 넷째, 해외사업운영에 필요한 자본 및 경영능력 부족을 해결하고자 하는 경우, 다섯째, 해외사업경험이나 협상력이 부족한 경우 등이다.

외국기업은 합작투자방식을 이용함으로써 위험부담의 축소, 규모의 경제 및 합리화 달성, 상호보완적인 기술 및 특허 활용, 경쟁 완화, 현지 정부가 요구하는 투자 또는 무역장벽 극복 등의 전략적 이점을 활용할 수 있다. 가령, 한국의 엘지전자와 필립스간의 파주 LCD공장 건설은 바로 전형적인 합작투자의 실례가 되며, 또한 우리나라 기업의 해외진출에 있어서 진출국 기업과의 합작투자활동 등이 일종의 합작투자에 해당된다.

(3) 기능별 협력 또는 업무별 협력

1) 마케팅협력

제품스왑(product swap)은 마케팅협력을 의미한다. 마케팅협력이나 제품스왑은 타사의 생산품에 자사의 브랜드를 붙여 마치 자사의 생산품인 것처럼 판매하는 일종의 주문자상표부착생산(OEM)방식이다. 제품스왑은 특정 산업에서 다양한 제품을 만드는 데 소요되는 비용을 절감하기 위하여 일부 품목과 부품을 서로 OEM으로 공유하며, 그 대신 개별기업들은 자신이 경쟁우위를 갖고 있는 분야에 집중투자를 하기 위한 전략적 협력의 한 유형이다. 또한 다수의 기업이 특정 제품의 규격설정, 표준화를 통하여 전체적 수요 및 시장을 확대하는 전략도 판매 및 마케팅협력에 속한다고 할 수 있다.

2) 생산협력

생산협력은 참여기업들이 경영자원을 상호공급하여 공동으로 생산활동을 수행하는 협력이다. 이는 시장을 확보하고 공동생산과정에서 기술을 습득하기 위한 목적으로 많이 이용된다. 생산협력은 상대적으로 생산량이 적은 중소기업이 특정 제품 기술이나 조직·기술적 노하우를 보완적으로 이용하기 위해 추진되기도 한다. 이러한 중소기업의 생산협력은 소규모 틈새시장에서 다품종 소량생산으로 경쟁하는 경우 매우 효율적일 수 있다. 일반적으로 생산협력은 기술변화의 속도가 빠른 첨단기술분야보다는 안정적인 성숙기술분야에서 활발히 진행된다. 생산협력의 유형으로는 공동생산, OEM생산과 아웃소싱 등이 있다. 기업간 생산협력은 노동비용의 절감, 노동인력수급의 신축성 확보, 다양한 제품수요와 디자인 변화 및 제품수명주기 단축에 따른 신속한 대응, 시장지배력 강화, 서비스향상, 범세계적 생산네트워크 구축 등 다양한 목적에서 추진되고 있다. 또한 생산협력은 규모의 경제와 범위의 경제 달성, 학습효과 획득, 저렴한 가격으로 보다 광범위한 시장에 제품을 공급할 수 있는 수단이 된다.

3) 기술협력

기술협력은 기술의 공동개발과 상호교환을 목적으로 한다. 참여기업간의 특허, 상표, 노하우, 엔지니어링 서비스의 제공, 기술공여, 교차라이선싱(cross licensing), 공동 R&D, 신제품 기술개발 등이 포함된다. 라이선싱(licensing)이란 한 기업이 자신의 독점적 기술, 상표, 제품의 유통 및 판매를 타기업이 활용할 수 있도록 허가해주고, 그 대가로 로열티를 지급받는 협력관계이다. 교차라이선싱은 2개 이상의 회사가 자사의 기술을 제공하는 대신 상대기업의 특허나 독점적 기술을 상호 교환하는 협력으로서 기술의 상호보완성이 주요 목적이다. 공동 R&D는 2개 이상의 회사가 신제품이나 기술을 개발하는 데 협력하는 협력유형이며, 두 기업간에 추진되는 경우부터 컨소시엄의 형태로 다수의 기업이 참여하는 경우에 이르기까지 그 형태가 다양하다. 즉, 둘 이상의 파트너가 상호의 보완적인 자산 및 정보를 제공하여 합의된 공통의 기술개발 목표달성을 위하여 추진하는 모든 활동이라고 할 수 있다.

4) 연구개발 컨소시엄

연구개발 컨소시엄은 공동연구(collaborative R&D), 기술개발을 위한 동맹, 협약(cooperative agreement)라고도 한다. 이는 둘 이상의 파트너가 상호의 보완적인 자산 및 정보를 제공하여 합의된 공통의 기술개발 목표달성을 위하여 추진하는 모든 활동을 말한다. 연구개발 컨소시엄의 장점은 기술파급효과의 내부화(internalization of technological spillovers)와 R&D 비용과 위험 경감(risk sharing), 자산과 기술의 시너지 효과 촉진, 이노베이션의 확산(diffusion of innovation) 등이다.

연구개발 컨소시엄이 급증하는 이유는 외국과의 경쟁이 치열해지고 자국만의 독자적인 연구만으로는 한계가 있고, 기술혁신의 가속화로 기술이 거대화 · 첨단화 · 복잡화됨에 따라 R&D가 기하급수적으로 증가하여 투자부담과 리스크 헤지를 할 필요성을 절실히 느끼게 되었기 때문이다. 공동연구의 유형에는 전통적인 연구합작(traditional research joint venture)과 연구 컨소시엄(research consortium)이 있는데, 전통적인 연구합작은 최소한 2개 이상의 기업이 지분을 참여하여 별도의 법인을 세우는 것이며, 연구 컨소시엄은 특정 프로젝트를 수행하기 위한 것이다.

수행주체(role player) 측면에서 볼 때, 공동연구는 기업과 기업간, 정부와 기업간, 산학연간 공동연구 등 다양한 형태가 있다. 또한 연구합작은 일반적으로 공동생산, 공동마케팅과 결합한 형태로 발전하기도 한다. 경쟁기업들을 포함한 유사기업들간의 수평적 공동연구와 원자재 생산기업, 제조기업 및 해당제품을 소비하는 기업들이 함께 참여하는 수직적 공동연구도 있다. 공동연구를 추진조직 또는 계약형태에 따라서 국가기술혁신을 위한 하부구조형과, 비공식적인 기술정보 및 인력교류 등을 포함한 비공식형(informal)으로 구분할 수 있다. 연구개발 컨소시엄은 정보기술과 신소재, 생명공학분야, 반도체, 정보통신, 정밀기계 등 첨단분야에 특히 현저하다.

연구개발 컨소시엄에 참여하는 기업들의 경제적 효과는 다음과 같다.

첫째, 경쟁촉진효과를 들 수 있다. 연구개발 컨소시엄은 R&D의 실패가능성과 관련된 위험과 이에 수반되는 비용을 효과적으로 감소시킬 수 있다. 즉, 이 협정은 기업간 위험분산 및 비용중복의 회피를 통해 산업 전체의 R&D 비용을 감소시킬 수 있다. 연구개발 컨소시엄은 담합적인 성격으로 인해 부정적인 영향이 있을 수도 있으나 일정한 규모의 경제적 효과를 창출하고, 낭비적인 중복투자를 방지하고, 다수기업의 참여로 광범위한 기술파급효과를 촉진시킬 수 있는 장점이 있다. 둘째, 기술 · 자원 보완성과 기술독점성의 이익가능성이다. 자원과 기술의 보완성은 기업의 연구개발 컨소시엄 참여 여부를 결정하는 가장 중요한 요소이다. 만약 기술, 자원의 보완성이 강하고 기술독점성의 이익이 크다면 연구개발 컨소시엄은 증가할 것이다.

다음으로 경쟁제한효과이다. 연구개발 컨소시엄은 이상과 같이 경쟁촉진의 효과에도 불구하고 담합적 속성 때문에 연구개발 컨소시엄 참여기업간의 경쟁을 둔화 내지는 제한하는 이중적 속성을 지니고 있다. 사실 연구개발 컨소시엄에 의한 수평적 경쟁자간의 기술담합(technology collusion)이 생산물시장에서 높은 가격을 유지하고, 급속한 기술혁신에 따른 기업간 경쟁이나 각 기업이 부담하는 R&D 비용을 회피하는 독점적 협정이 될 수 있을 것이다. 따라서 연구개발 컨소시엄의 경쟁제한가능성은 공동 R&D 참가자와 시장 경쟁자의 수 등 기술시장과 생산물시장 양자를 고려하여야 한다.

5) 조달협력

조달협력은 안정적 공급원의 확보를 목적으로 하는 다국적기업의 전세계적 물자조달전략의 일환으로 협력상대기업에 부품조달이나 OEM을 통해 제품생산을 위탁하는 장기적 관계를 뜻한다. 조달협력은 다국적기업의 전세계적 물자조달전략에서 중요한 역할을 담당한다. 종래에는 선발기업과 후발기업간의 하청 · 위탁생산관계가 위주였으나 최근에는 선발기업간에도 상호보완적 · 쌍방적 조달협력이 이루어지고 있다.

6) 자본협력

자본협력은 기술협력이나 판매협력과는 달리 상호간의 지분참여를 수반하는 유형으로서 특정 기술이나 제품을 개발 또는 생산하기 위하여 합작회사를 세우거나 상대기업의 주식을 일부 취득하는 형태를 의미하며, 이는 종래의 합작투자(joint venture)와 비슷하다고 볼 수 있다.

7) 전략적 아웃소싱

아웃소싱이란 기업의 생산활동 중에서 내부적으로 수행할 필요성이 없는 부분은 이를 수행할 수 있는 외부기업에게 용역을 주는 것을 말한다. 즉, 기업들은 자신이 수행하는 여러 활동을 가치사슬의 기법을 통해 분석하고 이 생산활동을 내부적으로 수행할 필요성이 있는지를 검토한 뒤, 만일 내부적으로 수행할 필요성이 없다고 판단되면 이를 보다 효율적으로 수행할 수 있는 외부의 기업에게 용역을 주는 형태이다. 다시 말해서 자신의

표 12-1 기능별 협력유형의 내용

기능별 협력	목 적	실 례
마케팅협력	상대국 시장접근 및 판매강화	공동브랜드, 위탁판매, 공동규격설정, OEM
생산협력	생산비 절감 및 자사브랜드의 시장지배력 강화	공동생산, 생산위탁 · 수탁, OEM, second sourcing
기술협력	기술의 공동개발과 상호교환	공동기술개발, 기술도입·교환, 특허공유, 연구참여
R&D컨소시엄	공동의 신기술개발	연구합작(traditional research joint venture)
조달협력	범세계적 조달활동으로 비용절감 및 조달원활화	생산위탁 · 수탁, 부품조달, 단순외주가공
자본협력	특정기술이나 제품을 개발 또는생산, 자본참여	합작회사, 상대기업의 주식취득
전략적 아웃소싱	핵심부품은 자사에서 생산하고, 기술공유를 통한 생산비 절감차원에서 협력회사에 외주처리	특정업무위탁, 특정생산업무 담당

핵심분야가 아닌 활동분야는 적극적으로 외부기업에게 외주를 주는 방법으로 사업구조를 재조정하는 것이다. 가령, 은행에서 핵심업무는 자체 내에서 소화하고 총무부나 경비업무 등은 별도로 독립시키는 분사화가 일종의 아웃소싱에 해당된다고 보면 된다.

정리하면 아우소싱이란 동태적인 시장환경 변화에 유연한 대응을 위해 기업이 자사의 핵심역량에 집중하고 주변분야는 분사화(spin off)를 통해 지원받는 협력체제를 구축하는 것을 말하며, 최근에는 기업의 다운사이징, 리스트럭처링 등 구조조정의 하나로 활용하고 한다. 아웃소싱전략을 추구할 때 유의할 점은 아웃소싱은 자신에게 핵심역량이 없는 중요하지 않은 부문에만 한정적으로 활용되어야 한다는 점이다.

아웃소싱전략을 수행할 때 주의할 점은 다음과 같다. 첫째, 아웃소싱에 의존함으로써 우리의 핵심기술을 상실할 수도 있다는 점을 미리 충분히 고려해야 한다. 둘째, 아웃소싱을 함에 따라 기업 각각의 기능별 분야간의 밀접한 상호협력관계를 잃지 않도록 유의해야 한다. 셋째, 아웃소싱에 너무 의존함으로써 부품공급업체에 대한 통제를 상실할 수도 있다는 점을 고려해야 한다.

04 성공적 협력경영을 위한 과정

UNDERSTANDING BUSINESS

조직간 협력경영이 성공적으로 이루어지고 관리되기 위해서는 〈그림 12-6〉의 프로세스를 성공적으로 진행해야 한다.

(1) 환경분석

협력경영의 실행은 거시환경과 과업환경 그리고 기업 자신의 내부환경의 분석을 통해 자사를 장기적으로 시장에서 어떤 전략적 위치에 포지셔닝할 것인가로부터 출발한다.

협력이란 기업내부적으로 해결할 수 없는 어떠한 약점을 보완하기 위한

그림 12-6 협력경영을 위한 프로세스

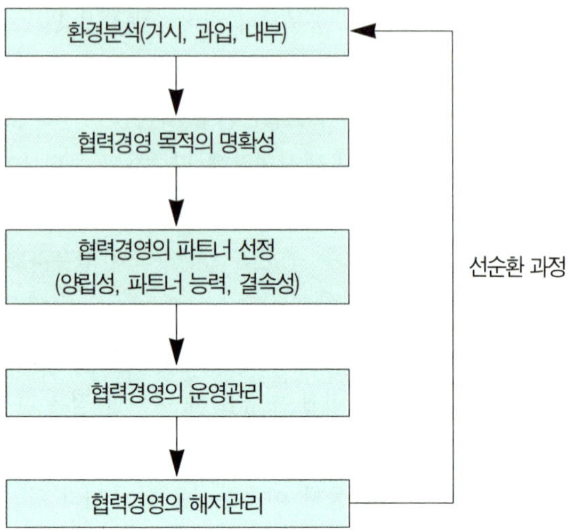

하나의 수단이다. 즉, 협력추진 당사자들은 단기간에 자신이 구축할 수 없는 기술과 능력을 협력을 통해 파트너로부터 얻고 배운다는 전략적 마인드가 숨어 있어야 한다.

따라서 가장 좋은 파트너는 기업 자신의 부족한 자산과 자원을 보완해 줄 수 있는 기업을 모색하여야 비로소 파트너간에 의사교환과 신뢰가 구축되고 시너지가 창출될 수 있다. 물론 기업은 자사와 잠재적 파트너의 강점과 약점에 따라 다양한 협력유형—M&A, 합작투자, 기능별 협력(제품스왑, 아웃소싱, OEM, 연구개발 컨소시엄, 조달협력, 생산협력, 기술협력 등—을 전략적으로 선택할 수 있을 것이다.

(2) 협력경영 목적의 명확성

협력경영은 실행가능하고 잘 정립된 전략적 목표를 가져야 한다. 즉, 협력을 바라는 당사자가 왜 협력경영을 추진해야 하는지? 협력을 통해 어떠한 혜택을 기대할 수 있는지가 명확해야 한다. 특정 업체가 협력경영을 서두르니 우리 기업도 덩달아 협력경영을 하는 사치스러운 생각을 해서는 곤란하다. 따라서 협력의 목적인 기업 자신의 시장 및 전략적 입지를 강화하고, 위험을 경감시키는 동시에 보상을 증대시키고, 귀중한 재무 및 인적자원을 공유하고자 해야 한다.

(3) 협력경영의 파트너 선정

협력전략을 수립하고 나면 가장 중요한 단계로서 협력파트너를 선정해야 한다. 파트너 선정은 협력의 성공을 결정짓는 결정적인 고비이다. 파트너의 선정에서 가장 중요한 요소는 첫째, 파트너간의 양립성(compatibility)이다. 이것은 협력하고자 하는 쌍방의 전략, 기업문화, 경영관리 시스템 등이 서로 모순되거나 이해가 상충되지 않아야 한다는 것이다. 둘째, 파트너간에 상호보완할 수 있는 능력(capacity)이다. 파트너가 갖고 있는 경영자원과 핵심역량을 정확하게 파악하여야 한다. 그 이유는 협력을 통해서 우리 기업이 갖고 있는 약점을 보완하고 자신의 강점을 강화하는 것이 필요하기 때문이다. 핵심역량의 관점에서 협력을 바란다면 쌍방 기업 중에 자신이 취약한 분야에서 파트너가 강한 핵심역량을 보유하였다면 이상적인 보완관계(complementary relationship)의 협력이 될 수 있다. 셋째, 파트너간의 협력에 대한 결속(commitment)이 높아야 한다. 협력파트너가 핵심역량과 경영자원을 보유하고 있고 양사의 경영관리 시스템과 기업문화의 양립성이 높을지라도 협력 당사자들간에 협력을 성공적으로 만들어가기 위하여 시간과 노력, 경영자원을 투입하지 않으면 협력은 실패하게 마련이다. 그러므로 협력파트너를 선정할 때, 자신의 파트너가 협력의 성공을 위해 혼신의 노력을 다할 수 있는지가 가장 중요하다.

결국 성공적인 협력파트너의 선정은 일반적으로 세 가지 기준(3Cs), 기업문화의 양립성(compatibility), 전략적 보완이 가능한 능력(capacity), 결속(commitment)을 가지고 이루어져야 할 것이다.

(4) 협력경영의 운영관리

많은 기업들이 협력경영에서 실패하는 이유 중의 하나가 협력이 체결된

경영사례 플러스

대기업-중소벤처 협력 심포지엄

정보통신 대기업-중소벤처기업간 협력증진 세미나가 한국정보통신진흥협회(회장 정장호)와 정보통신중소기업협회(회장 김성현) 공동주최로 7일 대한상공회의소 국제회의실에서 열렸다. 300여명의 정부, 업계, 학계 관계자들이 참석한 가운데 열린 이날 세미나의 주제발표문 내용을 요약한다.

▲전략적 제휴 성공요인과 활성화 방안—김주현 전무(현대경제연구원)

기업간의 전략적 제휴가 성공적인 결과를 가져오기 위해서는 실패사례에 대한 조사와 연구가 필수적이다. 무엇보다 중요한 것은 제휴주체간에 전략적 방향성을 공유하는 것이다.

또 기업내부에 충실한 파트너십을 받아들일 수 있는 문화가 형성돼 있어야 한다. 이를 통해서만 기업간 신뢰기반이 구축될 수 있는 것이다. 아울러 핵심역량을 효과적으로 주고받거나 이용할 수 있는 풍토가 마련돼야 하며 상호간의 효율적인 커뮤니케이션과 정보공유가 기초가 돼야 한다.

앞으로 전략적 제휴가 활성화되기 위해서는 타인에게 배타적이고 외국인에게 호전적인 사고를 개방적이고 적극적인 방향으로 전환시키는 것이 시급하다. 또 기업간 상호신뢰를 바탕으로 한 네트워크 구축이 일반화돼야 하며 서로 주고받는 윈윈하는 자세의 확산이 요구된다. 이와 함께 벤처기업에 대한 시장의 가치평가 및 우·불량기업에 대한 선별기능이 강화돼야 하고 기업간의 합병이나 경영권 이전이 시장기능을 통해 자유롭게 일어날 수 있도록 제도 또한 개선돼야 할 것이다.

▲중소벤처의 애로요인 및 대기업과의 협력방안—김혜정 사장(삼경정보통신)

중소벤처가 겪고 있는 어려움의 가장 큰 부분은 자금문제다. 자금부족의 문제는 곧바로 사업전개에 영향을 미칠 뿐만 아니라 벤처기업이 최고의 경쟁력부문으로 내세우고 있는 연구 및 생산활동의 저하로 이어지고 있다.

인력부족문제도 심각하다. 대기업에 비해 열악한 근로조건으로 인해 전문기술인력의 유치가 어렵고 전문인력 양성을 위한 기반구축도 힘들 수밖에 없다. 이러한 인력난은 곧 개발지연이나 벤처기업들의 사기저하문제를 낳고 있다. 더욱이 마케팅전략이 취약할 뿐만 아니라 해외수출시장 개척의 어려움으로 인해 성장한계의 굴레까지 쓰고 있다.

이러한 상황을 타개하기 위해서는 대기업들이 중소벤처를 단순 하청업체가 아니라 협력업체로 받아들이는 자세확립이 선결조건이다. 또 납품단가와 발주물량의 안정화로 중소벤처의 생존토대를 마련하고 대기업과 중소벤처간의 공동기술 개발, 상호인력 파견, 기업경영노하우 전수, 해외판매망 공동활용 등이 이어져야 한다. 이러한 협력을 통해 개발비용 절감, 리스크 분산, 기술혁신 등의 효과를 거둘 수 있을 것이다.

CASE+

▲협력활성화를 위한 전략 및 정책방안–이동기 교수(서울대 경영대학)
협력목표에 적합한 파트너를 선정하고 협력방식을 채택하는 데 심혈을 기울여야 한다. 상하관계가 아닌 수평적 관계 수립을 통해 신뢰구축을 위한 노력을 계속해야 한다. 제휴관계에 대한 체계적인 사후관리도 중요하다.
재벌계열 대기업은 사업확장에 대한 국민의 부정적인 시각과 불신해소를 위해 벤처관련 투자가 많은 계열사는 가급적 계열분리를 통해 독립경영체제를 구축, 투명하고 공정한 사업을 벌이는 것이 바람직할 것이다.
이러한 기업차원의 노력과 함께 정부차원의 제도적인 지원도 뒤따라야 한다. 기업인수합병 활동에 대한 규제가 완화돼야 하고 바람직한 대기업-벤처간 협력사업에 대해서는 인센티브를 제공하는 등의 조치가 필요하다. 벤처와 비벤처기업의 균형적인 발전을 추구하는 방향으로의 정책구현을 통해 기업들이 느끼는 소외감을 해소해주어야 할 것이다.

대기업-중소벤처 협력 세미나 요약

자료: 전자신문, 2000년 9월 8일

다음에 방심하는 데 있다. 협력을 통해 바라는 목적을 달성하기 위해서는 무엇을 얻을 것인지를 명확히 설정하고 이를 비즈니스 논리에 따라 접근해야 한다. 한편, 협력은 협력파트너 각자의 고유성이 유지된다는 측면에서 M&A와 구별된다. 따라서 협력에 참가하는 각 주체는 서로를 대등하게 여기면서 각자의 목적에 충실해야 한다. 또한 파트너의 CEO가 협력에 관심을 지속적으로 갖고 구성원들간에 결속되어야 효율적인 협력이 유지될 것이다.

(5) 협력경영의 해지관리

협력경영은 본질적으로 단기적인 목표수행을 위한 전략이라는 점을 잊어서는 안된다. 협력의 가장 중요한 목표는 경쟁이며 궁극적으로 경쟁을 하기 위해 일시적으로 협력한다는 점이다. 즉, 협력은 협력 당사자간에 동상이몽을 꿈꾼다고 해도 과언이 아닐 것이다. 또한 협력은 대부분 한쪽 협력파트너가 상대 파트너의 지분을 인수함으로써 협력경영이 해지된다. 따라서 협력경영의 해지에 대비하여 협력을 통해서 자신의 약점을 보완할 수 있는 기술을 파트너로부터 배우고 자신의 강점을 더욱더 개발하여 한 단계 도약하는 계기로 삼아야 할 것이다.

요 / 약

1 협력이란 '둘 또는 그 이상의 기업들이 자신이 보유한 핵심역량을 바탕으로 상호보완적인 역량을 결합하는 것' 또는 '경쟁관계에 있는 기업이 일부 사업 또는 기능별 활동부문에서 경쟁기업과 일시적인 협조관계를 갖는 것' 을 뜻한다. 협력은 기업간 정신의 교류(meeting of the minds)라고도 한다.

2 관계(relationship)의 유형에는 조화로운(harmonious) 관계, 신랄한(acrimonious) 관계, 오해(misunderstanding)의 관계 혹은 부당한(mismanaged) 관계 등으로 분류할 수 있다.

3 협력경영의 동기는 ① 위험분산, ② 신제품개발과 시장진입의 단축, ③ 보완적 자원의 공유, ④ 새로운 경쟁구도의 구축에 있다.

4 인수합병(M&A: mergers and acquisitions)이란 경영환경의 변화에 대응하기 위하여 기업의 업무 재구축의 유효한 수단으로 행하여지는 기업의 매수 · 합병을 말한다. 즉, 어떤 기업의 주식을 매입함으로써 소유권을 획득하는 경영전략이다.

5 합작투자(joint venture)란 2개국 이상의 기업 · 개인 · 정부기관이 특정 기업체 운영에 공동으로 참여하는 투자방식이다.

6 합작투자방식이 선호되는 경우는 첫째, 현지 정부의 제한 때문에 단독투자방식을 이용할 수 없는 경우, 둘째, 필요로 하는 원료 및 자원을 현지파트너가 생산하고 있어 원료 및 자원의 입수가 현지 진출을 위한 전제조건이 되는 경우, 셋째, 다각적인 제품을 취급하는 기업의 경우 현지 마케팅 노력이 요청되는 경우, 넷째, 해외사업운영에 필요한 자본 및 경영능력 부족을 해결하고자 하는 경우, 다섯째, 해외사업경험이나 협상력이 부족한 경우 등이다.

7 제품스왑(product swap)은 마케팅협력을 의미한다. 마케팅협력이나 제품스왑은 타사의 생산품에 자사의 브랜드를 붙여 마치 자사의 생산품인 것처럼 판매하는 일종의 주문자상표부착생산(OEM)방식이다.

8 생산협력은 참여기업들이 경영자원을 상호공급하여 공동으로 생산활동을 수행하는 협력이다.

9 기술협력은 기술의 공동개발과 상호교환을 목적으로 한다. 참여기업간의 특허, 상표, 노하우, 엔지니어링 서비스의 제공, 기술공여, 교차라이선싱(cross licensing), 공동 R&D, 신제품기술개발 등이 포함된다.

10 연구개발 컨소시엄은 공동연구(collaborative R&D), 기술개발을 위한 동맹, 협약(cooperative agreement)라고도 한다. 이는 둘 이상의 파트너가 상호의 보완적인 자산 및 정보를 제공하여 합의된 공통의 기술개발 목표달성을 위하여 추진하는 모든 활동을 말한다. 연구개발 컨소시엄의 장점은 기술파급효과의 내부화(internalization of technological spillovers)와 R&D 비용과 위험 경감(risk sharing), 자산과 기술의 시너지 효과 촉진, 이노

베이션의 확산(diffusion of innovation) 등이다.

11. 조달협력은 안정적 공급원의 확보를 목적으로 하는 다국적기업의 전세계적 물자조달전략의 일환으로 협력상대기업에 부품조달이나 OEM을 통해 제품생산을 위탁하는 장기적 관계를 뜻한다.

12. 자본협력은 기술협력이나 판매협력과는 달리 상호간의 지분참여를 수반하는 유형으로서 특정 기술이나 제품을 개발 또는 생산하기 위하여 합작회사를 세우거나 상대기업의 주식을 일부 취득하는 형태를 의미하며, 이는 종래의 합작투자(joint venture)와 비슷하다고 볼 수 있다.

13 아웃소싱이란 기업의 생산활동 중에서 내부적으로 수행할 필요성이 없는 부분은 이를 수행할 수 있는 외부기업에게 용역을 주는 것을 말한다. 즉, 기업들은 자신이 수행하는 여러 활동을 가치사슬의 기법을 통해 분석하고 이 생산활동을 내부적으로 수행할 필요성이 있는지를 검토한 뒤, 만일 내부적으로 수행할 필요성이 없다고 판단되면 이를 보다 효율적으로 수행할 수 있는 외부의 기업에게 용역을 주는 형태이다.

14 조직간 협력경영이 성공적으로 이루어지고 관리되기 위해서는 환경분석, 협력경영 목표의 명확성, 협력경영의 파트너 선정, 협력경영의 운영관리, 협력경영의 해지관리의 프로세스를 성공적으로 진행해야 한다.

생각해볼 문제

1 협력경영의 개념과 범위에 대해 논하라.

2 협력경영의 동기에 대해 설명하라.

3 협력경영의 유형에 대해 논하라.

4 성공적인 협력경영을 위한 과정에 대해 논하라.

INDEX ■ 색인

| ㅂ |

| ㅅ |

| ㅇ |

저자소개

권 근 원

현재 서경대학교 경영학부 교수로 재직중이며
경영학원론, 마케팅, 소비자행동, 광고론, 전략경영실무, 마케팅관리, 기업환경론 등을 강의하고 있다.
사회에서는 삼영화학그룹 마케팅 본부장, 기획조정실장으로 근무하였고
대학에서는 미래 비전과 리더십으로 경영학과장, 대학원 교학부장, 학술정보관장, 학생처장, 기획처장, 사회과학대학장을 역임하였다.
미국 코네티컷 대학교 경영학과에서 방문교수로 1년간 체류하였다.
외부활동으로는 한국대학교육협의회 대학종합평가위원, 서울특별시의회 입법고문, (재)관정 이종환 교육재단 이사, 한국 상록과학 학술재단 이사 등을 역임하였고
현재 연세 경영학회 회장으로 활동하고 있다.
주요저서로는 마케팅, 경영학원론 등이 있고 주요논문은 병원고객의 만족 · 불만족에 관한 연구 외 60여 편의 논문이 있다.

경영학의 이해

초판인쇄 2013년 3월 10일
초판발행 2013년 3월 15일

지은이 권근원
펴낸이 안종만

편 집 우석진
기 획 김원국
마케팅 최상욱
표지디자인 최은정
제 작 우인도 · 고철민

펴낸곳 (주) 박영사
서울특별시 종로구 평동 13-31번지
등록 1959. 3. 11. 제300-1959-1호(倫)
전 화 02)733-6771
f a x 02)736-4818
e-mail pys@pybook.co.kr
homepage www.pybook.co.kr
ISBN 978-89-6454-298-9 93320

정 가 27,000원